"十三五"普通高等教育本科规划教材
21世纪全国高等院校财经管理系列实用规划教材

International Trade
Theory and Practice
（3rd Edition）

国际贸易
理论与实务
（第3版）

主　编　缪东玲
副主编　龚　锋　夏合群　杜晓英

内 容 简 介

本书系统地论述了国际贸易理论与实务。全书共 14 章,第 1 章为导论,着重介绍国际贸易的基本概念、分类、方式、产生、发展、特点、适用的法律与惯例及发展趋势。第 2 章至第 5 章为国际贸易理论与政策部分,主要研究国际贸易的产生、利益分配、调整和协调,以揭示国际间商品交换活动的成因、特点和规律。该部分的基本线索为:为什么要进行贸易(成因理论)、怎样进行贸易(调整理论)、如何协调贸易(协调理论),然后阐述国际服务贸易和技术贸易。第 6 章至第 14 章为国际贸易实务部分,主要研究国际货物贸易的具体条件和过程。该部分以交易条件、交易程序为线索,对应介绍合同条款、合同程序:先阐述贸易术语,剖析进出口各个交易条件,详细说明如何确定交易标的、交货及办理运输和保险事宜、确定合同价格、支付货款、解决争议;再阐述如何订立和履行国际贸易合同。

本书结构严谨,资料充实,紧贴《2020 通则》《UCP600》《ISBP745》等国际贸易惯例和规则,考虑"上海自由贸易(实验)区""一带一路"等背景,力求"风格创新、内容创新、案例教学、突出应用"。本书可作为高等院校国际贸易理论与实务或国际贸易课程的教学用书,也可供外贸工作者参考使用。

图书在版编目(CIP)数据

国际贸易理论与实务/缪东玲主编. —3 版. —北京: 北京大学出版社,2019.2
 21 世纪全国高等院校财经管理系列实用规划教材
 ISBN 978-7-301-29534-2

Ⅰ. ①国… Ⅱ. ①缪… Ⅲ. ①国际贸易理论—高等学校—教材②国际贸易—贸易实务—高等学校—教材 Ⅳ. ①F740

中国版本图书馆 CIP 数据核字(2018)第 097504 号

书　　　名	国际贸易理论与实务 (第 3 版)
	GUOJI MAOYI LILUN YU SHIWU (DI-SAN BAN)
著作责任者	缪东玲　主编
策 划 编 辑	王显超
责 任 编 辑	翟　源
标 准 书 号	ISBN 978-7-301-29534-2
出 版 发 行	北京大学出版社
地　　　址	北京市海淀区成府路 205 号　100871
网　　　址	http://www.pup.cn　新浪微博:@北京大学出版社
电 子 信 箱	pup_6@163.com
电　　　话	邮购部 010-62752015　发行部 010-62750672　编辑部 010-62750667
印 刷 者	河北滦县鑫华书刊印刷厂
经 销 者	新华书店
	787 毫米×1092 毫米　16 开本　30.5 印张　732 千字
	2007 年 9 月第 1 版　2011 年 6 月第 2 版
	2019 年 2 月第 3 版　2020 年 1 月第 2 次印刷
定　　　价	68.00 元

未经许可,不得以任何方式复制或抄袭本书之部分或全部内容。
版权所有,侵权必究
举报电话: 010-62752024　电子信箱: fd@pup.pku.edu.cn
图书如有印装质量问题,请与出版部联系,电话: 010-62756370

第 3 版前言

在经济全球化的大潮推动下，国际贸易已成为世界各国政治、经济、文化交往的重要领域和平台，成为人们社会经济生活中不可或缺的内容。2007 年我国成为世界第三大经济体，2010 年超过日本成为第二大经济体。2004 年我国对外贸易额已经排名世界第三。随着外贸体制改革的深化和"入世"，我国的外贸管理体制发生了很大的变化，外贸经营权从审批制过渡到登记制，拥有进出口经营权的企业正在增加。我国企业所处的环境也更加复杂，面临的竞争越来越大，社会对外贸专业人员的需求更大，要求更高。因此，掌握国际贸易知识和技能是非常必要的。

"国际贸易理论与实务"着重研究国际商品交换的有关理论、政策和具体业务过程，是一门专业基础课。具体内容包括：不同国家或地区之间商品交换活动的产生和发展过程，贸易利益的产生和分配，这种交换活动的特点和规律；贸易政策措施以及主要政策措施的经济效应；国际贸易的协调组织和相关理论；国际货物交换的具体条件和过程。主要目的是帮助学生系统地掌握国际贸易理论与实务的基本原理和方法，了解国际贸易的发展现状、趋势和规律，为其进一步通过大量课外阅读、其他相关课程学习、专题讲座、实习和工作实践成为外经贸行业的研究、管理或工作人员打下扎实的基础。

本书第 1 版和第 2 版得到了不少读者的厚爱和同人的肯定。在此基础上，为进一步体现"风格创新、内容创新、案例教学、突出应用"的编写要求，本次修订版本主要变化如下：第一，精简部分内容，删除出口核销单等部分过时的内容，补充新新贸易理论；第二，结合外贸发展动态，更新部分篇头导入案例、节内阅读和分析案例、篇末背景知识，更新部分"试一试""小知识"等辅助内容。

与国内同类教材相比，本书有一定创新，具有如下特点。

(1) 兼顾了教材内容的科学性、严谨性和图书形式的生动性，具备较强的可读性。本书以学生就业所需的专业知识和操作技能为着眼点，在适度基础知识与理论体系覆盖下，着重讲解应用型人才培养所需的内容和关键点；力求将国际贸易理论与实务的基本概念、基本原理和基本技能置于同一框架下，既体现其逻辑递进关系，又保持较完整的体系。全书采用统一的体例，每章开篇就明确了教学要求、教学目标；正文简洁，同时辅助采用导入案例、阅读案例、知识结构导航图、业务流程图、特别提示、背景知识；章末进行小结、布置习题，提供分析案例和操作训练，以更好地帮助读者提高对国际贸易理论、政策、措施、组织、实务的理解、分析能力，力求更好地帮助读者达到学后即能操作，上岗就能工作的目的，提高其就业的竞争力。

(2) 资料充实，内容新颖。本书结合当前该领域的研究成果和近年进出口一线工作中最新的案例、单证等材料，紧贴《2020 通则》《UCP 600》《ISBP 745》等最新国际贸易惯例和规则，考虑中国经济新常态、"上海自由贸易试验区""一带一路"，外贸简政放权、转变职能等背景，结合 2018 年中国关检合一、一体化通关改革等政策与实务变化，较充分地反映了该课程发展的前沿成果；介绍国际经贸理论和实务发展趋势，涉及对理解中国经贸问题有较大帮助的"特别保障措施"等内容，力求以较新的视角阐述国际服务贸易、国际技术贸易等越来越突出的经贸问题，在运输与物流、进入国际市场的渠道、商标国际注册等内容方面也有一定的创新。

（3）实用性强。为有利于高校为社会培养和输送务实的经贸人才，本书突出实践性、可操作性和实用性，例如，导入案例和阅读案例专业性、针对性强，特别提示画龙点睛，背景知识偏重应用性，习题、分析案例和操作训练注重能力培养和锻炼。因此，除了实现教学功能，本书还可以面向社会，用于外贸企业的日常业务培训。

（4）教学支持资源丰富。本书配有电子教案、习题参考答案、主要的贸易空白单证及其填制说明。

本书由北京林业大学缪东玲负责编写大纲、统稿和修改，并为全书编配了部分图表、案例和习题。具体分工如下：缪东玲编写第3、11、13、14章；东莞理工学院龚锋编写第2、4、5章；北方民族大学夏合群编写第8～10章；太原科技大学杜晓英编写第7、12章；缪东玲和杜晓英共同编写第1、6章；缪东玲和龚锋共同编写第2章的第4节。

在本书的编写过程中，我们查阅了大量的书籍、报刊文章、网上资料、作者多年教学积累的资料，无法将其在参考文献中全部列出，在此，谨向其作者致以真诚的谢意！同时，感谢我们的学生，他们对本课程表现出的极大兴趣和认真学习的态度一直感动、鞭策着我们，并促使我们努力编写出一本高质量的教材。

希望本书能够为我国培养外贸专业人才做出一点贡献，欢迎专家学者和师生批评指正。

编　者

目 录

第1章　导论 ····················· 1
　1.1　国际贸易概述 ············· 3
　1.2　国际贸易理论概述 ········· 24
　1.3　国际贸易实务概述 ········· 26
　1.4　本课程的性质、研究对象、基本内容、
　　　重点及难点 ················ 29
　1.5　本课程的教学进度建议与注意事项 ··· 30
　本章小结 ······················ 31
　习题 ·························· 33

第2章　国际贸易的成因 ·········· 42
　2.1　国际分工与国际贸易理论发展概述 ··· 43
　2.2　古典和新古典贸易理论 ····· 46
　2.3　新贸易理论 ················ 61
　2.4　新新贸易理论 ·············· 68
　本章小结 ······················ 73
　习题 ·························· 74

第3章　国际贸易的调整 ·········· 80
　3.1　贸易政策概述 ·············· 82
　3.2　贸易调整措施概述 ·········· 87
　3.3　主要国际贸易调整措施的经济效应 ··· 102
　3.4　贸易救济措施 ·············· 110
　本章小结 ······················ 125
　习题 ·························· 125

第4章　国际贸易的协调 ·········· 131
　4.1　区域经济一体化 ············ 132
　4.2　世界贸易组织 ·············· 142
　4.3　国际贸易协调理论 ·········· 150
　本章小结 ······················ 156
　习题 ·························· 157

第5章　国际服务贸易与技术贸易 ··· 161
　5.1　国际服务贸易概述 ·········· 162
　5.2　《服务贸易总协定》(GATS) 简介 ··· 171
　5.3　国际技术贸易 ·············· 177
　5.4　《与贸易有关的知识产权协定》
　　　(TRIPS) 简介 ············· 180

　本章小结 ······················ 182
　习题 ·························· 182

第6章　贸易术语 ················ 187
　6.1　贸易术语概述 ·············· 188
　6.2　《2010通则》中的贸易术语（上）··· 195
　6.3　《2010通则》中的贸易术语（下）··· 216
　6.4　贸易术语的选用 ············ 230
　本章小结 ······················ 233
　习题 ·························· 233
　操作训练 ······················ 235

第7章　品名、品质、数量和包装 ··· 237
　7.1　商品的名称 ················ 238
　7.2　商品的品质 ················ 239
　7.3　商品的数量 ················ 244
　7.4　商品的包装 ················ 249
　本章小结 ······················ 255
　习题 ·························· 255
　操作训练 ······················ 256

第8章　国际货物运输 ············ 258
　8.1　运输方式 ·················· 259
　8.2　运输单据 ·················· 273
　8.3　装运条款 ·················· 276
　本章小结 ···················· 282
　习题 ·························· 283
　操作训练 ······················ 288

第9章　国际货物运输保险 ········ 289
　9.1　国际货物运输保险概述 ······ 290
　9.2　海运货物保险保障的范围 ···· 294
　9.3　中国保险条款的海运货物保险险别 ··· 297
　9.4　协会货物条款的海运货物保险险别 ··· 302
　9.5　陆运、空运及邮运货物保险简介 ··· 305
　9.6　国际贸易合同中的保险条款 ···· 308
　本章小结 ······················ 310
　习题 ·························· 311
　操作训练 ······················ 313

第10章 商品的价格 ·············· 314
10.1 进出口商品的价格 ·············· 315
10.2 进出口商品的定价 ·············· 317
10.3 价格条款 ·························· 328
本章小结 ································ 329
习题 ···································· 329
操作训练 ································ 330

第11章 国际货款收付 ·············· 331
11.1 支付工具 ·························· 332
11.2 支付方式（一）：汇付 ·········· 343
11.3 支付方式（二）：托收 ·········· 346
11.4 支付方式（三）：信用证付款 ··· 351
11.5 支付条款 ·························· 362
本章小结 ································ 367
习题 ···································· 369
操作训练 ································ 373

第12章 检验、索赔、不可抗力与仲裁 ······························ 377
12.1 商品检验 ·························· 378
12.2 索赔与理赔 ······················· 383
12.3 不可抗力与免责 ················· 386
12.4 国际贸易争议与仲裁 ············ 388
本章小结 ································ 393
习题 ···································· 394
操作训练 ································ 396

第13章 国际贸易合同的商定 ······ 398
13.1 国际贸易合同商定前的准备 ··· 400
13.2 交易磋商 ·························· 419
13.3 国际贸易合同的成立 ············ 429
本章小结 ································ 430
习题 ···································· 431
操作训练 ································ 434

第14章 国际贸易合同的履行 ······ 435
14.1 出口合同的履行 ················· 436
14.2 进口合同的履行 ················· 449
14.3 进出口单证 ······················· 460
本章小结 ································ 475
习题 ···································· 475
操作训练 ································ 478

参考文献 ·································· 480

第 1 章 导 论

学习目标

知识目标	技能目标
掌握国际贸易的基本概念和分类	能够识别、解读国际贸易的基本概念和分类
识记国际贸易的方式	能够区分、选用各种国际贸易方式
了解国际贸易的产生与发展	能够初步认识国际贸易产生与发展的规律
了解课程的性质、研究对象、基本内容、重点及难点	可以根据课程的性质、研究对象、基本内容、重点及难点自主学习

知识结构

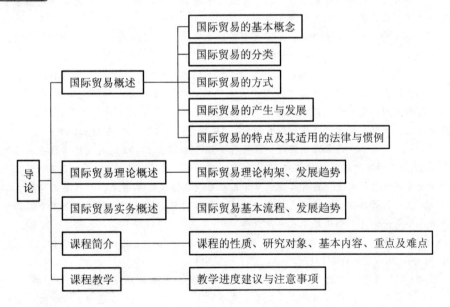

中国需要世界、世界需要中国
——国际贸易是各国交往的重要领域和平台

(1) 中国外贸发展举世瞩目。①规模扩大。1978—2016年,对外贸易额从206亿美元增加到36 849亿美元,年均增长15%。自新中国成立以来,我们相继用了23年、15年、16年使我国的对外贸易额依次跨上了百亿美元、千亿美元、万亿美元的大关,只用16年就走完了日本30年、德国25年、美国20年的路程!②地位上升,作为货物贸易大国的地位不断巩固。2009年中国超过德国成为世界第一出口大国,至2016年中国已经连续八年蝉联全球货物贸易第一大出口国和第二大进口国地位。③结构优化。1978—2006年,制成品出口比重从46%提高到94%,机电产品从3%提高到56%,高技术产品从不到1%提高到29%,这3个比重均超过发达国家平均水平。2016年,商品结构向价值链高端延伸,机电产品在出口中的占比为57.6%,钢材、原油、成品油、煤等产品出口比重下降;国际市场结构更加多元,发展中经济体和新兴市场、"一带一路"沿线国家占中国出口的比重分别达到45.6%和27.7%;国内区域布局更加均衡,中西部地区占全国外贸出口的比重达到15.2%;经营主体活力增强,民营企业成为外贸发展的重要力量,在出口中的比重首次超过外资企业,达到46%;贸易方式进一步优化,一般贸易快速发展,占出口的比重提高到53.8%。④贡献提高。1978—2006年,占世界贸易比重从0.8%提高到6.7%,对世界贸易贡献从不到1%扩大到11%,成为美国第三、欧盟和日本第二、东盟第一大贸易伙伴,使中国需要世界、世界需要中国真正变成了现实。中国外贸发展惠及全球。"中国制造"增加了全球消费者福利,"中国市场"带动了世界各国经济发展。2015年,外贸对中国经济增长的贡献率约为12.3%。2016年,外贸税收占全国税收的18%,外贸就业人数超过1.8亿。2016年,中国外贸回稳向好:外贸竞争新优势正在逐步形成,外贸发展新动能正在不断积聚,外贸发展的制度环境不断优化。跨境电子商务、市场采购贸易等新业态快速增长,有效满足甚至创造了市场需求,成为外贸新的增长点。

资料来源:杨正位,桑惊,王家宝. 中国外贸成功之路. 国际贸易论坛,2007(1):8-11和http://images.mofcom.gov.cn/zhs/201711/20171121142250814.pdf,2017-11-06

(2) 2013年9月7日,习近平主席提出共建"丝绸之路经济带"的倡议;10月3日,习近平主席在印度尼西亚国会发表演讲,提出共同建设"21世纪海上丝绸之路"。从出台《丝绸之路经济带和21世纪海上丝绸之路建设战略规划》到发布《推动共建丝绸之路经济带和21世纪海上丝绸之路的愿景与行动》,从设立丝路基金到成立亚洲基础设施投资银行(亚投行),从推进"一带一路"建设工作座谈会到"一带一路"国际合作高峰论坛……一个个愿景逐步实现。亚投行成员已达77个;400亿美元的丝路基金已开始项目投资;中国已与40余个国家和国际组织签署50余份"一带一路"相关合作协议,与20多个国家开展国际能源合作;中国企业对沿线国家投资达600多亿美元;从中老铁路、中泰铁路,到巴基斯坦瓜达尔港、斯里兰卡科伦坡港口城;从孟加拉国帕德玛大桥、中缅油气管道项目,到中国—白俄罗斯工业园、中哈霍尔果斯国际边境合作中心……一个个成果正在惠及世界。

资料来源:中国一带一路网 https://www.yidaiyilu.gov.cn/xwzx/gnxw/13161.htm 和 https://www.yidaiyilu.gov.cn/xwzx/roll/13158.htm,2017-05-14

(3) 2017年5月14日,习近平主席在"一带一路"国际合作高峰论坛上宣布,中国将从2018年起举办中国国际进口博览会。举办中国国际进口博览会是中国主动向世界开放市场的重大举措,也是中国外贸转型升级的一个重要标志。从1957年举办第一届中国出口商品交易会,到2007年中国出口商品交易会更名为中国进出口商品交易会、由单一出口平台转变为进出口双向交易平台,再到2018年举办首届中国国际进口博览会,中国外贸政策从出口导向朝着注重进出口平衡发展的方向转变。

资料来源:中国对外贸易形势报告(2017年秋季)的专栏三,2017-11-06

点评:类似的例子不胜枚举。国际贸易已成为世界各国政治、经济、文化交往的重要领域和平台,成为人们社会经济生活中须臾不能缺失的内容。中国正发挥着前所未有的国际影响力，同其他国家和地区间的贸易交往进一步扩大，因此，掌握国际贸易知识和技能是非常必要的。

讨论题：什么是国际贸易？如何衡量国际贸易的规模、结构和流向？

1.1 国际贸易概述

1.1.1 国际贸易的基本概念

1. 对外贸易、国际贸易与世界贸易

对外贸易（Foreign Trade）是指一个特定的国家（地区）与其他国家（地区）之间的商品交换活动，又称国外贸易（External Trade）、进出口贸易（Import and Export Trade）或输入/输出贸易。在某些海岛国家（地区）以及对外贸易活动主要依靠海运的国家，如英国、日本等，也把对外贸易称为海外贸易（Oversea Trade）。

国际贸易（International Trade）是指世界各国（地区）之间的商品交换活动，也是各国（地区）经济在国际分工的基础上相互联系的主要表现形式，在一定程度上反映了经济全球化的发展趋势。

判断"国际性"的标准包括营业地标准、国籍标准、交易行为标准等，其中，常用的是营业地标准。《联合国国际货物销售合同公约》（以下简称《公约》）第1条第（1）款规定"本公约适用于营业地在不同国家的当事人之间所订立的货物销售合同"，即《公约》对货物贸易是否具有"国际性"的判断标准是营业地标准，即以交易双方营业地处于不同国家为标准。中国也采用营业地标准。

除非特别说明，国际贸易中的地区指的是单独关税区。

为了叙述方便，下文中将"国家（或地区）"简称为"国家"，将"一国（或地区）"简称为"一国"。

对外贸易与国际贸易的视角和范围不同，两者既有联系又有区别。对外贸易＝出口贸易＋进口贸易，国际贸易＝Σ各国（地区）的出口贸易或进口贸易。但国际贸易作为一个客观存在的整体，有其独特的矛盾与运动规律，有些国际范围内的综合性问题，如国际分工、商品的国际价值、国际市场等，则不能从单个国家或地区的角度得到说明。

商品包括有形的货物和无形的服务和技术。广义国际贸易/对外贸易包括货物贸易、服务贸易和技术贸易；狭义国际贸易/对外贸易仅指货物贸易。

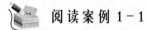

明确标准，正确判断贸易的"国际性"

【案情简介】

德国A公司在中国北京设立了一个分公司B，在中国香港地区设立了一个分公司C。中国D公司与A公司签订了一份加工合同，合同规定：D从A购买机器设备，从C购买原材料并加工为成品，由 B 负责将 D 加工后的成品回购，再转卖给 A，最后由 A 公司在国际市场上销售。

【案例点评】

《公约》对货物贸易是否具有"国际性"的判断标准是"营业地标准"。德国和中国都是《公约》的缔约国。本案例中 A 公司的营业地在德国，B 公司和 D 公司的营业地在中国，C 公司的营业地在中国香港地区。因此，具有"国际性"的是：D 公司与 A 公司签订的加工合同；D 公司从 A 公司购买机器设备；D 公司从 C 公司购买原材料；B 公司将加工后的成品转卖给 A 公司；A 公司在国际市场上销售成品。

世界贸易（World Trade）泛指世界所有国家和地区的贸易活动，并在这个意义上与国际贸易是同一个概念。如果世界贸易泛指国际贸易（International Trade）和国内贸易（Domestic Trade）的总和，则世界贸易与国际贸易不是同一个概念。

提示

除非特别说明，本书的世界贸易与国际贸易是同一个概念。

2. 对外贸易额与国际贸易额

对外贸易额（Value of Foreign Trade），又称对外贸易值、进出口贸易总额，是以金额表示的一国对外贸易总量。一定时期内一国从国外进口商品的全部价值，称为进口贸易总额或进口总额；一定时期内一国向国外出口商品的全部价值，称为出口贸易总额或出口总额。对外贸易额＝进口总额＋出口总额。

国际贸易额（Value of International Trade），又称国际贸易值，是以金额表示的世界各国和地区的贸易总量。国际进口贸易总额＝$\sum$各国（地区）的进口总额。国际出口贸易总额＝$\sum$各国（地区）的出口总额。

提示

与对外贸易额不同，如果把国际进口贸易总额与国际出口贸易总额相加作为国际贸易额，不仅会出现重复计算，而且没有任何独立的经济意义。

从世界范围看，一国的出口就是另一国的进口，国际进口贸易总额理应等于国际出口贸易总额。但是，由于各国一般都按 FOB 价（即装运港船上交货价）计算货物贸易出口额，按 CIF 价（即成本、保险费加运费价，CIF 价＝FOB 价＋保险费＋运费）计算货物贸易进口额，因此，国际货物贸易出口总额往往小于国际货物贸易进口总额。另外，保险费和运费应该算作服务贸易收入。因此，国际货物贸易额一般是指国际货物贸易出口总额。

贸易额是反映贸易规模的重要指标之一。例如，据世界贸易组织（WTO）统计，2008 年，美国货物贸易总额为 34 569 亿美元，德国为 26 657 亿美元，中国为 25 608 亿美元。由此得知，美国排名世界第一，其贸易额约为中国的 1.35 倍。

3. 对外贸易量与国际贸易量

对外贸易量（Quantum of Foreign Trade）/国际贸易量（Quantum of International Trade）是按不变价格计算的对外贸易额/国际贸易额。

提示

$$贸易量=(贸易额/价格指数)\times 100$$

贸易量消除了物价和币值变动的影响，单纯反映量的变化，比贸易额更能确切地反映贸易的实际规模。

4. 贸易差额

贸易差额（Balance of Trade）是指一个国家在一定时期内（通常为1年）出口贸易总额与进口贸易总额的差额，是衡量一个国家对外贸易、经济和国际收支状况的重要指标。

提示

当出口总额大于进口总额时，称为贸易顺差、贸易盈余、出超或贸易黑字；当出口总额小于进口总额时，称为贸易逆差、贸易亏损、入超或贸易赤字。当出口总额与进口总额相等时，则称为贸易平衡。

一国在一定时期内的贸易表现为顺差还是逆差，主要取决于其进出口的商品种类、数量、价格水平以及当时的国际经济形势。

5. 贸易条件

(1) 净贸易条件。

净贸易条件，也称为商品贸易条件（Commodity Terms of Trade，TOT_N），是指一个国家在一定时期内的出口与进口的交换比价。由于一个国家的进出口商品种类繁多，难以直接用进出口商品的价格比较，因此，人们通常用一个国家在一定时期（如1年）内的出口商品价格指数同进口商品价格指数对比进行计算。其公式为

$$TOT_N=(P_X/P_M)\cdot 100$$

式中：TOT_N——净贸易条件；

P_X——出口价格指数；

P_M——进口价格指数。

(2) 收入贸易条件。

收入贸易条件（Income Terms of Trade，TOT_Y）是在净贸易条件的基础上，把贸易量考虑进来，也可以理解为用出口总收入除以进口价格指数。它将一国以出口为基础的进口商品的能力数量化，而不仅仅体现出口与进口之间的价格关系。其公式为

$$TOT_Y=(P_X/P_M)\cdot Q_X$$

式中：TOT_Y——收入贸易条件；

Q_X——出口数量指数。

(3) 单项因素贸易条件。

单项因素贸易条件（Single Factorial Terms of Trade，TOT_{SF}）是在净贸易条件基础上，考虑出口商品劳动生产率提高或降低后贸易条件的变化。其公式为

$$TOT_{SF}=(P_X/P_M)\cdot Z_X$$

式中：TOT_{SF}——单项因素贸易条件；

Z_X——出口商品劳动生产率指数。

如果 TOT_{SF} 上升了，其经济学意义就是在出口商品的生产中，每一既定单位的劳动投入所能获得的进口数量更多了。由于生产率一般都有上升趋势，因此对给定国家而言，TOT_{SF} 总是比 TOT_N 表现出对经济更有利的趋势。

(4) 双项因素贸易条件。

双项因素贸易条件（Double Factorial Terms of Trade，TOT_{DF}）是在净贸易条件基础上，同时考虑出口商品劳动生产率和进口商品劳动生产率的变化。其公式为

$$TOT_{DF} = (P_X/P_M) \cdot (Z_X/Z_M) \cdot 100$$

式中：TOT_{DF}——双项因素贸易条件；

Z_M——进口商品劳动生产率指数。

如果 TOT_{DF} 上升了，其经济学意义就是本国出口行业中一定数量的生产要素的投入使用，可换取更多数量的贸易伙伴国出口行业的生产要素的投入使用。

提示

如果贸易条件指数大于 100，表明贸易条件改善；如果贸易条件指数小于 100，则视为贸易条件恶化；如果贸易条件指数等于 100，则表明贸易条件没有变化。

贸易条件指数可以揭示一个经济体参与国际分工和国际贸易的处境，但能力有限。

阅读案例 1-2

贸易条件的启示

【案情简介】

A 国以 1980 年为基期，得出 2000 年的出口价格下降 5%，进口价格上升 10%，出口数量上升 20%，出口商品劳动生产率上升 30%，进口商品劳动生产率上升 5%。那么，$TOT_N = (95/110) \times 100 = 86.36$；$TOT_Y = (95/110) \times 120 = 103.63$；$TOT_{SF} = (95/110) \times 130 = 112.27$；$TOT_{DF} = (95/110) \times (130/105) \times 100 = 106.92$。

结论：A 国净贸易条件恶化 13.64%，收入贸易条件改善 3.63%，单项因素贸易条件改善 12.27%，双项因素贸易条件改善 6.92%。

【案例启示】

改善一国贸易条件的思路包括提高出口商品相对价格、增加出口量、提高出口商品相对劳动生产率。

6. 对外贸易依存度

对外贸易依存度（Degree of Dependence on Foreign Trade），简称外贸依存度，又称外贸系数。它是指一定时期内一国对外贸易额在其国民生产总值（GNP）或国内生产总值（GDP，1990 年以后多用 GDP）中所占的比重。它主要用于反映一国对外贸易在国民经济中的地位、同其他国家经贸联系的密切程度以及该国参与国际分工的广度和深度。

$$对外贸易依存度 = (X+M)/GDP \times 100\%$$
$$出口贸易依存度 = X/GDP \times 100\%$$
$$进口贸易依存度 = M/GDP \times 100\%$$

式中：X——出口贸易额；

M——进口贸易额。

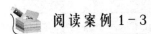

阅读案例 1-3

对外贸易依存度的启示

【案情简介】

随着国际分工深化、贸易自由化程度的提高，各国贸易依存度普遍提高。例如，1997年的贸易依存度：美国 25%，德国 47%，荷兰 101%，新加坡 358%，中国 36.2%；2000年的贸易依存度：美国 26.2%，德国 68.7%，法国 54.26%，英国 56.4%，中国 43.9%，日本 20.26%。

世界各国以 GDP 规模划分，可粗略地分成大国经济和小国经济。一般来说，小国经济的人口、疆域、资源等较少，通常采取外向型经济发展战略，因此受外部市场和外部资金的影响，其外贸依存度很高，例如，新加坡、韩国、马来西亚等国的外贸依存度较高，最为典型的是新加坡，1980 年外贸依存度是 439%，此后虽有所下降，但 2001 年仍为 324%。而大国的经济也因其人口资源拥有的多寡而异，如英国、德国、法国等经济规模较大但国内资源有限的发达国家，其外贸依存度也较高，一般为 60% 左右。而美国这样的大国，拥有较广阔的国内市场，内需较大，其贸易依存度随着贸易自由化的提高而有所上升，但程度相对较低。

改革开放以来，中国的外贸依存度基本上是不断上升的，1978 年 9.8%，1989 年 24.9%，1997 年 36.2%，1999 年 36.4%，2000 年 43.9%，2002 年 50.1%，2003 年 60%，2004 年 70%，2006 年 66.9%，2007 年 66.2%，2008 年 59.2%。同时我国的服务贸易依存度与货物贸易依存度之间的差距在日益缩小。考虑到我国加工贸易的急剧扩大、GDP 结构差异、汇率和通货膨胀率等因素，我国的实际外贸依存度并不高。

【案例启示】

外贸依存度受一国经济规模、地理位置、自然禀赋、技术发展水平以及所采取的对外经贸政策等诸多因素的影响，其高低不能一概而论。

7. 对外贸易结构/国际贸易结构

对外贸易结构（Structure of Foreign Trade）/国际贸易结构（Structure of International Trade）是指构成对外贸易活动/国际贸易活动的要素之间的比例关系及其相互联系。它包括对外贸易主体之间、客体之间、主体和客体之间的比例关系。主要表现为以下几方面。

（1）对外贸易商品结构/国际贸易商品结构。

对外贸易商品结构（Commodities Composition of Foreign Trade）/国际贸易商品结构（Commodities Composition of International Trade）是指各类商品贸易在一国对外贸易或国际贸易中所占的比重。2016 年中国货物对外贸易的商品结构见表 1-1。

表 1-1 2016 年中国货物对外贸易的商品结构（按 SITC Rev. 4 分类）

商品构成	出口			进口		
	金额/亿美元	比上年增减/%	占比/%	金额/亿美元	比上年增减/%	占比/%
总值	20 981.5	−7.77	100	15 874.2	−5.62	100
（一）初级产品	1 050.7	1.05	5.01	4 401.6	−6.94	27.73
0 类 食品及活动物	610.5	4.97	2.91	491.4	−2.69	3.1
1 类 饮料及烟类	35.4	6.95	0.17	60.9	5.55	0.38
2 类 非食用原料（燃料除外）	130.8	−6.03	0.62	2 019.1	−4.06	12.72
3 类 矿物原料、润滑油及有关原料	268.4	−3.94	1.28	1 762.8	−11.33	11.1
4 类 动植物油、脂及蜡	5.6	−12.5	0.03	67.3	−10.03	0.42
（二）工业制品	19 930.8	−8.19	94.99	11 472.6	−5.1	72.27
5 类 化学成分及有关产品	1 218.9	−5.95	5.81	1 640.1	−4.27	10.33
6 类 按原料分类的制成品	3 512	−10.25	16.74	1 218.5	−8.6	7.68
7 类 机械及运输设备	9 845.1	−7.07	46.92	6 579.4	−3.73	41.45
8 类 杂项制品	5 296.2	−9.95	25.24	1 260.1	−6.48	7.94
9 类 未分类的其他商品	58.6	138.21	0.28	774.5	−10.08	4.88

资料来源：根据商务部综合司网站的数据整理 http://zhs.mofcom.gov.cn/table2017//tab02.pdf 和 http://zhs.mofcom.gov.cn/table2017//tab03.pdf

（2）对外贸易/国际贸易区域结构。

对外贸易区域结构（Region Structure of Foreign Trade）包括外部区域结构和内部区域结构两部分。①对外贸易外部区域结构，又称为对外贸易国别（地区）分布（Foreign Trade by Region）或对外贸易地理方向（Direction of Foreign Trade），表示一定时期内（通常为一年）各国、各个国家集团、世界各洲在一国对外贸易中所占的比重或地位。它指明一国的出口商品流向和进口商品来源，反映该国同世界各国和各地区的经济贸易联系的程度。该指标通常受经济互补性、国际分工形式和贸易政策的影响。②对外贸易内部区域结构即国内地区结构，又称为国内地区分布。例如，中国的对外贸易内部区域结构是指我国东、中、西部和东北四大地区或国内各省、市、自治区在中国对外贸易中的比重。它是一定时期内（通常为 1 年）各地区经济技术发展水平和对外开放程度的重要表现。

国际贸易区域结构（Region Structure of International Trade），又称国际贸易地区分布（International Trade by Region）或国际贸易地理方向（Direction of International Trade），是指一定时期内（通常为 1 年）各国、各个国家集团、世界各洲在国际贸易中所占的地位，即世界贸易的国别分布和洲别分布状况。例如，2014 年，位列世界货物贸易出口额前三名的是中国、美国、德国，占比依次为 12.3%、8.5%、7.9%。

(3) 对外贸易/国际贸易方式结构。

除了逐笔售定（单边出口或单边进口）贸易方式外，必要时还可以采用经销、代理、寄售、展卖、拍卖、招标与投标、对销贸易、加工贸易、租赁贸易等贸易方式（详见1.1.3节）。

对外贸易/国际贸易方式结构是指各种贸易方式在一国对外贸易/国际贸易方式中所在的比重或地位及其相互关系。

(4) 对外贸易/国际贸易模式结构。

对外贸易/国际贸易模式结构主要是指产业间贸易和产业内贸易在一国对外贸易/国际贸易模式中所占的比重或地位及其相互关系。

 提示

对外贸易结构或国际贸易结构可反映一国或世界的经济发展水平、产业结构状况和第三产业发展水平等。

1.1.2 国际贸易的分类

1. 按商品形态分类：有形贸易和无形贸易

有形贸易（Visible/Tangible Trade）是指物质商品的进出口，即货物贸易（Commodity/Goods Trade）。

 提示

世界市场上的物质商品种类很多，为了统计、对比和其他业务的方便，联合国曾于1950年编制了《国际贸易标准分类》（Standard International Trade Classification，SITC）。根据SITC第4修订本，国际贸易中的物质商品分为10大类（见表1-1）、63章、223组、786个分组和1924个项目。除非特别说明，商务部等中国官方机构和不少著作所称的"商品贸易"实际上指的是"货物贸易"。

无形贸易（Invisible/Intangible Trade）是指非实物商品的贸易，包括服务贸易（Service Trade）和技术贸易（Technology Trade）。

提示

《服务贸易总协定》（GATS）将服务贸易分为商业、通信、建筑及工程、销售、教育、环境、金融、健康与社会、旅游、文化与体育、运输业及其他等12大类155个项目，其提供方式包括过境交付、境外消费、商业存在、自然人流动4种。

"货物贸易"与服务贸易的比较见表1-2。有时二者的界限很模糊，例如，光盘是有形产品，但就其性质而言，应该是服务产品（服务产品有形化）。

表1-2 货物贸易与服务贸易的比较

比较项目	货物贸易	服务贸易
监管	经过海关手续，监管手段主要是关税、许可证、配额等	不经过海关手续，监管手段主要是国家法律法规等
是否列入海关统计	列入	不列入
是否列入国际收支	列入	列入
生产、交易、消费	往往分离	往往不分离，生产、交易、消费具有直接的同一性，同时进行，不用储存

2. 按商品流向分类：出口贸易、进口贸易和过境贸易

出口贸易（Export Trade）又称输出贸易，指一国将自己生产或加工的商品输往国外市场销售。从国外输入的商品，既未在本国消费，又未经加工而再出口，称为复出口、再出口或再输出（Re-export Trade）。

进口贸易（Import Trade）又称输入贸易，指一国从国外市场购进外国商品在本国市场销售。输往国外的商品未经加工又输入本国，称为复进口、再进口或再输入（Re-import Trade）。

过境贸易（Transit Trade）又称通过贸易，指某种商品从甲国经乙国向丙国输送销售，对乙国来说，是过境贸易。这既不是乙国进口，也不是乙国出口，仅是商品过境而已。

3. 按商品交换关系分类：直接贸易、间接贸易和转口贸易

直接贸易（Direct Trade）是指商品生产国与商品消费国直接买卖商品的行为，没有第三国参与。其中，对生产国而言，是直接出口，对消费国而言，是直接进口。

间接贸易（Indirect Trade）是指商品生产国与商品消费国之间没有直接发生贸易关系，而是通过第三国买卖商品的行为。对生产国来说是间接出口，对消费国来说是间接进口。在一些发展中国家，进出口贸易受外资控制，也称间接贸易。

转口贸易（Entrepot Trade）是间接贸易的主要表现形式。商品生产国与商品消费国通过第三国进行贸易，对第三国来说就是转口贸易。转口贸易货物可从生产国向消费国直接运输，也可通过第三国间接运输。从事转口贸易的大多是地理位置优越、运输便利、贸易限制较少的国家或地区，如伦敦、鹿特丹、新加坡和中国香港地区等。

4. 按贸易国家记录和编制进出口的统计标准分类：总贸易和专门贸易

总贸易体系（General Trade System）又称为一般贸易体系，是指以国境作为划分和统计进出口的标准。凡进入国境的外购商品一律列为进口；凡离开国境的外销商品一律列为出口。前者为总进口（General Import），后者为总出口（General Export）。总进口＋总出口＝总贸易（General Trade）。目前，采用总贸易体系的国家（地区）约90个，包括中国、日本、英国、美国、加拿大、澳大利亚等。

专门贸易体系（Special Trade System）又称为特殊贸易体系，是指以关境作为划分和统计进出口的标准。当外国商品进入国境后，如果暂时存放在保税区，不进入关境，则这些商品一律不列为进口。只有从外国进入关境的商品，以及从保税区提出后进入关境的商品，才列为进口，称作专门进口（Special Import）。与此相反，从国内运出关境的商品，即使没有运出国境，也列为专门出口（Special Export）。专门进口＋专门出口＝专门贸易（Special Trade）。目前，采用专门贸易体系的国家（地区）约80个，包括意大利、法国、德国、瑞士等。

提示

关境（Customs Territory）是一个国家海关法则全部生效的领域。一般来说，关境与国境是一致的，多数国家的海关都设置在国境上。像中国这样设有保税区或自由贸易区的国家，其国境大于关境。缔结关税同盟的国家，其共同关境大于其各自的国境。

5. 按清偿工具分类：自由结汇贸易和易货贸易

自由结汇贸易（Free-Liquidation Trade）又称现汇贸易，是指以货币作为清偿工具的国际贸易。作为清偿工具的货币主要有美元、欧元、日元、英镑等。世界上大多数国家都采用自由结汇贸易方式。

易货贸易（Barter Trade）又称换货贸易，是指以经过计价的货物作为清偿工具的国际贸易。易货贸易的特点是进口与出口直接联系，贸易双方有进有出，互换货物品种相当、总金额相等。

6. 按经济发展水平分类：水平贸易和垂直贸易

水平贸易（Horizontal Trade）是指经济发展水平比较接近的国家之间开展的贸易活动。
垂直贸易（Vertical Trade）是指经济发展水平不同的国家之间开展的贸易活动。

7. 按交易手段分类：单证贸易和无纸贸易

单证贸易（Trade with Documents）是指以纸面单证为基本手段的贸易。这是一种传统的交易方式，目前大部分贸易仍采用此手段。

无纸贸易（Trade without Documents）是指以电子数据交换（Electronic Data Interchange，EDI）为内容的贸易。这是一种现代化交易手段，代表国际贸易交易方式和手段的发展趋势。

1.1.3 国际贸易的方式

1. 经销

经销（Distribution）是指出口供货商与国外经销商达成协议，在规定的地区和期限内，由经销商销售供货商提供的指定商品的贸易方式。与逐笔售定相比，供货商与经销商通过订立经销协议建立了一种长期稳定的购销关系。按照经销商权限的不同，经销分为两种：一般经销，亦称为定销；包销（Exclusive Sales），也称独家经销（Sole Distribution）。

提示

定销和包销的异同见表1-3。采用包销方式时，要注意避免包销商"包而不销"给自己造成损失。定销常被用作挑选包销商的过渡手段。

表1-3 定销和包销的异同

比较项目	定 销	包 销
当事人及其关系	供货商与定销商，售定性质的长期买卖关系	供货商与包销商，售定性质的长期买卖关系
经销商风险	定销商必须自垫资金购买供货商的货物，取得商品的所有权，自行销售，自担风险，自负盈亏	包销商必须自垫资金购买供货商的货物，取得商品的所有权，自行销售，自担风险，自负盈亏
专营权	定销商不享有专营权	包销商享有独家经营权
垄断	可防止出现垄断。供货商可在支付条件上给予定销商优惠待遇。在调动定销商的推销积极性方面效果较差	容易出现垄断。在调动包销商的推销积极性方面效果较好

2. 代理

代理（Agency）是指代理（Agent）按照本人（Principal）的授权，代表本人与第三人订立合同或作其他法律行为，而由本人直接享有由此而产生的权利与承担相应的义务。按照行业性质和职责，代理可以分为销售代理、购货代理和货运代理、保险代理、报关代理等。国际贸易中最常见的是销售代理。

根据委托人授予代理人的经营权限，可以将销售代理人分为总代理（General Agent）、独家代理（Sole Agent）和一般代理（也称为佣金代理，Commission Agent）三类（表1-4）。

表1-4 总代理、独家代理和一般代理的异同

比较项目	总 代 理	独家代理	一般代理
代理人权利	享有权利最大，类似于委托人在指定区域的全权代表。可以代表委托人进行商务活动和一些非商务活动。可以指派分代理	享有权利较大。可以代表委托人进行商务活动，不可以代表委托人从事非商务活动。不可以指派分代理	享有权利最小。可以代表委托人进行商务活动，不可以代表委托人从事非商务活动。不可以指派分代理
专营权	代理人享受专营权。委托人不再直接向该地区销售，也不再在该地区指定任何其他代理人，该地区内其他中间商需要向总代理购买指定商品。即使委托人因特殊需要直接同该地区的个别客户进行了交易，一般也须向总代理支付佣金	代理人享受专营权。委托人不再直接向该地区销售，也不再在该地区指定任何其他代理人，该地区内其他中间商需要向独家代理购买指定商品。即使委托人因特殊需要直接同该地区的个别客户进行了交易，一般也须向独家代理支付佣金	代理人不享受专营权。委托人在同一地区内，可以通过授权同时指定多个一般代理。代理人在同一地区内，可同时接受多个委托

委托人应注意对代理人（尤其是总代理人和独家代理人）的选择，以防其"代而不理"

给自己造成损失。

3. 寄售

寄售（Consignment）是指出口人（即寄售人，Consignor）与国外客户（即代销人，Consignee）签订寄售协议，然后根据协议中的约定，先将货物运交国外代销人，再委托代销人按寄售协议规定的条件和办法，以代销人自己的名义在当地市场代销，然后将所得货款扣除佣金和各种费用后交寄售人的一种贸易方式。

提示

寄售、包销和独家代理的异同见表1-5。

表1-5 寄售、包销和独家代理的异同

比较项目	寄　售	包　销	独家代理
基本当事人	寄售人和代销人	供货商和包销商	委托人和代理人
基本当事人之间的关系	不是买卖关系，而是委托受托关系	是买卖关系	不是买卖关系，而是委托代理关系
合同名称及性质	寄售协议，行纪合同	包销协议，一般不是买卖合同	代理协议，不是买卖合同
是否有专营权	代销人不享有专营权	包销商享有专营权	独家代理人享有专营权
能否以自己的名义与第三方订立合同	代销人以自己的名义与第三方订立合同；不能以供货人的名义行事，也不能要求供货人为其行为负责	包销人以自己的名义与第三方订立合同；不能以供货人的名义行事，也不能要求供货人为其行为负责	独家代理人一般不以自己的名义与第三方订立合同；而是以委托人的名义行事，由委托人为其行为负责，不能越权代理
报酬	代销人以其代销工作，从寄售人那里获得寄售佣金	包销商通过以低价从供货商那里购进货物，再高价转售给当地客户来赚取商业利润	独家代理人以其为委托人的服务，从委托人那里获取一定的酬金（代理佣金）

4. 展卖

展卖（Fairs and Sales）是指利用展览会和博览会的形式出售商品，将展览和销售结合起来的贸易方式。展卖把出口商品的展览和推销有机地结合起来，边展边销，以销为主。

在国外举行的展卖业务按其买卖方式可分为两种：①通过签约的方式将货物卖断给国外客户，由客户在国外举办展览会或博览会，货款在展卖后结算。②由货主与国外客户合作，在展卖时货物所有权依旧属于货主，并由货主决定价格，货物的运输、保险、劳务及其他费用都由国外客户承担。货物出售后，国外客户收取一定的佣金或手续费。展卖结束后，未出售的货物折价处理或转为寄售，也可运往其他地方进行另一次展卖。

展卖方式按其形式又可分为两种：①国际博览会（International Fair）。它是在一定地点定期由一国举办或多国联合组办，邀请各国商人参加交易的贸易方式。目前国际上比较著名的有莱比锡、米兰、巴黎、悉尼等国际博览会。②国际展览会（Inter-exhibition）。当代的国际展览会是不定期举行的，通常是展示各国在产品、科技方面所取得的成就。按展览会举行的方法，可分为短期展览会、长期展览会、长期样品展览会、贸易中心等形式。

提示

展卖的注意事项：应掌握"展销结合，以销为主"的原则；事前尽可能通过各种途径进行必要的调查研究，分析市场、商品、客户、交易条件等有关情况，做到有的放矢；展销商品应有针对性，应是适销的产品，有利于在展览过程中就地销售，不能把设计不好、款式陈旧、质量差次的滞销商品推出展销；展销商品应有特色，尤其在同一国家、地区的多次展销应尽量避免雷同。

5. 拍卖

拍卖（Auction）是由拍卖行在规定的时间和地点，按照一定的规章，通过公开叫价或密封出价的方法，将货物逐件、逐批地卖给出价最高的买主的一种交易方式。它适用于规格复杂、不能根据标准品级或样品进行交易的商品，或是传统上习惯以拍卖方式销售的商品，如皮毛、羊毛、烟草、香料、茶叶、花卉、水果、地毯、艺术品等。拍卖出价方法如下所述。

（1）增价拍卖。增价拍卖又分为两种情况：买方叫价（有声拍卖）——先由拍卖主持人（Auctioneer）宣布拍卖商品的最低价，再由竞买人（Bidder）竞相加价，最后主持人以击槌方式表示接受，将货物卖给出价最高的人；卖方叫价（无声拍卖）——由拍卖主持人不断加价，竞买人以约定的手势表示接受，最后由主持人与出价最高者成交。

（2）减价拍卖。它也被称为荷兰式拍卖，是由拍卖主持人先报出拍卖商品的最高价，然后逐渐降低，直至有竞买人表示接受，交易便告达成。

（3）密封递价拍卖。该方法又被称为投标式拍卖，是由买方在规定时间内将自己对拍卖商品的出价以密封方式递交拍卖人，由拍卖人自行选择理想的买主。这种出价方法使拍卖失去了公开竞买的性质，交易过程缺乏透明度，买卖双方能否成交往往取决于价格以外的一些其他因素。某些特定商品的拍卖，按照传统贸易习惯采用这种方式。

6. 招标与投标

招标（Invitation to Tender）是指招标人对外发出招标通告，提出拟购商品的具体交易条件，并邀请投标人在规定的时间、地点，按照一定的程序进行投标的行为。招标人在对投标人报出的交易条件进行分析研究之后，要在众多的投标人中择优选出中标人，与其达成商品（或劳务）交易。投标（Submission of Tender）是指投标人应招标人的邀请，根据招标的要求和条件，在规定的时间内向招标人发盘，争取中标并与其签约的行为。

提示

招标与投标实际上是一笔交易中缺一不可的两个方面。

在当前的国际招投标业务中，招标人往往是货物（或劳务）的买方，而投标人则往往是货物（或劳务）的卖方，具有竞卖性质。然而，这并不意味着卖方不可以充当招标人。由于目前国际商品交易市场基本上是买方市场，因此买方进行招标比较多见。

7. 对销贸易

对销贸易是将进口与出口紧密结合起来的一种贸易方式，买卖双方必须相互购买或交换对方的产品，或者一方提供产品和技术时，另一方必须用另外的产品、劳务等给予支付，因而无须直接使用外汇。目前，国际上流行的对销贸易方式较多，例如，易货（Barter）、互购（Counter Purchase，又称"平行贸易"）、补偿贸易和国际贸易证书等。

其中，补偿贸易（Compensation Trade），是指在信贷基础上进口机器设备、技术或劳务后，在约定的期限内，不用现汇而用商品或劳务分期清偿货款。主要形式包括：①直接产品补偿。②间接产品补偿。③劳务补偿。④综合补偿，即对引进的技术、设备价款，部分用产品，部分用货币偿还。偿还的可以是直接产品，也可以是间接产品；偿还的货币可以是现汇，也可以以贷款方式后期偿还。这种办法的偿付更为灵活，更为方便，是补偿贸易的变通形式。

 提示

补偿贸易是20世纪60年代开始发展起来的，由于这种贸易方式对双方均有好处，我国从1978年开始开展这种贸易。它也是我国利用外资的一种重要方式。

8. 加工贸易

加工贸易是指从境外保税进口全部或部分原辅材料、零部件、元器件、包装物料（以下称进口料件），经境内企业加工或装配后，制成品出口的经营活动，主要包括来料加工和进料加工。

来料加工包括来料加工和来件装配两个方面，是指由外商提供一定的原材料、零部件、元器件，由加工方按对方的要求进行加工或装配，成品交由对方处置，加工方按照约定收取工缴费作为报酬。

提示

来料加工虽然有原材料、零部件的进口和成品的出口，但却不属于货物买卖，因为原材料、零部件以及成品的所有权始终属于委托人，并未发生转移，加工方只提供劳务并收取约定的工缴费。因此，从这个意义上说，来料加工应该属于劳务贸易范畴，加工方实际上为外方提供了劳务。

进料加工一般是指从国外购进原料，加工生产出成品再销往国外。由于进口原料的目的是鼓励出口，因此进料加工又称为"以进养出"。

提示

进料加工与来料加工的主要区别：一是来料加工在加工过程中料件和成品均未发生所有权的转移，而在进料加工中却发生了所有权的转移；二是在来料加工中，加工方不需考虑原材料的来源和成品的销售,而在进料加工的方式下,加工方要自负盈亏、自担风险;三是来料加工赚取的是工缴费,进料加工赚取的往往是更丰厚的加工利润。

1.1.4 国际贸易的产生与发展

1. 国际贸易的产生

国际贸易是人类社会发展到一定历史阶段的产物。生产力的发展和社会分工的扩大是对外贸易产生的根本原因。社会生产力的发展、剩余产品的出现、社会分工的扩大,以及国家的形成是对外贸易产生的基础。

原始社会中后期,发生了三次社会大分工。人类社会的第一次社会大分工,是畜牧业和农业之间的分工,它促进了生产力的发展,使产品有了剩余,在氏族公社或部落之间开始有了剩余产品的相互交换,尽管这只是偶然的物物交换。人类社会的第二次社会大分工,是手工业从农业中分离出来,促进了以直接交换为目的的商品生产。它不仅进一步推动了社会生产力的进步,而且使社会相互交换的范围不断扩大,最终导致了货币的产生,产品之间的相互交换,逐渐演变为以货币为媒介的商品流通。随着商品流通的扩大,直接引发了第三次社会大分工,即手工业与商业的分离,出现了不从事生产而专门从事商品交易的商人阶层,这促进了商业的发展,使得远距离的交换甚至国际贸易成为可能。在生产力不断进步的基础上形成了财产私有制。原始社会末期,氏族公社逐渐分化瓦解并形成了独立的国家,这时,商人的交易活动开始超越国家和地域的界限,形成了最早的对外贸易。

2. 国际贸易的发展

(1) 奴隶社会的国际贸易。

早在公元前 2000 多年,由于水上交通便利,地中海沿岸的各奴隶社会国家之间就已开展了对外贸易,出现了腓尼基(Phoenicia)、迦太基(Carthage,今突尼斯境内)、亚历山大、希腊、罗马等贸易中心。但是总体而言,奴隶社会中自然经济占统治地位,生产的直接目的主要是为了消费。商品生产在整个经济生活中的地位和作用微不足道,进入流通的商品很少,加上生产技术落后,交通运输工具简陋,各个国家对外贸易的规模和范围受到很大限制。就贸易的商品结构来看,奴隶是当时欧洲国家对外交换的主要商品。希腊雅典那时就是贩卖奴隶的一个中心。此外,奴隶主阶级需要的宝石、香料、各种织物和装饰品等奢侈消费品,也在对外贸易中占有重要地位。贸易的地域范围仅局限于地中海和黑海沿岸,以及欧洲大陆和西北欧的少数城市和岛屿。

(2) 封建社会的国际贸易。

封建社会取代奴隶社会之后,国际贸易又有了较大发展。尤其是从封建社会的中期开始,实物地租转变为货币地租,商品经济的范围逐步扩大,对外贸易也进一步增长。到封建社会的晚期,随着城市手工业的进一步发展,资本主义因素已经开始孕育和生长,商品经济和对外贸易都比奴隶社会有了明显的发展。

① 公元 100 年前后,地中海的罗马帝国、中东的帕提亚帝国、印度的贵霜帝国以及中国的汉王朝分别发展成为各地区强大的政治经济实体,"国际贸易"比较兴盛。这时,交换物品有罗马的亚麻布、金银铜锡、玻璃,印度的香料宝石和中国的丝绸等;主要通道是欧亚

大陆之间的"丝绸之路"。从公元 2 世纪末开始，世界各文明古国均不同程度地出现了动荡。汉王朝和罗马帝国相继灭亡，东西方贸易也随之断断续续、时盛时衰。

② 中世纪后期西欧的势力扩张是对国际贸易的第一次大推动。由于地理和资源的限制，此时，西欧人的扩张除了为上帝服务征服异教徒之外，寻找黄金和获取资源也成为其非常强烈的动机。从 11 世纪到 13 世纪，十字军通过多次东征夺得了地中海，这不仅打通了地中海的通道，更重要的是将西欧融入了世界贸易版图。

③ 主要贸易区。早期的国际贸易中心位于地中海东部，君士坦丁堡、威尼斯和北非的亚历山大是中世纪著名的三大国际贸易中心。11 世纪以后，随着意大利北部和波罗的海沿岸城市的兴起，国际贸易的范围逐步扩大到地中海、北海、波罗的海和黑海沿岸。到了 14 世纪，整个欧洲已形成了几个主要的贸易区，其中，地中海贸易区：以意大利的威尼斯、热那亚和比萨等城市为中心；北海和波罗的海贸易区：以布鲁日等城市为中心；俄罗斯贸易区：包括基辅、诺甫哥罗得、车尔尼哥夫、彼列雅斯拉夫尔等城市；汉萨贸易区：包括德意志北部和北欧斯堪的纳维亚地区；不列颠贸易区：以伦敦等城市为中心。亚洲也形成了几个比较重要的贸易区，其中，东亚贸易区：以中国、朝鲜和日本为主；东南亚贸易区：包括占婆（今越南南部）和扶南（今柬埔寨）等国；南亚贸易区：以印度为主。这些贸易区不仅有大量的区内交易，相互之间的贸易往来也很密切。

④ 贸易的商品结构。丝绸、珠宝、香料，西方国家的呢绒、酒等奢侈消费品仍是主要贸易商品。手工业品的比重有了明显的上升。

⑤ 贸易的作用。由于交通运输工具，主要是船只有较大进步，使得国际贸易的范围扩大了，更多国家和地区的产品进入了国际贸易领域。不过总体说来，由于自然经济仍占统治地位，封建社会的国际贸易在经济生活中的作用还相当小。

提示

前资本主义时期国际贸易有如下特点。国际贸易建立在自然经济基础上，按自愿交换原则进行，只是人们经济生活中的一个补充，地位并不重要。贸易主要局限于各洲之内和欧亚大陆之间，不连续、不稳定。

(3) 资本主义时期的国际贸易。

在资本主义生产方式下，国际贸易范围急剧扩大，贸易活动遍及全球，贸易商品种类日益增多。国际贸易成为影响世界经济发展的一个重要因素。而在资本主义发展的各个不同历史时期，国际贸易的发展又各具特征。

① 资本主义生产方式准备时期的国际贸易（16 世纪至 18 世纪中叶）。

地理大发现及其对国际贸易的影响。15 世纪之前，欧洲城市的兴起和农业手工业生产力的提高促进了生产分工，也进一步促进了商品市场的发展。商品经济的发展又需要更大规模的贸易。然而，14 世纪末到 15 世纪这段时间里，由于土耳其奥斯曼帝国的崛起及其对小亚细亚、巴尔干半岛及埃及的占领，从欧洲通往波斯、印度和中国的商路几乎中断了。但传播上帝福音的宗教动力、通过贸易牟利的强烈欲望、开辟新通道的迫切需要，加上新的航海设备与技术，使得欧洲人在 15 世纪末至 16 世纪初的地理大发现成为必然。地理大发现使欧洲的经济发生了巨大的变化，出现了商业革命，其表现为两点。A. 商业性质、经商技术的巨大变化。贸易的扩大促进了专为交换而进行的生产专业化分工，巨大的贸易利润进一步推动了为牟利而进行的国际贸易。B. 商业组织的巨大变化。为了适应新的大规模的贸易，欧洲建立起专门在全世界从事贸易活动的新型合股公司。这种合股公司将投资与经营的职责分开，从而有利于动员大量的甚至闲散的资本从事种种商业投机。这些公司中最著名的有荷兰、英国的东印度公司和荷兰、法国的西印度公司。至此，国际贸易不再是少数商人单枪匹马的行为，而成为一个以牟利为目的的巨大产业。地理大发现引发了长达两个世纪的殖民扩张和殖民贸易，推动了洲与洲之间的贸易，从而初步形成了一个以西欧为中心的世界市场。这一时期的基本贸易流向：A. 欧洲向美洲出口纺织品、金属制品、家具、酒和其他消费品等制成品，B. 从非洲输往美洲的主要是奴隶，C. 从美洲流向欧洲的商品主要是黄金、白银、烟草、棉花、粮食、海洋产品和糖等，D. 欧洲从亚洲及东方各国进口的主要产品仍然是香料、丝织品、茶、咖啡等。

地理大发现之后的国际贸易特点有4点。A. 国际贸易已从单纯的互通有无变成了以牟利为主的商业行为。B. 决定贸易结构和流向的因素仍然是各国的自然资源和生产技能的差异。工业原料和城市居民消费品的比重上升，但工业原料和制成品仍不是主要的贸易商品。殖民扩张以后，除了香料、丝绸等特产和手工业产品之外，一些从未进入欧洲市场的新商品，如烟草、蔗糖、可可、咖啡、茶叶等殖民地种植园中生产的大宗消费品也都加入到国际商品流通中。C. 主要贸易方式是暴力控制下的殖民贸易。殖民主义者用武力、欺骗和贿赂等办法，实行掠夺性的贸易，把广大的殖民地国家卷入国际贸易中。国际贸易的范围和规模空前扩大了。D. 世界贸易中心转移。伊比利亚半岛上的里斯本、塞维利亚，大西洋沿岸的安特卫普、阿姆斯特丹、伦敦等地取代远离大西洋海上商路的威尼斯、亚历山大和君士坦丁堡，成为世界贸易中心。

② 资本主义自由竞争时期的国际贸易（18世纪60年代至19世纪70年代）。

这一时期欧洲国家先后发生了产业革命和资产阶级革命。国际分工和国际贸易逐渐成为现代经济中必不可少的一部分。世界日益成为一个经济整体，并逐步形成了一个由西欧、北美国家生产和出口制成品，其余国家生产和出口初级产品并进口欧美制成品的国际分工和国际贸易格局。国际贸易的基础已不仅仅是各国的天然资源，各国因生产技术的不同而产生的成本差异成为决定贸易模式的重要因素。在此期间，国际贸易特点如下所述。

国际贸易量显著增长。此前从18世纪初到19世纪初的将近100年里，国际贸易总额增长了1倍多。然而，仅1800—1870年国际贸易量增长约10倍。

英国在世界贸易中占据垄断地位。依靠产业革命所造就的雄厚技术基础，英国取得世界工业的霸主地位，成为名副其实的"世界工厂"。依靠强大的海运业，英国从其他国家获得了廉价的原料，控制着其他国家的贸易往来，并取得了巨额的贸易收入。英国在世界工业和贸易中的垄断地位，使伦敦成了国际金融中心，英格兰银行成为各国银行的银行，英镑成为世界货币，直接影响着全世界的信用体系。

国际贸易的商品结构和流向都发生了重大变化。A. 18世纪末以前的大宗商品交易，如香料、茶叶、丝绸、咖啡等，虽然绝对量在增加，但所占份额已经下降，工业制品的比重显著上升。在工业品的贸易中以纺织品的增长最为迅速并占有重要地位。B. 棉花、黄麻、生丝、烟草及矿产原料等大宗工业原料逐渐取代香料、茶叶成为殖民地和半殖民地国家的主要出口产品。C. 机器设备和金属制成品在国际贸易中的地位迅速上升。随着英法等国的殖民扩张和资本输出，铁轨、机车、蒸汽机、矿山机械等机器设备成为重要的贸易产品。D. 农产品特别是谷物贸易大大增加。产业革命使得欧洲各国农产品的相对成本和价格都大大提高,美国、加拿大和澳大利亚的大规模农业生产又大大降低了成本。作为比较优势和专业化分工的结果,加上工业发展的需求和运输费用的降低,农产品贸易占国际贸易的比重也增加了。粮食占当时国际贸易额的10%左右。

国际贸易的方式有了进步。国际定期集市的作用下降,现场看货交易逐渐转变为样品展览会和商品交易所,根据样品来签订合同。1848年美国芝加哥出现了第一个谷物交易所,1862年伦敦成立了有色金属交易所,19世纪后半期在纽约成立了棉花交易所。期货交易也已经出现,小麦、棉花等常常在收获之前就已经售出,投机交易应运而生。

国际贸易的组织形式有了改进。享有特权的外贸公司(如东印度公司等)逐步让位于在法律上负有限责任的股份公司,对外贸易的经营组织日趋专业化,成立了许多专门经营某一种或某一类商品(如谷物、纺织品、金属等)的贸易企业。同时,为国际贸易服务的组织也趋向专业化,出现了专门的运输、保险公司等,银行信贷业务在国际贸易中也开始广泛运用。

政府在对外贸易中的作用出现了转变。自由竞争时期的资本主义在国内主张自由放任,反映在对外贸易上,就是政府对具体经营的干预减少;在国际上,为了调整各国彼此间的贸易关系,协调移民和其他待遇方面的问题,国家之间开始普遍签订贸易条约。这些条约最初是为了能公平竞争、发展相互的贸易往来,后来逐步变成在落后国家谋求特权、侵略扩张的工具。在这一时期,英国作为"世界工厂"的地位确立后,大力鼓吹和实行自由贸易政策。这对推动英国的出口起了很大的作用,形成了19世纪50年代以后的又一次工业增长高潮。而在德国和美国等后起的资本主义国家中,政府则极力充当民族工业发展的保护人,采用各种措施限制进口,抵制英国产品的强大竞争。

③ 垄断资本主义时期的国际贸易(19世纪70年代至第二次世界大战期间)。

国际贸易仍在增长,但增长速度下降,贸易格局和商品结构发生了重大变化。随着世界工业生产的迅猛发展,工业制成品特别是重工业产品以及有色金属、稀有金属、石油等矿产原料在国际贸易中的比重大大提高;同时,由于大城市的发展,食品贸易的比重也有所上升。在这一时期内,美国和德国迅速崛起,而英国则相形见绌,其作为"世界工厂"的地位已逐渐丧失。国际贸易由一国垄断变为多国垄断。

国际贸易使经济落后的国家纷纷卷进国际分工体系。

垄断势力加剧竞争,国际贸易受到冲击。

(4) 当代的国际贸易。

第二次世界大战结束以来,世界进入了一个相对稳定的和平与发展时期,经济秩序改善。科技革命、制度变迁和经济发展使经济全球化成为主要趋势。作为经济全球化的基础,国际贸易与投资的自由化在20世纪末得到了很大的发展。

① 国际贸易规模空前扩大,增长速度也超过了世界生产的增长速度。

② 国际贸易的商品结构发生了重大变化。工业制成品的比重相对上升;资本密集型产品的比重上升,高技术密集型产品所占比重越来越大。在初级产品贸易中,石油贸易增长迅速,而原料和食品贸易发展缓慢。

③ 国际贸易地理分布和贸易地位发生了变化,越来越多的国家参与国际贸易,各种类型国家的对外贸易都有了不同程度的增长。而增长最快的仍是发达国家相互间的贸易,发达国家与发展中国家之间的贸易规模则相对缩减了。

④ 国际服务贸易迅速发展。

⑤ 跨国公司的迅速发展推动了国际贸易的快速增长。

⑥ 区域集团内部贸易日益活跃。

⑦ 关贸总协定（GATT）的缔结和 WTO 的建立，对第二次世界大战后国际贸易政策和体制的调整，对贸易自由化的推动和多边贸易体制的确立，均起了十分重要的促进作用。

⑧ 国际贸易方式多样化发展。除了包销、代理、寄售、招标、拍卖、展卖等传统的国际贸易方式外，又出现了补偿贸易、加工装配贸易和租赁贸易等新的贸易方式，扩大了国际贸易的范围，增加了国际贸易的深度，使发达国家和发展中国家都能借助不同的贸易方式加入国际分工体系和国际贸易合作阵营。

1.1.5 国际贸易的特点及其适用的法律与惯例

1. 国际贸易的特点

（1）国际贸易是一项涉外经济活动，属跨国（跨地区）交易，情况错综复杂。

（2）受国际政治、经济形势和各国政策等的影响，国际贸易的不稳定性更加明显。

（3）国际贸易风险大。国际贸易成交量一般都比国内贸易大，而且交易的商品往往需要通过长途运输，加上国际市场情况复杂、千变万化，从而更加大了国际贸易的风险。

（4）国际贸易线长面广，中间环节多。

2. 国际贸易适用的法律与惯例

（1）国际条约。

国际条约是国际贸易所应遵守的重要法律之一。一般说来，国际条约只对缔约国有约束力。但许多贸易方面的国际条约的规定，通常能反映出市场经济的一般规律，被认为属于国际贸易业务应予遵守的规范，属于直接调整国际商事交往活动的贸易规则，因而往往也会得到非缔约国的遵守。国际商事中的主要国际条约参见表 1-6。

表 1-6 国际商事中的主要国际条约

适用范围	公约全称（简称）	通过地点（新修地）	通过时间（新修订时间）	生效时间（新修订生效时间）	对华生效时间（新修订对华生效）
国际货物买卖	联合国国际货物销售合同公约（公约）	维也纳	1980.04.11	1988.01.01	1988.01.01
	联合国国际货物买卖时效期限公约	纽约	1974.06.12	1988.08.01	
国际货物运输	统一提单的若干法律规则的国际公约（海牙规则）	布鲁塞尔	1924.08.25	1931.06.02	*
	有关修改统一提单若干法律规则的国际公约的议定书（维斯比规则）	维斯比**	1968.02.23	1977.06.23	*

续

适用范围	公约全称（简称）	通过地点（新修地）	通过时间（新修订时间）	生效时间（新修订生效时间）	对华生效时间（新修订对华生效）
国际货物买卖	联合国海上货物运输公约（汉堡规则）	汉堡	1978.03.31	1992.11.01	*
	联合国全程或部分海上国际货物运输合同公约（鹿特丹规则）	鹿特丹	2008.12.11	尚未生效	*
	统一有关国际航空运输某些规则的公约（华沙公约）	华沙	1929.10.12	1933.02.13	1958.10.18
	修改华沙公约的议定书（海牙议定书）	海牙	1955.09.28	1963.08.01	1975.11.18
	国际铁路货物联运协定（国际货协）		1951.01.01（1971.04.15）	1951.11.01（1974.07.01）	1953.07（1974.07.01）
	铁路货物运输国际公约（国际货约，CIM）	伯尔尼	1961.02.25（1970.02.07）	（1975.07.01）	*
	联合国班轮公会行动守则公约	日内瓦	1974.04.06	1983.10.06	1983.10.06
国际支付	汇票、本票统一法公约	日内瓦	1930.06.07	1934.01.01	
	解决汇票、本票法律冲突公约	日内瓦	1930.06.07	1934.01.01	
	统一支票法公约	日内瓦	1931.03.19	1934.01.01	
	解决支票法律冲突公约	日内瓦	1931.03.19	1934.01.01	
贸易管理	建立世界贸易组织协定（马拉喀什协定）	马拉喀什	1994.04.15	1995.01.01	2001.12.11
贸易争端解决	承认和执行外国仲裁裁决的公约（纽约公约）	纽约	1958.06.10	1959.06.07	1987.01.22
	关于争端解决规则与程序的谅解（DSU）	马拉喀什	1994.04.15	1995.01.01	2001.12.11
国际投资	解决一国与他国国民投资争议的公约（华盛顿公约）	华盛顿	1965.03.18	1966.10.04	1993.01.07
	多边投资担保机构公约（汉城公约）	汉城***	1985.10.11	1988.04.12	1988.04.30

续

适用范围	公约全称（简称）	通过地点（新修订地）	通过时间（新修订时间）	生效时间（新修订生效时间）	对华生效时间（新修订对华生效）
知识产权	保护工业产权巴黎公约（巴黎公约）	巴黎（斯德哥尔摩）	1883.03.20（1967.07.14 修订 1979.10.02 修正）	1884.07.06（1967.07.14）	(1985.03.19)
	商标国际注册马德里协定（马德里协定）	马德里（斯德哥尔摩）	1891.04.14（1967.07.14 修订 1979.10.02 修正）	1892.07（1970.09.19）	(1989.10.04)
	伯尔尼公约	伯尔尼（巴黎）	1886.09.09（1971.07.24）	1887.12.05	(1992.10.15)
	世界版权公约	日内瓦	1952.09（1971.07.24）	1955.09.16（1974.07.10）	(1992.10.30)

注：空白栏目表示尚未生效或资料空缺。＊中国未加入，不是缔约国。＊＊准备工作完成地。＊＊＊现改名为首尔。

(2) 国际贸易惯例。

国际贸易惯例没有统一的概念。传统含义：国际贸易惯例是在一定范围内的人们经长期反复实践而形成的某种商业方法或通例或行为规范，其内容确定，被许多国家和地区所认可，必须在一定范围内众所周知，具有普遍约束力。现代含义：国际贸易惯例是在长期的国际贸易实践中形成的一些规范化、成文化并具有一定确定性和指导意义的行为规范及习惯做法，在当事人意思自治的原则下起着一定的指导和制约作用。国际贸易惯例的传统含义强调国际贸易惯例必须具有普遍约束力，具备"形成已久的""众所周知的"的条件，忽视了现代含义强调的"当事人意思自治"原则。

有关结算和贸易术语、由国际商会完善和解释编纂的主要国际贸易惯例参见表 1-7。

表 1-7　由国际商会完善和解释编纂的主要国际贸易惯例

适用范围	编号	简称	全称	生效时间
信用证	600	UCP 600	跟单信用证统一惯例	2007.07.01
	600	eUCP 1.1	跟单信用证电子交单统一惯例	2007.07.01
	725	URR725	跟单信用证项下银行间偿付统一规则	2008.10
	745	ISBP745	关于审核跟单信用证项下单据的国际标准银行实务（2013年修订本）	2013.04.17
	590	IPS 98	备用证惯例	1999.01.01

续

适用范围	编号	简称	全称	生效时间
保函	325	URCG 325	合约保函统一规则	1978.06.28
	758	URDG758	见索即付保函统一规则	2010.07.01
	524	URCB 524	合约保证统一规则	1994.01.01
托收	522	URC 522	ICC 托收统一规则	1996.01.01
跟单信用证、托收	577	DOCDEX	跟单票据争议解决专家意见规则	2002.03.15
贸易术语	715	INCOTERMS 2010	2010 年国际贸易术语解释通则	2011.01.01
	723	INCOTERMS 2020	2020 年国际贸易术语解释通则	2020.01.01

提示

国际贸易惯例是在当事人意思自治的原则基础上采用的。

具备法律拘束力的条件：在合同中明文规定适用某种国际贸易惯例；在合同中没有明文规定适用某种国际贸易惯例，也没有明文排除适用某种国际贸易惯例，在合同执行中发生争议时，受理该争议案的司法和仲裁机构也往往会引用相关的国际贸易惯例进行判决或裁决，这是因为，通过各国法律或国际公约赋予了它法律效力，被引用的国际贸易惯例就具备法律拘束力。

不具备法律拘束力的条件：在合同中明文规定排除适用某种国际贸易惯例；在合同中明文规定适用某种国际贸易惯例，但买卖双方有权在合同中作出与某项惯例规定不符的规定，只要合同有效成立，合同效力高于惯例的效力，买卖双方要履行合同规定义务。发生争议时，法院和仲裁机构会维护合同的有效性。

(3) 国内法。

由于国际条约和国际贸易惯例并不能包括国际贸易各个领域中的一切问题，而且个人或企业在从事超越国境的国际贸易活动时，也可能选择某一国家的国内法为准则，因此，国内法在国际贸易活动中仍占有一定的重要地位。

目前，我国的国内法所涉及的有关国际贸易的主要法律有：与国际货物买卖相关的是《中华人民共和国合同法》(1999 年 10 月 1 日起施行)；可适用于国际货物运输与保险的是《中华人民共和国海商法》(1993 年 7 月 1 日起施行)；可适用于国际货款收付的是《中华人民共和国票据法》(1996 年 1 月 1 日起施行，2004 年 8 月 28 日修正)；可适用于对外贸易管理的是《中华人民共和国对外贸易法》(1994 年 7 月 1 日起施行，修订本于 2004 年 7 月 1 日起施行)、《中华人民共和国海关法》(1987 年 7 月 1 日起施行，2017 年 11 月 4 日第五次修正)、《中华人民共和国进出口商品检验法》等；可适用于国际商事仲裁的是《中华人民共和国仲裁法》(1995 年 9 月 1 日起施行，2017 年 9 月 1 日第二次修正)。

提示

国际条约、国际贸易惯例和国内立法的关系：国际条约和国内立法的关系，不同法律制度有不同的规定。国际条约从普遍意义上对国际贸易规范方面发挥着重要作用。一般来说，在许多国家，国际条约有自动生效和非自动生效之分。自动生效的国际条约，一经该国批准，自动产生效力，当事人可直接援引。对于非自动生效的国际条约，即使该国批准，也不对其居民产生直接约束力，只有经该国立法机关制定了有关实施该条约的法律后，才对其居民具有约束力。国际贸易惯例具有民间性质，多与当事人约定有关，不与国内法或国际条约相关，不需要国家立法机关的批准，而是遵循当事人意思自治原则，对国际贸易起着一定的指导和制约作用。

1.2 国际贸易理论概述

1.2.1 国际贸易理论构架

国际贸易理论通常分为"基本理论"和"贸易政策"两大部分，前者主要围绕着"贸易的成因"问题展开，后者主要围绕"贸易的调整"和"贸易的协调"问题展开。

1. 关于国际贸易的成因

国际贸易产生的原因、发展和贸易利益是国际贸易理论研究的主要内容。国际贸易理论的发展史实质上就是对贸易格局分布规律决定因素的判断和解释过程，从绝对优势理论、比较优势理论、资源禀赋理论到新贸易理论，再到新新贸易理论，无不体现对影响贸易流动规律的主导因素的探索和验证。

2. 关于国际贸易的调整

国际贸易的调整问题是指从某一国的角度来看，应采取何种贸易政策以及何项具体的措施，从而调整本国的对外贸易，获得贸易利益。关于贸易政策主张的理论基础主要有早期的重商主义、李斯特的保护幼稚产业论、现代的凯恩斯贸易保护主义等。关于贯彻贸易政策主张的具体措施，主要有关税措施、非关税措施。关于贸易政策效应的分析，主要是分析贸易政策措施对国内市场价格、国内生产、国内消费的影响，以及对各种生产要素收益、各种集团利益和整个社会福利的影响。如果是贸易大国，还要分析其贸易政策对国际市场、贸易条件的影响。自20世纪70年代以来，由于产业组织理论和博弈论的发展，不完全竞争理论、博弈论被引入贸易政策分析，从而大大丰富了这方面的研究。

3. 关于国际贸易的协调

国际贸易不仅存在各国自己的"调整"问题，还存在国与国之间的"协调"问题。任何一个国家进行贸易必然牵涉其他经济体的利益。在经济全球化的今天，国际贸易政策的调整需要考虑本国立场和其他经济体的利益，必要时要在全球范围或区域范围内进行协调。"贸易协调问题"涉及：国际贸易条约与协定，尤其是 GATT 和 WTO 的相关协定；区域性自由贸易与经济合作；国际贸易中的南北关系；国际经济贸易新秩序。相关协调理论包括关税同盟理论、大市场理论、协议性国际分工理论、综合发展战略理论等。

1.2.2 国际贸易理论的发展趋势

1. 贸易理论不断创新，新理论也不断产生

古典国际贸易理论受制于众多的假设条件，涉及的是纯贸易（即物与物交换关系），视角较小。随着进一步发展，国际贸易越来越复杂，例如，许多货物买卖与服务、技术转让融为一体；有些行为已经很难分得清楚到底是国际贸易、国际投资还是国际经济合作。例如，国际军火交易中使用的"抵消交易"渗透到了生产领域，实际上更应该属于国际经济合作。国际贸易理论也有了较大创新，新理论也不断产生，形成一个庞大、复杂的理论群。

2. 贸易理论在差异化发展中有其共性

新贸易理论数目众多，有不同个性和适用性，但与古典理论相比，其共性如下所述。

（1）注入了新要素——除修正传统贸易理论分析的资本、劳动和自然资源要素的前提条件外，强调"人力资本""研究与开发""技术""管理"等要素对贸易决定的影响，并提出关于生产要素国际转移的理论观点。

（2）动态化——用动态的观点和方法分析贸易基础和贸易利益。例如，技术差距理论、产品生命周期理论、动态比较成本理论、代表性需求理论、国际贸易中的弹性机制理论等。

（3）贴近现实——新理论打破古典理论和新古典贸易理论关于完全竞争市场的假设，突破了只考虑物物交换的纯贸易关系。例如，规模经济与垄断优势理论、内部化理论、国际生产折中理论等。产业内贸易理论和贸易一体化理论注重技术和经济发展对静态比较优势的影响，对第二次世界大战以后产业内贸易激增现象及集团贸易内部化现象的解释很有新意。

（4）注重实证和政策效应分析——以国家干预和贸易保护为例，在20世纪30年代以前，侧重于贸易保护基本理论本身的研究，例如保护幼稚产业理论；之后，人们开始注重贸易保护政策的效应，例如有效保护理论，它为贸易保护程度的测定、关税结构的调整、适度保护、保护战略调整提供了理论依据。

3. 贸易理论与其他经济学理论融合

国际贸易理论和其他经济学理论融合，有助于深入分析国际贸易新现象，举例如下所述。

（1）产业组织理论和贸易理论的融合。产业组织理论考察的重点是厂商规模结构、形成这一结构的原因，以及结构对市场行为的影响。它以单个产业为研究对象，是研究产业内企业之间垄断与竞争关系的应用经济理论，实际上是价格理论的扩展和应用。现代产业组织理论不断发展，被引入国际贸易领域，与贸易理论融合，进而产生了新贸易理论，主要包括：垄断竞争模型、竞争优势理论、战略贸易理论、技术外溢与经济增长理论、现代跨国公司理论。其中，克鲁格曼（P. Krugman）、兰卡斯特（K. Lancaster）、赫尔普曼（E. Helpman）等人的研究最具有代表性。他们的研究是将规模经济和不完全竞争引入国际贸易理论中，打破了古典和新古典贸易理论中"完全竞争""规模报酬不变"两个关键假设，认为规模报酬递增即规模经济开辟了贸易利益的另一个重要的来源，比较优势和规模经济均是当今国际贸易的原因，前者可以用来解释完全竞争和规模报酬不变下的产业间贸易，后者可以用来解释不完全竞争和规模报酬递增下的产业内贸易。

（2）博弈论及冲突分析方法与贸易理论的融合。由于国际贸易壁垒的设置与超越，在国际贸易活动中往往引起贸易对手之间的博弈与冲突行为。在国际贸易领域中的对策研究已经成为新的研究热点。

（3）新制度经济学分析和贸易理论的融合。产权、寻租、交易费用和委托代理等概念的推广使贸易理论研究颇具新意。国际规则是一种"公共产品"，通过合理的国际产权安排可以降低国际贸易中的交易费用，反之则可能提高交易费用。国际贸易政策和壁垒的设计应当充分考虑制度因素，防止过度的寻租行为和低效率状态。此外，寻租理论涉及公共经济学，委托代理理论涉及信息经济学。目前，贸易方面的制度经济学研究还很少见。

1.3 国际贸易实务概述

1.3.1 国际贸易基本流程概述

1. 出口贸易基本流程概述

如图1.1所示，出口贸易的基本流程通常可分为3大阶段：出口交易前的准备阶段、商定出口合同阶段、履行出口合同阶段。

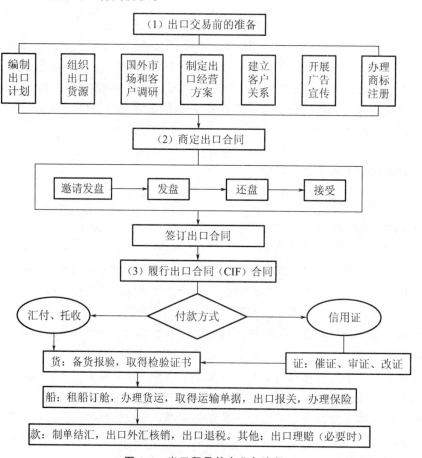

图1.1 出口贸易基本业务流程

2. 进口贸易基本流程概述

如图 1.2 所示，与出口交易类似，进口贸易的基本流程也包括 3 个阶段：进口交易前的准备阶段、商定进口合同阶段、履行进口合同阶段，但具体内容与出口交易有所不同。

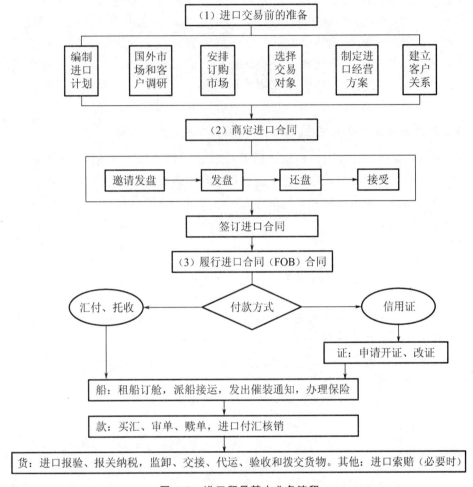

图 1.2　进口贸易基本业务流程

1.3.2　国际贸易实务的发展趋势

1. 出现智能化、电子化、无纸化、标准化和一体化的趋势

网络技术和电子商务对国际贸易运作的影响日益显现。EDI（Electronic Data Interchange，电子数据交换）为国际贸易带来了巨大的经济效益和社会效益：实现无纸贸易，变革贸易方式，降低成本费用，提高工作效率，从而增强竞争力，增加贸易机会。互联网的发展给 EDI 以新的活力，将国际贸易带进一个信息化的时代。电子商务如火如荼地发展起来了，它拓展了贸易空间，缩短了贸易时间，简化了贸易程序，使国际贸易活动发生了深刻变革。随着电子商务的快速发展和逐步规范，国际贸易实务正朝着智能化、电子化、无纸化、标准化和一体化的方向发展。

2. 重视简化国际贸易程序的趋势

在联合国欧洲经济委员会简化国际贸易程序工作小组等国际机构的努力下，出现了国际贸易程序简化趋势。例如，为了提高进出口通关效率，降低进出口检验费用，中国国务院将原国家进出口商品检验局、原卫生部卫生检疫局和原农业部动植物检疫局合并组建成国家出入境检验检疫局。"三检合一"，即把过去的三次申报、三次抽样检验，变为一次报验、一次取样、一次检验检疫、一次卫生除害处理、一次发证放行，形成一种高效率的通关制度。又如，中国建立了保税区空运"直通式"通关，本质上是机场监管仓库的功能被延伸至保税区内，检验检疫职能同时移入保税区，企业报关、报检、提货在区内实现了"一站式"作业。

3. 贸易秩序和做法逐步规范化，各国纷纷确立了执业准入制度

例如，随着中国外贸体制改革的深化和"入世"，中国的外贸管理体制发生很大的变化，外贸经营权从审批制过渡到登记制。拥有进出口经营权的企业正在增加，对外贸专业人员的需求更大，要求更高。国家也加强了对从业人员的管理，逐步完善了执业准入制度。

提示

外贸专业人员包括外销员、报关员、外贸跟单员、国际贸易业务员、货代员、单证员和报检员等。

外销员：是指从事货物、技术进出口和国际经济合作业务的部门经理（含）以下外经贸专业人员。取得外销员从业资格证书的人员，用人单位可聘任其为助理国际商务师或其他经济系列初级专业技术职务。

报关员：代表企业向海关办理进出口货物报关、纳税等海关事务的人员。在某些企业，报关员还承担向商检机构办理商品检验检疫手续、向国家外汇管理局办理外汇核销手续、向外经贸管理部门办理相应的审批手续等。

外贸跟单员：是指在进出口业务中，在贸易合同签订后，依据合同和相关单证对货物加工、装运、保险、报检、报关、结汇等部分或全部环节进行跟踪或操作，协助履行贸易合同的外贸业务人员。按业务进程分为三类：前程跟单，指"跟"到出口货物交到指定出口仓库为止；中程跟单，指"跟"到装船清关为止；全程跟单，指"跟"到货款到账，合同履行完毕为止。按业务性质可分为外贸跟单和订单跟单（生产跟单）。

4. 以商业信用为付款保证的支付方式成为国际贸易中的主流支付方式

长期以来，信用证（L/C）这种以银行信用作为付款保证的支付方式，一直处于主导地位。但进入20世纪90年代以后，付款交单（D/P）、承兑交单（D/A）以及赊销（O/A）等以商业信用为付款保证的非信用证支付方式很快成为国际贸易中的主流支付方式。据统计，欧美企业的信用证使用比例已降至10%～20%，亚太国家信用证的使用比例也在逐年下降，大多数业务已采用商业信用的支付方式，辅之以完善的风险管理。我国出口企业使用信用证支付的比例高达80%～90%，但近年来信用证的使用率也有所下降。

1.4 本课程的性质、研究对象、基本内容、重点及难点

1.4.1 本课程的性质

本课程以国际经济学的理论、原则为指导，着重研究国际商品交换的有关理论和实际业务，是主要面向非国际经济与贸易专业开设的专业基础课。学生在学习本课程后，应具备较系统的国际贸易理论和实务知识，从事国际贸易有关研究和管理工作的能力有所提高。

1.4.2 本课程的研究对象

本课程主要包括理论政策与实务两大部分。理论政策主要研究具有各自经济利益的国家或地区之间的商品交换活动的产生和发展过程，以及贸易利益的产生和分配，以揭示这种交换活动的特点和规律，而实务主要研究国际货物交换的具体条件和过程。

1.4.3 本课程的基本内容

(1) 第2章：国际贸易的成因。从国际分工入手，介绍国际分工与国际贸易成因的相关理论以及发展趋势。

(2) 第3章：国际贸易的调整。介绍国际贸易政策的含义、类型、历史演变及其理论基础，国际贸易政策措施以及主要政策措施的经济效应。

(3) 第4章：国际贸易的协调。主要介绍国际贸易在区域（全球）协调的相关知识，包括：区域经济一体化、WTO等重要协调组织，关税同盟理论、大市场理论、协议性国际分工理论、综合发展战略理论等。

(4) 第5章：国际服务贸易和技术贸易。简介国际服务贸易和国际技术贸易的概念、特征、类型和发展、《服务贸易总协定》(GATS) 和《与贸易有关的知识产权协定》(TRIPS)。

(5) 第6章：贸易术语。主要介绍《2010通则》中的11种贸易术语及其选用的相关知识。

(6) 第7章～第12章：国际贸易交易条件。涉及品名、品质、数量、包装、货物运输、保险、价格、国际货款支付以及商品检验、索赔、不可抗力和仲裁。

(7) 第13章～第14章：国际贸易合同的商定和履行。阐述基本业务流程、业务技巧和注意事项。

1.4.4 本课程的重点及难点

(1) 重点。主要国际分工与贸易理论，国际贸易政策中的关税与非关税措施，国际贸易协调组织与协调理论，贸易术语、国际贸易交易条件，国际贸易合同的商定与履行。

(2) 难点。对国际贸易成因的理解、主要贸易措施的经济效应分析、国际贸易协调理论、贸易术语、运输与保险、货款支付、国际贸易中的单证及其处理应用技巧。

1.5 本课程的教学进度建议与注意事项

1.5.1 本课程的教学进度建议

以 50 课时为例，教学进度建议见表 1-8。

表 1-8 国际贸易理论与实务教学进度建议

教学内容	课时分配		
	讲课	案例及习题	小计
第 1 章　导论	2	—	2
第 2 章　国际贸易的成因	6	1	7
第 3 章　国际贸易的调整	5	1	6
第 4 章　国际贸易的协调	3	1	4
第 5 章　国际服务贸易与技术贸易*	1	—	1
第 6 章　贸易术语	3	1	4
第 7 章　品名、品质、数量和包装*	1.5	0.5	2
第 8 章　国际货物运输	2.5	0.5	3
第 9 章　国际货物运输保险	2.5	0.5	3
第 10 章　商品的价格	1.5	0.5	2
第 11 章　国际货款收付	4.5	1.5	6
第 12 章　检验、索赔、不可抗力与仲裁	1.5	0.5	2
第 13 章　国际贸易合同的商定	2	1	3
第 14 章　国际贸易合同的履行	2	1	3
国际贸易业务综合案例	1.5	—	1.5
总复习	0.5		0.5
合计	40	10	50

注：带 * 号的内容可以引导学生课外自学为主。

1.5.2 本课程的教学注意事项

本课程教学过程中应坚持历史与逻辑、宏观分析与微观分析、静态分析与动态分析、定性分析与定量分析、规范分析与实证分析相统一，理论联系实际等原则，把握学科知识体系，在掌握基础知识的基础上有侧重地学习，尤其注意以下几点。

（1）知识点多而散，建议根据实际情况，精心设计教学过程，将学生自学与教师讲授有机地结合起来。

(2) 知识更新很快，由此在实际教学中要注重随时更新，并引导学生充分利用各种资源自主学习。

(3) 不同部分有不同的特点，贸易理论部分应该基于已有的经济学基础联系时代背景来理解，掌握理论的核心观点。政策部分时效性强，在掌握基本概念的基础上要注意联系当今国际贸易实际、熟悉国际贸易政策、把握未来调整方向。而实务部分操作性强，在掌握基础知识的基础上，建议多通过案例分析，熟悉业务，掌握基本技能。

本章小结

本章介绍国际贸易的基本概念、分类、贸易方式、产生与发展、特点以及业务流程，国际贸易理论与实务的发展趋势，课程研究对象、内容，教学进度及建议。

背景知识

1. 货物贸易统计

(1) 国际贸易标准分类。

国际贸易标准分类（Standard International Trade Classification，SITC），由联合国统计局主持制定、联合国统计委员会审议通过、联合国秘书处出版颁布，旨在统一各国对外贸易商品的分类统计和分析对比，是以常用方式报告贸易统计数字的系统。SITC采用经济分类标准，按照原料、半成品、制成品顺序分类，并反映商品的产业来源部门和加工阶段。

1948年，联合国统计委员会制定了SITC。欧洲经济委员会（欧洲海关同盟）于1950年12月15日在布鲁塞尔签订了《海关税则商品分类目录公约》，1972年修订后改名为《海关合作理事会商品分类目录》（简称CCCN）。1960年和1974年两次修订了SITC，修订本旨在使SITC和CCCN两种分类体系具有可比性和互换性。SITC第3、第4修订本分别于1994年和2006年通过。（资料来源：国家统计局国际司，2006-09-20）

(2) 商品名称及编码协调制度。

商品名称及编码协调制度（Harmonized Commodity Description and Coding System，HS），简称《协调制度》，是在CCCN和SITC的基础上，参照国际其他主要税则、统计、运输等分类目录制定的一个多用途的国际贸易商品分类目录。货物按其加工程度，依原材料、未加工产品、半成品和成品的顺序排列。世界海关组织每4~6年对HS编码进行一次调整。2017版《协调制度》共有242组修订，主要关注环境保护、生态可持续发展、科学技术的新变化、国际贸易新业态的发展等方面。2017年版《协调制度》修订目录，于2017年1月1日生效。

中国从1992年开始采用HS编制对外贸易统计，并增加了第7位和第8位编码，以便计税、统计及贸易管理。从2007年1月1日起，中国大范围调整《海关税则》，其税则号8位数与财政部关税税则委员会所调整编制的税目税率数据完全一致，并增加了海关申报所需的10位数编码。

(3) 按大类经济类别分类。

按大类经济类别分类（Classification by Broad Economic Categories，BEC），是国际贸易商品统计的一种商品分类体系，由联合国统计局制定、联合国统计委员会审议通过、联合国秘书处出版颁布。BEC是为按照商品大的经济类别综合汇总国际贸易数据制定的，是按国际贸易商品的主要最终用途，把SITC的基本项目编号重新组合排列编制而成。通过BEC分类，可以把按SITC编制的贸易数据转换为《国民经济核算体系》（SNA）框架下按最终用途划分的3个基本货物门类：资本品、中间产品和消费品，以便把贸易统计和国民经济核算及工业统计等其他基本经济统计结合起来用于对国别经济、区域经济或世界经济进行分析。BEC分类采用3位数编码结构。BEC第3次修订本把全部国际贸易商品分为7大类：食品和饮料、工业供应品、燃料和润滑油、资本货物（运输设备除外）及其零附件、运输设备及其零附件、其他消费品、未列名货品。19个基本类按最终用途汇总为资本品、中间产品和消费品3个门类。

2. 服务贸易统计

2002年由联合国、欧共体、国际货币基金组织（IMF）、经济合作与发展组织（OECD）、联合国贸发会议、世界贸易组织（WTO）共同编写的《国际服务贸易统计手册》面世，标志着国际服务贸易统计的基本框架确立。自此，各国以此手册为基准，加强服务贸易统计数据的采集与发布。目前已经有140多个国家和地区定期向国际组织报告国际收支项下的服务贸易统计数据，有25个国家（地区）开展了外国附属机构服务贸易统计。

3. 国民经济产业分类

目前，主要产业分类系统有北美产业分类体系（NAICS）、欧盟经济活动统计分类体系（NACE）、包含所有经济活动的国际标准产业分类体系（ISIC）和日本标准工业分类体系（JSIC）等。

联合国是最先着手设计也是最先完成国际标准分类的，ISIC就是联合国制定的国际通用统计分类之一，始建于1948年。1989年通过的ISIC第3次修订本（ISIC Rev.3）将包含所有经济活动的部门分为A～Q共17个部门（A为农业、狩猎业和林业，B为渔业……），其中包括99个行业类别。

中国的"国民经济行业分类与代码（GB/T 4754—2002）"是国家统计局根据ISIC制定的全社会经济活动的分类标准，分为20个门类，95个大类，396个中类，913个小类。2002年公布的《国民经济行业分类》（GB/T 4754—2002）与ISIC Rev.3相衔接，强调分类原则、分类方法的一致性，注重二者之间的相互转换。

4. 传统国际货物贸易统计体系和增加值贸易统计方法

传统国际货物贸易统计体系的特征：(1) 物品跨境原则；(2) 在地原则（原产地原则）；(3) 通关登记方式。即：以"国境"为统计范围、以"居民"为统计单位，按照原产地原则，统计出口货物"最终值"。

传统国际货物贸易统计体系制定的背景：第二次世界大战后形成了新的国际经济贸易秩序。该秩序以联合国经济社会理事会为核心，以国际货币基金组织、世界银行和关税贸易总协定为三大支柱产生了以联合国《国民经济核算体系》（SNA）为总框架的经济统计指标体系，国际货币基金组织《国际收支手册》（Balance of Payments Manual，BPM）所确定的国际收支统计制度和《国际贸易统计：概念与定义》（International Merchandise Trade Statistics: Concepts and Definitions，IMTS）所确定的国际贸易统计制度。SNA是所有涉贸统计核算文件的制度基础。在当时的经济环境下，生产要素国际流动较少，因此SNA确立了传统贸易核算框架的基本概念即居民（Residents）与非居民（Non-Residents），将参与交易的个人和机构区分为一个经济体的居民与非居民，作为划分国内经济活动和国外经济活动核算的依据，同时强调"原产地原则"。《国际收支手册》同样采用了原产地原则。在这种原则下，国际收支和跨境标准只记录居民和非居民之间的交易，其内涵都把跨境贸易（Cross-border trade）等同于国际贸易。

传统国际货物贸易统计体系面临的挑战：20世纪90年代之后，全球化进程大大加快，全球经济已经发生深刻的变化。一方面，外国直接投资迅猛发展，使得国际间的商业活动越来越无国界；另一方面，在国际分工基础上逐渐形成全球产业链，中间产品交易异常频繁。生产分工日益细化，生产工序不断增加，生产链条逐渐拉长，产品的不同生产环节分别在多个国家进行，形成"全球价值链"（Global Value Chains）。国际贸易的内涵和外延不仅仅停留在第二次世界大战结束后初期的货物的跨境流动。在此背景下，传统国际货物贸易统计体系重复统计中间产品、隐藏各国真实贸易模式、未能完整统计各国利润分配，不能反映全球价值链的全部过程和在不同国家不同生产环节增值的实际情况，无法真实地衡量一国的贸易竞争力、价值增值能力及在国际贸易中的利得，往往会高估发展中国家在国际分工中的贸易利得，无法全面体现贸易对就业和收入方面的作用，给各国政府制定贸易政策提供了不准确的信息。例如，中国、巴西及越南等许多新兴发展中国家都面临"本国存在巨额贸易顺差，利润却在他国，贸易摩擦不断加剧"等问题。

增加值贸易统计方法：统计产品价值链上的每一个环节的贸易流量净增加值。该方法是对传统贸易统计方法的补充和创新，并非颠覆。增加值指的是在生产过程中某一产品或服务价值的增加。一国贸易增加值可以分解为国内增加值和国外增加值两部分。按照增加值贸易统计方法计算：一国贸易总额＝本国增加值出口＋外国增加值的进口；一国贸易顺差＝本国增加值出口－外国的增加值进口。2011年6月，时任WTO总干事拉米提出应以"贸易增加值"作为新的贸易统计标准，并逐渐得到各国的认可和重视。2008年以来，WTO及OECD合作，致力于建立增加值贸易数据库，并于2013年5月发布。

资料来源：（1）海关统计资讯网 http://www.chinacustomsstat.com/CustomsStat/Html/news2.htm，2007-04-20。

（2）曾红艳. 全球价值链背景下国际贸易统计方法改革研究 [D]. 北京：外交学院，2012. 部分内容根据网络数据更新。

习 题

1. 单选题

（1）一国的进出口收支状况通常用（　　）来表示。
A. 对外贸易量　　　B. 贸易顺差　　　C. 有形贸易　　　D. 贸易差额

（2）能够比较确切地反映一国对外贸易实际规模，便于各个时期进行比较的是（　　）。
A. 贸易差额　　　　　　　　　　　B. 对外贸易额
C. 对外贸易商品结构　　　　　　　D. 对外贸易量

（3）以货物通过国境为标准统计进出口，称为（　　）。
A. 有形贸易　　　B. 无形贸易　　　C. 总贸易体系　　　D. 专门贸易体系

2. 多选题

(1) 国际贸易产生必须具备的条件有（   ）。
A. 良好的商业信誉   B. 剩余产品
C. 国家的产生   D. 专业和国际贸易知识

(2) 可列为专门进口的货物是（   ）。
A. 从海关保税工厂进口的货物
B. 供国内消费或使用而直接进入的进口货物
C. 从海关保税仓库退出后进入本国市场的货物
D. 从自由贸易区退出后进入本国市场的货物

3. 简答题

(1) 为什么说生产力的发展和社会分工的扩大是对外贸易产生的根本原因？三次社会分工与对外贸易的产生是什么关系？

(2) 前资本主义时期国际贸易的特点是什么？为什么该时期国际贸易未获得广泛发展？

(3) 资本主义生产方式准备时期、自由竞争时期、垄断时期国际贸易的特点各是什么？

(4) 当代国际贸易的主要特点是什么？

(5) 国际贸易适用的法律与惯例主要有哪三类？

(6) 本课程的主要研究对象、研究内容是什么？

4. 案例分析

(1) 请结合表1-9~表1-12，对世界和中国的贸易状况作简要分析，着重回答下列问题：中国货物贸易与服务贸易的发展速度、贸易差额等变化情况是否一致？中国对外贸易与世界贸易的发展趋势是否一致？

分析案例 1-1

表1-9 2014年货物贸易额居世界前十位的国家（地区）

排名	出口			进口		
	国家（地区）	出口额/10亿美元	份额/%	国家（地区）	进口额/10亿美元	份额/%
1	中国	2 342.3	12.3	美国	2 412.5	12.6
2	美国	1 620.5	8.5	中国	1 959.2	10.3
3	德国	1 494.6	7.9	德国	1 207.0	6.3
4	日本	690.2	3.6	日本	812.2	4.3
5	荷兰	672.7	3.5	英国	690.5	3.6
6	法国	580.5	3.1	法国	676.6	3.5
7	韩国	572.7	3.0	中国香港	600.6	3.1
8	意大利	529.9	2.8	荷兰	589.4	3.1
9	中国香港	524.1	2.8	韩国	525.5	2.8
10	英国	505.2	2.7	加拿大	480.0	2.5

资料来源：根据WTO网站 http://www.wto.org 整理。

表 1-10 2014 年服务贸易额居世界前十位的国家（地区）

排名	出口				进口			
	国家（地区）	出口额/10亿美元	份额/%	增长/%	国家（地区）	进口额/10亿美元	份额/%	增长/%
1	美国	686	14.1	3	美国	454	9.6	4
2	英国	329	6.8	4	中国	382	8.1	16
3	德国	267	5.5	5	德国	327	6.9	1
4	法国	263	5.4	4	法国	244	5.1	6
5	中国	222	4.6	8	日本	190	4.0	12
6	日本	158	3.3	19	英国	189	4.0	−1
7	荷兰	156	3.2	11	荷兰	165	3.5	8
8	印度	154	3.2	4	爱尔兰	142	3.0	16
9	西班牙	135	2.8	5	新加坡	130	2.7	0
10	爱尔兰	133	2.7	9	印度	124	2.6	−1

资料来源：商务部服务贸易司 http://tradeinservices.mofcom.gov.cn/index.shtml?method=view&id=284930《中国服务贸易统计 2015》。

表 1-11 2001—2018 年世界货物贸易额和服务贸易额　　　　　　　　　单位：10 亿美元

年份	货物贸易		服务贸易	
	出口额	进口额	出口额	进口额
2001	6 056	6 222	1 478	1 470
2002	6 374	6 524	1 570	1 546
2003	7 445	7 619	1 763	1 743
2004	9 014	9 299	2 125	2 095
2005	10 150	10 477	2 656	2 586
2006	11 862	12 132	3 005	2 899
2007	13 580	13 930	3 591	3 422
2008	15 645	16 089	4 033	3 912
2009	12 226	12 375	3 601	3 486
2010	15 035	15 161	3 914	3 817
2011	18 009	18 073	4 427	4 286
2012	17 976	18 127	4 547	4 437
2013	18 566	18 710	4 825	4 701
2014	18 579	19 101	5 139	5 044
2015	16 101	16 176	4 826	4 730
2016	15 738	15 777	4 808	4 694
2017	17 331	17 494	4 836	4 634
2018	18 538	18 758		

资料来源：货物贸易和 2016 年起的服务贸易数据来源于 UN Comtrade 数据库；其余年份的服务贸易数据来源于 WTO 网站。2018 年的服务贸易数据不全，只包含部分经济体的数据。

表 1-12　2001—2018 年中国货物贸易额、服务贸易额及其世界排名　　　　单位：亿美元

年份	货物贸易				服务贸易			
	出口额	出口排名	进口额	进口排名	出口额	出口排名	进口额	进口排名
2001	2 660.98	6	2 435.53	6	392	12	393	10
2002	3 255.96	4	2 951.70	6	462	11	465	9
2003	4 382.28	4	4 127.60	4	513	9	553	8
2004	5 933.26	3	5 612.29	3	725	9	727	8
2005	7 619.53	3	6 599.53	3	843	9	840	7
2006	9 689.36	3	7 914.61	3	1 030	8	1008	7
2007	12 200.59	2	9 561.15	3	1 353	7	1301	5
2008	14 306.93	2	11 325.62	3	1 633	5	1589	5
2009	12 016.47	1	10 055.55	2	1 436	5	1589	4
2010	15 777.64	1	13 960.02	2	1 783	4	1934	3
2011	18 983.88	1	17 433.95	2	2 010	4	2478	3
2012	20 487.82	1	18 181.99	2	2 016	5	2813	3
2013	22 090.07	1	19 499.92	2	2 070	5	3306	2
2014	23 422.93	1	19 592.35	2	2 191	5	4329	2
2015	22 734.68	1	16 795.64	2	2 186	5	4355	2
2016	20 976.37	1	15 879.21	2	2 095	5	4521	2
2017	22 633.71	1	18 437.93	2	2 281	5	4676	2
2018	24 942.30	1	21 349.83	2	2 668	5	5250	2

资料来源：根据 UN Comtrade 数据库和 http://data.mofcom.gov.cn/fwmy/overtheyears.shtml 整理

（2）试结合表 1-13～表 1-20，对 2008—2016 年中国货物贸易发展趋势作简要分析。

分析案例 1-2

表 1-13　2008—2016 年中国出口商品结构（按 SITC Rev. 4 分类）　　　　单位：亿美元

商品种类＼年份	2008	2009	2010	2011	2012	2013	2014	2015	2016
0 类	327.6	326.3	411.5	504.9	520.7	557.3	589.2	581.6	610.5
1 类	15.3	16.4	19.1	22.8	25.9	26.1	28.8	33.1	35.4
2 类	113.5	81.5	116.0	149.8	143.4	145.7	158.3	139.2	130.8
3 类	316.4	203.7	266.7	322.7	310.1	337.9	344.5	279.4	268.4
4 类	5.7	3.2	3.6	5.3	5.4	5.8	6.2	6.4	5.6
5 类	793.1	620.2	875.7	1 147.9	1 135.7	1 196.6	1 345.9	1 296.0	1 218.9
6 类	2 617.4	1 848.2	2 491.1	3 195.6	3 341.5	3 606.5	4 003.8	3 913.1	3 512.0
7 类	6 733.3	5 902.7	7 802.5	9 017.5	9 643.6	10 392.5	10 706.3	10 594.5	9 845.1
8 类	3 346.1	2 997.5	3 776.5	4 593.7	5 346.6	5 814.5	6 221.7	5 881.5	5 296.2
9 类	17.2	16.5	14.7	23.4	14.2	17.3	22.7	24.6	58.6

资料来源：商务部综合司 http://zhs.mofcom.gov.cn/table2017//tab02.pdf

表 1-14 2008—2016 年中国进口商品结构（按 SITC Rev.4 分类）　　单位：亿美元

年份 商品种类	2008	2009	2010	2011	2012	2013	2014	2015	2016
0 类	140.5	148.3	215.7	287.7	352.6	417.0	468.2	505.0	491.4
1 类	19.2	19.5	24.3	36.8	44.0	45.1	52.2	57.7	60.9
2 类	1 667.0	1 413.5	2 121.1	2 849.2	2 696.6	2 861.4	2 701.1	2 104.6	2 019.1
3 类	1 692.4	1 240.4	1 890.0	2 757.8	3 130.8	3 149.1	3 167.9	1 988.0	1 762.8
4 类	104.9	76.4	87.4	111.1	125.3	103.4	84.9	74.8	67.3
5 类	1 191.9	1 120.9	1 497.0	1 811.1	1 792.9	1 903.0	1 933.7	1 713.2	1 640.1
6 类	1 071.6	1 077.1	1 312.8	1 503.1	1 462.6	1 482.9	1 724.2	1 333.2	1 218.5
7 类	4 417.6	4 078.0	5 494.2	6 305.7	6 529.4	7 103.5	7 244.5	6 834.2	6 579.4
8 类	976.4	851.9	1 135.6	1 277.2	1 362.2	1 390.1	1 398.4	1 347.4	1 260.1
9 类	44.2	33.1	184.4	495.1	687.7	1 047.4	827.6	861.3	774.5

资料来源：商务部综合司 http://zhs.mofcom.gov.cn/table2017//tab03.pdf

表 1-15 2008—2016 年中国出口（按贸易方式分）　　单位：亿美元

	2008	2009	2010	2011	2012	2013	2014	2015	2016
总值	14 306.9	12 016.1	15 777.5	18 983.8	20 487.1	22 090.0	23 427.5	22 749.5	20 981.5
一般贸易	6 628.6	5 298.1	7 206.1	9 170.3	9 879.0	10 875.3	12 036.8	12 157.0	11 310.4
加工贸易	6 751.1	5 868.6	7 402.8	8 352.8	8 626.8	8 608.2	8 843.6	7 977.9	7 156.0
其他贸易	927.2	849.4	1 168.6	1 460.6	1 981.4	2 616.7	2 547.1	2 614.6	2 515.1

资料来源：商务部综合司 http://zhs.mofcom.gov.cn/table2017//tab04.pdf

表 1-16 2008—2016 年中国出口（按企业性质分）　　单位：亿美元

	2008	2009	2010	2011	2012	2013	2014	2015	2016
总值	14 306.9	12 016.1	15 777.5	18 983.8	20 487.1	22 090.0	23 427.5	22 749.5	20 981.5
国有企业	2 574.8	1 910.0	2 343.0	2 671.6	2 562.5	2 489.7	2 564.9	2 423.9	2 156.1
外商投资企业	7 904.9	6 720.7	8 622.3	9 952.3	10 226.2	10 442.6	10 747.3	10 047.3	9 169.5
其他企业	3 827.2	3 385.4	4 812.2	6 360.0	7 698.4	9 167.7	10 115.2	10 278.3	9 655.9

资料来源：商务部综合司 http://zhs.mofcom.gov.cn/table2017//tab05.pdf

表 1-17 2008—2016 年中国出口（按国别（地区）分）　　单位：亿美元

	2008	2009	2010	2011	2012	2013	2014	2015	2016
总值	14 306.9	12 016.1	15 777.5	18 983.8	20 487.1	22 090.0	23 427.5	22 749.5	20 981.5
1 亚洲	6 641.2	5 686.5	7 319.5	8 990.4	10 068.1	11 347.1	11 886.4	11 408.5	10 422.8
日本	1 161.3	978.7	1 210.4	1 482.7	1 516.2	1 502.8	1 494.5	1 356.7	1 292.6
韩国	739.3	536.7	687.7	829.2	876.8	911.8	1 003.2	1 013.0	937.1

续

	2008	2009	2010	2011	2012	2013	2014	2015	2016
中国香港	1 907.3	1 662.3	2 183.0	2 679.8	3 234.3	3 847.9	3 631.6	3 308.4	2 877.2
中国台湾	258.8	205.0	296.7	351.1	367.8	406.4	462.8	449.0	403.7
东盟*	1 143.2	1 062.6	1 381.6	1 700.7	2 042.5	2 440.7	2 718.2	2 774.9	2 559.9
新加坡	323.1	300.5	323.5	355.7	407.4	458.6	488.4	520.1	444.8
2 非洲	512.4	477.3	599.5	730.8	853.1	928.1	1 061.5	1 086.7	922.2
3 欧洲	3 434.2	2 646.5	3 551.9	4 135.7	3 964.0	4 057.7	4 388.9	4 033.4	3 896.7
欧盟**	2 948.9	2 373.2	3 125.6	3 575.2	3 352.6	3 389.8	3 709.0	3 558.8	3 390.5
英国	360.7	312.8	387.7	441.2	463.0	509.5	571.4	595.8	556.9
德国	592.1	499.2	680.5	764.0	692.1	673.5	727.2	691.6	652.1
法国	233.1	214.6	276.5	300.0	269.0	267.2	287.1	267.5	246.6
意大利	266.3	202.4	311.4	336.9	256.5	257.6	287.6	278.4	263.6
荷兰	459.2	366.8	497.0	595.1	589.0	603.2	649.3	594.6	574.5
俄罗斯	330.8	175.2	296.1	389.1	440.6	495.9	536.8	347.8	373.3
4 拉丁美洲	717.6	570.9	918.0	1 217.2	1 352.2	1 342.7	1 362.6	1 322.2	1 138.6
5 北美洲	2 742.7	2 385.5	3 058.4	3 500.8	3 801.1	3 978.4	4 262.8	4 393.3	4 126.3
加拿大	218.0	176.7	222.2	252.7	281.2	292.2	300.1	294.3	273.1
美国	2 523.8	2 208.0	2 832.9	3 244.5	3 517.5	3 684.3	3 960.9	4 095.4	3 850.8
6 大洋洲	258.8	249.3	330.2	408.9	448.7	446.2	465.5	505.4	475.1
澳大利亚	222.5	206.4	272.2	339.1	377.3	375.6	391.2	403.2	372.9

注：* 东盟：包括文莱、印度尼西亚、马来西亚、菲律宾、新加坡、泰国，1995 年后增加越南，1997 年后增加老挝和缅甸，1999 年后增加柬埔寨。

** 欧盟：1994 年前称欧共体，包括比利时、丹麦、英国、德国、法国、爱尔兰、意大利、卢森堡、荷兰、希腊、葡萄牙、西班牙。1995 年后增加奥地利、芬兰、瑞典。自 2004 年 5 月起，统计范围增加塞浦路斯、匈牙利、马耳他、波兰、爱沙尼亚、拉脱维亚、立陶宛、斯洛文尼亚、捷克、斯洛伐克。自 2007 年 1 月起，增加罗马尼亚、保加利亚。自 2013 年 7 月增加克罗地亚。

资料来源：商务部综合司 http://zhs.mofcom.gov.cn/table2017//tab06.pdf

表 1-18　2008—2016 年中国进口（按国别（地区）分）　　　　单位：亿美元

	2008	2009	2010	2011	2012	2013	2014	2015	2016
总值	11 325.7	10 059.2	13 962.5	17 434.8	18 184.1	19 499.9	19 602.9	16 819.5	15 874.2
1 亚洲	7 026.0	6 035.2	8 349.6	10 040.8	10 382.9	10 901.7	10 856.0	9 547.8	9 058.4
日本	1 506.0	1 309.1	1 767.4	1 945.6	1 778.3	1 622.8	1 630.0	1 429.9	1 455.3
韩国	1 121.4	1 025.5	1 383.5	1 627.1	1 687.4	1 830.7	1 901.9	1 745.2	1 588.7
中国香港	129.3	87.0	122.6	154.9	178.8	162.2	129.0	127.7	168.5

续

	2008	2009	2010	2011	2012	2013	2014	2015	2016
中国台湾	1 033.4	857.2	1 157.4	1 249.1	1 322.0	1 566.4	1 520.3	1 433.1	1 392.2
东盟*	1 170.0	1 067.5	1 547.0	1 930.2	1 958.9	1 995.4	2 083.1	1 946.8	1 962.2
新加坡	201.7	178.0	247.3	281.4	285.3	300.5	308.0	275.6	259.5
2 非洲	559.7	433.3	670.9	932.4	1 132.5	1 174.3	1 157.8	703.7	569.0
3 欧洲	1 680.5	1 620.4	2 178.7	2 871.7	2 866.9	3 241.9	3 363.6	2 932.1	2 877.0
欧盟**	1 327.0	1 277.7	1 684.2	2 112.4	2 121.5	2 200.6	2 442.6	2 088.8	2 079.7
英国	95.4	78.8	113.1	145.6	168.1	190.9	237.4	189.4	186.5
德国	557.9	557.2	742.6	927.4	919.2	942.0	1 050.3	876.2	860.7
法国	156.3	130.0	171.1	220.6	241.2	231.1	270.9	246.6	224.8
意大利	116.4	110.1	140.1	175.8	160.7	175.8	193.0	168.5	167.0
荷兰	53.0	51.2	64.8	86.6	87.0	98.3	93.5	87.9	97.9
俄罗斯	238.3	212.3	259.2	403.7	441.6	396.2	416.4	332.8	322.3
4 拉丁美洲	716.4	647.7	918.4	1 196.7	1 260.7	1 273.0	1 273.0	1 043.3	1 027.0
5 北美洲	940.7	895.6	1 170.8	1 443.5	1 561.7	1 778.7	1 842.9	1 750.8	1 528.1
加拿大	126.7	120.5	149.2	221.7	232.1	252.7	252.2	262.5	183.1
美国	813.6	774.6	1 021.0	1 221.3	1 329.0	1 525.8	1 590.1	1 487.4	1 344.0
6 大洋洲	401.8	426.6	660.2	889.3	916.7	1 085.6	1 096.2	830.3	803.8
澳大利亚	374.4	394.9	611.2	826.7	846.2	988.2	977.7	736.4	706.7

注：同表 1-17。

资料来源：商务部综合司 http://zhs.mofcom.gov.cn/table2017//tab07.pdf

表 1-19　2008—2016 年中国出口（按省（区、市）分）　　　　单位：亿美元

	2008	2009	2010	2011	2012	2013	2014	2015	2016
全国	14 285.5	12 016.6	15 777.5	18 983.8	20 487.1	22 090.0	23 427.5	22 749.6	20 981.5
北京	574.5	483.8	554.4	590.0	596.3	632.5	623.5	546.7	518.4
天津	420.4	298.9	374.8	444.8	483.1	490.2	526.0	511.8	442.9
河北	240.3	156.9	225.6	285.7	296.0	309.6	357.1	329.4	305.8
山西	92.4	28.4	47.0	54.3	70.2	80.0	89.4	84.2	99.3
内蒙古	35.8	23.2	33.3	46.9	39.7	40.9	63.9	56.5	43.7
辽宁	420.5	334.4	431.0	510.4	579.6	645.4	587.6	507.1	430.7
吉林	47.7	31.3	44.8	50.0	59.8	67.6	57.8	46.5	42.1
黑龙江	165.7	100.8	162.8	176.7	144.4	162.3	173.4	80.3	50.4
上海	1 692.1	1 418.8	1 807.1	2 096.7	2 067.3	2 042.0	2 101.6	1 959.4	1 834.7

续

	2008	2009	2010	2011	2012	2013	2014	2015	2016
江苏	2 380.4	1 992.4	2 705.4	3 125.9	3 285.2	3 288.6	3 418.7	3 386.7	3 192.7
浙江	1 542.9	1 330.2	1 804.6	2 163.5	2 245.2	2 487.9	2 733.5	2 766.0	2 678.6
安徽	113.5	88.9	124.1	170.8	267.5	282.6	314.9	322.8	284.4
福建	569.9	533.3	714.9	928.4	978.3	1 065.0	1 134.6	1 130.2	1 036.8
江西	76.9	73.6	134.2	218.8	251.1	281.7	320.4	331.3	298.1
山东	930.8	795.0	1 042.3	1 257.1	1 287.1	1 345.0	1 447.5	1 440.6	1 371.6
河南	107.1	73.5	105.3	192.4	296.8	359.9	393.8	430.7	427.9
湖北	115.9	99.8	144.4	195.3	194.0	228.4	266.5	292.1	260.2
湖南	84.1	54.9	79.6	99.0	126.0	148.2	200.2	191.4	176.7
广东	4 041.0	3 589.6	4 531.9	5 319.3	5 740.5	6 364.0	6 462.2	6 435.1	5 988.6
广西	73.5	83.8	96.0	124.6	154.7	186.9	243.3	280.3	229.6
海南	15.9	13.1	23.2	25.4	31.4	37.1	44.2	37.4	21.2
重庆	57.2	42.8	74.9	198.3	385.7	468.0	634.1	551.9	406.9
四川	131.1	141.5	188.4	290.3	384.7	419.5	448.5	332.3	279.3
贵州	19.0	13.6	19.2	29.9	49.5	68.9	94.0	99.5	47.4
云南	49.9	45.1	76.1	94.7	100.2	159.6	188.0	166.2	114.8
西藏	7.1	3.8	7.7	11.8	33.6	32.7	21.0	5.9	4.7
陕西	54.1	39.9	62.1	70.4	86.5	102.2	139.3	147.9	158.3
甘肃	16.0	7.4	16.6	21.6	35.7	46.8	53.3	58.1	40.9
青海	4.2	2.5	4.7	6.6	7.3	8.5	11.3	16.4	13.7
宁夏	12.6	7.4	11.7	16.0	16.4	25.5	43.0	29.8	25.0
新疆	193.0	108.2	129.7	168.3	193.5	222.7	234.8	175.1	156.1

资料来源：商务部综合司 http://zhs.mofcom.gov.cn/table2017//tab08.pdf

表1-20 2010—2016年中国进口（按省（区、市）分） 单位：亿美元

	2008	2009	2010	2011	2012	2013	2014	2015	2016
全国	11 330.9	10 055.6	13 962.5	17 434.8	18 184.1	19 499.9	19 602.9	16 819.5	15 874.2
北京	2 142.6	1 664.8	2 462.9	3 305.6	3 484.8	3 658.6	3 533.1	2 649.5	2 301.9
天津	383.1	339.4	446.2	588.9	673.2	795.0	813.2	631.6	583.7
河北	143.9	139.2	195.0	250.3	209.6	239.2	241.7	185.4	160.5
山西	51.5	57.2	78.7	93.2	80.3	78.0	73.1	62.9	67.1
内蒙古	53.5	44.6	54.0	72.4	72.9	79.0	81.6	71.0	72.4
辽宁	303.8	294.8	376.1	449.9	461.3	497.4	552.0	452.5	434.6

续

	2008	2009	2010	2011	2012	2013	2014	2015	2016
吉林	85.7	86.2	123.7	170.6	185.8	191.0	206.0	142.8	142.4
黑龙江	63.2	61.5	92.3	208.5	231.6	226.5	215.6	129.6	114.9
上海	1 529.0	1 358.7	1 882.4	2 278.7	2 298.6	2 370.3	2 562.5	2 533.0	2 503.7
江苏	1 542.3	1 395.9	1 952.6	2 269.9	2 194.4	2 219.9	2 218.9	2 069.5	1 902.6
浙江	568.6	547.1	730.7	930.3	878.8	870.4	817.9	707.5	686.4
安徽	90.8	67.5	118.6	142.3	125.4	173.8	177.8	156.9	158.9
福建	278.5	263.3	372.9	506.8	581.1	628.5	640.4	563.4	531.7
江西	60.6	53.0	82.0	95.9	83.0	85.7	107.4	93.4	102.6
山东	652.7	594.7	849.3	1 101.7	1 168.4	1 326.5	1 323.7	976.9	970.5
河南	68.1	60.9	73.0	133.8	220.6	239.6	256.5	307.7	284.0
湖北	89.7	72.5	114.9	140.5	125.7	135.5	164.2	163.8	133.2
湖南	41.6	46.6	67.0	90.4	93.5	103.4	110.0	101.9	85.8
广东	2 791.6	2 521.2	3 317.0	3 815.4	4 099.7	4 551.7	4 305.1	3 793.6	3 566.5
广西	59.3	58.6	81.4	109.0	140.2	141.4	162.2	232.4	248.7
海南	29.4	35.1	63.3	102.1	111.9	112.7	114.6	102.2	92.1
重庆	38.0	34.3	49.4	93.8	146.4	219.1	320.4	192.9	220.8
四川	89.3	100.8	138.5	187.0	206.7	226.4	254.0	182.4	213.9
贵州	14.7	9.5	12.3	19.0	16.8	14.0	14.2	22.7	9.6
云南	46.2	35.1	58.2	65.6	110.0	98.7	108.2	79.0	84.1
西藏	0.6	0.3	0.7	1.8	0.7	0.5	1.5	3.3	3.1
陕西	29.6	44.2	58.9	76.1	61.5	99.0	134.8	157.2	140.9
甘肃	44.9	30.9	57.7	65.7	53.3	56.0	33.2	21.8	27.9
青海	2.7	3.3	3.2	2.6	4.3	5.6	5.9	2.9	1.6
宁夏	6.2	4.6	7.9	6.9	5.8	6.7	11.3	8.1	7.8
新疆	29.2	30.0	41.6	59.9	58.2	52.9	41.9	21.7	20.5

资料来源：商务部综合司 http://zhs.mofcom.gov.cn/table2017//tab09.pdf

第2章 国际贸易的成因

学习目标

知识目标	技能目标
掌握国际分工的含义及与国际贸易的关系	能够理解国际分工与国际贸易的关系
了解国际贸易理论的演变过程和发展趋势	能够理解国际贸易理论的演变规律
理解几种传统国际分工与国际贸易理论的内涵	（1）能够理解绝对优势论、比较优势和要素禀赋论的基本观点和区别 （2）能够准确评价传统国际贸易理论
理解几种新国际分工与国际贸易理论的内涵	（1）能够理解技术差距与产品生命周期理论、产业内贸易理论、国家竞争优势理论和新新贸易理论的基本观点 （2）能比较传统国际贸易理论与新国际贸易理论

知识结构

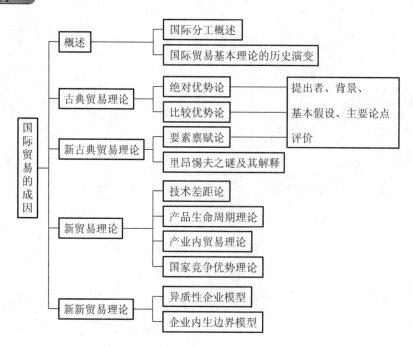

国际分工及其演变

(1) 从 20 世纪 60 年代开始，以纺织业为代表的劳动密集型产业从西方工业化国家向外转移，韩国、新加坡、中国台湾、中国香港不失时机地承接了这次国际产业大转移，借此实现了工业化过程。

(2) 电视机最初由美国垄断生产；之后日本的电视机大量向欧美出口，并占有这些国家大量市场份额；之后，韩国等新兴工业国在这些产品上又取代或部分取代日本产品；目前，电视机主要由中国生产、出口。由此看来，电视机产业明显出现了国际产业转移。

(3) 20 世纪早期计算机生产模式与 20 世纪 90 年代计算机生产链截然不同。20 世纪 60 年代 IBM 等企业采用垂直一体化生产方式生产计算机，各自独立进行研发、生产、流通、营销和相关支持；企业各自有跨越不同部门的内部生产系统，从半导体（Semi-Conductors）到元部件（Component parts）、计算机平台（Computer Platform）、辅件（Auxiliary parts）、系统软件和应用软件（Systems software and application software）等都是自己生产。到了 20 世纪 90 年代，计算机生产呈现的是全面的国际产品内分工模式：美国生产微处理器、操作系统等，凭借其先导市场地位确定全球标准；日本供应存储器片（Memory Chips）、平板显示器（Flat-Panel Displays）、光驱（CD-ROMs）、激光打印机（Laser Printers）等；韩国是动态随机存取存储器（DRAMS）最重要的供应者，同时还供应记忆存储器片、平板显示器和显示器（Monitors）；新加坡是硬盘驱动器（Hard Disk Drive）的中心生产平台；中国台湾供应元部件、辅件，其 OEM 系统最为著名，生产主板（Motherboard）、键盘（Keyboards）、电源（Power Supply）、鼠标（Mouse）、显示器等。

(4) 成思危在 2006 年 2 月 14 日召开的"中美经贸论坛"上曾经说过，美国人由于使用中国比较便宜的商品，在过去 10 年里，给美国人节约了上千亿美元。他说："美国人在生活上有很多方面都是在使用中国的商品。人们开玩笑说，从早上起床到晚上睡觉都在使用中国商品，早晨起来以后用的闹钟、刷牙用的牙刷、牙膏都是在中国生产的，跑步穿的耐克运动鞋、晚上睡觉盖的被子、毛毯也是中国制造。"中美之间的经贸发展对两国和两国人民都有利。

点评： 国际分工和国际贸易经常发生。经贸发展对参与国通常是有利的。

讨论题： 为什么会产生国际分工和国际贸易？什么因素决定贸易结构？贸易利益如何？为什么曾给一个国家带来极大福利的优势产业在若干年后会向外转移？

本章介绍国际分工的产生与发展，阐述主要的国际贸易理论，揭示国际贸易的成因。

2.1 国际分工与国际贸易理论发展概述

2.1.1 国际分工概述

1. 国际分工的含义

国际分工（International Division of Labor）指国家之间的劳动分工。它是社会生产力发展到一定阶段的产物，是社会分工从一国国内向外延伸的结果，表现为生产的国际化和专业化。

2. 国际分工的产生与发展

在人类发展史上，国际分工经历了如下几个发展阶段。

(1) 萌芽阶段（16～18 世纪中叶）。15～16 世纪的地理大发现和随后的殖民主义的兴起，产生了近代国际分工的萌芽。这一时期的国际分工主要取决于自然条件的差异，表现为宗主国与殖民地之间的分工。譬如英国生产并出口工业品，西印度群岛生产并出口烟草和蔗糖。

(2) 形成阶段（18 世纪 60 年代～19 世纪 60 年代）。18 世纪的第一次产业革命促成了资本主义生产体系的形成。这个时期的国际分工是一种以先进技术为基础的工业国与以自然条件为基础的农业国之间的垂直型分工，基本上是以英国为中心。

(3) 发展阶段（19 世纪中叶～第二次世界大战）。19 世纪 70 年代出现的第二次产业革命使国际分工进一步发展，导致国际分工体系的最终形成，形成"工业日美欧，原料亚非拉"局面。

(4) 深化阶段（第二次世界大战以后）。第二次世界大战结束后，许多殖民地、半殖民地国家获得了民族独立，以计算机、原子能、宇航工业为标志的第三次技术革命兴起，加上跨国公司的经营活动，使国际分工不断深化。这一阶段的主要表现为从产业间分工深入到产业内分工甚至产品内分工，从有形商品领域发展到服务领域。

3. 国际分工与国际贸易的关系

国际分工与国际贸易紧密相连，一般来说，二者是分工与交换的关系。没有分工，就没有交换的基础和必要性；反之，没有交换，分工也就不能存在和发展。二者互为条件、互相促进，而国际分工是更具有决定性的一方面，国际贸易的发展从根本上说要受到国际分工的制约和影响。

(1) 国际分工的形式决定国际贸易的格局。

① 第二次世界大战前，传统的国际分工是产业间分工，相应地，贸易是产业间贸易。例如，19 世纪国际分工的格局是将世界分为工业国和农业国，英国是中心国、城市国、工业国，其他国家是边缘国、农村国、农业国。因此，工业制成品在工业国国际贸易中所占的比重较高，而初级产品在农业国国际贸易中所占的比重较高。

② 第二次世界大战后，传统的国际分工改变，工业国之间的分工占主导地位，发达国家高精尖工业与发展中国家一般工业之间的分工呈现更加细化的趋势。在越来越多的领域，部门内分工占主导地位，部门内分工的主要形式包括：第一，不同型号、规格的同类产品的生产进行专业化分工，如美国着重发展大功率的轮式和履带式拖拉机，英国发展中功率轮式拖拉机，德国生产小功率轮式拖拉机；第二，产品零部件的生产进行专业化分工，如计算机、汽车等大批量生产所需的各种零部件往往在不同国家进行专业化分工生产；第三，工艺流程进行专业化分工，指不同国家对生产过程的不同阶段进行专业化分工，如著名的德国拜耳公司将它所生产的中间产品提供给世界各地的上万家化工厂，制造各种化学成品。相应地，产业间贸易退居次位，产业内贸易占主导地位。

(2) 国际分工领域的扩大促使国际贸易的范围扩大。

现代国际分工领域不断扩大，从一般货物领域扩展到了服务和技术领域，并出现了相互结合、相互渗透的趋势；跨国公司的作用大大加强，跨国公司内部的分工成为国际分工的重要组成部分；区域性经济集团内部分工加强；国际经济组织对国际分工的影响加强。与此同时，国际贸易的领域不断从一般货物贸易扩展到服务贸易和技术贸易领域，并出现了相互渗透的趋势；跨国公司内部贸易在第二次世界大战后国际贸易总额中所占比重不断提高；区域性经济集团内部贸易加强；国际经济组织对国际贸易的影响加强。

（3）国际分工的发展水平制约着国际贸易的地理方向。

由于第二次世界大战后国际分工类型的变化，即由"垂直型"国际分工为主变为以"水平型"和"混合型"的国际分工为主，加之发展中国家同发达国家间的国际分工越来越多地在工业范围内进行，再加之发达国家资金雄厚，可把资金投向世界任何地方，因此，从地区分布上看，发达国家变成了国际分工的中心。同时，从地理方向上看，发达国家成为了世界贸易的主要对象，占据了世界贸易的绝大部分比重，表现为发达国家间互为主要贸易伙伴，而发展中国家的主要贸易伙伴也是发达国家。例如，1989年发达国家之间的相互出口占其总出口额的78.9%，发展中国家对发达国家的出口占其总出口额的64.5%。

2.1.2 国际贸易基本理论的历史演变

探讨国际贸易成因是国际贸易基本理论最基本的内容。国际贸易理论按基本前提划分，可以分成古典贸易理论和新贸易理论，前者的基本前提是完全竞争的市场结构，后者的基本前提是不完全竞争的市场结构。从贸易理论渐进的发展阶段看，则可以分为古典贸易理论、新古典贸易理论、新贸易理论和新新贸易理论。其中，从供给方面解释国际分工与国际贸易成因的理论较多（见表2-1），从需求方面解释国际分工与国际贸易成因的理论较少，主要包括林德尔的偏好相似理论。

表2-1 从供给方面解释国际贸易成因的重要理论简介

主要理论		主要理论贡献者	关键假设	生产率	决定贸易模式的主要因素
古典贸易理论	绝对优势论	亚当·斯密（Adam Smith）	劳动是唯一的要素投入；边际成本不变；完全竞争的商品和要素市场；规模报酬不变；不考虑需求；企业同质性、产品同质	宏观、外生的生产率	生产技术绝对不同（绝对劳动生产率差异）
	比较优势论	大卫·李嘉图（David Ricardo）			生产技术相对不同（相对劳动生产率差异）
新古典贸易理论	要素禀赋论	赫克歇尔（Heckscher）、俄林（Ohlin）、萨缪尔森（Samuelson）	两种或两种以上要素投入；边际成本递增；完全竞争的商品和要素市场；规模报酬不变；产品同质		要素禀赋不同 主要结论：各国根据比较优势和要素禀赋参与国际分工和贸易，生产率差异主要来源于特定的生产条件和要素禀赋条件
新贸易理论	规模经济理论	克鲁格曼（Krugman）、赫尔普曼（Helpman）	不完全竞争的商品市场；完全竞争的要素市场；规模报酬递增；产品同质	微观、外生的生产率	市场和生产规模不同 主要结论：发达国家能通过研发投入提高其生产率水平，"技术外溢"和"干中学"是发展中国家提升生产率水平的基础

续

主要理论		主要理论贡献者	关键假设	生产率	决定贸易模式的主要因素
新贸易理论	产品生命周期理论	弗农（Vernon）	要素在不同国家之间可以流动；技术在商品贸易过程中不断向外传播		生产技术不同阶段，成本优势动态变动
新新贸易理论	异质性企业模型、企业内生边界模型	梅里兹（Melitz）、伯纳德（Bernard）、安特斯（Antràs）	不完全竞争市场；规模经济；异质性企业、产品差异化	微观、内生的生产率	企业生产率差异 主要结论：生产率差异影响企业的出口和FDI决策，提高企业的技术水平能增加企业的出口概率；出口企业可以通过"干中学"和"技术外溢"提高其生产率

 提示

国际贸易理论的研究对象：两个或两个以上经济社会间的资源配置问题。

研究方法的特点：①国际贸易理论分析不涉及货币因素，多是实质面分析（Real Analysis），假定是物物交换的世界。商品 X 的相对价格被定义为 P_X/P_Y，即用商品 Y 代替货币，作为 X 的计价单位。②使用 2×2×1 模型或 2×2×2 模型。在分析框架上，大都假定世界上只有两个国家、两种商品（或部门）、生产要素不超过两个。③多采用静态或比较静态分析。

不存在贸易的假想状态：两国相同商品的生产函数相同；两国的相对要素禀赋相同；两国的消费者偏好相同；规模收益不变；两国的产品市场和要素市场都是完全竞争的，不存在外部经济。

国际贸易的起因：缺少上述五个条件当中的任何一个，贸易的基础就产生了，包括：两国相同商品的生产函数不相同（古典贸易理论）；两国的相对要素禀赋不相同（要素禀赋论）；两国的消费者偏好不相同（需求角度的贸易理论）；规模收益变化（新贸易理论）；两国的产品市场和要素市场是非完全竞争的，并且存在外部经济（新贸易理论）。

从 20 世纪 90 年代末开始，传统国际贸易理论的"代表性企业假设"受到挑战，国际贸易中的异质性企业问题开始引起学术界的关注。实证表明，企业之间的差异对于了解世界贸易至关重要。作为回应，"新新"贸易理论纳入了企业层面的异质性，以解释企业层面的新事实。

2.2 古典和新古典贸易理论

2.2.1 绝对优势论

绝对优势论（Theory of Absolute Advantage），又称为绝对成本论（Theory of Absolute Cost），是英国古典政治经济学的重要代表人物亚当·斯密建立的国际贸易理论。

经典人物 2-1

亚当·斯密

Adam Smith（1723—1790）是古典经济学理论体系的创立者。被世人尊称为"现代经济学之父"和"自由企业的守护神"。他于 1776 年发表的巨著《国民财富的性质和原因的研究》（*An Inquiry into the Nature and Causes of the Wealth of Nations*，简称《国富论》），被称为西方经济学的一部"圣经"，有着划时代的意义。他认为交换是人类的天性；交换产生分工；分工的原则是各自集中生产具有优势的产品；分工的依据是先天有利的自然禀赋和后天有利的生产条件。

资料来源：https://baike.baidu.com/item/%E4%BA%9A%E5%BD%93%C2%B7%E6%96%AF%E5%AF%86/972521?fromtitle=%E4%BA%9A%E5%BD%93%E6%96%AF%E5%AF%86&fromid=682205&fr=aladdin，2018-12-26。

1. 绝对优势论产生的背景

斯密所处的时期是从工场手工业向机器大工业过渡的时期。18世纪末至19世纪初，英国的产业革命逐渐展开，其经济实力已经超过欧洲大陆的两个对手——法国和西班牙。但产业革命的充分发展和新兴资产阶级的进一步发展却受到重商主义及其保护政策的抑制。其中最集中的矛盾正是在对外贸易领域。斯密在1776年出版的《国民财富的性质和原因的研究》（简称《国富论》）一书中，代表新兴产业资产阶级的要求，猛烈抨击了重商主义，创立了自由放任的自由主义经济理论，在国际贸易理论方面，首次提出了主张自由贸易的绝对优势论。

 提示

斯密并非是提出自由贸易理论的第一人。之前，威廉·配第（William Petty）、尼克拉斯·巴本（Nicholas Barbon）、达德利·诺思（Dudley North）、大卫·休谟（David Hume）等已有关于自由贸易的言论，但这些言论只能成为自由贸易理论的萌芽。例如，威廉·配第在早期主张贸易差额论和贸易垄断，但是到了后期，他认识到了重商主义的国家干预是违反自然规律的，提出了适度国家干预论。大卫·休谟提出了货币数量论，并将其引入国际贸易的分析中，从而形成了他的自动调节机制理论。

只有斯密，在古典经济学的基础上建立一种系统的自由贸易理论。

2. 绝对优势论的基本假设

（1）理论分析模型：2×2×1静态模型，即两国、两产品、一种生产要素（劳动）。
（2）生产技术特征：投入的边际产量固定，平均成本不变，规模报酬不变。
（3）交易成本：不存在，主要是假定没有运输费用，没有关税或其他贸易限制。
（4）要素流动性：每个国家拥有固定的劳动，且劳动是充分就业的和同质的，可以在国内不同部门之间流动，但不能在国际流动。
（5）市场结构特征：完全竞争的商品和要素市场。
（6）生产函数：两国不同。

(7) 消费者偏好：两国相同。

(8) 理论基础：劳动价值论。

3. 绝对优势论的主要论点

(1) 贸易成因：两国劳动生产率的绝对差异→生产成本的绝对差异→价格的绝对差异→国际贸易。劳动生产率越高→生产成本越低→价格越低→国际贸易（出口）；劳动生产率越低→生产成本越高→价格越高→国际贸易（进口）。

(2) 国际分工是提高劳动生产率、增加国家财富的重要途径。适用于一国内部的分工原则也适用于国际范围。国际分工是交换的结果，自由贸易会引起国际分工。

(3) 国际分工的原则是绝对优势，其基础是自然优势（有利的自然禀赋）或获得性优势（后天的有利条件），它们都可以使一国在生产和贸易方面处于比别国有利的地位。

(4) 贸易所得：贸易参与方双赢。

(5) 贸易政策取向：自由贸易与完全竞争。

总之，绝对优势论认为在某一种类商品的生产上，一个经济体在劳动生产率上占有绝对优势，因而其生产成本绝对低于另一个经济体，若各个经济体都从事自己占有绝对优势的商品的生产，继而进行交换，那么双方都可以通过交换得到绝对利益，从而整个世界也可以获得分工的好处。

下面采用2×2×1模型来概述这一理论。假设，英国和葡萄牙两国生产酒和毛呢两种产品，劳动是唯一的投入要素。按照斯密的分工原则，一国可集中生产具有绝对优势的产品，同另一国具有绝对优势的产品相交换。两国分工、交换前后见表2-2。

表2-2 英国和葡萄牙关于酒和毛呢国际分工与国际交换情况

分工、交换前后	国家	酒产量（单位）	所需劳动投入（人/年）	毛呢产量（单位）	所需劳动投入（人/年）
分工前	英国	1	120	1	80
	葡萄牙	1	90	1	110
	世界合计	2	210	2	190
分工后	英国	0	0	2.5	200
	葡萄牙	2.222	200	0	0
	世界合计	2.222	200	2.5	200
1:1交换后	英国	1	0	2.5-1=1.5	200
	葡萄牙	2.222-1=1.222	200	0	0
	世界合计	2.222	200	2.5	200

注：绝对优势可以用产出表示法（劳动生产率）或投入表示法（生产成本）进行衡量。本表采用的是投入表示法。

由表2-2可见，分工前：如果生产1单位酒，葡萄牙需要投入90单位劳动，比英国需要的120单位要低，即葡萄牙拥有生产酒的绝对优势。相反，生产1单位毛呢，英国需要投入80单位劳动，比葡萄牙需要的110单位要低，即英国拥有生产毛呢的绝对优势。按照亚当·斯密的绝对优势论，葡萄牙应该分工生产酒，英国应该分工生产毛呢。

分工后：各国总投入与分工前一样，但是酒和毛呢的世界总产量都比分工前大，分别增加了 0.222 单位和 0.5 单位。

交换后：假定两国的交换比率是 1∶1，即英国拿一单位毛呢与葡萄牙的一单位酒交换，与分工前相比，贸易利益为：英国拥有 1 单位酒和 1.5 单位毛呢，酒没有减少，但是毛呢增加了 0.5 单位；葡萄牙拥有 1.222 单位酒和 1 单位毛呢，毛呢没有减少，但是酒增加了 0.222 单位。两国实现了"双赢"。

上述分析表明，贸易双方都分工生产自己劳动生产效率高、成本低的产品，去交换本国生产效率低、成本高的产品，世界总产量增加了，交换后各国所拥有的产量也都比分工前提高了，达到了"双赢"。通过国际专业化生产和国际贸易，生产要素得到最有效、最合理的利用，两国的福利水平都获得了相应的提高，世界福利也增加了。

4. 对绝对优势论的评价

（1）进步意义。

绝对优势论具有伟大的理论意义和历史意义。

① 斯密的分工论揭示了社会分工和国际分工能使社会资源得到更有效的利用，从而提高劳动生产率的规律。它关于分工能提高劳动生产率和国际贸易对贸易双方都能带来利益的观点是科学的，解释了产生贸易的部分原因，首次论证了贸易可以"双赢"，不是一个"零和游戏"，并为国际贸易的开展找到了基本的依据（即绝对成本优势原则）。它对国际贸易现象的研究从流通领域转移到生产领域，更加深刻。

② 绝对优势论相对重商主义而言是个巨大的进步，为资本主义自由贸易理论奠定了基础，对国际贸易起到了较大的推动作用。

③ 斯密主张的自由放任原则代表着一个还在同封建社会的残余进行斗争、力图扩大生产力、使工商业具有新的规模的资产阶级的思想和倾向。

（2）缺陷。

① 绝对优势论关于分工与交换关系的观点是错误的。

② 绝对优势论仅是一个特例，并不带有普遍意义，该理论解释不了许多没有绝对成本优势的国家参与国际贸易的普遍现象。例如，当时一些殖民地国家没有绝对优势，但与宗主国之间仍然开展贸易。

2.2.2 比较优势论

比较优势论（Theory of Comparative Advantage），也称为比较成本论（Theory of Comparative Cost），最早由托伦斯（Torrens）于 1815 年在《论对外谷物贸易》中提出，大卫·李嘉图于 1817 年在《政治经济学及赋税原理》中加以完善和发展。

  经典人物 2-2

大卫·李嘉图

David Ricardo（1772—1832）是英国资产阶级古典政治经济学的主要代表之一，也是英国资产阶级古典政治经济学的完成者。他于 1817 年完成的《政治经济学及赋税原理》标志着英国古典经济学的完成，

并逐渐形成了"李嘉图学派"。1819年李嘉图曾被选为下院议员,极力主张议会改革,鼓动自由贸易。他继承并发展了斯密的自由主义经济理论,认为限制国家的活动范围、减轻税收负担是增长经济的最好办法。李嘉图的主要理论贡献是税收理论和比较优势论。

资料来源:http://baike.baidu.com/view/129525.htm,2010-07-20。

1. 比较优势论产生的背景

在李嘉图生活的时代,对近代世界史有决定性影响的产业革命在英国首先爆发,使英国的工业生产急剧增长,许多城市和工业中心纷纷涌现。大机器生产极大地提高了劳动生产率,给英国资产阶级提供了数量巨大而成本低廉的商品,为他们扩大出口提供了物质基础。到19世纪,英国的出口总额空前增长,英国开始成为"世界工厂",即成为世界各国工业品的主要供应者。当时英国社会的主要矛盾是工业资产阶级和地主贵族阶级之间的矛盾,在经济方面,这一矛盾集中在《谷物法》的存废上。《谷物法》规定:必须在国内谷物价格上升到一定限额以上,才允许进口谷物,而《谷物法》又不断提高这个限额。李嘉图认为:因为人口增加→对谷物需求上升→谷物价格上升,农产品价格上升,地主地租收入上升,农业工人收入上升,同时生活费用上升,工厂工人工资上升,资本家的利润下降,导致资本积累减少。所以作为工业资产阶级在议会的代表,李嘉图认为必须废除《谷物法》,实行自由贸易,出口本国廉价的工业制成品,进口国外价格低廉的农产品,使工资水平下降,利润水平提高,增加社会财富。1846年,英国议会通过废除《谷物法》的法令。

李嘉图就是代表此时工业资本家的利益,竭力论证自由贸易的优越性,在绝对优势论的基础上,提出了著名的比较优势论。

2. 比较优势论的基本假设

比较优势论的基本假设类似于绝对优势论。

3. 比较优势论的主要论点

(1) 贸易成因:劳动生产率的相对差异→生产成本的相对差异→产品相对价格的差异→国际贸易。国际贸易的基础并不限于劳动生产率和生产成本上的绝对差别,而是相对差别。

(2) 国际分工是提高劳动生产率、增加国家财富的重要途径。

(3) 国际分工的原则是"两优取其更优,两劣取其次劣"的比较优势。即专业化生产和出口本国生产成本相对较低的产品,进口本国生产成本相对较高的产品。

(4) 贸易所得:双赢。只要按比较优势原则参与国际分工和国际贸易,均可获得利益。

(5) 贸易政策取向:自由贸易与完全竞争。

下面采用2×2×1模型来概述这一理论。假设,英国和葡萄牙两国生产酒和棉布两种产品,劳动是唯一的投入要素。按照李嘉图的分工原则,一国可以集中生产具有比较优势的产品,同另一国具有比较优势的产品相交换。两国分工、交换前后见表2-3。

分工前:①从英国方面看,英国生产酒和棉布的绝对成本都比葡萄牙高,即均处于绝对劣势,但英国生产这两种产品的效率不一样。与葡萄牙相比,英国生产酒和棉布的相对成本为:酒,120/80=150%;棉布,100/90=110%。两相比较,英国生产棉布具有比较优势。②从葡萄牙方面看,葡萄牙生产酒和棉布的绝对成本都比英国低,即均有绝对优势,但葡萄牙这两种产品的生产效率不同。与英国相比,葡萄牙生产酒和棉布的相对成本为:酒,80/120=67%;棉布,90/100=90%。两相比较,葡萄牙生产酒具有比较优势。

表 2-3　英国和葡萄牙关于酒和棉布国际分工与国际交换情况

分工、交换前后	国家	酒产量（单位）	所需劳动投入（人/年）	棉布产量（单位）	所需劳动投入（人/年）
分工前	英国	1	120	1	100
	葡萄牙	1	80	1	90
	世界合计	2	200	2	190
分工后	英国	0	0	2.2	220
	葡萄牙	2.125	170	0	0
	世界合计	2.125	170	2.2	220
1∶1交换后	英国	1	0	2.2−1=1.2	220
	葡萄牙	2.125−1=1.125	170	1	0
	世界合计	2.125	170	2.2	220

注：绝对优势、比较优势可以用产出表示法（劳动生产率）或投入表示法（生产成本）进行衡量。本表采用的是投入表示法。

按照斯密的绝对优势论，英国与葡萄牙不会发生贸易，这正是绝对优势论的缺点。而按照李嘉图的比较优势论"两优取其更优，两劣取其次劣"的分工原则，英国应该分工生产棉布，葡萄牙分工生产酒，这也正是李嘉图的发展。

分工后：各国总投入与分工前一样，但是酒和棉布的世界总产量都比分工前大，分别增加了 0.125 单位和 0.2 单位。

交换后：现在要进行国际交换，交换比例取决于贸易条件。李嘉图假定两国的交换比率是 1∶1，即英国拿 1 单位棉布与葡萄牙的 1 单位酒交换。与分工前相比，贸易利益为：英国拥有 1 单位酒和 1.2 单位棉布，酒没有减少，但是棉布增加了 0.2 单位；葡萄牙拥有 1.125 单位酒和 1 单位棉布，棉布没有减少，但是酒增加了 0.125 单位。实现了双赢。

4. 对比较优势论的评价

（1）进步意义。

① 比较优势论比绝对优势论更全面、更深刻。它克服了绝对优势理论的缺陷，从普遍意义上阐明了国际贸易的有利性，即只要存在相对优势，任何国家都能从国际贸易中得到好处，成为分析国际贸易利益的基本方法。它使绝对优势论成为比较优势论的一个特例，还可以扩展到 m 种商品和 n 个国家的分析中，为各国参与国际分工和国际贸易提供了理论依据，成为国际贸易的一大理论基石。

② 比较优势论在历史上曾起过重大的进步作用。它曾经为英国资产阶级争取自由贸易提供了有利的理论武器，推动了自由贸易的发展。而自由贸易政策又促进了英国生产力的迅速提高，使英国成为"世界工厂"，在世界工业和贸易中处于首位。

③ 这一理论表明价值规律的作用在世界市场的背景下发生重大变化。按照"优胜劣汰"法则，通过竞争，技术落后、效率低下的生产者将不断被逐出市场。但按照比较优势论，"劣者"不但不会因竞争而淘汰，反而有可能从国际分工和国际贸易中获益。

(2) 缺陷。

① 就整体而言，李嘉图的劳动价值论是不彻底的。它未能正确区分价值与交换价值的结果，不能解释为什么毛呢和酒按照1:1的比例进行交换，这种交换为何互利以及交换中的利益来自何处。

② 限于静态分析。李嘉图为了论证他的比较优势论，把多变的经济情况抽象为静态凝固状态，而忽略了动态分析。没有认识到因为技术革新等因素，生产率相对的优势和劣势甚至可以相互转化，进而国际分工和国际贸易格局可以改变。该理论过分强调贸易的静态利益，而忽略了贸易的动态利益，即对外贸易对产业结构演进、技术进步以及制度创新的推动作用。

③ 掩盖了国际分工中生产关系的作用。马克思主义认为，不能离开生产关系来考察社会分工问题，社会分工（包括国际分工）是一个客观的历史范畴，它的产生是生产力发展到一定阶段的结果。因此，不能将国际分工简单地说成生产率差异的结果。

④ 虽然解释了劳动生产率的相对差异如何引起国际贸易，但是没有进一步解释造成各国劳动生产率差异的原因。该理论认为各国应该根据比较优势原则进行完全的专业化生产，而现实当中很少有国家实行完全的专业化生产。

2.2.3 要素禀赋论

狭义的要素禀赋论，也称为赫克歇尔-俄林理论或H-O理论。广义要素禀赋论也称为H-O-S理论，包括H-O理论和要素价格均等化学说。

要素禀赋论（Factor Endowment Theory）严格来说属于新古典主义贸易理论，与古典贸易理论之间的区别如下：第一，研究角度不同，要素禀赋论是从要素禀赋差异角度解释国际贸易基础的理论。第二，要素禀赋论在进行供给面分析时，除劳动之外，引入了另一个生产要素，即资本。在两种可变要素投入的情况下，生产可能性曲线斜率递增，即机会成本递增。这就避免了机会成本不变情形下的完全专业化生产这一与现实不太吻合的情况。第三，要素禀赋差异产生的原因易于解释，如历史原因、自然条件等。

1. H-O理论产生的背景

从19世纪中叶开始，古典经济学产生分化，此后各流派层出不穷。这时期的"边际革命"确立了效用论在经济学中的地位，与生产费用决定价值的观点相抗衡。19世纪末，出现了经济学上的第二次大综合，产生了折中两种价值决定观、以供求价值理论为基础的新古典经济学。进入20世纪以来，新古典学派的国际贸易理论不断发展和日趋完善，学界对它的重大修改和变革也逐渐开始了。

20世纪30年代，新古典贸易理论又有了一次大的发展。一方面，包括哈伯勒、维纳、勒纳、米德等人在内的一批经济学家把机会成本、生产函数、无差异曲线、成本递增、一般均衡等概念引入国际贸易分析，使得新古典国际贸易理论作为微观经济学的延伸而日臻完善。另一方面，1913年，瑞典经济学家埃利·赫克歇尔（Eli Heckscher，1879—1952）发表了题为《对外贸易对收入分配的影响》的著名论文，第一次用生产要素密集程度来解释国际贸易，提出了有关国际贸易与要素禀赋及收入分配的问题。瑞典经济学家贝蒂尔·俄林

(Bertil Ohlin,1899—1979)于 1933 年出版了《域际贸易与国际贸易》一书,对赫克歇尔的理论作了重大补充和发展,进一步明确了国际贸易的形成一般取决于各国拥有生产要素的相对丰富程度的观点,在西方经济学界产生了巨大的影响,被称为赫克歇尔—俄林理论或 H-O 理论。

2. 与 H-O 理论有关的几个概念

(1) 生产要素和要素价格。

生产要素(Factor of Production)是指生产活动必须具备的主要因素或在生产中必须投入或使用的主要手段,通常包括土地、劳动(K)、资本(L)、企业家才能。要素价格(Factor Price)则是指生产要素的报酬,例如土地的地租、劳动的工资(W)、资本的利息(r)、企业家的利润。

(2) 要素密集度和要素密集型产品。

要素密集度(Factor Intensity),是相对于产品而言的概念,指产品生产中某种要素投入比例的大小,如果某要素投入比例大,称为要素密集度高。它是一个相对的概念,与生产要素的绝对投入量无关。设:

$$K_Y = K_Y/L_Y$$
$$K_X = K_X/L_X$$

其中 K_X、K_Y 为生产 X 产品、Y 产品的资本与劳动投入比例,如果在任何相同要素价格下,都有

$$K_X > K_Y$$

则称 X 为资本密集型产品,Y 为劳动密集型产品,这时不存在要素密度逆转。

根据产品生产所投入的生产要素中所占比例最大的生产要素种类不同,可把产品划分为不同种类的要素密集型产品。如生产小麦投入的土地占的比例最大,便称小麦为土地密集型产品;生产纺织品投入的劳动所占的比例最大,则称纺织品为劳动密集型产品;生产计算机投入的资本所占的比例最大,就称计算机为资本密集型产品,以此类推。

(3) 要素禀赋。

① 实物单位定义(Physical Definition):一国所拥有的两种生产要素的相对比例。

$$\rho = \overline{K}/\overline{L}$$

若 ρ_A、ρ_B 分别表示 A、B 两国的要素禀赋,且设:一国拥有的资本数量为 $\overline{K}$,劳动数量为 $\overline{L}$,则其要素禀赋为

$$\rho_A > \rho_B$$

则称 A 国为资本丰富的国家,B 国为劳动丰富的国家。

例如,美国无论在资本存量,还是在劳动绝对数量上,都远远高于瑞士和墨西哥。与瑞士相比,美国的人均资本存量低,因此美国属于劳动丰富的国家。如果与墨西哥相比,则美国的人均资本存量高,因此美国属于资本丰富的国家。由此可见,当我们说某国在要素禀赋上属于哪种类型时,必须注意看与谁相比。

② 要素价格定义(Price Definition):即用两国的资本价格和劳动价格来衡量。

设:A 国的要素禀赋为 A 国的资本价格和劳动价格的比率 $(r/w)_A$。B 国的要素禀赋为 B 国的资本价格和劳动价格的比率 $(r/w)_B$,如果 $(r/w)_A < (r/w)_B$,我们就定义相对于 B

国而言，A国是资本丰裕的国家；相对于 A 国而言，B 国是劳动丰裕的国家。

在实物单位定义中，一国的要素禀赋为该国的总资本和总劳动的比率，因而是单纯从要素供给的角度说明各国的要素禀赋。而在要素价格定义中，一国的要素禀赋为该国的资本价格和劳动价格的比率，而要素价格不仅仅取决于要素供给，还取决于要素需求。因而这两种衡量要素禀赋的方法有可能不一致。为了解决这一问题，要素禀赋论假设 A 国和 B 国要素需求完全一致，而要素禀赋的差异完全由要素供给的差异引起，也就是说，一种要素的供给越多，它的价格就越低，反之，它的价格就越高。因此，如果 $K_A/L_A > K_B/L_B$，则必定有 $(r/w)_A < (r/w)_B$，即 A 国无论用实物单位定义，还是用要素价格定义，都是资本丰裕的国家，而 B 国都是劳动丰裕的国家。

3. H-O 理论的基本假设

（1）2×2×2 模型。即两个国家（A 和 B）的两个生产部门利用两种要素（劳动和资本）生产两种产品（X 和 Y）的前提。H-O 理论考虑了两种要素，实际上代表全部要素，与机会成本具有同样的观念，即考虑所有要素投入。其前提比古典贸易理论的内涵更大。

（2）两国相同部门的生产技术水平一致，即具有相同的生产函数。这一假设主要是为了便于考察要素禀赋，从而考察要素价格在两国商品相对价格决定中的作用。

（3）两国的生产要素供给既定不变，但 A 国是资本丰富的国家，B 国为劳动丰富的国家。X、Y 这两种产品的生产技术不同，其中 X 为资本密集型产品，Y 为劳动密集型产品。

（4）规模报酬不变。

（5）两国进行的是不完全专业化生产。即：尽管是自由贸易，两国仍然继续生产两种产品，无一国是小国。

（6）两国的消费偏好相同。

（7）完全竞争的商品和要素市场。

（8）要素流动性：生产要素可以在国内不同部门之间流动，但不能在国际流动。所以，在没有贸易时，国家间的要素报酬差异始终存在。

（9）没有运输费用，没有关税或其他贸易限制，这意味着生产专业化过程可持续到两国商品相对价格相等为止。

与绝对优势论和比较优势论相比，H-O 理论对一国生产可能性的假设有两方面不同：第一，关于两国生产各种商品能力不同的原因。前者解释为生产技术差异；H-O 理论则强调要素禀赋差异。第二，关于产品生产机会成本的假定。前者假设只有一种投入要素，机会成本不变；H-O 理论则假设有两种要素投入，机会成本递增。

4. H-O 理论的主要内容

（1）基本观点。

① 国际贸易成因：两国生产要素禀赋的比例不同和不同产品生产过程中使用的要素比例不同。在封闭条件下，A 国资本相对丰富→A 国资本相对价格低→由于 X 是资本密集型产品，所以 A 国 X 产品的生产成本相对较低→A 国 X 产品的相对价格较低→A 国在 X 产品上具有比较优势。B 国劳动相对丰富→B 国劳动相对价格低→由于 Y 是劳动密集型产品，所以 B 国 Y 产品的生产成本相对较低→B 国 Y 产品的相对价格较低→B 国在 Y 产品上具有比

较优势。开放以后，A 国将出口 X 到 B 国，因为在 B 国市场 X 的相对价格高于 A 国。同理，商品 Y 将由 B 国出口到 A 国。

② 分工原则：每个国家专门生产、出口密集使用本国相对充裕而便宜的生产要素的商品，而进口在生产上密集使用该国相对稀缺而昂贵的生产要素的商品。

③ 贸易利益：双赢。

④ 政策取向：自由贸易与完全竞争。

(2) 理论分析。

H-O 理论主要通过对相互依存的价格体系的分析，用生产要素的丰缺来解释国际贸易的产生和一国的进出口贸易类型。如图 2.1 所示。同种商品在不同国家的相对价格差异是国际贸易的直接基础，假设两国的技术和要素需求相同，那么价格差异则是由各国生产要素禀赋不同，从而要素相对价格不同决定的，所以要素禀赋不同是国际贸易产生的根本原因。

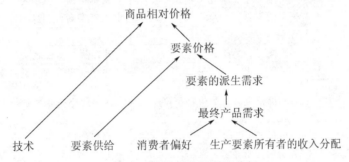

图 2.1　要素禀赋论的理论分析

5. 要素价格均等化学说

(1) 基本观点。

国际贸易可能导致要素价格均等化的论点是赫克歇尔首先提出的。俄林认为，虽然各国要素缺乏流动性，使世界范围内要素价格相等的理想状态不能实现，但商品贸易可以部分代替要素流动，弥补缺乏流动性的不足，所以国际贸易使要素价格存在均等化趋势。1941 年萨缪尔森（Paul A. Samuelson）与斯托尔伯（W. F. Stolper）合著并发表了《实际工资和保护主义》一文，提出了生产要素价格日趋均等化的观点。萨缪尔森还在 1948 年前后发表的《国际贸易和要素价格均衡》及《论国际要素价格的均衡》等文中对上述观点做了进一步的论证，建立了要素价格均等化学说，从而发展了 H-O 理论。

 提示

要素价格均等化理论（The Factor Price Equalization Theorem）可表述为：在满足要素禀赋论的全部假设条件下，自由的国际贸易通过商品相对价格的均等化，可使同种要素的绝对和相对报酬趋于均等。该学说的意义：第一，证明了在各国要素价格存在差异，以及生产要素不能通过国家间自由流动来直接实现最佳配置的情况下，国际贸易可以替代要素国际流动，"间接"实现世界范围内资源的最佳配置。第二，说明了国际贸易如何影响贸易国的收入分配格局。

斯托尔伯-萨缪尔森定理（The Stolper-Samuelson Theorem）：某一商品相对价格的上

升，将导致该商品密集使用的生产要素的实际价格或报酬提高，而另一种生产要素的实际价格或报酬下降。国际贸易会提高该国丰富要素所有者的实际收入，降低稀缺要素所有者的实际收入。这一结果的重要含义是：国际贸易虽改善了一国整体福利水平，但并不是对每一个人都是有利的，因为国际贸易会对一国要素收入分配格局产生实质性的影响。

(2) 理论分析。

现以 A 国和 B 国为例，对要素价格均等化过程进行分析（见表2-4）。假设：A 国和 B 国均使用劳动和资本两种要素，其单位要素报酬（单价）分别是工资率和利息率。A 国与 B 国分别生产 X 和 Y 两种产品，其中，X 是资本密集型产品，Y 是劳动密集型产品。

表 2-4 自由贸易影响要素价格的过程

		A 国	B 国
贸易前	要素禀赋	资本充裕、劳动力稀缺	资本稀缺、劳动力丰富
	要素价格	工资率低、利息率高	工资率高、利息率低
	产品比较优势	X	Y
	产品价格	X便宜、Y昂贵	X昂贵、Y便宜
分工、贸易模式		生产、出口X，进口Y	生产、出口Y，进口X
贸易后	产品价格对贸易的反应	X价格上升，Y价格下降	X价格下降，Y价格上升
	生产要素短期收益变化	出口部门（X生产部门）的劳动和资本获益 进口部门（Y生产部门）的劳动和资本受损	出口部门（Y生产部门）的劳动和资本获益 进口部门（X生产部门）的劳动和资本受损
	生产对价格的反应	X生产增加，Y生产减少	X生产减少，Y生产增加
	对生产要素需求的变化	对资本的需求增加，对劳动的需求下降	对资本的需求减少，对劳动的需求增加
	要素流动及要素生产率的变化	劳动和资本都向X部门移动，在充分就业的情况下，两个部门的资本劳动比例都降低，劳动边际生产率降低，资本边际生产率上升	劳动和资本都向Y部门移动，在充分就业的情况下，两个部门的资本劳动比例都提高，劳动边际生产率提高，资本边际生产率下降
	要素价格的反应（要素长期收益的变化）	两个部门的工资率都下降，利息率都上升	两个部门的工资率都上升，利息率都下降
最终结果		两国产品价格相等，各国更加专业化，两国要素投入比例相等，要素价格相等。 获益者：A国的资本和B国的劳动；受损者：A国的劳动和B国的资本	

6. 要素禀赋论简评

(1) 进步意义。

① 李嘉图等人都假设两国交换是物物交换，国际贸易起因于劳动生产率的差异，而赫

克歇尔、俄林是用等量产品不同货币价格（成本）比较两国不同的商品价格比例，两国的交换是货币交换。该理论假设各国的要素生产率相同，用要素禀赋差异寻求解释国际贸易产生的原因和国际贸易商品结构以及国际贸易对要素价格的影响，研究更深入、全面。

② 要素禀赋论既有理论意义，对一国制定产业、贸易和收入分配政策也有现实指导意义。例如，认识到了国家间商品相对价格的差异是国际贸易的直接原因；指出了一国参与国际贸易的模式，即一国如果某种生产要素丰富、要素价格低廉，则出口该要素密集型产品具有比较优势，反之，则进口该要素密集型产品对本国有利；认识到了要素禀赋及其组合对一国生产、贸易和收入结构具有决定作用。

(2) 局限性。

要素禀赋论依据的假设条件都是静态的，忽略经济因素的动态变化，难免存在缺陷。就技术而言，技术在不断进步，使老产品成本降低，也能产生新产品，因而会改变一国的比较利益格局，使比较优势产品升级换代，扩大贸易基础。就生产要素而言，远非同质，新旧机器总归有别，熟练工人与非熟练工人也不能相提并论；再看各种要素在不同国家的价格，全然不是要素价格均等化理论所指出的那样会随着商品价格均等而渐趋均等，发达国家与发展中国家工资的悬殊、利率的差距，足以说明现实世界中要素价格无法均等。

2.2.4 里昂惕夫之谜及其解释

H-O 理论在提出以后的 20 年中，西方经济学家对其深信不疑，直到 20 世纪 50 年代初才遭到质疑。"里昂惕夫之谜"就是针对 H-O 理论提出的最有名的一种质疑。

1. 里昂惕夫之谜的产生

里昂惕夫（W. Leontief）是出生于俄国的美国当代著名经济学家。

根据 H-O 理论，美国资本相对富裕、劳动力相对稀缺，理所当然应该出口资本密集型产品，进口劳动密集型产品。然而，里昂惕夫对美国贸易结构的验证却得出了完全相反的结论：在美国出口工业中，资本和劳动力的比例（K/L）低于进口竞争工业的 K/L（见表 2-5）。即：美国出口的是劳动密集型产品，进口的是资本密集型产品。也即，美国利用对外贸易来节约资本，安排剩余劳动力，这与 H-O 理论预测不符！

表 2-5 美国每百万美元出口商品和进口替代商品的生产要素投入量

出口和进口商品对要素的需求量	1947 年		1951 年	
	出口	进口替代	出口	进口替代
(1) 资本（美元/年）	2 550 780	3 091 339	2 256 800	2 303 400
(2) 劳动（人/年）	182.313	170.004	173.91	167.81
(3) 人均年资本量（K/L）=（1）/（2）	13 991	18 184	12 977	13 726
(4) (K_x/L_x) / (K_m/L_m)（根据 H-O 预测：大于 1）	13 991/18 184 = 0.77		12 977/13 726 = 0.95	

注：由于进口商品数据难以获得，使用美国进口替代商品的数据。K_x/L_x：出口品资本与劳动的比例；K_m/L_m：进口品资本与劳动的比例。

这一验证结果也大大出乎里昂惕夫本人的意料之外，于是他将计算结果于 1953 年以

《国内生产和对外贸易：美国资本状况再考察》为题公开发表，在学术界引起轰动。随后，许多经济学家对美国的进出口贸易结构进行了验证，结果是有的与里昂惕夫的结论相同，有的符合 H—O 理论（见表 2-6）。如何解释这种现象就成了一个令人困惑的难题，被称为"里昂惕夫之谜"或"里昂惕夫反论"。

表 2-6 对 H—O 模型的实证检验

学者，检验年份	数据年份	$(K_x/L_x)/(K_m/L_m)$ （H—O 预测：大于 1）
Leontief，1954	1947	0.77
Leontief，1956	1951	0.95（不包括自然资源行业，1.14）
Whitney，1968	1899	1.12
Baldwin，1971	1958—1962	0.79（不包括自然资源行业，0.96）
Sternand & Maskus，1981	1972	1.05（不包括自然资源行业，1.08）

注：采用美国数据。K_x/L_x：出口品资本与劳动的比例；K_m/L_m：进口品资本与劳动的比例。

2. 关于"里昂惕夫之谜"的多种解释

（1）劳动力非同质说。

H—O 理论将生产要素简单地分为劳动和资本。事实上，同一要素之间大不相同。

里昂惕夫本人用劳动力质的差异来解释这一问题。他认为，美国工人具有比其他国家工人更熟练的技术和更高的劳动生产率。他解释，美国工人的劳动生产率大约是其他具有机器设备国家工人的 3 倍，如果按照其他国家的水平来衡量劳动的话，美国的劳动应该是倍加的劳动。这样，再计算美国的工人人数时，必须将实际人数乘以 3。如此来算，美国就成为劳动力相对丰富、资本相对稀缺的国家，它的贸易格局自然是以劳动密集型产品换取资本密集型产品。美国经济学家基辛（D. B. Keesing）对这个问题作了进一步研究（见表 2-7）。

表 2-7 1962 年一些国家出口和进口产品的熟练劳动力与非熟练劳动力使用比例　　单位：%

国别	出口		进口	
	熟练劳动力	非熟练劳动力	熟练劳动力	非熟练劳动力
美国	54.6	45.4	42.6	57.4
瑞典	54.0	46.0	47.9	52.1
德国	52.2	47.8	44.8	55.2
意大利	41.1	58.9	52.3	47.7
印度	27.9	72.1	53.3	46.7

资料来源：徐盛华，章征文. 新编国际贸易学. 北京：清华大学出版社，2006：22.

基辛利用美国 1960 年的人口普查数据，将美国企业职工分为熟练劳动力和非熟练劳动力两类，熟练劳动又分为七级：一级是科学家和工程师、二级是技术员和制图员、三级是其他专业人员、四级是经理、五级是机械工人和电工、六级是其他工种的熟练的手工操作人员、七级是办公室人员和销售人员。他利用该分类方法对一些国家 1962 年的进出口情况进行分析，认为资本较丰富的国家，如美国和德国，倾向于出口熟练劳动密集型产品；而资本较缺乏的国家，如印度，倾向于出口非熟练劳动密集型产品。

(2) 人力资本说。

美国经济学者凯南（Kenen）等人用对人力投资的差异来解释美国对外贸易商品结构是符合 H-O 理论的。凯南认为，国际贸易商品生产所需的资本应包括有形资本和无形资本（即人力资本）。人力资本主要是指一国用于教育和技能培训等方面投入的资本，或者说是指体现在劳动者身上的以劳动者数量和质量表示的资本。由于美国投入了较多的人力资本，拥有更多的熟练劳动力，因此，美国的出口商品含有较多的熟练劳动。如果把熟练劳动的收入高出简单劳动的部分算作资本并同有形资本相加，经此处理以后，美国仍然是出口资本密集型产品。这个结论是符合 H-O 理论的，从而把里昂惕夫之谜颠倒过来。

Kravis 的研究也表明，美国出口行业的工人平均工资比进口竞争行业工人的平均工资要高 15%，可见，美国出口行业的劳动生产率和包含的人力资本要高于进口竞争行业（I B. Kravis. Wage and Foreign Trade. Review of Economics and Statistics，1956）。还有经济学家在调查了美国劳工的平均工资、高技能职员在整个雇员中的比率，以及研究开发支出在产品增加值中的比重等情况后发现，美国人力资本投入在全世界占有领先地位，美国拥有的科技人员和熟练工人也是全世界最多的。因此，简单地用美国的资本、劳动人数或劳动时间来计算美国进口产品的资本劳动比率，可能没有反映出美国与其他国家在熟练劳动和非熟练劳动之间、人力资本之间的区别。

(3) 自然资源稀缺说。

美国学者凡涅克（J. Vanek）在 1959 年的一篇论文中提出以自然资源的稀缺性解释里昂惕夫之谜的观点。他认为：里昂惕夫进行研究时，仅局限于劳动和资本两种投入，忽略了自然资源要素（经济学意义上的"土地"要素）的投入影响。如果美国对于某些自然资源很大程度上要依靠进口来满足需求，而这些资源的开发或提炼在美国属于高资本投入的产品，则美国的进口替代产品中的资本密集度必然上升。于是就出现了里昂惕夫之谜。

里昂惕夫本人是同意凡涅克的观点的，他发现美国是大量矿产的进口国，这些矿产既使用大量的自然资源，也使用大量的资本，而美国出口的农产品相对而言主要使用的是土地和大量劳动力。即：美国进口的自然资源品恰巧是资本劳动比例较高的，而出口的自然资源恰巧是资本劳动比例较低的。在计算美国 1947—1951 年出口和进口替代产品之间的资本—劳动比例时（见表 2-6），他指出："如果把自然资源产品从计算中剔除的话，则美国进口资本密集型产品而出口劳动密集型产品的反论现象就不复存在了。"

考虑自然资源要素的作用后，有助于解释美加、美日、美印之间的贸易反论现象：美国似乎是从加拿大进口资本密集型产品，实际上这主要是因为美国从加拿大进口大量资本劳动比例较高的矿产品。日本似乎是出口其资本密集度比其进口产品要高的产品，是因为日本大量进口大米，而大米在日本是以劳动密集型方式生产的。美国也向印度出口粮食，与美国从印度进口的产品相比，作为土地密集型产品的粮食中的资本劳动比例是较低的。

综上所述，研究美国的出口、进口竞争商品的要素含量时，至少必须区分耕地、矿产、熟练劳动、非熟练劳动和非人力资本等生产要素的贡献（见图 2.2）。

(4) 要素密度逆转论。

如果在某些要素价格下，X 是资本密集型的，Y 是劳动密集型的；但在另外一些要素价格下，X 变成劳动密集型的，Y 变为资本密集型的，这种现象称之为要素密度逆转。

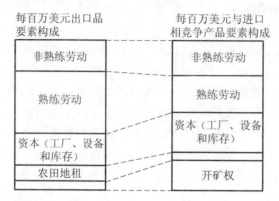

图 2.2　美国出口品、与进口相竞争品要素构成

当存在要素密度逆转时,同样一种产品,虽然两国生产函数相同,但在两国不同的要素价格下,可能属于不同要素密集类型。从而解释了里昂惕夫之谜,即一种产品在 A 国是资本密集型的,但在 B 国却是劳动密集型的。如美国的农业,由于其农业生产机械化程度很高,属于资本密集型生产。但在其他一些落后国家,农业生产则是典型的劳动密集型生产。因此以美国国内的生产作为标准,则美国进口的是资本密集型产品,而以其贸易国的生产作为标准,则美国进口的是劳动密集型产品。

(5) 需求逆转论。

在 H－O 定理当中,假设两国的消费者偏好是完全相同的,所以国际贸易形态只取决于要素禀赋差异,与需求因素无关。现在,放开消费者偏好完全相同的假设,就可以解释里昂惕夫之谜。需求逆转理论就是这种理论。需求逆转:当某一国对于某一商品拥有生产上的比较优势,但因其国民在消费上特别偏好该商品,将会使原来依据 H－O 定理所决定的进口方向发生改变,即该国改出口其拥有比较优势的商品为进口其拥有比较优势的商品。例如,虽然美国资本比较充裕,但如果美国消费者更偏好于消费资本密集型商品,那么,美国有可能出口劳动密集型商品,而进口资本密集型商品。

(6) 以竞争和垄断来解释。

该解释认为,由于某些产品的竞争和垄断,使得国际贸易不可能完全按照生产要素的组合及其对各国相对有利的程度来进行。因而,有利于输出国的产品,不一定能够顺利地输入另一国,而不利于输出国的产品,却可能很容易地输出,因而会出现里昂惕夫之谜。

(7) 以贸易壁垒存在来解释。

美国经济学家鲍德温 (R. E. Baldwin) 提出用美国关税结构来解释里昂惕夫之谜。他认为,在里昂惕夫的实证研究中引用的统计资料,没有考虑和剔除美国关税及其他贸易限制的影响。在现实中,美国的关税及其他贸易壁垒,倾向于保护国内的劳动密集型产业,限制劳动密集型产品的进口,人为地阻碍了劳动密集型产品的进口,使得进口份额中劳动密集型产品的比重下降,资本密集型产品的比重上升;同时,美国的贸易政策也倾向于促进劳动密集型产品的出口,这样就使这类产品在出口数量和比重上都有所增长,资本密集型产品的出口数量和比重相对下降。根据鲍德温的计算,如果剔除美国进口限制的因素,则 1947 年进口产品中的 K/L 将会下降 5%。鲍德温的研究结果对里昂惕夫之谜做出了部分解释。

(8) 用跨国公司理论来解释。

这种理论认为，美国跨国公司的国外子公司向美国输出资本密集型产品应看作是国内贸易，如果扣除了这部分贸易，美国的资本密集型产品的进口就会小于资本密集型产品的出口。即，美国是出口资本密集型产品，而进口劳动密集型产品。

3. 关于里昂惕夫之谜及其多种解释的评价

对里昂惕夫之谜的解释主要是从两个方面进行：一是对资本要素的内涵进行了扩张；二是找出里昂惕夫在计算时忽视的因素。除了上述不同解释之外，还有不少经济学家分别对里昂惕夫的方法和 H-O 模型的实用性进行了更为广泛更全面的讨论和检验。

尽管有以上解释和讨论，里昂惕夫之谜依然是对 H-O 理论的一大挑战，它证明了建立在若干严格假设基础上的 H-O 理论是很难对错综复杂的国际贸易现象做出科学分析和说明的。同时，在新的科技革命的推动下，世界经济和国际贸易的规模、结构和流向都发生了巨大的变化，H-O 理论越来越不能解释新出现的贸易现象，在此背景下催生了新的贸易理论。从这个意义上说，里昂惕夫反论也算得上是一个贸易理论转折点。

2.3　新贸易理论

第二次世界大战后，出现了一些新的国际贸易现象，这些是传统的比较优势理论和 H-O 理论无法解释、不能预见的，譬如：非完全竞争的市场模式并非例外，同类产品被区别对待，知识密集型产品在贸易总量中的比重不断上升，工业化国家经济结构的趋同化与国际贸易的高度集中化，产业内贸易（Intra-Industry Trade）的主导化。新贸易理论试图解释这些新的贸易现象，提升我们对贸易起因及其结果的理解。

新贸易理论超越了早期 H-O 模型的解释，主要考虑了技术扩散的滞后、需求条件、规模经济、国际资本的流动、动态比较优势、不完全竞争等。例如，克鲁格曼模型（Krugman Model）引入规模经济和垄断竞争；相互倾销模型（Reciprocal Dumping Model）试图解释同质产品的双向贸易；贸易引力模型（Gravity Model）试图解释贸易量，而不关注贸易的构成。

2.3.1　技术差距与产品生命周期理论

古典和新古典国际贸易理论都是从静态的角度分析国际贸易的基础，而技术差距论与产品生命周期理论，将各国技术的动态变化作为引发国际贸易的单独因素，从动态的角度说明贸易格局的变化。

1. 理论提出的背景

(1) 实践对比较优势论、要素禀赋论提出了挑战。

① 第一次国际产业大转移对比较优势论、要素禀赋论提出了挑战。20 世纪 60 年代开始，以纺织业为代表的劳动密集型产业从西方工业化国家向外转移，韩国、新加坡、中国台湾、中国香港不失时机地承接了这次国际产业大转移，借此实现了工业化过程。人们不禁要问，为什么曾经给一个国家带来极大福利的优势产业在若干年后会向外转移？为什么曾经在其他国家经济发展中发挥过重要贡献的一种产业或产品，相当长时间后会在另外的国家（地

区）再一次显现辉煌？形成这一贸易现象的原因究竟是什么呢？

② 在现代国际贸易中，伴随着知识密集型产品贸易量不断上升的还有另一个现象，即作为技术创新产物的知识密集型产品，均是在以美国为代表的西方发达国家里创造发明的，而随着产品标准化程度的提高，该产品的生产与出口逐渐由原发明国转向其他国家。

（2）理论提出。

美国经济学家波斯纳（M. V. Posner）1961 年在《国际贸易和技术变化》一文中首先提出了技术差距理论（Technological Gap Theory）。1966 年美国经济学家弗农（R. Vernon）发表《生命周期中的国际投资与国际贸易》（*The International Investment and International Trade in the Product Cycle*），将营销学中的产品生命周期概念引入国际贸易领域，提出了著名的产品生命周期理论（Product Life Cycly Theory，或 Product Cycle Theory，PCT），他们试图对上述现象进行解释。

2. 技术差距理论

技术进步或技术革新通常采用两种方式：一种是发展新的、更节约的生产现有产品的方式；另一种是创造发明全新的产品和改进已有的产品。波斯纳的技术差距理论认为，由于技术革新领先，新产品总是在工业发达国家最早产生，然后进入世界市场。这时其他国家虽然想对新产品进行模仿，但由于存在技术差距，需经过一段时间的努力才能实现。因而，创新国利用对新产品的技术控制，可以在一段时间内垄断这一产品，保持领先地位，在国际贸易中获得比较优势。随着新技术向国外转移，其他国家开始模仿生产并不断加以扩大，创新国的比较优势逐渐丧失，出口下降，以至可能从其他国家进口该产品。波斯纳在分析这一过程（见图 2.3）时，提出了如下概念：①需求滞后，是指创新国出现新产品后，其他国家消费者没有产生需求到逐步认识到新产品的价值而开始进口的时间间隔，其长短取决于他国消费者对新产品的认识与了解。②模仿滞后，是指创新国制造出新产品到模仿国能完全仿制这种产品的时间间隔。模仿滞后由反应滞后和掌握滞后所构成。反应滞后指创新国生产到模仿国决定自行生产的时间间隔，其长短取决于模仿国的规模经济、产品价格、收入水平、需求弹性、关税、运输成本等因素。掌握滞后指模仿国从开始生产到达到创新国的同一技术水平并停止进口的时间间隔，其长短取决于创新国技术转移的程度、时间和模仿中的需求强度以及对新技术的消化吸收能力等因素。

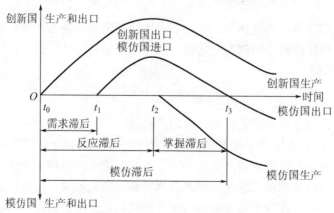

图 2.3　技术掌握时间差距

图 2.3 横轴表示时间，纵轴上方表示创新国生产和出口数量，下方表示模仿国生产和出口数量。t_0 为创新国开始生产的时间，t_1 为模仿国开始进口的时间，t_2 为模仿国开始生产的时间，t_3 为模仿国开始出口的时间，$t_0 \sim t_1$ 为需求滞后，$t_0 \sim t_2$ 为反应滞后，$t_2 \sim t_3$ 为掌握滞后，$t_0 \sim t_3$ 为模仿滞后。

3. 产品生命周期理论

（1）产品生命周期理论的基本内容。

理解产品生命周期理论关键在于理解它对贸易国家的分类和对产品生命周期的假设。

① 对贸易国家的分类。贸易国家分为三类：创新国、后进国、第三国。

② 对产品生命周期的假设。许多新产品都有一个划分为四个阶段的生命周期。

产品生命周期理论的基本观点见表 2-8 和图 2.4。

表 2-8 产品生命周期理论的基本观点

产品生命阶段	产品特征	比较优势	生产国	贸易方向（出口国→进口国）
导入期 （研制开发阶段）	知识、技术密集型 （研发密集型）	技术	创新国 （先驱国）	创新国→后进国、第三国
成长期 （大量生产与销售阶段）	技能、资本密集型 （物质资本＋管理、营销所需的人力资本）	技能、资本	创新国、 后进国	创新国→后进国、第三国 创新国出口增长率减慢
成熟期 （产品普及阶段）	资本密集型	资本	创新国、 后进国	创新国、后进国→第三国 创新国、后进国的出口互相竞争
高级标准化时期	原材料和劳动密集型	资本、劳动	后进国	后进国→创新国、第三国

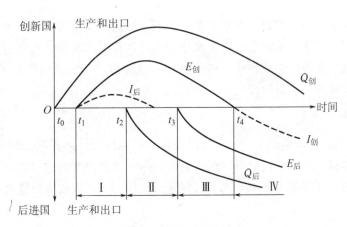

图 2.4 产品生命周期

在图 2.4 中，时间轴以上部分给出了创新国的生产产量曲线 $Q_{创}$、创新国的出口量曲线 $E_{创}$ 和后进国进口量曲线 $I_{后}$（虚线部分）。时间轴以下部分给出后进国生产量曲线 $Q_{后}$、后进国出口量曲线 $E_{后}$ 和创新国进口量曲线 $I_{创}$（虚线部分）。

③ 从贸易演进的角度也可以将产品生产技术发展分为 3 个阶段(见图 2.5)。

(2) 对产品生命周期理论的评价。

① 产品生命周期理论的理论意义和实践价值。理论意义：实现了比较优势观念由静态到动态演变的飞跃，揭示了比较优势在时间与空间上的转移。实践价值：该理论揭示了实现上述动态演变的客观条件是技术在商品的贸易过程不断向外传播，产品的技术密集度不断降低；主观条件是承接国在商品进口消费过程中能够吸收、消化产品的生产技术，具有与产品要素密集度相适应的要素禀赋优势。对解释产业内贸易、跨国公司跨国经营现象有一定的价值。对后进国家的经济发展尤其是工业化的实现有一定启示，即后进国家应该开放市场，分享经济全球化利益，处理好引进中的吸收与创新的关系，抓住机遇，实现超常规发展。

② 局限性。该理论难以说明当贸易双方不存在技术差异的情况下如何进行贸易。

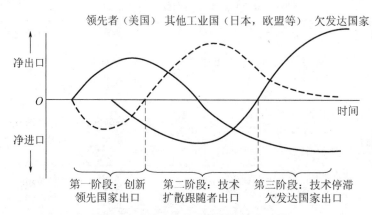

图 2.5　产品生产技术发展的三个阶段

2.3.2　产业内贸易理论

第二次世界大战后出现的第三次科技革命，不仅促进了世界经济的发展，而且使国际贸易格局产生了深刻的变化。变化之一就是发达国家之间相互贸易的比重迅速上升，尤其是产业内贸易越来越成为贸易的主要形式。产业内贸易理论揭示了产业内贸易迅速发展的原因，使国际贸易理论发展到一个新阶段。

1. 产业内贸易的概念

产业内贸易(Intra-Industry Trade)是指同一产业内的产品在两国间互相进口与出口。比如，美国、日本和一些西欧国家既是汽车的出口国，又是汽车的进口国。

产业内贸易的发展程度可用产业内贸易指数(又称为 GL 指数或格鲁贝尔-劳埃德指数)来衡量。

$$\text{IIT} = 1 - \frac{|X-M|}{X+M}$$

式中，X 和 M 分别表示对一种特定产业或某一类商品的出口额和进口额。IIT 为产业内贸易指数，其取值范围为 0~1。当一个国家只有进口或只有出口(即不存在产业内贸易)时，IIT=0；当对某一商品的进口等于出口时(即产业内贸易达到最大)，IIT=1。

格鲁贝尔（Grubel）和劳埃德（Lloyd）计算了1967年10个国家不同产业的IIT指数。他们发现，对于原油、润滑油产业，10个国家的IIT值的加权平均值为0.30，对于与之相关的化工工业为0.66，10个国家所有产业的混合加权平均IIT值为0.48。这意味着在1967年，10个国家的贸易额中约有一半是由同一产业差别商品的交易引起的。有的学者对1970年、1980年、1987年美国、日本、德国、法国、意大利、加拿大、荷兰、比利时、英国、西班牙等国与经济合作发展组织成员产业内贸易的比例进行了考察，发现1970年、1980年、1987年这10个国家的平均产业内贸易的比例分别为49%、55.5%和57.8%。

提示

使用IIT指数来衡量产业内贸易程度时，须谨慎处理。因为，如果将产业的范围进行不同的定义，就会得到不同IIT值；而某一产业的范围越大，IIT值就越大。

2. 产业内贸易的理论解释

（1）来自需求方面的解释——收入、偏好相似，需求重叠。

最早试图对产业内贸易现象作出理论解释的是瑞典经济学家林德尔（S. B. Linder）。他在1961年出版的《论贸易和转变》一书中提出了偏好相似理论（Preference Similarity Theory），该理论从需求的角度解释国际贸易成因，认为由收入接近所决定的需求偏好相似，是知识与资本密集型制成品贸易主要集中在发达国的主要原因。

① 一种新产品首先是为满足本国的（代表性）需求而生产，只有当新产品发展到一定程度，国内市场有限时才出口到国外。这是因为：第一，企业家对国外市场的熟悉程度大大低于对国内市场的熟悉程度。企业家不可能想到满足一个国内不存在的需求。随着企业规模的扩大，需要进一步拓展市场时，才会考虑出口。一旦打开国外市场，出口份额甚至会比内销大。尽管如此，出口终究是市场扩大的结果，而不是它的开端。第二，一个国家本身的需求是技术革新和发明创造的推动力。第三，一种新产品要最终适应市场需求，就必须根据消费者的要求不断改进产品设计。而征求本国和本地区消费者的意见较容易，成本最低。因此，国内需要的产品才会是本国具有优势的产品。

② 两国需求结构越相似，两国的消费者就越会要求同等质量的商品，它们之间贸易的可能性就越大。

③ 平均收入水平是影响需求结构的最主要因素。平均收入是决定需求偏好的重要因素，因此，有关国家平均收入是否相近可以用来反映需求结构是否相似。平均收入水平的高低与消费品、资本货物的需求类型密切相关。收入水平高的国家更多地需要档次高、质量好的消费品及高技术含量的资本货物；而收入水平较低的国家，一般需要较低档次的消费品和一般性资本货物。因此，人均收入水平相近的发达国家，相似的高档消费品和高技术的资本货物的贸易量很大。而高收入国家与低收入国家之间的工业制成品贸易取决于两国需求的重叠部分。因为高收入国家中有低收入消费者，低收入国家中也有高收入消费者，这两部分人存在共同需求，如图2.6中的阴影部分。图中横轴为不同水平的人均收入，纵轴为不同档次的商品，与A、B两点相应的两个矩形分别表示A、B两国所需商品档次的范围。阴影部分表示两国的重叠需求。阴影部分越大，两国贸易的可能性就越大。

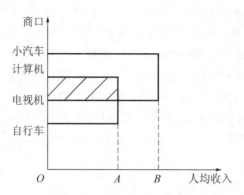

图 2.6　不同收入水平国家的商品需求及其重叠需求

(2) 来自供给方面的解释——产品的异质性和规模经济。

仅停留在需求与收入层次解释产业内贸易的成因,是不能解释:当收入增加带动需求水平的提高时,如果没有供给的相应调整,那么,需求的扩大只会带来制成品交易价格的普遍上升。但是,在当代国际贸易中,资本密集型与知识密集型制成品的交易价格非但没有上升,反而有普遍下降的趋势。此价格下降现象的原因是什么?来自供给方面的解释如下所述。

① 产品的异质性。产品的异质性是指同一类产品的商标、款式、包装、规格、销售服务等方面的差异。产品的异质性可以使不同生产者的产品满足不同消费层次、消费偏好的需求,从而形成不同生产者的优势地位,在此基础上产生产业内贸易。例如,美国和日本都生产小汽车,美国汽车以舒适、豪华、马力大为特点,而日本汽车则以经济适用、节能为特点。这就产生了对两国产品的相互需求,导致了产业内贸易。

② 规模经济。追求规模经济与生产差异产品对于生产者来说是矛盾的,差异产品的消费与福利水平的提高对于消费者来说也是矛盾的。进行产业内贸易可以解决这些矛盾。规模经济促进了各国产业内部发展专业化生产,使建立在产业内专业化分工基础上的产业内贸易得以迅速发展。产业内贸易导致市场扩大,生产者可以大批量生产,降低成本;差异产品消费者可以比较低的支出来消费差异产品,从而提高福利。

(3) 其他解释。

同质产品的产业内贸易指两国之间发生具有完全替代性的同质产品的双向贸易现象。对同质产品产业内贸易的解释源于格鲁贝尔和劳埃德(1975),他们认为运输成本、转口贸易、季节性贸易、消费者偏好、政府干预等均可导致同质产品产业内贸易的发生。

对垂直型产业内贸易的解释包括新赫克歇尔-俄林模型(Neo Heckscher - Ohlin Model),它是对原有 H - O 模型进行修正而建立起来的。该理论通过对 H - O 模型假定的调整,在产品特性与劳动和资本等基本要素的不同组合间建立了一种联系以解释垂直型产业内贸易,但其核心仍是用要素禀赋来预测贸易,因此是对传统贸易理论偏离最小的产业内贸易理论。代表人物是法尔威(Falvey)和凯克斯基(H. Kierzkowski)。

提示

垂直差异(Vertical Differentiation):指商品只存在质量差别。如不同质量的羊毛纺织成的羊毛衫。

水平差异（Horizontal Differentiation）：指商品质量相同，但存在心理上被认为的特性的差别。如同等质量羊毛纺织的不同式样、颜色的羊毛衫。

3. 产业内贸易理论简评

产业内贸易理论改变了古典和新古典贸易理论的基础假设，由完全竞争的市场结构过渡到不完全竞争的市场结构，是国际贸易理论的新发展。该理论增强了国际贸易理论对国际贸易实践的解释力，也为自由贸易提供了更多的存在基础。

2.3.3 国家竞争优势理论

1. 国家竞争优势理论的基本观点

1990年，美国哈佛商学院的教授波特（Porter）出版了《国家竞争优势》一书。波特认为，现有的国际贸易理论只能对国际贸易模式做出部分解释，但不能说明为什么一个国家能在某一行业建立和保持竞争优势。

（1）4个基本变量。

波特认为国内四个基本变量影响企业在国际市场上建立和保持竞争优势的能力：①要素禀赋；②需求状况；③相关产业和辅助产业；④企业战略、结构和竞争。这些因素相互作用构成波特所谓的国家"钻石"（Diamond）（见图2.7）。一个国家在某一产业的国际竞争力取决于上述四个因素的共同作用。各个国家都应出口"钻石"系统中四个组成部分都处于有利地位的产业中的产品，进口四个组成部分都处于不利地位产业的产品。

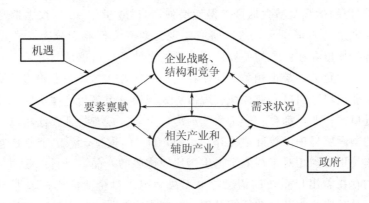

图 2.7　国家竞争优势的决定因素

（2）两个附加变量。

在上述四个变量之外，政府和机遇是两个不可或缺的因素，即附加变量。政府能通过水平和垂直关系把产业联成产业群，在国家竞争优势中政府的实际作用是正面或负面地影响每个基本变量。企业控制之外的偶然事件也会造成产业结构的调整和竞争优势的变化。具有最有利"钻石"的国家很可能把偶然事件转变成竞争力优势。

2. 国家竞争优势理论简评

国际竞争优势理论首次从多角度、多层次阐明了国家竞争优势的决定因素。

2.4 新新贸易理论

新新贸易理论主要包括异质性企业模型（Heterogeneous Firm Model）和企业内生边界模型（Firm Endogenous Boundary Model）。前者以梅里兹（Marc J. Melitz）为代表，侧重说明同一产业的不同企业是否选择出口；后者以安特斯（Pol Antràs）为代表，侧重说明企业在资源配置方式上的选择。目前，"新新贸易理论"还在不断发展和完善。

传统贸易理论主要研究产业间贸易。新新贸易理论主要研究在规模报酬递增、不完全竞争条件下的产业内贸易。新新贸易理论主要关注同一产业内部有差异的企业的国际化路径选择，从微观层面（企业）分析企业异质性、出口和外商直接投资（FDI）决策的关系，侧重从企业异质性视角解释国际贸易和国际投资现象。

从异质性（特别是从生产方面的异质性）来考虑经济参与者的特征，在古典贸易理论和新古典贸易理论中都有长久的传统，但主要局限于讨论行业间的生产率差异，新新贸易理论则讨论一个行业内、企业层面的异质性。

2.4.1 新新贸易理论产生的背景

比较优势理论、要素禀赋理论都假设：在同一产业内，代表性企业生产率相等（企业同质）。随着企业层面的微观贸易数据可获得性增强，自20世纪90年代中期开始，出现了许多挑战经典贸易理论的实证研究。这些研究发现：即使将行业划分得非常细，企业的生产率、规模等经济特征也存在巨大的差异；行业内的企业差异可能比行业之间的平均差异更显著；企业的异质性和贸易参与正相关；即使在贸易品行业，多数企业也根本不出口，只有少数高生产率的企业出口；出口企业往往表现出更大规模、更高生产率等异质性特征；无论是净出口还是净进口的行业，都存在一定数量的出口企业。这些特征无法用以产业内代表性企业为假设前提的国际贸易理论较好地诠释。比如，H-O 模型，假定企业是追求利润最大化的个体，会密集使用本国相对丰裕要素，生产比较优势的产品，进行产业间贸易，既不能解释净进口行业内存在着出口企业的情况，也无法确定出口企业的规模、生产率等方面的差异。还有，以产品多样化为基础的新贸易理论，如克鲁格曼（Krugman，1980）的理论，虽然引入不完全竞争和规模报酬递增，强调企业生产差异化产品、进行产业内贸易，能较好地解释净出口或净进口行业存在一定数量的出口企业情况，但消费者多样化的偏好和 CES 效用函数的使用，隐含着行业内的所有企业都将出口，这与微观实证结论不符。

长期以来，出于管理和控制生产要素的目的，企业普遍采取投资自建、投资控股或兼并其他企业的做法，将价值链的大部分环节集中在企业内部，形成原材料、半成品或零部件制造企业的内部生产系统（垂直一体化）。在高科技迅速发展、市场竞争日益激烈、消费者需求不断多样化的今天，该模式逐渐显示出无法快速地响应市场以及生产成本高昂等不足之处。随着信息和运输技术的提升，远程生产组织和流通成本逐步降低，越来越多的企业对传统生产组织模式进行了改革或改造，制定以最快的速度、最可能低的成本、尽可能多的产品种类为特征的战略。大企业更专注于创造和提升生产研发、品牌管理、技术创新等核心能力，而将其他非核心能力或者低附加值的零部件、原材料、服务等增值环节外包，以充分利用外部资源，由此形成以稳定交易和利益共享为特征的生产供应链体系。在此背景下，有三个现象值得关注：(1) 跨国企业主导了全球价值链分工，中间品贸易迅速发展，制造业离岸外包普遍存在；(2) 离岸外包在国际上甚至一国内部区域分布不平衡；(3) 国家和地区间的契约执行质量存在很大差异。对此，原有贸易理论难以很好地做出解释。

2.4.2 异质性企业模型

在国际贸易微观实证研究的推动下，根据存在不同生产率的企业这一事实，梅里兹（Melitz，2003）以霍普汗（Hopenhayn，1992）一般均衡框架下的垄断竞争动态产业模型为基础，扩展了克鲁格曼（Krugman，1980）的贸易模型，同时引入企业生产率差异，于2003年建立了"异质性企业模型"，试图解释国际贸易中企业的差异和出口决策行为，正式开创了"新新贸易理论"。伯纳德等人（Bernard et al.，2003）也建立了一个异质性企业贸易模型，与梅里兹（2003）模型不同，该模型采用伯纳德的寡头而非垄断竞争的市场结构，关注企业的生产率和出口之间的关系。赫尔普曼等人（Helpman et al.，2004）扩展了梅里兹（2003）模型，提出了生产率依出口企业、外商直接投资（FDI）企业的顺序逐级升高的模型。

在众多的异质性企业模型中，由于模型的简明性、假设条件的明确性和可扩展性，特别是与之前的新贸易理论模型一脉相承，梅里兹（2003）模型已经成为基准框架，影响最为深远。它将企业的生产率差异与规模报酬递增、不完全竞争、产品多样化结合起来，很好地解释了企业的异质性和贸易参与的正相关关系、企业自我选择出口的原因，也说明了贸易自由化的新福利效应。说明如下。

1. 异质性企业模型的假设

梅里兹（2003）模型的假设可以归纳为20条，见表2-9。该模型主要是在克鲁格曼（Krugman，1979、1980、1981）等的新贸易理论基础上发展而来的，沿用了市场结构、效用函数等大部分假设。

表2-9 梅里兹（2003）模型的假设

设　定	序号	假　设
消费者设定	假设1	代表性消费者，常弹性替代（CES）的效用函数
	假设2	消费者不储蓄
生产者设定	假设3	企业建立之时需要投入进入成本
	假设4	生产每种产品都有生产固定成本
	假设5	每个行业内的产品都是水平差异化的
	假设6	每个厂商只生产一种产品，生产没有中间过程，也不存在生产组织结构的选择问题
	假设7	每个企业面临概率为δ的负面冲击，任何受到冲击的企业都会直接退出市场
	假设8	每个企业在支付了进入成本之后，可以从连续分布$G(\phi)$中抽到自己的外生生产率$\phi>0$。企业根据自己的生产率水平决定生产策略

续

设　　定	序号	假　　设
要素市场设定	假设 9	生产要素市场为完全竞争市场
	假设 10	只有劳动一种生产要素投入。劳动是同质的。工资标准化为 1
产品市场设定	假设 11	企业之间是垄断竞争
国际市场设定	假设 12	1 到 n+1 个禀赋为 L 的国家，劳动要素不能跨国流动
	假设 13	每个 i 国的企业只能通过出口服务 j 国的市场，出口过程中有可变贸易成本
	假设 14	每个 i 国的企业出口到 j 国需要付出出口固定成本。支付之后可以服务整个目的国的消费者
	假设 15	贸易是平衡的
	假设 16	所有国家是对称的
环境隐形设定	假设 17	所有生产和消费行为都发生在同期，除了外生的死亡冲击之外，厂商面临的需求和生产能力不变
	假设 18	信息完全
	假设 19	无政府
	假设 20	企业是风险中性的

资料来源：崔凡，邓兴华. 异质性企业贸易理论的发展综述［J］. 世界经济，2014（6）：138-160.

2. 异质性企业模型的基本观点

（1）企业是异质性的，尤其是在生产效率方面存在差异。

（2）贸易自由化对不同生产效率之企业的影响是不同的。当一国实施贸易自由化后，由于竞争加剧，效率最低的企业会被迫退出市场，效率稍高的企业会继续在国内市场销售，效率最高的企业则会在国内市场销售的同时，通过出口扩大其市场。

（3）由于贸易自由化对不同效率的企业产生不同影响，促使资源从效率低的企业向效率高的企业转移，促使整个产业乃至整个社会的生产效率提高。这一效应在封闭经济中是无法实现的。可见，自由贸易拓宽了提高生产效率的途径，即使单个企业的生产效率不变，通过自由贸易实现市场份额和社会资源的重新配置，也能提高产业生产率从而提高社会福利。这种类型的福利是以前的贸易理论没有解释过的贸易利得。

2.4.3　企业内生边界模型

1. 关键问题

企业如何进行组织和区位决策？企业在国际化过程中面临着两个关键选择：（1）是否进入国际市场？（2）以何种方式进入国际市场，选择出口还是对外直接投资（FDI）？原有模型能解释为什么一家本土企业有在外国进行生产的激励，但无法解释为什么这些海外生产会发生在企业边界之内，而不是通过常见的市场交易、分包或许可的形式进行海外生产。

贸易、投资和企业组织的关系如何？是否相互依赖？

2. 理论发展和基本观点

（1）是否外包或一体化、在国内或国外进行等决策都是企业的内生组织选择；异质企业选择不同的企业组织形式、不同的所有权结构和中间品的生产地点。

企业边界有两个较为基础的模型：第一，科斯（Coase）和威廉姆森（Williamson）的交易成本理论；第二，格罗斯曼—哈特—穆尔（Grossman - Hart - Moore Model，GHM）的产权分析方法。科斯（Coase，1937）在《企业的性质》中提出了"企业边界"。既然市场配置资源是有效的，为什么还存在企业？对此，科斯提出了基于交易成本的分析框架：企业和市场都是组织资源配置的两种制度形式，市场配置资源存在交易成本，企业组织配置资源也存在交易成本。究竟用企业还是用市场来配置资源，取决于两者的相对成本。当企业外部的市场交易成本大于企业组织内部的边际交易成本时，企业会扩大生产组织的边界，由内部生产所需产品；当企业内部的交易成本大于市场边际交易成本时，企业会缩小生产组织的边界，将这部分的生产外包或在市场中采购所需产品。为避免耗费极大的成本，契约中的买方不愿意在期限长的契约中规定对方的详细事物（不完全契约）。继科斯之后，威廉姆森（Williamson，1979）、克莱因（Klein，1980）等人从不同角度探究了不完全契约问题。Grossman & Hart（1986）与 Hart & Moore（1990）则从博弈论的视角，建立严密的数学推导，创立了不完全契约理论（GHM）。

安特斯（Antràs，2003、2004）另辟蹊径，将 GHM 的企业边界观点和垄断竞争贸易模型（Helpman - Krugman 模型，HK）的贸易观点结合在一个理论框架下，提出了一个关于企业边界的不完全契约产权模型（an incomplete - contracting, property - rights model of the boundaries of the firm，简称企业内生边界模型），界定跨国公司的边界和生产的国际定位，并能预测企业内贸易的类型。安特斯假设：贸易无成本，国与国之间的要素价格不存在差别，均衡时会出现跨国公司。安特斯以美国公司为例，揭示了两类公司内贸易：在产业面板数据分析中，公司内进口占美国进口总额的比重非常高，而出口产业的资本密集度更高；在国家截面数据分析中，公司内进口占美国进口总额的比重非常高，出口国家的资本—劳动比例更高。

安特斯和赫尔普曼（Helpman，2004）将 GHM 与梅里兹（Melitz，2003）的企业异质性理论相结合，建立了异质性企业国际生产组织模型。他们假设：最终品由总部服务和中间品两部分组成，总部服务需要劳动和资本两种生产要素，中间品只需劳动一种生产要素；北方国家拥有资本要素和劳动要素，但南方国家只有劳动要素，因此北方国家既可以生产中间品，也能生产最终产品，而南方国家只能生产中间品。由于生产率不同，企业会采用不同的组织模式并由此有不同的固定成本和可变成本。在均衡状态下，生产率最低的企业在本国进行外包，而生产率最高的企业选择在南方国家 FDI，生产率较高的企业选择与南方国家的企业开展国际外包，生产率较低的企业选择在本国进行一体化。产业特征也是非常重要的决定因素。生产率差异较大的产业中主要依赖进口投入品，在总部密集度高的产业中一体化现象更为普遍。该模型也较好地解释南北工资差距不断加大、中间品贸易成本不断减少、市场交易相对于公司内贸易增多等现象。Antràs & Helpman（2006）将契约不完全程度化，将异质企业国际生产组织模型普遍化，允许存在不同程度的契约摩擦（contractual frictions），并允许其程度因不同投入品和国家而异。不同中间品在不同地区面临的契约不完全程度不同，总部服务的契约执行度提高会使企业更倾向于外包，而中间品的契约执行度提高会增加企业一体化的倾向。

（2）契约不完全、高技术密集型投入品的产出弹性减小导致产品生命周期的出现。

安特斯（Antràs，2005）将产品生命周期理论与GHM模型相结合，创建了动态一般均衡的李嘉图南北贸易模型（a dynamic, general - equilibrium Ricardian model of North - South trade），从不完全契约的角度解释了产品生命周期的出现：由于南方国家的契约不完全性、高技术密集型投入品的重要性随着产品的年龄和成熟度下降（产出弹性减小），产生了产品的生命周期。产品的生产在南北国家分别进行；假设南方国家的契约质量更差；南方的不完全契约导致北方的均衡工资较高；不完全契约减少了产品研发。在产品研发期，北方国家的企业承担生产链的所有环节；在产品成长期，北方国家的跨国企业首先通过外商直接投资（FDI）的方式进入南方国家并内部化生产所需的中间品；在产品的成熟和衰退期，北方国家的跨国企业以离岸外包的形式从南方国家购买中间产品。低技术投入品会转移到南方以便利用南方的低工资优势，这种转移首先会通过FDI的形式在企业的边界内发生，其后，会通过外包形式在企业边界外发生。若中间品的生产商能为最终品的生产商创造更多剩余，那么跨国企业进行离岸外包的激励会更大。

（3）契约制度是比较优势的一个重要来源。

在安特斯的模型中，一个产品的生产分为两个生产阶段：资本密集型为特征的北方国家生产最终品，劳动密集型为特征的南方国家通过生产中间品来参与国际分工。由于契约的不完全性，签约双方无法将产品的所有详尽特征和事后收益写入契约，只能事后协商。同时，由于中间品往往具有资产专用性，中间品生产商在事后的协商中有被"敲竹杠"的风险。若中间品生产商在事前预料到这一风险，会降低投资水平从而导致投资不足。若要鼓励中间产品生产商的投资，最终产品生产商须在事前先支付一笔"保证金"，确保契约执行。该"保证金"的数额与当地的制度质量相关：如果当地的制度质量差，则该保证金的投入较大，若大到一定程度，则最终产品生产商更愿意进行一体化投资；若当地的契约质量较好，所需保证金投入较少，最终产品生产商将把中间品完全外包出去。

G-H模型（Grossman和Helpman，2005）分析了契约环境对外包的影响。一国的法律环境用特定关系投资所占的比重来界定。给定每一个国家零部件生产商的数量和相对工资水平，一国契约环境的改善提高了在该国外包的相对利润。全球契约投资比重的上升对北方的外包有利，南方法律环境的改善可能提高或降低当地的外包数量，但是提高来自北方的外包数量。纳恩（Nunn，2005）分析了契约不完全性对国际贸易的影响。法律规则是契约不完全性程度的主要衡量标准，实证分析表明，有更好法律体系的国家，其契约密集型投入（intensive in contract - dependent input）高的产业出口更多。安特斯（Antràs，2013）重温了G-H模型，在之前的研究中加入了产权理论模型，丰富了组织形式模型的解释力度并拓展了G-H模型的应用。

2.4.4　新新贸易理论简评

（1）新新贸易理论的突出贡献。第一，在国际贸易理论研究方法上取得了突破。异质性企业贸易理论是对传统贸易理论和新贸易理论的补充，它放松了企业同质的基本假定，从异质企业角度提出了新的观点。企业内生边界模型从不完全契约下单个企业的组织选择问题入手，将国际贸易理论和企业理论结合在一个框架下，探讨企业的异质性对企业边界、外包

(out-sourcing) 以及内包（in-sourcing）战略的选择的影响，研究异质性企业如何做组织边界和区位决策，为研究企业的全球化路径和生产组织模式提供了全新的视角。第二，确立了新的研究视角。该理论将传统贸易理论、新贸易理论及其相关实证研究，从宏观（国家）与中观（产业）层面推进到微观（企业）层面，使国际贸易理论研究获得了新的微观基础和新的视角。

（2）新新贸易理论的局限性。第一，没有充分考虑产品差异性。第二，有待引入企业异质性的其他内涵。企业异质性不仅体现在生产率、企业规模、组织结构等方面，还体现在跨国经营方式（出口、FDI、独资、合资等）、企业战略、市场定位等方面。第三，没有考虑家庭和企业的动态最优化决策。以梅里兹（Melitz, 2003）模型为例，其局限性包括：①过分强调出口的自我选择效应，排除了贸易的促进竞争作用；②CES效用函数假设限制了模型的应用范围；③企业生产率的外生给定与微观实证结果不符；④仅关注发达国家之间的水平差异化产品的国际贸易，并没有体现发展中国家和发达国家之间以比较优势为基础的国际贸易；⑤只分析了一种最终产品的国际贸易，忽略了大量存在的中间产品贸易和多种最终产品贸易；⑥为了使进入市场的企业和退出市场的企业保持稳态均衡，进入行业的生产企业还面临外生死亡率的假定。

本章小结

本章介绍了国际分工的含义和发展阶段，阐述了国际分工与国际贸易的关系。论述了绝对优势论、比较优势论和要素禀赋论等古典和新古典国际贸易理论，技术差距与产品生命周期理论、产业内贸易理论、国家竞争优势理论等新贸易理论，以及异质性企业模型、企业内生边界模型等新新贸易理论的主要观点。

经济全球化条件下的国际产业转移

1. 当前国际产业转移的背景

（1）科技迅速发展，加快了信息的传播和交流，彻底改变了传统的交往方式。

（2）市场经济制度成为世界经济发展的基本经济制度，提高了产业转移的效率。

（3）经济全球化趋势加深，为多种类、多层次、多形式的产业转移提供了条件。目前呈现出生产、投资、贸易、研发、营销、服务、职业、消费全面全球化的新趋势。

（4）知识经济出现和发达国家产业结构升级产生了新一轮国际产业转移的要求。为了把更多的要素投入到新出现的知识性产业中去，发达国家要求把一些劳动密集型乃至资本和技术密集型产业转移出去。

2. 20世纪90年代末以来国际产业转移的特点和趋势

（1）国际产业转移结构高度化、知识化有进一步加强的态势。

（2）制造业的国际转移仍在持续，重心向东半球转移。

（3）服务业成为国际产业转移中的新热点。

（4）项目外包成为国际产业转移的新兴主流方式。

(5) 国际产业转移出现组团式、产业链整体转移趋势，配套、连锁转移加快，企业生态环境更加重要。

(6) 跨国公司成为产业国际转移主体（主导力量）的趋势更加明显。

3. 国际产业转移带来新的矛盾和问题

发达国家担心就业流失，发展中国家担心经济安全。发达国家的企业对产业转移的态度较为积极，但政府担忧由此引起产业空心化和失业增加，影响经济增长和就业水平，居民则担心自己的饭碗被发展中国家抢走。经济全球化条件下国际产业分工进一步细化，产品内分工盛行，产品的国际生产网络形成，同时产品内分工条件下价值链分工存在层级关系，发展中国家从事价值链中低附加值环节的生产，制约了本国经济和产业发展。

资料来源：改编自杨正位. 国际产业转移与我国的对策. http://news.xinhuanet.com/report/2005-05/16/content_2963511.htm, 2005-05-16.

习 题

1. 单选题

(1) 主张按各国绝对有利的生产条件进行国际分工的理论是（　　）。

 A. 绝对优势论　　　　　　B. 比较优势论

 C. 要素禀赋论　　　　　　D. 技术差距理论

(2) 主张一国应集中生产优势最大或劣势最小的产品的国际分工理论是（　　）。

 A. 绝对优势论　　　　　　B. 比较优势论

 C. 要素禀赋论　　　　　　D. 技术差距理论

(3) 一国拥有的劳动要素充裕，就应专门生产劳动密集型产品对外进行交换，这种说法来自（　　）。

 A. 绝对成本论　　　　　　B. 比较成本说

 C. 要素禀赋说　　　　　　D. 技术差距说

(4) 要素禀赋说认为，国际贸易将会使各国生产要素价格的差别（　　）。

 A. 扩大　　　　B. 缩小　　　　C. 不变　　　　D. 不确定

(5) 提出各国应按生产要素禀赋进行国际分工的经济学家是（　　）。

 A. 亚当·斯密　　　　　　B. 大卫·李嘉图

 C. 赫克歇尔和俄林　　　　D. 里昂惕夫

(6) 要素禀赋论认为区域贸易或国际贸易的直接原因是（　　）。

 A. 要素价格差别　　　　　B. 成本差别

 C. 要素禀赋差别　　　　　D. 商品价格差别

(7) 里昂惕夫之谜所验证的理论是（　　）。

 A. 绝对成本论　　　　　　B. 比较成本说

 C. 要素禀赋说　　　　　　D. 技术差距说

2. 多选题

(1) 英国生产一单位酒需120人/年，生产一单位毛呢需100人/年；葡萄牙生产一单位酒需80人/年，生产一单位毛呢需90人/年，根据比较优势论，（　　）。

A. 英国应生产和出口酒　　　　B. 英国应生产和出口毛呢
C. 英国不宜参加国际分工　　　D. 葡萄牙应生产和出口酒
E. 葡萄牙应生产和出口毛呢
(2) 对里昂惕夫之谜进行解释的理论有（　　　）。
A. 劳动熟练说　　　　　　　B. 人力资本说
C. 要素禀赋论　　　　　　　D. 技术差距理论
E. 比较优势论
(3) 动态的国际贸易理论包括（　　　）。
A. 劳动熟练说　　　　　　　B. 人力资本说
C. 要素禀赋论　　　　　　　D. 技术差距理论
E. 产品生命周期理论
(4) 解释发达国家间工业品贸易的理论有（　　　）。
A. 劳动熟练说　　　　　　　B. 人力资本说
C. 国家竞争优势理论　　　　D. 技术差距理论
E. 产业内贸易理论

3. 判断题
(1) 发展中国家参与和利用国际分工具有客观必然性。（　　）
(2) 在绝对优势论的理论分析中，每个国家都拥有一种最擅长生产的产品是该理论的一个重要假定。（　　）
(3) 按照要素禀赋论的观点，原先较为稀缺的要素在分工后变得更为稀缺，导致该要素相对价格上升。（　　）
(4) 所谓产业内贸易是指同一工业部门所生产的产品交换活动，而产业间贸易是指不同工业部门之间发生的产品交换。（　　）
(5) 尽管工业发达国家在国内消费需求的偏好相似程度较低，但由于发展程度和人均国民收入较接近，因此工业品的产业内贸易量较大。（　　）

4. 简答题
(1) 绝对优势论的主要内容是什么？
(2) 李嘉图比较优势论的核心思想是什么？该理论对各国发展外贸有何积极意义？
(3) 要素禀赋论的基本内容是什么？它从哪些方面发展了比较优势论？
(4) 什么是里昂惕夫之谜？西方学者对此做了哪些解释？
(5) 简述技术差距理论的主要内容及其意义。
(6) 简述产品生命周期理论的主要内容。请进一步思考：
第一，产品生命周期理论将同一产品的贸易过程划分为不同阶段的依据是什么？
第二，产品生命周期不同阶段的贸易主体、贸易地理方向有何不同？原因是什么？
第三，产品贸易中优势转移的轨迹、条件是什么？
第四，如何理解产品生命周期理论的理论价值？
第五，产品生命周期理论对一个国家、特别是发展中国家制定贸易政策有哪些指导意义？
(7) 什么是产业内贸易？其产生的原因是什么？

(8) 一国的竞争优势由哪些因素决定？

(9) 新新贸易理论与传统贸易理论、新贸易理论的主要区别是什么？

(10) 请结合表1-1、表1-9～表1-12，同时补充查阅有关国际分工和贸易资料，分析：①中国参与国际分工和国际贸易的情况如何？②"欧美是董事会，印度是办公室，中国是世界工厂"的说法有一定道理吗？③造成上述分工和贸易格局的主要原因是什么？

5. 案例分析

(1) 根据以下案例所提供的资料，试分析：

① 中国农产品参与国际分工，就其形式看，主要是垂直型的还是水平型的国际分工？

② 要使中国农产品在国际分工中发挥更大的优势、更充分获取国际分工的利益，中国应从哪些方面入手？

分析案例 2-1

中国农产品的比较优势及其参与国际分工的现状

中国农业的比较优势：(1) 水果。中国是世界果品生产大国，水果产量占世界总产量的15％。其中，苹果、梨产量居世界之首，分别占世界总产量的33％和44％，柑橘为世界第三，占世界总产量的10％。中国苹果、梨、柑橘的价格比国际市场价格低40％～70％。近年中国水果出口尚不足国内产量的2％，扩大出口前景广阔。(2) 蔬菜。与粮食作物相比，蔬菜产品单位价值产出所需土地投入只有10％～30％，而劳动力需求则是粮食的4～5倍。日本、韩国、新加坡以及我国香港地区等是重要的蔬菜消费市场。中国对这些国家和地区出口具有区位优势，蔬菜出口潜力较大。(3) 园艺作物和花卉。中国具有种植、气候、劳动力以及花卉文化等资源优势，这些产品的价格比国际市场价格低20％～30％，是扩大出口新的增长点。(4) 水产品。中国人均占有水产品比世界平均水平高10千克，水产品以养殖为主，价格比国际市场低30％左右。(5) 畜产品。中国牛肉、猪肉的国内价格比国际市场低50％左右，西装鸡价格虽高于国际市场，但经过人工分割、深加工后，也低于国际市场价格。只要认真按国际标准来生产，潜在的优势就可以得到有效发挥。此外，由于种植习惯以及特殊的气候、地理条件，中国在杂粮、土特产、中草药等方面也具有明显的优势。

中国农产品参与国际分工的现状：中国农业与美国、加拿大和澳大利亚等国农业的竞争，从某种意义上讲，实际上是分散小生产的传统农业与规模化大农场的现代农业、精耕细作式的劳动密集型农业与机械化生产的资金技术密集型农业的竞争。在这种竞争中，在土地密集型农产品方面，美国等发达国家依靠规模经营和机械化、农业技术开发等措施，使小麦、玉米、大豆和棉花等大宗农产品产量大增，成本降低，价格低廉，具有很强的国际竞争力，中国则处于不利地位。而在蔬菜、水果和畜产品等劳动密集型农产品方面，中国的竞争优势则比较明显。实际上，改革开放以来，中国的农产品对外贸易长期是顺差，其中一个重要原因就在于这类劳动密集型农产品的出口逐年增加，而这一成绩是在进口国很高的农产品关税和非关税壁垒之下取得的。近年来农产品贸易自由化已经取得了很大进展，今后还会进一步发展。加入WTO之后，中国农产品出口要方便得多，即使是西欧和美国那些与我国竞争的农产品出口国，也不一定有优势。因为，他们的劳动力成本高昂，现在的出口优势在很大程度上是靠政府保护取得的。

（2）根据以下案例所提供的资料，试分析：
① 多年以来美国一直限制食糖进口的主要原因？
② 食糖生产者们关于贸易影响的抱怨总能有效表达的主要原因？

 分析案例 2-2

美国的制糖业

贸易虽然能提高国家整体福利，但并不意味每个人的福利水平都提高，这就是为什么现实中总存在反对自由贸易的势力的重要原因。

贸易中受损的集团一定会不遗余力地游说政府限制自由贸易以保护他们的收入。人们一定以为在自由贸易中受益的集团会同样尽力去说服政府放宽对自由贸易的限制。但事实并非如此，在大部分国家制定贸易政策时，想限制贸易的人通常比想放宽贸易的人更具有影响力。因为一般来说，产业中贸易受益者的集中程度，对情况的掌握程度，以及组织程度都不如那些贸易受损者。

美国的制糖业是体现这种对立局面的很好的例子。多年以来，美国一直限制糖的进口，美国市场糖的价格几乎是世界市场价格的两倍。据估计，美国消费者为这一进口限制付出的代价约为 20 亿美元一年，即每个人为此多付 8 美元，而生产者的收入约为 20 亿美元的一半。如果把消费者和制造商的损益情况同时公布，那么美国很可能就不会实施这一进口限制了。但是，每一个消费者在损失的绝对量上是很少的，而且这些损失大部分是看不见的，因为糖大多作为其他食物的配料，人们一般不直接购买。因此大部分消费者觉察不到进口限制使其生活水平降低了。而且，8 美元的损失也不足以煽动他们组织起来反抗或写信给国会议员。食糖生产者的处境可就截然不同了，平均每个厂商每年从进口配额中获得成千上万的美元。因此食糖生产者组织起了贸易联盟和行会组织，非常活跃地为实现其成员的利益服务。因此食糖生产者们关于贸易影响的抱怨总是有效地被表达出来。

（3）根据以下案例所提供的资料，试分析：
① 日本汽车、美国波音飞机参与国际分工和国际贸易的情况。
② 本案的启示。

 分析案例 2-3

日本汽车和美国波音飞机的生产分工

Grossman、Rossi-Hansberg（2006）提出了"任务贸易"（Trade in Tasks），指的是贸易中存在大量中间品贸易及服务外包贸易，货物贸易不仅仅指最终货物的进出口。全球价值链下产业的不同价值环节在全球范围内进行分工，许多产品的不同部件在不同的国家或地区生产，通过进出口在最终组装国组装出口。

图 2.8 是 20 世纪 80 年代日本汽车生产分工结构图。波音 787 主要部件合作生产公司见表 2-10。波音 787 是波音公司全球外包生产程度最高的机型，按照价格计算，波音公司本

身只负责生产大约 10%——尾翼和最后组装,其余零部件由 43 家一级供应商提供,机翼在日本生产,碳复合材料机身在意大利和美国其他地方生产,起落架在法国生产。

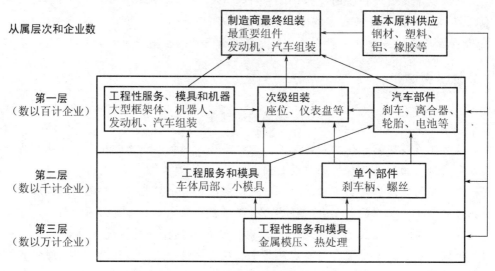

图 2.8 20 世纪 80 年代日本汽车生产分工结构

表 2-10 波音 787 主要部件合作生产公司

研制公司/业务部门	国 家	主要部件
阿莱尼亚航空航天公司、沃特飞机工业公司	意大利、美国	水平安定面、机身中段、机身后段
波音制造分部	美国、加拿大、澳大利亚	垂直尾翼组件、可移动后缘装置、翼身整流罩
斯普林特公司	美国	固定和可移动前缘装置、驾驶舱、部分前机身
富士重工	日本	
川崎重工	日本	主起落架轮舱、主机翼固定后缘装置、部分前机身
三菱重工	日本	
古德里奇	美国	燃油量指示系统、短舱、近地传感系统、电刹车
梅西埃-道蒂	法国	
伊顿航空航天	英国	泵和活门
罗尔斯罗伊斯	英国	
通用电气	美国	发动机
穆格有限公司	美国	飞行操纵作动器
拉比那	法国	电缆

续

研制公司/业务部门	国　　家	主　要　部　件
帕克汉尼芬	美国	液压辅助系统
梅西埃普加蒂	法国	电刹车
PFW	德国	金属管道敷设
萨伯航空结构	瑞典	大型货舱门、散装货舱门和口盖
大韩航空公司	韩国	斜削式翼稍小翼

资料来源：根据波音公司网站资料整理 http://www.boeingchina.com/，2012-04-15。转引自：曾红艳. 全球价值链背景下国际贸易统计方法改革研究 [D]. 北京：外交学院，2012.

第 3 章 国际贸易的调整

学习目标

知识目标	技能目标
了解贸易政策的含义、分类、目标和手段	能够初步识别、解读贸易政策
了解贸易政策的历史演变	理解贸易政策的历史演变规律
识记关税和各种非关税措施的含义	能区分、选用各种限制进口、鼓励或限制出口的措施
理解关税、配额、VER、倾销、补贴、TBT 的经济效应及其异同	能够依据相关知识,初步分析、比较关税、配额、VER、倾销、补贴、TBT 的经济效应
理解反补贴、反倾销、保障措施和特别保障措施的内涵、条件、特征、实施形式和程序,初步掌握各贸易救济措施的异同	能够简要评析和比较反补贴、反倾销、保障措施、特别保障措施等贸易救济措施

知识结构

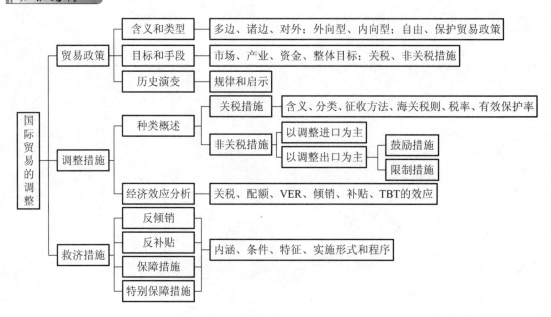

中美"知名品牌产品出口补贴"案

2008年12月19日,美国贸易代表苏珊·施瓦布宣布,美国已针对中国政府制定的名牌战略及一系列旨在促进品牌发展和增加品牌商品全球销量的相关措施,在WTO争端解决机制项下向中国提出磋商请求。同日,墨西哥政府也以相同依据,就相同事项在WTO中提请与中国磋商。

2009年1月7日、8日、22日,WTO先后在其网站上分别发布了美国、墨西哥、危地马拉"中国——赠与、贷款和其他鼓励措施"的WTO磋商请求全文。同年1月15日,加拿大、欧共体、土耳其请求加入磋商;1月16日,澳大利亚请求加入磋商;2月5日至6日,中方与美、墨、危三方在日内瓦举行了联合磋商;12月18日,美国贸易代表罗恩·柯克宣布已与中国就本案签订协议。依据上述协议,证实中国已采取步骤撤销或修正相关措施,从而移除任何以出口为条件授予名牌称号和财政利益的条款。

美、墨、危三国提出磋商请求的内容基本相同。以美国为例,其提出磋商涉及的主要内容如下。

(1) 与"中国世界名牌产品"计划相关的政策措施共计24件。如中央部委的相关政策措施有:《关于开展中国世界名牌产品评价工作的通知》(国质检质〔2005〕95号);《关于申报2006年中国世界名牌产品的通知》(国检质函〔2006〕11号);《关于申报2008年中国世界名牌产品的通知》(国检质函〔2008〕23号);《中国名牌产品管理办法》(国家质检总局令第12号2001年12月29日);关于印发《关于扶持出口名牌发展的指导意见》的通知(商贸发〔2005〕124号)。

(2) 与"中国出口名牌"项目相关的措施共计51件。如中央部委的相关政策措施有:关于印发《中国名牌产品评价管理办法(试行)》的通知(国质检〔2001〕32号)(已废止);商务部办公厅关于请推荐"中国出口名牌"备选名单的通知(商办贸函〔2007〕25号)。

(3) 其他措施共计31件。这些多为地方政府政策措施,以上海为例,涉及三项措施:关于推荐2005—2006年度"上海出口名牌商品"备选名单有关事项的通知(沪经贸贸促〔2005〕143号);《闸北区促进服务外包专利品牌扶持政策实施细则》;《上海市外经贸委关于开展2007—2008年度"上海市出口名牌"认定工作的通知》。

(4) 磋商信中可获得证据的说明。如中央部委的相关政策措施有:国务院办公厅质量监督检验检疫局关于发行《中国名牌产品评价管理办法(试行)》的通知(国质检〔2001〕32号);《关于开展中国世界名牌产品评价工作的通知》(国质检质〔2005〕95号);《关于申报2006年中国世界名牌产品的通知》(国检质检〔2006〕11号);《关于申报2008年中国世界名牌产品的通知》(国检质检〔2008〕23号);《中国名牌产品管理办法》(国家质检总局令第12号2001年12月29日);《中华人民共和国产品质量法》(1993年2月22日第七届全国人民代表大会常务委员会第三十次会议通过);《国务院关于进一步加强产品质量工作若干问题的决定》(1999年12月25日国务院印发的24号国发文件〔1999〕)。

美国在磋商信中指控中国的相关措施违反了《补贴与反补贴措施协议》第3条;《农业协议》第3条、第9条和第10条;《中华人民共和国加入世界贸易组织议定书》第1部分12.1条以及第1.2条(其中该条还包含了《中国加入世界贸易组织工作组报告》第234段)和GATT1994第3.4条。

2009年12月18日,中美就"知名品牌产品出口补贴"WTO磋商案达成谅解备忘录,以中方让步解决这一纠纷。

资料来源:龚柏华.WTO有关禁止性出口补贴规则研究——以中美"知名品牌产品出口补贴"WTO磋商案为视角.国际商务研究,2010(2):44-50.

点评:各国可以通过制定贸易政策、立法等手段调整贸易,但如果与多边、双边、对方国家的有关规定不一致,就容易引发争端,甚至贸易战。

讨论题：什么是贸易政策，其主要类型、目的、调整措施有哪些？主要贸易调整措施的经济效应如何？什么是贸易救济措施？如何正确选用贸易措施？

本章概述国际贸易政策及措施，分析主要措施的经济效应。

3.1 贸易政策概述

3.1.1 贸易政策的含义和类型

1. 贸易政策的含义

贸易政策是各国在一定时期内对进、出口贸易所实行的政策，是各国政府为了某种目的而制定的对外贸活动进行管理的方针和原则。

阅读材料 3-1

贸易政策的特征

（1）贸易政策的宏观性。贸易政策是宏观经济政策的重要组成部分，与宏观调控的四大目标（经济增长、充分就业、物价稳定、国际收支平衡）有直接或间接联系。贸易差额直接影响国际收支平衡，间接影响国际收支平衡目标；外贸作为经济增长的"发动机"，对GDP和就业增加有重要作用；进出口贸易是连接国内外市场、国内外生产者与消费者的基本渠道，进出口政策也可在一定程度上调节国内物价，控制通胀。

（2）贸易政策的统一性。贸易政策应当是在全国范围内统一实施，且稳定、透明、可预见。

（3）贸易政策的协调性。贸易政策应当与财税、金融、产业、投资、区域、收入、消费、社会保障、环保等政策相互促进、支持，增强互补性，减少互竞性。

（4）贸易政策的政治性。其制定和实施过程远超出一国经济政策的范畴，具有内政、外交、社会、安全、气候、环境等超经济属性。其突出表现在：一是国际经贸合作的政治性。如优惠贸易政策安排、发展援助、区域经济合作（例如FTA）等都具有明显的对象性，在选择政策优惠对象（国家）时，其政治考虑将是决定贸易政策的重要参考依据。二是国际经贸谈判的政治性。如在国际贸易谈判、与贸易相关的其他国际谈判（如国际气候变化谈判）等场合，利益相似的国家往往组成各自的谈判阵营，统一谈判立场，实现有利于本利益集团的国际贸易体制安排。

（5）贸易政策的国际性。贸易政策制定、实施及修改，不仅要依照本国法律，而且要遵守多边、区域和双边政府协议以及有关国际规则与惯例。除了体现为应当遵守签署的双边和区域经济贸易协定（例如FTA）外，贸易政策的国际性主要体现为WTO规则体系约束下的通知义务、磋商机制和政策审议机制。

资料来源：课题组．后危机时代中国外贸政策的战略性调整与体制机制创新．国际贸易，2010(3)：4-10．

2. 贸易政策的类型

按贸易政策实施主体、实施范围,可分为多边贸易政策、诸边贸易政策、一国的对外贸易政策。

按其对外销生产和内销生产的保护程度,可分为外向型贸易政策和内向型贸易政策。

按其对进出口商品的影响,可分为自由贸易政策和保护贸易政策两种最基本的类型。前者指国家对进出口贸易不加干预,任其自由竞争,又称"不干预政策"。后者指国家广泛采取各种措施限制进口和控制经营范围,以保护本国的产业和市场不受或少受外国的竞争,同时对本国货物和服务出口实行补贴和各种优待,以鼓励出口,其实质是"奖出限入",因时代不同,其性质、作用与特点不尽相同。

3. 贸易政策的形成

图 3.1 是贸易政策形成的需求供给分析框架。公众、政府、本国和外国的利益集团根据各自既定的目标或既得利益产生对贸易政策的需求和供给,进而决定贸易政策选择的质量(形式)和数量(程度)。

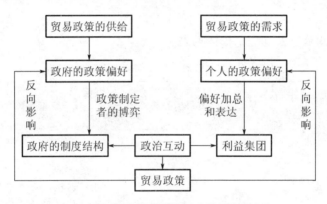

图 3.1 贸易政策形成的需求供给分析框架

资料来源:张汉林,等. WTO 主要成员贸易政策体系与对策研究 [M]. 北京:经济科学出版社,2009.

3.1.2 贸易政策的目标和手段

贸易政策体系对经济贸易影响的作用机理如图 3.2 所示。

1. 贸易政策的目标

贸易政策通过竞争效应、价格效应、引致效应等试图实现如下主要目标。

(1) 市场目标:保护本国的市场,扩大本国产品的出口市场。

(2) 产业目标:促进本国产业结构调整与改善。

(3) 资金目标:积累国民经济发展所需要的资本或资金。

(4) 整体目标:维护和发展本国的对外经济、政治关系和利益。

2. 贸易政策的手段

贸易政策的手段主要包括两大类:关税措施和非关税措施。详见本章第 2、3 节。

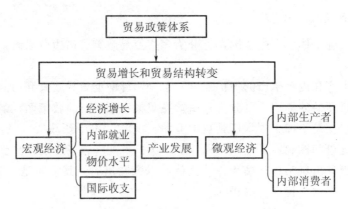

图 3.2 贸易政策体系对经济贸易影响的作用机理

资料来源：张汉林，等. WTO主要成员贸易政策体系与对策研究 [M]. 北京：经济科学出版社，2009.

3.1.3 贸易政策的历史演变及其理论依据

1. 演变的概况

贸易政策的历史演变及其理论依据见表3-1。

表3-1 贸易政策的历史演变及其理论依据

历史时期	基本政策类型		政策目标和特点	政策手段	主要理论基础
15～17世纪：资本主义生产方式准备时期	主流	保护贸易政策	增加货币财富、保持贸易出超、促进资本积累。代表商业资产阶级利益	1. 早期：禁止货币出口 2. 晚期：奖出（补贴，出口退税，减免出口税，设立特权贸易公司）、限入（禁止进口，课征保护关税）	重商主义*
18～19世纪：资本主义自由竞争时期	主流	自由贸易政策	形成有利的国际分工，增加国民财富，加强竞争、提高经济效益，促进资本积累。代表工业资产阶级利益		绝对/比较优势论
	非主流	保护贸易政策	干预外贸，促进和扶持本国幼稚产业的发展，培养竞争力。有利于资产阶级反对封建主义势力，实现赶超	对幼稚产业实行关税保护：高关税或禁止进口同类产品；免税或轻税进口本国急需复杂机器和原料；限制重要原料出口	保护幼稚产业论
一战至二战：资本主义垄断时期（重要事件：一战、二战、1929—1933年世界性经济危机）	主流	超保护贸易政策	进取性保护贸易政策。目的：加强市场垄断，扩大有效需求，利用外贸促进国内增长、缓和经济危机、实现充分就业	国家积极干预外贸，奖出限入。保护措施多样化：关税和非关税措施。保护对象：更多保护国内高度发达或出现衰落的产业	新重商主义；凯恩斯超保护贸易理论
	非主流	自由贸易政策	形成有利的国际分工，增加国民财富，促进资本积累，代表工业资产阶级的利益		H—O理论

续

历史时期	基本政策类型	政策目标和特点	政策手段	主要理论基础
二战后至20世纪70年代中期：资本主义黄金时期	主流 贸易自由化	取消贸易障碍与歧视，促进货物和服务生产和交换。代表垄断资本利益，适应资本对外扩张需要	通过贸易条约或协定，大幅削减关税，抑制非关税壁垒。在一定程度上与贸易保护主义措施相结合	新自由主义贸易政策理论
20世纪70年代末至80年代初（重要事件：1974—1975年、1979—1982年世界经济危机）	主流 新贸易保护主义	增加收入、提高就业、改善国际收支、保证公平竞争、保护知识产权、维护国家安全、保护环境等。贸易保护日益制度化、法律化，并转向更加系统化的管理贸易制度	保护措施多样化，保护范围从传统产品和农产品扩至高级工业品和劳务部门、从关税壁垒转向非关税壁垒、从限制进口转向鼓励出口、从国家贸易壁垒转向区域性贸易壁垒	新贸易保护论**
20世纪80年代中后期以来	主流 贸易政策融合发展	战略性贸易政策：政府通过扶持战略性产业（高附加值产业和高科技产业）发展来获得该产业国际竞争力和垄断利润，增加国民福利。新自由主义贸易政策：给予出口和进口、国内销售和出口、可贸易商品和非贸易商品的激励不偏不倚；减少贸易控制、以价格机制代替直接干预	战略性贸易理论***，博弈论，新自由主义贸易政策理论****

注：1. 第二次世界大战后发展中国家纷纷取得经济上的独立，走上了民族经济的道路，但是受到旧的国际分工和贸易体系的严重阻碍，一些国家开始摒弃自由贸易原则，实施贸易保护政策，希冀实现工业化。其理论基础包括：普雷维什的"中心—外围论"、甘德·弗兰克的"都市—卫星"说。

2. *重商主义产生于15世纪，早于古典自由贸易理论。它集中考察一国致富之道，是当时人们对资本原始积累时期商业实践的直观感知，以及由此导出的一系列基于经验主义的政策结论。它认为货币等同于财富，对外贸易是增加一国货币的真正源泉，崇尚国家干预主义，主张商业资本与国家政权紧密结合，保护本国工商业，管制金银（早期）和对外贸易（晚期）。它建立起以国家干预主义为手段、以奖出限入为基本框架的保护贸易制度。直到今天，各国贸易政策中仍可隐约见到重商主义的影子。

**新贸易保护论包括：关税强化国防安全说，关税改善贸易收支论，保护改善贸易条件论，关税降低总失业论，关税增加特定产业就业论，关税增加稀缺生产要素收益论，夕阳产业保护论，矫正国内市场扭曲论，保护国内就业、维持国内高水平工资论，保护公平贸易论，非经济目标的超保护贸易理论（社会公平论、国家安全论、环境保护论）等。

***战略性贸易理论：以伯兰特—斯潘塞"以补贴促进出口论"，克鲁格曼"以进口保护促进出口论"为代表。主张战略性贸易政策，培育比较优势。

****新自由主义渗入国际贸易领域，代表人物：巴拉萨（B. Balassa）、巴格瓦蒂（J. N. Bhagwati）、克鲁格（A. O. Krueger）、拉尔（D. Lal）、里特尔（I. Little）、斯瑞尼瓦桑（T. N. Srinivasan）等。新自由主义者从研究贸易战略和贸易体制入手，进一步在理论上进行阐释，从而探讨一系列相关的贸易政策问题，逐步形成了其贸易政策理论的主要观点：进口替代和出口促进不利于发展，主张实行中性贸易体制，向中立性激励结构转变，趋向于更自由的贸易体制或二者兼而有之。[资料来源：黄静波. 新自由主义贸易政策论及其演进. 经济学动态，2003(11)：65-68.]

经典人物

李斯特

李斯特（Friedrich List，1789—1846），出生于德国一个皮革匠家庭。

1806年开始在符腾堡王国政府中任职，后担任国会议员和经济学教授，曾因参与反封建活动和批评当局被判处10个月监禁。

1820年因提倡在国内实行自由贸易发展资本主义，被推举为国会议员。

1825年因主张大力改革被驱逐出境，流亡美国，受到美国独立后第一任财政部长A.汉密尔顿（Alexander Hemilton，1757—1804）幼稚产业保护思想的影响，并且亲眼见到美国实施保护贸易政策的成效，开始主张贸易保护。

1832年被美国任命为驻德国莱比锡领事，回到德国，宣扬贸易保护和德国统一。

1841年出版代表作《政治经济学的国民体系》，该书系统地阐述了他的保护贸易理论尤其是保护幼稚产业理论（Infant Industry Theory，又译为幼稚产业保护理论）。幼稚产业保护论是早期贸易保护理论把经济同政策结合起来的一个亮点，对落后国发展为新兴工业国有积极的借鉴指导意义。

1846年贫病交加，自杀身亡。

资料来源：http://test.upvvv.com/ask/question.php? id=2585，2010-04-30。

2. 演变的基本规律

（1）世界经济发展是贸易理论和政策被接受与变动的基础。贸易政策实质是争夺世界市场，而世界市场形势又与世界经济形势密切相关。当世界经济处于高速稳定发展时，接受自由贸易理论、采取自由贸易政策是主流；反之，则贸易保护理论和保护政策占上风。

（2）竞争力是一国接受贸易理论和采取贸易政策的基础。一国国家总体竞争力处于强势时，通常愿意接受自由贸易理论，采取自由贸易政策。

（3）从世界经贸发展来看，自由贸易理论和政策的促进作用大于保护贸易理论和政策。

3. 演变的启示

（1）将市场竞争与政府干预绝对对立起来的观点并不可取，也不符合实际。保护贸易和自由贸易有着内在联系。一方面，不加节制的自由贸易会加大世界经济两极分化、边缘化，恶化生态环境，形成不合理的国际分工。另一方面，如果保护贸易政策立足于保护和促进幼稚产业成长，增强本国竞争力，着眼于动态优化配置资源，则是合理的，这是把竞争限制在本国经济所能承受的范围内，可以为平等竞争的自由贸易创造条件。

（2）从实践上看，一国外贸政策的选择往往是以下因素共同作用的结果：①经济力量的强弱。一般来说，经济较发达、国际竞争力较强的国家，倾向于自由贸易政策，反之则倾向于贸易保护政策。一国竞争力相对变化，也会影响贸易政策的选择。②经济发展战略的选择。不言而喻，采取外向型经济的发展战略，就会制定比较开放、自由的外贸政策。③利益集团的影响。外贸政策会较多地反映政治和经济占上风的集团的利益。一般来说，以国内市场为主的企业和集团倾向接受贸易保护理论并支持采取贸易保护政策，而以国际市场为主的则易于接受自由贸易理论并支持自由贸易政策。在总的贸易理论和政策下,由于竞争力差异,在同一时间内,一国有的产业主张自由贸易政策,有的产业则支持贸易保护政策。④国际政治经济环境、该国外交政策的影响。世界经济的发展具有周期性,于是,世界市场的形势变化也必然呈周期性,以争夺世界市场为己任的贸易政策也必然呈现出周期性。贸易政策的制定与调整对此应有充分的考虑。

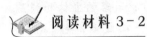
阅读材料 3-2

中国的贸易政策

中国贸易政策的目标演变是一个不断完善的过程:互通有无,调剂余缺(改革开放前)——积极参与国际分工,追求贸易资源配置的静态利益(20世纪80年代)——推动经济增长目标(追求贸易推动经济增长的动态利益,20世纪90年代)。中国贸易政策的调整:调整过程具有渐进性,从单纯保护转变为"奖出限入"保护,从隐形保护转变为规范性显性保护,从最初无意识到最终有意识地实现贸易自由化,调整从微观领域向宏观领域延伸。近年,"提升结构"明显比"规模扩张"获得了更多的权重,"减顺差"成为商务部门的工作重心,出口退税等出口激励措施力度显著削减。

资料来源:http://finance.qq.com/a/20080721/000517_1.htm,2010-04-28,有删改。

3.2 贸易调整措施概述

3.2.1 关税概述

1. 关税的含义

关税(Tariff)是一国海关在进出口商品经过关境时,强制征收的一种税收。

提示

关税是一种间接税。间接税是指纳税人依法纳税,但是可以通过契约关系或交易过程将税负一部分或全部转嫁给他人。

关税的税收主体是进出口商人,客体是进出口货物。

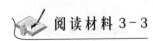
阅读材料 3-3

海关、关境、国境、关徽

海关:设在关境上的国家行政管理机关,它的任务是根据本国有关的政策、法令和规章,对进出口商品、货币、金银、行李、邮件、运输工具等进行监督管理,征收关税,查禁走私物品和打击走私活动,临时保管通关货物及出口商品等。

关境：适用于同一海关法或同一关税制度的领域。

国境：一国主权行使的区域。若国境内设有保税区、保税仓库、自由港、自由贸易区等特定区域则关境小于国境；若缔结关税同盟则其共同关境大于各自国境。关境与国境均包括领水、领陆和领空。

中国的关徽：由商神手杖与金色钥匙交叉组成。商神手杖代表国际贸易，金色钥匙象征海关为祖国把关。关徽寓意着中国海关依法实施进出境监督管理，维护国家的主权和利益，促进对外经贸发展和科技文化的交流，保障社会主义现代化建设。——摘自《中华人民共和国海关关徽使用管理办法》

2. 关税的分类

关税的主要分类见表3-2。

表3-2 关税的分类

分类标准	种　　类
按征税目的	（1）财政关税（Revenue Tariff）：又称收入关税，以增加国家财政收入为主要目的 （2）保护关税（Protective Tariff）：以保护本国工业、农业和服务业以及科技发展为主要目的。保护关税税率要高，越高越能达到保护的目的
按征收对象或商品流向	（1）进口税（Import Duties）：是一国政府通过海关对进口商品所征收的关税，属于正常关税（Normal Tariff）。其中，对进口商品征收高额的进口税称为关税壁垒 （2）进口附加税（Import User-taxes）：包括反补贴税（Counter-veiling Duty）、反倾销税（Anti-dumping Duty）、保障税（Variable Duties） （3）出口税（Export Duty）：是一国政府通过海关对出口商品所征收的关税 （4）过境税（Transit Tax）：又称通过税，它是一国对于通过其关境的外国货物所征收的关税。大多数国家都不征收过境税，一些国家仅征收少量的准许费、印花费、登记费和统计费等

3. 关税的征收方法

（1）从量税：是以商品的重量、数量、容量、长度和面积等计算单位为标准，以每一计量单位应纳的关税金额为税率征收的关税。

从量税额＝商品数量×每单位从量税

（2）从价税：是以进口商品的价格为标准计征一定比率的关税，税率表现为货物价格的百分比。

从价税额＝商品总值×从价税率

提示

从量税和从价税是最基本的关税征收方法，其主要差异见表3-3。

表 3-3 从量税和从价税的比较

比较项目	从量税	从价税
计征手续	简便	复杂
税务管理稽查	容易	复杂
税负	不合理	合理
财政作用	较弱	较强
保护作用	较差	较强
税则制定	复杂	较简单
国际比较	困难	容易

（3）复合税（混合税）：从量和从价同时征税。

$$复合税＝从量税额＋从价税额$$

（4）选择税：是指对于一种进口商品同时订有从价税和从量税两种税率，在需要贸易保护的情况下，择高征税；为了鼓励某种商品进口，也会择低征收。

（5）滑准税：一种与进口商品价格成反向关系的关税计征办法，即进口商品价格越高其关税税率越低，而价越低税率越高。滑准税可以保持征税商品国内市场价格相对稳定。

4．海关税则

海关税则（关税税则）：是一国对进出口商品计征关税的规章和对进出口的应税与免税加以系统分类的一览表，海关凭以征收关税，是关税政策的具体体现。

海关税则一般包括两部分：①海关课征关税的规章条例及说明。②关税税率表，主要包括三个部分：税则号列，简称税号；货物分类目录；税率。中国 2017 年海关进出口税则（节选）和部分进口商品的税率和征收方法见表 3-4、表 3-5。

表 3-4 中国 2017 年海关进出口税则（节选自正文）

税则号列	货品名称	最惠国 MFN	普通 Gen	增值税率 VAT	出口退税 ED	计量单位 Unit	监管条件 SC
02071200	冻的整只鸡	T2*	T2*	13	5	千克	4×7AB
08044000	鳄梨	10	80	13	5	千克	AB
2006009010	糖渍制松茸	30	90	17	15	千克	ABE
85211020	磁带放像机	22.5, 15.8**	T2*	17	17	台	A
8703234110	小轿车（1.5升＜排气量≤2升）	25	230	17		辆	46AOxy

资料来源：中华人民共和国海关进出口税则编委会．中华人民共和国海关进出口税则（2017 中英文对照版）．经济日报出版社，2017：20，68，110，627，652．

注：*税率栏目内标有 T2 的，表示从量税、复合税。除了正文之外，部分进口关税的税目和税率列示在附表中，其中：附表 1 为协定、特惠税。附表 2 为从量税、复合税。附表 3 为关税配额商品，例如，羊毛（HS 51011100），配额外的最惠国税率 38％，普通税率 50％；配额内税率 1％；新西兰、澳大利亚的国别关税配额税率均为 0。附表 4 为进口商品消费税，例如，HS2203000000 麦芽酿造的啤酒，进口完税价格大于或等于 370 美元/吨的，从量征收消费税，税率 250 元/吨；进口完税价格低于 370 美元/吨的，从量征收消费税，税率 220 元/吨。附表 5 为进境物品进口税。

**完税价格不同,税率不同。

表 3-5　中国 2017 年进口商品从量税、复合税、协定税、特惠税（节选自附表 1 和附表 2）

税则号列	货品名称	最惠国税率	普通税率	中澳协定	中韩协定	东盟协定	埃塞俄比亚等 24 国 LDC1 特惠
02071200	冻的整只鸡	1.3 元/千克	5.6 元/千克	8%	1 元/千克	0	0
85211020	磁带放像机	每台完税价格低于 2 000 美元,执行 30% 单一从价税；高于 2 000 美元,每台征 3 283 元从量税和 3% 从价税	每台完税价格低于 2 000 美元,执行 130% 单一从价税；高于 2 000 美元,每台征 20 600 元从量税和 6% 从价税	12%	每台完税价格不超过 2 000 美元,执行 25.5% 单一从价税；高于 2 000 美元,每台征 3 717.9 元从量税和 2.5% 从价税	0	0

资料来源：中华人民共和国海关进出口税则编委会．中华人民共和国海关进出口税则（2017 中英文对照版）．北京：经济日报出版社，2017：832，971，998，999，1 000．

5. 进口关税的税率

（1）普通税率：是最高税率，目前平均水平约 35%。仅个别国家对从极少数（一般是非建交）国家进口的商品适用该税率。

（2）最惠国税率（The Most-favoured-nation Rate）：是对与该国签有包含最惠国待遇条款的贸易协定的国家实行的税率。绝大多数国家是 WTO 的成员方，而 WTO 的成员方之间在正常贸易下必须无条件给予最惠国税率，因此最惠国税率也称为正常关税税率。

（3）特惠税率（Preferential Duties）：对从某个国家进口的全部或部分商品给予特别优惠的低关税或免税待遇（互惠或非互惠），他国不得据最惠国待遇原则要求享受这种优惠待遇。

（4）普惠制（Generalized System of Preference）税率：在最惠国税率的基础上减税或免征，是发达国家给予发展中国家制成品和半制成品的一种普遍的、非歧视的和非互惠的关税优惠制度。它由联合国贸发会议于 1964 年提出，1968 年确定。世界上有 31 个给惠国或国家集团。

（5）协定税率（Conventional Tariff）。中国的协定税率适用于原产于中国参加的含有关税优惠条款的区域性贸易与协定的国家或地区的进口货物。

（6）暂定税率：是指根据国家经贸政策需要制定的临时性关税税率，一般按照年度制定。对国内供应不足的商品，或国内同类商品生产能力和技术不能满足要求，可能实行进口暂定税率，低于一般的进口税率水平；对高能耗、高污染等限制出口的商品则可能实行出口暂定税率，高于一般的出口税率水平。

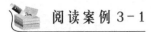 阅读案例 3-1

瑞士公司为什么选择从中国进口？

【案情简介】

中国某产品与日本某产品几乎完全相同，中国公司报价为每件 950 美元，日本公司报价为 900 美元。瑞士进口公司认为进口中国产品可享受瑞士国家的普惠制税率，进口日本产品只能享受最惠国税率，进口完税后，中国产品反而比日本产品价格低。所以最终这家瑞士公司选择从中国进口，同时要求中国公司提供中国政府授权的签证机构签发的普惠制原产地证书格式 A（Form A）和符合直运规则的证明文件，作为享受普惠税待遇的有效凭证。

【案例点评】

瑞士是中国的给惠国。普惠制方案一般严格规定了受惠国或地区、受惠商品范围、受惠商品减税幅度、对给惠国的保护措施、原产地等。其中，原产地规定是为了确保受惠的发展中国家或地区的产品利用普惠制扩大出口、促进发展中国加工业化、加快发展中国家的国民经济增长，防止非受惠国的产品利用普惠制的优惠扰乱普惠制下的贸易秩序。原产地的规定包括：原产地标准、直接运输规则和原产地证书。

 阅读材料 3-4

中国的关税政策调整

中国的关税政策一般在年底调整，第二年的 1 月 1 日执行。中国逐年调低进口关税。其中，2002 年大幅降税涉及 5 300 多种进口商品，关税总水平由 2001 年的 15.3% 降至 12%，是入世后降税涉及商品最多、降幅最大的一年；2005 年降税涉及 900 多种商品，关税总水平由 2004 年的 10.4% 降至 9.9%，是我国履行义务的最后一次大范围降税；此后几次降税涉及商品范围有限，对关税总水平的影响均不大。2006 年 7 月 1 日，我国降低了小轿车等 42 个汽车及其零部件的进口关税税率，最终完成了汽车及其零部件的降税义务（分别由入世前的 70%～80% 和 18%～65% 降至 25% 和 10%）。2010 年降低鲜草莓等 6 个税目商品进口关税后，关税总水平为 9.8%（其中，农产品平均为 15.2%，工业品平均为 8.9%），入世降税承诺已履行完毕。

资料来源：国务院关税税则委员会关于 2010 年关税实施方案的通知（税委会 [2009] 28 号）

6. 有效保护率

一个行业的有效保护率（Effective Rate of Protection）：一个国家的整体保护措施使该行业每单位产出增加值提高的百分率。公式表示为：

$$e_j = (V'_j - V_j)/V_j \qquad \text{（基本表达公式）}$$
$$e_j = (T - tp)/(1 - p) \qquad \text{（适用于一种投入品）}$$
$$e_j = (T - \sum a_i t_i)/(1 - \sum a_i) \qquad \text{（适用于多种投入品）}$$

式中：V_j——自由贸易时 j 行业单位产品增加值；

V'_j——有关税或非关税壁垒保护下 j 行业单位产品的增加值；

T——最终产品名义关税；

t——原材料（投入要素）名义关税；

p——原材料在最终产品中的比例，$p=Z/Y$；

Y——最终产品价值；

Z——原材料价值；

t_i——i 原材料名义关税；

a_i——i 原材料在最终产品中的比例，$a_i=Z_i/Y$；

Z_i——i 原材料价值。

提示

"整体保护措施"指对一个行业所有产品（包括最终产品、中间产品和原材料）的关税与非关税保护。名义关税税率与有效保护率之间的关系：①如果 $p=0$，则 $e_j=T$。②当 p、t 一定时，T 越大，e_j 越大。③在 T 和 t 一定且 $T>t$ 时，p 越大，e_j 越大。④当 $T>t$ 时，$e_j>T$；$T=t$ 时，$e_j=T$；$T<t$ 时，$e_j<T$。⑤$t·p>T$，则 $e_j<0$。

阅读案例 3-2

有效保护率的计算

【案情简介】

1. 在自由贸易下，本国汽车售价为 $Y=10\,000$ 美元。其中，投入成本为 $Z=8\,000$ 美元，增加值为 $V=2\,000$ 美元。假定政府对汽车整体征收 $T=50\%$ 的关税，而对所有零部件和原材料只征收 $t=25\%$ 的关税。其结果是本国汽车售价涨至 15 000 美元，而成本只涨到 10 000 美元，增加值 V' 提高到 5 000 美元。那么，汽车行业的有效保护率为 $e=(5\,000-2\,000)/2\,000=150\%$（见图 3.3）。

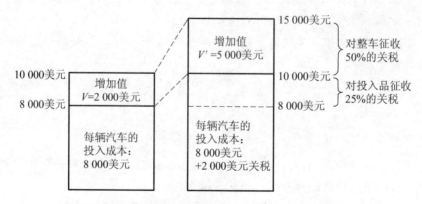

对汽车行业的有效保护率=$(V'-V)/V=(5\,000-2\,000)/2\,000=150\%$

图 3.3 汽车有效保护率的计算

2. 在自由贸易条件下，进口一件羊毛衫价格为 100 美元，其中进口的原料成本为 50 美元，增值部分为 50 美元。如果对羊毛衫征收 20% 的名义关税，对生产羊毛衫的进口原料征收 10% 的关税，在进口原料价值占产品价值 50% 的情况下，有效关税率为 30%。即：$e_j =(20\%-10\%\times50\%)/(1-50\%)=0.15/0.45=30\%$。如果对羊毛衫征收 20% 的名义关税，对生产羊毛衫的进口原料征收 0、10%、20%、50% 不同的关税，则对羊毛衫制造业的有效关税率依次为 40%、30%、20%、-10%（见表 3-6）。

表 3-6 羊毛衫有效保护率的计算

原料或中间产品 (Z)	原料或中间产品名义税率 (t)	税额 ($Z \cdot t$)	增值部分 (V)	最终产品价格 (Y)	最终产品名义税率 (T)	税额 ($Y \cdot T$)	产品国内价格 $Y \cdot (1+T)$	保护措施作用下的增值 (V')	有效关税率 (e)
50	0	0	50	100	20%	20	120	120-50=70	40%
50	10%	5	50	100	20%	20	120	120-55=65	30%
50	20%	10	50	100	20%	20	120	120-50-10=60	20%
50	50%	25	50	100	20%	20	120	120-50-25=45	-10%

3. 一部电脑国际自由贸易价格为 500 美元，其芯片价格为 250 美元，硬盘价格为 50 美元，A 国对电脑、芯片、硬盘征收的名义关税税率分别为 30%、50% 和 40%。则 A 国对其计算机行业的有效保护率为 2.5%。即：$e=(T-\sum a_i t_i)/(1-\sum a_i)=[30\%-(250/500\times50\%+50/500\times40\%)]/[1-(250/500+50/500)]=(30\%-0.29)/(1-0.6)=2.5\%$。

【案例启示】

进口关税结构升级是指对工业制成品的进口征收较高关税，对半制成品的税率次之，对原料的进口税率最低甚至免税。实施关税升级制度可以提高有效保护率。

3.2.2 非关税措施概述

1. 非关税措施的含义

非关税措施（Non-Tariff Measures，NTMs）是指除关税以外影响一国对外贸易的主要政策措施。其中，具备壁垒作用的，也称为非关税壁垒（Non-Tariff Barriers，NTBs）。

阅读案例 3-3

动物福利壁垒

【案情简介】

（1）2002 年乌克兰几位农场主根据合同约定向法国出口活猪，经过 60 多个小时的长途运输后，该批生猪却被法方拒绝入境，理由是这批猪在途中没有得到充分的休息，违反了法国的有关动物福利规定。

（2）2003 年欧盟颁布命令，要求农民必须在猪圈中给小猪提供足够麦秆、干草、木头、锯屑等东西以保证小猪玩耍与游戏，分散其注意力，防止相互咬尾巴，伤害对方。英国据该法令，要求英国农民在 90 天之内为小猪准备好这些东西，否则，罚款 1 000 英镑或判监禁 3 个月。一些欧盟国家则据此垒起了一道绿色贸易壁垒，如未能给家畜享受"动物福利"，就可阻止动物食品和动物原材料商品进口。

【案例点评】

有人将上述壁垒称为动物福利壁垒,即:①利用本国动物福利法规限制进口。②利用国际兽医局的 OIE 标准限制进口。目前 OIE 标准已有关于"动物福利"的基本要求,而且发达国家还在不断提高 OIE 标准。供货方必须达标,否则无法进入发达国家市场,也无法向 WTO 提出贸易纠纷仲裁。③利用 WTO 有关动物福利的条款限制进口。根据《1994年关税与贸易总协定》第 20 条、《服务贸易总协定》第 14 条、《技术性贸易壁垒协议》的序言、《实施卫生及植物卫生措施协议》第 2 条第 1 款、《补贴与反补贴措施协议》第 8 条第 2 款等,发达国家以一般例外措施、卫生检验、技术性与非技术性壁垒、补贴与反补贴、倾销与反倾销等形式限制进口。

【案例启示】

与关税壁垒相比,非关税壁垒更具灵活性和针对性;限制程度更严、更有效;更具隐蔽性和歧视性。

2. 以调整进口为主的非关税措施简介

进口限制措施种类繁多,主要种类见表 3-7。

表 3-7 以调整进口为主的非关税措施主要种类

分类标准		种 类
作用方式	直接限制	进口配额制、"自愿"出口配额、进口许可证制、市场准入限制
	间接限制	对外贸易的国家垄断、外汇管制、歧视性的政府采购政策、最低限价和禁止进口、国内税收和商业限制、进口押金制度、海关估价制度、反倾销、反补贴
作用机制	数量限制型	进口配额制、自动出口限制、进口许可证制、市场准入限制、数量型外汇管制
	价格费用型	进口押金制度、最低限价、海关估价制度、成本型外汇管制
	综合影响型	技术性贸易壁垒、环境壁垒、反倾销与反补贴措施

注:①直接限制是由进口国直接对进口商品的数量或金额加以限制或迫使出口国直接限制出口。②间接限制是对进口商品制定严格的条例,间接地限制商品进口。③价格费用型。这类非关税壁垒通过各种措施直接影响进出口商品的最终价格,或直接影响到国内产品的成本从而影响到它们的最终价格,改变国产商品与进口商品的价格差,从而达到限制进口、增强国内进口替代品的发展或促进出口的作用。④数量限制型。这类非关税壁垒通过直接限制进口商品的数量或进口总金额,从而达到直接、有效地限制商品进口的目的。⑤综合影响型。这类非关税壁垒主要通过各种规定、标准、海关检验来达到限制进口的目的,对进口商品的数量和价格都起着间接影响作用。

三种非关税措施如下所述。

(1) 进口配额。

进口配额,又称进口限额。它是一国政府在一定时期(如一季度、半年或一年)以内,直接限制某些进口商品的数量或金额。在规定期限内,配额以内的货物可以进口,超过配额或不准进口(绝对配额 Absolute Quotas),或征收较高关税、附加税或罚款(关税配额 Tariff Quotas)。例如,我国对豆油进口实施进口配额管理,2004 年的进口配额是 3.188 百万吨,征收 9% 的进口关税,超过 3.188 百万吨的部分,征收 30.7% 的关税。

在实施中，绝对配额有两种形式：①全球配额（Global Quotas）。不限定进口的国别或地区，按申请先后批给一定的额度，至总配额发放完为止，超过总配额就不准进口。②国别配额（Country Quotas）。即在总配额内按国别和地区分配给固定的配额，超配额则不准进口。为了区分来自不同国家和地区的商品，进口商品时必须提交原产地证明书。

(2)"自愿"出口配额。

"自愿"出口配额制又称"自愿"出口限制（Voluntary Export Restrain，VER），是出口国家（地区）在进口国（地区）的要求或压力下，"自动"规定某一时期内（一般为3年）其对某些商品出口的数量限制，超配额即禁止出口。例如，1981年5月1日，在美国的压力下，日本自行限制汽车出口数量。此种VER直至1994年3月才取消。

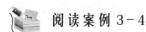
阅读案例 3-4

普瓦蒂埃（Potiers）海关效应

【案情简介】

1981年前10个月，进入法国的日本录像机每月清关64 000台。为了阻拦录像机进口，法国在1982年10月下令，所有进口录像机都必须通过位于法国北部港口数百英里外的一个偏僻内陆小镇普瓦蒂埃（Potiers）海关。海关人员原有4人，后增至8人。屋子窄小，海关手续繁杂：所有文件为法文，每个集装箱必须开箱检查，每台录像机的原产地和序号要经过校对。结果，每月清关的录像机不足1 000台。日本被迫实行对法国录像机出口的VER。

【案例启示】

绝对进口配额是由进口国家直接控制进口配额来限制商品进口，而"自动"出口配额是由出口国家直接控制这些商品对指定进口国家的出口，但对进口国方面来说，二者同样都起到了限制商品进口的作用。"自动"出口配额制有两种：一种是由出口国单方面决定出口的限额，即在进口国的压力下，出口国在一定期限内"自动控制"某种商品的金额和数量，例如本案例；另一种是两国通过签订"自限协定"，出口国依协定配额自行限制出口。

(3) 技术性贸易壁垒。

① 狭义的技术性贸易壁垒（Technical Barrier to Trade，即TBT）主要是指WTO《技术性贸易壁垒协议》（简称《TBT协议》）规定的TBT，是指货物进口国制定的技术法规、标准以及检验商品的合格性评定程序所形成的贸易障碍。

技术法规（Technical Regulations）：规定强制执行的产品特性或与其相关工艺和生产方法、包括适用的管理规定在内的文件。该文件还可包括或专门关于适用于产品、工艺或生产方法的专门术语、符号、包装、标志或标签要求。不仅涉及产品本身的特性，而且涉及产品的加工过程、生产方法和工艺，以及与产品特性、加工过程、生产方法和工（农）艺有关的术语、符号、包装、标志或标签要求。《TBT协议》要求各成员按照产品性能而不是按照其设计或描述特征来制定技术法规。

技术标准（Standard）：经公认机构批准的、规定非强制执行的、供通用或重复使用的产品或相关工艺和生产方法的规则、指南或特征的文件。该文件还可包括或专门关于适用于产品、工艺或生产方法的专门术语、符号、包装、标志或标签要求。

合格评定程序（Conformity Assessment Procedures）：任何直接或间接用以确定是否满

足技术法规或标准中相关要求的程序。特别包括：抽样、测试和检验；评价、验证和合格保证；注册、批准以及各项的组合。

 提示

（1）技术法规、标准、合格性评定程序的关系：①从内容上看，许多强制性标准也是技术法规的组成部分；技术法规一般涉及国家安全、产品安全、环保、劳动保护、节能等，也有一些是审查程序上的要求。合格评定程序一般由认证、认可和互认组成，影响较大的是第三方认证。②从形式上看，技术法规是有约束力的强制性文件；标准是供反复使用的非强制性文件；合格评定程序没有独立存在形式，依附于技术法规、标准。以法规形式出现、包含合格评定程序内容的技术法规，既是合格评定程序，也是技术法规，具有强制性；以标准形式出现、包含合格评定程序内容的标准，既是合格评定程序，也是标准，是自愿性的。

（2）TBT 特点：形式合法性；双重性；隐蔽性和灵活性；广泛性；不确定性和争议性。

（3）《TBT 协议》适用工业产品、农业产品。《实施卫生与植物卫生措施协议》中的卫生与植物措施、政府采购的技术规格不受《TBT 协议》约束。

② 广义的 TBT 泛指一个系统，包括：《TBT 协议》《实施卫生与植物卫生措施协议》《服务贸易总协定》等规定的措施；《建立世界贸易组织协议》《补贴和反补贴措施协议》《农业协议》《与贸易有关的知识产权协定》等关于技术性问题的规定；除 WTO 以外的其他国际公约、国际组织等规定的许多对贸易产生影响的技术性措施。因此，广义的 TBT 还包括主要适用于农副产品及其制品的健康和卫生检疫制度（Health and Sanitary Regulation）；商品包装和标签的规定（Packing and Labeling Regulation）；绿色壁垒；信息技术壁垒等。实际上，它们也经常以技术法规、标准和合格评定程序形式出现。

3. 以调整出口为主的非关税措施简介

（1）出口鼓励措施。

出口鼓励措施很多，既有宏观的，也有微观的，归纳见表 3-8。

表 3-8　主要的出口鼓励措施

大类	小类、形式	
财政措施	出口补贴 Export Subsidies	① 直接补贴：直接付给出口厂商的现金补贴。②间接补贴：出口退税（征少退多）。减免税——免征出口税或对出口商品生产减免税（直接减免）或对出口商品减免其原材料进口税（间接减免）*
	出口奖励 Bounty on Export	奖励金、外汇分红、出口奖励证等
信贷及国家担保措施	出口信贷 Export Credit	银行对本国出口厂商或国外进口厂商提供贷款，以增强商品竞争力、鼓励商品（特别是金额较大、期限较长的成套设备、船舶等商品出口）。前者称为卖方信贷（Supplier's Credit），后者称为买方信贷（Buyer's Credit，即约束性贷款 Tied Loan）。很多国家都设立专门银行，由政府拨付资金，开展出口信贷业务，例如，美国的"进出口银行"，日本的"输出入银行"
	出口信贷担保 Export Credit Guarantee	由出口国家设立专门机构（国家保险公司）出面担保，在外国买方拒绝付款时，负责补偿货款的一部分或全部，即国家替出口商承担风险

续

大类	小类、形式	
倾销措施	商品倾销 Dumping	一国产品以低于正常价值或低于成本的方法进入另一国市场，给另一国领土内的某项产业造成实质性损害或损害威胁或实质性阻碍
	外汇倾销 Exchange Dumping	故意让本国货币对外贬值，从而提高本国产品出口竞争力，以争夺国际市场。条件：一是本国货币贬值幅度必须高于国内物价上涨程度；二是其他国家不同时采取同等程度的货币贬值或其他报复性手段
资本输出	借贷资本输出（间接投资）Locan Capital Output	投资购买外国有价证券；向外国政府或外国厂商提供贷款。后者通常是一种约束性贷款，即贷款金额的一部分必须用于购买提供贷款国的商品或设备，因而起到了带动提供贷款国的商品输出的作用
	生产资本输出（直接投资）Production Capital Export	在国外开办子公司或购买国有企业，间接扩大出口；把大量生产设备作为商品运往投资所在国；把生产出来的商品在该国市场销售，实际上是扩大了本国商品的出口，还可绕过关税或非关税壁垒，直接占领该国市场
经济特区措施	经济特区，是指一些国家或地区在其国境以内、关境以外划出的一定区域，在交通运输、通信联络、仓储与生产方面提供良好的基础设施并实行免除关税等优惠待遇，用以吸引外国企业从事贸易与出口加工活动。主要形式：自由港（Free Port）或自由贸易区（Free Trade Zone）、保税区、出口加工区（Export Processing Zone）、自由边境区（Free Perimeter）、过境区	
行政组织措施	主要形式：①国家设立专门组织，研究与制定出口战略，扩大出口。②由国家建立商业情报网，加强国外市场情报工作，为出口厂商提供信息。③组织贸易中心和贸易展览会，组织贸易代表团和接待来访，以推动和发展对外贸易。④组织出口厂商的评奖活动等	

注：＊出口退税应该符合"中性"原则，征多少，退多少。如果征多退少，则出口退税可以成为限制出口的措施；反之，如果征少退多，则出口退税可以成为鼓励出口的措施。

两种非关税措施评述如下所述。

① 倾销。

含义：根据WTO《反倾销协议》（Anti-Dumping Agreement，ADA），如一产品自一国出口至另一国的出口价格低于在正常贸易过程中出口国供消费的同类产品的可比价格，即以低于正常价值的价格进入另一国的商业，则该产品被视为倾销（Dumping）。

分类：偶然的倾销（Sporadic Dumping），为了打开新市场或处理暂时的存货过多而实行的临时性倾销；掠夺性倾销（Predatory Dumping），为了打垮竞争对手、垄断市场、攫取垄断利润而实行倾销；持续性倾销（Persistant Dumping），在一个相当长时期内（至少半年以上）持久的连续的倾销，它是反倾销的主要目标。

② 补贴。

含义：根据WTO《补贴与反补贴措施协议》（*Agreement on Subsidies and Countervailing Measures*，ASCM）第1、2条规定，补贴是指一成员方政府或任何公共机构向某些企业（certain enterprises）（其辖区内的一个企业或产业、一组企业或产业）提供财政资助、1994关贸总协定第16条意义上的任何形式的收入支持或价格支持，以直接或间接增加从其领土输出某种产品或减少向其领土内输入某种产品，或者对其他成员方利益造成或威胁造成损害的政府性措施。

特征：补贴是一种政府行为（这里指广义政府，包括中央和地方政府、受政府干预的私人机构或公共机构）；是一种财政行为（即政府的公共账户存在开支）；必须授予被补贴方（国内销售者和生产者）某种利益；具有专向性。

构成条件：第一，存在直接或间接财政资助。第二，因该财政资助而授予一项利益。利益是资助构成补贴的必要条件，不产生利益的财政资助不构成补贴。利益一般理解为受补贴者相对于未接受补贴者实际获得或享有的某种优势。利益以受益人为判断标准，不以产品或产品的生产为判断标准。

分类：根据补贴的授予的方式，分为：第一，直接补贴——直接与某一产品的生成或销售挂钩，不经过其他环节。例如，政府赠送、贷款、投入股本、资金等资金直接转移，或贷款担保等债务的直接转移，或按生产或出口的实际数量给以现金支持。第二，间接补贴——政府通过给予国内生产者在贷款、技术、税收等方面的优惠条件和特权措施而进行资助。例如，放弃收入或到期没有收取应收收入，部分或全部减免税；提供一般基础设施之外的产品或服务，或购买产品；政府通过金融机构给予商品的生产和销售以优惠利率；政府免费或低价为本国出口产品提供运输、仓储、保险等的服务便利，提供任何形式的收入或价格支持。

根据补贴的运用目的，分为：第一，出口补贴——政府只对企业用于出口部分的产品给予补贴，而内销的产品不能享受补贴。第二，进口替代补贴——政府给予国产产品替代进口产品的国内使用者或替代产品的生产者的补贴。运用方式——对国内生产必需的资本品、中间产品等投入的进口征收低税或免税，以简单进口替代品的生产成本；限制非必需品，尤其是奢侈品的进口；实行本币升值，以减轻必需品进口的外汇压力；对进口替代工业在资本、劳动力、技术、价格、收益等方面给予优惠，以扶持其迅速成长。

根据是否存在"特向性"或是否合法，ASCM 将补贴分为 3 种：第一，禁止性补贴 (Prohibited Subsidies，又称红灯补贴)；第二，可诉的补贴（Actionable Subsidies，又称黄灯补贴）；第三，不可诉的补贴（Non-Actionable Subsidies，又称绿灯补贴）。

 提示

ASCM 仅对工业品的补贴做出规定，并不涉及农产品

禁止性补贴、可诉补贴与不可诉的补贴的区别：①表面区别：是否可采取法律赋予的救济（Remedies）。禁止性补贴和可诉补贴都是 ASCM 给予法律救济的补贴，尽管救济的条件、程序等有差异（见表 3-9）。不可诉补贴指普遍性实施和在事实上并没有向某些特定企业提供的补贴，并没有受到 ASCM 的谴责和禁止，除非声称受到此种补贴的国家能证明损害难于弥补。有关不可诉补贴的规定由于没有重新规定而于 1999 年到期。②本质区别：补贴是否存在"特向性"。"特向性"，系指某部一项补贴是专门提供给某一个企业、产业或某一企业集团或某几个产业的财政性补贴，而不是那种所有的企业或行业利益均沾的财政性补贴。其判定详见 ASCM 第 32 条。

表 3-9 禁止性补贴与可诉补贴之区别

比较项目	禁止性补贴	可诉补贴
反补贴的条件	即使补贴未给其他 WTO 成员方造成损害，也可以反补贴	除非申诉成员证明补贴对其利益造成了法定损害，否则对该补贴不得采取反措施
补贴形式	ASCM 第 3 条、附件 1：①出口补贴：法律或事实上的、只基于出口实绩或将出口实绩作为一个因素考虑给予的补贴；②进口替代补贴：法律或事实上的、只基于进口替代或将进口替代作为一个因素考虑给予的补贴。在农产品协议中已有规定者除外	ASCM 及其附件并未列举可诉补贴的种类，也没有使用描述性的语言进行说明，根据逻辑学将其定义为除了禁止性补贴、不可诉补贴*以外的其他国内补贴，这种补贴主要系指生产补贴和其他国内补贴
认定标准	认定标准具有严格的法定性。ASCM 附件 1 对 12 种禁止性补贴做了详尽列举，主管机关没有自由裁量权	ASCM 及其附件并没有列举可诉补贴的种类。认定补贴是否具有 3 种形态的法定损害**之一时，主管机关有自由裁量权

注：*不可诉补贴：详见 ASCM 第 8、9 条。包括：第一不是专向性的补贴；第二是专向性的补贴，但符合下述条件（援用、实施前应通报 WTO 补贴及反补贴的措施委员会）：(1) 根据与企业所订立的合同对由企业或由高等院校或由科研机构所从事的研究活动的资助，若：资助不超过工业性研究成本的 75%，或前竞争开发活动费用的 50%；并且若这些资助严格地限于：①人员费用（在研究活动中专门雇用的研究人员，技术人员和其他辅助人员）；②专门并长期用于研究活动的仪器、设备、土地和建筑物的费用（做商业性处置时除外）；③专门用于研究活动的咨询及类似服务的费用，包括购入研究成果、技术知识、专利等费用；④由研究活动直接产生的附加管理费；⑤同研究活动直接产生的其他管理费用（诸如资料费、供应费及类似费用）。(2) 按照地区发展总体规划给予成员方境内落后地区的资助及在有取得资助资格的地区内提供的非专向性资助，条件是：①每一落后地区必须是具有可界定的经济上及行政上的同一性的、明确划定的、在地理上连成一片的区域；②对落后地区的认定应基于中立和客观的标准，要表明该地区所面临的困难不止是出于暂时的状况；这种标准应在法律、条例或其他官方文件中阐明，以便能够加以核查；③该标准应包括以下列因素中至少一项为依据以三年为一个时期测定的经济发展指标：人均收入、人均家庭收入或人均国内生产总值中的一项不得超过有关成员方境内平均水准的 85%；失业率必须至少达到有关成员方境内平均水平的 110%；该指标可以是一种综合性的，也可以包括其他因素。(3) 对为促进现有设施适应由法律和/或条例所施加的给企业带来更大限制和更重财政压力的新的环境要求的资助，条件是该项资助：①是一种一次性的、非重复性的措施；②限于改进成本的 20%；③不包括弥补必须由企业全部承担的辅助投资的重新安装及操作费；④直接与企业减少废弃物和污染的计划有关并与之成适当比例，且不弥补任何可以获得的制造成本节约；⑤是所有能采用新设备和/或新生产工艺的厂商均可得到的。

**3 种法定损害形态：第一，对进口国国内产业的损害（Injury to a Domestic Industry），又分为三种形式：对国内产业的重大损害（Material Injury to a Domestic Injury）；对国内产业的重大损害之威胁(Threat of Material Injury to a Domestic Injury)；对国内产业之建立构成重大阻碍（Material Retardation to a Domestic Injury）。第二，对 1994 年 GATT 利益的"抵消或损伤"（Nullification or Impairment），尤其是对由 1994 年《关税及贸易总协定》固定的关税减让所带来的利益的抵消或损伤。第三，对另一成员方利益的严重歧视。

资料来源：盛建明．关于 WTO《补贴与反补贴协议》下补贴与损害之辨析．http://www.wenzhouglasses.com/html/news/230262.html，2007 - 08 - 14．

WTO《农业协议》将农业补贴分成"国内支持"和"农业出口补贴",分别进行规范。

第一,国内支持。指允许使用、不必承担削减义务的补贴。A. 绿箱政策,指不会对农产品价格和贸易产生显著性扭曲的支持政策,适用于所有国家。主要措施包括:一般农业服务,如农业科研、病虫害控制、培训、推广和咨询服务、检验服务、农产品市场促销服务、农业基础设施建设等;粮食安全储备补贴;粮食援助补贴;与生产不挂钩的收入补贴;收入保险计划;自然灾害救济补贴;农业生产者退休或转业补贴;农业资源储备补贴;农业结构调整投资补贴;农业环境保护补贴;地区援助补贴。B. 黄箱政策,指会对农产品生产和贸易有明显扭曲作用的国内支持,要求各国对这些措施按照"综合支持量"做出削减和约束承诺。具体措施包括:政府对农产品的价格支持和补贴,种子、肥料、灌溉等农业投入品补贴,农产品营销贷款补贴,休耕补贴等。C. 蓝箱政策,指不需要进行削减承诺的国内支持。政府这方面直接支付的方式为:按固定面积和产量,或按基期生产水平的85%获85%以下给予,或按牲畜的固定头数给予。D. 微量许可,即如果国内支持量很少,不超过该产品总产值的5%(发展中国家为10%),则无须纳入综合支持量计算,也无须削减。

第二,农业出口补贴。指必须承诺削减义务的补贴。范围包括:政府或其代理机构根据出口实绩向特定企业、行业、生产经营者或其组成的社团所提供的各种直接补贴,包括实物支付;政府或其代理机构以低于国内市场的价格销售或处理农产品库存以供出口;给出口的农产品或用作出口产品原料的农产品融资付款,包括提供优惠贷款或担保,减免出口农产品税收等;为降低出口产品的营销成本而给予的补贴,包括农产品的处理、分级或其他加工成本补贴,以及国际运输成本等;政府或其代理机构为降低出口农产品的成本而给予优惠的国内运输费用;以其纳入出口产品为条件而向农产品提供的补贴。

 提示

《农业协议》并不禁止与该协议的减让义务一致的出口补贴,但对这种补贴可以采取抵消措施(例,可征收反补贴税)。与减让义务一致的国内支持(指国内补贴,例,农民收入支持),依多边规则不可诉,但可依成员方的国内程序对其征收反补贴税。《农业协议》对发展中国家以下三方面的国内支持允许不列入削减计算:一是发展中国家的投资补贴,二是发展中国家中面向低收入或资源贫乏的生产者的农业投入补贴,三是发展中国家为停止种植非法麻醉作物并鼓励转产其他作物提供的国内支持。

(2) 出口管制措施。

出口管制是一些国家从其本身的政治、经济利益出发,对某些商品,特别是战略物资和先进技术的出口实行限制和禁止。

① 管制形式:单边出口管制和多边出口管制。

② 管制范围:第一,战略物资和先进技术资料。如军事设备、武器、军舰、电机、先进电子计算机及有关技术资料等。第二,国内生产紧缺的原材料、半制成品及国内供应不足的某些商品。第三,为了缓和与进口国的贸易摩擦,在进口国的要求或压力下,"自动"控制出口商品。第四,为了有计划安排生产和统一对外而实行出口许可证制的商品。第五,按

某些国际条约或国际组织的要求,对某些国家实施经济制裁而限制甚至禁止出口的商品。第六,需特许才能出口的某些重要的文物、艺术品、黄金、白银等特殊商品。

③ 管制措施:一般来说,执行出口管制国家的机构根据出口管制的有关法案,制定管制货单(Commodity Control List)和输往国别分组管制表(Export Control Country Group),然后采用出口许可证制,制定具体出口申报手续。

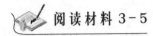阅读材料3-5

巴黎统筹委员会

1949年12月成立的巴黎统筹委员会(简称"巴统")就是一个主要针对社会主义国家的国际性多边出口管制机构,其成员国为美国、英国、法国、意大利、加拿大、比利时、卢森堡、荷兰、丹麦、葡萄牙、挪威、德国、日本、希腊、土耳其、澳大利亚共16个国家。其主要工作是编制禁运货单、规定禁运国别或地区、确定审批程序、加强转口管制、讨论例外程序、交换情报等。但有关出口管制商品的申报手续和具体管理仍由各参加国自行实施。随着国际形势的变化,这个委员会的管制有所放宽,在20世纪50年代,禁运单项目多达300项,至20世纪90年代初,已减至100项左右,至1994年4月,该组织宣布解散。

美国的出口管制

作为美国对外政策的重要工具,出口管制常通过说服、奖励或惩罚以影响国际政治和他国外交行动来达到目的。其手段一般是阻止其"真正的或潜在的敌人"得到稀缺资源和能够极大提高其军事潜力的物资和技术。冷战后,美国的出口管制制度进行了一系列改革和调整:加强国内制度建设和国际合作。9·11事件后,出口管制被赋予更广泛的意义,它不仅仅是商业利益问题,更重要的是国家和国土安全问题。

控制清单:由国务院管理的军火清单(USML)和由商务部管理的商品控制清单(CCL)。一般而言,USML上物资的出口审批较CCL严格得多,审批所花时间也要长。

出口管制:由总统指令美国商务部执行,商务部设立贸易管理局具体从事出口管制工作。首先,贸易管理局根据有关法案和规定,制定出口管制货单和输往国别分组管制表。其次,美国出口商出口受管制的商品时,必须向商务部贸易管理局申请出口许可证。出口许可证分为两类:第一,有效许可证(Validated License),根据管制货单和输往国别分组管制表,如属于有效许可证出口的商品,出口商必须申请有效许可证。出口商在许可证上按管制货单的项目填写商品名称、数量、商品管制编号,并详细说明输出商品的最终用途。如再出口,须注明再出口国家名称和输往目的地的说明,此外,还要附上其他有关证件一起送上审批,经批准后,方能出口。第二,一般许可证(General License),如属于普通许可证项下的商品,即按一般出口许可证的程序出口。这类商品的出口管理很松,出口这类商品,出口商不必申请,只要在出口报关单上填明管制货单上该商品的普通许可证编号(Processing Code),经海关核实,即办妥出口手续。

中国对外贸易管制的基本框架与法律体系

（1）基本框架。

海关监管制度＋关税制度＋对外贸易经营者备案制度（备）＋进出口许可制度（证）＋出入境检验检疫制度（验）＋进出口货物收付汇管理制度（核）＋贸易救济制度（救）。

（2）法律体系。

中国的贸易管制是一种国家管制，法律渊源只限于宪法、法律、行政法规、部门规章以及国际条约，不包括地方性法规、规章及各民族自治区政府的地方条例和单行条例。

3.3 主要国际贸易调整措施的经济效应

（1）为简化，本节仅进行局部静态分析。"小国"指在世界生产和贸易中所占份额小，因而其出口供给和进口需求变动不会影响世界交换比率的国家。反之，则为"大国"。(2) 生产者剩余代表生产者的福利，消费者剩余代表消费者的福利。

3.3.1 关税的经济效应

1. 小国模型，局部均衡分析

（1）进口国国内经济效应。见图 3.4 和表 3-10。

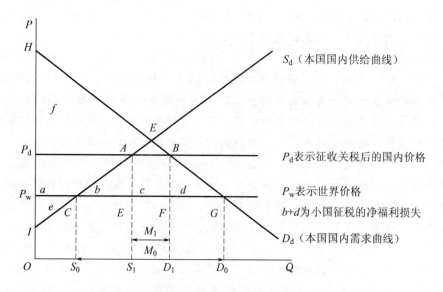

图 3.4 小国征收进口关税的国内经济效应

表 3-10 小国征收进口关税的国内经济效应分析

比较项目	征收关税前	征收关税后	变化（效应）
世界价格（进口价格）	P_w	P_w	不变（没有贸易条件效应）
国内价格	P_w	$P_w+T=P_d$	提高 T（价格效应）
国内产量	OS_0	OS_1	增加 S_0S_1（生产效应，保护效应）
国内消费量	OD_0	OD_1	减少 D_0D_1（消费效应）
进口数量	M_0	M_1	减少（贸易效应）
消费者福利	$a+b+c+d+f$	f	减少 $a+b+c+d$
生产者福利	e	$a+e$	增加 a
关税收入	0	c	增加 c（税收效应）
社会净福利	$a+b+c+d+e+f$	$a+c+e+f$	减少 $b+d$（b 为生产扭曲，d 为消费扭曲）

图 3.4 表明小国进口某种商品（例如自行车）的国内供求平衡图。其中，面积 $(b+d)$ 是以关税额为高、以进口减少总量为底边的一个三角形，它实质上代表了征收关税导致的净损失：①面积 d，表示消费者损失的国际交换利益。征关前，为了购买面积 d 中的自行车，消费者愿意支付 P_w 到 P_d 之间的任何价格，而且消费者可以得到这种交换利益，即消费者剩余。征税后，消费者不能低于 P_d 的价格购买任何自行车，国内消费量减少 D_1D_0，这被称为关税的"消费效应"（Consumption Effect）。消费者剩余减少的 d 与之相对应。但进口国对外支付时，每辆自行车价格仍为 P_w。损失的 d，并没有任何一方从中获益，因此它是一种净损失（Dead Lost）。②面积 b，表示本国损失的国际分工和生产专业化利益。关税以提高国内价格、减少进口商品为代价促使国内内替代品的产量增加 S_0S_1，该增加量称为关税的"生产效应"（Production Effect）或"保护效应"（Protective Effect）。与之相适应，由于国内供给曲线 S_d 也是本国社会边际成本曲线，它向上倾斜，表明每多生产一单位商品，则边际成本不断上升，从 OS_0 到 OS_1 的生产，资源成本由 P_w 一直升至 P_d，高于从国外购买自行车的价格 P_w。原本可以低价进口自行车，享受国际分工和生产专业化的利益，征税后却要付出额外成本，转向成本较高的国内生产。虽然消费者以高价支付了面积 b，但政府和生产者等任何一方都没有获得此利益。b 是增产后附加的国内资源损耗超过国外生产 S_0S_1 数量自行车成本的数额，也是一种净损失。

(2) 关税对小国之外的其他贸易伙伴国及世界的影响：根据假定，小国不能影响国际市场价格，因此该国征收关税对贸易伙伴也就没有什么影响，贸易伙伴国的福利水平不变。然而，征收关税却降低世界总体福利水平，下降的部分即为征税国的福利净损失部分。

(3) 结论：与自由贸易相比，小国征收关税会提高国内价格，减少贸易量，减损国民净福利。在世界价格恒定不变和其他国家不受该国关税影响时，该国的净损失同样意味着世界的净损失。因此，对小国而言，最优的贸易政策是不征关税。

2. 大国模型，局部均衡分析

(1) 进口国国内经济效应。见图 3.5 和表 3-11。

大国征收关税后，本国也会产生与小国情形相似的生产、消费和贸易效应，但至少有几

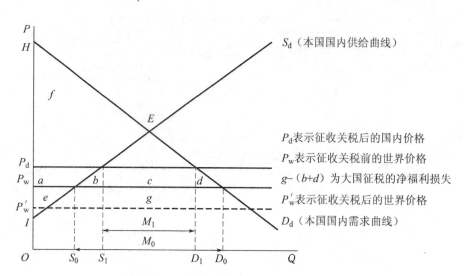

图 3.5 大国征收进口关税的国内经济效应

点不同：①征税后，使该进口商品的国内价格上升，进而引导国内生产扩大，消费减少，总体效果会使进口需求下降。该大国进口需求下降又直接导致该商品的世界市场价格下降。②会产生贸易条件效应，即大国征收关税可以改善征税国的贸易条件。这是在小国情形下所没有的效应。③所得财政税收效应比小国情形时大。

表 3-11 大国征收进口关税的国内经济效应分析

比 较 项 目	征收关税前	征收关税后	变化（效应）
世界价格（进口价格）	P_w	P'_w	降低，贸易条件改善（贸易条件效应）
国内价格	P_w	$P'_w+T=P_d$	提高 T（价格效应）
国内产量	OS_0	OS_1	增加 S_0S_1（生产效应，保护效应）
国内消费量	OD_0	OD_1	减少 D_0D_1（消费效应）
进口数量	M_0	M_1	减少（贸易效应）
消费者福利	$a+b+c+d+f$	f	减少 $a+b+c+d$
生产者福利	e	$a+e$	增加 a
关税收入	0	$c+g$	增加 $c+g$（税收效应）
社会净福利	$a+b+c+d+e+f$	$a+c+e+f+g$	$g-(b+d)$（净福利效应）

（2）结论：大国征收关税会提高国内价格，减少贸易量，但国民净福利未必受损；会改善本国贸易条件，恶化贸易伙伴国的贸易条件，贸易伙伴国的总体福利水平因此而下降。

 提示

上述分析表明：大国征收关税时，关税的一部分以提高国内市场价格的方式由消费者负担，另一部分则以降低国际市场价格的方式由出口国负担。小国征收关税时，全部关税由进口国负担。在大国迫使进口商品的国际价格下降时，进口这种商品的小国也可分享降价的好处,但小国不影响国际价格。

进、出口国负担的进口关税的比例取决于出口供给弹性和进口需求弹性,进而取决于商品类型、进口国的需求情况及出口国的应变能力。

3.3.2 配额的经济效应

小国模型局部均衡分析如图3.6所示。

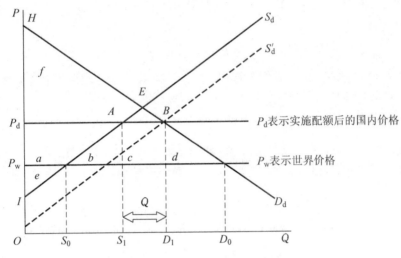

图 3.6 配额的经济效应(小国)

小国国内对某一商品的供、需曲线分别为 D_d 和 S_d。在自由贸易条件下,该国国内市场价格与世界市场价格均为 P_w,进口量为 $S_0 D_0$。若该国实行绝对配额,每年只允许该商品进口 $S_1 D_1$。价格升至 P_d,即在自由竞争条件下,若进口需求大于进口配额,进口价就会上涨,直到进口需求等于配额为止。则相同国内产品价格也随之涨到 P_d。

给定 $S_1 D_1$ 进口配额,相当于对每单位该产品征收了 $P_d - P_w = T$ 的进口税。但是进口配额和关税有异同,具体如下所述。

(1) 同:消费效应相同,两者都减少消费数量,使消费者损失了 $(a+b+c+d)$ 的经济效益;保护效应相同,都使本国生产者增加了生产数量,增加了面积为 a 的利益。

(2) 异:进口配额通过减少进口供给来提高国内价格,而征收关税是通过增加进口成本来提高国内价格。另外,征收关税政府可获得 c 税收,而采用进口配额,c 的经济效益归属则取决于政府分配进口配额的方法。政府一般通过发放进口许可证来分配进口配额。如果政府公开拍卖许可证,那么 c 的部分甚至全部归政府,这时进口配额与关税的效应完全一致。但如果政府免费发放许可证,则持证者就可以 P_w 价从世界市场购买进口产品,然后以 P_d 价在国内市场出售,获得 c 的全部利益。这里有3种情况:若持证者是进口国公民,则 c 只是一种国内福利转移,进口国净损失不变;若该国实行国别绝对配额,把配额量分配给出口国,那么持证者为外国出口商,c 就会流失到出口国,进口国的净损失就会增加 $(b+c+d)$;如许可证发放效率低,那么 c 将白白浪费掉,进口国净损失 $(b+c+d)$。

3.3.3 自愿出口限制的经济效应

VER对进口国国内市场价格、生产、消费、贸易的影响都与配额相似,但有一重大区别：配额决定权归出口国，配额租金 c 转归外国出口商，进口国消费者剩余损失（$a+b+c+d$），只有 a 通过生产者剩余的增加转移到了国内生产者手中，进口国净福利损失为 $-(b+c+d)$。

3.3.4 倾销的经济效应

厂商能在相当长时期内持续低价甚至亏本出售商品的主要原因有两方面：第一，出口补贴的结果；第二，垄断厂商追求利润最大化的结果。

1. 出口补贴与倾销

借用图 3.4 和图 3.5，当政府给予单位出口产品 P_d-P_w 的补贴时，国内市场价格为 P_d，国际市场价格为 P_w，$P_d>P_w$ 即存在倾销。《1994 年 GATT》第 6 条规定：对于同一案件，不能既征收反补贴税，又征收反倾销税，二者必择其一。

2. 垄断厂商追求利润最大化与倾销

（1）假设某出口厂商，有不变的边际成本曲线 MC（MC 水平）；在国外竞争激烈，需求价格弹性大，即 D_f 较平坦；在国内有一定垄断，需求价格弹性小，即 D_d 较陡（见图 3.7）。

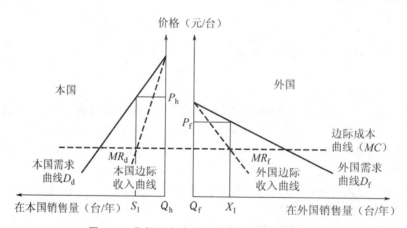

图 3.7 垄断厂商追求利润最大化与倾销（一）

厂商根据 $MR=MC$ 的利润最大化定价原则，在国外市场上以较低的价格 P_f 出口 X_1 的商品，此时 $MR_f=MC$，取得利润最大化；在国内市场上，以较高的价格 P_h 销售 S_1 的商品，此时 $MR_d=MC$，也取得利润最大化。只要运费和关税等贸易障碍使本国消费者从外国进口产品在经济上不合算，该厂商就能通过维持本国市场上的高价而继续获得较大利润。

（2）假设某出口厂商，有递减的平均成本曲线 AC 和递增的边际成本 MC（MC 向右上方倾斜）；国内、国际市场彼此分割；在国外竞争激烈，在国内具有一定垄断。如图 3.8 所示。

当 $MR=MC$ 时，垄断厂商实现均衡，均衡价格 $P_0=AC_0$，均衡产量为 Q_0，经济利润为零。当垄断厂商进一步扩大产量时，AC 可以继续降低。例如，当产量为 Q_1 时，AC_0 降到 AC_1，该厂商在国内可以多取得阴影部分经济利润，多生产的 Q_0Q_1 可以低于国内价格（P_0），甚至以低于成本（AC_1）的价格卖到国际市场。只要阴影部分多得的利润足以弥补在国外低价出售可能的亏损，该厂商获得的总经济利润就是增加的。这种情况下，垄断厂商都愿意倾销。

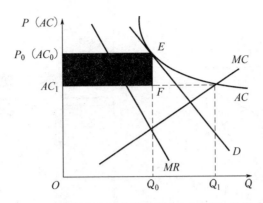

图 3.8　垄断厂商追求利润最大化与倾销（二）

提示

像上述行为，倾销实质上是一种垄断厂商正当的利润最大化要求，并可能长期延续，形成持续性倾销，该厂商得到了规模经济的好处，也不挤垮外国竞争者。但是，出于保护贸易的要求，各国把倾销都看得很严重。

3.3.5　补贴的经济效应

1. 出口补贴的经济效应

出口补贴：政府只对企业用于出口部分的产品给予补贴，而内销的产品不能享受补贴。

（1）小国模型，局部均衡分析。

小国模型下出口补贴的经济效应如图 3.9（a）所示。图中，S_d 为国内供给曲线，D_d 为国内需求曲线，P_w 是自由贸易情况下的国际市场价格，同时也是出口国的国内市场价格。由于出口补贴，出口企业的单位出口收入增至 P_w+S，于是出口企业会不断增加出口供给同时减少其国内销量，直至国内价格增加至 $P_d=P_w+S$。这将导致国内产量增加，出口增加，国内消费减少，国内净福利损失（详见表 3-12）。

表 3-12　小国出口补贴的国内经济效应分析

比　较　项　目	出口补贴前	出口补贴后	变化（效应）
世界价格	P_w	P_w	贸易条件不变（无贸易条件效应）
国内价格	P_w	$P_d=P_w+S$	提高 S（价格效应）
国内产量	OQ_2	OQ_4	$+Q_2Q_4$（生产效应）
国内消费量	OQ_1	OQ_3	$-Q_1Q_3$（消费效应）
出口数量	Q_1Q_2	Q_3Q_4	$+(Q_1Q_3+Q_2Q_4)$（贸易效应）
消费者福利	$a+b+i$	i	$-(a+b)$
生产者福利	$e+f+g+h$	$e+f+g+h+a+b+c$	$+(a+b+c)$
政府补贴支出	0	$b+c+d$	$+(b+c+d)$（相当于负收入，财税效应）
社会净福利	$a+b+i+e+f+g+h$	$i+e+f+g+h+a-d$	$-(b+d)$（净福利效应）

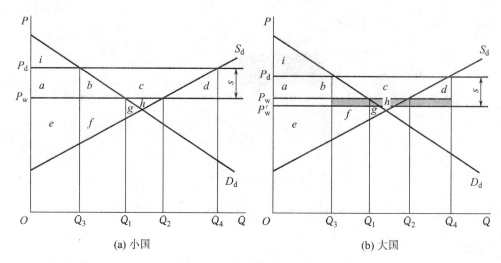

图 3.9 出口补贴的经济效应

(2) 大国模型,局部均衡分析。

大国模型下出口补贴的经济效应如图 3.9（b）所示,与小国有类似之处（详见表 3-13）。

表 3-13 大国出口补贴的国内经济效应分析

比 较 项 目	出口补贴前	出口补贴后	变化（效应）
世界价格	P_w	P'_w	下降（容易产生贸易条件效应）
国内价格	P_w	$P_d = P'_w + S$	提高 $S-(P_w-P'_w)$（价格效应）
国内产量	OQ_2	OQ_4	$+Q_2Q_4$（生产效应）
国内消费量	OQ_1	OQ_3	$-Q_1Q_3$（消费效应）
出口数量	Q_1Q_2	Q_3Q_4	$+(Q_1Q_3+Q_2Q_4)$（贸易效应）
消费者福利	$a+b+i$	i	$-(a+b)$
生产者福利	$e+f+g+h$	$e+f+g+h+a+b+c$	$+(a+b+c)$
政府补贴支出	0	$b+c+d+$阴影部分	$+(b+c+d+$阴影部分$)$（财税效应）
社会净福利	$A+b+i+e+f+g+h$	$i+e+f+g+h+a-d$ $-$阴影部分	$-(b+d+$阴影部分$)$（净福利效应）

不同的是,随着该大国在国际市场上供给不断增加,往往引起国际市场供过于求,导致国际市场价格由 P_w 降至 P'_w,出口企业的实际收益只有 $P'_w + S$,出口国的市场价格最终也会升至 $P_d = P'_w + S$,该升幅低于小国模型的价格升幅;造成的损失也大于小国模型下的损失。另外,如果国际需求不变,也容易恶化本国的贸易条件。

2. 生产补贴的经济效应

生产补贴,是政府给予整个生产企业补贴,其产品无论是用于外销还是内销,均可享受政府所提供的补贴。小国模型下生产补贴对出口国的影响如图 3.10 所示。

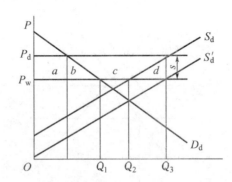

图 3.10 小国模型下生产补贴的经济效应

图中 S_d 为国内供给曲线，D_d 为国内需求曲线，P_w 是在开放市场并实行自由贸易的情况下的国际市场价格，同时也是出口国的国内市场价格。在此价格水平下，出口国的国内需求量为 OQ_1，出口量为 Q_1Q_2。

政府为鼓励该产业的发展，每生产一单位产品，政府就给予 s 的生产补贴。这对生产者来说相当于每生产一单位商品的生产成本降低了，供给曲线向右平移至 S'_d（S_d 到 S'_d 的垂直距离为 s）。补贴刺激产量由 OQ_2 增加到 OQ_3。国内市场价格因无上升压力而维持在原有的 P_w 水平上，内需不变，消费者剩余不变。在内需未增的情况下，企业把所增产量全部用于出口，出口由 Q_1Q_2 增至 Q_1Q_3，生产者剩余增加了 $(a+b+c)$。政府不但要补贴出口产品的生产，还要补贴国内销售产品的生产，因而增加了相当于 $(a+b+c+d)$ 的总支出。总体社会福利水平的影响为：$(a+b+c)-(a+b+c+d)=-d$。

结论：生产补贴同样使社会整体福利水平下降，但净福利损失小于出口补贴的净福利损失。因此，生产补贴相对优于出口补贴。问题是生产补贴下政府支出大于出口补贴时的政府支出。在多数国家普遍面临财政赤字困扰的形势下，无疑更加重了政府的财政压力。

3. 对进口替代产业的生产补贴的经济效应

作为一项贸易政策，补贴不仅可以用于鼓励出口，实际上，世界各国也通常通过给予生产补贴的方法对国内的进口替代产业加以保护（进口替代补贴）。

小国模型下进口替代补贴的经济效应如图 3.11 所示。

图中 S_d 为国内供给曲线，D_d 为国内需求曲线，P_w 是在开放市场并实行自由贸易的情况下的国际市场价格，同时也是进口国的国内市场价格。在此价格水平下，进口国的国内供给量为 OQ_1，国内需求量为 OQ_2，进口量为 Q_1Q_2。

进口国政府为发展本国产业，减少进口量，给本国产业 s 的生产补贴。这样，国内生产者以 P_w 的价格销售产品，同时每单位产品还可从政府手中取得 s 的补贴，使其单位收入由 P_w 增加至补贴后的 P_w+s。相当于使其生产成本降低了，供给曲线 S_d 向右平移至 S'_d，二者的垂直距离为 s。该国国内产量由 OQ_1 增加至 OQ_3，国内市场价格不变，因而国内需求量不变，从而使该国的进口量由补贴前的 Q_1Q_2 降至补贴后的 Q_3Q_2。结果，生产者剩余增加 a，消费者剩余不变，政府支出增加 $(a+b)$，社会总福利影响为：$a-(a+b)=-b$。

结论：进口替代补贴政策同样导致了净福利损失，但损失相对较小。其主要缺陷同样是增加政府财政负担，并且对于广大发展中国家的政府而言，这种负担往往无法承受。

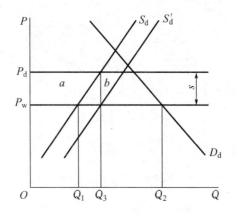

图 3.11　小国模型下对进口替代产业提供生产补贴的经济效应

 提示

如果把补贴同等效关税相比，有两点结论：①如果以平衡国际收支为目标，则进口关税的效果比补贴有效。因为征收进口税时不仅国内产量上升，且消费者的总需求也会减少，但补贴仅仅刺激国内产量上升，所以进口关税能在更大程度上减少对外支付。②如果以增加国内生产、鼓励进口替代为目标，则补贴比关税更为有效。因为未提高国内市场价格，消费者不受影响，而生产者则比征税时更有保障，更愿增加生产。

3.3.6　技术性贸易壁垒的经济效应

按作用机理，TBT 属于综合影响型壁垒，是最隐蔽、最难对付的非关税壁垒之一。它主要通过使用技术法规、标准、合格评定程序来限制进口产品的输入。技术法规、标准、合格评定程序只是 TBT 的外在表现形式，TBT 的本质是其壁垒作用。

 提示

TBT 具有关税、配额的复合作用和经济效应。在进口品进入的不同时期，这种机制的主要表现形态是可变的：在设置时——相当于零配额；形成并实施时——具有价格、数量双重限制作用；尚未适应时——数量限制作用明显，具有配额性质；开始适应时——价格作用明显，具有关税性质；适应后——数量限制作用明显，具有配额性质（标准达到后，采用检验程序来进行控制）。

3.4　贸易救济措施

贸易救济（Trade Remedy）指当外国进口对一国国内产业造成负面影响时，该国政府所采取的减轻乃至消除该类负面影响的措施。它是在贸易自由化背景下生成的概念（见表 3-14）。本书采用狭义贸易救济概念。

表 3-14　三个层次的贸易救济概念

范围	最广义	广义	狭义
对象	国际贸易领域内所有政府行为	国际贸易领域内的行政行为	"两反一保"行政行为
包括	立法行为、司法行为、行政行为	国际货物贸易行政行为、国际服务贸易行政行为、与贸易有关的知识产权行政行为、其他国际贸易行为	国际贸易行政行为的三个方面：反补贴、反倾销、保障措施*

注：* 为维护公平贸易和正常的竞争秩序，WTO允许成员方在进口产品倾销、补贴和过激增长等给其国内产业造成损害的情况下，可以使用反倾销、反补贴和保障措施等贸易救济措施，保护国内产业不受损害。其中，反倾销和反补贴措施针对价格歧视的不公平贸易行为，保障措施针对进口产品激增的情况。中国入世后，WTO其他成员的国内产业针对中国产品的进口又多了一种贸易救济手段，即特别保障措施。

资料来源：蔡春林，高维新，等. 贸易救济法 [M]. 北京：对外经济贸易大学出版社，2006.

3.4.1　反倾销

1. 反倾销的含义

反倾销（Anti-dumping）是指进口国反倾销当局依法对倾销行为立案、调查和采取征收反倾销税等措施，以抵消损害后果的行为。

 提示

从本质上讲，倾销产品是一种极不公平的贸易行为，反倾销则是一种有效纠正这一不公平贸易行为的措施。但事实上，不乏一些国家借"反倾销"之名，行贸易保护和歧视之实。倾销与反倾销已成为国际贸易中一对复杂的矛盾体。尽管对倾销的影响存在不同看法或理论争议，但在实践层面，越来越多的国家都确立了自己的反倾销制度。

WTO《反倾销协议》（ADA）从本质上讲，代表了为平衡两种潜在利益冲突所做的努力：进口国要求采取反倾销措施防止国内产业受到损害，而出口国要求反倾销措施本身不应成为对公平贸易的损害。以下几方面体现了这种利益平衡：(1) 具体规定了正常价值的三种确定方法，并强调出口价格与正常价值的比较应基于相同的贸易水平，并按各种具体情况，对影响价格可比性的因素做适当调整，以确保这种比较的公正性。(2) 在认定实质损害的标准方面，增加了"累计评估"的规定，同时规定了两个重要的限制条件：一是微量不计，二是不合适不予采用。通过限制性条件来避免在实践中放宽实质损害的认定标准从而扩大适用反倾销措施的做法。另外，还明确规定了判定实质损害威胁的具体因素。(3) 增设了限制反倾销行政当局自由裁量权的条款，如申诉人资格、微量不计、日落条款等，这些都从不同方面防止反倾销当局滥用行政权力以达到贸易保护目的。

目前ADA对许多问题的界定还存在着一些缺乏透明度、缺乏可预见性的条款等，对公共利益审查等许多问题还没有做出规定，导致了各国在制定反倾销法时难以参照、缺乏参照和对同一问题做出不同规定的情况。对反倾销的未来发展，有三种代表性观点：废除反倾销法、以反不正当竞争法代替反倾销法、对现行的反倾销制度加以改进和完善。

资料来源：①蒋小红．试论 WTO 反倾销协议的完善．http://www.iolaw.org.cn/showarticle.asp? id=1264，2010-05-08。②孙立文．WTO《反倾销协议》改革——政策和法律分析 [M]．武汉：武汉大学出版社，2006．

2. 反倾销的实施形式和程序

(1) 实施形式。

① 临时措施：一是征收反倾销临时税，不超过 4 个月或 9 个月（特殊情况）；二是提供保证金或保函担保，其数额等于临时反倾销税。肯定性初裁后，临时措施应从反倾销调查开始之日起 60 天后采用。

② 价格承诺：肯定性初裁后，出口商可自愿承诺修改其价格或停止以倾销价格向所涉地区出口。

③ 征收反倾销税：要件：第一，存在倾销。第二，生产"相同或类似产品"的进口国某一国内产业受到法定损害。第三，倾销与损害之间存在因果关系。有些国家或国际组织（如欧盟）的反倾销法还规定了第四个要件，即附加关税之征收符合其整体利益或公共利益。我国现行的《反倾销条例》第 37 条规定，终裁决定确定倾销成立，并由此对国内产业造成损害的，可以征收反倾销税；征收反倾销税应当符合公共利益；反倾销税也可以追溯征收。

反倾销税的金额不得超过确定的倾销幅度。按照"日落条款"，反倾销税应在征税之日起 5 年内终止；一般应由出口商提出复审，否则征税仍会继续。

(2) 程序。

根据 WTO《反倾销协议》（ADA），反倾销的程序如下。

① 申请。由"国内产业或者代表国内产业"的自然人、法人、产业协会或公会提出反补贴调查书面申请。有关主管机关也可自行决定发起反补贴调查，但须具备关于倾销、损害和因果关系的充分证据，证明发起调查是正当的。

② 立案和公告。可以分为基于利害关系人申请的立案和自行立案。二者的立案标准相同：申请人合格、书面申请、客观和充分的证据。

进口方当局应审查申请书所提供的证据准确性和充分性，以确定是否有足够的证据发起反倾销调查。即：应调查国内生产者的"支持与反对态度"，如果支持申诉的国内生产者累计产量超过整个国内产业相同或相似产品总量的 50%，则被视为"由国内产业或者代表国内产业"提出的申请。如果支持申诉的国内生产商的产量不足国内相同或相似产品总产量的 25%，则不得发起调查。主管机关应避免公布关于发起调查的申请，除非已决定发起调查。当反倾销有充分证据提起时，当局应予以公告。公告内容：出口国名称和涉及的产品；开始调查的日期；申请书声称倾销的证据；导致产生声称损害存在因素的概要说明；指明有利害关系的当事人及其住址；允许有利害关系的当事人公开陈述其观点的时间限制。

③ 调查。将立案决定通知出口商、出口成员方当局及其他利害关系方后，可以采用书面、口头方式调查，查证倾销、损害以及二者之间的因果关系。

倾销和损害的证据应在是否发起调查的决定中及此后在调查过程中同时予以考虑；调查过程自不迟于规定可实施临时措施的最早日期开始。除特殊情况外，调查应在发起后 1 年内结束，且决不能超过 18 个月。在调查过程中，可以采取临时措施。如果收到令人满意的自愿价格承诺，从而使主管机关确信倾销的损害性影响已经消除，则调查程序可以中止或终止，而不采取临时措施或征收反倾销税。

倾销的确定。A. 低于正常价值。对市场经济国家，正常价值可以用三种方法确定，并应注意其"可比性"：第一，出口国国内市场价格；第二，向第三国出口的价格；第三，结构价格，即原产国的生产成本＋合理的管理、销售费用＋利润。对非市场经济国家则采用替代国等特殊方法来确定正常价值。B. 低于成本。成本包括：固定成本、可变成本和一般行政管理费和销售费。C. 微量不计。来自某一成员方倾销产品倾销幅度小于 2%、进口量不足进口方该类产品进口总量的 3%，可忽略不计。除非来自几个这类成员方倾销产品的进口量超过进口方该类产品进口总量的 7%。

损害的确定。A. 评估。应依据肯定性证据，并包括对下述内容的客观审查：第一，倾销进口产品的数量是否绝对或相对大幅增加；第二，倾销进口产品相对国内市场同类产品的价格是否大幅削低，或大幅压低，或大幅度抑制在其他情况下本应发生的价格增加；第三，对此类产品国内生产者的影响。B. 累积评估。如果来自一个以上国家的同一产品的进口同时接受反倾销调查，则可同时考查来自不同国家或地区的倾销产品对其产业造成的综合影响。适用条件：第一，来自某一成员方倾销产品倾销幅度小于 2%、进口量不足进口方该类产品进口总量的 3%，可忽略不计。但来自几个这类成员方倾销产品的进口量之和超过进口方该类产品进口总量的 7%；第二，根据竞争情势累积评估是适当的。C. 相关和无关因素审查。相关因素指进口国国内价格受到的冲击以及相关工业经济指数评估值的下降等。相对而言，无关因素指进口国国内需求萎缩或消费格局改变以及技术发展等。D. 损害的调查。查证是否存在实质损害、实质损害威胁及实质阻碍。

提示

对实质损害威胁的确定应依据事实，而非仅据指控、推测或极小的可能性。主管机关应特别考虑下列因素：①倾销进口产品进入国内市场的大幅增长率，表明进口实质增加的可能性；②出口商可充分自由使用、或即将实质增加的能力，表明倾销出口产品进入进口成员市场实质增加的可能性，同时考虑吸收任何额外出口的其他出口市场的可获性；③进口产品是否以将对国内价格产生大幅度抑制或压低影响的价格进入，是否会增加对更多进口产品的需求；④被调查产品的库存情况。这些因素中的任何一个本身都未必能给予决定性的指导，但被考虑因素作为整体必须得出如下结论，即更多的倾销出口产品是迫近的，且除非采取保护性行动，否则实质损害将会发生。

因果关系的确定。应以审查主管机关得到的所有有关证据为据，注意排除无关因素。

④ 裁决并采取措施。反倾销调查的结局就是依据倾销是否存在，是否构成对国内产业的影响做出最终裁决并予以公告。做出肯定性的终裁后，如决定征收反倾销税，还应公布各涉诉出口商、生产商出口产品应征收的反倾销税额或税率。

⑤ 复审。在任何有利害关系的当事人提出审查要求，并提交了认为十分必要的确定资料时，或者征收反倾销税已过了一段合理的期限，当局应对继续征收反倾销税的必要性进行审查。行政复审一般应在 12 个月内结束。

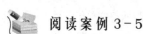

阅读案例 3-5

美国对中国彩电进行反倾销调查

【案情简介】

2003年5月2日,美国五河电子公司与电子工人国际兄弟会,电子产品、家具和通信国际工会劳工组织,向 USDOC 和 USITC 申诉,要求对从中国和马来西亚进口的、21英寸以上的8个型号彩电进行反倾销调查。申诉书称,从2000年至2002年,来自中国和马来西亚的彩电从21万台激增到266万台,增幅为1166%,并且以低于各自国内生产成本的价格在美国销售。

2003年11月24日,USDOC 初步裁定中国彩电生产商对美国倾销彩电。2004年4月13日,USDOC 做出对中国彩电反倾销调查的终裁结果:长虹24.48%、TCL 22.36%、康佳11.36%、厦华4.35%、海尔、海信、苏州飞利浦、创维、上广电集团、星辉国际控股公司及其另外3家全资附属公司共9家企业的税率为21.49%、其他未应诉中国企业的税率为78.45%。

2004年5月14日,USITC 认定中国彩电对美产业构成实质性损害。2004年5月26日,USITC 发布对华彩电进行反倾销调查的终裁公告,美国对中国彩电反倾销调查的裁定结果见表3-15。

表3-15 美国对各公司征收的反倾销税税率

彩电企业	初裁税率	终裁税率
厦华	31.70%	4.35%
长虹	45.87%	24.48%
TCL	31.35%	22.36%
康佳	27.94%	11.36%
海尔、海信、苏州飞利浦、创维、上广电等9家企业	最高40.84%	21.49%
其他未应诉企业	27.94%~78.45%	78.45%

资料来源:整理自中国新闻网(http://www.chinanews.com.cn/),2004-04-14

【案例点评】

同以往我国遭遇的美国反倾销案相比,本案呈现三大特点:第一,对华彩电反倾销调查的涉案金额高(达4.86亿美元)。第二,美国对华彩电反倾销案的三个申诉方中包括两个劳工组织,这在美国反倾销历史上是很少见的。第三,美国五河电子公司并非彩电的生产商,只不过是电视机壳的生产商。就此案来说,这家成立仅6年、顶峰时期员工也不过700人的彩电装配企业,并不具备法定申诉者资格。

如果结合更加详细的资料进一步分析,可以认为美国把反倾销矛头直指中国彩电是其经济发展需求和贸易转移效应的综合结果,是经贸发展竞争和跨国公司操纵的直接结果,也是中国自身结构问题和企业战略失误的间接结果。

3.4.2 反补贴

1. 反补贴的含义和特征

(1) 反补贴的含义。

反补贴是指一国政府或国际社会为了保护本国经济健康发展，维护公平竞争的秩序，或者为了国际贸易的自由发展，针对补贴行为而采取必要的限制性措施。

反补贴是针对对补贴的贸易救济措施，包括：①国际救济，例如，根据 ASCM 规定的 WTO 争端解决机制获得救济。②国内救济，即通过国内反补贴法律程序获得救济。

WTO 通过 GATT 第 6 和 16 条、ASCM、《农业协议》里补贴的相关规定（统称反补贴规则）构建起了当前公平合理的国际补贴、反补贴规则秩序：一方面，允许各国政府使用不可诉补贴，来推行社会经济政策，实现国家的经济发展战略目标；另一方面，禁止和限制那些扭曲国家间贸易和资源配置的补贴类型。同时 ASCM 也赋予各成员方使用反补贴措施来维护国内产业安全和利益的权利。这些规则允许使用补贴，但又限制补贴；对不公平的补贴，允许采取反补贴措施，但又约束反补贴措施。但是，这些规则只能起到依据和指导原则的作用，并不能完全有效地维护世界补贴和反补贴的秩序。

(2) 反补贴的特征。

① 反补贴的应诉主体为政府。反补贴的调查对象是政府的政策措施，反补贴会影响被调查国的贸易和产业政策、宏观经济政策甚至总体经济战略。

② 反补贴的调查范围更广泛。反补贴的涉及面广泛，调查范围包括可能接受政府补贴对象的下游企业甚至整个产业链。

③ 反补贴的影响时间较长。为应对反补贴调查，一国政府必须逐步调整相应的贸易和产业政策，这种调整将在长时间内对一国经济、政治、社会发展产生巨大影响。

④ 反补贴具有更强的连锁效应。在一成员方反补贴调查中被认定的补贴措施，可以直接被其他成员在反补贴调查中援引。

2. 反补贴的实施形式和程序

(1) 反补贴的实施形式。

① 临时措施。是为顺利进行继续调查而采取的预防性措施。对本国同类产品及产业来说，临时反补贴措施是一种保护性措施。

条件。一国反补贴调查机构已决定开始反补贴调查，并就此予以公告，各利害关系国和利益方已得到充分机会提供信息、发表意见；初裁确定补贴成立，并由此对国内产业造成损害的，有必要采取临时反补贴措施；遵守一般反补贴税确定和征收的基本规则。

形式。征收保证金或包含作为担保的临时反补贴税。我国《反补贴条例》规定，采取临时反补贴措施，由商务部提出建议，国务院关税税则委员会根据建议做出决定，由商务部予以公告。海关自公告规定实施之日起执行。

期限。肯定性初裁之后，并在发起反补贴调查之日起 60 天后才可以实施；实施应限定在尽可能短的时期内,最长不得超过 4 个月。

② 承诺。承诺为消除补贴对进口国生产同类产品的产业造成损害而采取某些措施。

承诺主体。包括产品的原产国政府或出口国政府。

承诺方式。对出口国政府而言,承诺可以是同意取消、限制补贴或者采取自愿限制出口数量、修改出口产品价格等方式。对于出口商或生产商而言,承诺就是调整价格,以消除补贴的影响。20 世纪 50 年代,英国与欧洲市场鸡蛋出口补贴纠纷案以英国政府承诺取消鸡蛋出口补贴而告结束。20 世纪 80 年代,印度与美国就出口工业紧固件被征反补贴税发生纠纷,最终以印度同意限制国内补贴而结束。20 世纪 80 年代中期,欧共体和加拿大就欧共体对牛肉出口补贴发生纠纷,欧共体提出自愿限制出口数量的建议,但遭到加拿大的拒绝。20 世纪 90 年代初,美国和加拿大就木材出口补贴发生纠纷,在磋商时加拿大政府提出在出口前对木材加征 15％的税以影响出口价格,美国才同意中止反补贴税的征收。

承诺实施。只有进口国反补贴调查机构做出了补贴和损害存在的肯定性初裁,才能够谋求或接受出口方的承诺。如果承诺是由出口商提出的,还应得到出口国政府的同意。自愿承诺的情形一旦出现,则可以中止或终止调查,而不采取临时措施或征收反补贴税。

 提示

接受承诺,替代征收反补贴税,同样可以达到消除补贴对进口国国内产业的损害的效果,因此,承诺也是一种反补贴措施。所不同的是,征收反补贴税直接打击进口商,承诺的实施直接打击出口商或生产商。

③ 反补贴税。最终征收反补贴税是抵消补贴造成损害的最有效措施。应对不同来源地的受补贴产品一视同仁,但对已撤回补贴或做出价格承诺的出口国产品除外。

条件:反补贴调查最终裁定存在补贴、产业损害、二者存在因果关系。

税额:等于或低于经确认而存在的补贴额。

期限:以抵消补贴所造成的损害所必需的时间为准,不得长于 5 年。如"理由充分",可适当延长期限。在征税期内,有关利益方可向反补贴调查机构申请期中复审、情势变更复审或年度复审,审查是否还有必要继续征收反补贴税,或变更征税税率。在征税期届满时可申请日落复审。日落复审的例外是,在最后期限前的适当时间内,反补贴调查机构可以根据自己的决定或应本国产业的要求进行复审,如果复审结果认定取消反补贴措施会导致损害再度发生,就可以继续征收反补贴税,无视 5 年的时间限制。

 提示

反补贴税的追溯征收。一般情况下,反补贴调查机构最终做出了否定的裁决,已征的临时反补贴税应予退还;做出了肯定的裁决,已征的临时反补贴税就充抵最终反补贴税。但是:①如果最终确定存在损害威胁,并确定如不采取临时措施最终会导致损害的实际发生,则反补贴税可追溯到临时措施采取之日起开始征收。②对于违反承诺的出口方,进口国反补贴调查机构也可以追溯到采取临时措施之日起 90 天内开始征收最终反补贴税,违反承诺前进口的产品除外。③如果最终确定的反补贴税高于临时措施中的保证金或保函金额,高出部分应不征收;如低于,其差额部分应予退还。④如果受补贴产品短期内大量进口,进口国反补贴调查机构认为其造成的损害难以弥补,为了防止损害再度发生,可追溯征收反补贴税,时间可前推到临时措施开始之日前 90 日内。

(2) 反补贴的程序。

① 发起。反补贴调查发起的基础:对某项进口产品进行正式的反补贴调查,应基于受到有关补贴措施不利影响的进口成员方国内产业或其代表所提交的书面请求而正式发起。反补贴调查申请书的内容:补贴与数量,损害状况,补贴进口与受损害的因果联系。应充分证明某种已大量进口的产品享有某种补贴和对申诉产业造成的损害。书面请求应包括:申诉者的身份及代表的产业,产品的数量与价值;受补贴产品状况,如出口国家或出口地、出口厂商、进口商名单;补贴的数量和性质;补贴进口产品对国内产业的损害,如补贴进口量的演变,它们对国内相同产品价格的影响、对国内产业的冲击影响等。

② 立案和公告。当局在对申请书的证据的准确性和充分性予以审核后,如果确认,可开始立案进行调查;如发现证据不足,应尽快拒绝调查申请和终止调查。

③ 调查。调查不能妨碍海关程序,调查应自发起日的 1 年内,最长不超过 18 个月。目的:确认相同产品的产业是否因补贴受到实质性损害或损害威胁。依据:受补贴产品的进口量及对国内相同产品的价格影响;受补贴产品进口对国内同类产品的生产者的后续冲击。

④ 裁决并采取措施。

⑤ 行政复审。

提示

ASCM 的第 4 条、第 7 条、第 9 条和第五部分(即第 10 条到第 23 条)是关于进口国对补贴损害补救和启动调查并最终采取措施的具体规定。WTO 对于反补贴的多项规定反映了公平的宗旨和原则:反补贴措施的实施以事实证据为基础,反补贴纠纷的解决以磋商为主要方式,反补贴调查的过程中需广泛征求多方信息和意见,补贴损害确定需排除其他因素干扰,比如对发展中国家的优惠待遇。

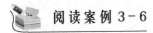

阅读案例 3-6

美国对中国铜版纸征收反补贴税

【案情简介】

美国时间 2006 年 10 月 31 日,美国 New Page 纸业公司向美商务部(USDOC)和美国国际贸易委员会(USITC)申诉,要求对来自中国的铜版纸进行反倾销及反补贴调查,该案调查期为 2006 年 4~9 月。2006 年 11 月 20 日,USDOC 做出了针对中国铜版纸发起反补贴调查的立案决定。2006 年 12 月 15 日,USITC 做出初裁,认定从中国进口的铜版纸存在政府补贴嫌疑和价格过低。2007 年 3 月 29 日,美国国际贸易法庭做出裁定,称 USDOC 如果能确认中国出口美国的铜版纸产品存在出口补贴,美国就应对相关中国产品征收惩罚性关税。2007 年 3 月 30 日,USDOC 宣布初裁结果,决定对中国的铜版纸征收 10.9%~20.4%的临时反补贴税。初步对山东晨鸣纸业集团股份有限公司征收 10.90%、对金东纸业(江苏）有限公司征收20.35%的反补贴税，对来自中国的其他所有铜版纸，将初步征收18.16%的反补贴税。最终裁定结果将在2007年6月中旬确定，但也有可能最晚推迟到10月中旬。

中国商务部新闻发言人王新培3月31日凌晨表示，中国政府对此强烈不满。美方此举违背了两国领导人达成的通过对话解决矛盾的共识，中方强烈要求美方重新考虑这一决定，并尽快予以纠正。

【案例点评】

（1）这是美国第一次对从"非市场经济国家"进口的产品征收反补贴税。它改变了美国坚持了23年的不对"非市场经济国家"实施反补贴法的贸易政策，开了一个很不好的先例。

（2）该案最终以无损害结案，但是2010年美国再次对中国铜版纸发动"双反"调查并做出肯定性终裁，中国输美铜版纸企业遭遇重挫。

（3）在国际竞争日趋激烈的情势下，非价格竞争已取代价格竞争而成为国际贸易发展的潮流。长期以来，USDOC不对"非市场经济国家"的企业征收反补贴税，这是基于1984年美国联邦上诉法院确立的原则。但是，2005年7月，美国国会众议院通过《美国贸易权利执行法案》，要求将反补贴法适用于"非市场经济国家"。如何消除美国修改其反补贴法带来的负面影响，值得思考。

（资料来源：作者根据中国贸易救济信息网相关资料分析和点评。）

阅读案例3-7

美国对中国发起胶合板"双反"调查

【案情简介】

2012年9月27日，美国"硬木胶合板公平贸易联盟"（Coalition for Fair Trade of Hardwood Plywood，由美国北卡罗来纳、纽约州和俄勒冈州硬木胶合板制造商组建）要求美国政府对原产于中国的硬木装饰胶合板发起"双反"调查，认为中国制造商和出口商正在美国市场"倾销"硬木装饰胶合板，其价格较公平市值低298%～322%，同时受到中国政府补贴，补贴幅度超过2%的允许范围。按照美方程序，正式征收"双反"税需要美国商务部（USDOC）及美国国际贸易委员会（USITC）同时做出肯定性裁决方可生效。2013年11月5日 2013年11月6日，USITC公告，对原产于中国的硬木装饰胶合板做出"双反"否定性终裁，裁定涉案产品未对美国国内产业造成实质性损害或实质性损害威胁。根据USITC的否定性裁决，美国将不对原产于中国的硬木装饰胶合板征收反倾销和反补贴税。

【案例点评】

本案以"332调查"作预兆，涉案金额大，中国企业积极应诉，产业协会、商务部密切配合，中国最终获得了实质性胜利。本案有以下六个方面值得注意：美国发起"双反"有法律依据，但涉嫌"重复救济"；税率调整和适用缺乏逻辑延续；涉案产品范围与企业被夸大；被调查补贴项目不准确；替代国的选取不对称；税率被高估。对最后两点说明如下。

替代国的选取：美国《关税法》第773（c）（1）规定："应尽可能利用经济发展水平相当，且是相似产品主要生产国的一个或者多个市场经济国家的成本价格。"然而，未规定如何比较两国经济发展水平，这就为"替代国"的选取带来更大的不确定性。USDOC初裁、终裁的反倾销税率差距极大。初裁，强制被抽样企业临沂圣福源木业有限公司和徐州江阳木业有限公司税率分别为 0.62%、1.83%（微量，均视为零税率），其他企业单独税率（Separate Rate，也称为平均税率）22.14%，中国普遍税率（China-Wide Rate，也称为惩罚性税率）63.96%。终裁，临沂圣福源木业有限公司税率 55.76%，江阳木业有限公司税率 62.55%，平均税率 59.46%，惩罚性税率 121.65%。这源于初裁选用菲律宾，而终裁改为保加利亚作为"替代国"。美国《关税法》和《1979 年贸易协定法》确定了"替代国"的选择和价格计算方法，两则法律允许选择"一个或多个"相似产品的主要生产国，但是并没有允许在调查期间随意更换"替代国"，该行为本身就不具有法律依据。此外，保加利亚人口总量约为 759 万，人口密度为 68.1/平方公里，远远低于中国人口密度（143/平方公里），人力资源不够丰富，劳动力成本较高，因此该国胶合板行业整体成本较高，高于中国，也高于菲律宾，这样测算的正常价值明显偏高，美国人为提高测算数据的意图较为明显。

税率的计算：第一，倾销幅度的计算。首先，美国在调查期间随意更换"替代国"明显不合规，高估了倾销幅度。其次，美国依照 19 CFR 351.414(c)(1)(2012)，应用加权平均正常价值与全部可比出口交易的加权平均价格进行比较的方法来确定倾销幅度，公式：倾销幅度=（加权平均正常价值—加权平均出口价格）/加权平均 CIF 价格×100%。美国对胶合板进行主题分类进而计算单独税率，并沿用"归零法"（零化措施），即：将负倾销值作为零倾销值处理，然后与正倾销值相加。在正常情况下，应当将正负倾销值相加，计算出被指控产品的倾销幅度。"归零法"导致一个严重后果，即除非所有组均被认定为正常价值小于或等于出口价格，否则倾销就成立。倾销幅度计算方法在乌拉圭回合谈判中已经确定，并写入《反倾销协议》中，但当时各方对"归零法"意见不一而未予规定。"归零法"让倾销的确定更为容易，也容易导致计算的倾销幅度偏高，但不具有法律依据。第二，补贴幅度的计算。根据 USDOC 终裁，3 家强制应诉企业获得微量补贴：东方金信在该项目下获得 0.28% 的补贴率，临沂圣福源获得 0.22% 的补贴率，上海森大获得 0.65% 的补贴率。"低价提供电力"项目适用了不利事实裁定，被定为可救济性项目，而此前提到的其他 4 个项目，被裁定为未在调查期内授予利益的项目。USDOC 认定的 15 家"不合作企业"，根据不利事实原则被裁出 27.16% 的补贴率。USDOC 认为，可使用以下信息裁定：申请书中信息；原始调查终裁的信息（特别适用于行政复审）；任何之前的复审或裁决的信息；任何其在记录中的信息。本案计算"所有其他企业"的补贴幅度时，明显不合规。根据美国《1930 年关税法》703(d) 和 705(c)(5)(A)，USDOC 可以针对"所有其他企业"单独计算补贴率。705(c)(5)(A)(i) 规定必须将被单独调查获得零补贴率或微量补贴率和完全适用不利事实裁定的补贴率排除在外。705(c)(5)(A)(ii) 明确了当所有被调查的企业都是零补贴率或微量补贴率的情况下，USDOC 有自由裁量权，即以"任何合理方法"得出"所有其他企业"补贴率。以往 USDOC 采用的"任何合理方法"是对所有"被抽样企业"的补贴率加权平均，如果本案沿用该法，"所有其他企业"不可能获得高于 1% 的税率。但是在本案中，美国刻意将 3 家强制应诉企业的微量补贴率（视为 0%）和 15 家"不合作企业"（即未应诉因而"完全适用不利事实裁定"的企业）的补贴率（27.16%）进行简单算术平均，得出"所有其他企业"的补贴率：[0+0+0+(27.16%×15)]/18=22.63%（平均税率）。这一做法是美国对华"双反"以来第一次出现，也是美国反补贴法有史以来第一次，明显不合规。"不合作企业"在调查期内出口额有限,无法代表中国对美国的全部出口,即便用"不利事实"来裁定后,也应加权平均,而非简单平均。在 USDOC 终裁中,该计算方式没有本质改变,但是平均税率变为 13.58%,对此美国没有给出合理解释。

资料来源:作者根据中国贸易救济信息网等相关资料分析和点评。详细分析参见:康宁,缪东玲. 美国对华发起胶合板"双反"调查的合规性分析[J]. 国际经贸探索,2015(6):57-71.

3.4.3 保障措施

1. 保障措施的含义、条件和原则

(1) 保障措施的含义。

保障措施(Safeguard Measures),又称保障条款(Safeguard Clauses),其定义各不相同,其实质是一种贸易保护措施,被当作成员方开放市场的"安全阀"制度。其立法渊源在于 GATT 第 19 条和 12 条、《保障措施协议》(Agreement on Safeguard)。

在 WTO 框架内,可以认为保障措施是指成员方在某种产品进口大量增长以致其生产同类或与之直接竞争产品的产业遭受损害时,为补救国内产业而针对引起损害的进口产品采取的临时进口限制措施。

尽管 WTO 确定了采取保障措施的统一标准、实施程序、措施形式、争议解决方法。但是,《建立世界贸易组织协定》第 16 条规定,每一成员应当保证其法律、规则和行政程序与所附各协议中的义务相一致,使国内法与 WTO 规则保持一致。各成员方在对待 WTO 这一国际条约义务时,采取了不同的方式:一种是直接适用,另一种是间接适用。即使在直接适用 WTO 的规定时,由于规定条款没有涵盖保障措施的所有方面,给成员方留下了很大自由裁量的空间,因此大多数国家依然保留本国的国内立法,只做了部分的修改。在实施保障措施时,都依据成员方自己的法律、规则做出决定。

(2) 保障措施的条件。

要件:①某项产品的进口激增(Increased Imports,包括绝对增长和相对增长);进口激增是不可预见的情况(Unforeseen Developments)和进口成员履行关贸总协定义务的结果。②生产同类或直接竞争性产品的国内产业(The Domestic Industry That Produce Like or Directly Competitive Products)存在严重损害或严重损害威胁(Cause or Threaten to Cause Serious Damage)的事实。③进口激增与和严重损害或者严重损害威胁之间存在真正、实质的因果关系(The Existence of A Genuine and Substantial Causal Link Between Increased Imports and Serious Injury)。

(3) 保障措施的原则。

实施保障措施应遵循紧急性、临时性、相称性和非歧视性原则,并且必须对那些贸易受影响的国家实施补偿。

2. 保障措施的实施形式和程序

(1) 保障措施的实施形式。

① 临时保障措施。如初裁认定进口增长已经或正在造成严重损害或严重损害威胁,可以采取临时保障措施,期限不超过 200 天。临时措施只能采取提高关税的形式。如随后的调

查不能证实造成损害,则征收的关税应迅速退还。成员方在采取临时保障措施前应通知保障措施委员会,采取措施后应尽快与各利害关系方磋商。

② 保障措施。包括提高关税、纯粹的数量限制和关税配额三种。如果适用数量限制,则限制的数量不能使进口减少至低于统计数据表明有代表性的最近3年的平均进口水平;如果低于该水平,成员方必须提出明确、正当理由。目前各国多使用关税配额,配额的形式由进口成员方与所有有利害关系的成员方协商,争取达成分配配额的协议;如无法达成协议,则可根据各成员方在过去有代表性阶段的进口数量的比例来进行分配。

期限。通常不超过4年,应与成员方的国内产业调整的情况相适应。期限届满时,如成员方能证明仍有必要继续采取保障措施,并证明国内该产业正在进行调整,也可延长。但是,全部实施期(包括任何临时措施的实施期、最初实施期及后来任何延长),发达国家成员共计不得超过8年,发展中国家成员不得超过10年。

再次实施保障措施的限制:在建立 WTO 的协议生效日之后已被使用过保障措施的某一产品的进口,如需再次使用保障措施,则两次措施之间必须有时间间隔。发达国家成员间隔时间长度应不短于第一次保障措施的实施期限,发展中国家成员应不短于第一次保障措施实施期限的一半,且最短为2年。但若一产品的进口存在下述情况,180天或少于180天期限的保障措施可再次适用:自对该进口产品实施某项保障措施日起算,至少已过去1年;在实施该保障措施之日前的5年内,对同种产品所适用的保障措施未超过两次。

(2) 保障措施的程序。

保障措施的程序包括调查、通知、磋商、审议等四个环节。

提示

发展中国家成员的豁免:在保障措施涉及来自发展中国家成员的产品,只要其有关产品的进口份额在进口成员中不超过3%,则不得对该产品实施保障措施,但是进口份额不超过3%的发展中国家成员份额总计不得超过有关产品总进口的9%。

如果 WTO 的成员方对另一成员方实施保障措施有异议,则通常可通过保障措施委员会寻求磋商,也可以向争端解决机构(DSB)寻求解决。

3.4.4 特别保障措施

1. 特别保障措施概述

特别保障措施(简称特保措施)是 WTO 成员利用特定产品过渡性保障机制(Transitional Product - Specific Safeguard Mechanism)针对来自特定成员的进口产品采取的措施,即在 WTO 体制下,在特定的过渡期内,进口国政府为防止来源于特定成员国的进口产品对本国相关产业造成损害而实施的限制性保障措施。

特别保障措施最初源自美国国内法中的特别例外条款,即美国《1974年贸易法》的第406条。美国众议院筹款委员会曾在其报告中明确指出:"406条款的目的就是提供一套更容易满足的标准,以决定被给予非歧视待遇的国家输入美国的产品是否给美国国内产业造成损害。本委员会认为,本条款是为国内产业不至于受到来自共产主义国家的产品进口而造成的实质损害或实质损害威胁而提供的又一有效保护方式。"2000年10月10日,美国确定与中国建立永久正常贸易关系,并修改了《1974 年贸易法》,该法中增加了取代 406 条款的第 421 段和第 422 段,规定了对中国产品采取过渡性保障措施机制。

最早的特别保障措施适用于日本。此后,在波兰、匈牙利、罗马尼亚等东欧社会主义国家加入 GATT 时,也适用特别保障措施条款。

2. 对中国产品的特别保障措施

(1) 法律依据。

美国等 WTO 成员方担心,中国入世后出口产品的快速增长会对其国内市场和国内产业造成冲击和损害,因此坚持针对原产于中国的产品采取特别保障措施,在适用《WTO 协定》上予以保留,这一保留最终体现在《中国加入 WTO 议定书》第 16 条和《中国加入 WTO 工作组报告》第 241~242 段中。《中国加入 WTO 工作组报告》第 245~250 段中则规定实施特别保障措施的基本程序。附件 7 还列举了部分 WTO 成员可以采取特别保障措施的中国产品名称和具体措施。

① 关于"特定产品过渡性保障机制"。《中国加入 WTO 议定书》第 16 规定,在中国加入 WTO 之日起的 12 年内,在两种情形下,WTO 成员方可以对中国采取特保措施。

"市场扰乱"(Market Disruption):一项产品的进口快速绝对或相对增长,构成对生产同类产品或直接竞争产品的国内产业造成实质损害(Material Injury)或实质损害威胁的一个重要原因(A Significant Cause)。该成员可请求与中国磋商,如双方同意原产于中国的进口产品是造成此种状况的原因并有必要采取行动,中国应采取行动防止或补救此种市场扰乱;如未能在 60 天内达成协议,则受影响的 WTO 成员有权对此类产品撤销减让或限制进口。在紧急情况下,受影响的 WTO 成员可据初步认定,对中国产品采取临时保障措施。

 提示

市场扰乱要求进口增加必须是绝对或相对数量的快速增加(Increasing Rapidly),这与保障措施略有不同。后者强调质量和数量,且必须迫切、突发、急剧和显著,足以引起"严重损害"或"严重损害威胁"。前者不强调质量和数量,而强调速度。这与两者产生的原因有关:WTO 成员依协定减让关税和取消其他贸易壁垒,在履行承诺过程中,进口一般会增长。这种增长如果在一定幅度内是可以预期或合理的,则没有问题;如果超过一定幅度,引起严重负面效果,则不是 WTO 成员所预期的了。所以,保障措施的实施一定要强调不可预期的质量和数量的增长。而特保措施产生的主要原因是中国产品物美价廉,其他成员担心对中国减让关税、取消其他贸易壁垒之后,中国产品会充斥其市场,冲击其国内产业,因此,强调增速。

资料来源:侯利阳. 特殊保障措施释意. http://vip.chinalawinfo.com/newlaw2002/slc/slc.asp? gid=335572237&db=art,2010-05-08.

"重大贸易转移(Significant Trade Diversion)":在"市场扰乱"下,不论中国还是其他成员方采取了行动,只要此行动对另一 WTO 成员方造成或威胁造成"重大贸易转移",则该成员方有权针对该产品撤销减让或限制自中国的进口。显然,第一种情形下(市场扰乱)的保障措施具有极易引起第二种情形下(重大贸易转移)的限制措施的连锁反应的可能。但是,这是一项独立的条件,无须与上述关于市场扰乱的条件并存。

② 关于"纺织品特别保障措施"的规定。《中国加入 WTO 工作组报告》第 241~242

段中的限制性定是专门针对中国的纺织品和服装出口产品而设,又称纺织品特保措施。根据该规定,在 2005—2008 年,如中国的纺织品对 WTO 成员市场造成"市场扰乱",WTO 成员可临时实行限制,但 4 年内只能用一次,一次只能持续一年,不能重复使用。

📁 提示

(1) 在 2008 年 12 月 31 日之前,WTO 成员不能对纺织品同时使用"特定产品过渡性保障机制"和纺织品特别保障规则。在 2008 年之后,WTO 成员对中国纺织品只能使用"特定产品过渡性保障机制"。(2) 中国入世后,针对中国产品的特保措施的立法、立案调查和实施均有明显增加的趋势。美国、加拿大和印度根据《中国加入 WTO 议定书》第 16 条的承诺,调整了国内立法。

(2) 性质。

特别保障措施违反了 WTO 非歧视原则,是 WTO 成员国针对中国产品实施的歧视性措施;也是中国在复关/入世谈判中为换取 WTO 成员方的其他让步、平衡和其他 WTO 成员方贸易利益冲突的战略推进与战术妥协的结果。

(3) 特征。

① 适用对象的选择性和歧视性。保障措施是条约法"情势变更原则"(Principle of Change of Circumstances) 的具体体现,适用于所有 WTO 成员,具有合法性和非歧视性;特别保障措施仅针对来源于中国的产品,对什么产品适用和何时适用完全取决于进口国,因而具有强烈的选择性和针对性。

② 适用条件的模糊性和随意性。实施特别保障措施的条件是来源于中国的产品数量绝对增加或相对增加给进口国造成或威胁造成市场扰乱或重大贸易转移。但是,《中国加入 WTO 议定书》对"实质损害和实质损害威胁"并无明确的定义和说明,其标准也远低于实施保障措施的"严重损害或严重损害威胁"的标准;同时,只要实质损害或实质损害威胁是"重要原因"而不需要是"主要原因"即可认定,这实际上也放宽了适用特别保障措施的条件。

③ 适用报复措施救济的有限性。在进口相对增长的情况下,对一般保障措施而言,受影响的 WTO 成员有权在保障措施实施生效后的任何时间针对实施该保障措施的 WTO 成员的贸易中止实施 GATT1994 项下实质相当的减让或义务(即:报复)。对特保措施而言,只有在该措施持续有效的期限超过 2 年,中国才有权报复。在进口绝对增长的情况下,一般保障措施与特别保障措施的后果则是一致的,即在该措施实施的前 3 年内不得报复。

④ 适用期限具有过渡性。仅限中国"入世" 12 年内。然而,《中国加入 WTO 议定书》第 16 条对特保措施的实施期限并没有明确限定,唯一可参考的是"一世贸组织成员只能在防止和补救市场扰乱所必需的时限内根据本条采取措施"这一弹性条款。注意:无论是特别保障措施,还是一般保障措施,其临时措施的期限均为"不得超过 200 天"。

📁 提示

WTO 体制下贸易救济措施的共同点:①成案要素:外来贸易损害行为、境内产业受到损害、两者之间存在因果关系。②可选择性。影响因素包括:目的,保护境内产业、维护自由贸易和公平贸易;成本,包括贸易的直接成本和机会成本;效果,主要体现在救济措施的影响范围和作用强度上；风险，指败诉的风险和被报复的风险。选择过程：首先，应具备统一的决策机构和畅通的信息机制，在此基础上，通过对需救济的境内产业损害形式和损害程度的确认，明确有哪些救济措施可供选择；然后，综合考虑影响贸易救济措施的各因素，权衡不同措施的利弊得失，进而做出适用贸易救济措施的决策。

资料来源：胡加祥，单衍岭．WTO 体制下的贸易救济措施比较研究．http://cc.sjtu.edu.cn/Able.Acc2.Web/Template/View.aspx?wmz=3179&courseType=1&courseId=5984&topMenuId=36875&menuType=4&contentId=3179&action=view&linkpageID=20515, 2010-05-05.

贸易救济措施的异同见表 3-16。其中，保障措施与特保措施的共性主要表现为，二者均属于在进口产品并不存在不公平竞争行为的前提下即可实施的贸易救济措施，但同时，其实施的对象范围、条件、期限、受限制方报复的限制条件等方面，二者又存在明显的差异。相比之下，特保措施具有单向性和歧视性、实施条件的模糊性及低标准带来的随意性和危险性、实施期限的不确定性、被采取措施方的反措施的局限性等特点。

表 3-16 反补贴、反倾销、保障措施和特别保障措施的比较

比较项目	反补贴	反倾销	保障措施	特别保障措施
实施对象	针对某成员的某产品，区分国别	针对某成员的某产品，区分国别	针对某产品，不区分国别	主要针对中国的产品
实施条件	存在补贴、存在确定的严重损害后果、补贴和损害之间存在因果关系	存在倾销、存在确定的实质损害后果、倾销和损害之间存在因果关系	可在公平竞争贸易条件下实施。进口激增、存在确定的严重损害后果、二者存在因果关系	原产于中国的产品进口增加造成或威胁造成"市场扰乱"或重大贸易转移；进口国在过渡期内因来自中国的纺织品造成"市场扰乱"
实施方式	临时反补贴措施、承诺、反补贴税	临时反倾销措施、承诺、反倾销税	临时保障措施、保障措施（提高关税、纯粹数量限制或关税配额等）	特别保障措施的立法、临时保障措施、提高关税、纯粹的数量限制或关税配额等
补偿问题	不必给予相应的补偿，也未规定可以报复	不必给予相应的补偿，也未规定可以报复	原则上必须给予相应的补偿，达不成协议时可以报复	原则上必须给予相应的补偿，基于相对增长/绝对增长采取的特保措施，中国有权在实施2年/3年后报复
实施期限	5年	5年	4年，最长不超过8年（发展中国家10年）	不明确，但仅限中国"入世"起12年之内
磋商问题	如果反补贴，必须磋商	如果反倾销，没有规定必须磋商	如决定采取保障措施，必须与有重大出口利益的成员磋商	如决定采取特别保障措施，该成员必须与中国磋商

 **本章小结**

本章介绍了国际贸易政策的含义、特征、分类、目标、手段、历史演变、选择依据，概述了贸易措施和具体的政策工具，分析了关税、进口配额等主要国际贸易调整措施的经济效应。阐述了反倾销、反补贴、保障措施和特别保障措施等贸易救济措施。

 **背景知识**

多哈回合谈判关于补贴与反补贴问题的简要回顾

ASCM（《补贴与反补贴措施协定》）虽然有很大的进步性，但毕竟在其适用中也带来了一定问题，发展中国家希望降低对于补贴的限制，放宽禁止性补贴与可诉补贴认定，并对反补贴措施进行修改。发达国家则主张尽快结束 ASCM 对发展中国家的过渡条款。另外，依据 ASCM 第 31 条规定，第 6.1 条关于"严重妨碍"（Serious Prejudice）的定义，以及第 8 条与第 9 条关于"不可诉补贴"等相关规定已于 1999 年底届满失效，但至今"严重妨碍"与"不可诉补贴"应如何适用等问题有待澄清。因此，2001 年 11 月 20 日发表的 WTO 第四次部长级会议宣言（《多哈宣言》）将 ASCM 谈判纳入规则谈判议题，同意授权在保留基本原则、概念、协定的有效性和与其规定的措施、进一步考虑发展中国家和最不发达国家情况前提下，就澄清 ADA 和 ASCM 的有关规定和增强协议约束力进行谈判。

由于补贴问题比较敏感，因此，相比 ADA 谈判，各国显得较为谨慎，提案远远少于 ADA 谈判提案。在过去的 8 年多，包括美国在内的各成员方就补贴的定义、禁止性补贴、进口替代补贴、出口信贷、严重危害、实质损害的救济、不可诉补贴、补贴通知、自然资源与能源定价，以及发展中成员方特殊和差别待遇等议题和反补贴措施程序方面的一些问题提交了提案，WTO 也发布了两个有关的主席案文。在反补贴措施议题方面，成员方的提案较补贴议题少，目前规则谈判小组已确认的主要议题为微量条款、可获得事实、补贴计算与复审。此外，虽然反补贴调查程序在性质上与反倾销调查程序相似，但这两个协议之间关于程序规定有许多不一致之处，成员方也多数认为有必要予以适度整合。

资料来源：林惠玲，卢蓉蓉. WTO 新一轮谈判中美国在补贴与反补贴规则修改上的立场和建议 [J]. 国际商务研究，2010（2）：63-72.

 **习 题**

1. 单选题

(1) 在资本主义生产方式准备时期，西欧国家普遍实行的对外贸易政策是（　　）。

A. 自由贸易政策　　　　　　　　　　B. 重商主义的保护贸易政策

C. 超保护贸易政策　　　　　　　　　D. 新贸易保护主义政策

(2) 海关的任务不包括（　　）。

A. 监督管理进出境人员　　　　　　　B. 征收关税

C. 查禁走私　　　　　　　　　　　　D. 编制海关统计

(3) 有些国家在国境内设立自由港、自由贸易区和保税区时（　　）。
A. 国境大于关境　　　　　　　　B. 国境小于关境
C. 国境等于关境　　　　　　　　D. 上述三种情况均有可能

(4) 对于参加关税同盟的国家而言，（　　）。
A. 国境大于关境　　　　　　　　B. 国境小于关境
C. 国境等于关境　　　　　　　　D. 上述三种情况均有可能

(5) 正常关税是指（　　）。
A. 特惠税　　　B. 普惠税　　　C. 最惠国税　　　D. 普通税

(6) 关税壁垒是指（　　）。
A. 高额进口税　　B. 高额出口税　　C. 高额过境税　　D. 高额附加税

(7) 进口附加税通常是作为一种（　　）。
A. 普遍措施　　B. 经济性措施　　C. 临时性措施　　D. 惩罚性措施

(8) 反补贴税是一种（　　）。
A. 惩罚性措施　　B. 进口附加税　　C. 滑动关税　　D. 差价税

(9) 反倾销税是对于实行商品倾销的进口货物征收的一种（　　）。
A. 惩罚性措施　　B. 进口附加税　　C. 滑动关税　　D. 差价税

(10) 关税与贸易总协定第6条规定，反补贴税的征收（　　）。
A. 带有惩罚性　　　　　　　　B. 应高于补贴数额
C. 应低于补贴数额　　　　　　D. 不得超过补贴数额

(11) 在《补贴与反补贴协议》中规定，征收反补贴税的期限不得超过（　　）年。
A. 30　　　B. 15　　　C. 5　　　D. 3

(12) 关税与贸易总协定第6条规定，构成商品倾销的条件之一是出口价格低于（　　）。
A. 国际市场价格　　　　　　　B. 正常价格
C. 进口国国内市场价格　　　　D. 成本价格

(13) 某国对某种商品规定，全年进口额在200万美元以内者征关税10%，超过200万美元以上的部分，除原征关税外，加征关税60%，这种措施称为（　　）。
A. 混合税　　B. 进口附加税　　C. 关税配额　　D. 罚款

(14) 由出口方银行直接向进口厂商（即买方）或进口方银行提供的贷款称为（　　）。
A. 卖方信贷　　B. 买方信贷　　C. 商业信贷　　D. 进口信贷

(15) 商品倾销是一种（　　）。
A. 关税壁垒　　　　　　　　B. 非关税壁垒
C. 鼓励出口措施　　　　　　D. 管制出口措施

(16) 以倾销方式在国外市场上抛售在国内市场上的"剩余货物"，这种倾销属于（　　）。
A. 掠夺性倾销　　　　　　　B. 偶然性倾销
C. 间歇性倾销　　　　　　　D. 长期性倾销

(17) 一国政府在一定时期内对某些商品的进口数量或金额加以直接限制，是（　　）。
A. 禁止进口　　　　　　　　B. 进口配额制
C. 进口附加税　　　　　　　D. 自主配额

(18) 在港口或邻近港口、国际机场的地方，划出一定的范围，提供免税等优惠待遇，鼓励外国企业在区内投资设厂，生产以出口为主的制成品的经济特区是（　　）。

A. 自由贸易区　　　　B. 保税区　　　　C. 出口加工区　　　　D. 自由边境区

2. 多选题

(1) 贸易政策的基本类型包括为（　　）。

A. 自由贸易政策　　　　　　　　B. 保护贸易政策
C. 限制贸易政策　　　　　　　　D. 干预贸易政策
E. 强制贸易政策

(2) 依照征税目的，关税分为（　　）。

A. 财政关税　　　　B. 保护关税　　　　C. 调节关税　　　　D. 制裁关税
E. 反倾销税

(3) 《补贴与反补贴措施协议》将补贴分为（　　）。

A. 直接补贴　　　　　　　　B. 间接补贴
C. 禁止使用的补贴　　　　　D. 可诉补贴
E. 不可诉补贴

(4) 普惠制的主要特点是（　　）。

A. 普遍的　　　　　　　　B. 歧视的
C. 非歧视的　　　　　　　D. 互惠的
E. 非互惠的

(5) 下列属于非关税措施的有（　　）。

A. 进口最低限价制　　　　　　B. 国内税
C. 进口和出口国家垄断　　　　D. 歧视性政府采购政策
E. 禁止进口

(6) 技术性贸易壁垒包括（　　）。

A. 复杂苛刻的技术标准　　　　　　B. 复杂苛刻的卫生检疫规定
C. 复杂苛刻的商品包装规定　　　　D. 复杂苛刻的商品标签规定
E. 复杂苛刻的进口商品归类

3. 简答题

(1) 什么是国际贸易政策？国际贸易政策有哪些基本类型？
(2) 什么是关税？关税的种类有哪些？
(3) 什么是非关税措施？它有何特点？
(4) 什么是进口配额？它有哪些类型？
(5) 什么是"自动"出口配额？它与绝对进口配额有何不同？
(6) 什么是进口许可证制？它有哪些种类？
(7) 什么是经济特区？它有哪些类型？
(8) 试述关税、配额、VER、补贴、倾销的经济效应。
(9) 什么是技术性贸易壁垒？它包括哪些措施？
(10) 什么是保障措施？它包括哪些实施形式？
(11) 什么是特别保障措施？比较特别保障措施与一般保障措施的异同。

(12) 假设某国对轿车进口的关税税率为 180%，其国内典型的汽车制造商的成本结构和部件关税见表 3-17。

表 3-17　汽车部件关税税率表

成本项目	钢板	发动机	轮胎
占汽车价格比重	20%	30%	10%
进口关税税率	60%	120%	30%

试问：该国轿车产业的有效保护率。如果钢板、发动机和轮胎的进口关税分别降为 10%、30% 和 5%，再计算该国轿车的有效保护率。通过以上的计算，可以推出哪些有关有效保护率的一般结论？

4. 案例分析

(1) 根据以下案例所提供的资料，试分析：

① 美国对华特别保障措施的特点。

② 美国对华特别保障措施可能的不良连锁反应。

③ 本案的启示。

分析案例 3-1

美国对华特别保障措施

(1) 美国是最早对中国采取特别保障措施立法的国家，也是最早对中国进口产品采取特别保障措施调查的国家，截至 2010 年 5 月，对中国共进行了 6 起特别保障措施的调查（注：不包括美国对中国纺织品采取的特别保障措施的调查，是指美国有关当局依照 1974 年贸易法第 421 条款，即"市场扰乱"条款，对中国产品的调查）。其中，从 2002 年 8 月到 2004 年 3 月期间，进行的 5 起特别保障措施的调查，结果并未实施特保措施，并已全部结案。而 2009 年的轮胎特保案采取了措施。

(2) 美国对华轮胎特别保障措施案简介。

特保调查：2009 年 4 月 29 日，应美国工人联合会的申请，美国国际贸易委员会（ITC）在《联邦纪事》上发布公告，对原产于中国的乘用车和轻型货车轮胎启动特别保障措施调查程序（简称"特保调查"）。该案由美工人联合会代表美国内 13 家轮胎生产企业的工人提出。据美方统计，2008 年中国产乘用车轮胎出口美国 4 600 万条，金额达 17.88 亿美元。申请方指控中国产品对美出口激增，对美国内产业造成市场扰乱，要求美政府对中国乘用车轮胎采取每年 2 100 万条的配额限制。鉴于应诉时间紧迫，中国政府立即呼吁涉案企业立即与中国橡胶工业协会、中国五矿化工进出口商会联系应诉事宜。

肯定性初裁：2009 年 6 月 18 日，美国 ITC 发布公告，对原产于中国的乘用车和轻型货车轮胎（Passenger Vehicle and Light Truck Tires）做出特别保障措施肯定性裁决，认定部分产自中国的乘用车和轻型货车轮胎的进口数量急剧增加，给美国国内同类产品或直接竞争产品的生产商造成市场扰乱或市场扰乱威胁。

肯定性终裁：2009 年 6 月 29 日，美国 ITC 发布公告，对原产于中国的乘用车和轻型货车轮胎特别保障措施案提出贸易救济措施建议。7月9日，美国ITC把该肯定性裁决报告及其提出的补救建议提交总统和贸易代表。总统将做出是否为美国国内产业提供救济措施、救济措施的种类以及实施时间的最终裁决。

签署和公告：奥巴马总统于2009年9月11日签署8414号公告，美将对中国输美轮胎产品采取特保措施，在未来3年内分别对中国输美轮胎征收35％、30％和25％的从价特别关税。美方将在措施实施6个月后就其对中美双方经济和就业的影响进行评估。特保措施涉及的产品包括"用于机动车辆（包括旅行车、运动型多功能汽车、小型面包车、货车或在高速公路上行驶的轻型卡车）的新的充气橡胶轮胎，无论是否存在内胎，也不限子午线轮胎或其他种类轮胎。该轮胎在进口时，在侧壁上有"DOT"符号，表明该轮胎符合美国机动车辆安全标准"。参考海关税号为40111010，40111050，40112010和40112050。不受上述措施限制的产品包括：①用于大中型及重型商业卡车及公车的新充气橡胶轮胎；②用于赛车的新充气橡胶轮胎；③用于农业或林业的汽车、机械及建筑的，或工业搬运车辆或机械的新充气橡胶轮胎；④用于飞行器、自行车、摩托车、拖车、全地形车的，以及用于草皮、草地、园林及高尔夫设施的新充气橡胶轮胎；⑤非全新的充气橡胶轮胎，不限循环再生或翻新的轮胎；⑥非充气型轮胎，例如硬质实心橡胶轮胎。

征税：2009年9月17日，美国宣布将从9月26日起对原产于中国的轮胎加征关税。

（3）2009年的美国对华轮胎特保案将影响中国10万左右工人的就业，直接经济损失高达10亿美元；意味着中国轮胎很可能无法进入美国市场；还可能被美国其他行业与其他WTO成员国效仿，产生极坏的连锁反应。

资料来源：①陈卫东. 美国对中国保障措施及特保措施案例解析［M］. 北京：对外经济贸易大学出版社，2005. ②中国贸易救济信息网 http://www.cacs.gov.cn/cacs/anjian，经过作者整理。

（2）根据以下案例所提供的资料，试分析2006年和2007年：

① 中国出口机电产品和高新技术产品比重上升，"两高一资"产品受到抑制的主要原因。

② 部分能源资源和农产品进口加快、初级产品进口价格普遍大幅上扬的主要原因。

分析案例 3-2

2006年和2007年中国进出口的变化

2006年中国机电产品出口5 494.4亿美元，比上年增长28.8％。高新技术产品出口2 814.9亿美元，增长29％。传统大宗商品出口继续保持良好增长势头，其中纺织品出口488亿美元，增长18.7％；服装出口951.9亿美元，增长28.9％。在国家调整部分产品出口退税、加征出口关税、增补加工贸易禁止类商品目录等项措施出台后，高能耗、高污染和资源性（简称"两高一资"）产品出口受到抑制，原油、成品油、煤炭、未锻轧铝出口量分别下降21.4％、11.9％、11.7％和8.1％。

2007年，国家取消或降低了钢材等712种高能耗、高污染和资源性产品出口退税，开征或提高142种产品出口关税，降低服装等2 268种易引起贸易摩擦商品的出口退税，取得了明显成效。高能耗、高污染和资源性产品出口过快增长势头得到遏制，原油出口量下降

38.7%，钢坯下降28.9%，煤下降16%，钢材出口量从4月份715万吨下降到12月份479万吨。劳动密集型产品出口增长平稳，纺织服装、鞋类和箱包分别比上年增长18.9%、16%和24.3%。机电产品仍然增长较快，全年出口7 011.7亿美元，增长27.6%，高新技术产品出口3 478.3亿美元，增长23.6%。2007年，受国内需求带动、部分资源性产品进口关税税率下调、进口便利化程度提高等因素的影响，部分能源资源和农产品进口加快。全年进口初级产品2 429.8亿美元，比上年增长29.8%。其中原油进口量增长12.4%，铁矿石增长17.4%，大豆增长9.2%，食用植物油增长25.2%，未锻造的铜及铜材增长34.8%。同时，由于国际市场农产品和部分资源性产品价格持续走高，加上海运费过快上涨，导致初级产品进口价格普遍大幅上扬。其中大豆进口价格上涨40.4%，食用植物油上涨58%，铁矿石上涨37.6%。机电产品和高新技术产品进口分别比上年增长16.7%和16.0%，增速均有所回落。

资料来源：中国贸易救济信息网 http://www.cacs.gov.cn/cacs/anjian，经过作者整理。

第 4 章　国际贸易的协调

学习目标

知识目标	技能目标
掌握区域经济一体化的含义	能够理解区域经济一体化的含义及其与全球化的关系
识记区域经济一体化的形式	能够区分区域经济一体化的不同形式
了解世界贸易组织（WTO）的宗旨与原则 理解 WTO 的作用和面临的挑战	能够准确理解 WTO 的性质与作用
理解主要国际贸易协调理论的基本观点	能够理解区域经济一体化对当代国际经贸的影响

知识结构

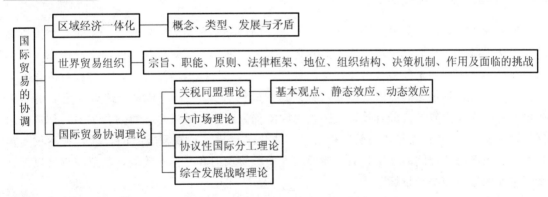

中国与韩国签署自由贸易协定

2015 年 6 月 1 日，中国商务部部长高虎城代表中国政府在首尔与韩国产业通商资源部长官尹相直共同签署了中韩自贸协定。同日，国家主席习近平与韩国总统朴槿惠就中韩两国正式签署《中华人民共和国政府和大韩民国政府自由贸易协定》互致贺信。

中韩自贸协定谈判于 2012 年 5 月正式启动，经过两年艰苦磋商，于 2014 年 11 月实质性结束。该协定是我国迄今为止对外签署的覆盖议题范围最广、涉及国别贸易额最大的自贸协定，对中韩双方而言是一个互利、双赢的协定,实现了"利益大体平衡、全面、高水平"的目标。根据协定,中韩自贸协定生效后,中国将在最长20年的时间内实现零关税的产品达到税目的91%、进口额的85%;韩国零关税产品达到税目92%、进口额的91%。另外,产自朝鲜开城工业园区的产品在内的共310项品目获得韩国原产资格,在中韩自贸协定生效后可立刻享受关税优惠。协定范围涵盖货物贸易、服务贸易、投资和规则共17个领域,包含了电子商务、竞争政策、政府采购、环境等"21世纪经贸议题"。同时,双方承诺在协定签署生效后将以负面清单模式继续开展服务贸易谈判,并基于准入前国民待遇和负面清单模式开展投资谈判。

点评:自由贸易区是区域经济一体化常见组织形式,中韩自贸协定的签署将进一步全面提升中韩两国的合作关系,为双方经贸合作提供保障,营造更加开放和稳定的商业运行环境,创造更多的贸易投资机会。

讨论题:什么是自由贸易区?区域经济一体化的主要类型还有哪些?为什么会出现区域经济一体化组织?

本章介绍区域经济一体化、WTO,以及主要的区域经济一体化理论。

4.1 区域经济一体化

第二次世界大战结束以后,世界经济出现了一个引人注目的新现象,即区域经济一体化(Regional Economic Integration)。尤其是进入20世纪80年代后期以来,掀起了一股区域经济一体化的高潮。目前,各种类型的区域经济一体化组织遍布世界各地,对国际贸易和整个世界经济格局产生了多方面、多层次的影响。

4.1.1 区域经济一体化的概念

到目前为止,对于区域经济一体化的界定,国内外学者尚无一致看法。于光远教授主编的《经济大辞典》认为"经济一体化通常是指国家之间的经济一体化,即两个或两个以上的国家在社会再生产的某些领域内实行不同程度的联合和共同的经济调节,向结成一体化的方向发展。一般根据国家间的协定建立,有共同的机构";荷兰经济学家丁伯根认为"经济一体化就是将有关阻碍经济最有效运行的人为因素加以消除,通过相互协调和统一,创造最适宜的国际经济结构";而平德则明确指出"一体化是达成一种联盟状态的过程,它不仅要消除各成员国经济单位间的歧视,而且要形成并实施协调的和共同的政策,其范围应足以保证实现主要的经济与福利目标"。

显然,国内外经济学者对经济一体化的定义或描述是从两个角度着眼的:第一个角度是静态的角度,认为经济一体化是一种状态,即各国经济相互关联的一种状态;第二个角度是动态的角度,认为经济一体化是一个过程,即各国经济逐渐融为一体的过程。

提示

综上各种定义和理解,我们可以把区域经济一体化的概念描述为:区域经济一体化是地理区域上比较接近的两个或两个以上的国家,为了共同的经济和福利目标而进行经济联合的状态或过程。这种经济联合既可以消除商品贸易的障碍,也可以消除要素流动的障碍,还可以是经济政策的协调和统一。

4.1.2 区域经济一体化的类型

区域经济一体化的外在体现形式,是各种区域经济一体化组织,表现为各种区域经贸集团。这些区域经济一体化组织的内涵和外延都有很大的差异,从不同的角度可以分为不同的类型。

1. 按一体化的程度划分

(1) 优惠贸易安排 (Preferential Trade Arrangements)。

这是一种最低级、最松散的形式,指成员国之间通过协定或其他形式,对部分或全部商品规定特别的优惠关税。1932年成立的英联邦特惠制、第二次世界大战后建立的"东盟"就属于此类型。

(2) 自由贸易区 (Free Trade Area)。

这是一种较松散的区域经济一体化组织,指成员国之间取消了商品贸易的关税壁垒与数量限制,使区域内各成员国间的商品可以自由流动,每个成员国仍保留各自的关税结构,按照各自的标准对非成员国征收关税。为了防止非成员将商品出口至低税率的成员国,然后再转出口至高税率的成员国,从而使实行高税率的成员国的关税政策失效,产生所谓的贸易的偏转,成员国政府一般实施较严格的原产地规则。目前世界上最重要的自由贸易区是北美自由贸易区(NAFTA)。

(3) 关税同盟 (Customs Union)。

这是一种较高层次的区域经济一体化组织,指成员国之间完全取消关税和其他贸易壁垒,实现内部的自由贸易,并对非成员国的商品进口建立统一的关税制度。其目的是使成员国的商品在统一关境以内的市场上处于有利地位,排除非成员国的竞争。关税同盟已经开始具有超国家的性质,譬如第二次世界大战中建立的卢(森堡)比(利时)荷(兰)关税同盟。

(4) 共同市场 (Common Market)。

这是区域经济一体化发展的更高层次,指成员国之间完全取消关税和数量限制,实现商品自由流动,建立对非成员国的统一关税;同时,还取消对生产要素流动的限制,允许劳动、资本等要素在成员国之间自由流动。欧盟的前身就是一个共同市场。

(5) 经济联盟 (Economic Union)。

这是一种更为高级的区域经济一体化组织形式。结成经济联盟的国家不但相互之间的商品与生产要素可以完全自由流动,建立共同的对外关税,而且还制定和执行某些共同的经济政策和社会政策,逐步废除成员国在政策方面的差异,使一体化从商品交换扩展到生产、分配乃至整个国民经济,形成一个有机的经济实体。目前欧盟就属于经济联盟。

(6) 完全的经济一体化 (Complete Economic Integration)。

这是经济一体化的最高形式。它不仅包括经济联盟的全部内容,而且各成员国还统一所有重大的经济政策,包括财政政策、货币政策、农业政策和福利政策,统一货币,并由相应的机构执行共同的政策。欧盟正在朝着这个方向发展。

各种区域经济一体化组织形式的内容和基本特征见表4-1。

表 4-1　五种形式的区域经济一体化的比较

特　　征	自由贸易区	关税同盟	共同市场	经济联盟	完全的经济一体化
商品自由流动	是	是	是	是	是
共同对外关税	否	是	是	是	是
要素自由流动	否	否	是	是	是
协调经济政策	否	否	否	是	是
统一经济政策	否	否	否	否	是

2. 按一体化的范围划分

（1）部门一体化（Sectoral Integration）。

部门一体化指区域内各成员国的一种产业或几种产业（或商品）的一体化。如 1952 年建立的欧洲煤钢共同体和 1958 年建立的欧洲原子能共同体。

（2）全盘一体化（Overall Integration）。

全盘一体化指区域内各成员国的所有经济部门都加以一体化，如欧盟。

3. 按参加国的经济发展水平划分

（1）水平一体化（Horizontal Integration）。

水平一体化指由经济发展水平相同或接近的国家所形成的经济一体化。如欧洲经济共同体、中美洲共同市场等。

（2）垂直一体化（Vertical Integration）。

垂直一体化指由经济发展水平不同的国家形成的一体化。如 1994 年 1 月 1 日成立的北美自由贸易区，将经济发展水平不同的发达国家（美国、加拿大）和发展中国家（墨西哥）联系在一起，使区域一体化组织内部国家之间在经济上具有更大的互补性。

4.1.3　区域经济一体化的发展及其矛盾

1. 区域经济一体化的产生与发展

最早的区域经济一体化组织出现在欧洲。如 1775—1879 年间奥地利与其邻国建立的关税同盟；1894 年建立的瑞典—挪威关税同盟；1921 年建立的比利时—卢森堡关税同盟；1944 年建立的卢（森堡）比（利时）荷（兰）关税同盟。

区域经济一体化的迅速发展则是从第二次世界大战后开始的。1949 年，苏联和东欧国家成立了欧洲经济互助委员会；1951 年，法国、联邦德国、意大利、比利时、荷兰和卢森堡在巴黎签约，建立煤钢共同体；1957 年，上述六国又签订《罗马条约》，成立欧洲原子能共同体和欧洲经济共同体；为与其抗衡，英国联合瑞典、丹麦、挪威、瑞士、奥地利和葡萄牙于 1959 年签约，决定成立欧洲自由贸易协会。欧洲的区域经济一体化的成功引发了世界其他地区的仿效，从而使 20 世纪 60 年代区域经济一体化得到较快发展。亚洲、非洲和拉丁美洲的发展中国家和地区也建立了多个区域经济一体化组织，代表性的有东南亚国家联盟、南亚区域合作联盟、安第斯条约组织、中美洲共同市场、西非国家经济共同体和海湾合作委员会等。

20世纪70年代中期至80年代中期,区域经济一体化的发展速度放慢,一些发展中国家的一体化组织甚至因为缺乏必要的经济基础而解体。

20世纪80年代中期以后,区域经济一体化的发展出现新的高潮,尤其是在90年代,区域经济一体化的发展达到鼎盛时期,一体化组织数量增加,规模扩大,程度加深。欧洲经济共同体在建成统一市场的基础上发展为欧洲经济联盟,截至2016年共有成员国28个,而且不断"东扩""南下"和"北伸"。美国和加拿大通过纳入墨西哥建立北美自由贸易区,目前正在继续向南延伸。

2. 主要的区域经济一体化组织

当代世界主要的区域经济一体化组织见表4-2。

表4-2 世界主要的区域经济一体化组织

所属洲别	组织名称	创立时间	成员国数目
亚洲	亚太贸易协定(原曼谷协定)	1975年	7
	东南亚国家联盟(简称东盟)	1967年	10
	南亚区域合作联盟(简称南盟)	1985年	8
	海湾合作委员会	1981年	6
欧洲	欧盟(欧洲共同体)	1993年	28
	欧洲自由贸易联盟	1960年	7
	独联体经济联盟	1993年	9
	黑海经济合作组织	1992年	11
美洲	美洲自由贸易区	1994年	34
	北美自由贸易区	1994年	3
	中美洲共同市场	1961年	5
	安第斯条约组织	1969年	5
	南方共同市场	1991年	6
非洲	西非国家经济共同体	1975年	16
	南部非洲发展共同体	1992年	15
	阿拉伯马格里布联盟	1989年	5
	中部非洲国家经济共同体	1983年	11
亚太	亚太经合组织(APEC)	1989年	21
其他	澳新自由贸易区	1990年	2

注:截至2016年7月,中国(大陆)已签署自由贸易协定14个,涉及22个国家和地区。分别是中国与东盟、新西兰、新加坡、巴基斯坦、智利、秘鲁、哥斯达黎加、冰岛、瑞士、韩国和澳大利亚的自贸协定,内地与香港地区、澳门地区的更紧密经贸关系安排(CEPA),以及大陆与台湾地区的海峡两岸经济合作框架协议(ECFA)。详见:中国自由贸易区服务网 http://fta.mofcom.gov.cn/。

其中,目前影响较大的一体化组织如下。

(1) 欧洲联盟(European Union,EU,简称欧盟)。

欧盟是在欧洲共同体(European Communities,EC)基础上发展而来的(见表4-3)。

表 4-3 欧盟的发展历程

名称	创立或扩大时间	成员国数目
欧洲共同体（简称"欧共体"，1993年11月更名为欧洲联盟）	1967年7月1日	6国：法国、联邦德国、意大利、荷兰、比利时和卢森堡
	1973年	9国：英国、爱尔兰和丹麦加入
	1981年	10国：希腊加入
	1986年	12国：葡萄牙和西班牙加入
欧洲联盟（简称"欧盟"）	1995年	15国：奥地利、瑞典和芬兰加入
	2004年	25国：爱沙尼亚、拉脱维亚、立陶宛、捷克、波兰、匈牙利、斯洛伐克、斯洛文尼亚、塞浦路斯和马耳他加入
	2007年	27国：保加利亚和罗马尼亚加入
	2013年	28国：克罗地亚加入

注：2016年6月英国公投，"退欧派"获胜。从理论上讲，公投之后，英国退出欧盟的过程似乎相当简单：英国与欧盟初步磋商；英国首相向欧洲理事会主席致信，表达英国希望基于欧盟条约第50项条款商谈退出欧盟的想法；两年之后，英国会自动退出欧盟，除非欧盟其他27国一致同意延长谈判。

欧洲共同体，包括欧洲煤钢共同体、欧洲原子能共同体和欧洲经济共同体，其中欧洲经济共同体最为重要。1951年4月18日，法国、联邦德国、意大利、荷兰、比利时和卢森堡6国在巴黎签署为期50年的《关于建立欧洲煤钢共同体的条约》，该条约于1952年7月25日生效，欧洲煤钢共同体正式成立。1957年3月25日，上述6国在罗马签订了建立欧洲经济共同体条约和欧洲原子能共同体条约（统称《罗马条约》），该条约于1958年1月1日生效，欧洲经济共同体和欧洲原子能共同体正式组建。1965年4月8日，上述6国签订《布鲁塞尔条约》，决定将三个共同体的机构合并，统称欧洲共同体，条约于1967年7月1日生效，欧共体正式诞生。欧共体成立后，由于其成就和活力，吸引了新成员。

欧共体各国以《罗马条约》序言中指出的"消除分裂欧洲的各种障碍""加强各成员国的经济联结，保证它们的协调发展""在欧洲各国之间建立更加紧密联盟的基础"为宗旨，使一体化程度一步步加深。

① 建立关税同盟，对内取消关税，对外统一关税。关税同盟是欧共体的主要支柱。1968年6月28日，欧共体部长理事会以法规的形式通过了共同海关法则。同年7月1日，欧共体原6个成员国根据《罗马条约》的规定提前建立了关税同盟。英国、丹麦和爱尔兰从1977年7月1日起加入关税同盟。希腊、西班牙和葡萄牙分别从1986年和1993年开始全面运用欧共体的统一对外关税。

② 实施共同的农业政策。共同的农业政策是欧共体的另一重要支柱。据《罗马条约》规定，实施共同农业政策的目标是：促进整个欧共体农业的发展，保证市场供应和稳定农业部门的收入。为此，欧共体采取了一系列措施，包括制定统一的农产品价格管理制度、对农产品进口征收差价税、对农产品出口实行补贴、建立欧洲农业指导和保证基金制度等。

③ 建立欧洲货币体系。为了保证各成员国货币的相对稳定，促进区内贸易，1979年3月，欧共体正式建立欧洲货币体系。这个体系包括：创建"欧洲货币单位"；成员国之间实行固定汇率，对外实行联合浮动；建立"欧洲货币基金"，稳定汇率，调节国际收支。

④ 建立欧洲经济区。1991年10月22日，欧共体与1966年成立的由挪威、冰岛、瑞典、芬兰、瑞士、奥地利和列支敦士登等七国组成的欧洲自由贸易联盟达成协议，决定于1993年建立包括两个区域经济集团在内的"欧洲经济区"。从1994年1月1日起，在这两个集团成员之间实行商品、人员、资本和劳务的自由流动。

⑤ 建立欧洲统一大市场。为了建立一个真正的共同市场，推动欧洲一体化的进程，1985年，欧共体发布了《关于完善内部市场的白皮书》和《欧洲一体化文件》，明确提出要在1992年12月31日之前建立欧洲统一大市场。1993年1月1日，该市场顺利启动。

⑥ 建立欧洲联盟。1991年12月，旨在使欧洲一体化向纵深发展和成立政治及经济货币联盟的《欧洲联盟条约》（也称《马斯特里赫特条约》，简称《马约》）签订。1993年11月1日，该条约获得欧共体12个成员国的批准，欧共体正式易名为欧洲联盟。

> **提示**
>
> 欧盟目前是世界上最大、一体化程度最高的区域经贸集团，欧盟的GDP和对外贸易总额均超过美国。欧盟是区域经济一体化的典范。当然，欧盟的成功，有其经济、社会基础，并不是任何一个地方都可以复制的。

(2) 北美自由贸易区（North American Free Trade Area，NAFTA）。

面对欧共体内部统一大市场和"欧洲经济区"的加紧建设，美国也加快了组建以其为核心的经济一体化组织的步伐。经过了多年并不顺利的谈判之后，美国和加拿大终于在1988年2月正式签署了《美加自由贸易协定》。经两国议会批准通过后，该协定于1989年1月1日正式生效，其宗旨是：逐渐消除两国间商品和劳务贸易障碍，促进贸易自由化，为资本自由流动和自由竞争创造条件；建立解决双边争端机制和一套有效的执行、管理和监督协定的机制，从而为双边和多边的进一步合作奠定基础，扩大和发展协定给两国带来的利益。其核心内容是规定从1989年1月1日起，10年内逐步削减并取消双边贸易的关税。

在美加自由贸易协定生效后，美国决定将这一自由贸易区扩大到墨西哥。1991年6月12日，美国、加拿大和墨西哥三国为达成一项三国间的自由贸易协定，在加拿大举行了首轮正式谈判，内容涉及关税、投资、知识产权等。1992年8月12日，三国结束了历时14个月的谈判，就建立统一的自由贸易区问题达成协议。协议自1994年1月1日起正式生效。

随着北美自由贸易区的建立和发展，美国、加拿大和墨西哥三国实现了优势互补，为其经济增长与发展带来了新的动力，同时也增强了北美地区在世界市场上的竞争力。正是由于北美自由贸易区的成功，美国领导人甚至把北美自由贸易协定的订立称为建立美洲自由贸易区计划的"重要的第一步"。

> **提示**
>
> 北美自由贸易区的建立，打破了传统区域经济一体化理论，即一体化组织成员应具有接近的经济发展水平和同一社会制度，为当今区域经济合作带来新思维。

(3) 亚洲太平洋经济合作组织（Asian-Pacific Economic Cooperation，APEC）。

亚太地区地域广阔，国家众多，经济发展水平、社会制度、意识形态、宗教等方面差异显著，还有历史遗留问题，这些因素影响了各国经济政策的协调和统一。亚太地区的经济一体化进程发展缓慢，与该地区经济蓬勃发展的势头不协调。近年来，在外部形势的推动之下，亚太地区的经济一体化步伐加快，但一体化的程度仍较低下。

亚洲太平洋经济合作组织（简称亚太经合组织）于1989年正式成立。1989年11月6日～7日，第一届亚太地区经济合作部长级会议在澳大利亚首都堪培拉召开，参加国包括美国、日本、加拿大、韩国、澳大利亚、新西兰和东盟原六国等12个国家，会议着手讨论经济技术方面的合作问题。1993年11月，在美国的倡议下，APEC在美国西雅图召开第五次部长级会议并首次召开第一次非正式首脑会议，使合作进程加快。1994年，在印度尼西亚召开的APEC非正式首脑会议上通过了《茂物宣言》，提出发达国家不晚于2010年，发展中国家不晚于2020年，实现亚太地区贸易和投资自由化的目标。1995年11月，在日本大阪举行的第三次APEC非正式首脑会议上，通过了《大阪宣言》和《大阪行动议程》，强调进入实行《茂物宣言》的行动阶段。《大阪行动议程》的通过和实施，标志着APEC开始进入务实的阶段。

APEC的宗旨是通过贸易、投资自由化和经济技术合作促进亚太地区的经济发展和共同繁荣。贸易投资自由化和便利化的15个领域包括关税、非关税壁垒、服务、投资、标准及合格认证、海关程序、知识产权、竞争政策、政府采购、放宽管制、原产地规则、争端调解、商务人员流动、乌拉圭回合结果的执行、信息收集与分析。

执行框架规定、单边行动计划和集体行动计划是APEC推进贸易投资自由化的主渠道。各成员从1996年起编制各自的年度单边行动计划，具体内容包括上述15个领域的近、长期自由化方案，提交当年部长级会议和领导人会议审议。在此基础上，APEC将制订每年的集体行动计划。

随着APEC一体化进程的加快，其成员数量也在增加。1991年，中国、中国香港和中国台北三个经济体加入；1993年增加了墨西哥、巴布亚新几内亚；1994年又增加了智利；1998年越南、秘鲁、俄罗斯加入，至此，APEC的成员达到21个。此外，APEC还有3个观察员，分别是东盟秘书处、太平洋经济合作理事会和太平洋岛国论坛。

提示

APEC没有强制其成员遵守的法律性文件，其议事采取协商一致的做法；没有组织首脑；没有常设机构；对成员的约束力较小。

2014年，APEC 21个成员的总人口约占世界人口的40%；国内生产总值（GDP）之和约占世界的56%；贸易额约占世界总量的48%。这一组织在全球经济活动中举足轻重。

3. 第二次世界大战后区域经济一体化迅速发展的原因

第二次世界大战以后，尤其是20世纪80年代以来，区域经济一体化成为当代世界经济发展的普遍现象。这一现象的出现绝非偶然，其中有深刻的社会经济原因和政治原因。

（1）科技进步和生产力发展及其带来的经济生活的国际化是区域经济一体化迅速发展的客观基础。

第二次世界大战后，出现了以原子能、电子计算机和空间技术的发展与应用为标志的第三次科技革命。这场科技革命极大地促进了生产力的发展，促进了世界范围内的生产社会化，导致了经济生活国际化和市场机制全球化。发达国家之间的国际分工和专业化日益发展，越来越多的商品、资本、劳动和技术成果进入国际市场，社会再生产的国际依赖性大大增强。对于发展中国家而言，生产力的发展使国际分工由垂直分工发展为水平分工，使其出口更加困难。为了克服市场狭小、资金短缺、技术落后等问题，实现工业化，谋求自身的发展，发展中国家也需要与其他国家进行经济技术合作。这种趋势要求打破国家壁垒，实行国家间的经济协调与联合。

（2）维护和谋求自身的政治利益和经济利益是形成区域经济一体化的内在动力。

第二次世界大战后，世界政治和经济呈现出多元化的趋势。发达国家要维持或谋求其在世界经济和政治舞台上的主导地位，而发展中国家要谋求政治上的独立和经济上的发展。但任何国家仅仅依靠自身力量，不与其他国家进行经济技术协作与联合，其战略目标都是不可能实现的。于是，一些在国际经济、政治竞争中所处地位相近的国家，就会在共同利益的基础上结成一体化组织，以维护和谋求其政治利益和经济利益。

（3）一体化带来的巨大经济利益是区域经济一体化持续发展的源泉。

区域经济一体化能够给成员带来巨大的经济利益，包括贸易创造效益、减少行政开支、减少走私、实现并深化专业化分工、获得规模经济效益、促进要素优化配置、促进经济增长及国民收入的提高等，还能够增强成员集团的谈判能力，提高成员在世界经济中的地位。如欧洲统一大市场的建立，就给当时的欧共体带来巨大的经济利益。

（4）区域经济一体化的产生与发展得到了世界多边贸易体制的允许。

1947年关贸总协定承认通过区域经济一体化，实现成员内部的贸易自由化，与其全球贸易自由化目标是一致的。所以，关贸总协定原则上同意成员之间组成自由贸易区和关税同盟；同时，考虑到其排他性的倾向，又做出了一些约束性规定。如规定建立起来的关税同盟和自由贸易区或相关的临时协定，对非成员的贸易实施的关税和其他贸易规章，"大体上不得高于或严于未建立同盟或临时协定时各组成领土所实施的关税和贸易规章的一般限制水平"，并规定了通报和磋商与接受监督措施。世界贸易组织（WTO）继承了这个原则。

（5）区域经济一体化的迅速发展与贸易大国的战略转变也有一定的关系。

20世纪80年代以来，美国、日本等贸易大国，鉴于多边贸易体制进程缓慢，多边贸易谈判久谈不决，影响了其比较优势和竞争优势的发挥，于是，它们调整了贸易发展战略，转而重视区域经济合作，由侧重多边贸易自由化转变为"多边"自由化与"双边"及"诸边"自由化并举，积极组建和推动区域经济一体化，促进了区域经济一体化的产生与发展。

4. 区域经济一体化对国际经济与贸易的影响

无论哪种形式的区域经济一体化，都会对国际经济与贸易产生一定的影响，其影响的大小取决于一体化组织的形式和各成员的经济发展水平与经济结构等因素，这些影响包括以下几方面。

（1）区域经济一体化促进了区域内贸易自由化和区域内贸易的增长。

贸易自由化的实施使成员国间的贸易环境比第三国贸易环境好得多，从而使区域内成员国之间的贸易显著增长。主要表现在两个方面：①实行一体化后成员之间的国际分工深化，专业化分工加强，使相互间的依赖性加强，推动了成员之间贸易往来的迅速增长，使区域内贸易占世界贸易总额的比重明显提高，如东南亚国家联盟成立后区域内贸易迅速增长，1988

年的区域内贸易额是1970年的21.2倍；②区域内专业化分工的加强还会带来中间产品贸易的增长，如根据专业化分工，在一国生产零部件，在另一国组装成产品，再出口到另一国，这种情形在由发展水平不同国家建立的区域经济一体化组织内更为常见。

(2) 区域经济一体化促进了区域内国际分工与合作的深化。

一方面，由于区域经济一体化取消了成员之间的贸易壁垒，实现了生产要素的自由流动，区域内各成员可以结合本国的技术、资金和劳动力等优势，在区域内更有效地配置资源，可以获得更多的比较利益。另一方面，由于一体化市场的扩大有利于扩大生产规模，从而实现专业化分工与合作，有利于获得规模经济效益。除了生产以外，区域经济一体化还有助于成员国在科研方面进行国际分工与合作。譬如在欧共体共同机构的推动和组织下，成员国在许多单纯依靠本国力量难以胜任的重大科研项目中，如原子能利用、航天技术、大型电子计算机等高精尖技术领域进行分工与合作。1985年6月，欧洲理事会通过了关于"朝着欧洲技术共同目标奋斗"的备忘录，同时制订了实行"尤里卡"计划等一系列科技计划。1988年，欧共体通过新的科技总计划，各国出资约60亿欧洲货币单位，确定了89个研究项目。

(3) 区域经济一体化使区域内市场进一步统一，强化了区域内企业的融合与竞争。

①市场的开放将给区域内企业带来更多的商机、更大的市场空间。②市场的统一，降低了区域内企业的交易成本，在统一的市场上，产品可以跨越国界自由流动，产品标准的相互协调和税收制度的简化，使企业能够将生产活动集中在成本和技能组合最佳的地点；同时，一个企业还可以挑选某一地点生产产品并向整个一体化组织成员市场提供产品。③市场的统一显然将加剧区域内企业之间的竞争，这对任何企业来说都是一种挑战，而竞争的加剧，又会由于优胜劣汰或为增强竞争力的努力而导致区域内的资本集中和垄断。

(4) 区域经济一体化改变了国际贸易的地区分布，增强了区域经贸集团在世界贸易中的谈判力量。

区域经济一体化的发展，改变了各地区在世界贸易总额中所占的比重。二战后初期形成的以美国为主导的国际经贸格局，随着欧洲经济一体化的加速发展而逐渐被打破。如1991年欧共体12国的国内生产总值为60 881亿美元，超过美国的54 334亿美元。到1996年，欧盟15国的出口额高达2.1万亿美元，而美国只有6 428亿美元。在WTO多边贸易谈判中，欧盟以统一的声音同其他缔约方谈判，不仅大大增强了自己的谈判能力，也敢于同任何一个大国或经贸集团抗衡，以达到维护自己贸易利益的目的。

(5) 区域经济一体化可以促进成员国调整产业结构。

现代科技日新月异，科技成果在生产领域被广泛采用，使得各国产业结构不断调整。区域内各国经济发展水平和发展经济的条件不同，使得在区域内实现产业的国际转移和产业结构的调整成为必要和可能。而区域内市场的统一，使区域内产业结构调整的阻力变小，有利于区域内成员国调整产业结构，发挥各自优势，实现产业结构的优化和高级化。

(6) 区域经济一体化在一定程度上强化了贸易保护主义。

区域经济一体化由于实行区域内外的差别待遇，必然会在一定程度上排斥与其他集团和国家的贸易活动，加强区域与外部市场抗衡的力量，致使贸易摩擦加剧。区域经济一体化将世界市场分割成若干个缺乏相互联系的区域性市场。世界市场的分割，破坏了各区域之间的经济联系，阻碍了世界经济资源的优化配置，使各区域市场形成对峙局面，对WTO多边贸易体制产生负面作用。另外，由于区域内成员之间经济发展水平存在差距，经济落后的成员往往要求加强对区域内的保护，也会在一定程度上强化贸易保护主义。譬如欧共体实行的共同农业政策就造成其他国家农产品出口的障碍。

5. 区域经济一体化面临的矛盾

区域经济一体化的发展过程中也面临着矛盾，区域一体化既有正面效应，也有负面效应。对成员国而言，一体化的形成和发展能够促进区域内贸易的增长、提高一体化国家整体的贸易地位，同时又使成员国的经贸政策的自主权受到约束甚至损害。对非成员国而言，一体化的形成和发展带来的更多是不利影响，它固有的排他性和歧视性使区域外国家的商品和劳务受到严厉的保护主义打击，它还在一定程度上困扰着全球多边贸易体系的正常运行和进一步发展。

总之，区域经济一体化具有双重性，它以对内自由贸易、对外保护贸易为基本特征。对内，由于实行贸易自由化，使区域内国家间的生产专业化和国际分工更为密切和深入，从一定意义上说，它是走向世界经济一体化的阶梯。对外，由于使贸易保护加强，区域内、外的贸易联系相对减弱，使世界经济被分成若干相对独立的区域，又不利于世界经济一体化的发展。因此，世界各国应达成共识，通过 WTO 采取措施，规避区域经济一体化的消极影响，充分发挥其积极作用，努力将区域经济一体化汇入世界经济一体化的潮流之中。

阅读案例 4-1

东亚的经济一体化

【案情简介】

中国、日本、韩国三个主要的东亚国家相互之间的贸易，正在随着经济规模的扩大而持续增长。据统计，2014年，中日两国之间的贸易规模超过 3 100 亿美元，中韩两国贸易规模超过 2 800 亿美元，韩日两国贸易规模也超过 1 000 亿美元，三国相互间贸易规模巨大。日本曾长期占据中国的第一进口来源国地位，目前被韩国取代，中国则成为日本仅次于美国的第二大贸易伙伴。中韩贸易近 10 多年来迅速发展，中国已成为韩国第一大贸易伙伴，韩国则成为继美国、日本之后的中国国别贸易统计中的第三大贸易伙伴。尤其是中国加入 WTO 后，对资本、技术密集型产品产生巨大需求，日、韩两国可以利用这一良机，加快对中国的出口和投资。中国则在给世界经济与贸易带来推动力的同时也分享了经济全球化的好处，通过主动参与国际分工与合作，促进了经济体制改革，推动了产业结构的调整，增强了经济实力。因此，加强东亚国家的经济合作，推动东亚经济一体化，既符合日、韩等国家的利益，也符合中国的利益。当然，东亚经济一体化的建立，还需要中日、韩日之间加强政治互信，妥善解决历史遗留问题。

实现东亚经济一体化的步骤，一般认为可以分为三步：第一步，以 FTA（自由贸易区）的形式，签订中韩、日韩、韩日或三国中的一国（如中国）与东盟 10 国的经贸合作协定，即"10＋1"；第二步，建立包括中国（含港、澳、台）、日本、韩国和东盟 10 国在内的自由贸易区，即"10＋3"；第三步，吸收朝鲜、蒙古和俄罗斯加入，建立广泛的东亚自由贸易区。

2005 年 12 月在吉隆坡举行的首届东亚峰会通过了成立东亚共同体的决议。东亚共同体由东盟及其3个伙伴国中、日、韩组成,这一体系以目前已在运作的"10+3"机制为基础。由于某些被排除在外的经济体不满,不久后出现了另一方案:2006年初,日本提出签署16国经济伙伴协议的构想,新增了印度、澳大利亚和新西兰。但它招致了华盛顿的反对,美国对在太平洋上划界感到不满。美国建议并游说:将整个APEC变成自由贸易区。一旦签署自由贸易协定,APEC将失去它最鲜明的特点,即没有强制其成员遵守的法律性文件,但它将被赋予全新使命,即成为贸易联盟。

2010年5月29日,第三次中日韩三国领导人会议在韩国济州岛举行,当天下午三国领导人通过了《2020中日韩合作展望》,三国承诺将努力在2012年前完成中日韩自由贸易区联合研究,为早日实现东亚的区域一体化创造条件。2015年6月1日,中韩两国正式签署自由贸易协定,朝着东亚区域一体化的方向迈进了一大步。

【案例点评】

区域经济一体化的发展过程中也面临着不少困难和矛盾。

4.2 世界贸易组织

世界贸易组织(World Trade Organization,WTO)是国际贸易领域最主要的政府间国际组织,统辖当今国际贸易中货物、服务、知识产权和投资等领域的规则,并对成员之间经济贸易关系进行监督和管理,是最重要的国际贸易协调组织。

4.2.1 WTO的建立

WTO的前身是关税与贸易总协定(简称关贸总协定,缩写为GATT)。GATT于1947年10月30日由23个国家在日内瓦签订,1948年1月1日生效。自1947年以来,在GATT的主持下,共进行了8轮多边贸易谈判,谈判的主题主要是关税减让、市场准入和非关税壁垒的减少与消除,每一轮谈判都取得了一定的成果,对世界经济影响深远。但GATT只是一份临时起草的协定,随着国际经贸形势的发展,GATT的作用因其法律地位、职能范围、管辖内容和运行机制等方面的局限性而日显有限,建立一个正式的国际贸易协调组织成为政府和学术界普遍关注的问题。在GATT乌拉圭回合谈判中,当时的欧洲共同体在1990年初首先提出建立一个多边贸易组织的倡议,得到美国、加拿大等国的支持。1991年12月,形成了一份关于建立多边贸易组织协定的草案。1993年12月,根据美国的动议,把"多边贸易组织"改为"世界贸易组织"。1994年4月15日,"乌拉圭回合"参加方在摩洛哥马拉喀什通过了《建立世界贸易组织的马拉喀什协议》(简称《建立世界贸易组织的协议》或《WTO协定》)。至此,WTO正式宣告成立,并于1995年1月1日开始运作。

4.2.2 WTO的宗旨、职能与基本原则

《WTO协定》的序言集中地表达了WTO的宗旨、职能和基本原则。

1. WTO的宗旨

序言规定,WTO全体成员"在处理贸易和经济领域的关系时,应以提高生活水平、确

保充分就业、大幅度和稳定地增加实际收入和有效需求、持续地开发和合理利用世界资源、拓展货物和服务的生产和贸易为目的，努力保护和维持环境，并通过与各国的不同经济发展水平相适应的方式来加强环保"。由此可见，WTO 的宗旨，不仅重申了 GATT 的目标，而且强调扩大服务贸易、保护和维持环境和实现可持续发展。

2. WTO 的职能

WTO 首要的和最基本的职能是促进《WTO 协定》及各项多边贸易协议的执行、管理、运作及目标的实现，同时对各诸边贸易协议的执行、管理和运作提供组织机制。另外，WTO 还为成员提供多边贸易谈判场所，根据协定附录 2 的安排主持并处理成员之间的贸易争端，以及根据该协定附录 3 的安排审议各成员的贸易政策。此外，为了在全球性的经济决策方面进行协调，WTO 还与国际货币基金组织、世界银行等进行适当的合作。

3. WTO 的基本原则

（1）非歧视原则。

非歧视原则又称无差别待遇原则，它要求缔约方在实施某种优惠和限制措施时，不对缔约对方实施歧视待遇。在 WTO 中，非歧视原则由最惠国待遇和国民待遇条款体现出来。

① 最惠国待遇原则，是指一成员将在货物、服务贸易和知识产权领域给予任何其他国家（地区）的优惠待遇，立即和无条件地给予其他各成员。在国际贸易中，其实质是保证市场竞争机会均等。例如，在 WTO 框架内，中国对成员方韩国和日本一视同仁（见图 4.1）。

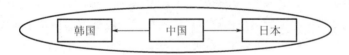

图 4.1　最惠国待遇图示

② 国民待遇原则，是指对其他成员的产品、服务或服务提供者及知识产权所有者和持有者提供的待遇，不低于本国同类产品、服务或服务提供者及知识产权所有者和持有者所享有的待遇。例如，在 WTO 框架内，中国对本国企业和德国企业一视同仁（见图 4.2）。

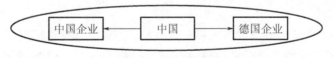

图 4.2　国民待遇图示

（2）贸易自由化原则。

在 WTO 的框架下，贸易自由化原则是指通过多边贸易谈判，实质性削减关税、减少其他贸易壁垒和服务贸易的市场准入，扩大成员之间的货物和服务贸易。

（3）允许正当保护的原则。

允许 WTO 成员根据经济发展的不同，依据货物和服务产业的竞争能力的差距，考虑可持续发展的需要，维护本国国民安全和健康的要求，可以通过谈判做出正当的保护，即非歧视原则的例外。该原则表现为：发展中国家保护程度高于发达国家；WTO 成员可根据自身产业和服务业的竞争力的差距，设置不同的关税税率，对幼稚产业的保护程度可高于已经发展起来的产业,服务业没有做出承诺的部门,不适用国民待遇;知识产权要加强保护,保护必须达到最低标准等。

(4) 稳定贸易发展原则。

其体现为:按照关税减让表减让关税。按服务贸易具体承诺减让表履行服务市场开放义务,严格执行对知识产权的保护。

(5) 公平竞争原则。

在WTO的框架下,公平竞争原则是指成员应避免采取扭曲市场竞争的措施,纠正不公平贸易行为,在货物贸易、服务贸易和与贸易有关的知识产权领域,创造和维护公平、公开、公正的市场环境。公平竞争原则主要表现为:在货物贸易领域,通过反倾销和反补贴防止因倾销和出口补贴而形成的不公平竞争;在服务贸易领域,鼓励各成员通过相互开放服务贸易市场,逐步为外国的服务或服务提供者提供公平竞争的机会;在知识产权领域,加强对知识产权的有效保护和反不正当竞争。

(6) 鼓励发展和经济改革原则。

又称为对发展中国家的特殊优惠待遇原则。针对WTO成员大多为发展中国家的现实以及经济转型国家已加入和正在申请加入WTO的状况,为了鼓励这些国家发展和经济改革,WTO在负责实施管理的贸易协定与协议中对发展中国家和经济转型国家都做出了一些鼓励措施。这些鼓励措施或特殊优惠待遇体现在:①允许发展中国家成员用较长的时间履行义务,或有较长的过渡期;②允许发展中国家成员在履行义务时有较大的灵活性;③规定发达国家成员对发展中国家成员提供技术援助,以使后者得以更好地履行义务。

(7) 地区贸易原则。

地区贸易原则是指一些国家通过协议组成经贸集团,成员内部相互废除或减少进口贸易壁垒。WTO允许地区贸易原则,但是有条件要求,包括定期向WTO理事会做出活动报告等。

(8) 例外与免责原则。

允许成员在考虑历史传统、安全和确有困难的情况下有所例外,即不实施非歧视原则。例外包括:一般例外、安全例外、发展中国家特殊待遇、地区经济一体化、知识产权、边境贸易等。免责包括:紧急限制进口措施(即保障措施)、保护幼稚产业、国际收支限制措施、有关承诺的修改和撤回、义务豁免等。

(9) 透明度原则。

透明度原则是指成员应公布所制定和实施的贸易措施及其变化情况(如修改、增补或废除等),不公布的不得实施,同时还应将这些贸易措施及其变化情况通知WTO。为了提高成员贸易政策的透明度,WTO还要求,所有成员的贸易政策都要定期接受审议。

4.2.3 WTO的法律框架、法律地位和组织结构

1. WTO的法律框架

WTO的法律框架由《WTO协定》及其4个附件组成(见图4.3)。

《WTO协定》的序言和16个条文并未涉及规范和管理多边贸易关系的实质性原则,只是就WTO的结构、决策过程、成员资格、接受、加入和生效等程序性问题做出了原则规定。有关协调多边贸易关系和解决贸易争端以及规范国际贸易竞争规则的实质性规定均体现

在 4 个附件中。①按照约束力区分，WTO 的法律文件（协议）分两种：第一种是所有成员都必须接受的，包括附件 1、附件 2 和附件 3；第二种是仅对签署方有约束力，成员可以自愿选择参加，包括附件 4。②按类型来区分，WTO 的法律文件（协议）共分为三类：第一类是多边总协定，包括《1994 年关税与贸易总协定》（简称 GATT1994）、《服务贸易总协定》和《与贸易有关的知识产权协定》。第二类是具体部门协议，包括货物贸易中的《农业协议》《纺织品与服装协议》和服务贸易中的《金融服务协议》《基础电信协议》《自然人流动协议》等。第三类是各种非关税措施协议：《实施卫生与植物卫生措施协议》《技术性贸易壁垒协议》《与贸易有关的投资措施协议》《海关估价协议》《装运前检验协议》《原产地规则协议》《进口许可程序协议》；公平竞争与救济措施协议，即《反倾销协议》《补贴与反补贴措施协议》《保障措施协议》。

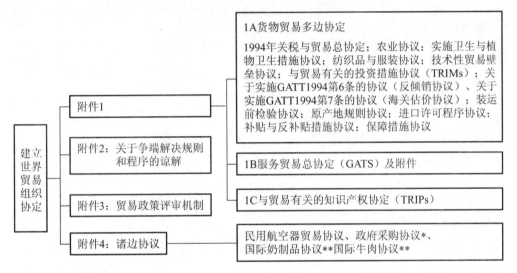

注：*包括中国在内的多个观察团正进行加入《政府采购协议（GPA）》谈判过程。中国于2012年11月29日提交加入GPA第四份出价清单。详见中国政府采购网。
**因《国际奶制品协议》《国际牛肉协议》参加方太少，协议无法履行，已于1997年底废止，两协议的职能由世界贸易组织农业委员会和卫生与植物卫生措施委员会承担。

图 4.3　WTO 的法律框架

提示

贸易协定与贸易协议的英文都是 Agreement。为了表示其从属关系，将 3 个带有框架规则的 Agreement 译为"协定"，即《1994 年关税与贸易总协定》《服务贸易总协定》和《与贸易有关的知识产权协定》，而把这些领域中具体规则的 Agreement 译为"协议"。

2．WTO 的法律地位

WTO 的法律地位体现如下。

（1）WTO 具有国际法人资格。

（2）WTO 每一个成员向 WTO 提供其履行职责时所必需的特权和豁免权。

（3）WTO 官员和各成员代表在其独立执行与 WTO 相关的职能时，享有每个成员提供的所必需的特权与豁免权。

（4）每个成员给予WTO的官员、成员代表的特权和豁免权等同于联合国大会于1947年11月21日通过的特殊机构的特权与豁免权公约所规定的特权与豁免权。

3. WTO的组织结构

WTO的组织结构是依据《WTO协定》建立的四层组织架构（见图4.4）。

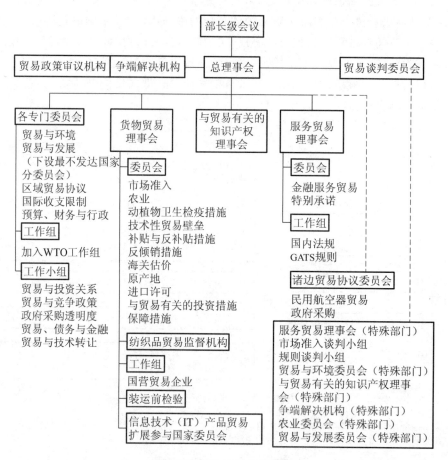

图4.4　WTO的组织结构图

图例：──── 向总理事会报告；---- 将其活动通知总理事会。

资料来源：www.wto.org，2002-09-01

WTO的最高决策机构是至少两年一次的部长级会议（Ministerial Conference），由各成员部长级代表组成。部长级会议也是各成员最重要的谈判场所。

WTO的第二层组织是部长级会议之下的总理事会（General Council），总理事会是WTO的行政机构，由所有成员的常驻代表组成。总理事会在部长级会议休会期间，承担其职能，负责处理日常事务。主要职能包括：制定规则、促使WTO的争端解决机构和贸易政策审议机构按照有关协定履行其职责；向部长级会议报告工作并执行部长级会议决议。

WTO的第三层机构包括理事会（Council）和各专门委员会（Committee）。①理事会由各成员代表组成，包括3个：货物贸易理事会（Council for Trade in Goods）、服务贸易理事会（Council for Trade in Services）和知识产权理事会（Council for Trade-Related Aspects of Intellectual Property Rights)。理事会是总理事会的附属机构,在总理事会的指导下进行工作。②专门委员会包括:贸易与环境委员会,贸易与发展委员会(下设最不发达国家分委员会),区域贸易协议委员会,国际收支限制委员会、预算、财务与行政委员会等。各专门委员会向总理事会直接负责,其职能是负责处理3个理事会的共同性事务以及3个理事会管辖范围以外的事务。

WTO的第四层机构是由3个理事会和各专门委员会根据需要建立的委员会、工作组和工作小组。

另外,WTO还设有由总干事领导的秘书处。总干事是WTO的最高行政长官。总干事由部长级会议任命,并确定其权利、义务、职责、任期等。秘书处负责确定组织机构的设置和WTO的近期工作。

提示

WTO的争端解决机构和贸易政策审议机构都直接隶属于部长级会议或总理事会,其主要职责分别是仲裁解决成员之间的贸易纠纷、监督审查各成员的贸易政策。可以形象地理解为:在形式上,WTO的争端解决机构、贸易政策审议机构、总理事会是一套人马挂三个牌子,对应履行不同职能。

WTO所有成员可参加所有理事会、各专门委员会、理事会下设委员会、工作委员会、工作组和工作小组等,但上诉机构、争端解决专家组、纺织品贸易监督机构、信息技术贸易扩展参与国家委员会及诸边贸易协议委员会除外。

4.2.4　WTO的成员、加入、退出和决策机制

1. WTO的成员

(1) 创始成员。

凡具备以下条件,即可成为WTO的创始成员:WTO协定生效时,已是GATT的缔约方;签署参加、一揽子接受乌拉圭回合所有协议;在乌拉圭回合中做出关税和非关税减让以及服务贸易的减让。

(2) 加入成员。

凡在WTO协定生效后,任何国家或在对外商业关系上拥有充分自主权的单独关税地区,可以向WTO提出加入申请,进行全面谈判,按谈妥的条件加入WTO,成为其成员。

截至1997年3月,所有符合创始成员条件的缔约方都成为WTO的创始成员,在此之后的都是加入成员。

2. WTO的加入

加入WTO的程序可分为四个阶段。

第一阶段:申请与受理。申请加入的国家(地区)向WTO总干事递交正式信函以表明其加入WTO的愿望。WTO秘书处负责将申请函发送给全体成员,并把审议加入申请列入总理事会会议议程。总理事会审议加入申请并设立相应的工作组。

第二阶段(重点阶段):审议和双边谈判。申请加入方要向工作组提交外贸制度备忘录、现行关税税则及相关的法律和法规,接受工作组的审议,并且要对工作组要求其进一步说明

和澄清的关于其外贸制度的运作情况的问题做出书面答复。在审议工作的后期,申请加入方要同提出双边市场准入谈判要求的所有成员进行双边货物贸易和服务贸易的市场准入谈判。一般情况下,谈判双方需要在申请加入方加入前达成双边市场准入协议。

第三阶段:多边谈判和起草入世文件。在双边谈判的后期,多边谈判开始,工作组着手起草"加入议定书"(申请加入方与工作组成员议定的加入条件,并附有货物贸易和服务贸易减让表)和"工作组报告书"(工作组讨论情况总结)。在工作组举行的最后一次正式会议上,工作组成员协商一致通过上述文件,达成关于同意申请加入方加入WTO的决定并提交部长级会议审议。

第四阶段:表决和生效。WTO部长级会议对加入议定书、工作组报告书和决定草案进行表决,经2/3的多数同意即被通过。表决通过后,申请加入方要以签署或其他方式向WTO表示接受加入议定书。自WTO接到申请加入方表示接受文件之日起第30天,有关文件开始生效,申请加入方正式成为WTO的成员。

阅读案例4-2

中国:从复关到入世

【案情简介】

中国是1947年关税与贸易总协定的23个缔约方之一。但新中国成立后,中国与GATT的关系曾一度中断。1986年7月,中国(指中国大陆,下同)政府向总协定正式提出"复关"申请,直到1995年1月1日WTO建立,中国"复关"未果。1995年7月,中国"复关"谈判转为"入世"谈判。历尽艰辛,2001年9月17日,中国长达15年的"复关"和"入世"谈判终于结束。2001年11月10日在卡塔尔首都多哈举行的WTO第4届部长级会议上中国获准加入WTO。2001年12月11日,中国正式成为WTO的第143个成员。

入世后,中国的权利包括:①享有多边的、无条件的和稳定的最惠国待遇;②利用WTO的争端解决机制,公平、客观、合理地解决与其他国家的经济贸易争端;③平等参与WTO框架内有关规则的制定、修改和发展以及多边贸易体制的建设;④享受WTO成员利用各项规则,采取例外、保证措施等促进本国经贸发展的权利;⑤享受WTO其他成员市场开放和扩大货物、服务市场准入的利益。中国的义务包括:①削减关税;②取消非关税壁垒;③开放服务业市场;④强化对知识产权的保护;⑤逐步实现与贸易有关的投资措施自由化;⑥接受争端解决机构裁决义务;⑦缴纳会费。

【案例点评】

经济体制、经济发展阶段和经济发展水平、申请者谈判成员的谈判水平等众多因素影响加入WTO的过程。从1986年申请"复关",到2001年12月才成为WTO成员,长达15年的马拉松式谈判就是上述因素共同作用的结果。入世后,中国在享受权利的同时,也要尽义务。

3. WTO的退出

任何成员都有权退出WTO。在WTO总干事收到书面通知之日起的6个月期满后,退出开始生效。退出同时适用于《WTO协定》和其他多边贸易协议。

4. WTO 的决策机制

（1）WTO 继续实行 1947 年 GATT 合意决策（"协商一致"）的做法。"在做出决定的会议上，如果任何一个与会的成员对拟通过的决议不正式提出反对"，就算达成合意。

（2）如通过合意未达成决定时，则将以投票决定。在部长会议和总理事会上，WTO 成员均有一票投票权。通常，以多数票为准，除非另有规定。一般而言，进行投票表决的主要议题包括对《WTO 协定》和多边贸易协议条款的解释和修正问题以及成员的义务豁免问题。

（3）解释。部长级会议和总理事会拥有《WTO 协定》和多边贸易协议解释的专门权利，采用解释的决定以成员 3/4 投票通过为准。诸边贸易协议的决定与解释的决定，受其协议约束。

（4）修订。对有关条款的修订，须经 2/3 多数票通过。

（5）豁免。豁免某一成员所应承担的义务，经 3/4 以上多数通过。但对有的义务在规定的"过渡期"内（如 5 年）可暂不履行，在过渡期后如要继续豁免，就须"一致同意"。

4.2.5　WTO 的作用

WTO 成立以来发展并不顺利，已举行的 6 届部长级会议成果时多时少，有的甚至无果而终；例如，在第 4 次部长级会议上一致同意开始的新一轮多边贸易谈判——"多哈发展回合"于 2006 年被无限期的全面终止。但 WTO 自成立以来在世界经济贸易中发挥了重大作用。

（1）WTO 成为当今世界多边贸易体制的组织和法律基础。到 2006 年年底，WTO 的成员已经达到 150 个，成员贸易额占世界贸易额的 90% 以上，此外，还有多个国家正在申请加入。尤其是中国的加入，为 WTO 注入了新的活力。WTO 使多边贸易体制的作用得以加强，促进了国际分工的深化和世界市场的统一，使自由贸易得以成为国际贸易的主流。

（2）WTO 有利于世界市场竞争的规范化。WTO 为国际竞争与合作提供了一个"开放、公平和无扭曲"的规则，为不同体制、不同国家的企业提供了一个平台，为经济全球化的发展提供了一个适宜的制度环境。各成员在共同的规则下进行贸易和与贸易有关的活动，可以减少摩擦，缓解矛盾，避免"贸易战"，减少"贸易战"给各方带来的损失。

（3）有利于资源在世界范围内的合理配置，增进消费者的福利。贸易投资自由化，有利于各国比较优势的发挥，推动企业实施全球化战略，从而提高了生产要素使用效率，带来生产成本的下降、经济的发展和收入水平的提高。同时，市场的扩大给消费者提供了更大的选择范围，使其能够消费更多更好的商品和服务，增进消费者的福利。

（4）促进政府改革。WTO 的规则约束了政府的不当行为，有利于促进政府高效、廉洁，有利于促进成员方的民主法制进程。

总之，从某种意义上说，WTO 的建立为世界经济的全球化和稳定发展奠定了制度基础。

4.2.6　WTO 面临的挑战

（1）贸易大国在 WTO 中的强势地位。尽管 WTO 中的发达国家成员是少数，但其贸易额占世界贸易额的比重高达 65%，仅美国就在 10% 以上。这种情况使得发达国家能够在 WTO 的决策中起到制衡作用，使 WTO 协定和协议的制定并不真正"平等"。

(2) 一些不利因素影响着发展中国家充分享受权利。据 WTO 规则，发展中国家可享受特殊优惠待遇，但由于财力不足、人才匮乏、政局不稳等原因，一些发展中国家，尤其是最不发达国家，往往无法充分参与 WTO 的活动，无法从 WTO 推动的贸易自由化中获益。

(3) 区域经济一体化对 WTO 的双重影响。区域经济一体化对内的贸易自由化特征与 WTO 推动的贸易自由化是一致的，但它对外的排他性和歧视性会加重贸易保护主义，对 WTO 的作用构成严重的挑战。

(4) WTO 中存在矛盾，影响着 WTO 作用的发挥。诸如：发达国家与发展中国家的矛盾；WTO 原则与例外的矛盾；贸易自由化和允许合理保护的矛盾；政府组织与非政府组织的矛盾；WTO 共同规则和各国本身利益的矛盾等。

4.3 国际贸易协调理论

第二次世界大战以后，随着区域经济一体化的发展，在理论界也引起了日益广泛的关注，形成了一些理论。本节将简单介绍其中有代表性的四种理论。

4.3.1 关税同盟理论

关税同盟理论建立和发展的代表人物是普林斯顿大学经济学教授范纳（J. Viner）和李普西（R. G. Lipsey）。

1. 关税同盟的静态效应

关税同盟形成后的静态效应，主要指贸易创造效应、贸易转移效应和贸易扩大效应。

(1) 贸易创造效应。贸易创造效应（Trade Creating Effect）：指由于关税同盟内实行自由贸易后，产品从成本较高的国内生产转往成本较低的成员国生产，从成员国的进口增加，新的贸易被"创造"出来。

贸易创造效应的福利效果表现为：①由于内部取消关税，成员国由原来生产并消费本国的高成本、高价格产品，转向购买成员国的低价产品，从而使消费者节省开支，提高了福利。②提高了生产效率，降低了生产成本。从成员国看，以扩大的贸易替代本国的低效率生产，从同盟整体来看，生产从高成本的地方转向低成本的地方，同盟内部的要素得以重新配置，改善了资源利用效率。

例如，英、法两国建立关税同盟之前，相互之间由于高关税的阻碍，两国都生产钢铁满足本国市场需要。法国的钢铁生产率高于英国。假定法国单位钢铁的生产成本是 120 美元，英国是 200 美元，英国对钢铁征收 100% 的关税，则法国的钢铁将无法出口到英国。英、法两国建立关税同盟之后，取消了两国之间的关税，法国的钢铁可以大量自由出口到英国，英国可以买到较便宜的法国钢铁（见表 4-4），从而在英、法两国之间创造出钢铁贸易，英国的钢铁生产者就会将资源转移到其他行业。可见关税同盟的建立增加了贸易并促使资源得到优化配置。这就是范纳所认为的贸易创造效应。

表 4-4 英法建立关税同盟前后的钢铁价格　　　　　　　　　　　　　单位：美元

建立关税同盟前、后		法 国	英 国
建立关税同盟前	钢铁单位成本	120	200
	征收关税	120	0
	单位钢铁在英国的价格	240	200
建立关税同盟后	钢铁单位成本	120	200
	征收关税	0	0
	单位钢铁在英国的价格	120	200

（2）贸易转移效应。

贸易转移效应（Trade Diversing Effect）：是指由于关税同盟对外实行保护贸易，导致从外部非成员国较低成本的进口，转向从成员国较高成本的进口，发生"贸易转移"。

贸易转移效应的福利效果表现为：①由于关税同盟的建立，阻止了从外部低成本进口，使消费者由原来购买外部的低价格产品转向购买成员国较高价格的产品，增加了开支，减少了福利；②从全世界的角度来看，这种资源的重新配置导致了生产效率的降低和生产成本的提高，降低了整个世界的福利水平。之所以会发生这种贸易转移和福利的减少，是由于关税同盟给予内部成员国以优惠性贸易安排的缘故，背离了比较利益的基本原则。

例如，英国、法国、美国三国，法国和英国结成关税同盟以前，对钢铁征收100％的关税。由于美国钢铁生产率高，成本较低，即使征收关税，在英国的价格比法国和英国的钢铁价格都低，因此，英国从美国进口钢铁。当英、法两国结成关税同盟后，两国之间的关税取消。英国对法国钢铁不征收关税，于是英国钢铁进口从美国转向法国（见表4-5）。

表 4-5 英、法建立关税同盟前，英、法、美钢铁价格　　　　　　　　单位：美元

建立关税同盟前、后		英国	法国	美国
建立关税同盟前	钢铁单位成本	200	120	75
	征收关税	0	120	75
	单位钢铁在英国的价格	200	240	150
建立关税同盟后	钢铁单位成本	200	120	75
	征收关税	0	0	75
	单位钢铁在英国的价格	200	120	150

至于建立关税同盟对相关国家净福利的影响，则不确定。具体分析如图4.5所示。

以小国为例，组成关税同盟之前，A国对来自B、C两国的商品征收相同的关税t，A国只会从C国进口，为Q_1Q_2。A国与B国组成关税同盟，A国对来自B国的进口不再征

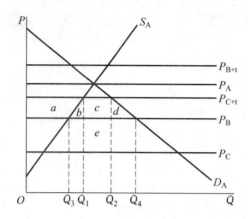

图 4.5　关税同盟的贸易创造效应和贸易转移效应

收关税，但对来自 C 国的进口仍征收关税。B 国取代 C 国，成为 A 国的供给者，进口为 Q_3Q_4。

A 国：国内生产下降（Q_3-Q_1），国内消费上升（Q_2-Q_4），进口增加，但是没有了关税收入。在 Q_3Q_4 的进口中，原有的 Q_1Q_2 是贸易转移，新增的 $Q_3Q_1+Q_2Q_4$ 是贸易创造，消费者剩余的变化为（$a+b+c+d$），生产者剩余的变化为$-a$，政府收入的变化为$-(c+e)$，净福利变化为（$b+d-e$），其中（$b+d$）部分为纯贸易创造带来的净福利增加，e 部分是 Q_1Q_2 的进口由低成本的 C 国转移到高成本的 B 国，即纯贸易转移所带来的福利损失。最后的净福利效果不确定。因此，加入关税同盟对 A 国究竟是否有利，取决于贸易创造的福利效应能否抵消贸易转移的福利效应。

B 国：组成关税同盟后，出口增加，生产扩张，福利增加。
C 国：组成关税同盟后，出口减少，福利下降。

（3）贸易扩大效应。

贸易扩大效应（Trade Expansion Effect）：是指关税同盟建立后，由于市场上商品的销售价格比原来低，当商品的需求富有弹性时，商品的进口就会增加，因而成员国之间的贸易规模会扩大。

在成立关税同盟后的英国钢铁国内价格比以前低，如果英国的钢铁需求价格弹性系数大于 1，即富有弹性，则英国对钢铁的需求就会增加。这种需求的增加必然会导致英国钢铁进口数量的增加，这就是贸易扩大效应。贸易扩大效应是从需求方面形成的概念，而贸易创造效应和贸易转移效应则是从生产方面形成的概念。关税同盟无论是在贸易创造效应还是在贸易转移效应下，都能产生贸易扩大效应。

阅读案例 4-3

欧盟东扩的贸易创造效应和贸易转移效应

【案情简介】

在入盟前的准备过程中，中东欧国家就已逐渐获得了经济一体化带来的好处，并按照欧盟市场和消费需求调整产品结构和生产标准，再加上其拥有的地缘接近和文化差异小的优势，使其产品在欧盟市场上的竞争力已经明显高于经济发展水平、经济结构和资源禀赋等方面类似的其他发展中国家，尤其是包括中国在内的亚洲国家。

中东欧国家工业制成品对老欧盟成员国的出口迅速增长，已经开始替代其他包括中国在内的发展中国家对欧盟市场的出口。不仅如此，欧盟东扩后来自于中东欧国家的竞争，还将导致洛美协定国在欧盟市场份额的下降，使已有的贸易转移效应更明显。

【案例点评】

对欧盟而言，欧盟东扩造成的贸易转移效应大大小于贸易创造效应。但对于非欧盟国家而言，这种贸易转移效应的影响却是非常显著的：由于欧盟东扩导致的贸易创造效应和贸易转移效应，使欧盟的市场格局和贸易利益发生了偏重于中东欧国家的新变化。

(4) 关税同盟的其他静态效应。

关税同盟还会产生一些其他的静态效应。譬如关税同盟建立后，成员国之间取消关税，从而可以减少征收关税和打击走私的行政支出，还有利于加强集体对外谈判的力量等。

(5) 影响关税同盟静态福利效应大小的因素。

① 关税同盟建立前的关税水平越高，关税同盟建立后的贸易创造效应越大。

② 关税同盟成员国的供给和需求弹性越大，贸易创造效应越大。

③ 关税同盟成员国与非成员国的产品成本差异越小，贸易转移效应越小。

④ 关税同盟成员国的生产效率越高，贸易创造效应越大。

⑤ 关税同盟成员国对非成员国出口商品的进口需求弹性越小，非成员国对关税同盟成员国进口品的出口供给弹性越小，贸易转移效应越小。

⑥ 关税同盟成员国对外关税越低，贸易转移的可能性越小。

⑦ 参加关税同盟的国家越多，贸易转移的可能性越小。

⑧ 关税同盟建立前成员国之间的贸易量越大，关税同盟建立后的贸易转移效应越小。

⑨ 一国国内贸易比重越大，对外贸易比重越小，则参与关税同盟获利的可能性越大，福利水平越有可能提高。

⑩ 关税同盟成员国的经济结构的竞争性越强，互补性越弱，关税同盟建立后的贸易创造效应越大，福利水平越有可能提高。

2. 关税同盟的动态效应

关税同盟还具有动态经济效果，这些动态效应通过如下渠道表现出来。

(1) 获得规模经济效益。关税同盟可以使生产厂商获得内部规模经济和外部规模经济之利。内部规模经济主要来自于对外贸易的增加，以及随之带来的生产规模的扩大和生产成本的降低。外部规模经济则来源于整个国民经济和一体化组织内的经济发展。建立关税同盟将使各国国内市场联结成为一个统一的区域市场，而更大的区域市场将增加实现规模经济的机会。而且，区域经济一体化也有助于基础设施（如交通运输、通信网络）实现规模经济。

(2) 刺激市场竞争。关税同盟的建立，摧毁了原来各国受保护的市场，增强了市场竞争性，将促使企业改组和产品更新，推动先进技术的使用，从而提高生产效率和经济福利。

(3) 刺激投资。成立关税同盟以后，市场规模的扩大和投资环境的改善大大增强了投资吸引力。关税同盟的建立从三个方面促使投资增加：①关税同盟建立后，成员国国内市场变成统一的区域性大市场，需求增加，市场空间扩大，从而使企业追加投资；②关税同盟建立后，市场竞争加剧，为了增强竞争力，厂商一方面要扩大生产规模，增加产量，降低成本，另一方面必须进行设备更新，提高装备水平，改进产品质量，并研制新产品；③由于关税同盟的成员国减少了从非成员国的进口，迫使非成员国为了抵消贸易转移的不利影响，到成员国内进行直接投资，就地生产，就地销售，以绕开关税壁垒。

(4) 促进生产要素自由流动。关税同盟成立后，内部市场趋于统一，生产要素可以在成员国间自由流动，提高了生产要素的流动性。要素的自由流动将使生产要素的配置更加合理，要素利用率更高，实现生产要素的最佳配置。

(5) 促进技术进步。关税同盟建立后，市场扩大、竞争加剧，使得企业愿意投资于研究与开发活动，导致技术不断革新与进步。

4.3.2 大市场理论

大市场理论是分析共同市场成立的原因与效益的理论，其代表人物是西托夫斯基（T. Scitovsky）和德纽（J. F. Deniau）。

西托夫斯基指出，西欧存在"小市场与保守企业家的恶性循环"。由于实行贸易保护主义政策，西欧各国的市场狭小，竞争不激烈，使企业长期处于高利润并安于现状，没有进行研发和运用新技术的动力和压力。而商品价格的偏高，又使广大消费者望而却步，导致许多耐用消费品的普及率较低，无法进入大众消费市场，企业也不能进行大量生产。企业陷入高利润率、高价格、市场狭小、资本周转率低的恶性循环之中。打破这种恶性循环的办法是通过建立共同市场（大市场），以创造良好的竞争环境。激烈的竞争会迫使企业扩大生产规模，追求规模经济效益，而且在多数产业实现了规模经济效益时，还能产生外部规模经济效益。竞争促使商品价格下降，同时，居民的实际收入也会增长，对耐用消费品的需求随之增长。于是产生如下良性循环：大市场的产生—大规模生产—生产成本下降—大众消费增加—竞争进一步激化—大市场产生。

德纽则认为，大市场可以导致充分利用机器设备和新技术，在激烈竞争的环境中进行专业化生产，导致生产成本和销售价格下降。同时，取消关税也使商品价格降低，因此人们的购买力提高，生活水平得到改善。随着消费者人数的增加，会导致投资的进一步增加，经济就会滚雪球式地扩大。消费增长引起投资增加，增加的投资又导致价格的下降、工资的提高和购买力的全面提高。总之，只有市场规模迅速扩大，才能促进和刺激经济扩张。

综合起来，大市场理论的核心是：共同市场导致市场扩大、竞争激烈，因而可以获得规模经济并实现技术利益。

许多人认为欧洲经济共同体发展的动力即来自于这种内部市场的扩大。事实上，规模经济效益的实现，区域经济一体化并不是唯一的途径。日本学者小岛清认为，共同市场内部协议分工也是实现规模经济的一个途径。

4.3.3 协议性国际分工理论

协议性国际分工理论是日本学者小岛清提出来的。小岛清认为，在经济一体化组织内部，如果仅仅依靠比较优势进行国际分工，不可能完全获得规模经济的好处，反而可能会导致各国企业的集中和垄断，影响组织内分工和贸易的和谐发展。在消除比较优势差距的极端状态下，国际分工无法通过价格机制自动实现，所以，为了获得规模经济，应该进行协议性的国际分工。所谓协议性国际分工，是指一国放弃某种商品的生产并把国内市场提供给另一国，而另一国则放弃另外一种商品的生产并把国内市场提供给对方，即两国达成相互提供市场的协议，实行协议性分工。达成协议性分工必须具备以下条件。

（1）参加协议分工的国家生产要素禀赋差异不大，工业化水平和经济发展水平相近，协议性分工的对象产品在每一个国家都能够生产。

（2）作为协议性分工的对象产品，都能获得规模经济效益。

（3）每个国家自己实行专业化的产业和让给对方的产业之间没有优劣之分，否则不易达成协议。这种优劣主要取决于规模扩大后的成本降低率和随着分工而增加的需求量及其增长率。

由上述第 3 个条件，小岛清得出如下结论：协议性国际分工是在同一范畴商品内的更细的分工，即应按照各种商品的范畴进行国际分工。但他同时认为，目前尚无法解决划分同一类范畴商品的问题。

上述 3 个条件还表明，一体化容易在同等发展阶段的国家之间建立，而不能在工业国和初级产品生产国之间建立；同时还表明，在工业发达国家之间，可以进行协议性国际分工的商品范围越大，利益也越大。另外，生活水平和文化等较为类似的地区容易达成协议，并且容易保证相互需求的均等增长。

4.3.4 综合发展战略理论

综合发展战略理论是与经济发展理论紧密联系、指导发展中国家经济一体化的理论，其代表人物是发展中国家合作研究中心的高级研究员鲍里斯·塞泽尔基。

该理论认为，经济一体化是发展中国家的一种战略，要求有强有力的共同机构和政治意志来保护较不发达国家的优势，因此，有效的政府干预对于经济一体化是很重要的，发展中国家的经济一体化是变革世界经济格局、建立国际经济新秩序的要素。

与其他经济一体化理论相比较，综合发展战略理论有 3 个显著的特点：①突破了以往的经济一体化理论的研究方法。以往的经济一体化理论研究，一种是以要素配置合理化为基础的研究方法，另一种是以贸易保护主义为基础的研究方法。综合发展战略理论主张用与发展理论紧密联系的跨学科的研究方法，把经济一体化作为发展中国家的一种战略，而不限于市场的统一。②充分考虑了发展中国家实现一体化过程中国内外的制约因素，譬如跨国公司的强大作用、经济发展中的两极分化等，故而把经济一体化看作是发展中国家集体自力更生的手段和逐渐改变世界经济格局的重要因素。③在制定一体化政策时，主张综合考虑政治、经济因素，强调经济一体化的基础是生产和基础设施，主张政府的有效干预，反对强加的一体化。

本章小结

本章首先介绍了区域经济一体化,包括区域经济一体化的概念、多种组织形式、发展状况、对国际贸易的影响及存在的矛盾。然后主要介绍了WTO这个全球性的国际贸易协调组织,包括WTO的产生、宗旨、基本原则、作用。最后,介绍了主要的国际贸易协调理论,包括关税同盟理论、大市场理论、协议性国际分工理论和综合发展战略理论。

WTO争端解决机制的基本程序

一个争端案件经过全部程序直到做出首次裁决一般应不超过1年,如果上诉,则应不超过15个月,如果涉及易腐商品等情况下,案件应不超过3个月。其基本程序如下。

1. 磋商程序

一般情况下,各成员在接到磋商申请后10天内应对申请国做出答复,30天内展开善意秘密磋商,并不得妨碍任何成员在任何进一步程序中的各种权利。如在接到磋商请求之日后60天尚未能解决争端,可请求成立专家小组。在紧急情况下,有关成员应在接到请求之日后10天内进行磋商。如在接到请求之日后20天内磋商未成,则申诉方可请求成立专家小组。

2. 斡旋、调解与调停程序(非强制程序)

秘密进行,既可在任何时候开始,也可在任何时候结束。WTO总干事可以依其职权开展斡旋、调解和调停。一旦斡旋、调解和调停被终止,申诉方即可请求建立专家小组。并且,只要各方同意,在专家小组工作期间仍可继续进行斡旋、调解和调停。

3. 仲裁程序

DSU第25条规定,仲裁可以作为争端解决的另一种方式,适用于"解决涉及有关双方已明确界定的问题引起的争议。如果争端当事方同意以仲裁方式解决争议,则可在共同指定仲裁员并议定相应的程序后,由仲裁员审理当事方提出的争端。经诉诸仲裁的各方同意,其他成员可成为仲裁程序的一方。诉讼方应执行仲裁裁决。DSU第21条对执行建议和裁决的监督程序,第22条补偿和中止减让程序在细节上做必要修改后应适用于仲裁裁决。"

4. 专家小组程序

这是争端解决机制的核心程序,从严格意义上来说,专家小组的建立才真正开始了多边贸易体制争端解决程序。①争议方向争端解决机构请求成立专家小组后,一旦此项请求被列入争端解决机构会议议程,专家组最迟应在这次会后的下一次争端解决机构会议上予以设立,除非在该会议上争端解决机构以"反向意思一致"的表决方式决定不设立专家组。争端解决机构应在当事方提出设立专家小组请求后15日内为此目的召开会议。专家小组被批准设立后,最迟应在此日后30天内明确全部组成人员。②专家小组一般由3位专家组成,除非争端各方一致同意,否则争端当事方的公民或在争端中有实质利害关系的第三方公民都不得作为有关争端的专家小组组员。③专家小组原则上在6个月(最长不超过9个月)内提交最后报告。在专家小组提出报告以供各成员传阅后20~60天期间,除非某争端方提出上诉或争端解决机构一致反对采纳此报告,该报告即视为通过。

5. 上诉审查程序

这是一项新增加的程序。为受理专家小组案件的上诉，DSU 设立了一个 7 人组成的"常设上诉机构"。只有争端当事方可就专家小组报告提出上诉。上诉审理的范围也仅限于专家小组报告中论及的法律问题及该小组所做的法律解释。上诉案审理期限原则上为 60~90 天。上诉机构可以维护、修正、撤销专家小组的裁决结论。上诉机构的裁决为最后裁决，当事方应无条件接受，除非争端解决机构一致反对。这就形成了 WTO 独特的两审终审制，增强了争端解决机构的权威性和灵活性。

6. 对争端解决机构的正式建议或裁定的监督执行

这是 DSU 确立的一项具体的监督措施。在专家小组及上诉机构的报告被采纳后，该报告即成为争端解决机构的正式建议或裁定；有关成员应向争端解决机构通报其执行这些建议或裁定的意向；如果不能马上执行，应当确立一个合理的期限。从专家小组建立之日起到争端解决机构确立了上诉执行期限为止，时间上应不超过 15 个月，最长应不超过 18 个月。

（1）实际履行。在专家小组或上诉机构报告通过后 30 天内举行的争端解决机构会议上，有关成员应将执行争端解决机构建议和裁决的意愿通知该机构。该建议和裁决应迅速执行，如不能迅速执行，则应确定一个合理的执行期限。合理期限由争端解决机构批准，当事方协商或由仲裁裁决确定。

（2）补偿。如果被诉方的措施违反了 WTO 规则，而且没有在合理的期限内执行争端解决机构的建议和裁决，则被诉方应申诉方请求，必须在合理期限届满前与申诉方进行贸易补偿谈判。补偿是指被诉方在贸易机会、市场收入等方面给予申诉方相当于其所受损失的减让。补偿是临时措施，只在被诉方未能实际履行争端解决机构建议裁决时适用，且应与 WTO 有关协议保持一致。

7."交叉报复"

如果争端解决机构的建议或裁定没有在合理的时间内得到实施，申诉方可申请授权采取补偿和中止减让或其他义务的措施，但必须遵守各项原则和严格的程序。一般是申诉方应首先中止相同部门的减让或其他义务；在这种做法不奏效时，可以要求中止同一协定内其他部门的减让和义务；如果这种行动仍不能使当事方执行裁决，则申诉方可以中止另一有关协议下的减让或其他义务。这后两项内容即所谓的"交叉报复"，无疑将提高制裁的力度。

相比 GATT，WTO 更自动、更有效的争端解决机制保障了各成员的权利与义务的大体平衡，任何一方不能将其不符合 WTO 的做法强加于另一方。有了这个机制，许多不能通过成员方之间双边磋商解决的纠纷与争端便有了一条多边的解决出路。

习　题

1. 单选题

（1）下列区域经济一体化组织形式中，最低级的是（　　）。
A. 自由贸易区　　　B. 优惠贸易安排　　　C. 关税同盟　　　D. 共同市场

（2）下列区域经济一体化组织形式中，一体化程度最高的是（　　）。
A. 自由贸易区　　　B. 关税同盟　　　C. 经济联盟　　　D. 共同市场

（3）新成员在加入 WTO 时需经部长会议（　　）以上多数表决通过。

A. 半数 B. 2/3 C. 3/4 D. 4/5

(4) 认为有效的政府干预对于区域经济一体化很重要的理论是（　　）。

A. 综合发展战略理论 B. 大市场理论
C. 关税同盟理论 D. 协议性国际分工理论

2. 多选题

(1) 共同市场的基本特征和内容是（　　）。

A. 取消关税 B. 取消数量限制
C. 商品自由流动 D. 制定和执行某些共同政策

(2) 区域经济一体化对国际经济贸易的影响包括（　　）。

A. 促进区域内国际贸易增长 B. 强化区域内企业竞争
C. 对多边贸易体制产生负面影响 D. 利于区域内成员国产业结构调整

(3) WTO的非歧视原则是由（　　）体现出来的。

A. 公平竞争原则 B. 国民待遇条款
C. 最惠国待遇条款 D. 非数量限制原则

(4) 关税同盟的静态福利效果包括（　　）。

A. 贸易创造 B. 贸易转移 C. 规模经济效益 D. 贸易扩大

3. 简答题

(1) WTO的基本原则是什么？
(2) WTO的作用体现在哪些方面？
(3) 关税同盟的静态效应如何体现？
(4) 大市场理论的基本内容是什么？

4. 论述题

(1) 当代区域经济一体化迅速发展的原因有哪些？
(2) 区域经济一体化对中国经济的发展有什么影响？
(3) 如何理解入世给中国经济带来的机遇与挑战？

5. 案例分析

(1) 根据案例4-1所提供的资料，试分析：
① 什么是自由贸易区？它有什么特点？
② 自由贸易区的建立对区域外国家可能产生哪些影响？
③ 如果你是柯先生，你将如何决策？

 分析案例 4-1

柯先生的纺织品工厂该怎么办

对柯先生来说，1992年8月12日是个不祥的日子，因为在这一天，美国、加拿大和墨西哥原则上达成了北美自由贸易区协定，根据这一协定，三国之间的所有关税将在5年内被大幅度削减。最令柯先生感到不安的是，协定规定三国之间的所有纺织品贸易的关税将在10年内取消，同时，加拿大和墨西哥每年还可以向美国销售一定数量用外国材料制成的服装和纺织品，而且在协定生效前，这一销售配额还将略微增多。

柯先生是一家位于澳门的服装工厂的老板，这间工厂建于1910年，已由柯先生家族经营了四代。工厂现有员工1500人，主要生产棉制内衣。工厂的劳资关系一直很好，从未发生过劳资纠纷。

柯先生工厂的产品主要销往美国。在过去的10年里，尽管竞争激烈，但柯先生的工厂依靠产品的优秀质量，再加上比美国低得多的劳动力成本，一直有着良好的销售业绩。

然而，服装制造业是一个低技能、劳动力密集的产业，业内竞争主要是价格和质量竞争，成本很大程度上由工资和劳动生产率决定。面对北美自由贸易协定的签署，很多美国的同行和亚洲的内衣制造厂都纷纷把工厂迁移到墨西哥。在那里，内衣产品可以免税进入美国和加拿大，而且，纺织工人的小时工资不到2美元，比美国本土低10美元，比澳门低1.2美元。柯先生明白，在未来5年内，美国的服装市场将被在墨西哥生产的来自亚洲、美国和墨西哥厂商的进口产品所充斥。眼前，美国的一些客户已经在抱怨柯先生的内衣价格高了，他们很难继续和他做生意。对柯先生来说，现在别无选择，如果是继续生产内衣输往美国市场，唯一的出路是将澳门的工厂迁移到墨西哥，这是他过去一直不愿意做的。

把工厂迁移到墨西哥，需要解雇大批澳门工人，他怎么对得起工人们对他家族付出的忠心？墨西哥的工人如何，能否像澳门的工人这样忠心耿耿，并达到他们的效率？据说，那里的工人生产率低，工艺水平低，缺勤率高，工人流失率高。果真如此，他该如何应对？

（2）根据案例4-2所提供的资料，试分析：
① 如何理解WTO多边贸易协议的例外条款？
② 印度在运用WTO规则方面的做法对我国有什么借鉴意义？

 分析案例4-2

印度应对WTO挑战的经验与启示

印度于1948年成为GATT的创始成员。入关后印度并没有随之实行贸易自由化，而是利用多边贸易协议的例外条款，以各种理由坚持贸易保护。结果是，它在相当长的时期内经济、贸易的发展相当缓慢。

从1991年起，印度实行贸易自由化改革，减少关税和非关税壁垒，放松外汇管制。1992—2000年，印度经济的年增长率提高到了5%左右，大大高于贸易保护时期的水平。特别值得一提的是，由于制定了信息技术和软件发展战略，发展软件产业，印度目前已经成为公认的软件开发和生产大国。

在西方发达国家不遗余力地推动经济全球化的背景下，1998年年底，印度和美国达成协议，允诺在2001年4月1日取消所有进口数量限制。取消进口数量限制后，印度商务部提出，政府将利用一切可以利用的机制，确保进口不会对国内产业造成伤害，并将通过扩大政府采购，扶持国有企业发展。印度政府还声明，根据WTO有关粮食安全等"非贸易考虑"的规定，鉴于印度人口众多、粮食需求巨大的现实，在农产品进口中，印度将保持"必要的自主性和灵活性"。

在打开国门的同时，印度还加强了反倾销措施。印度政府认为，WTO关于反倾销的规定是成员保护国内产业的有力武器。1998年4月，印度成立了反倾销管理总局，负责受理企业提出的反倾销投诉并开展调查。现在印度从对倾销案件开始调查，到裁定是否征收反倾销税,通常只要7个月的时间,比欧盟一些国家的效率还要高。目前,印度正在进行"第二轮经济改革",加速经济自由化,为更好地融入多边贸易体系奠定基础。同时,印度还在加快立法,使本国的法律体系与WTO"游戏规则"相适应。

(3) 请查阅相关资料,并结合以下资料,试分析:
① 什么是301调查?
② 如果美国将一项贸易争端诉诸WTO,应该满足什么条件?

美国挑起中美贸易战

当地时间2018年3月22日,美国总统特朗普签署总统备忘录,依据"301调查"结果,对中国知识产权保护、技术转让等多方面提出指控,目标指向中美贸易平衡,将对价值600亿美元的中国产品加征25%的关税,限制中国对美技术投资与并购,甚至要求中国立即减少贸易逆差1000亿美元,还计划将一项贸易争端诉诸WTO。几个小时之后,中国开始反击。中国商务部发布了针对美国进口钢铁和铝产品232措施的中止减让产品清单并征求公众意见,拟对自美进口部分产品加征关税,以平衡因美国对进口钢铁和铝产品加征关税给中方利益造成的损失。该清单暂定包含7类、128个税项产品,按2017年统计,涉及美对华约30亿美元出口。

中国是美国第一大贸易伙伴,美国是中国第二大贸易伙伴。美国是中国第一大出口市场,也是中国第二大服务贸易伙伴。中美开展经贸合作是经济全球化背景下、国际产业分工、资源优化配置的必然结果。中美两国在商业上的联系超过以往任何一个时期,但贸易逆差、汇率、知识产权等问题在不同的时间段仍然会成为争论的焦点。国际主流媒体和业内专家指出,美国单方面挑起贸易战对美国自身经济和全球贸易都将带来不利影响,面对贸易交往中必然出现的摩擦和争议,各方需依据国际现行法律规则,平等商议,寻求解决方案。

资料来源:中国新闻网. 国际述评:美国挑起贸易战"损人不利己",2018-03-24;经济观察网. 中国开始反击!中美贸易战爆发,全球化的冬天正在来临?2018-03-23。

第 5 章　国际服务贸易与技术贸易

学习目标

知识目标	技能目标
了解国际服务贸易的含义与特征 了解当代国际服务贸易的发展趋势 了解《服务贸易总协定》(GATS)	能够理解国际服务贸易与国际货物贸易的关系 能够了解国际服务贸易的发展态势
了解国际技术贸易的概念与特点 了解当代国际技术贸易的发展趋势 了解《与贸易有关的知识产权协定》(TRIPS)	能够理解国际技术贸易的特殊性 能够掌握发展国际技术贸易的方式

知识结构

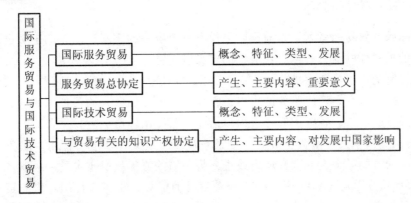

印度外包企业抢滩中国

进入新世纪以来，中国成为印度外包企业群对外投资的重要选项，抢滩中国构成印度外包企业全球战略的重要因素。早在 2002 年 6 月，TCS（塔塔咨询服务公司）就在上海建立塔塔信息技术（上海）有限公司，随后又在杭州和北京等地建立机构。其他印度软件巨头如 Infosys、萨蒂扬（Satyam）和 Wipro 也在上海浦东软件园等地安营扎寨，拉开抢滩中国的态势。

近年来印度外包企业继续扩大和深化在中国的投资和业务范围。例如，2007 年初萨蒂扬宣布在南京启动一个全球交付园区。该园区拥有 1 500 个席位，将成为萨蒂扬在印度境外的最大研发设施。TCS 近年对华投资的重大举措，是在中国政府有关部门参与协调下，与三家中国公司合资成立了国内首家大型外包技术公司，计划在中国招募几千名咨询师和工程师。公司重点关注金融、服务、制造、电信以及政府领域的IT外包和服务解决方案。

印度外包企业抢滩中国策略背后有多重动机。随着全球化趋势的展开，越来越多欧美和日本的企业将自己的制造能力、研发能力甚至营运中心转移到中国。这些跨国公司很多是印度外包企业的客户，在华投资建立服务交付中心有助于印度外包公司在中国为这些客户提供服务。另外，中国经济在快速发展过程中，本土企业为了适应新的市场和竞争环境的要求，对特定服务流程外包需求增加并具有增长的巨大潜力。印度外包企业抢滩中国的又一重要动机，就是要在中国本土外包企业羽翼未丰之际，凭借其在外包行业领先一步的优势，最大限度分享中国本土软件和服务外包市场。

点评：尽管国际货物贸易目前仍然是国际贸易的主体，但在世界经济逐渐知识化和服务化的背景下，国际服务贸易和国际技术贸易得到了快速的发展，成为国际贸易中最具活力的因素，外包即为开展国际无形贸易的一种常见方式。

讨论题：什么是服务贸易？什么是技术贸易？它们有何特征？其迅速发展的主要原因有哪些？

资料来源：改编自《服务外包的经济学分析：产品内分工视角》专栏11-3"印度外包企业抢滩中国"，卢锋，北京大学出版社，2007年。

本章将分别介绍国际服务贸易和国际技术贸易的概念、特征、类型及其发展。

5.1 国际服务贸易概述

5.1.1 国际服务贸易的概念

对于国际服务贸易的概念，目前国际上没有一个统一的定义。已有的定义也都是从不同的角度进行的描述性的语言表达。代表性的定义有3种。

(1) 从传统的进出口角度进行的定义。一国（地区）向另一国（地区）提供服务并获得相应外汇收入的全过程，形成服务的出口；相反，一国（地区）购买他国（地区）服务的过程，便形成服务的进口。各国的服务进出口活动，就是国际服务贸易。

(2)《美国和加拿大自由贸易协定》对服务贸易的定义。该定义指出，服务贸易是指由或代表其他缔约方的一个人，在其境内或进入另一缔约方提供所指定的一项服务。

(3)《服务贸易总协定》(GATS) 对服务贸易的定义。GATS将国际服务贸易定义为跨越国界进行服务交易的商业活动，即服务提供者从一国境内向他国境内，通过商业或自然人的商业现场向消费者提供服务并取得外汇报酬的一种交易行为。该定义包含服务贸易的4种方式：①从一成员境内向任何其他成员境内提供服务，即过境交付（Cross Border Supply）。服务提供者和消费者都不移动，而是通过电信、邮电、网络来实现的，如视听和国际金融活动等。②在一成员境内向任何其他成员的服务消费者提供服务，即境外消费（Consumption Abroad）。常见的例子有旅游、教育和医疗服务等。③一成员的服务提供者在任何其他成员境内以商业存在提供服务，即商业存在（Commercial Presence）。指在一缔约方境内设立机构，并提供服务，取得收入，常见的有在境外设立金融服务分支机构、律师事务所、会计师事务所等。④一成员的服务提供者在任何其他成员境内以自然的存在提供服务，即自然人流动（Movement of Personnel）；服务提供者（自然人）过境移动到其他缔约方境内提供服务，譬如外国教授、专家来本国从事个体服务。

5.1.2 国际服务贸易的特征

（1）贸易标的的无形性。国际服务贸易的标的或对象没有物质实体。

（2）交易过程与生产和消费过程的不可分性。大多数国际服务贸易的交易过程是与服务的生产和消费过程分不开的，而且往往是同步进行的。

（3）贸易主体地位的多重性。服务的卖方往往就是服务的生产者，并作为服务消费过程中的物质要素直接加入服务的消费过程；服务的买方往往就是服务的消费者，并作为服务生产者的劳动对象直接参与服务产品的生产过程。

（4）服务贸易市场具有高垄断性和高保护性。由于国际服务贸易在发达国家和发展中国家的发展极不平衡，加上服务市场开放涉及一些诸如跨国银行、通信工程、航空运输、教育、自然人流动等直接关系到输入国的主权、安全、伦理道德等极其敏感的领域和问题，因此，国际服务贸易市场具有很强的垄断性，受到有关国家政府部门的严格控制，服务贸易自由化的阻力很大。

（5）贸易保护方式更具刚性和隐蔽性。由于服务贸易标的的特点，各国政府对本国服务业的保护无法采取传统的关税壁垒，而只能在市场准入方面予以限制或进入市场后不给予国民待遇等非关税壁垒的形式，这种保护常常以国内立法的形式加以施行。国际服务贸易保护的态势也不同于国际货物贸易，各国对服务贸易的保护往往不是以地区性贸易保护和"奖出"式的进攻型保护为主，而是以行业性贸易保护和"限入"式的防御型保护为主。这种以国内立法形式实施的"限入"式非关税贸易壁垒，使国际服务贸易受到的限制往往更具刚性和隐蔽性。

（6）营销管理具有更大的难度和复杂性。从宏观上讲，国家对服务进出口的管理，不仅仅是对服务自身的管理，还必然涉及服务提供者和消费者的管理，涉及人员签证、劳工政策等一系列更为复杂的问题。某些服务贸易如金融、通信、运输以及影视、文化教育等，还直接关系到输入国的主权、安全、价值观、伦理道德等敏感性问题。另外，国家往往通过制定法规的办法，即不是通过商品检验、边防检查等货物贸易管理中较为有效的办法对服务贸易进行管理。但法规管理往往存在时滞，法规的制定和修改往往落后于形势。从微观上讲，由于服务本身固有的特性，也使得企业营销管理中的不确定因素增多，管理难度增大，突出表现在对服务的质量控制和供需调节这两个企业营销管理中最重要的问题上。由于服务具有异质性，使得服务的质量标准不确定，导致服务企业无法实现标准化生产，而且也难以通过退货、换货、保修等方式挽回质量问题造成的损失。由于服务具有不可储存性，使得服务企业无法通过时空变换的方法调节供求矛盾，实现供需平衡。

> **提示**
>
> 服务贸易与货物贸易之间的关系：①互补性。货物贸易的发展推动相关服务贸易的发展。传统服务贸易的发展和新型服务贸易的出现也促进了货物贸易的发展。服务生产和商品生产的相互渗透也大大增强了两者的互补性。②替代性。服务贸易对货物贸易有负面影响。货物商品的质量提高会减少相应的服务贸易。

5.1.3 国际服务贸易的类型

由于国际服务贸易涉及面广而且形式多样,目前尚未形成统一的分类标准,许多经济学家和国际组织从不同的角度对国际服务贸易进行了分类。

1. 以服务在贸易中"移动"的形式进行划分

按照加拿大弗雷泽大学经济学教授赫伯特·G. 格鲁伯和弗雷泽研究所的麦克尔·A. 沃克的建议,服务贸易可以分为要素服务贸易、附带有人员和货物暂时移动的服务贸易和物化服务贸易三种。要素服务贸易主要是指对外投资而带来收入;附带有人员和货物暂时移动的服务贸易是指通过服务提供者或服务接受者穿越国境而进行的贸易,如运输、旅游、教育、医疗等;物化服务贸易是通过对外输出或输入服务物化在其中的物质材料来进行的,如工程、音乐、电影等,这种方式下人员不需要出入国境。

2. 以是否伴随有形商品流动进行的划分

按照这种方法,国际服务贸易被分成两种类型,即国际追加服务贸易和国际核心服务贸易。国际追加服务贸易同商品的国际贸易有着密不可分的联系,是随着商品的出口而提供的追加服务。随着市场竞争的加剧,追加服务往往在很大程度上左右着消费者对所需商品核心效用的选择,因此,追加服务被广泛地应用到商品生产的各个阶段。在上游阶段,要求有先行追加服务投入,包括可行性研究、市场调研、产品设计等;在中游阶段,一方面要求有与有形商品融为一体的追加服务,包括质量控制与检验、设备租赁、设备保养与维修等,另一方面还要求有与有形商品生产平行的追加服务投入,包括财务会计、人员培训、不动产管理、卫生安全保障和职工后勤供应等;在下游阶段,要求的追加服务包括广告、运输、商品使用指导、退货索赔等一系列售后服务。国际核心服务贸易是指与有形的商品生产和贸易无关,为消费者单独使用,能够为消费者带来核心效用的服务,包括金融服务贸易、企业管理服务贸易、国际咨询、国际技术贸易等。

3. 《服务贸易总协定》(GATS)的划分

《服务贸易总协定》(GATS)把国际服务贸易分为以下 12 大类共 142 个服务项目:商业服务,通信服务,建筑及有关工程服务,销售服务,教育服务,环境服务,金融服务,健康与社会服务,与旅游有关的服务,娱乐、文化和体育服务,运输服务和其他服务。

4. 国际货币基金组织(IMF)的划分

在国际收支平衡表的统计上,IMF 把国际服务贸易分为以下 13 项:运输,旅游,通信服务,建筑服务,保险服务,金融服务,计算机和信息服务,专有权利使用费和特许费,咨询,广告宣传,电影音像,其他商业服务,别处未提及的政府服务。

5.1.4 国际服务贸易的发展

1. 国际服务贸易的产生

国际服务贸易是社会生产力和世界经济发展的结果。

在工业社会以前,大部分人从事农业、狩猎和其他利用自然资源的活动,劳动以体力劳动为主，社会经济形态为以家庭为核心的自给自足的自然经济，社会性需求基本不存在。在工业社会阶段，工业活动逐渐成为社会主要的经济活动，社会组织开始复杂化，部分人口从农村向城市迁移，开始形成社会性需求，交通运输、通信、银行和其他服务逐渐成为社会运行的基础。同时，随着生产力的发展和社会分工的深化，部分人开始专门从事零售、修理、运输、医疗等服务业。在工业社会后期，大部分人口从事服务业，农业人口所占比例大大下降，劳动主要体现为依靠职业能力进行的创造性智力工作。

随着社会经济结构的优化，服务在经济和社会的发展起着越来越大甚至是决定性的作用。如果没有交通运输、银行、法律、销售等服务性活动，任何产业都无法发展，社会活动也无法进行。经济活动国际化程度的不断提高，使服务业成了国家间相互依靠、相互合作的基础，服务业的竞争能力也影响着各国在国际贸易获取收益的能力。国际服务贸易随着服务业和国际经济活动的发展而出现，并成为国际经贸活动的重要组成部分。

2. 当代国际服务贸易的新发展

第二次世界大战后，国际服务贸易获得了迅速发展。当代国际服务贸易呈现出如下特点。

(1) 发展迅速，增长速度高于国际货物贸易的增长速度。

第二次世界大战以后，随着经济全球化的发展和世界经济的复苏，企业和个人对服务的需求更加强烈，世界各国尤其是发达国家的服务贸易得到迅猛发展。

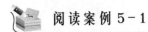
阅读案例 5-1

迅速增长的国际服务贸易

【案情简介】

20世纪60年代以来，世界经济结构的重心开始转向以服务业为主，服务业成为经济增长的主要动力，也是增加国民收入和提高就业率的重要手段。服务业的快速发展必然推动国际服务贸易的迅速增长。世界服务贸易出口总额在1970年为710亿美元，1980年为3 800亿美元，1990年为8 660亿美元，2002年为15 400亿美元，平均每年的增长速度达到6.4%，超过同期货物贸易5.9%的年增长率。相应地，服务贸易占世界贸易的比重从1980年的15.7%上升到2002年的17.5%，服务贸易额接近货物贸易额的1/4。2014年，在世界贸易中，服务贸易总额达到9.8万亿美元，增长了4.4%，货物贸易总额约38万亿美元，仅仅增长了0.6%，服务贸易的增长显著快于货物贸易的增长，服务贸易占世界贸易的比重提高到20.5%，而且，随着服务业的快速发展和服务贸易自由化的推进，这个比重还会不断提高。发展服务贸易逐渐成为各国获取外汇收入、改善国际收支状况的重要途径，在很大程度上决定了一国国际贸易的发展状况和在国际市场上的竞争能力。

【案例点评】

国际服务贸易的迅速增长是国际分工不断深入发展的体现，同时也是世界各国尤其是发达国家产业结构不断"软化"的必然结果。

(2) 发达国家在国际服务贸易中优势明显，占据绝对领先地位。

例如，美国、英国、德国、法国和日本5个主要发达国家2014年占世界服务贸易进出口总额的比重分别高达29.6%和35.1%。其中仅美国的服务贸易出口、进口就分别占到了世界服务贸易出口额和进口额的14.1%和9.6%,稳居世界第一(见表5-1)。

表5-1 2014年国际服务贸易出口/进口前5名的发达国家

排名	出口			进口		
	国家(地区)	出口额/亿美元	份额/%	进口	进口额/亿美元	份额/%
1	美国	6 860	14.1	美国	4 540	9.6
2	英国	3 290	6.8	德国	3 270	6.9
3	德国	2 670	5.5	法国	2 440	5.1
4	法国	2 630	5.4	日本	1 900	4.0
5	日本	1 580	3.3	英国	1 890	4.0

数据来源:根据WTO网站http://www.wto.org相关数据计算整理。

(3)发展中国家(地区)服务贸易发展较快,在一些服务行业具有相当的优势,但发展很不平衡。

近年来,中国、中国香港、韩国、印度和新加坡等发展中国家和地区都进入了世界服务贸易出口前20强,反映出发展中国家和地区服务贸易的良好发展势头。在一些特殊的服务行业,发展中国家还具有相当的优势。比如在港口服务方面,世界前20大集装箱终端中发展中国家和地区占了9个,世界前5大集装箱终端有4个在发展中国家和地区。一些发展中国家在软件等技术密集型服务业也确立了一定的优势。譬如印度已成为仅次于美国的全球第二大软件出口国,2009年印度软件出口总额达到470亿美元。2009年,印度在全球软件外包市场中的份额为51%,2012年进一步提高到58%。此外,在旅游等资源型服务贸易领域中,发展中国家和地区也具有一定的优势。但发展中国家和地区服务贸易的发展很不均衡,主要集中在上述几个国家(地区)以及土耳其、墨西哥等少数国家(地区)。

(4)国际服务贸易市场呈多元化分布趋势。

20世纪70年代以前,国际服务贸易高度集中在西方发达国家。70年代以后,中东几个产油国凭借丰富的石油资源,成为最大的国际劳务输入市场。进入80年代,随着亚洲经济的崛起,亚洲的服务贸易迅速发展,成为最具潜力的新兴市场。尤其是进入90年代以来,世界服务贸易市场已呈现出多元化的格局,不同经济发展水平、不同社会制度的国家和地区都积极加入到这个市场中来。

(5)新兴服务行业不断涌现,知识、技术密集化趋势明显。

随着全球科技产业化浪潮的不断发展,高新技术被广泛地应用到服务业。在过去的一些年中,许多新兴服务业从其他行业分离出来,形成独立的服务经济行业,其中技术、信息、知识密集型服务行业发展最快。其他如金融、贸易、管理等服务行业,由于运用了先进技术,也很快发展壮大起来。由于这些新兴服务行业的兴起,世界服务贸易结构得到了进一步的调整。有关数据显示,过去一直占世界服务贸易总额60%左右的运输、旅游等服务呈下降趋势,而通信、金融、信息等新兴服务则增长较快,所占比重不断上升,传统的以自然资源型或劳动密集型为基础的传统服务贸易正在转向以知识技术密集型为基础的现代服务贸易。目前,发达国家大力发展并出口的大多是知识、技术密集型的高附加值的服务产品,主要集中在金融、保险、咨询、信息等行业。

3. 当代国际服务贸易迅速发展的原因

(1) 第三次科技革命的驱动。

第二次世界大战以后,在新科技革命的推动下,各国普遍在产业结构调整的过程中大力发展服务业,使服务业在 GDP 和就业人员中所占的比重大幅度提高,出现了一股经济结构"软化"的潮流。

(2) 跨国公司的推动。

跨国公司的迅速发展,从需求和供给两个方面加强了服务国际化的趋势,推动着国际服务贸易的发展。20 世纪 60 年代以后,跨国公司开始大规模地向全球扩张,发展速度极为迅速。跨国公司在全球经营与扩张的过程中,需要相关服务业的支持,如银行、保险、运输、通信等。许多跨国公司深感服务业对增强其竞争力的重要性。可见,跨国公司的发展,形成了对国际服务的巨大需求。另外,一些跨国公司本身在金融、信息和专业服务上就是重要的供应者,这些跨国公司在全球经营与扩张的过程,也就是服务国际化的过程。

(3) 国际竞争手段改变的带动。

第二次世界大战以后,非价格竞争成为世界市场上主要的竞争手段。服务成为非价格竞争的重要组成部分,成为世界市场上主要的竞争手段,为非价格竞争力的增强提供了重要的保证,由此带动了国际服务贸易的大发展。

(4) 各国经济相互依赖加深和国际经济技术合作方式多样化的促进。

第二次世界大战以后,国际服务合作成为各国进行国际经济交往的重要形式和内容。国际服务合作指拥有工程等技术人员和劳动力的国家和地区,通过签定合同,向缺乏工程技术人员和劳动力的国家和地区提供所需服务,并由接受服务的一方付给报酬的一种国际经济合作的形式。主要包括承包外国各类工程、服务输出、技术性服务出口、向海外提供咨询服务以及向国外租赁配有操作人员的各种大型机械等。国际服务合作既能促进输入国的经济发展,又有利于服务输出国的经济收益和科技水平的提高,因而成为各国进行国际经济交往的重要形式和内容,促进了国际服务贸易的发展。

(5) 通信和信息技术、交通运输业的迅速发展,为国际服务贸易的发展提供了良好环境。

第二次世界大战后,随着第三次科技革命的蓬勃发展,通信和信息技术、交通运输业获得了迅速发展,为各国经济相互依赖的加深提供了基础,也为国际服务贸易的发展提供了良好环境。

(6) 各国政府的支持。

由于服务业在维护一国经济与政治利益方面具有重要的战略地位,所以,各国政府普遍采取了诸多促进服务业发展和鼓励服务出口的措施,以扶持和发展本国的服务业。这些措施包括:政府鼓励投资服务业,尤其是有意识地利用外资发展服务业;重视并大力发展信息及电信技术设施;通过财政支持,建立新的基础设施,改造旧的服务设施;大力发展教育,提高人力资本素质;支持和鼓励区域间服务部门的合作。

4. 国际服务贸易壁垒与服务贸易自由化

(1) 服务贸易壁垒的含义。

服务贸易壁垒一般是指一国政府对外国服务生产者或提供者的服务提供或销售所设置的有障碍作用的政策措施,即凡直接或间接地使外国服务生产者或提供者增加生产或销售成本的政策措施,都有可能被外国服务厂商认为属于贸易壁垒。此外,服务贸易壁垒还包括出口限制。

(2) 服务贸易壁垒产生的原因。

在现实经济中,为什么服务贸易比货物贸易存在更多的障碍?为什么会存在服务贸易壁垒?原因至少有二:一是保持经济独立。在一国经济中,许多服务业部门,如交通运输、通信、电力、金融等均属于经济的关键部门。这些部门一旦为外国控制或垄断,就会对该国经济的独立性构成极大的威胁,甚至会导致所谓"依附经济"的产生。二是抵制外来意识形态的入侵。教育、新闻、娱乐、影视、音像制品等服务部门虽然不是一国经济命脉,但却属于意识形态领域。任何国家的政府都希望保持本国在政治、文化上的独立性,反对外国文化和意识形态的大量入侵,因此会对这些部门进行保护。

(3) 服务贸易壁垒的种类。

① 产品移动壁垒。包括数量限制、当地成分要求或本地要求、补贴、政府采购、歧视性技术标准和税收制度,以及落后的知识产权保护等。数量限制如不允许外国航空公司使用本国航空公司的预定系统;当地成分如服务厂商被要求当地购买设备;政府补贴本国服务厂商也能有效阻止外国竞争者;政府采购如规定公共领域的服务职能向本国厂商购买;歧视性的技术标准和税收制度如对外国服务厂商使用设备的型号、大小和各类专业证书等的限制,外国服务厂商可能比本国厂商缴纳更多的税等;缺乏保护知识产权的法律或保护知识产权不力,也可能有效阻止外国服务厂商的进入。

② 资本移动壁垒。主要形式有外汇管制、浮动汇率和投资收益汇出的限制。政府对外汇在本国境内的持有、兑换和汇出等进行控制,也能在相当程度上限制外国服务业在本国的发展。

③ 人员移动壁垒。劳动力的跨国移动是服务贸易的主要途径之一,也自然构成各国政府限制服务提供者进入本国或进入本国后从事经营的主要手段。种种移民限制和出入境烦琐手续,以及由此造成的长时间等待,都构成人员移动壁垒。譬如印度尼西亚通过大幅度提高机场启程税的方式,限制为购物而前往新加坡的本国居民数量。

④ 开业权壁垒。据调查,2/3以上的美国服务业厂商都认为开业权限制是其开展服务贸易的最主要壁垒。一般来说,即使外国服务厂商能够在东道国开设分支机构,其人员构成也受到诸多限制。除移民限制外,政府还有多种办法限制外国服务厂商自由选择雇员,如通过就业法规定本地劳工比例或职位等。有些国家还规定专业人员开业必须接受当地教育或培训。

 阅读案例 5-2

沙特阿拉伯的服务贸易壁垒

【案情简介】

虽然沙特阿拉伯是中东地区服务贸易进口大国,但该国仍然存在对服务进口的限制措施。如规定外国公司在沙特阿拉伯雇用员工时，必须保证在公司内部有 25% 的沙特阿拉伯公民就业，并规定最低工资标准，否则不给外籍人员工作签证。而且沙特阿拉伯的签证时间较长，需 15 天至 2 个月。每 1 000 万里亚尔项目可获 40～70 人的外籍人员签证，在工程项目中女性不予批准。沙特阿拉伯在工作签证上的随意性较大，对包括司机、厨师、普通劳工等一般工种的工作签证实行严格限制。

【案例点评】

人员移动壁垒是最常见的服务贸易壁垒之一。

(4) 服务贸易自由化。

经济全球化是当代世界经济发展的主流，经济全球化的主要表现和内容是贸易自由化，而服务贸易是国际贸易的重要组成部分，所以，服务贸易自由化是经济全球化的一种体现。同时，由于服务的特殊作用，使服务贸易成为各国产业融合的黏合剂，成为加强各国经济联系的重要纽带。从这个意义上说，服务贸易自由化又成了经济全球化的需要。另外，从微观上说，由于以服务为主要内容的非价格竞争已成为当代世界市场竞争的主要手段，使得服务贸易自由化也成了跨国公司增强国际竞争力的一种需要。

国际服务贸易自由化，存在于两个层面：一是区域经贸集团内部的自由化。如作为欧盟赖以存在的基本条约——《罗马条约》，其第三部分"共同体政策"中专门有一章"服务"，规定了应逐步废止成员国国民在共同体内自由提供服务的限制。要求自条约生效之日起，各成员国一般不得在提供服务方面对已实现的自由化采取新的限制。此后，欧盟在银行业、保险业、证券业、运输业等实现了自由贸易。二是世界范围内的自由化。主要是指以 GATS 为基础的、在 WTO 框架下的服务贸易自由化。

5. 当代国际服务贸易市场概况

国际服务贸易市场是世界各国进行服务交换的场所，是国际市场的重要组成部分。虽然 20 世纪 80 年代以来大量的国际服务贸易是在跨国公司内部进行的，但多数服务贸易的开展仍然离不开市场。对于国际服务贸易市场，可以从不同的角度进行分类，如按参与国的经济发展水平，可以分为发达国家市场和发展中国家市场；从行业的角度，可以分为国际金融服务贸易市场、国际电信服务市场、国际运输服务市场、国际旅游市场以及国际专业服务市场等。从地理区域的角度，当代国际服务贸易市场可以分为六个区域市场。

(1) 西欧服务贸易市场。西欧服务贸易市场形成于 20 世纪 50 年代初期。随着欧盟的建立和扩大，欧盟内部成员国之间可以实现人员的自由流动，为劳务的跨国流动和国际服务开展提供了便利。近年来，由于经济增长放缓，西欧各国对外来劳务人员的需求减少，尤其是一般性普通服务人员，但西欧仍是一个服务输入大市场，特别是各类专业技术服务。

(2) 中东服务贸易市场。随着世界各国对石油需求的迅猛增长，中东地区的石油开采和提炼及出口获得快速发展，带动了一系列服务业的发展。国际油价的不断攀升也为中东产油国带来巨额的收入，其对服务的需求也随之扩大。在 20 世纪 80 年代，中东地区的外籍服务业从业人员即达 650 万之多。目前，金融、运输、商业批发与零售、旅馆餐饮、休闲等服务市场日趋繁荣，对其他国家的服务机构和人员有着极大的吸引力。

(3) 北美服务贸易市场。北美服务贸易市场是在第二次世界大战后形成的。北美地区的美国既是一个服务输出大国，又是一个服务输入大国。它用优厚的工作条件和生活待遇吸引了来自于世界各地的优秀科技人员,硅谷更是许多国家科技人才的集中地。美国的一些行业需要大量的外来劳务人员,如护士、海员、医生等。随着北美自由贸易区的建立以及相应的服务贸易协议的达成,美国的服务输入将进一步增加。

(4) 拉美服务贸易市场。拉美地区的服务贸易市场形成于20世纪60年代后半期。当时由于石油危机而引起的油价猛涨,使拉美一些产油国获得了大量的外汇收入,由此带动了大规模的经济建设与基础设施建设,这些建设项目中的大中型项目几乎全部由外国公司承包,这些外国公司大多来自于发达国家,而工程所需劳务人员则来自于周边国家和地区。

(5) 东亚及东南亚服务贸易市场。随着东亚和东南亚经济的持续增长,国民收入水平不断提高,消费能力不断增长,经济发展模式正在由出口导向型向消费导向型转变。经济实力的增长和经济模式的转型,拉动了东亚和东南亚地区服务业和服务贸易的发展。尤其是进入21世纪,该地区的旅游业、餐饮业和娱乐业获得了大力发展,广告业等新兴服务业也在蓬勃发展。

(6) 非洲服务贸易市场。该市场相对落后,也较分散。目前其主要服务贸易项目是旅游服务。作为不发达国家的集中地,非洲是世界银行贷款项目的主要地区。按世界银行规定,其所支持项目的各项投资及服务均要在全球范围内招标。所以,以投资、设备及技术采购所带来的服务输入成为非洲服务市场服务输入的主要对象。这些项目主要是一些中小规模的水利设施、公路桥梁及其他公共项目。另外,近年来,非洲以其丰富的自然资源吸引了大量外国直接投资,这些投资项目也带来相应的工程技术、经营管理等服务的输入。

阅读案例 5-3

美国对华服务贸易顺差在扩大

【案情简介】

在抱怨美国对华货物贸易逆差时,一些美国人忘记了另一个事实——美国对华服务贸易顺差在扩大。据商务部统计,从1995年到2014年,中国服务贸易连续20年逆差。2004年全年服务贸易逆差额78.07亿美元,而2014年的贸易逆差额是2004年的23倍。2013年,中国对美服务贸易逆差为1184.6亿美元。2014年,中国服务贸易逆差大幅上升,达到1980亿美元,其中大部分来自于美国。随着中国入世过渡期的结束,美国对华服务贸易将开始新一轮增长。

2014年,美国有7368亿美元的货物贸易逆差,其中对华货物贸易逆差为3426亿美元。同时,美国的服务贸易顺差高达2318亿美元,其中大部分来自于中国。在敏感的对华贸易逆差问题上,美中企业家理事会主席弗里斯比和"牛津经济"主任布里顿都表示,美国在服务贸易上的顺差对中美贸易的平衡起到了重要作用。

【案例点评】

美国对华服务贸易让美国大受裨益的同时,作为新兴市场经济国家的中国也可以借助美国在金融、教育等方面的成熟经验,使中国经济实现稳健增长和发展。服务贸易逆差过大反映的是两国软实力的巨大差距。因此,中国应该努力培育出一批在金融、贸易、影视等方面有国际竞争力的服务企业,并扩大服务贸易出口,缩小对美国服务贸易逆差。

5.2 《服务贸易总协定》(GATS) 简介

5.2.1 GATS 的产生

1. GATS 产生的背景

(1) 发达国家积极倡导服务贸易自由化。

在经历 1979—1982 年经济危机后,美国经济增长缓慢,在国际货物贸易中赤字日增,而在服务贸易领域却占据明显优势,连年顺差。以 1984 年为例,美国的货物贸易有 1 140 亿美元的逆差,而服务贸易却有 140 亿美元的顺差。作为世界最大的服务贸易出口国,美国急切地希望打开其他国家的服务贸易市场,通过大量的服务贸易出口来弥补贸易逆差,推动经济增长;而各国对服务贸易的不同程度的限制,成为美国利益最大化的障碍。因此,美国积极倡导实行全球服务贸易自由化。

早在东京回合谈判中,美国政府根据《1974 年贸易法》的授权,试图把服务贸易作为该回合谈判的议题之一,因为当时有更加迫切的问题需要解决,美国没有提出服务贸易的减让谈判,但在东京回合中所达成的海关估价、政府采购协议中写入了一些服务贸易的内容。美国国会在《1984 年贸易与关税法》中授权政府就服务贸易等进行谈判,并授权对不在这些问题上妥协的国家进行报复。发展中国家和一些发达国家抵制美国的提议,欧共体起初对美国的提议持疑虑,但经过调查发现欧共体的服务贸易出口量要高于美国,转而坚决支持美国。日本虽然是服务贸易的最大进口国,呈逆差形势;但由于在国际贸易中呈现顺差,加之为调和与美国之间日益尖锐的贸易摩擦,也始终支持美国。

(2) 发展中国家对服务贸易自由化由坚决抵制到逐步接受。

当美国开始提出服务贸易问题时,绝大多数发展中国家都坚决反对服务贸易自由化,理由为:①服务业中的许多部门,如银行、保险、证券、通信、信息、咨询、专业服务(如法律、会计等),都是一些资本-知识密集型行业,这些行业在发展中国家是很薄弱的,不具备竞争优势。②发展中国家的服务部门尚未成熟,经不起发达国家激烈竞争的冲击,过早地实行服务贸易自由化会挤垮这些尚处于幼稚阶段的民族服务业,因此,在这些行业获得竞争力以前,不会实施开放。③有些服务行业还涉及国家主权、机密和安全。

随着发达国家在服务贸易谈判问题上的认识逐步统一,发展中国家坚决抵制的立场有所改变。首先,一些新兴的发展中国家和地区某些服务业已取得相当的优势,如韩国的建筑工程承包就具有一定的国际竞争力,新加坡的航空运输业在资本、成本和服务质量上也具有明显的优势,这些国家希望通过谈判扩大本国优势服务的出口。其次,大部分发展中国家一方面迫于来自发达国家的压力,另一方面也认识到如果不积极地参与服务贸易的谈判,将会形成由发达国家制定服务贸易的规则,而自己只能成为被动的接受者,其利益将会受到更大的损害。因此,许多发展中国家也先后表示愿意参加服务贸易谈判。

2. GATS 产生的过程

(1) 乌拉圭回合关于服务贸易的谈判。

在美国等发达国家的积极倡导之下,1986 年开始的关贸总协定乌拉圭回合首次将服务贸易列入议题，并展开谈判，目标是为服务贸易的自由化制定各缔约方普遍遵守的国际服务贸易规则。然而，由于服务贸易涉及面广、情况复杂，谈判过程十分艰难。1986年10月正式开始的多边服务贸易谈判直至1990年7月才取得实质性成效。经各方磋商，在广泛吸纳各方意见的基础上拟定了《服务贸易多边框架协议草案》。1990年12月，在布鲁塞尔召开的关贸总协定部长级会议上将该"草案"更名为《服务贸易总协定》（GATS），在此基础上各方就部门承诺展开深入谈判。1993年12月15日最终成功地结束了长达7年之久的乌拉圭回合多边贸易谈判，并于1994年4月15日在马拉喀什由111个国家和地区签署了乌拉圭回合谈判最终协定。GATS成为其中最重要的贸易协定之一。

GATS首次确立了有关服务贸易规则和原则的多边框架，以便在透明和渐次自由化的条件下扩展国际服务贸易。总协定在尊重国家政策目标的情况下，通过旨在促进所有参与国的互惠利益和确保权利与义务总体平衡的基础上，为服务贸易逐渐达到更高水平的自由化奠定基础。

（2）服务贸易自由化的后续谈判和成果。

WTO自1995年1月1日成立以来，一直致力于继续乌拉圭回合谈判的未尽议题，其中，关于服务贸易具体部门的分项谈判是这些议题中的重头戏。目前，WTO已在金融服务、基础电信和信息技术三方面实现了历史性突破，取得了重要成果。其中《全球金融服务协议》于1999年3月1日起生效，《全球基础电信协议》于1998年1月1日生效，《信息技术产品协议》于1997年7月1日生效。WTO所达成的这三项关于服务贸易的协议，不仅将服务贸易自由化原则向具体成果方面推进了一大步，同时，也将对世界经济产生重要影响。尽管这三项协议目前仅对签约方有约束力，但由于签约方所控制的有关贸易额在全球的相关贸易额中占绝大多数，因此，这三项协议所确定的内容在不久的将来也会成为WTO全体成员的义务和承诺。

5.2.2 GATS的主要内容

GATS有广义和狭义之分。狭义的GATS仅指协定本身（框架协议条款）。广义的GATS还包括与服务贸易有关的附件及补充协议、决议。

1. 框架协议条款

框架协议条款是适用于所有成员的一般规则与纪律的原则性框架文件，即GATS条款，它包括序言和6个部分共29个条款，明确了制定服务贸易的各项原则、多边规则的基本宗旨，规定了适用于所有成员方的基本权利和义务。

（1）序言。

简短的"序言"确定了各成员参加及缔结GATS的目标、宗旨及原则。①目标。序言指出WTO全体成员对服务贸易的认识、希望和考虑。首先，全体成员"认识到服务贸易对世界经济的增长和发展日趋重要"，"认识到所有成员方为了符合国内政策的目标，有权对其境内所提供的服务制定和实施新的规定，并考虑在制定服务贸易法规时，不同国家存在不同的发展程度，发展中国家可根据其特殊需要实施该项权利"。其次，序言提出两点希望：一是"希望在适当考虑国内政策目标时，通过连续不断的多边谈判，促使各成员方在互利的基础上获益，并保障权利与义务的全面平衡，使服务贸易自由化推向更高阶层从而早日取得成功",二是"希望有助于发展中国家在国际服务贸易中的更多参与和扩大服务贸易出口,特别是通过提高他们国内服务的能力、效率和竞争力"。最后,序言申明"鉴于最不发达国家特殊的经济状况以及他们在发展贸易和财政上的需要,对他们的严重困难应予以特殊考虑"。②宗旨。序言明确了签订GATS的宗旨是实现服务贸易自由化。③原则。作为一个重要特点,GATS把规定的义务分为两种:一是一般性义务,二是具体承诺义务。前者适用于各个部门,后者指必须经过双边或多边谈判达成协议后才承担的义务,这些义务只适用于各成员承诺开放的服务部门。GATS规定的义务是以一般原则的方式体现的。这些原则包括:最惠国待遇原则、国民待遇原则、透明度原则、市场准入原则、发展中国家更多参与原则、逐步自由化原则。

(2) 六个部分。

① 范围和定义(Scope and Definition),就协定中的服务贸易予以界定。范围限定于"适用于成员方为影响服务贸易所采取的各项措施",主要是指每一成员方的中央和地方政府或由当局授权的非政府团体(如商会),应尽可能采取适当的措施以确保在其境内履行职责。GATS所指的"服务"是除政府服务之外的一切服务,即一国政府行政服务(包括驻外使领馆人员的服务)不在GATS所指"服务"的范围之内。GATS对服务贸易的定义,是指服务贸易提供方式,即过境交付、境外消费、商业存在和自然人流动。

提示

在GATS之前,国际上对"服务贸易"一直没有一个统一的概念。

GATS中关于"服务贸易"的定义是相当宽泛的,这种规定利弊并存。其有利性表现在:总协定的界定是目前为止对服务贸易的定义中最简单明了、最有助于对服务贸易进行分类和描述的定义,它的确定对服务贸易的发展和管理产生重要影响。同时,这样宽泛的定义会产生一些复杂问题,如使人们难以确定所交易服务的"原产地",这种情况所造成的混乱尤其表现在投资方面。由于全球化的影响和设立机构的贸易性质,分辨服务贸易的所有权是较为困难的。

② 一般责任和纪律(General Obligations and Disciplines)。确定了服务贸易应遵循的几项基本原则,本部分内容包括最惠国待遇、透明度、发展中国家更多参与、经济一体化、国内规定、对服务提供者资格的承认、垄断与专营服务、商业惯例、保障措施、支付与转移、政府采购、协定一般纪律与责任的例外、补贴等条目。

③ 具体承诺(Specific Commitments)。这是该协定的中心内容,包括"市场准入"(Market Access)和"国民待遇"(National Treatment)两个方面,规定了各成员应承担的特定义务。该部分规定了一参加方在承担具体的服务市场开放义务时所应遵循的一些原则,包括市场准入和国民待遇。市场准入指"当一参加方承担对某个部门的市场准入义务时,它给予其他参加方的服务和服务提供者的待遇,应不低于其在具体义务承诺表中所承诺的待遇,包括期限和其他限制条件"。国民待遇在总协定中不是适用于所有部门,而是针对每一参加方在承诺义务的计划表中所列的部门。另外,每个行业规定的国民待遇条款不尽相同,而且一般都要通过谈判才能享受,所以各国在谈判中给予其他参加方国民待遇时,都附加了条件。这是服务贸易国民待遇与货物贸易国民待遇的根本区别。

④ 逐步自由化（Progressive Liberalization）。主要确定服务贸易自由化的进程安排和具体承诺表制定的标准，规定各成员尤其是发展中国家服务贸易自由化的原则及权利。根据这一条款，发展中国家不应该被要求承担与其发展目标和技术目标相抵触的自由化方式，而且发展中国家的逐步自由化应根据他们的市场竞争能力和服务出口的实际水平来掌握，而不应由假想的市场机会来评价。对于最不发达国家，条款还规定应考虑他们的严重困难，只要求他们承担与其自身发展、金融和贸易需要或管理和机构能力相适应的义务和减让。

⑤ 制度条款（Institutional Provisions）。主要内容有协商机制、争端解决与执行、服务贸易理事会、技术合作及与其他国际组织的关系等。本部分主要阐述争端解决问题，强调参加方应积极合作，通过协议解决服务贸易争端。

⑥ 最终条款（Final Provisions）。内容是就该协定中的重要概念做出定义，并主要规定了加入和接受规则，并指出了协定的不适用状况及利益的否定和协定的退出。

2. 与服务贸易有关的附件、补充协议、决议

与服务贸易有关的附件、补充协议、决议，主要包括以下4个部分。

（1）附录。

在GATS的文本之外，还有第二十九条的"附录"。附录涉及各个具体服务部门特殊情况。这些附录包括：①关于免除第2条义务的附录；②根据本协定自然人提供服务活动的附录；③空中运输服务的附录；④金融服务的附录；⑤金融服务的附录二；⑥海运服务谈判的附录；⑦电信服务的附录；⑧基础电信谈判的附录。这些附录作为GATS的重要组成部分，充实和补充了总协定的若干内容，目的在于对上述部门如何实施总协定的原则或规则做出更具体的规定。

（2）初步承诺单。

又叫初步自由化承诺减让表，简称减让表（Schedule），是各国在谈判的基础上提交的开放市场的承诺，其内容是各参加方在双边谈判的基础上承诺的关于市场准入和国民待遇的义务，附在GATS之后，是框架协议的重要组成部分，具有法律约束力。乌拉圭回合谈判的各参加方只有提交了初步承诺单，才能成为GATS的成员。

服务贸易的国民待遇不是自动获得，而是靠谈判，也可以不做承诺。承诺包括水平承诺和具体承诺两部分。水平承诺（Horizontal Commitments）是12个服务贸易部门都要遵守的共同承诺。凡签订服务贸易总协定的WTO成员均须做出水平承诺，包括对与服务贸易直接相关的外资企业及与外方合资企业做出定义，并规定了不同服务领域中的土地最长使用期限、在本国境内的外国代表机构设置、其雇员的居留方式及期限等。具体承诺（Specific Commitments）即按照GATS的统一要求，各国需要按照准备开放的服务行业领域，就不同的服务贸易提供方式，依据国内立法、分门别类地做出具体承诺，并列入减让表。

减让表是一个国家用以表明它将履行服务贸易总协定的市场准入和国民待遇义务以及它希望继续免除这些义务的服务部门的文件。它所做出的承诺和限制被按照所定义的四种提供方式填入该表中。当一个政府做出一项承诺时，它就从法律意义上规定了减让表中所标明的市场准入和国民待遇水平，并将不再出台可能会限制市场准入和国民待遇的新措施。如果一个成员被认为没有履行它在服务贸易总协定中的具体承诺，将适用争端解决与执行条款解决。承诺方式可分为3种类型：①没有限制（None）；②不作承诺（Unbound）；③一定范围或者有预设条件的限制。其中①和③属于"约束承诺",即减让表中有关的服务在以确定的方式提供时,它所获得的待遇将不低于减让表中列明的水平。②不做承诺意味着该成员不承担任何义务,保留充分的自由。

我国就 GATS 正式签署的服务贸易减让表,不包括"健康与社会服务"和"娱乐、文化与体育服务"领域,只对教育服务等 9 个领域进行了承诺。

(3) 关于服务贸易自由化的九项有关决议。

包括:GATS 中机构安排的决议,对 GATS 中某些争端处理程序的决议,有关服务贸易和环境的决议,关于自然人流动问题谈判的决议,关于金融服务的决议,关于海运服务谈判的决议,对基础电信谈判的决议,有关专家服务的决议共八项部长会议决议和有关金融服务承诺的谅解书协议。

(4) 在 WTO 成立后的后续谈判过程中所达成的三项协议。

即《全球金融服务协议》《全球基础电信协议》和《信息技术产品协议》三项协议。

5.2.3 GATS 规定 WTO 成员可援引的例外

灵活性是 GATS 的特征之一,主要表现为例外条款的规定,包括以下几项。

1. 紧急保障措施

GATS 第 10 条规定了紧急保障措施。主要指 WTO 成员在由于没有预见到的变化,或由于某一具体承诺而使某一服务进口数量太大,以至于对本国的服务提供者造成严重损害或产生严重损害的威胁时,可以部分或全部地中止此承诺以减缓或消除损害。但本条仅为初步规范,只对各成员方采取紧急保障措施进行谈判的期限提出了要求。

2. 为保障国际收支平衡的例外条款

GATS 第 12 条规定了保障收支平衡的例外。允许 WTO 成员在其国际收支严重失调和对外财政困难或因此受到威胁的情况下,就其做出具体承诺开放市场的服务贸易采取限制性措施,或对与这种服务贸易有关的支付或货币转移做出限制,尤其对金融地位比较脆弱的发展中国家,为实现其发展目标而维持其外汇储备的要求给予充分的考虑。但这些限制措施应满足以下条件:①不应在成员方之间造成歧视;②与国际货币基金组织协议一致;③应避免对任何其他成员方的贸易、经济和财政方面的利益造成不必要的损害;④不超过为解决收支困难而必要的程度;⑤应当随着国际收支状况的好转逐步取消限制措施。

各成员方援用保障国际收支平衡这一例外对服务贸易进行限制,应符合以下程序要求:①立即通知服务贸易理事会;②迅速与国际收支平衡限制委员会进行磋商,以便其审查限制措施是否符合上述要求;③WTO 部长会议应建立定期协商程序,对有关成员方的国际收支状况和限制措施进行评估,以便向有关成员方提供建议;④如该成员方不是国际货币基金组织的成员,但愿意适用本条的规定,则部长会议应建立必要的审查和其他程序。

另外,在决定此类限制的影响时,成员方应对他们的经济或发展计划较为重要的服务给予优先考虑,但不得为维持和保护某一特定部门的利益而采取这项措施。

3. 政府采购与补贴

政府采购是各国在货物贸易和服务贸易中一种较为普遍的行为,也是一种可能阻碍贸易自由化的做法。GATS第13条规定，原则上该协定有关国民待遇和市场准入的各项规则不适用于成员方涉及政府采购的法律、规章和要求；不过政府采购只能是为政府的目的，用于商业转卖或服务提供中商业销售的政府采购不在其内。此外，第13条还规定，成员方应在世界贸易组织协定生效之日起两年内就服务贸易协定中的政府采购问题进行多边谈判。

如同政府采购一样，各国特别是发展中国家都有服务补贴的做法。正如GATS第15条所指出的"各成员方承认，在一定情况下，补贴会对服务贸易产生扭曲效果"。为此，各成员方应举行谈判来制定必要的多边纪律，以避免这种贸易扭曲效果。这类谈判还应针对反补贴程序的适当性问题，应承认补贴对发展中成员方在其发展计划中的作用，应灵活考虑成员方特别是发展中成员方的需要。为使谈判顺利进行，成员方应交换有关各自为其国内服务提供者提供补贴的情况，当某一成员方认为它受到另一成员方所采取的补贴的不利影响时，可请求后者就此事项进行协商，此项请求应给予同情的考虑。

4. 一般例外和安全例外

GATS第14条规定的一般例外和安全例外条款的基本内容源于《关税与贸易总协定》，同时也是WTO几乎所有多边协定的一般规定。总协定允许成员方出现以下原因对服务贸易采取必要的限制措施：为维护公共道德或维持公共秩序；为保护人类、动植物的生命和健康；为防止欺诈与假冒行为或处理合同的违约事情；保护个人隐私和有关个人资料的处理与扩散，以及保护个人记录和账户的秘密及安全问题，不得要求任何成员方提供公开后会使其基本安全利益遭受不利的资料；不得阻止任何成员为保护其基本安全利益而有必要采取的行动，如直接或间接地为军事设施提供的服务；有关裂变、聚变材料或提炼这些材料的服务；在战时或国际关系中其他紧急情况期间采取的行为；不阻止任何成员为履行联合国宪章下的维护国际和平与安全的义务而采取的行动。

除此之外，GATS还有两款关于征税问题的例外。它规定，为确保公正、有效地对其他成员方的服务和服务提供者征收直接税（包括所得税和资本税等）而实施差别待遇不作为违反国民待遇对待；一成员方因避免双重征税而实施差别待遇不作为违反最惠国待遇对待。

5.2.4　GATS的重要意义

GATS的制定是关贸总协定成立以来在推动世界自由贸易问题上的一个重大突破，它将服务贸易纳入多边贸易体制，使多边贸易体制更加完善，将对全球服务贸易的发展产生重大影响。首先，它是国际服务贸易迈向自由化的重要里程碑。在GATS签订之前，国际贸易自由化主要集中于商品（货物）领域，对服务贸易的自由化一直没有统一的规范。GATS的诞生为服务贸易的自由化第一次提供了制度上的保障。其次，GATS对发展中国家给予了适当的照顾。GATS有不少条文专门针对发展中国家。这些条文为发展中国家提高对国际服务贸易的参与度、增强服务业的竞争力、扩大服务贸易出口提供了优惠，特别是在最惠国待遇、国民待遇、透明度、市场准入、逐步自由化、经济技术援助等方面，都对发展中国家做出了照顾性的特别规定。最后，还有利于促进各国在服务贸易方面的合作与交流。GATS使各成员方从对服务贸易的保护转向逐渐开放，并倾向于不断加强合作与交流。特别是在透明度条款和发展中国家更多参与条款中关于提供信息、建立联系点的规定，更有利于各成员方在服务贸易领域的信息交流与技术合作。另外，定期谈判制度的建立，也为成员方提供了不断磋商和对话的机制和机会，使各成员方更倾向于采取积极合作的态度。

5.3 国际技术贸易

5.3.1 国际技术贸易的概念

技术主要是指 3 项内容：①产品的制造方法，即采用的工艺或提供的服务或技能。②技术情报，又称技术信息。③设计、安装、开办、维修或管理工厂或工商业的专门知识或服务等。作为人类智力劳动的产物，技术也是经济物品，与其他经济物品一样也可以转让。国家间的技术转让包括两种类型：非商业性的技术转让和商业性的技术转让。前者为无偿技术转让，包括政府及民间机构之间的技术援助、技术交流等方式；后者为有偿技术转让，指政府机构或企业间以盈利为目的进行的技术转让，主要通过经济合作和贸易两种方式进行。以经济合作方式进行的技术转让是指一方以技术作为股本与另一方进行的合资或合作，而以贸易方式进行的国际技术转让就是国际技术贸易。

具体而言，国际技术贸易是指不同国家的企业、经济组织或个人之间，按一般商业条件转让技术使用权的贸易行为，是国际贸易的重要组成部分。《中华人民共和国对外贸易法》明确规定，国际技术贸易是与货物贸易、服务贸易相并列的一种贸易方式。

国际技术贸易的内容（标的）主要包括 3 种：①专利，②商标，③专有技术。

5.3.2 国际技术贸易的特征

与国际货物贸易相比，国际技术贸易的特征见表 5-2：

表 5-2 国际技术贸易与国际货物贸易的比较

比 较 项 目	国际技术贸易	国际货物贸易
贸易对象	无形商品（知识）	有形商品（货物）
转让的权利	使用权	所有权
价格的确定	受让方的经济效益和研发费用	成本、费用、利润和供求关系
履约时间	较长	较短
涉及问题	复杂	简单
政府干预程度	较大	较小

5.3.3 国际技术贸易的类型

1. 许可贸易

许可贸易是国际技术贸易的主要方式，又称许可证贸易，是指专利权人、商标所有人或专有技术所有人作为技术许可方，将某项技术使用权通过签订的许可合同转让给被许可人，允许被许可方使用许可方拥有的该项技术，制造和销售产品，并由被许可方向许可方支付一定数额的报酬。

从许可贸易的对象看，许可贸易包括专利许可、商标许可、专有许可和混合许可。混合许可指专利许可、商标许可和专有许可中的两种或两种以上的组合。

根据授权性质的不同，许可贸易可以分为5种，其特点和区别见表5-3。

表5-3 许可贸易的种类

许可种类	授权性质	使用地域范围
普通许可	许可方保留使用权并可再转让给第三方	合同规定地域
排他许可	许可方保留使用权但不再转让给第三方	合同规定地域
独占许可	被许可方拥有独占的使用权	合同规定地域
分许可	被许可方可将技术使用权转让给第三方	合同规定地域
交叉许可	相互交换技术使用权	合同规定地域

2. 技术咨询与服务

技术咨询与服务是掌握技术的一方向另一方就某一技术问题提供技术咨询或服务，接受咨询或服务的一方支付一定的咨询或服务费。技术咨询的内容很广泛，有项目的可行性研究、效益分析、工程设计、施工、监督、设备的订购、竣工验收等。我国《技术引进合同管理条例施行细则》把技术咨询服务的内容归纳为三类：①项目的可行性研究或者工程设计；②雇用地质勘探队或者工程队提供技术服务；③就企业技术改造、生产工艺或者产品设计的改进和质量控制、企业管理提供服务或咨询。

有时技术咨询服务与许可贸易结合起来进行，在许可贸易中专列一条技术服务与协助条款，由许可方向被许可方提供技术服务。

3. 工程承包

又称交钥匙工程，是工程所有人委托工程承包人承诺按规定条件包干完成某项任务，完成后交付给工程所有人。通常工程承包人要求承担工程设计、土建施工，提供机器设备、负责安装，提供原材料、技术，培训人员，提供投产试车及质量管理全过程的设备和技术。工程承包是一种综合性的国际经济技术合作的方式，其中包含大量的技术转让内容，是国际技术贸易的一种常见方式。当然，如果某个工程承包项目只是一个劳务合作并伴随着货物买卖，如建筑材料，并不包含技术转让内容，则不属于国际技术贸易的范畴。

4. 合作生产

合作生产是指不同国家之间两个以上的当事人，根据所签定的合同相互配合、共同合作生产某种产品，或合作研究某个项目，或联合设计某种产品的一种经济合作和技术转让相结合的形式。包括共同制订生产计划、转让生产技术、双方人员共同研制以及相互提供零部件等。合作生产作为一种技术转让的方式，可使双方发挥各自技术优势。通常在合作生产中，由技术较强的一方提供生产该产品的技术，另一方按技术生产出符合标准的产品。合作生产中所需要的原材料、加工设备、劳务等，都按国际市场价格计算成本，互相结算。

5. 补偿贸易

补偿贸易是指贸易的一方向另一方提供技术、机器设备、原材料、技术服务等,在一段时间内,由另一方用进口的技术、设备和原材料所生产的产品,或所得的利益进行偿还的一种贸易方式。显然,补偿贸易带动着两种内容不同的贸易:技术贸易和货物贸易。

6. 与设备相结合的技术贸易

一般来说,技术贸易的内容主要是非物质形态的知识,但在实际业务中,购买成套设备或整条生产线时,往往带有技术上的引进。因此,设备与技术结合在一起的贸易也属于技术贸易的一种类型。

5.3.4 国际技术贸易的发展

1. 当代国际技术贸易发展的新趋势

第二次世界大战后,技术进入高速发展阶段,国际技术贸易也得到了空前的发展。从全世界范围来看,主要表现在以下几个方面。

(1) 贸易规模迅速扩大。全球技术贸易总额,20 世纪 50 年代中期为 5 亿~6 亿美元,1985 年为 500 亿美元,1990 年为 1 200 亿美元,1995 年为 2 600 亿美元,到 2000 年激增至 5 000 亿美元,2003 年越过万亿美元大关,平均每 5 年翻一番,其增长速度不仅快于货物贸易,也快于一般服务贸易。

(2) 贸易主要在发达国家间进行。目前,美国、欧盟和日本是国际技术贸易的主要市场,西方发达国家占了世界技术贸易总额的 80%左右,其中美国一家占比达 25%。

(3) 跨国公司控制了绝大部分国际技术贸易。

(4) 国际技术贸易结构在调整。其表现为:①国际技术贸易在向信息技术等软技术倾斜;②高新技术贸易逐渐繁荣,以电子技术、生物工程新材料为主的高新技术产品自 20 世纪 90 年代以来逐渐成为国际技术贸易的重要对象;③环境技术贸易逐渐兴起。

2. 战后国际技术贸易迅速发展的原因

(1) 科技进步是推动国际技术贸易迅速发展的原动力。

(2) 跨国公司的兴起是促使国际技术贸易迅速发展的重要原因。

(3) 技术输出国可以通过技术输出获得很大的经济利益,促使技术拥有者对技术贸易持积极态度。尤其是在技术进步速度加快、产品生命周期缩短的情况下,通过技术输出可以延长技术的生命周期。另外,对发达国家而言,凭借其技术优势,发展技术出口贸易还可以带来可观的外汇收入,弥补货物贸易的逆差。

(4) 对技术进口国而言,引进技术有利于加速国内经济和科技发展。从国外引进技术的有利之处表现在:一是可以节省研发费用;二是可以节省掌握先进技术的时间,不必重复别人已经做过的工作;三是可以提高国内生产力,提高劳动生产率,增强出口竞争力;四是对引进的先进技术进行消化吸收可以推动本国的技术进步,培养和壮大技术力量,提高自主研发能力。

3. 对国际贸易中知识产权的保护

随着科技的高度发展,智力成果的国际市场不断扩大。国际贸易(包括国际技术贸易)

中侵犯知识产权的行为开始泛滥,严重侵害了知识产权拥有人的权益。对知识产权进行国际保护,已经成了国际社会的普遍要求。对知识产权的保护,包括国家单边保护和国际保护。

(1) 知识产权的国家单边保护。

世界各国,尤其是科技发达的发达国家往往通过知识产权法律对知识产权进行自我保护,其中美国的做法十分突出。具体而言,美国的国家单边保护主要通过两个法律条款进行:第一是"337条款"。美国《1930年关税法》中的第337条款也称为"不公平贸易做法"条款,旨在对一切形式的对知识产权的不公平进口做法提供法律上的救济与保护。这些不公平进口包括,专利权受到侵害;商标权受到侵害;著作权受到侵害;擅自使用贸易机密;盗用商品外观;冒充真货;错误广告;伪标产品来源;灰色市场进口;违反反托拉斯法;贬抑对方产品和贸易诽谤。该条款允许知识产权所有人向美国国际贸易委员会提出申请,为被上述侵害行为提供法律补救。如美国国际贸易委员会经过调查,确定进口产品侵犯了美国现有的或正在建立过程中的有效专利,就可以发布"停止侵权令"或"禁止进口令"。只要该专利、商标权、版权或IC芯片登记权仍然有效,禁止令也将保持其效力。337条款在关贸总协定乌拉圭回合后进行了修改,仍然在执行。第二是"特殊301条款"。根据该条款的规定,美国贸易代表署应确定哪些国家剥夺知识产权,未能保护美国公民"公正与平等地进入其市场的机会",并在其中确定出重点国家,以便对其进行报复。

(2) 知识产权的国际保护。

一个多世纪以来,在WTO及其前身等国际组织的领导下,国际社会积极制定国际规则,为知识产权提供保护。这些国际规则包括《世界知识产权组织公约》《巴黎公约》《马德里协定》《马德里议定书》等一系列国际公约。

5.4 《与贸易有关的知识产权协定》(TRIPS)简介

5.4.1 TRIPS的产生

20世纪80年代以来,世界贸易进入了持续高速增长时期。越来越多的国家认识到,促进本国出口贸易的增长,对于本国的经济增长和就业是至关重要的。以美国为代表的货物贸易逆差国认为,加强知识产权保护,不仅可以通过知识产权的转让和许可促进无形贸易的增长,而且可以打击冒牌产品和盗版商品,使附有知识产权的美国产品的出口大幅度增长,从而扭转货物贸易的逆差。同时,原有的知识产权公约已经不能适应国际贸易发展的需要了。在这样的背景下,在美欧等发达国家的强烈坚持下,知识产权的保护问题进入了关贸总协定乌拉圭回合的议题。1993年乌拉圭回合结束时正式签署了《与贸易有关的知识产权协定》(TRIPS),1995年1月开始生效。

TRIPS是对近两个世纪以来国际知识产权保护制度的总结和发展,第一次把国际贸易问题与知识产权联系在一起。

5.4.2 TRIPS的主要内容

1. 目标及基本原则

TRIPS的基本目标是:加强关贸总协定及其基本原则的作用,给知识产权以必要而不过分的保护，并充分考虑发展中国家的具体发展阶段及其必要的差别待遇，从而推动国际贸易的发展。

关贸总协定中的最惠国待遇原则和国民待遇原则也是 TRIPS 所确认的基本原则。另外，TRIPS 还要求，成员方在实施 TRIPS 的规定时，不得有损于成员方依照《巴黎公约》《伯尔尼公约》《罗马公约》和《集成电路知识产权条约》等已经承担的义务。

2. 知识产权的范围与标准

TRIPS 所界定的知识产权范围包括以下 8 个方面。

(1) 版权及有关权利。主要内容：缔约方给予作者的经济权利应与《伯尔尼公约》所特别准予的权利相一致；对计算机程序，无论是源码或目标码，将根据《伯尔尼公约》作为文字产品予以版权保护；计算机程序与电影作品的作者及其继承人有权准许或禁止其原著被商业性出租或复制。

(2) 商标权。主要内容：商标权基于注册或使用而取得；注册商标的所有人拥有独占权；驰名商标应受到特别的保护；商标的首次注册及各次续展注册的保护期均不得少于 7 年；商标的续展注册次数没有限制。

(3) 地理标志。主要内容：禁止在贸易中使用假冒原产地的商标标志；成员方应对地理标志提供保护，包括对含有虚假地理标志的商标拒绝注册或宣布注册无效。

(4) 工业品外观设计。主要内容：缔约方应对工业品外观设计提供保护，受保护的工业设计的所有者，有权阻止第三方为商业目的未经所有人同意而生产、销售或进口工业设计产权的标的物；工业品外观设计的保护期限应不少于 10 年。

(5) 专利权。主要内容：专利权是授予发明创造的，无论是产品还是工艺，包括所有的技术领域；基于保护人类、动物、植物生命或基于国家安全、公众利益、环境保护等理由，可不授予专利权；专利所有人享有专有权；专利权所有人有权转让和继承该项专利。

(6) 集成电路布图设计。主要内容：缔约方应禁止为商业目的的进口、销售或以其他方式发行含有受保护的布图设计的集成电路或含有上述集成电路的物品。

(7) 商业秘密。主要内容：商业秘密具有实际的或潜在的商业价值，而且权利人已采取合理措施保护其机密性的信息；除非基于公共利益的考虑，缔约方应在其国内立法中为厂商的商业秘密提供保护。

(8) 许可合同中的限制性条款。主要内容：缔约方一致认为，一些限制竞争的有关知识产权的许可合同或条件对贸易起阻碍作用，且妨碍了技术的转让与传播；允许缔约方在其立法实践中限制构成滥用知识产权，对有关市场的竞争形成负效应的许可合同或条件。

3. 知识产权的保护

TRIPS 规定，缔约方应保证其国内法中规定的有效及适当的实施程序，以禁止对受本协定保护的知识产权的侵权行为，包括采用有效及时的补救措施来阻止或防止侵权行为。为了及时制止侵权行为，TRIPS 还规定了法院可以采取必要的形式性措施。TRIPS 还规定，对知识产权的故意或过失侵权行为，知识产权所有人有权就其所受损害对侵权人索偿。

5.4.3 TRIPS 对发展中国家的影响

TRIPS 对发展中国家有利也有弊。不利的是严厉的知识产权保护制度阻碍了发展中国家模仿、借鉴发达国家先进技术，使得发展中国家的"后发优势"难以发挥出来，导致发展中国家与发达国家的经济技术发展水平的差距越来越大；另外，受知识产权保护的价格昂贵的高新技术产品和药品等，对原本比较贫穷落后的发展中国家而言，无疑是雪上加霜。有利的是严厉的知识产权保护在一定程度上促使发展中国家痛下决心，依靠自己的力量搞研发，搞技术创新，并形成尊重知识、重视创新的良好社会氛围；另外，完善的知识产权保护法律制度将有助于发展中国家改善投资环境，增强对外资尤其是对高新技术的外资的吸引力，从而促进本国经济技术的发展，缩小与发达国家的差距。

所以，TRIPS的签订以及对知识产权保护的加强，从短期来看，对发展中国家的经济技术发展并非有利；但从长远来看，随着经济全球化趋势的发展，严格的国际知识产权保护已经成为历史的必然，发展中国家也应顺应历史潮流，最终也会从知识产权保护中获益。

  本章小结

本章首先介绍了国际服务贸易的概念、特征、类型和发展趋势，简单介绍了GATS。然后介绍了国际技术贸易的概念、特征、类型与发展趋势，简单介绍了TRIPS。

  背景知识

国际技术贸易的国际规定

在国际技术贸易实践中，技术出口方往往凭借其技术优势地位，迫使技术引进方接受种种不公平的限制条件，这种现象在国际上逐渐普遍化而成为国际技术贸易中的限制性商业惯例。显然，这种限制性商业惯例阻碍着国际技术贸易的发展。为此，许多发展中国家要求联合国主持制定一项国际性的技术转让条例。

1978年10月，联合国大会委托联合国贸易与发展会议负责起草《国际技术转让行动守则》（以下简称《守则》），此后经多次修改。《守则》草案规定，国际技术贸易交易各方的谈判地位应均衡，任何一方不应滥用其优势地位，特别是涉及发展中国家的技术转让，从而达成彼此满意的协定。《守则》还规定了技术转让当事各方应避免在合同中采用的20条限制性惯例。但代表技术转让方利益的一些发达国家千方百计想使限制性惯例在《守则》中合法化，而以77国集团为首的发展中国家为维护技术引进方的利益而与发达国家进行了针锋相对的斗争，终因双方分歧太大导致该守则未能通过。但《守则》草案总结了国际技术转让的一些做法，提出了技术转让的普遍遵守的原则，在国际上有较广泛的基础，对指导国际技术转让、建立良好的国际技术转让新秩序有重要的意义。

  习　题

1. 单选题

（1）外资银行来华设立分支机构属于国际服务贸易中的（　　）。
　　A. 过境交付　　　B. 商业存在　　　C. 自然人移动　　　D. 境外消费

（2）烦琐的出入境手续属于国际服务贸易壁垒中的（　　）。

A. 产品移动壁垒　　　　　　　　B. 资本移动壁垒
C. 人员移动壁垒　　　　　　　　D. 开业权壁垒

(3) 去国外旅游属于国际服务贸易中的（　　）。
A. 过境交付　　B. 商业存在　　C. 自然人移动　　D. 境外消费

(4) 下列不属于国际服务贸易特征的是（　　）。
A. 消费过程的国际性　　　　　　B. 贸易主体的多重性
C. 营销管理的复杂性　　　　　　D. 保护方式的公开性

(5) 许可方可以保留技术的使用权但不能再将该技术使用权转让给第三方的是（　　）。
A. 普通许可　　B. 分许可　　C. 独占许可　　D. 排他许可

2. 多选题

(1) 国际服务贸易壁垒包括（　　）。
A. 产品移动壁垒　　　　　　　　B. 资本移动壁垒
C. 人员移动壁垒　　　　　　　　D. 开业权壁垒

(2) 国际技术贸易的类型包括（　　）。
A. 许可贸易　　B. 技术咨询　　C. 交钥匙工程　　D. 合作生产

(3) 国际技术贸易的标的包括（　　）。
A. 专利　　B. 商标　　C. 专有技术　　D. 技术诀窍

3. 简答题

(1) 相对国际货物贸易而言，国际服务贸易有哪些特征？
(2) 国际技术贸易有哪些特征？
(3) 为什么会产生服务贸易壁垒？
(4) 服务贸易壁垒是以什么形式存在的？

4. 论述题

(1) 论述当代国际服务贸易发展的新趋势及其对我国发展服务贸易的启示。
(2) 论述第二次世界大战后国际服务贸易迅速发展的原因。

5. 案例分析

(1) 根据案例 5-1 所提供的资料，试分析：

① 环球嘉年华的服务贸易提供方式属于 GATS 规定的 4 种提供方式中的哪一种？为什么？

② 环球嘉年华"不停迁徙、时时创新"的经营模式与迪士尼的固定"主题公园"的经营模式相比，各有什么优势和劣势？哪种模式更有可能成为将来游乐业经营的主要趋势？

③ 环球嘉年华在经营方式上有哪些地方值得我国娱乐业借鉴和学习？

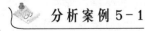

分析案例 5-1

国际文化娱乐服务业的一朵"奇葩"——环球嘉年华

(1) 环球嘉年华的由来。环球嘉年华成立于 2001 年 5 月，被誉为是除迪士尼和环球影城之外的世界第三大娱乐品牌。作为世界上最大的巡回移动式游乐场，其运营方式不同于迪士尼和环球影城。环球嘉年华的经营地是向当地政府租借使用的，使用期限即为活动时间，大致在1~2个月之间。环球嘉年华的创始人之一、公司董事斯迪文斯（Billy Stevens）是英国娱乐集会（Funfair）第六代传人。娱乐集会是一种短期的、小型的移动游乐园活动。大约10年前，随着欧洲经济的低迷，在欧洲运营中的中小游乐园企业开始大量倒闭。斯迪文斯发现其主要原因是服务产品相似，经营模式雷同。于是，他开始把眼光投向海外，找寻欧洲以外的发展机会。没有搞烦琐的市场调查，也没有对全球经济和区域经济进行严谨的专业分析。他表示，追逐繁荣，是他们家族代代相传的基因。10年来，斯迪文斯先后在新加坡、菲律宾、马来西亚、迪拜、匈牙利等地成立了11个分公司。之后，劳德斯（Hans Lodders）的加入，给斯迪文斯家族产业注入了新的生机，彻底解决了其生存问题。劳德斯早在1977年就到了香港，在香港工作生活了20多年，目睹了香港的繁荣和中国内地实行改革开放政策后的迅速崛起。退休后，极具商业头脑的劳德斯开始考虑如何继续搭乘亚洲经济发展这趟快车，与斯迪文斯追逐繁荣的想法是一拍即合。2001年5月，劳德斯和斯迪文斯共同投资注册成立了香港汇翔有限公司，开始运作环球嘉年华。

（2）环球嘉年华的经营奥秘。环球嘉年华的成功奥秘在于：不停迁移，不断更新游艺设施，以保持人们的新鲜感。新鲜感和有限的时间，可以获得最高的单位时间客流量。基于消费边际效用递减规律，嘉年华只购买少量如摩天轮、旋转木马之类经典的娱乐设备，而不断租借更换新式娱乐设备，使人们在游玩中获得的新鲜感一直保持在很高水平。此外，为了保持住人们对嘉年华的新鲜感，环球嘉年华总会在高潮的时候收拾行囊，把所有的游艺设备迁移到另一个城市，无论当地的人们对这些惊呼狂叫的游戏是多么喜爱和恋恋不舍。

（3）在这么短的时间内，面对这么一大笔不能逐步摊销的成本，环球嘉年华是如何取得赢利的呢？在上海环球嘉年华近5万平方米的场地中，所能看到的世界级游艺设备只有三四个，加上旋转木马、儿童滑梯等游艺设备，也不超过20个。面对每天数万人的流量（现场经常出现玩一个项目要排队2小时），可以想象环球嘉年华靠这些硬设备赚到的钱，实在是有限的。实际上，与其说环球嘉年华是经营游乐园的高手，倒不如说是售卖毛绒玩具的天才。环球嘉年华向迪士尼公司购买毛绒玩具的版权，自己寻找合作制造商来生产毛绒玩具。在灯光和音乐的配合下，工作人员的欢呼声和中奖游客的尖叫声使得所有游客都忘记了毛绒玩具的成本和自己为之付出的金钱之间的不对称性。绝大多数人在付出了数百元的代价后，所得奖品的成本往往只有几十元。可以肯定的是，环球嘉年华的"软游艺"和"硬游艺"，无论从现金流还是从利润率来看，都是以"软游艺"为主。所以，环球嘉年华目前的商业模式是通过奇特的"硬游艺"项目吸引游客，通过高价售卖毛绒玩具获取大部分利润。

（4）环球嘉年华的启示。21世纪全球文化产业的竞争日益激烈，传统娱乐业将逐步让位于现代智慧娱乐业。文化娱乐业作为新产业结构的亮点之一，将成为最具经济增长潜力的行业。作为"政府推动、政策引导、社会参与、企业为主、市场运作"的一个成功模式，环球嘉年华繁荣了国际文化娱乐服务业，对我国娱乐业发展也不无启迪：嘉年华本身之所以具有强大吸引力，得益于不停迁徙与时时创新的经营理念，以"硬游艺"吸引游客、"软游艺"获取利润的经营方法也是精确分析游客心理感受而把握得恰到好处的经营模式。随着我国服务业的对外开放，国际上众多的文化娱乐企业也会进入我国，不仅带给国人新式娱乐体验，而且可以带来一些先进的文化娱乐产业经营模式和理念，在一定程度上促进我国服务业和国民经济的发展。

资料来源：吴彦，李晓明. 环球嘉年华的成功奥秘：不停迁徙、时时创新［J］. 上海商

业，2004（1）.

(2) 根据案例 5-2 所提供的资料，试分析：

① 国际服务贸易的自由化在多大程度上有利于印度软件产业的兴起？后者对前者是否也有一定的推动作用？

② 国际服务贸易的自由化对服务进口国、出口国各有什么利益？

③ 当前国际服务贸易中还存在许多壁垒，包括印度在内的许多发展中国家在服务出口时应怎样面对呢？

 分析案例 5-2

印度软件产业的服务出口

（1）印度软件产业及其服务出口的快速发展。印度作为一个文盲率很高、相对贫穷的国家，人们很难想象它有能力建立起像电脑软件这样的高技术主体产业。然而，仅仅十几年，印度软件产业从不引人注意到成为全球软件行业的一支重要力量，使所有怀疑者深感震惊。在 1992—1997 年间，印度软件公司的销售综合增长率达到每年 53%。1992 年，该产业销售总额 3.88 亿美元，到 1997 年销售额达到 18 亿多美元。1997 年年底，印度有 760 多个软件公司，雇用了 16 万名软件工程师，是世界上第三大软件人才集中地区。印度软件公司的销售增长主要源于出口增长，印度已成为仅次于美国的软件出口大国。据印度电子部和印度电子与计算机软件出口促进理事会公布的数字，1980 年印度软件出口额（包括服务）为 400 万美元，到 1997 年软件出口额（包括服务）达到 18.13 亿美元。许多外国软件公司正加大在印度投资软件开发经营，包括微软、IBM、甲骨文（Oracle）等美国著名的软件公司。

（2）印度软件业的发展条件。①虽然印度普遍教育水平低，但印度的中产阶级大多受过很好的教育，它的最高教育机构是世界级的，而且印度一直很重视工程学。从国际视角来看，一个有利因素是英语已成为印度大多数中产阶级的工作语言。②另外还有工资率因素，美国入门级编程员年收入可达 7 万美元；相比之下，印度的入门级编程员年薪为 5 000 美元，按国际标准非常低，但按印度工资标准已很高。尽管印度程序编制员的工资在快速上升，但其生产率上升更快，1992 年印度每个软件工程师生产率约为 2.1 万美元，至 1996 年已上升到 4.5 万美元。许多印度软件企业感到他们已接近软件开发实现规模经济所要求的大量需求的关键阶段，并在全球重要的合作伙伴和客户心目中取得了合法的正统地位。③政策的大力支持和正确引导。早在 20 世纪 80 年代中期，印度总理拉吉夫·甘地就强调：要把电子工业视为"国家的神经"，要"用电子和教育把印度带入 21 世纪"。为此，甘地政府制定了《计算机软件出口、软件发展和培训的政策》，此后又陆续推出了一系列放宽许可证、降低进口税的政策。从 20 世纪 80 年代开始，印度电子部软件发展局每年就有一笔专款用于开拓国际市场。除促进软件出口外，印度政府还通过兴建一批软件技术园来带动全国软件产业的发展，通过创造良好的投资环境来吸引更多的外国公司来印度投资。④卫星通信消除了与外国客户做生意的距离障碍。因为软件是一连串的 0 与 1 的电子信号，能以光速传递至世界任何地方而不必考虑运输成本。印度的地理位置使其与欧美企业合作往往可以占有时区的优势，印度公司正利用迅速扩大的国际市场寻求外来的软件服务市场，包括远距离维修市场，印度工程师能够在欧美公司用户睡觉时清除软件病毒、升级系统或整夜加工数据资料。⑤印度软件服务业出口具有的潜在利益的推动。

(3) 印度软件业服务出口的启示。印度从原先的工业化缓慢落后的内向型发展模式转向以软件业出口为增长点的外向型发展模式,为发展中国家成功发展信息产业做出了表率。但是印度软件产业的服务出口这个案例也有一些值得注意的因素:不能想当然地认为其他国家的贸易政策将变得越来越自由,特别是在人员流动方面。20世纪90年代初期,美国政府规定外国工作者需取得临时工作签证(H1-B签证),并把一年内发放的签证数限制在65 000个,这导致印度公司提供的自然人移动相对下降;到90年代末,为了应对美国信息技术部门日趋严重的劳动力短缺,才将1999年和2000年的年均签证上限增加到115 000个。

资料来源:林珏. 国际贸易案例集[M]. 上海:上海财经大学出版社,2001.

(3) 试结合表5-4,对2014年中国服务贸易的结构作简要分析。

 分析案例 5-3

表5-4 2014年中国服务贸易出口、进口分项目表

商品构成	出口			进口		
	金额/亿美元	比上年增减/%	占比/%	金额/亿美元	比上年增减/%	占比/%
总计	2 222.1	7.6	100.0	3 821.3	15.8	100.0
运输	383.0	1.7	17.7	962.0	2.0	25.2
旅游	569.1	10.2	25.6	1 648.0	28.2	43.1
通信服务	18.1	8.9	0.8	23.0	40.7	0.6
建筑服务	154.2	44.6	7.1	49.3	26.7	1.3
保险服务	45.6	14.1	2.1	225.0	1.8	5.9
金融服务	46.0	57.8	2.1	55.0	61.0	1.4
计算机和信息服务	183.6	19.0	8.5	85.0	42.0	2.2
专有权利使用费和特许费	6.3	−29.4	0.3	226.0	7.4	5.9
咨询	429.0	5.8	19.8	263.0	11.5	6.9
广告、宣传	50.0	1.9	2.3	38.0	21.2	1.0
电影、音像	1.8	22.3	0.1	9.0	15.0	0.2
其他商业服务	335.4	−7.1	15.5	238.0	19.0	6.2

资料来源:中国商务部服务贸易司 http://tradeinservices.mofcom.gov.cn/index.shtml?method=view&id=2849300 遵循WTO服务贸易的定义,不含政府服务。该分类不同于《国际服务贸易统计监测制度》2016年12月修订版。

第6章 贸易术语

学习目标

知识目标	技能目标
掌握贸易术语的含义，了解其产生、发展和作用 了解有关贸易术语的国际贸易惯例及其发展规律	初步具备分析贸易术语、认识有关国际贸易惯例发展规律的能力
识记各贸易术语项下买卖双方的主要义务和选用注意事项	能够比较各贸易术语的异同
理解风险提前转移等与交货有关的问题 理解正确选用贸易术语应考虑的因素	初步掌握正确选用贸易术语的技巧

知识结构

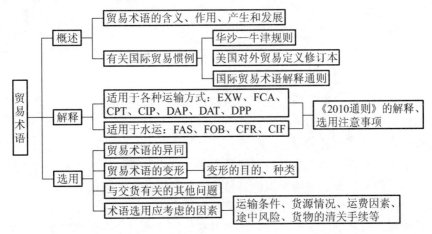

英国政府不签发出口许可证而未能装货出运引发贸易纠纷案

2001年，中国B公司从英国A公司进口一批货物，签订合同所使用的贸易术语为FAS LONDON，因英国政府不签发出口许可证而未能装货出运，引发贸易纠纷。裁决：根据1990年7月1日生效的《1990通则》，如果采用FAS术语，买方有义务"自担风险及费用领取出口、进口许可证或其他官方批准证件，并办理为货物出口、进口及必要时通过第三国所需的所有通关手续"。但是，根据2000年1月1日生效的

《2000通则》，如果采用FAS术语，"卖方必须自担风险和费用，取得任何出口许可证或其他官方许可，并在需要办理海关手续时，办理货物出口所需的一切海关手续。""买方必须自担风险和费用，取得任何进口许可证或其他官方许可，并在需要办理海关手续时，办理货物进口和从他国过境所需的一切海关手续。"根据双方签订合同时的本意，合同适用《2000通则》，因此，应由卖方负责出口许可证。

点评：在国际贸易中，交易双方享有合同赋予的权利，同时也要承担规定的义务。作为卖方，基本的义务是提交合格的货物和单据，转移货物的所有权；作为买方，对等义务是接受货物和支付货款。但是，在货物交接过程中，涉及许多风险、责任与费用的分担问题，如果逐项磋商，要耗费大量的时间、精力和金钱，为此，在长期的国际贸易实践中，逐渐形成了各种不同的贸易术语以及有关的国际贸易惯例。随着贸易实践的发展，贸易术语及其有关的国际贸易惯例是不断发展变化的。

讨论题：什么是贸易术语？有关贸易术语的国际贸易惯例有哪些？如何正确选用国际贸易术语？

本章介绍贸易术语的含义、作用、产生与发展、有关国际贸易惯例，详述《2010通则》对各贸易术语的解释，总结各贸易术语的特点及其选用注意事项。

6.1 贸易术语概述

6.1.1 贸易术语的含义和作用

贸易术语（Trade Terms）是在长期的国贸实践中产生的，用来表明商品的价格构成，说明货物交接过程中有关风险、责任和费用划分问题的，以文字或缩写字母表示的专门用语。

完整的国际贸易报价包含四个部分。例：USD 5000 PER PIECE CIF SHANGHAI, CHINA（每件5 000美元CIF上海，中国）。其中，CIF SHANGHAI, CHINA就是贸易术语。

在国际贸易业务中，贸易术语起着积极的作用。

（1）有利于买卖双方商定合同。每个贸易术语都有其特定含义，只要商定选用哪个贸易术语成交，即可明确彼此应承担的责任、费用和风险，有利于简化交易手续，缩短洽商的时间，提高交易效率，节省交易费用。

（2）有利于买卖双方核算成交价格和交易成本。由于贸易术语表示价格构成因素，所以买卖双方确定成交价时，必须考虑采用的贸易术语包含哪些附属费用，如运费、保险费、装卸费、关税、增值税和其他费用，这就有利于买卖双方比价。

（3）有利于解决贸易争议。必要时，可援引有关贸易术语的一般解释来处理贸易争议。

6.1.2 贸易术语的产生和发展

贸易术语是国际贸易发展到一定阶段的产物，是在国际贸易实践中逐渐形成的。

18世纪末19世纪初，出现了装运港船上交货的术语，即Free On Board（FOB）。当时的FOB，指买方事先在装运港口租用一条船，并要求卖方将货物交到买方所租船上，买方自始至终在船上监督交货，并检查货物，如果他认为货物与他先前看到的样品相同，就在当时当地偿付货款。随着科技的进步、运输和通信的发展，国际贸易的条件发生了巨大变化，为国际贸易服务的船公司、保险公司纷纷成立，银行参与了国际贸易结算业务。到19世纪中叶，以 CIF 为代表的单据买卖方式逐渐为国际贸易中的主要做法。之后，随着贸易发展的需要，贸易术语的数量、名称及内涵等都经历了很大的变化。

6.1.3 有关贸易术语的三个国际贸易惯例

在相当长的时间内，国际上没有形成对贸易术语的统一解释，容易引起当事人之间的误解、争议和诉讼，浪费了时间和金钱，影响了国际贸易发展。为了解决矛盾和分歧，国际法协会、国际商会等组织以及美国的一些商业团体经过长期努力，分别制定了解释国际贸易术语的规则，被广泛应用，从而形成了国际贸易惯例。目前，有关惯例主要有以下三种。

1. 1932 年华沙—牛津规则

《1932 年华沙—牛津规则》是国际法协会（International Law Association）专门为解释 CIF 合同制定的，供买卖双方自愿采用。19 世纪中叶，CIF 术语就在国贸中被广泛采用，但无统一的解释。为此，国际法协会于 1928 年在华沙举行会议，制定了关于 CIF 买卖合同的统一规则，共 22 条，称为《1928 年华沙规则》。此后，在 1930 年纽约会议、1931 年巴黎会议和 1932 年牛津会议上，相继将此规则修订为 21 条，称为《1932 年华沙—牛津规则》（*Warsaw - Oxford Rules 1932*，以下简称《规则》）。《规则》自 1932 年公布后沿用至今。

按《规则》，CIF 合同卖方的主要义务是：(1) 必须备妥合同规定的货物，在约定时间或期限内，依装运港的习惯方式将货装到船上。如成交时订售的是海上路货，已交给承运人保管；或为履行合同起见，卖方有权按合同规格买进海上路货时，卖方只需将该货划拨到买卖合同项下。(2) 负担货物损坏或灭失的风险，直到货物装上船时为止；如卖方有权将货物交给承运人保管以代替装船，直到从实际交给承运人之时起，风险转由买方承担。(3) 必须根据货物性质和预定航线或特定行业通用的条件，自费订立合理的运输合同，并以"已装船"提单或如果卖方有权提供的"备运"提单为证据。(4) 必须自负费用，向一家信誉良好的保险商或保险公司投保，取得海运保险单。除买卖合同特别规定外，该保险单须按特定行业或预定航线上的惯例承保所有的风险，除符合下述情况之一者外，卖方不负投保"战争险"的责任：A. 买卖合同有投保"战争险"的特别规定者；B. 货物装船或交给承运人保管前，卖方接到买方的通知，要求投保"战争险"者。同时，除另有约规定外，投保"战争险"费用应由买方负担。其保险金额按特定行业惯例予以确定；如无此惯例，保险金额应是运交买方货物的 CIF 发票价，减去货到时应付的运费（如有的话），再加 CIF 发票价（减去货到时应付的运费——如有的话）的 10% 预期利润。(5) 卖方应当通知买方，说明货物业已装船或交给承运人保管，如有可能应列明船名，并说明唛头和全部细节，通知费用由买方负担。如不曾收到此通知，或因疏忽没有通知，买方不得因此而拒绝接受卖方提供的单据。(6) 必须尽力发送单据，并有责任尽速以适当的方式将单据提交或使其得以提交给买方。

按《规则》，CIF 合同买方的主要义务是：在正当的单据被提交时，买方须接受单据，并按约定支付价款。买方有权享有检查单据的合理机会和作该项检查的合理时间。但在正当单据被提交时，买方无权以没有机会检验货物为借口，拒绝接受这种单据，或拒付价款。

2. 美国对外贸易定义修订本

美国 9 个商业团体于 1919 年在纽约制定了《美国出口报价及其缩写条例》。其后，因贸易习惯发生很多变化,在 1940 年举行的美国第 24 届全国对外贸易会议上对该定义作了修订,并于 1941 年 7 月经美国商会、美国进出口协会和美国全国对外贸易协会所组成的联合委员会通过,称为《1941 年美国对外贸易定义修订本》(*Revised American Foreign Trade Definitions* 1941,以下简称《定义》),解释的贸易术语共 6 种:①EX(Point of Origin)(产地交货);②FOB(Free On Board)(在运输工具上交货);③FAS(Free Alongside Ship)(在运输工具旁边交货);④CFR(Cost and Freight)(成本加运费);⑤CIF(Cost, Insurance and Freight)(成本加保险费、运费);⑥EX Dock(Named Port of Importation)(目的港码头交货)。目前,最新修订版是《1990 年美国对外贸易定义修订本》。

 提示

《定义》在美洲国家采用较多,它对贸易术语的解释,特别是对 FAS 和 FOB 术语的解释与《通则》有明显的差异,在同美洲国家进行交易时,应注意这一点。

3. 国际贸易术语解释通则

《国际贸易术语解释通则》(*International Rules for the Interpretation of Trade Terms*,INCOTERMS,以下简称《通则》)是国际商会(ICC)为避免和解决贸易中对最普遍使用的贸易术语所发生的纠纷而提供的一套对贸易术语进行解释的国际规则。

国际商会于 1919 年成立后,其首批举措之一就是促进国际贸易。国际商会在 13 个国家/地区研究,1923 年首次提出国际商业术语(International Commercial Terms,即 INCOTERMS 缩写的来源)。之后,国际商会将研究范围扩展到 30 多个国家/地区,1928 年发布研究结果,提高了国际商业术语的清晰度。1936 年国际商会首次公布《通则》。之后,由于业务发展需要,《通则》于 1953 年、1967 年、1976 年、1980 年、1990 年、2000 年、2010 年和 2020 年分别作了补充和修订。《2010 通则》于 2010 年 9 月 27 日公布,2011 年 1 月 1 日正式生效。《2020 通则》于 2019 年 9 月 10 日公布,2020 年 1 月 1 日正式生效。

 提示

第一,作为一套国际商业术语,《通则》只对销售合同中买卖双方关系的一些方面加以规定,只涉及与交货有关的事项,包括货物进口和出口清关、货物包装、卖方交付货物、买方受领货物、提供证明等各项义务;对于在货物买卖过程中的有关货物所有权和其他产权的转移,违约后果或免责事项等不加以规定。第二,国际贸易惯例在适用的时间效力上并不存在"新法取代旧法"的说法,即《2020 通则》实施之后,《2010 通则》并非自动废止,当事人在订立贸易合同时仍可选择适用《2010 通则》,甚至《2000 通则》《90 通则》等。

(1)前几版《通则》概述。

1953 年:铁路运输兴起,推出 3 个新术语——DCP(成本付至)、FOR(铁路车站交货)、FOT(卡车交货)。

1967 年:更正误解,并添加 2 个术语——边境指定地点交货(DAF)和目的地完税后交货(DDP)。

1974 年:航空运输发展,增加 1 个新术语——FOA(机场交货,也译为免费至机场)。

1980 年：集装箱运输激增，货物运输扩展，新的文件编制流程出现，引入 FRC（货交承运人，也译为免费至承运人）。

1990 年：全面修订，包括删除适用于特定运输方式的 FOR、FOT、FOA，简化 Free Carrier 条款，使用适用于一切运输方式的 FCA（指定地点货交承运人），并明确可以使用电子信息。

2000 年：修改 FAS 和 DEQ "许可证，授权和手续"部分的清关义务，以符合大多数海关当局处理出口和进口的方式。《2000 通则》包含 13 种术语，分为 E、F、C、D 4 组（见表 6 – 1 和图 6.1）。

表 6 – 1 《2000 通则》中的贸易术语

分　　组	术语（英文）	术语（中文）
E 组（启运）	EXW（Ex Works）	工厂交货
F 组（主要运费未付）	FCA（Free Carrier）	货交承运人
	FAS（Free Alongside Ship）	装运港船边交货
	FOB（Free on Board）	装运港船上交货
C 组（主要运费已付）	CFR（Cost and Freight）	成本加运费
	CIF（Cost, Insurance and Freight）	成本加保险费、运费
	CPT（Carriage Paid To）	运费付至
	CIP（Carriage and Insurance Paid To）	运费、保险费付至
D 组（到达）	DAF（Delivered At Frontier）	边境交货
	DES（Delivered Ex Ship）	目的港船上交货
	DEQ（Delivered Ex Quay）	目的港码头交货
	DDU（Delivered Duty Unpaid）	未完税交货
	DDP（Delivered Duty Paid）	完税后交货

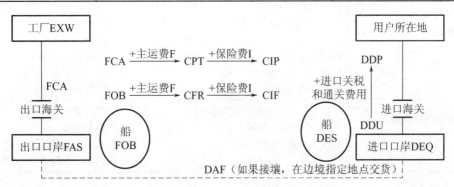

图 6.1 《2000 通则》中的贸易术语示意图

《2010 通则》删去了《2000 通则》的 DAF、DES、DEQ 和 DDU 这 4 个术语，新增了 DAT（取代了 DEQ）和 DAP（取代了 DAF、DES 和 DDU）2 个术语，术语分类调整为 2 组（表 6 – 2 和图 6.2）。

《2010 通则》的其他变化：增加了大量指导性解释和图示；强调如果想在合同中使用该通则，应在合同中做出明确表示，包括写明地点，标明"国际贸易术语解释通则®2010"或"Incoterms ®2010"，例如 "FCA 38 Cours Albert 1er, Paris, France Incoterms ®2010"；在各方约定或符合惯例的情况下，A1 和 B1 条款赋予电子信息和纸质信息同等效力，更全面地规定了电子交易程序的适用方式和电子信息的使用问题；将与保险相关的信息义务从《2000 通则》的 A10 和 B10 条款中抽出，纳入涉及运输合同和保险合同的 A3 和 B3 条款中，同时有关保险用语也作了相应调整；在 A2/B2 和 A10/B10 条款中，明确了买卖各方之间完成或协助完成安检通关的义务；在 FOB、CFR 和 CIF 术语中取消了以"船舷"作为交货地点和风险划分地点的表述；在货物在运送期间被多次转卖（链式销售 string sales）的情况下，处于销售链中间的卖方不以运送货物的方式，而是以"取得"货物的方式，履行对其买方的义务，因此 2010 通则术语中包括"取得运输中货物"的义务，并以其作为在相关术语中运输货物义务的替代义务；CPT、CIP、CFR、CIF、DAT、DAP 和 DDP 的 A6 和 B6 条款更准确标明了码头作业费（THC）或类似费用的分摊；强调术语均适用于内贸和外贸，只有在适用时才产生遵守进/出口手续要求的义务。

 提示

与安全有关的清关（Security‐related Clearances）：例如，美国于 2009 年 1 月 26 日起实施进口安全申报（Importer Security Filing, ISF）和运送人附加要求措施。ISF 申报，又名 10＋2 申报（美国进口商申报 10 项内容，船公司申报 2 项内容），要求运送人和进口商必须在货物装船前 24 小时，通过 AMS 或 ABI 系统将电子申报数据送入美国海关和边境保护局（USCBP），以防止恐怖分子的武器被运到美国，并履行美国 2006 年港口安全法和 2002 年贸易法案的要求。在 ISF 申报操作方面，进口商可以委托其信任的海外代理代为申报。

表 6-2 《2010 通则》中的贸易术语

分　　组	术语（英文）	术语（中文）
适用于任何单一运输方式或多种运输方式的术语（Rules for any mode or modes of transport）	EXW（Ex Works） FCA（Free Carrier） CPT（Carriage Paid To） CIP（Carriage and Insurance Paid To） DAT（Delivered at Terminal） DAP（Delivered at Place） DDP（Delivered Duty Paid）	工厂交货 货交承运人 运费付至 运费、保险费付至 运输终端交货 目的地交货 完税后交货
仅适用于海运及内河水运的术语（Rules for sea and inland waterway transport）	FAS（Free Alongside Ship） FOB（Free on Board） CFR（Cost and Freight） CIF（Cost, Insurance and Freight）	船边交货 船上交货 成本加运费 成本、保险费加运费

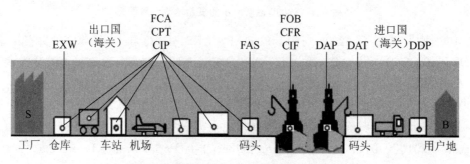

图 6.2 《2010 通则》中的贸易术语示意图

《2010 通则》的每个术语由 3 部分构成：使用说明（Guidance Notes）、卖方义务（the Seller's Obligation）和买方义务（the Buyer's Obligation）。买卖双方的义务仍各为 10 项，见表 6-3。

表 6-3 各贸易术语下买卖双方的义务

卖方义务	买方义务
A1 卖方的一般义务（General Obligations of the Seller）	B1 买方的一般义务（General Obligations of the Buyer）
A2 许可证、授权、安检通关和其他手续（Licences, Authorizations, Security Clearances and Other Formalities）	B2 许可证、授权、安检通关和其他手续（Licences, Authorizations, Security Clearances and Other Formalities）
A3 运输合同与保险合同（Contracts of Carriage and Insurance）	B3 运输合同与保险合同（Contracts of Carriage and Insurance）
A4 交货（Delivery）	B4 收货（Taking delivery）
A5 风险转移（Transfer of Risks）	B5 风险转移（Transfer of Risks）
A6 费用划分（Allocation of Costs）	B6 费用划分（Allocation of Costs）
A7 通知买方（Notice to the Buyer）	B7 通知卖方（Notice to the Seller）
A8 交付凭证（Delivery Document）	B8 交货证据（Delivery Proof of Delivery）
A9 核对-包装-标记（Checking - packaging - marking）	B9 货物检验（Inspection of Goods）
A10 协助提供信息和相关费用（Assistance with Information and Related Costs）	B10 协助提供信息和相关费用（Assistance with Information and Related Costs）

(2)《2020 通则》概述。

《2020 通则》改变了术语和条款排列顺序，进一步明确了买卖双方的责任，考虑了日益普遍的货物运输安全需求，不同货物及运输性质对保险承保范围的灵活性需求，以及 FCA（货交承运人）规则下部分融资性销售情形中银行对装船提单的需求。《2020 通则》生效后将对贸易实务、国际结算和贸易融资实务产生重要影响。《2020 通则》主要修订如下。

第一，FCA 术语新增签发装船提单选项。FCA（货交承运人）是指卖方在卖方所在地或其他指定地点将货物交给买方指定的承运人或其他人。在货物海运销售中，货物在卖方运输工具上备妥待卸并置于买方指定的承运人或其他人控制之时，交货即告完成。FOB（船上交货）是指卖方以在指定装运港将货物装上买方指定的船舶或通过取得已交付至船上货物的交货方式。货物灭失或损坏的风险在货物交到船上时转移，同时买方承担自那时起的一切费用。FOB 可能不适合于货物在上船前已经交给承运人的情况。例如，用集装箱运输的货物通常是在集装箱码头交货，货物被存放在集装箱码头，等待船只到达并装船。该集装箱码头往往由买方的海运承运人指定。如果选用 FOB，一旦集装箱在集装箱码头损坏，即使卖方与集装箱码头经营者没有任何合同关系，损失仍由卖方承担。如果选用 FCA，卖方将集装箱交给承运人而无需等待集装箱装船即完成对买方的交货义务。因此，对于集装箱运输的货物，卖方会坚持使用 FCA，同时希望使用信用证付款方式。信用证通常要求提交提单，而根据运输合同，承运人在货物实际装船后才会签发装船提单。在 FCA 下，卖方的交货义务在货物装船前已经完成，因此，卖方交货时无法从承运人处获得装船提单。为解决以上问题，《2020通则》FCA术语A6/B6中增加了一个附加选项，即：买卖双方可以约定买方指示其承运人在货物装运后向卖方签发装船提单，卖方随后才有义务向买方（通常通过银行）提交提单。值得注意的是，即使采用该附加选项，卖方并不因此受买方签署的运输合同条款的约束。

第二，调整费用划分条款，为用户提供一站式费用列表，费用分摊更为明确。在《2010通则》中，费用划分条款列为A6/B6条。在《2020通则》中，A9/B9条统一罗列了原《2010通则》中散见于各条款中对应的费用项目，例如在《2010通则》的FOB中，与获得交货凭证相关的费用仅出现在A8"交货凭证"，而非A6"费用划分"。同时，原散见于各条款的费用项目仍然保留，如FOB术语中获取凭证对应的费用同时出现在A6/B6及A9/B9，方便用户在想了解某一特定事项的费用划分时可直接翻阅相关特定条款而非总括条款。

第三，CIP保险条款调整为必须符合《协会货物保险条款》（Institute Cargo Clauses, LMA/IUA）（A）[简记为ICC（A）]的承保范围。在《2010通则》中，CIF（成本、保险费加运费）和CIP（运费和保险费付至）规定了卖方必须自付费用取得货物保险的责任。该保险至少应当符合《协会货物保险条款》"条款（C）"[简记为ICC（C）]或类似条款的最低险别。ICC（C）只承保"重大意外事故"，而不承保"自然灾害及非重大意外事故"。ICC（C）承保的风险包括：①火灾、爆炸；②船舶或驳船触礁、搁浅、沉没或倾覆；③陆上运输工具倾覆或出轨；④在避难港卸货；⑤共同海损牺牲；⑥抛货。在《2020通则》中，对保险义务，CIF维持现状，即默认ICC（C），但当事人可以协商选择更高的险别；而CIP则改为卖方必须取得符合ICC（A）承保范围的保险，但当事人可以协商选择更低的险别。ICC（A）采用"一切风险减除外责任"的办法，即除了"除外责任"项下所列风险保险人不予负责外，其他风险均予负责。ICC（A）承保的风险范围比ICC（C）大很多，这有利于买方，但卖方要承担额外的保费。该修订的原因在于CIF更多地用于海上大宗商品贸易，CIP更多地用于制成品贸易。

第四，FCA、DAP、DPU及DDP允许卖方/买方使用自己的运输工具。《2010通则》假定货物运输由第三方承运人进行，未考虑由卖方或买方自行负责运输的情况。《2020通则》中则考虑了卖方和买方之间的货物运输不涉及第三方承运人的情形。在FCA（货交承运人）中，买方可以使用自己的运输工具收货并运至买方场所。在DAP（目的地交货）、DPU（目的地交货并卸货）及DDP（完税后交货）中，允许卖方使用自己的运输工具。

第五，DAT改为DPU。在《2010通则》中，DAT（Delivered at Terminal，运输终端交货）与DAP（Delivered at Place，目的地交货）唯一的区别是在DAT中卖方将货物从抵达的运输工具上卸下至"运输终端"即完成交付，而在DAP中卖方将货物置于抵达的运输工具上且做好卸载货物的准备即完成交付。《2010通则》DAT的"使用说明"中将"运输终端"广泛地定义为"任何地点，而不论该地点是否有遮盖，例如码头、仓库集装箱堆积场或公路、铁路、空运货站。"《2020通则》对DAT和DAP做了两项修订。首先，两个术语的排列位置改变了，交货发生在卸货前的DAP改列在DAT前。其次，DAT更改为DPU（Delivered at Place Unloaded，目的地交货并卸货），更强调目的地可以是任何地方而不仅仅是"运输终端",使其更加笼统,符合用户需求,即用户可能想在运输终端以外的场所交付货物。注意,若目的地不是运输终端,卖方需确保在交货地点可以卸载货物。

第六,增加安保要求。在国际贸易中,安保要求越来越普遍,越来越高。《2010 通则》各术语的 A2/B2 及 A10/B10 中简单提及安保要求。《2020 通则》每个术语的 A4 和 A7 条明确规定了安全相关义务的分配规则,A9/B9 条则载明如何划分履行该安全相关义务产生的费用。例如,FOB 的 A4 载明"卖方必须遵守任何与运输安全有关的要求,直至交付"。

第七,升级"使用说明"为"用户注释"。《2010 通则》中各规则首部的"使用说明"升级为"用户注释",阐明《2020 通则》中各术语的基本原则,如何时适用、风险何时转移、费用如何划分,旨在帮助用户有效及准确地选择适合其特殊交易的术语,并就受《2020 通则》制约的合同或争议提供指引。

《2020 通则》包括 11 个贸易术语,买卖双方的义务和风险划分如图 6.3 所示。

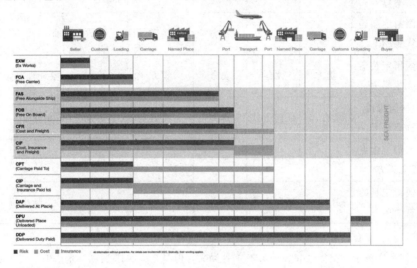

资料来源:https://bing.com/images

图 6.3 《2020 通则》中买卖双方的义务和风险划分示意图

6.2 《2010 通则》中的贸易术语(上)

《2010 通则》中的各贸易术语对比见表 6-4。本节先概述其中适用于任何运输方式的贸易术语。

表 6-4 《2010 通则》中的各贸易术语对比

术语代码	风险划分界限	保险合同办理	适用运输方式	运输合同办理	出口清关责任、费用	进口清关责任、费用	交货性质	合同性质
EXW	出口国工厂所在地货交买方	买方*	任何方式	买方*	买方	买方	实际交货	启运合同
FCA	出口国指定地点货交承运人	买方*	任何方式	买方	卖方	买方	实际交货	装运合同

续

术语代码	风险划分界限	保险合同办理	适用运输方式	运输合同办理	出口清关责任、费用	进口清关责任、费用	交货性质	合同性质
FAS	出口国指定装运港货交船边	买方*	水运	买方	卖方	买方	实际交货	装运合同
FOB	出口国指定装运港货装船上	买方*	水运	买方	卖方	买方	实际交货	装运合同
CPT	出口国指定地点货交承运人	买方*	任何方式	卖方	卖方	买方	象征性交货	装运合同
CIP	出口国指定地点货交承运人	卖方	任何方式	卖方	卖方	买方	象征性交货	装运合同
CFR	出口国指定装运港货装船上	买方*	水运	卖方	卖方	买方	象征性交货	装运合同
CIF	出口国指定装运港货装船上	卖方	水运	卖方	卖方	买方	象征性交货	装运合同
DAT	进口国运输终端货交买方	卖方*	任何方式	卖方	卖方	买方	实际交货	到达合同
DAP	进口国指定地点货交买方	卖方*	任何方式	卖方	卖方	买方	实际交货	到达合同
DDP	进口国指定目的地货交买方	卖方*	任何方式	卖方	卖方	卖方	实际交货	到达合同

注：*表示对贸易合同对方无义务，而是根据自己的利益可能办理。

在贸易法律和实务中，交货（delivery）有多种涵义，但是在《2010 通则》术语中，它用来指明是在这里货物灭失或损坏的风险从卖方转移至买方。

6.2.1 《2010 通则》中的 EXW 贸易术语

EXW，即 Ex Works（Insert Named Place of Delivery）工厂交货（插入指定交货地点），是指当卖方在其所在地或其他指定的地点（如工厂、车间或仓库等）将货物交给买方处置时，即完成交货。

1. EXW 贸易术语下买卖双方的义务

卖方义务	买方义务
A1　卖方一般义务 提供符合买卖合同约定的货物和商业发票，以及合同要求的其他任何凭证。A1～A10 中所指的任何单证在双方约定或符合惯例的情况下，可以是同等作用的电子记录或程序*	B1　买方一般义务 买方必须按照买卖合同约定支付价款。B1～B10 中所指的任何单证在双方约定或符合惯例的情况下，可以是同等作用的电子记录或程序*

续

卖方义务	买方义务
A2　许可证、授权、安检通关和其他手续 如适用时，经买方要求，并承担风险和费用，卖方必须协助买方取得出口许可或出口相关货物所需的其他官方授权。 如适用时，经买方要求，并由其承担风险和费用，卖方必须提供其所掌握的该项货物安检通关所需的任何信息	B2　许可证、授权、安检通关和其他手续 如适用时，应由买方自负风险和费用，取得进出口许可证或其他官方授权，办理相关货物出口的海关手续
A3　运输合同与保险合同 （a）运输合同 卖方对买方无订立运输合同的义务。 （b）保险合同 卖方对买方无订立保险合同的义务。但应买方要求并由其承担风险和费用（如有的话），卖方必须向买方提供后者取得保险所需的信息	B3　运输合同与保险合同 （a）运输合同 买方对卖方无订立运输合同的义务。 （b）保险合同 买方对卖方无订立保险合同的义务。 注：为了自己的利益，买方可以自付费用、订立运输合同和保险合同
A4　交货 卖方必须在指定的交付地点或该地点内的约定点（如有的话），以将未置于任何运输车辆上的货物交给买方处置的方式交货。若在指定交货地没有约定特定的点，且有几个点可供使用时，卖方可选择最适合于其目的的点。卖方必须在约定日期或期限内交货	B4　收取货物 当卖方行为与A4和A7相符时，买方必须收取货物
A5　风险转移 除按照B5的灭火或损坏情况外，卖方承担按照A4完成交货前货物灭失或损坏的一切风险	B5　风险转移 买方承担按照A4交货时起货物灭失或损坏的一切风险。如果买方未能按B7给予卖方通知，则买方必须自约定的交货日期或交货期限届满之日起，承担货物灭失或损坏的一切风险。但以该货物已清楚地确定为合同项下之货物者为限
A6　费用划分 卖方必须支付按照A4完成交货前与货物相关的一切费用，但按照B6应由买方支付的费用除外	B6　费用划分 买方必须支付： （a）自按照A4交货时起与货物相关的一切费用；（b）由于其未收取已处于可由其处置状态的货物或未按B7发出相关通知而产生的额外费用，但以该货物已清楚地确定为合同项下之货物者为限；（c）如适用时，货物出口应交纳的一切关税、税款和其他费用及办理海关手续的费用；（d）卖方按照A2提供协助时所产生的一切成本和费用
A7　通知买方 卖方必须给予买方其收取货物所需的任何通知	B7　通知卖方 当有权决定在约定期限内的时间和/或在指定地点内的接收点时，买方必须向卖方发出充分的通知

续

卖 方 义 务	买 方 义 务
A8 交货凭证 卖方对买方无义务	B8 交货证据 买方必须向卖方提供其已收取货物的相关凭证
A9 核对—包装—标记 卖方必须支付为了按照 A4 进行交货，所需要进行的查对费用（如查对质量、丈量、过磅、点数的费用）。 除非在特定贸易中，某类货物的销售通常不需包装，卖方必须自付费用包装货物。 除非买方在签订合同前已通知卖方特殊包装要求，卖方可以适合该货物运输的方式对货物进行包装。包装应作适当标记*	B9 货物检验 买方必须支付任何装运前必须的检验费用，包括出口国有关机构强制进行的检验费用
A10 协助提供信息及相关费用 如适用时，应买方要求并由其承担风险和费用，卖方必须及时向买方提供或协助其取得相关货物出口和/或进口、和/或将货物运输到最终目的地所需要的任何单证和信息，包括安全相关信息	B10 协助提供信息及相关费用 买方必须及时告知卖方任何安全信息要求，以便卖方遵守 A10 的规定。买方必须偿付卖方按照 A10 向买方提供或协助其取得单证和信息时发生的所有花销和费用

注：* 每个贸易术语对这几条的规定均相同，下文不再赘述。

2. 选用 EXW 贸易术语的注意事项

EXW 术语是卖方承担责任最小的术语。

（1）关于货物的交接、风险和费用的提前转移：双方在指定交货地范围内应尽可能明确具体交货地点，货物到达交货地点之前的所有费用和风险都由卖方承担。卖方备妥货物后，有义务向买方发出通知。买方如未按规定的时间和地点受领货物或在他有权确定受领货物的具体时间、地点时未及时给予适当的通知，只要货物特定化，则自约定的交货日期或期限届满之日起，买方就承担货物灭失或损坏的一切风险和费用（提前转移，而非货物置于买方处置之时转移）。

（2）关于货物的装运及费用：买方自备运输工具到工厂指定地点接运货物。卖方对买方没有装货的义务，即使实际上卖方也许更方便这样做；如果卖方装货，也是由买方承担相关风险和费用。当卖方更方便装货物时，FCA 一般更为合适。若希望卖方负责装货并承担费用和风险，则须在销售合同中明确。

（3）关于出口：需要清关时，卖方也无需办理出口清关手续。当买方无法直接或间接办理出口清关手续，不应采用 EXW 术语成交，建议改用 FCA 术语。买方仅有限度地承担向卖方提供货物出口相关信息的责任，但卖方则可能出于缴税或申报等目的，需要这方面的信息。

（4）关于货物的包装及费用：买方应在签约时，根据运输情况，提出对货物包装的具体要求，并就包装费用负担问题做出规定，否则卖方将按照惯常条件包装。

(5) 关于检验费用：在EXW下，装船前检验费用（Pre-Shipment Inspection，PSI），包括出口国当局强制要求检验的费用皆由买方承担。

提示

货物特定化（The Goods Have Been Identified，Identification of the Goods）：该项货物已被清楚、正式、适当地确定为合同项下的货物。单独堆放、建立台账、加贴标签、包装好标明运输地等方式都可以将货物特定化。

阅读案例 6-1

EXW 合同下买方未及时提货致损案

【案情简介】

1997年4月，在广州春交会上，香港某进口商（以下简称A）与汕头市某出口公司（以下简称B）签订了一份出口尼龙皱纹布跑步衫上装3 000打的合同。合同规定每打15美元EXW汕头，纸箱装，每箱5打，6月15日前交货，支付方式为经A验货合格后电汇。6月9日B通知A货已备妥速来验收。6月10日A派代表来汕头，由B陪同赴汕头市某服装厂（以下简称C）验货。

6月11日该批货全部验收合格后，在港商代表的监督指导下，按照港商出具的唛头——装箱刷唛。随即该代表向港商A发出电传，称货已验收、刷唛完毕，B方等货款汇到后即可提供商业发票和其他有关的单证。12日B方收到港商汇来的货款45 000美元，随即B方将有关票证交给港方代表。这时该代表向B提出货物暂放C厂，等其与汕头某货运代理联系集装箱和出口报关事宜妥当后便来工厂提货。B当即与C厂联系，C回答该批货物已单独存放，随时可供提取。13日下午港方代表来电话称，货运代理要到14日上午才能安排车来C厂拉货。不料，在14日凌晨C厂突遭火灾，全部厂房及物资化为乌有。A闻讯后立即来汕头要求B退还货款，理由是他并未提货，货物被焚应由B方负责。B拒不同意，理由是着火属不可抗力，而且他已按时履行了交货手续，该损失应由A自己承担。A却认为C工厂并未开具货物出厂证，货物所有权仍在B方。双方各执一词，最后A向汕头市人民法院控告B未履行交货义务，理应承担退还货款的责任。

法院在认真审理此案后做出以下判决：

（1）卖方B已在合同规定日期和指定的交货地点将符合买方要求的货物如数交给买方A。这点有买方代表发给港商A的电传内容为证。

（2）根据《2000通则》中对EXW这一贸易术语的解释，买方自工厂点收货物后即应承担货物灭失或损坏的一切风险。更何况，该案是在买方代表监督下装箱、刷唛、单独存放，事实上已充分说明该货物已完全特定化并置于买方处置之下。

（3）工厂未开出厂证，只是工厂办理货物运出厂门的一项内部管理手续，并不涉及货物所有权的转移。

（4）被告B不应承担退还货款的责任。

（5）原告所遭受的损失以及C厂因邻厂爆炸而着火应另案处理，与本案无关。

【案例点评】

EXW 系工厂交货贸易术语。即使按照《2010 通则》解释，只要卖方按合同规定的时间、地点和品质将货物置于买方处置之下，也算完成了交货义务，风险也随之移交买方。由于此术语成交价格相对最便宜，港、澳地区的商人与我国沿海地区常按此条件签订合同。本案 A 遭受损失的主要原因是对此术语下买方的风险估计不足，教训如下。

（1）买方事先应做好各项准备工作，不能临时抱佛脚。如果买方在验货的同时就与货代联系好订箱、运输及报关事宜，就可提前两天提货，不至于等到那场火灾临头。

（2）卖方及工厂在港方验收货物后应立即开出出厂证交港商，以便争取主动。至于港方何时提货是他自己的事，这样就不致授人以柄。

（3）凡按 EXW 贸易术语成交的货物，货物一经买方点收即应向买方交代货物所有权已转移，尽量避免寄存暂放等事情，以防不测。此案卖方比较幸运，否则，收回货款希望渺茫。

（资料来源：帅建林，王红雨．案释国际贸易惯例．北京：中国商务出版社，2005：156。经过改编）

6.2.2 《2010 通则》中的 FCA 贸易术语

FCA，即 Free Carrier（Insert Named Place of Delivery）货交承运人（插入指定交货地点），是指卖方在卖方所在地或其他指定地点将货物交给买方指定的承运人或其他人。

1. FCA 贸易术语下买卖双方的主要义务

卖方义务	买方义务
A1 卖方一般义务 卖方必须提供符合买卖合同约定的货物和商业发票，以及合同可能要求的其他与合同相符的证据。 A1～A10 中所指的任何单证在双方约定或符合惯例的情况下，可以是同等作用的电子记录或程序	B1 买方一般义务 买方必须按照买卖合同约定支付价款。B1～B10 中所指的任何单证在双方约定或符合惯例的情况下，可以是同等作用的电子记录或程序
A2 许可证、授权、安检通关和其他手续 如适用时，卖方必须自负风险和费用，取得所需的出口许可和其他官方授权，办理货物出口所需的一切海关手续	B2 许可证、授权、安检通关和其他手续 如适用时，应由买方自负风险和费用，取得所有进口许可或其他官方授权，办理货物进口和从他国过境运输所需的一切海关手续
A3 运输合同与保险合同 （a）运输合同 卖方对买方无订立运输合同的义务。但若买方要求，或是按商业实践，而买方未适时做出相反指示，卖方可以按照通常条件签订运输合同，由买方承担风险和费用。哪种情况下，卖方都可以拒绝签订运输合同，如予拒绝，卖方应立即通知买方。 （b）保险合同 卖方对买方无订立保险合同的义务。但应买方要求并由其承担风险和费用（如有的话），卖方必须向买方提供后者取得保险所需信息	B3 运输合同与保险合同 （a）运输合同 除了卖方按照 A3（a）签订运输合同的情形外，买方必须自付费用签订自指定的交货地点起运货物的运输合同 （b）保险合同 买方对卖方无订立保险合同的义务。 注：为了自己的利益，买方可以自付费用订立运保合同

续

卖方义务	买方义务
A4　交货 卖方必须在约定日期或期限内，在 A3（a）指定的港口或目的地运输终端，从抵达的运输工具上将货物交给买方处置的方式交货。 以下情况，交货完成：（a）若指定地点是卖方所在地，则当货物被装上买方提供的运输工具上时；（b）在任何其他情况下，则当货物在卖方的运输工具上可供卸载，并可由持有人或买方指定的其他人处置时。如果买方未按照 B7（d）明确指定交货地点内特定的交付地点，且有数个交付点可供使用时，卖方则有权选择最适合其目的的交货点。除非买方另行通知，卖方可采取符合货物数量和性质需要的方式将货物交付运输	B4　收取货物 当货物按照 A4 交付时，买方必须收取
A5　风险转移 除按照 B5 的灭失或损坏情况外，卖方承担按照 A4 完成交货前货物灭失或损坏的一切风险	B5　风险转移 买方承担自按照 A4 交货时起货物灭失或损坏的一切风险。 如果（a）买方未按照 B7 依 A4 规定通告其所指定的承运人或其他人，或发出通知；或（b）按照 A4 指定的承运人或其他人未在约定的时间接管货物；则买方承担货物灭失或损坏的一切风险：（i）自约定日期起；若无约定日期，则（ii）自卖方在约定期限内按照 A7 通知的日期起；或若没有通知日期的，则（iii）自任何约定交货期限届满之日起。但以该项货物已清楚地确定为合同项下之货物者为限
A6　费用划分 卖方必须支付： （a）按照 A4 完成交货前与货物相关的一切费用，但按照 B6 应由买方支付的费用除外； （b）如适用时，货物出口所需海关手续费用，出口应交纳的一切关税、税款和其他费用	B6　费用划分 买方必须支付： （a）自按照 A4 交货时起与货物相关的一切费用，如适用时，A6（b）中为出口所需的海关手续费用，及出口应交纳的一切关税、税款和其他费用除外； （b）由于以下原因之一发生的任何额外费用：（i）买方未能按照 A4 指定承运人或其他人，或（ii）买方按照 A4 指定的承运人或其他人未接管货物，或（iii）买方未能按照 B7 给予卖方相应的通知，但以该项货物已清楚地确定为合同项下之货物者为限； （c）如适用时，货物进口应交纳的一切关税、税款和其他费用，及办理进口海关手续的费用和从他国过境运输的费用

续

卖方义务	买方义务
A7　通知买方 由买方承担风险和费用，卖方必须就其已经按照A4交货或买方指定的承运人或其他人未在约定时间内收取货物的情况给予买方充分的通知	B7　通知卖方 买方必须通知卖方以下内容： (a) 按照A4所指定的承运人或其他人的姓名，以便卖方有足够时间按照该条款交货； (b) 如适用时，在约定的交付期限内所选择的由指定的承运人或其他人收取货物的时间； (c) 指定人使用的运输方式； (d) 指定地点内的交货点
A8　交货凭证 卖方必须自付费用向买方提供已按照A4交货的通常证据。应买方要求并由其承担风险和费用，卖方必须协助买方取得运输凭证	B8　交货证据 买方必须接受按照A8提供的交货凭证
A9　核对—包装—标记 卖方必须支付为了按照A4进行交货，所需要进行的核对费用（如核对质量、丈量、过磅、点数的费用），以及出口国有关机构强制进行的装运前检验所发生的费用。 除非在特定贸易中，某类货物的销售通常不需包装，卖方必须自付费用包装货物。 除非买方在签订合同前已通知卖方特殊包装要求，卖方可以适合该货物运输的方式对货物进行包装。包装应作适当标记	B9　货物检验 买方必须支付任何装运前必须的检验费用，但出口国有关机构强制进行的检验除外
A10　协助提供信息及相关费用 如适用时，应买方要求并由其承担风险和费用，卖方必须及时向买方提供或协助其取得相关货物进口和/或将货物运输到最终目的地所需要的任何单证和信息，包括安全相关信息。 卖方必须偿付买方按照B10提供或协助取得单证和信息时所发生的所有花销和费用	B10　协助提供信息及相关费用 买方必须及时告知卖方任何安全信息要求，以便卖方遵守A10的规定。 买方必须偿付卖方按照A10向买方提供或协助其取得单证和信息时产生的所有花销和费用。 如适用时，应卖方要求并由其承担风险和费用，买方必须及时向卖方提供或协助其取得货物运输和出口及从他国过境运输所需要的任何单证和信息，包括安全相关信息

2. 选用FCA贸易术语的注意事项

（1）关于承运人。承运人是与其签订运输合同的一方。可以是拥有运输工具的实际承运人，也可以是运输代理人或其他人。

（2）关于交货地点。由于风险在交货地点转移至买方，双方应尽可能清楚地写明指定交货地内的交付点。如果双方希望在卖方所在地交货，则应当将卖方所在地址明确为指定交货地。如果双方希望在其他地点交货，则必须确定不同的特定交货地点。交货地点的选择直接影响装卸货物的责任划分问题。如果在卖方所在地，则卖方负责把货物装上买方安排的承运人所提供的运输工具上；如果在其他地方，卖方则在自己所提供的运输工具上完成交货，无需负责卸货。

（3）关于风险和费用的正常转移和提前转移。在采用 FCA 术语成交时，买卖双方的风险和费用划分是以货交承运人为界。如果由于买方未指定或指定的承运人或其他人未在约定时间接管货物，或买方未给予卖方相应的通知，只要货物已被特定化，风险和费用可以提前转移（即在约定交货日期或期限届满之日起转移，而不是货交承运人时转移）。

（4）关于清关。如适用时，FCA 要求卖方办理货物出口清关手续。但卖方无义务办理进口清关，支付任何进口税或办理进口的任何海关手续。

阅读案例 6-2

由谁负责装车

【案情简介】

2006 年，中国 A 公司从新加坡 B 公司以 FCA（新加坡内陆城市）进口一批食糖，合同约定适用《2000 通则》。买方 A 公司如期将租用的货车派至指定交货地点（即卖方 B 所在地）。A 请求 B 装车，后者以手头订单多、人手不足等为由，拒绝装车。A 只好雇用当地人装车，货刚刚装上车，还未来得及做好防护措施，突然天降大雨，致使部分货物脏包，减损了货物的商业价值。买方 A 可否要求卖方 B 支付装车费并赔偿货损？

【案例点评】

按照《2000 通则》和《2010 通则》的解释，交货地点的选择直接影响到装卸货物的责任划分的问题。本案双方约定的交货地点是在卖方所在地，则卖方要负责把货物装上买方安排的承运人所提供的运输工具上。所以，买方 A 可以要求卖方 B 支付装车费并赔偿货损。

如果本案的交货地点是在其他地方，例如新加坡港口，卖方则要自担风险和费用，自己提供运输工具将货物运至新加坡港口，在自己的运输工具上完成交货任务，无需负责卸货，更无需将货物换装到买方指定的运输工具上。

6.2.3 《2010 通则》中的 CPT 贸易术语

CPT 即 Carriage Paid To（Insert Named Place of Destination），即运费付至（插入指定目的地），指卖方将货物在双方约定地点（如果双方已经约定了地点）交给卖方指定的承运人或其他人。卖方必须签订运输合同并支付将货物运至指定目的地所需费用。

1. CPT 贸易术语下买卖双方的义务

卖方义务	买方义务
A1 卖方一般义务 卖方必须提供符合买卖合同约定的货物和商业发票，以及合同可能要求的其他与合同相符的证据。 A1～A10 中所指的任何单证在双方约定或符合惯例的情况下，可以是同等作用的电子记录或程序	B1 买方一般义务 买方必须按照买卖合同约定支付价款。 B1～B10 中所指的任何单证在双方约定或符合惯例的情况下，可以是同等作用的电子记录或程序

续

卖方义务	买方义务
A2　许可证、授权、安检通关和其他手续 如适用时,卖方必须自负风险和费用,取得所需的出口许可和其他官方授权,办理货物出口和交货前从他国过境运输所需的一切海关手续	B2　许可证、授权、安检通关和其他手续 如适用时,应由买方自负风险和费用,取得所有进口许可或其他官方授权,办理货物进口和从他国过境运输所需的一切海关手续
A3　运输合同与保险合同 (a) 运输合同 卖方必须签订或取得运输合同,将货物自交货地内的约定交货点(如有的话)运送至指定目的地或该指定目的地的交付点(如有约定)。必须按照通常条件订立合同,由卖方支付费用,经由通常航线和习惯方式运送货物。如果双方未约定特别的点或该点不能由实务确定,卖方则可根据合同需要选择最适其目的交货点和指定目的地内的交货点。 (b) 保险合同 卖方对买方无订立保险合同的义务。但应买方要求并由其承担风险和费用(如有的话),卖方必须向买方提供后者取得保险所需的信息	B3　运输合同与保险合同 (a) 运输合同 买方对卖方无订立运输合同的义务。 (b) 保险合同 买方对卖方无订立保险合同的义务。但应卖方要求,买方必须向卖方提供取得保险所需信息
A4　交货 卖方必须在约定日期或期限内,将货物交至按照A3签订合同的承运人	B4　收取货物 当货物按照A4交付时,买方必须收取,并在指定目的地自承运人收取货物
A5　风险转移 除按照B5的灭失或损坏情况外,卖方承担按照A4完成交货前货物灭失或损坏的一切风险	B5　风险转移 买方承担按照A4交货时起货物灭失或损坏的一切风险。 如买方未按照B7通知卖方,则买方必须自约定的交货日期或交货期限届满之日起,承担货物灭失或损坏的一切风险,但以该货物已清楚地确定为合同项下之货物者为限
A6　费用划分 卖方必须支付: (a) 按照A4完成交货前与货物相关的一切费用,但按照B6应由买方支付的费用除外; (b) 按照A3(a)所发生的运费和其他一切费用,包括根据运输合同规定由卖方支付的装货费和在目的地的卸货费用; (c) 如适用时,货物出口所需海关手续费用,出口应交纳的一切关税、税款和其他费用,以及按照运输合同规定,由卖方支付的货物从他国过境运输的费用	B6　费用划分 除A3(a)外,买方必须支付: (a) 自按照A4交货时起,与货物相关的一切费用,如适用时,按照A6(c)为出口所需的海关手续费用,及出口应交纳的一切关税、税款和其他费用除外; (b) 货物在运输途中直至到达约定目的地为止的一切费用,按照运输合同该费用应由卖方支付的除外; (c) 卸货费,除非根据运输合同该项费用应由卖方支付; (d) 如买方未按照B7发出通知,则自约定装运之日或约定装运期限届满之日起,所发生的一切额外费用,但以该货物已清楚地确定为合同项下之货物者为限; (e) 如适用时,货物进口应交纳的一切关税、税款和其他费用,及办理进口海关手续的费用和从他国过境运输费用,除非该费用已包括在运输合同中

续

卖方义务	买方义务
A7　通知买方 卖方必须向买方发出已按照 A4 交货的通知。 卖方必须向买方发出任何所需通知，以便买方采取收取货物通常所需要的措施	B7　通知卖方 当有权决定发货时间和/或指定目的地内的收取货物的点时，买方必须向卖方发出充分的通知
A8　交货凭证 依惯例或应买方要求，卖方必须承担费用，向买方提供其按照 A3 订立的运输合同通常的运输凭证。 此项运输凭证必须载明合同中的货物，且其签发日期应在约定运输期限内。如已约定或依惯例，此项凭证也必须能使买方在指定目的地向承运人索取货物，并能使买方在货物运输途中以向下家买方转让或通知承运人的方式出售货物。 当此类运输凭证以可转让形式签发、且有数份正本时，则必须将整套正本凭证提交给买方	B8　交货证据 如果凭证与合同相符的话，买方必须接受按照 A8 提供的交货凭证
A9　核对—包装—标记 卖方必须支付为了按照 A4 进行交货，所需要进行的核对费用（如核对质量、丈量、过磅、点数的费用），以及出口国有关机构强制进行的装运前检验所发生的费用。 除非在特定贸易中，某类货物的销售通常不需包装，卖方必须自付费用包装货物。 除非买方在签订合同前已通知卖方特殊包装要求，卖方可以适合该货物运输的方式对货物进行包装。 包装应作适当标记	B9　货物检验 买方必须支付任何装运前必须的检验费用，但出口国有关机构强制进行的检验除外
A10　协助提供信息及相关费用 如适用时，应买方要求并由其承担风险和费用，卖方必须及时向买方提供或协助其取得相关货物进口和/或将货物运输到最终目的地所需的任何单证和信息，包括安全相关信息。 卖方必须偿付买方按照 B10 提供或协助取得单证和信息时所发生的所有花销和费用	B10　协助提供信息及相关费用 买方必须及时告知卖方任何安全信息要求，以便卖方遵守 A10 的规定。买方必须偿付卖方按照 A10 向买方提供或协助其取得单证和信息时产生的所有花销和费用。 如适用时，应卖方要求并由其承担风险和费用，买方必须及时向卖方提供或协助其取得货物运输和出口及从他国过境运输所需要的任何单证和信息，包括安全相关信息

2. 选用 CPT 贸易术语的注意事项

（1）关于"象征性交货"。实际交货是指卖方将货物交给买方或买方指定的人。而象征性交货是指卖方只要按期在约定地点完成交货,并向买方提交合同规定的包括物权凭证在内的有关单证,就算完成了交货义务,无需保证到货。选用 CPT 贸易术语就属于象征性交货。

(2) 装船通知的重要性。按照 CPT 条件达成的交易,卖方应注意及时向买方发出装船通知,以便买方投保及接运。

(3) 关于责任和费用划分的界限。卖方将货物交付给承运人时即完成交货。卖方只承担货物自交货地点至目的地点的正常运费。正常运费之外的其他有关费用,一般由买方负担。由于卖方需承担将货物运至目的地该点的费用,建议双方尽可能确切地订明约定的目的地内的该点。建议卖方签订的运输合同应能与所做选择确切吻合。如果卖方按照运输合同在指定的目的地卸货发生了费用,除非双方另有约定,卖方无权向买方要求偿付。

(4) 关于风险划分的界限。货物自交货地点至目的地点的运输途中的风险由买方而不是卖方承担,卖方只承担货物交给承运人处置之前的风险。由于风险转移和费用转移的地点不同,该术语有两个关键点。特别建议双方尽可能确切地在合同中明确交货地点,风险在这里转移至买方,以及指定的目的地(卖方必须签订运输合同运到该目的地)。如果运输到约定目的地涉及多个承运人,且双方不能就交货点达成一致时,可以推定:当卖方在某个完全由其选择、且买方不能控制的点将货物交付给第一个承运人时,风险转移至买方。如双方希望风险晚些转移的话(例如在某海港或机场转移),则需要在其买卖合同中订明。

(5) 如适用时,CPT 要求卖方办理货物的出口清关手续。但是卖方无义务办理进口清关,支付任何进口税或办理进口相关的任何海关手续。

6.2.4 《2010 通则》中的 CIP 贸易术语

CIP 的全文是 Carriage and Insurance Paid To (Insert Named Place of Destination),即运费和保险费付至(插入指定目的地),是指卖方将货物在双方约定地点(如双方已经约定了地点)交给其指定的承运人或其他人。卖方必须签订运输合同并支付将货物运至指定目的地的所需费用,还必须为买方在运输途中货物的灭失或损坏风险签订保险合同。

1. CIP 贸易术语下买卖双方的义务

卖方义务	买方义务
A1 卖方一般义务 卖方必须提供符合买卖合同约定的货物和商业发票,以及合同可能要求的其他与合同相符的证据。 A1~A10 中所指的任何单证在双方约定或符合惯例的情况下,可以是同等作用的电子记录或程序。	B1 买方一般义务 买方必须按照买卖合同约定支付价款。 B1~B10 中所指的任何单证在双方约定或符合惯例的情况下,可以是同等作用的电子记录或程序。
A2 许可证、授权、安检通关和其他手续 如适用时,卖方必须自负风险和费用,取得所需的出口许可和其他官方授权,办理货物出口和交货前从他国过境运输所需的一切海关手续。	B2 许可证、授权、安检通关和其他手续 如适用时,应由买方自负风险和费用,取得所有进口许可或其他官方授权,办理货物进口和从他国过境运输所需的一切海关手续。

续

卖方义务	买方义务
A3　运输合同与保险合同 （a）运输合同 卖方必须签订或取得运输合同，将货物自交货地内的约定交货点（如有的话）运送至指定目的地或该目的地的交付点（如有约定）。必须按照通常条件订立合同，由卖方支付费用，经由通常航线和习惯方式运送货物。如果双方没有约定特别的点或该点不能由实务确定，卖方则可根据合同需要选择最适合其目的的交货点和指定目的地内的交货点。 （b）保险合同 卖方必须自付费用取得货物保险。该保险需至少符合《协会货物保险条款》（Institute Cargo Clauses，LMA/IUA）"条款（c）"（Clauses C）或类似条款的最低险别。保险应与信誉良好的承保人或保险公司订立。应使买方或其他对货物有可保利益者有权直接向保险人索赔。 当买方要求且能够提供卖方所需的信息时，卖方应办理任何附加险别，由买方承担费用，如果能够办理，诸如办理《协会货物保险条款》（Institute Cargo Clauses，LMA/IUA）"条款（A）或（B）"（Clauses A or B）或类似条款的险别，也可同时或单独办理《协会战争险条款》（Institute War Clauses）和/或《协会罢工险条款》（Institute Strikes Clauses）或其他类似条款的险别。 保险最低金额是合同规定价格另加10%（即110%），并采用合同货币。 保险期间为货物自A4和A5规定的交货点起，至少到指定地点目的地止。 卖方应向买方提供保单或其他保险证据。此外，应买方要求并由买方承担风险和费用（如有的话），卖方必须向买方提供后者取得附加险所需信息	B3　运输合同与保险合同 （a）运输合同 买方对卖方无订立运输合同的义务。 （b）保险合同 买方对卖方无订立保险合同的义务。但应卖方要求，买方必须向卖方提供投保附加险所需信息，该附加险是买方按照A3（b）向卖方要求的
A4　交货 卖方必须在约定日期或期限内，将货物交至按照A3签订合同的承运人	B4　收取货物 当货物按照A4交付时，买方必须收取，并在指定目的地自承运人收取货物
A5　风险转移 除按照B5的灭失或损坏情况外，卖方承担按照A4完成交货前货物灭失或损坏的一切风险	B5　风险转移 买方承担按照A4交货时起货物灭失或损坏的一切风险。 如买方未按照B7通知卖方，则自约定的交货日期或交货期限届满之日起，买方承担货物灭失或损坏的一切风险，但以该货物已清楚地确定为合同项下之货物者为限

卖方义务	买方义务
A6 费用划分 卖方必须支付： (a) 按照 A4 完成交货前与货物相关的一切费用，但按照 B6 应由买方支付的费用除外； (b) 按照 A3（a）所发生的运费和其他一切费用，包括根据运输合同规定由卖方支付的装货费和在目的地的卸货费用； (c) 根据 A3（b）发生的保险费用； (d) 如适用时，货物出口所需海关手续费用，出口应交纳的一切关税、税款和其他费用，以及按照运输合同规定，由卖方支付的货物从他国过境运输的费用	B6 费用划分 除 A3（a）外，买方必须支付： (a) 自按照 A4 交货时起，与货物相关的一切费用，如适用时，按照 A6（d）为出口所需的海关手续费用，及出口应交纳的一切关税、税款和其他费用除外； (b) 货物在运输途中直至到达约定目的地为止的一切费用，按照运输合同该费用应由卖方支付的除外； (c) 卸货费，除非根据运输合同该项费用应由卖方支付； (d) 如买方未按照 B7 发出通知，则自约定装运之日或约定装运期限届满之日起，所发生的一切额外费用，但以该货物已清楚地确定为合同项下之货物者为限； (e) 如适用时，货物进口应交纳的一切关税、税款和其他费用，及办理进口海关手续的费用和从他国过境运输费用，除非该费用已包括在运输合同中； (f) 应买方要求，按照 A3 和 B3 取得附加险别发生的费用
A7 通知买方 卖方必须向买方发出已按照 A4 交货的通知。 卖方必须向买方发出所需通知，以便买方采取收取货物通常所需要的措施	B7 通知卖方 当有权决定发货时间和/或指定目的地或目的地内收取货物的点时，买方必须向卖方发出充分的通知
A8 交货凭证 依惯例或应买方要求，卖方必须承担费用，向买方提供其按照 A3 订立的运输合同通常的运输凭证。 此项运输凭证必须载明合同中的货物，且其签发日期应在约定运输期限内。如已约定或依惯例，此项凭证也必须能使买方在指定目的地向承运人索取货物，并能使买方在货物运输途中以向下家买方转让或通知承运人方式出售货物。 当此类运输凭证以可转让形式签发、且有数份正本时，则必须将整套正本凭证提交给买方	B8 交货证据 如果凭证与合同相符的话，买方必须接受按照 A8 提供的交货凭证

卖方义务	买方义务
A9 核对—包装—标记 卖方必须支付为了按 A4 进行交货，所需要进行的核对费用（如核对质量、丈量、过磅、点数的费用），以及出口国有关机构强制进行的装运前检验所发生的费用。 除非在特定贸易中，某类货物的销售通常不需包装，卖方必须自付费用包装货物。 除非买方在签订合同前已通知卖方特殊包装要求，卖方可以适合该货物运输的方式对货物进行包装。包装应作适当标记	B9 货物检验 买方必须支付任何装运前必须的检验费用，但出口国有关机构强制进行的检验除外
A10 协助提供信息及相关费用 如适用时，应买方要求并由其承担风险和费用，卖方必须及时向买方提供或协助其取得相关货物进口和/或将货物运输到最终目的地所需要的任何单证和信息，包括安全相关信息。 卖方必须偿付买方按照 B10 提供或协助取得单证和信息时所发生的所有花销和费用	B10 协助提供信息及相关费用 买方必须及时告知卖方任何安全信息要求，以便卖方遵守 A10 的规定。 买方必须偿付卖方按照 A10 向买方提供或协助其取得单证和信息时产生的所有花销和费用。 如适用时，应卖方要求并由其承担风险和费用，买方必须及时向卖方提供或协助其取得货物运输和出口及从他国过境运输所需要的任何单证和信息，包括安全相关信息

2. 选用 CIP 贸易术语的注意事项

关于保险险别。按《2010 通则》的解释，卖方只需投保 ICC（C）或其他最低险别。如果买方需要更高的保险，则需与卖方明确就此达成协议，或者自行做出额外的保险安排。

其余注意事项类似 CPT。

6.2.5 《2010 通则》中的 DAT 贸易术语

DAT 的全文是 Delivered At Terminal (Insert Named Terminal at Port or Place of Destination)，即运输终端交货（插入指定港口或目的地的运输终端），是指当卖方在指定港口或目的地的指定运输终端将货物从抵达的载货运输工具上卸下，交给买方处置时，即为交货。

1. DAT 贸易术语下买卖双方的义务

卖方义务	买方义务
A1 卖方一般义务 卖方必须提供符合买卖合同约定的货物和商业发票，以及合同可能要求的其他与合同相符的证据。 A1～A10 中所指的任何单证在双方约定或符合惯例的情况下，可以是同等作用的电子记录或程序	B1 买方一般义务 买方必须按照买卖合同约定支付价款。 B1～B10 中所指的任何单证在双方约定或符合惯例的情况下，可以是同等作用的电子记录或程序

续

卖 方 义 务	买 方 义 务
A2 许可证、授权、安检通关和其他手续 如适用时,卖方必须自负风险和费用,取得所需的出口许可和其他官方授权,办理货物出口和交货前从他国过境运输所需的一切海关手续	B2 许可证、授权、安检通关和其他手续 如适用时,买方必须自负风险和费用,取得所有进口许可或其他官方授权,办理货物进口的一切海关手续
A3 运输合同与保险合同 (a) 运输合同 卖方必须自付费用签订运输合同,将货物运至约定港口或目的地的指定运输终端。如未约定特定的运输终端或不能由实务确定,卖方则可选择最适合其目的在约定港口或目的地的运输终端。 (b) 保险合同 卖方对买方无订立保险合同的义务。但应买方要求并由其承担风险和费用(如有的话),卖方必须向买方提供后者取得保险所需信息	B3 运输合同与保险合同 (a) 运输合同 买方对卖方无订立运输合同的义务。 (b) 保险合同 买方对卖方无订立保险合同的义务。但应卖方要求,买方必须向卖方提供取得保险所需信息
A4 交货 卖方必须在约定日期或期限内,在 A3 (a) 指定的港口或目的地运输终端从抵达的运输工具上将货物交给买方处置的方式交货	B4 收取货物 当货物按照 A4 交付时,买方必须收取
A5 风险转移 除按照 B5 的灭失或损坏情况外,卖方承担按照 A4 完成交货前货物灭失或损坏的一切风险	B5 风险转移 买方承担按照 A4 交货时起货物灭失或损坏的一切风险。如果(a)买方未按照 B2 履行义务,则承担因此造成的货物灭失或损坏的一切风险;或(b)买方未按照 B7 通知卖方,则自约定的交货日期或交货期限届满之日起,买方承担货物灭失或损坏的一切风险。但以该货物已清楚地确定为合同项下之货物者为限
A6 费用划分 卖方必须支付: (a) 因 A3 (a) 发生的费用,以及按照 A4 交货前与货物相关的一切费用,但按照 B6 应由买方支付的费用除外;(b) 如适用时,在按照 A4 交货前发生的,货物出口所需海关手续费用,出口应交纳的一切关税、税款和其他费用,以及货物从他国过境运输的费用	B6 费用划分 买方必须支付: (a) 自按照 A4 完成交货之时起,与货物相关的一切费用; (b) 买方未按照 B2 履行其义务或未按照 B7 发出通知导致卖方发生的任何额外费用,但以该货物已清楚地确定为合同项下之货物者为限; (c) 如适用时,办理进口海关手续的费用,以及进口需交纳的所有关税、税款和其他费用
A7 通知买方 卖方必须向买方发出所需通知,以便买方采取收取货物通常所需要的措施	B7 通知卖方 当有权决定在约定期间内的具体时间和/或指定运输终端内的收取货物的点时,买方必须,向卖方发出充分的通知

卖方义务	买方义务
A8　交货凭证 卖方必须自付费用，向买方提供凭证，以确保买方能够按照 A4/B4 收取货物	B8　交货证据 买方必须接受按照 A8 提供的交货凭证
A9　核对—包装—标记 卖方必须支付为了按照 A4 进行交货，所需要进行的核对费用（如核对质量、丈量、过磅、点数的费用），以及出口国有关机构强制进行的装运前检验所发生的费用。除非在特定贸易中，某类货物的销售通常不需包装，卖方必须自付费用包装货物。除非买方在签订合同前已通知卖方特殊包装要求，卖方可以适合该货物运输的方式对货物进行包装。包装应作适当标记	B9　货物检验 买方必须支付任何装运前必须的检验费用，但出口国有关机构强制进行的检验除外
A10　协助提供信息及相关费用 如适用时，应买方要求并由其承担风险和费用，卖方必须及时向买方提供或协助其取得相关货物进口和/或将货物运输到最终目的地所需要的任何单证和信息，包括安全相关信息。卖方必须偿付买方按照 B10 提供或协助取得单证和信息时所发生的所有花销和费用	B10　协助提供信息及相关费用 买方必须及时告知卖方任何安全信息要求，以便卖方遵守 A10 的规定。买方必须偿付卖方按照 A10 向买方提供或协助其取得单证和信息时产生的所有花销和费用。如适用时，应卖方要求并由其承担风险和费用，买方必须及时向卖方提供或协助其取得货物运输和出口及从他国过境运输所需要的任何单证和信息，包括安全相关信息

2. 使用 DAT 贸易术语的注意事项

(1) DAT 取代了《2000 通则》的 DEQ，且扩展至适用于一切运输方式。

(2) "运输终端"意味着任何地点，而不论该地点是否有遮盖，例如码头、仓库、集装箱堆积场或公路、铁路、空运货站。卖方承担将货物送至指定港口或目的地的运输终端并将其卸下期间的一切风险。由于卖方承担在特定地点交货前的风险，特别建议双方尽可能确切地约定运输终端，或如果可能的话，在约定港口或目的地的运输终端内的特定的点。建议卖方取得的运输合同应能与所做选择确切吻合。

(3) 如果双方希望由卖方承担将货物由运输终端运输和搬运至另一地点的风险和费用，则应当使用 DAP 或 DDP 术语。

(4) 如适用时，DAT 要求卖方办理出口清关手续。但卖方无义务办理进口清关、支付任何进口税或办理任何进口海关手续。

6.2.6　《2010 通则》中的 DAP 贸易术语

DAP 的全文是 Delivered At Place (Insert Named Place of Destination)，即目的地交货（插入指定目的地），是指当卖方在指定目的地将还在运抵运输工具上可供卸载的货物交由买方处置时，即为交货。

1. DAP 贸易术语下买卖双方的义务

卖 方 义 务	买 方 义 务
A1　卖方一般义务 卖方必须提供符合买卖合同约定的货物和商业发票，以及合同可能要求的其他与合同相符的证据。 A1~A10 中所指的任何单证在双方约定或符合惯例的情况下，可以是同等作用的电子记录或程序	B1　买方一般义务 买方必须按照买卖合同约定支付价款。 B1~B10 中所指的任何单证在双方约定或符合惯例的情况下，可以是同等作用的电子记录或程序
A2　许可证、授权、安检通关和其他手续 如适用时，卖方必须自负风险和费用，取得所需的出口许可和其他官方授权，办理货物出口和交货前从他国过境运输所需的一切海关手续	B2　许可证、授权、安检通关和其他手续 如适用时，买方必须自负风险和费用，取得所有进口许可或其他官方授权，办理货物进口的一切海关手续
A3　运输合同与保险合同 （a）运输合同 卖方必须自付费用签订运输合同，将货物运至指定目的地或指定目的地内的约定的点（如有约定）。如未约定特定的点或该点不能由实务确定，卖方则可在指定目的地内选择最适合其目的的交货点。 （b）保险合同 卖方对买方无订立保险合同的义务。但应买方要求并由其承担风险和费用（如有的话），卖方必须向买方提供后者取得保险所需的信息	B3　运输合同与保险合同 （a）运输合同 买方对卖方无订立运输合同的义务。 （b）保险合同 买方对卖方无订立保险合同的义务。但应卖方要求，买方必须向卖方提供取得保险所需信息
A4　交货 卖方必须在约定日期或期限内，将货物放在已抵达的运输工具上，准备好在指定的目的地（如有的话）的约定点卸载，听由买方处置	B4　收取货物 当货物按照 A4 交付时，买方必须收取
A5　风险转移 除按照 B5 的灭失或损坏情况外，卖方承担按照 A4 完成交货前货物灭失或损坏的一切风险	B5　风险转移 买方承担按照 A4 交货时起货物灭失或损坏的一切风险。 如果（a）买方未按照 B2 履行义务，则承担因此造成的货物灭失或损坏的一切风险；或（b）买方未按照 B7 通知卖方，则自约定的交货日期或交货期限届满之日起，买方承担货物灭失或损坏的一切风险。但以该货物已清楚地确定为合同项下之货物者为限

续

卖方义务	买方义务
A6　费用划分 卖方必须支付： (a) 因 A3（a）发生的费用，以及按照 A4 交货前与货物相关的一切费用，但按照 B6 应由买方支付的费用除外；(b) 运输合同中规定的应由卖方支付的在目的地卸货的任何费用； (c) 如适用时，在按照 A4 交货前发生的货物出口所需海关手续费用，出口应交纳的一切关税、税款和其他费用，以及货物从他国过境运输的费用	B6　费用划分 买方必须支付： (a) 自按照 A4 交货时起与货物相关的一切费用； (b) 在指定目的地从到达的运输工具上卸货必须收取货物的一切费用，但运输合同规定该费用由卖方承担者除外； (c) 买方未按照 B2 履行其义务或未按照 B7 发出通知导致卖方发生的任何额外费用，但以该货物已清楚地确定为合同项下之货物者为限； (d) 如适用时，办理进口海关手续的费用，以及进口需交纳的所有关税、税款和其他费用
A7　通知买方 卖方必须向买方发出所需通知，以便买方采取收取货物通常所需要的措施	B7　通知卖方 当有权决定约定期间内的具体时间和/或指定目的地内的收取货物的点时，买方必须向卖方发出充分的通知
A8　交货凭证 卖方必须自付费用，向买方提供凭证，以确保买方能够按照 A4/B4 收取货物	B8　交货证据 买方必须接受按照 A8 提供的交货凭证
A9　核对—包装—标记 卖方必须支付为了按照 A4 进行交货，所需要进行的核对费用（如核对质量、丈量、过磅、点数的费用），以及出口国有关机构强制进行的装运前检验所发生的费用。 除非在特定贸易中，某类货物的销售通常不需包装，卖方必须自付费用包装货物。 除非买方在签订合同前已通知卖方特殊包装要求，卖方可以适合该货物运输的方式对货物进行包装。包装应作适当标记	B9　货物检验 买方对卖方不承担义务支付任何进出口国有关机构装运前强制进行的检验费用
A10　协助提供信息及相关费用 如适用时，应买方要求并由其承担风险和费用，卖方必须及时向买方提供或协助其取得相关货物进口和/或将货物运输到最终目的地所需要的任何单证和信息，包括安全相关信息。 卖方必须偿付买方按照 B10 提供或协助取得单证和信息时所发生的所有花销和费用	B10　协助提供信息及相关费用 买方必须及时告知卖方任何安全信息要求，以便卖方遵守 A10 的规定。买方必须偿付卖方按照 A10 向买方提供或协助其取得单证和信息时产生的所有花销和费用。 如适用时，应卖方要求并由其承担风险和费用，买方必须及时向卖方提供或协助其取得货物运输和出口及从他国过境运输所需要的任何单证和信息，包括安全相关信息

2. 选用 DAP 贸易术语的注意事项

（1）DAP 取代了《2000 通则》的 DAF、DES 和 DDU 三个术语，且扩展至适用于一切运输方式。术语所指的到达车辆包括船舶，目的地包括港口。

（2）卖方在指定的目的地交货，只需做好卸货准备无需卸货即完成交货。卖方承担将货物运送到指定地点的一切风险。由于卖方承担在特定地点交货前的风险，特别建议双方尽可能清楚地订明指定的目的地内的交货点。建议卖方订立的运输合同应能与所做选择确切吻合。如果卖方按照运输合同在目的地发生了卸货费用，除非双方另有约定，卖方无权向买方要求偿付。

（3）如适用时，DAP 要求卖方办理出口清关手续。但是卖方无义务办理进口清关、支付任何进口税或办理任何进口海关手续。如果双方希望卖方办理进口清关、支付所有进口关税，并办理所有进口海关手续，应当使用 DDP 术语。

6.2.7 《2010 通则》中的 DDP 贸易术语

DDP 全称是 Delivered Duty Paid（Insert Named Place of Destination），即完税后交货（插入指定目的地），是指当卖方在指定目的地将仍处于抵达的运输工具上，但已完成进口清关，且可供卸载的货物交由买方处置时，即为交货。卖方承担货物运至目的地的一切风险和费用，并有义务完成货物出口和进口清关，支付所有出口和进口的关税，办理所有海关手续。

1. DDP 术语下买卖双方的义务

卖方义务	买方义务
A1　卖方一般义务 卖方必须提供符合买卖合同约定的货物和商业发票，以及合同可能要求的其他与合同相符的证据。 A1~A10 中所指的任何单证在双方约定或符合惯例的情况下，可以是同等作用的电子记录或程序	B1　买方一般义务 买方必须按照买卖合同约定支付价款。 B1~B10 中所指的任何单证在双方约定或符合惯例的情况下，可以是同等作用的电子记录或程序
A2　许可证、授权、安检通关和其他手续 如适用时，卖方必须自负风险和费用，取得所需的进出口许可和其他官方授权，办理货物出口、从他国过境运输和进口所需的一切海关手续	B2　许可证、授权、安检通关和其他手续 如适用时，应卖方要求并由其承担风险和费用，买方必须协助卖方取得货物进口所需的任何进口许可或其他官方授权
A3　运输合同与保险合同 (a) 运输合同 卖方必须自付费用签订运输合同，将货物运至指定目的地或指定目的地内的约定的点（如有约定）。如未约定特定的交付点或该交付点不能由实务确定，卖方则可在指定目的地内选择最适合其目的的交货点。 (b) 保险合同 卖方对买方无订立保险合同的义务。但应买方要求并由其承担风险和费用（如有的话），卖方必须向买方提供后者取得保险所需的信息	B3　运输合同与保险合同 (a) 运输合同 买方对卖方无订立运输合同的义务。 (b) 保险合同 买方对卖方无订立保险合同的义务。但应卖方要求，买方必须向卖方提供取得保险所需信息
A4　交货 卖方必须在约定日期或期限内，在指定目的地或目的地约定地点（如有的话），将可供卸载的货物交由买方处置完成交货	B4　收取货物 当货物按照 A4 交付时，买方必须收取

续

卖方义务	买方义务
A5　风险转移 除按照 B5 的灭失或损坏情况外，卖方承担按照 A4 完成交货前货物灭失或损坏的一切风险	B5　风险转移 买方承担按照 A4 交货时起货物灭失或损坏的一切风险。如果（a）买方未按照 B2 履行义务，则承担因此造成的货物灭失或损坏的一切风险；或（b）买方未按照 B7 通知卖方，则自约定的交货日期或交货期限届满之日起，买方承担货物灭失或损坏的一切风险。但以该货物已清楚地确定为合同项下之货物者为限
A6　费用划分 卖方必须支付： （a）除 A3（a）发生的费用，连同按照 A4 交货前与货物相关的一切费用，但按照 B6 应由买方支付的费用除外； （b）运输合同中规定的应由卖方支付的在目的地卸货的任何费用； （c）如适用时，在按照 A4 交货前发生的，货物进出口所需海关手续费用，出口和进口应交纳的一切关税、税款和其他费用，以及货物从他国过境运输的费用	B6　费用划分 买方必须支付： （a）自按照 A4 交货时起与货物相关的一切费用； （b）在指定目的地从到达的运输工具上卸货以便收取货物的一切费用，但运输合同规定该费用由卖方承担者除外； （c）买方未按照 B2 履行义务或未按照 B7 发出通知导致卖方发生的任何额外费用，但以该货物已清楚地确定为合同项下之货物者为限
A7　通知买方 卖方必须向买方发出所需通知，以便买方采取收取货物通常所需要的措施	B7　通知卖方 当有权决定在约定期间内的具体时间和/或指定目的地内收取货物的点时，买方必须向卖方发出充分的通知
A8　交货凭证 卖方必须自付费用，向买方提供凭证，以确保买方能够按照 A4/B4 收取货物	B8　交货证据 买方必须接受按照 A8 提供的交货凭证
A9　核对—包装—标记 卖方必须支付为了按照 A4 进行交货，所需要进行的核对费用（如核对质量、丈量、过磅、点数的费用），以及出口国有关机构强制进行的装运前检验所发生的费用。除非在特定贸易中，某类货物的销售通常不需包装，卖方必须自付费用包装货物。除非买方在签订合同前已通知卖方特殊包装要求，卖方可以适合该货物运输的方式对货物进行包装。包装应作适当标记	B9　货物检验 买方对卖方不承担义务支付任何进出口国有关机构装运前强制进行的检验费用
A10　协助提供信息及相关费用 如适用时，应买方要求并由其承担风险和费用，卖方必须及时向买方提供或协助其取得相关货物进口和/或将货物运输到最终目的地所需要的任何单证和信息，包括安全相关信息。卖方必须偿付买方按照 B10 提供或协助取得单证和信息时所发生的所有花销和费用	B10　协助提供信息及相关费用 买方必须及时告知卖方任何安全信息要求，以便卖方遵守 A10 的规定。买方必须偿付卖方按照 A10 向买方提供或协助其取得单证和信息时产生的所有花销和费用。如适用时，应卖方要求并由其承担风险和费用，买方必须及时向卖方提供或协助其取得货物运输、进出口以及从他国过境运输所需要的任何单证和信息，包括安全相关信息

2. 选用 DDP 贸易术语的注意事项

（1）DDP 代表卖方的责任最大。

（2）由于卖方承担在特定地点交货前的风险和费用，双方应尽可能清楚地订明在指定目的地内的交货点。卖方订立的运输合同应能与所做选择确切吻合。如果按照运输合同卖方在目的地发生了卸货费用，除非双方另有约定，卖方无权向买方索要。

（3）如卖方不能直接或间接地完成进口清关，则建议不使用 DDP。如双方希望买方承担所有进口清关的风险和费用，则应使用 DAT 或 DAP 术语。除非买卖合同中另行明确规定，任何增值税或其他应付的进口税款由卖方承担。

6.3 《2010 通则》中的贸易术语（下）

本节概述《2010 通则》中仅适用于水运的贸易术语。

6.3.1 《2010 通则》中的 FAS 贸易术语

FAS，即 Free Alongside Ship（Insert Named Port of Shipment）船边交货（插入指定装运港），是指卖方在指定的装运港将货物交到买方指定的船边（例如置于码头或驳船上时），即为交货。买卖双方负担的风险和费用均以船边为界。

1. FAS 贸易术语下买卖双方的义务

卖方义务	买方义务
A1　卖方一般义务 卖方必须提供符合买卖合同约定的货物和商业发票，以及合同可能要求的其他与合同相符的证据。 A1～A10 中所指的任何单证在双方约定或符合惯例的情况下，可以是同等作用的电子记录或程序	B1　买方一般义务 买方必须按照买卖合同约定支付价款。 B1～B10 中所指的任何单证在双方约定或符合惯例的情况下，可以是同等作用的电子记录或程序
A2　许可证、授权、安检通关和其他手续 如适用时，卖方必须自负风险和费用，取得所需的出口许可和其他官方授权，办理货物出口所需的一切海关手续	B2　许可证、授权、安检通关和其他手续 如适用时，应由买方自负风险和费用，取得所有进口许可或其他官方授权，办理货物进口和从他国过境运输所需的一切海关手续
A3　运输合同与保险合同 （a）运输合同 卖方对买方无订立运输合同的义务。但若买方要求，或是按商业实践，而买方未适时做出相反指示，卖方可以按照通常条件签订运输合同，由买方承担风险和费用。无论哪种情况，卖方都可以拒绝签订运输合同，如予拒绝，卖方应立即通知买方。 （b）保险合同 卖方对买方无订立保险合同的义务。但应买方要求并由其承担风险和费用（如有的话），卖方必须向买方提供后者取得保险所需信息	B3　运输合同与保险合同 （a）运输合同 除了卖方按照 A3（a）签订运输合同的情形外，买方必须自付费用签订自指定的交货地点起运货物的运输合同。 （b）保险合同 买方对卖方无订立保险合同的义务

卖方义务	买方义务
A4　交货 卖方必须按照以下方式交货： (a) 在买方指定的装运港内的装船点（如有的话），将货物置于买方指定的船舶旁边，或以取得已经在船边交付的货物的方式交货。哪种情况，卖方都必须在约定日期或期限内，按照该港的习惯方式交货。 (b) 如果买方没有指定特定的装货地点，卖方则可在指定装运港选择最适合其目的的装货点。如果双方已同意交货应当在一段时间内进行，买方则有权在该期限内选择日期	B4　收取货物 当货物按照 A4 交付时，买方必须收取
A5　风险转移 除按照 B5 的灭失或损坏情况外，卖方承担按照 A4 完成交货前货物灭失或损坏的一切风险	B5　风险转移 买方承担自按照 A4 交货时起货物灭失或损坏的一切风险。 如果： (a) 买方未按照 B7 发出通知； (b) 买方指定的船舶未准时达到，或未收取货物，或早于 B7 通知的时间停止装货； 则买方自约定交货日期或约定期限届满之日起承担货物灭失或损坏的一切风险，但以该项货物已清楚地确定为合同项下之货物者为限
A6　费用划分 卖方必须支付： (a) 按照 A4 交货前与货物相关的一切费用，但按照 B6 应由买方支付的费用除外； (b) 如适用时，货物出口所需海关手续费用，以及出口应交纳的一切关税、税款和其他费用	B6　费用划分 买方必须支付： (a) 自按照 A4 交货时起与货物相关的一切费用，如适用时，A6（b）中为出口所需的海关手续费用，及出口应纳的一切关税、税款和其他费用除外； (b) 由于以下原因之一发生的任何额外费用： (i) 买方未能按照 B7 发出相应的通知； (ii) 买方指定的船舶未准时达到，或未收取货物，或早于 B7 通知的时间停止装货，但以该项货物已清楚地确定为合同项下之货物者为限； (c) 如适用时，货物进口应交纳的一切关税、税款和其他费用，及办理进口海关手续的费用和从他国过境运输的费用
A7　通知买方 由买方承担风险和费用，卖方必须就其已经按照 A4 交货或船舶未在约定时间内收取货物给予买方充分的通知	B7　通知卖方 买方必须就船舶名称、装船点和在需要时其在约定期间内选择的交货时间向卖方发出充分的通知

卖方义务	买方义务
A8 交货凭证 卖方必须自付费用向买方提供已按照 A4 交货的通常证据。除非上述证据是运输凭证，否则，应买方要求并由其承担风险和费用，卖方必须协助买方取得运输凭证	B8 交货证据 如果凭证与合同相符的话，买方必须接受按照 A8 提供的交货凭证
A9 核对—包装—标记 卖方必须支付为了按照 A4 进行交货，所需要进行的核对费用（如核对质量、丈量、过磅、点数的费用），以及出口国有关机构强制进行的装运前检验所发生的费用。 除非在特定贸易中，某类货物的销售通常不需包装，卖方必须自付费用包装货物。 除非买方在签订合同前已通知卖方特殊包装要求，卖方可以适合该货物运输的方式对货物进行包装。包装应作适当标记	B9 货物检验 买方必须支付任何装运前必须的检验费用，但出口国有关机构强制进行的检验除外
A10 协助提供信息及相关费用 如适用时，应买方要求并由其承担风险和费用，卖方必须及时向买方提供或协助其取得相关货物进口和/或将货物运输到最终目的地所需要的任何单证和信息，包括安全相关信息。 卖方必须偿付买方按照 B10 提供或协助取得单证和信息时所发生的所有花销和费用	B10 协助提供信息及相关费用 买方必须及时告知卖方任何安全信息要求，以便卖方遵守 A10 的规定。 买方必须偿付卖方按照 A10 向买方提供或协助其取得单证和信息时产生的所有花销和费用。 如适用时，应卖方要求并由其承担风险和费用，买方必须及时向卖方提供或协助其取得货物运输和出口及从他国过境运输所需要的任何单证和信息，包括安全相关信息

2. 选用 FAS 贸易术语的注意事项

（1）关于"船货衔接"。在 FAS 条件下，从装运港至目的港的运输合同由买方负责订立，买方要及时将船名和要求装货的具体时间、地点通知卖方，以便卖方按时备货出运，卖方也应将货物交至船边的情况及时通知买方，以利于买方办理装船事项。如果买方指派的船只未按时到港接货或买方未能及时发出装船通知，只要货物特定化，由此产生的风险和损失均由买方承担。

（2）关于集装箱货物。如果是集装箱货物，典型的做法是，卖方在指定地点而非船边将货物交给承运人，在此情况下，使用 FAS 并不合适，建议使用 FCA。

（3）关于对 FAS 的不同解释。根据《2010 通则》的解释，FAS 术语只适用于包括海运在内的水上运输方式，交货地点只能是装运港船边。但是，按照《定义》的解释，FAS 是 Free Along Side 的缩写，即指交到运输工具旁边，适用于任何运输方式。因此，在同北美国家的交易中使用 FAS 术语时，应在 FAS 后面加上 Vessel 字样，以明确表示"船边交货"。

> **阅读案例 6-3**
>
> **未明确约定船边引发贸易纠纷**
>
> 【案情简介】
>
> 2006年，中国A公司从印度B公司以 FAS Panaji/Mormugao, Goa, India 条件进口4万公吨"印度58%铁矿粉"（Processing Iron Ore Fines Fe58 PCT of India Origin），合同约定适用《2010通则》。买卖双方在履行过程中未能够就"船边"的理解达成一致，进而就相关费用和风险划分产生贸易纠纷。
>
> 【案例点评】
>
> ①必要时，当事双方应该在《2010通则》术语基础上添加词句以求得比术语更精确的约定。因为贸易术语要在不同行业和不同地区使用，《通则》对双方的义务不能总是规定得很精确。例如，在FAS和FOB的A4条款中，不可避免地要援引行业惯例（"按港口的习惯方式"），其原因是，在FAS或FOB合同下，将货物（尤其是农矿产品）交运的具体做法在不同的海港是不一样的。对于买卖双方而言，协商销售合同时，使自己及时了解这些习惯做法，并在不能确定时，在销售合同中订立适当的条款以澄清当事方的法律地位的做法值得推荐。在具体合同中，这些特别条款将取代或改变《2010通则》的规定。②添加的内容应该明确。因为《2010通则》对任何这种添加的内容不提供任何指导规定。这样，如果当事方无法依赖行业惯例来解释其新增内容时，他们也可能会由于无法就新增内容证明有一贯的理解而面临严重的问题。

6.3.2 《2010通则》中的FOB贸易术语

FOB，即 Free On Board（…Named Port of Shipment）装运港船上交货（……指定装运港），是指当货物在指定装运港装上船，卖方即完成交货。买方必须从货物在指定装运港装上船起，承担一切费用以及货物灭失或损坏的风险。

1. FOB贸易术语下买卖双方的义务

卖方义务	买方义务
A1 卖方一般义务 卖方必须提供符合买卖合同约定的货物和商业发票，以及合同可能要求的其他与合同相符的证据。 A1~A10中所指的任何单证在双方约定或符合惯例的情况下，可以是同等作用的电子记录或程序	B1 买方一般义务 买方必须按照买卖合同约定支付价款。 B1~B10中所指的任何单证在双方约定或符合惯例的情况下，可以是同等作用的电子记录或程序
A2 许可证、授权、安检通关和其他手续 如适用时，卖方必须自负风险和费用，取得所需的出口许可和其他官方授权，办理货物出口所需的一切海关手续	B2 许可证、授权、安检通关和其他手续 如适用时，应由买方自负风险和费用，取得所有进口许可或其他官方授权，办理货物进口和从他国过境运输所需的一切海关手续

续

卖方义务	买方义务
A3 运输合同与保险合同 （a）运输合同 卖方对买方无订立运输合同的义务。但若买方要求，或是按商业实践，而买方未适时做出相反指示，卖方可以按照通常条件签订运输合同，由买方承担风险和费用。无论哪种情况，卖方都可以拒绝签订运输合同，如予拒绝，卖方应立即通知买方。 （b）保险合同 卖方对买方无订立保险合同的义务。但应买方要求并由其承担风险和费用（如有的话），卖方必须向买方提供后者取得保险所需信息	B3 运输合同与保险合同 （a）运输合同 除了卖方按照 A3（a）签订运输合同的情形外，买方必须自付费用签订自指定的装运港起运货物的运输合同。 （b）保险合同 买方对卖方无订立保险合同的义务
A4 交货 卖方必须按照以下方式交货： 在买方指定的装运港内的装船点（如有的话），将货物置于买方指定的船上，或以取得已装船货物的方式交货。无论哪种情况，卖方都必须在约定日期或期限内，按照该港的习惯方式交货。 如果买方没有指定特定的装货地点，卖方则可在指定装运港选择最适合其目的的装货点。如果双方已同意交货应当在一段时间内进行，买方则有权在该期限内选择日期	B4 收取货物 当货物按照 A4 交付时，买方必须收取
A5 风险转移 除按照 B5 的灭失或损坏情况外，卖方承担按照 A4 完成交货前货物灭失或损坏的一切风险	B5 风险转移 买方承担自按照 A4 交货时起货物灭失或损坏的一切风险。 如果： （a）买方未按照 B7 通知指定的船舶名称； （b）买方指定的船舶未准时到达，卖方未能按 A4 装载货物，或早于 B7 通知的时间停止装货； 买方则按照下列情况承担货物灭失或损坏的一切风险： （i）自约定日期起； （ii）如没有约定日期的，则自卖方在约定期限内按照 A7 通知的日期起； （iii）若没有通知日期的，则自任何约定交货期限届满之日起。 但以该项货物已清楚地确定为合同项下之货物者为限

续

卖方义务	买方义务
A6　费用划分 卖方必须支付： (a) 按照 A4 交货前与货物相关的一切费用，但按照 B6 应由买方支付的费用除外； (b) 如适用时，货物出口所需海关手续费用，以及出口应交纳的一切关税、税款和其他费用	B6　费用划分 买方必须支付： (a) 自按照 A4 交货时起与货物相关的一切费用，如适用时，A6（b）中为出口所需的海关手续费用，及出口应交纳的一切关税、税款和其他费用除外； (b) 由于以下原因之一发生的任何额外费用： (i) 买方未能按照 B7 给予卖方相应的通知； (ii) 买方指定的船舶未准时达到，或不能装载货物或早于 B7 通知的时间停止装货，但以该项货物已清楚地确定为合同项下之货物者为限； (c) 如适用时，货物进口应交纳的一切关税、税款和其他费用，及办理进口海关手续的费用和从他国过境运输的费用
A7　通知买方 由买方承担风险和费用，卖方必须就其已经按照 A4 交货或船舶未在约定时间内收取货物给予买方充分的通知	B7　通知卖方 买方必须就船舶名称、装船点和在需要时其在约定期间内选择的交货时间向卖方发出充分的通知
A8　交货凭证 卖方必须自付费用向买方提供已按照 A4 交货的通常证据。除非上述证据是运输凭证，否则，应买方要求并由其承担风险和费用，卖方必须协助买方取得运输凭证	B8　交货证据 如果凭证与合同相符的话，买方必须接受按照 A8 提供的交货凭证
A9　核对—包装—标记 卖方必须支付为了按照 A4 进行交货，所需要进行的核对费用（如核对质量、丈量、过磅、点数的费用），以及出口国有关机构强制进行的装运前检验所发生的费用。 除非在特定贸易中，某类货物的销售通常不需包装，卖方必须自付费用包装货物。 除非买方在签订合同前已通知卖方特殊包装要求，卖方可以适合该货物运输的方式对货物进行包装。包装应作适当标记	B9　货物检验 买方必须支付任何装运前必须的检验费用，但出口国有关机构强制进行的检验除外
A10　协助提供信息及相关费用 如适用时，应买方要求并由其承担风险和费用，卖方必须及时向买方提供或协助其取得相关货物进口和/或将货物运输到最终目的地所需要的任何单证和信息，包括安全相关信息。 卖方必须偿付买方按照 B10 提供或协助取得单证和信息时所发生的所有花销和费用	B10　协助提供信息及相关费用 买方必须及时告知卖方任何安全信息要求，以便卖方遵守 A10 的规定。 买方必须偿付卖方按照 A10 向买方提供或协助其取得单证和信息时产生的所有花销和费用。 如适用时，应卖方要求并由其承担风险和费用，买方必须及时向卖方提供或协助其取得货物运输和出口及从他国过境运输所需要的任何单证和信息，包括安全相关信息

2. 选用FOB贸易术语的注意事项

（1）《2010通则》取消了"船舷"概念，卖方承担货物装上船为止的一切风险，买方承担货物装上船后的一切风险。之前版本的通则均以装运港船舷为界划分FOB的风险。

阅读案例6-4

裁决结果截然不同的两个FOB合同贸易纠纷案

【案情简介】

洋葱头案：某公司出口洋葱头，FOB大连。装船前检验合格，但是，目的港卸货时发现部分洋葱头腐烂。买方就该货损向卖方索赔，遭到拒赔，引发贸易纠纷，双方同意将该争议案件提交仲裁。仲裁机构调查发现：洋葱头装船后，由于船舶的通风设备失灵，导致货损，裁决卖方可以拒赔。

燕麦种子案：某公司出口燕麦种子，FOB天津新港，合同规定燕麦种子的发芽率不得低于90%，装运前燕麦种子发芽率超过90%，合格。目的港检验结果显示该批种子的发芽率不足50%，不合格。买方就该货损向卖方索赔，遭到拒赔，引发贸易纠纷，双方同意将该争议案件提交仲裁。仲裁机构调查发现：由于卖方未能于该批燕麦种子包装前对包装物（麻袋）进行充分的熏蒸处理，麻袋上残留虫卵，主运输途中虫卵孵化，啃噬了燕麦种子胚芽，致损，裁决卖方应该赔偿。

【案例点评】

如果按照《2000通则》规定，FOB的买卖双方以装运港船舷为界划分货物风险。如果按照《2010通则》规定，FOB的买卖双方以装运港货物装上船为界划分货物风险。如果导致货损的原因是偶然的，而且发生在货物装上船后，则由买方负责，例如洋葱头案，卖方装船前货物经检验机构检验符合合同规定的品质条件，卖方在装船后及时发出装船通知，卖方没有过失。在主运输途中，船舶通风设备失灵，导致货损，属于货物装上船后的风险，应由买方承担。如果损失发生在货物装上船之前则由卖方负责。如果导致货损的原因是必然的，而且该原因作为货物在货物装上船之前就已经存在，则由卖方负责，例如燕麦种子案。

（2）关于船货衔接的问题。如果买方未按时派船，这包括未经对方同意提前或延迟将船派到装运港，卖方都有权拒绝交货，由此产生的各种损失均由买方负担。如果买方指派的船只按时到达装运港，而卖方却未能备妥货物，那么，由此产生的上述费用则由卖方承担。按FOB术语成交，对于装运期和装运港要慎重规定，签约之后，有备货和派船事宜，也要加强联系，密切配合，保证船货衔接。

阅读案例6-5

船货衔接不佳引发的FOB贸易纠纷案

【案情简介】

某年美国A公司从俄罗斯B公司进口一批钢材，买方A派船至装运港，卖方B却没有备货至指定装运港，买方多次催促，卖方先以"货物在运输途中，遇事延误了，请耐心等待"等多种理由搪塞，最后才被迫承认自己没有办法组织到货源，无法交货。于是，买方所派船舶在指定装运港逗留50多天后，空船而走。由于买方和承运人签订的是定程租船合同，该合同规定滞期费费率为每天12 000美元，于是，船方向买方索要60多万美元的滞期费。买方就该滞期费向卖方索要未果。

【案例点评】

履行FOB合同时，买卖双方做好船货衔接十分重要。由于各国法律规定不尽相同，解决类似装卸费用引发的纠纷往往十分棘手。

(3) 个别国家对FOB的不同解释。《定义》中将FOB概括为6种，其中前3种是在出口国内陆指定地点的内陆运输工具上交货，第4种是在出口地点的内陆运输工具上交货，第5种是在装运港船上交货，第6种是在进口国指定内陆地点交货。上述第4种和第5种在使用时应加以注意。如果卖方要求在装运港口的船上交货，则应在FOB和港口名之间加上Vessel字样，例如"FOB Vessel San Francisco"，否则，买方有可能按第4种情况在旧金山市的内陆运输工具上交货。而且，即使是"FOB Vessel San Francisco"，根据《定义》的解释，买卖双方划分风险的界限不是在船舷，而是在船上；出口是买方义务。因此，同美国、加拿大等国家从事进出口业务采用FOB成交时，应对有关问题在合同中具体订明，以免因解释上存在分歧而引起争议。

6.3.3 《2010通则》中的CFR贸易术语

CFR的全文是Cost and Freight (Insert Named Port of Destination)，即成本加运费（插入指定目的港），是指卖方在船上交货或以前的这样交付的货物的方式交货，支付运费。交货后货物灭失或损坏的风险，以及由于各种事件造成的任何额外费用，即由卖方转移到买方。

1. CFR贸易术语下买卖双方的义务

卖方义务	买方义务
A1 卖方一般义务 卖方必须提供符合买卖合同约定的货物和商业发票，以及合同可能要求的其他与合同相符的证据。 A1～A10中所指的任何单证在双方约定或符合惯例的情况下，可以是同等作用的电子记录或程序	B1 买方一般义务 买方必须按照买卖合同约定支付价款。 B1～B10中所指的任何单证在双方约定或符合惯例的情况下，可以是同等作用的电子记录或程序
A2 许可证、授权、安检通关和其他手续 如适用时，卖方必须自负风险和费用，取得所需的出口许可和其他官方授权，办理货物出口所需的一切海关手续	B2 许可证、授权、安检通关和其他手续 如适用时，应由买方自负风险和费用，取得所有进口许可或其他官方授权，办理货物进口和从他国过境运输所需的一切海关手续

卖方义务	买方义务
A3　运输合同与保险合同 （a）运输合同 卖方必须签订或取得运输合同，将货物自交货地内的约定交货点（如有的话）运送至指定目的港或该目的港的交付点（如有约定）。必须按照通常条件订立合同，由卖方支付费用，经由通常航线和习惯方式运送货物。 （b）保险合同 卖方对买方无订立保险合同的义务。但应买方要求并由其承担风险和费用（如有的话），卖方必须向买方提供后者取得保险所需信息	B3　运输合同与保险合同 （a）运输合同 除了卖方按照 A3（a）签订运输合同的情形外，买方必须自付费用签订自指定的装运港起运货物的运输合同。 （b）保险合同 买方对卖方无订立保险合同的义务。但应卖方要求，买方必须向卖方提供取得保险所需信息
A4　交货 卖方必须以将货物装上船，或以取得已装船货物的方式交货。无论哪种情况，卖方都必须在约定日期或期限内，按照该港的习惯方式交货	B4　收取货物 当货物按照 A4 交付时，买方必须收取，并在指定目的地自承运人收取货物
A5　风险转移 除按照 B5 的灭失或损坏情况外，卖方承担按照 A4 完成交货前货物灭失或损坏的一切风险	B5　风险转移 买方承担按照 A4 交货时起货物灭失或损坏的一切风险。 如买方未按照 B7 通知卖方，则买方自约定的交货日期或交货期限届满之日起，承担货物灭失或损坏的一切风险，但以该货物已清楚地确定为合同项下之货物者为限
A6　费用划分 卖方必须支付： （a）按照 A4 完成交货前与货物相关的一切费用，但照 B6 应由买方支付的费用除外； （b）按照 A3（a）所发生的运费和其他一切费用，包括将货物装上船的装货费和根据运输合同规定由卖方支付的在约定卸载港的卸货费； （c）如适用时，货物出口所需海关手续费用，出口应缴纳的一切关税、税款和其他费用，以及按照运输合同规定，由卖方支付的货物从他国过境运输的费用	B6　费用划分 除 A3（a）外，买方必须支付： （a）自按照 A4 交货时起，与货物相关的一切费用，如适用时，按照 A6（c）为出口所需的海关手续费用，及出口应交纳的一切关税、税款和其他费用除外； （b）货物在运输途中直至到达约定目的地为止的一切费用，按照运输合同该费用应由卖方支付的除外； （c）包括驳运费和码头费在内的卸货费，除非根据运输合同该项费用应由卖方支付者外； （d）如买方未按照 B7 发出通知，则自约定装运之日或约定装运期限届满之日起，所发生的一切额外费用，但以该货物已清楚地确定为合同项下之货物者为限； （e）如适用时，货物进口应交纳的一切关税、税款和其他费用，及办理进口海关手续的费用和从他国过境运输费用，除非该费用已包括在运输合同中

续

卖方义务	买方义务
A7　通知买方 卖方必须向买方发出所需通知，以便买方采取收取货物通常所需要的措施	B7　通知卖方 当有权决定货物运输时间和/或指定目的港地内的收取货物的点时，买方必须向卖方发出充分的通知
A8　交货凭证 卖方必须自付费用，不得延迟地向买方提供到约定目的港的通常的运输凭证。此运输凭证必须载明合同中的货物，且其签发日期应在约定运输期限内，并使买方能在指定目的港向承运人索取货物。同时，除非另有约定，该项凭证应能使买方在货物运输途中以向下家买方转让或通知承运人方式出售货物。 当此类运输凭证以可转让形式签发且有数份正本时，则必须将整套正本凭证提交给买方	B8　交货证据 如果凭证与合同相符的话，买方必须接受按照A8提供的交货凭证
A9　核对—包装—标记 卖方必须支付为了按照A4进行交货，所需要进行的核对费用（如核对质量、丈量、过磅、点数的费用），以及出口国有关机构强制进行的装运前检验所发生的费用。 除非在特定贸易中，某类货物的销售通常不需包装，卖方必须自付费用包装货物。 除非买方在签订合同前已通知卖方特殊包装要求，卖方可以适合该货物运输的方式对货物进行包装。包装应作适当标记	B9　货物检验 买方必须支付任何装运前必须的检验费用，但出口国有关机构强制进行的检验除外
A10　协助提供信息及相关费用 如适用时，应买方要求并由其承担风险和费用，卖方必须及时向买方提供或协助其取得相关货物进口和/或将货物运输到最终目的地所需要的任何单证和信息，包括安全相关信息。 卖方必须偿付买方按照B10提供或协助取得单证和信息时所发生的所有花销和费用	B10　协助提供信息及相关费用 买方必须及时告知卖方任何安全信息要求，以便卖方遵守A10的规定。 买方必须偿付卖方按照A10向买方提供或协助其取得单证和信息时产生的所有花销和费用。 如适用时，应卖方要求并由其承担风险和费用，买方必须及时向卖方提供或协助其取得货物运输和出口及从他国过境运输所需要的任何单证和信息，包括安全相关信息

2. 选用 CFR 贸易术语的注意事项

（1）关于象征性交货。类似 CPT 条件理解。

（2）装船通知的重要性。类似 CPT 条件理解。

（3）关于 CFR 与 CPT 的异同。按照这两种术语成交，卖方承担的风险都是在交货地点随着交货义务的完成而转移的，卖方都要负责安排主运输事项，并承担主运费。按这两种术语订立的合同都属于装运合同,卖方只需保证按时交货,而无需保证到货。这两种术语的主要区别在于适用的运输方式不同,交货地点和风险划分的界限不同。CFR 适用于水上运输方式,交货地点在装运港,风险划分以货物装到船上为界;CPT 适用于各种运输方式,交货地点因运输方式的不同而应由双方约定,风险划分以货交承运人为界,此外,卖方承担的责任、费用以及需提交的单据等方面也略有区别。

阅读案例 6-6

CFR 术语下未及时发出装运通知致损案

【案情简介】

我方以 CFR 贸易术语向 B 国的 H 公司出口一批消毒碗柜,合同规定装运时间为 4 月 15 日前。我方备妥货物,并于 4 月 8 日装船完毕,由于遇星期日休息,我方业务员未及时向买方发出装运通知,导致买方未能及时办理投保手续,而货物在 4 月 8 日晚因火灾被烧毁。

【案例点评】

CFR 术语成交的情况下,租船订舱和办理投保手续分别由卖方和买方办理,因此,卖方在装船完毕后应及时向买方发出装运通知,以便买方办理投保手续;否则,由此而产生的风险应由卖方承担。本案中,因为我方未及时发出装运通知,导致买方漏保,卖方担责。

6.3.4 《2010 通则》中的 CIF 贸易术语

CIF 的全文是 Cost Insurance and Freight（insert named port of destination）,即成本加保险费、运费（插入指定目的港）,是指卖方在船上交货或以前的这样交付的货物的方式交货,支付运费。卖方还要为买方在运输途中货物灭失或损坏风险办理保险、支付保险费。

1. CIF 贸易术语下买卖双方的义务

与 CFR 相比,应注意以下规定,其余规定与 CFR 相同。

卖方义务	买方义务
A3　运输合同与保险合同 (a) 运输合同 卖方必须签订或取得运输合同,将货物自交货地内的约定交货点（如有的话）运送至指定目的港或该目的港的交付点（如有约定）。必须按照通常条件订立合同,由卖方支付费用,经由通常航线,由通常用来运输该类商品的船舶运输。 (b) 保险合同 卖方必须自付费用取得货物保险。该保险需至少符合《协会货物保险条款》（*Institute Cargo Clauses*,LMA/IUA）"条款（C）"（Clauses C）或类似条款的最低险别。保险应与信誉良好的承保人或保险公司订立。应使买方或其他对货物有可保利益者有权直接向保险人索赔。	B3　运输合同与保险合同 (a) 运输合同 除了卖方按照 A3（a）签订运输合同的情形外,买方必须自付费用签订自指定的装运港起运货物的运输合同。 (b) 保险合同 买方对卖方无订立保险合同的义务。但应卖方要求,买方必须向卖方提供投保附加险所需信息,该附加险是买方按照 A3（b）向卖方要求的。

续

卖方义务	买方义务
当买方要求且能够提供卖方所需的信息时,卖方应办理任何附加险别,由买方承担费用,如果能够办理,诸如办理《协会货物保险条款》(*Institute Cargo Clauses*, LMA/IUA)"条款(A)或(B)"(Clauses A or B)或类似条款的险别,也可同时或单独办理《协会战争险条款》(*Institute War Clauses*)和/或《协会罢工险条款》(*Institute Strikes Clauses*)或其他类似条款的险别。 保险最低金额是合同规定价格另加10%(即110%),并采用合同货币。 保险期间为货物自A4和A5规定的交货点起,至少到指定地点目的地止。 卖方应向买方提供保单或其他保险证据。此外,应买方要求并由买方承担风险和费用(如有的话),卖方必须向买方提供后者取得附加险所需信息	
A6 费用划分 卖方必须支付: (a) 按照A4完成交货前与货物相关的一切费用,但按照B6应由买方支付的费用除外; (b) 按照A3(a)所发生的运费和其他一切费用,包括根据运输合同规定由卖方支付的装货费和在目的地的卸货费用; (c) 根据A3(b)发生的保险费用; (d) 如适用时,货物出口所需海关手续费用,出口应交纳的一切关税、税款和其他费用,以及按照运输合同规定,由卖方支付的货物从他国过境运输的费用	B6 费用划分 除A3(a)外,买方必须支付: (a) 自按照A4交货时起,与货物相关的一切费用,如适用时,按照A6(d)为出口所需的海关手续费用,及出口应交纳的一切关税、税款和其他费用除外; (b) 货物在运输途中直至到达约定目的地为止的一切费用,按照运输合同该费用应由卖方支付的除外; (c) 包括驳运费和码头费在内的卸货费,除非根据运输合同该项费用应由卖方支付者外; (d) 如买方未按照B7发出通知,则自约定装运之日或约定装运期限届满之日起,所发生的一切额外费用,但以该货物已清楚地确定为合同项下之货物者为限; (e) 如适用时,货物进口应交纳的一切关税、税款和其他费用,及办理进口海关手续的费用和从他国过境运输费用,除非该费用已包括在运输合同中; (f) 按照A3(b)和B3(b),应买方要求办理附加险别发生的费用

2. 选用CIF贸易术语的注意事项

(1) 关于"象征性交货"。类似CPT条件理解。CIF就是一种典型的象征性交货,在此贸易术语下，卖方是凭单交货，买方是凭单付款，只要卖方如期向买方提交了合同规定的全套合格单据，即使货物在运输途中损坏灭失，买方也必须履行支付货款的义务。反之，如卖方提交的单据不合要求，即使货物完好无损地运达目的地，买方也有权拒绝付款。

(2) 关于"租船订舱"。关于运输的问题，各惯例的规定不尽相同，但基本点相同，即如果没有相反的约定，卖方只负担按通常条件和惯驶航线，租用适当船舶将货物运往目的港。由此，对于实际业务中有时买方提出的关于限制船籍、船型、船龄、船级以及指定装载某班轮公司的船只等项要求，卖方均有权拒绝接受。

(3) 关于保险险别。类似 CIP 条件理解。如明确约定保险险别、保险金额等内容，则卖方应按约定投保。如合同未能就保险险别等问题具体规定，按《2010 通则》的解释，卖方只需投保 ICC（C）或其他最低险别；应买方要求，并由买方承担额外费用的情况下，卖方可加保战争险、罢工险等。

(4) CIF 和 CIP 的异同。两者在交货地点、风险划分界限以及卖方承担的责任和费用方面都存在差别。这主要是因为两者适用的运输方式不同。CIF 适用于水上运输，交货地点在装运船上，风险划分以装运港货物装到船上为界。而 CIP 术语则适用于各种运输方式，交货地点要根据运输方式的不同而应由双方约定，风险是在承运人控制货物时转移。卖方要负责办理的，可能不仅仅是水上运输和水上运输险。

阅读案例 6-7

CIF 术语下货物风险转移的界限

【案情简介】

我方与荷兰某客商以 CIF 条件成交一笔交易，合同规定以信用证为付款方式。卖方收到买方开来的信用证后，及时办理了装运手续，并制作好一整套结汇单据。在卖方准备到银行办理议付手续时，收到买方来电，得知载货船只在航海运输途中遭遇意外事故，大部分货物受损，据此，买方表示将等到具体货损情况确定以后，才同意银行向卖方支付货款。

【案例点评】

按 CIF 术语成交属于象征性交货，买卖双方风险划分的界限以货物装到船上为界，其特点是卖方凭单交货，买方凭单付款。本案中，卖方已完成了交货义务且风险也已转移给了买方，因此，只要卖方提交的单据符合信用证的规定，卖方就可以及时收回货款。

阅读案例 6-8

象征性交货的 CIF 术语

【案情简介】

某年 1 月我国 A 进口商与东南亚某国 B 出口商以 CIF 条件签订进口香米合同。由于考虑到海上运输距离较近，且运输时间段海上一般风平浪静，于是卖方在没有办理海上货运保险的情况下将货物运至我国某一目的港口。适逢国内香米价格下跌，A 商便以 B 商没有办理货运保险、提交的单据不全为由，拒收货物和拒付货款。

【案例点评】

A 的要求合理。尽管我方拒付的动机是市场行情发生了不利变化,但 CIF 条件下卖方是象征性交货。因此,卖方 B 没有办理货运保险,少了保险单,即使货物安全到达目的港,也不能认为其完成了交货义务。

阅读案例 6-9

CIF OR CIP?从一则案例看内陆地区出口对贸易术语的选择

【案情简介】

2000 年 5 月,美国某贸易公司(以下简称进口方)以 CIF LOS – ANGELES 条件购买我国江西某进出口公司(以下简称出口方)的一批日用瓷具。支付条件为不可撤销的跟单信用证,出口方需要提供已装船提单等有效单证。出口方随后与宁波某运输公司(以下简称承运人)签订运输合同。8 月初出口方将货物备妥,装上承运人派来的货车。途中由于驾驶员的过失发生了车祸,耽误了时间,错过了信用证规定的装船日期。得到发生车祸的通知后,我出口方即刻与进口方洽商要求将信用证的有效期和装船期延展半个月,并本着诚信原则告知进口方两箱瓷具可能受损。美国进口方回电称同意延期,但要求货价应降 5%。我出口方回电据理力争,只同意受震荡的两箱瓷具降价 1%。但进口方坚持要求全部降价。最终我出口方还是做出让步,受震荡的两箱降价 2.5%,其余降价 1.5%,为此出口方受到货价、利息等有关损失共计 15 万美元。

事后,出口方作为托运人又向承运人就有关损失提赔。对此,承运人同意承担有关仓储费用和两箱震荡货物的损失;利息损失只赔 50%,理由是自己只承担一部分责任,主要责任在于出口方修改单证耽误了时间;对于货价损失不予理赔,认为这是由于出口方单方面与进口方的协定所致,与己无关。出口方却认为货物降价及利息损失的根本原因都在于承运人的过失,坚持要求其全部赔偿。3 个月后经多方协商,承运人最终赔偿各方面损失共计 5.5 万美元。出口方实际损失 9.5 万美元。

【案例点评】

在本案中,出口方耗费了时间和精力,损失也未能全部得到赔偿,这充分表明了 CIF 术语自身的缺陷使之在应用于内陆地区出口业务时显得"心有余而力不足"。

(1)内陆地区使用 CIF 术语,卖方交货义务的分离使风险转移严重滞后于货物实际控制权的转移。在采用 CIF 术语订立贸易合同时,出口方同时以托运人的身份与承运人签订运输合同。在出口方向承运人交付货物,完成运输合同项下的交货义务后,却并不意味着他已经完成了贸易合同项下的交货义务。出口方仍要就货物装到船上前的一切风险和损失向进口方承担责任。而货交承运人掌管后,托运人(出口方)已丧失了对货物的实际控制权。承运人对货物的保管、配载、装运等都由其自行操作,托运人只是对此进行监督。让出口方在其已经丧失了对货物的实际控制权的情况下继续承担责任和风险,非常不合理。尤其是从内陆地区装车到港口装到船上,中间要经过一段较长的时间,会发生什么事情,谁都无法预料。也许有人认为,在此期间如果发生货损,出口方向进口方承担责任后可依据运输合同再向承运人索赔,转移其经济损失。但是在实际中往往就有关诉讼费用、损失责任承担无法达成协议,再加上时间耗费,出口方很可能得不偿失,例如本案例。

(2) 内陆地区使用 CIF 术语时，对运输单据规定有限制，致使内陆出口方无法在当地交单结汇。根据《2000 通则》的规定，CIF 条件下出口方可提交可转让提单、不可转让海运单或内河运输单据，这与其仅适用于水上运输方式相对应。在沿海地区这种要求易于得到满足，不会耽误结汇。货物在内陆地区交付承运人后，如果走的是内河航运，也没有太大问题，但事实上一般是走陆路，这时承运人会签发陆运单或陆海联运提单而不是 CIF 条件要求的运输单据。这样，只有当货物运至装运港装船后出口方才能拿到提单或得到在联运提单上"已装船"的批注，然后再结汇。这就直接影响到出口方向银行交单结汇的时间，从而影响出口方的资金周转，增加了利息负担。本案中信用证要求出口方提交的就是提单，而货物走的是陆路，因此他只能到港口换单结汇。如果可凭承运人内地接货后签发的单据当地交单结汇的话，出口方虽然需要就货损对进口方负责，但可以避免货价损失和利息损失。

(3) 内陆地区使用 CIF 术语还有一笔额外的运输成本。在 CIF 价格中包括的运费应该从装运港到目的港这一段的运费。但从内陆地区到装运港装船之前还有一部分运输成本，例如从甘肃、青海、新疆等地区到天津新港等装运港装船之前的费用一般要占到出口货价的一定比例，甚至高达 20% 左右。

从以上分析可以看出，CIF 术语在内陆地区出口中并不适用。事实上，此时，CIP 比 CIF 更合适。

6.4 贸易术语的选用

6.4.1 贸易术语的变形

1. FOB 术语的变形

FOB 术语的变形：为解决大宗货物租船运输中的装货费用负担的问题（见表 6-5）。

表 6-5 FOB 贸易术语的变形

变形 种类	可能发生的装货驳船费	装货费	理舱费	平舱费	卸货费、可能发生的卸货驳船费
FOB Liner Terms（FOB 班轮条件）	船方或买方	船方或买方	船方或买方	船方或买方	船方或买方
FOB Under Tackle（FOB 吊钩下交货）	卖方	买方	买方	买方	买方
FOB Stowed（FOB 理舱费在内）	卖方	卖方	卖方	—	买方
FOB Trimmed（FOB 平舱费在内）	卖方	卖方	—	卖方	买方
FOB S T（FOB 理、平舱费在内）	卖方	卖方	卖方	卖方	买方

2. CFR/CIF 术语的变形

CFR/CIF 术语的变形:为解决大宗货物租船运输中的卸货费用负担的问题(见表6-6)。

表6-6 CFR/CIF 贸易术语的变形

变形种类	可能发生的装货驳船费、装货费、理舱费、平舱费	卸货费	有可能发生的卸货驳船费
CFR/CIF Liner Terms(CFR/CIF 班轮条件)	船方或卖方	船方或卖方	船方或卖方
CFR/CIF Landed(CFR/CIF 卸至码头)	卖方	卖方	卖方
CFR/CIF Ex Tackle(CFR/CIF 吊钩交货)	卖方	卖方	买方
CFR/CIF Ex Ship's Hold(CFR/CIF 舱底交货)	卖方	买方	买方

提示

贸易术语的变形一般不改变交货地点和风险划分的界限,尤其适用于程租船运输的情况下。

6.4.2 与交货有关的其他问题

1. 贸易术语与合同性质之间的关系

在实际业务中通常以贸易术语的名称来给买卖合同命名,一般情况下,贸易术语的性质与买卖合同的性质是相吻合的。按 E 组术语成交,卖方在产地交货,故其签订的合同为产地交货的启运合同。按 F 组和 C 组术语成交时,卖方都是在启运国或装船国履行交货义务的,按这两组术语签订的合同都属于装运合同。但是,按 D 组术语成交时,卖方必须承担货物运至目的地的所有费用和风险,即在到达地点履行交货义务,其性质属于到达合同。

提示

确定买卖合同的性质不能单纯看贸易术语,还应看买卖合同中的其他条件是如何规定的。

阅读案例 6-10

这还是 CIF 合同性质吗?

【案情简介】

某进出口公司以 CIF 汉堡向英国某客商出售供应圣诞节的应季杏仁一批,由于该商品季节性较强,买卖双方在合同中规定:买方须于9月底以前将信用证开抵卖方,卖方保证不迟于12月5日将货物运抵汉堡,否则,买方有权撤销合同。如卖方已结汇,卖方须将货款退还买方。

【案例点评】

本案中的合同性质已不属于 CIF 合同。因为:①CIF 合同是"装运合同",而本案的合同条款规定："……卖方保证不得迟于12月5日将货物运抵汉堡，否则，买方有权撤销合同……"该条款意指卖方必须在12月5日将货物实际运抵汉堡，其已改变了"装运合同"的性质。②CIF术语是典型的象征性交货，卖方凭单交货，买方凭单付款，而本案合同条款规定："……如卖方已结汇，卖方须将货款退还买方。"该条款已改变了"象征性交货"下卖方凭单交货的特点。因而，本案的合同性质已不属于CIF合同。

2. 风险和费用的提前转移问题

一般来说，卖方承担的风险是在双方约定交货地点的特定界限，随着交货义务的完成而转移的。但是各术语都规定了当买方没有按约定的时间受领货物或没有给予卖方完成交货义务的有关通知，则风险和费用的转移可以提前到买方受领货物以前，条件是货物特定化。

3. 包装和检验的问题

卖方必须自负费用提供按照卖方在订立合同前已知的有关该货物运输所要求的包装（除非按照相关行业惯例，合同项下的货物通常无须包装）。《2010通则》强调：①仅出口国的强制性检验费用。在EXW条件下，由买方承担；在其他术语之下，由卖方负担。②在DAT、DAP和DDP术语下，买方对卖方无义务支付任何进出口国有关机构装运前强制进行的检验费用。在其他术语下，非出口国强制的、装运前的检验费用由买方负担。

4. 保险问题

《2010通则》涉及保险义务的术语只有CIF和CIP。在这两个术语下，卖方有义务为买方的利益办理"最低程度"的货物保险；如买方要求附加险别，可与卖方协议由卖方办理或自行安排办理更高的保险，若买方希望卖方安排这样的保险，买方必须指示卖方，而卖方必须在可能情况下负责安排这些保险。在使用其他术语的情况下，则是由当事方自己决定是否要办理保险以及投保到什么程度。例如，出于自己的利益考虑，EXW、FCA、FAS、FOB、CFR、CPT术语下的买方，或DAT、DAP和DDP术语下的卖方，可以自付费用订立货运保险合同，并支付至目的港或目的地的保险费。

5. "无义务"问题

"卖方必须"和"买方必须"的表达方法体现出《通则》只涉及当事双方对对方承担的义务。"无义务"一词被用于一方对另一方不承担义务的情况。即使一方"无义务"为另一方履行某项任务，这并不意味着履行该任务不符合其利益。例如，按CFR的B3 b款规定，买方对卖方并无投保义务，但很明显买方投保符合买方自己的利益。

6.4.3 贸易术语选用应考虑的因素

1. 运输条件

在本身有足够运输能力或安排运输无困难，而且经济上合算的情况下，可争取按自身安排运输的条件成交（如按FCA、FAS或FOB进口，按照CFR、CIF、CPT、CIP、DAT、DAP、DDP出口）；否则，则应尽量争取按由对方安排运输的条件成交。

2. 货源情况

国际贸易中的货物品种很多，不同类别的货物具有不同的特点，他们在运输方面各有不同的要求，所以安排运输的难易不同，运费开支的大小也不同。

3. 运费因素

应考虑货物经由路线的运费收取情况和运价变动趋势。一般情况，当运价看涨时为了避免承担运价上涨的风险，可以选用由对方安排运输的贸易术语成交。

4. 途中风险

必须根据不同时期、不同地区、不同运输路线和运输方式的风险情况，并结合购销意图来选用适当的贸易术语。

5. 货物清关手续有无困难

当买方不能直接或间接办理出口清关手续时，则不宜按照 EXW 术语进口，如卖方不能直接或间接办理进口清关手续时，此时则不宜采用 DDP 术语出口。

本章小结

本章作为实务部分的入门，首先剖析了贸易术语的含义、作用。其次，简介了贸易术语的产生和发展、有关贸易术语的三个国际贸易惯例。最后，详细介绍了《2010 通则》对各贸易术语的解释，概括了各贸易术语的特点及其选用注意事项。

习　题

1. 单选题

(1) 下列，有关贸易术语的国际贸易惯例是（　　）。

A.《联合国国际货物销售合同公约》

B.《国际贸易术语解释通则》

C.《跟单信用证统一惯例》

D.《托收统一规则》

(2) 按照《2010 通则》解释，用 CIF 条件成交时，货物装船时从吊钩脱落掉入海里造成的损失由（　　）。

　　A. 卖方负担　　　　B. 买方负担　　　C. 承运人负担　　　D. 买卖双方共同负担

(3) 按《2010 通则》的解释，CIF 与 CFR 的主要区别在于（　　）。

　　A. 办理租船订舱的责任方不同　　　　　B. 办理货运保险的责任方不同

　　C. 风险划分的界限不同　　　　　　　　D. 办理出口手续的责任方不同

(4) 按照《2010 通则》，以下关于 CIF 术语的说法正确的是（　　）。

　　A. 卖方除承担成本加运费的义务外，还要负责办理运输保险并支付保险费

　　B. 卖方在投保时应投保一切险

　　C. 卖方必须将货物实际交付给买方，才算完成交货义务

D. 货物的风险在货物实际交付时由卖方转移给买方

(5) 根据《2010通则》的解释，进口方负责办理出口清关手续的贸易术语是（　　）。
　　A. FAS　　　　　　B. EXW　　　　　　C. FCA　　　　　　D. DDP

(6) 我方出口大宗商品，目的港为新加坡，采用程租船运输，我方不愿承担卸货费用，应选择（　　）。
　　A. CIF Liner Terms Singapore　　　　B. CIF Landed Singapore
　　C. CIF Ex Ship's Hold Singapore　　　D. CIF Ex Tackle Singapore

2. 多选题

(1) 贸易术语在国际贸易中的主要作用是（　　）。
　　A. 简化交易手续　　　　　　　　　　B. 有利于解决争议
　　C. 缩短磋商时间　　　　　　　　　　D. 节省费用开支

(2) 按照《2010通则》的解释，FOB、CFR与CIF的共同之处表现在（　　）。
　　A. 均适合水上运输方式　　　　　　　B. 风险转移均为装运港货物装到船上为界
　　C. 买卖双方责任划分基本相同　　　　D. 交货地点均为装运港船上

(3) 根据《2010通则》，FOB与FCA相比较，其主要区别有（　　）。
　　A. 适用的运输方式不同　　　　　　　B. 风险划分界限不同
　　C. 交货地点不同　　　　　　　　　　D. 提交的单据种类不同

(4) 根据《2010通则》的规定，（　　）是风险和费用划分点相分离的贸易术语。
　　A. FOB　　　　　　B. CIF　　　　　　C. CPT　　　　　　D. DDP

3. 判断题

(1) 如买方想采用铁路运输，愿意承担出口清关手续和费用，买方可以采用FCA术语。
（　　）

(2) 在FCA、CPT、CIP三种术语中，就卖方承担的风险而言，FCA最小，CPT其次，CIP最大。
（　　）

(3) 我方按FOB旧金山从美国购进一批小麦，卖方应将货物装到旧金山港口的船上。
（　　）

4. 简述题

(1) 如何理解贸易术语的含义和作用？

(2) 有关贸易术语的主要国际贸易惯例有哪些？各有何特点？现行惯例有何不足之处？

(3) 请总结FCA术语和EXW术语的主要区别。

(4) 使用FOB术语有哪些注意事项？目前在国际贸易中使用FOB术语的情况如何，有何发展趋势？

(5) 在中国内陆省份出口业务中，使用FOB、CIF、CFR贸易术语与使用FCA、CIP、CPT贸易术语签合同，对卖方有何不同？

(6) 比较贸易术语的异同：FOB、CFR与CIF；CFR与CPT；CIF与CIP；FOB与FCA；DAT、DAP、与DDP。

5. 案例分析

(1) 有一笔新闻纸进出口交易，出口商与进口商签定FOB合同，约定装运港为伦敦港，装运期为9月份。进口商指派的船舶在10月5日才抵达伦敦港。正巧10月3日一场意外火灾使货物损失80%。出口商要求进口商赔偿损失，进口商认为货物没有装船，不属于进口商承担的风险，出现争议，如何处理？

（2）中国A公司向国外B公司以FOB大连条件出售一套设备，5月装运。买方B如期派船，并通知卖方A。但是，该船行驶往装运港途中，出现故障。买方及时通报卖方，同时表示船源紧张，无法重新派船。同时国内C公司愿意出更高的价格购买该设备。卖方A多次催促B，得到的答复仍然是B无法重新派船。等到5月30日，A公司将该设备出售给了C公司，第2天，A接到B的通知：甲船备妥在指定大连港，请装船（备注：甲船本来是D公司租用的，已经在大连港口待装，因D公司毁约，未能够装船，正好被B公司及时租用了）。A公司无货可供，遭到买方B索赔。卖方A认为这是由于买方B派船晚到装运港造成的，双方发生贸易纠纷。仲裁结果：买方败诉。请评析案例。

（3）我国某出口公司与外商按CIF成交一批出口货物，货物在合同规定的时间和港口装船。受载船只在航运途中触礁沉没。该公司凭提单、保险单、发票等单据要求国外进口商支付货款时，进口商以货物全部损失，不能提货为由，拒绝接受单据和付款。请分析出口方有无权利凭规定的单据要求进口方付款。

（4）有一份CFR合同，双方买卖一批蜡烛，货物装船时，经公证人检验合格，符合合同规定。货到目的港，买方发现有20%的蜡烛有弯曲的现象，因而向卖方索赔。但卖方拒绝，其理由是：货物装船时，品质是符合合同规定的。事后又查明，起因是货物交给承运人后，承运人把该批蜡烛装在靠近船舱的机房内，由于舱内温度过高而造成的。试问在上诉情况下，卖方拒赔的理由是否成立？为什么？

（5）某公司以FOB条件出口一批茶具，买方要求该公司代为租船，费用由买方负担，由于该公司按约定日期无法租到合适的船，且买方不同意更换条件，以致延误了装运期，买方以此为由提出撤销合同，请问买方的要求是否合理？

（6）我方按CIP条件进口10M/T化肥，其经海上运输，抵达目的港后转为铁路运输，我方受领货物后，卖方要求我方支付货款和铁路运费，请问卖方的行为是否合理？

操 作 训 练

课题 6-1

实训项目： 贸易术语的选用

实训目的： 学会正确理解贸易术语的含义，正确选用贸易术语。

实训内容： 宏昌国际股份有限公司（Grand Western Foods Corp.）是一家成立于1988年的贸易公司，负责人为刘铭华（Minghua Liu），主要经营罐头食品，产品质优价廉，远销到欧洲、中东和北美地区，享有良好声誉。公司为了积极拓销产品，利用各种方法寻找客户资料。在网络上发现加拿大的Carters Trading Company，LLC公司发布的关于求购罐头的信息后，向对方寄送开发信函介绍本公司，并表达希望建立业务关系的愿望（请参阅素材6-1）。

实训要求： 将参加实训的学生分成若干谈判小组，分别代表进口商Carters Trading Company，LLC和出口商宏昌国际股份有限公司（Grand Western Foods Corp.），就贸易术语的选用进行磋商。

素材 6-1　开发信函

GRAND WESTERN FOODS CORP.

Room2501, Jiafa Mansion, Beijing West road, Nanjing, P. R. China

FAX: 86-25-23500638　　TEL: 86-25-23501213

E-MAIL: lmh@simtrade.net

Date: Jan. 24, 2016

Carters Trading Company, LLC

P. O. Box8935,

New Terminal, Lata. Vista,

Ottawa, Canada

Dear Sirs:

　　We known your name and address from the website of www.simtrade.net and note with pleasure the items of your demand just fall within the scope of our business line. First of all, we avail ourselves of this opportunity to introduce our company in order to be acquainted with you.

　　Our firm is an exporter of various Canned Foodstuffs. We highly hope to establish business relations with your esteemed company on the basis of mutual benefit in an earlier date. We are sending a catalogue and a pricelist under separate cover for your reference. We will submit our best price to you upon receipt of your concrete inquiry.

　　We are looking forward to receiving your earlier reply.

　　Yours faithfully,

　　Grand Western Foods Corp.

　　Minghua Liu, Manager

第7章 品名、品质、数量和包装

学习目标

知识目标	技能目标
了解品名及国际货物买卖合同中品名的基本知识	能根据实际情况恰当地订立品名条款
了解品质的基本知识，重点掌握表示品质的方法	能根据实际情况恰当地订立品质条款
了解计量单位、计量方法等有关商品数量的知识	能根据实际情况恰当地订立数量条款
了解包装分类及包装标志的相关知识	能根据实际情况恰当地订立包装条款

知识结构

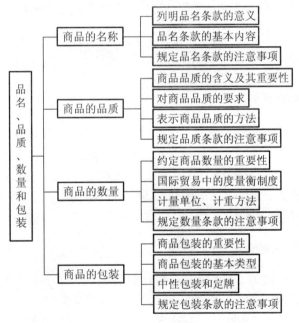

品名、品质、数量、包装纠纷案三则

案例 1： 某羊绒衫厂与国外一客商签订出口羊绒衫合同，出口羊绒衫 10 000 件，价值 100 万美元。合同规定羊绒含量为 100%，商标上也标明"100%羊绒"，当对方对我方生产的羊绒衫进行检验后，发现羊绒含量不符合合同约定而提出索赔，要求赔偿200万美元，后经双方反复交涉，最后以我方赔偿数十万美元才算结案。

案例2： 我国某外贸公司对外成交5 000辆自行车，合同规定按五种规格同等数量搭配，卖方按合同开立发票，买方凭发票和其他单据付款。货到后发现5 000辆自行车均为一个规格。买方按合同约定只同意接受其中的1/5，拒收其余的4/5，并要求退回4/5的货款。卖方争辩说，规格搭配不符合合同，只能给予适当经济赔偿，不能退款，买方不能拒收。

案例3： 中国某公司向日本某商人出售一批价值200万元人民币的货物，双方在合同包装条款中约定每件要同时使用英、日两种文字的贴头（粘纸），但卖方交货时却改用其他包装代替，且使用仅有英文的贴头。买方收货后，为了便于在当地销售该批货物，只好改换包装和贴头，随后即向卖方要求索赔其损失。由于卖方实属严重违反双方的包装条件，故卖方只好认赔，了结此案。

点评： 案例1中由于在订立合同品质指标时将羊绒含量定为100%，在商标上也标明100%，这样做很不科学，也缺乏灵活性，导致卖方交货品质违约，买方提出索赔，实属合情合理。案例2中由于卖方擅自更改交货的规格和数量，属严重违约行为，负有不可推卸的责任，应赔偿对方损失。案例3中合同包装条款是货物交易的重要组成部分，卖方擅自更换约定的包装，未按约定使用贴头，买方有权要求赔偿经济损失，甚至撤销合同。

讨论题： 直接说明国际货物贸易标的物的条款有哪些？如何正确订立品名、品质、数量和包装条款？

国际货物贸易的物质基础是货物。明确交易对象是交易双方首先考虑和洽商的问题，它包括商品的名称、品质、数量和包装等。这些关于商品的一般描述，即品名、品质、数量和包装条款，是构成国际贸易合同的最核心、最基本的条款，缺此无法进行交易。

7.1 商品的名称

7.1.1 列明品名条款的意义

约定商品的具体名称（品名）是为了明确当事双方在货物交接方面的基本权利和义务。只有在品名确定的前提下，才能谈到某项买卖对象物的品质、规格、等级、标准，卖方才会考虑是否安排生产、加工或收购，买卖双方才能就数量多少、运输方式、包装要求、保险险别和价格等问题进行磋商，货物交收时买卖双方才可以根据合同规定的品名或说明履行各自的义务、维护各自的权利。

7.1.2 品名条款的基本内容

品名条款并无统一的格式。品名条款一般比较简单，通常是在"商品名称"或品名的标题下列明成交商品的名称，有时为了省略起见，也可以不加标题，只在合同的开头部分，列明交易双方同意买卖某种商品的文句。品名条款的规定，还取决于成交商品的品种和特点。有的商品，往往具有不同的品种、等级和型号，因此，为了明确起见，也有把具体品种、等级型号等概括性描述进去，有的甚至把商品的规格也包括进去。在此情况下，这就不单是品名条款，而是品名条款和品质条款的合并。

7.1.3 规定品名条款的注意事项

（1）使用商品名称时应尽可能地按国际公认的习惯处理。有些商品有多种称谓，例如，腰果又叫鸡腰果，黄羊亦称蒙古羚，菠萝也叫凤梨。在众多而不一致的名称面前，签订合同时就得考虑选用国际上用得较多而又明确易懂的名称作为品名。

(2) 给商品起个好名有利于占领市场，卖个好价。所谓起个好名，就是给商品的命名符合"简单明了、富于创意、充满联想、讲究个性、高瞻远瞩"的要求。例如，"可口可乐"（Coca-Cola）、"奔驰"（Benz）、"娃哈哈"、"狗不理"等。

(3) 品名的选用还需要考虑与运费的关系。国际班轮运输收费是按商品等级规定其标准的。品名不同，其费率可能不一样。选用一个合适的名称，就可能节省运费，降低成本。

(4) 有些国家的海关税则和进出口限制的某些规定与进出口商品的名称有某种联系。选择恰当的品名，有时能降低关税，或者能方便商品的进口和出口。例如，美国进口 Chain（本来是自行车的链条），如果是用于或名义上用于闸门开关滚辘的，进口关税只有5%；如果用作自行车的链条（Bicycle Chain），进口关税则高达30%。

(5) 要爱惜和保护好品名。既不要形成对其他品名的侵权，也不能被别的品名侵权。

7.2 商品的品质

7.2.1 商品品质的含义及其重要性

商品的品质（Quality of Goods）是反映商品满足用户明确和隐含需要的能力的特性的总和。品质的内容由两个层次构成：第一层次是商品必须满足用户的需要，即商品的适应性。否则就无价值，也就无品质可言。第二层次是在第一层次的前提下，品质由商品的特性总和来表示的，商品必须符合某种适量特性指标的要求，即商品的符合性。具体而言，包括商品的外观形态和内在质量。前者是商品的感觉要素，是人们通过感觉可直接获知的，如商品的味道、感触、音质、色泽、大小、造型等。后者是商品的性能和规格，主要包括商品的物理性能、化学成分、生物特征、技术要求等，通常需借助仪器测试才能获得，如药品的各种成分的含量、药理作用效果、卫生安全标准等。

品质优劣直接影响商品的使用价值和价格。合同中的品质条件是构成商品说明的重要组成部分，是买卖双方交接货物的依据。各国商法均一致认同品质条款是合同要件。

7.2.2 对商品品质的要求

1. 对出口商品的品质要求

(1) 从适应性方面看：用户需求不仅多样化而且还随着时间的变化而变化。因此，出口商不仅要严把质量关，针对不同目标市场，发展适销对路的商品，而且要重视对不同时期用户需求的研究，不断开拓商品花样品种，提高出口商品品质的市场适应性和针对性。

(2) 从符合性方面看：首先，应符合进口国的有关规定和要求，否则无法出口。其次，要积极采用国际权威标准，例如 ISO 9000、ISO 14000、SA 8000 系列标准。

(3) 从实际业务方面看：卖方交货品质必须符合合同规定，以次充好或以好充次均容易引起纠纷。交货品质低于合同要求显然是违约行为，交货品质高于合同要求也可能违约；品质过高，买方在办理进口手续时可能遇到麻烦，例如多缴关税，在实行许可证制度的国家，还可能遇到货证不符，进口国海关会给予严厉处罚；品质过高也不适应适用的目的。

2. 对进口商品的品质要求

国内生产建设和现实的消费水平是确定进口商品质量的主要依据。以我国为例，就资本品而言，由于我国的技术水平较低，发展经济首先要解决的就是技术进步问题，因此在考虑国内吸收能力的前提下，应适应高标准要求，尽量进口高技术产品。就消费品而言，由于我国现实的消费水平还不高，因而进口消费品时则不宜盲目追求品质高规格、高档次。

7.2.3 表示商品品质的方法

在国际贸易中，不同种类的商品有不同的表现品质的方法，归纳见表7-1。

表7-1 表示商品品质的方法

大 类	细 类	适 用 商 品
用实物表示	看货买卖	只适合具有独特性质的商品，如珠宝、首饰、字画等
	凭样品买卖	难以规格化或标准化的商品，如工艺品等
用说明表示	凭规格买卖	大多数商品，尤其是能用科学的指标说明其质量的商品
	凭等级买卖	能用科学的指标说明其质量的商品
	凭标准买卖	能用科学的指标说明其质量的商品
	凭商标或牌名买卖	品质稳定的工业制成品或经过科学加工的初级产品，拥有名优商标或品牌
	凭产地名称买卖	具有地方风味和特色的产品
	凭说明书和图样买卖	技术性能复杂的制成品

1. 用实物表示品质的方法

（1）看货买卖。卖方或其代理人逐件验看货物，根据现场或买方或卖方所在地的实际品质进行交易。只要卖方交付的是所验看的货物，买方一般不得提出品质异议。这种做法多用于寄售、拍卖、展卖等贸易方式。通常只适合那些具有独特性质的商品，如珠宝、首饰、字画等。

（2）凭样品买卖。这种做法是指卖方或者买方先交若干个能够代表商品品质的少量实物，议定品质和价格，然后由卖方批量交货。这些少量的实物称为样品，是将来交易货物时确定货物品质的标准，买方必须保证今后交付的货物品质与样品一致。

阅读案例 7-1

如何处理瓷器"釉裂"索赔？

【案情简介】

国内某公司与美商凭样成交一批高档出口瓷器，复验期为60天。货到国外经美商复验后未提出任何异议。但事隔一年，买方来电称：瓷器全部出现"釉裂"，只能削价销售。因此要求我方按成交价赔偿60%。我方接电后立即查看留存之复样，亦发现釉下有裂痕。

【案例点评】

我方应考虑赔偿。我方所交商品含有合理检查时，不易发现的、不合商销的瑕疵，违反了《美国统一商法典》第 2-314 条、2-315 条规定的默示品质保证，即使超过了复验期，对方仍可以提赔。

启示：凭样品买卖也应该遵循相关法律法规，符合相关明示和默示品质保证。

凭样品买卖时，根据样品提供者的不同，可分为下列几种。

（1）凭卖方样品买卖（Sale by Seller's Sample），即交易中以卖方提供的样品作为交货品质的依据做法。为此，在合同中需要注明"品质以卖方样品为准"（Quality as Seller's Sample）。在凭样品买卖中，一般都由卖方提供样品。

（2）凭买方样品买卖（Sale by Buyer's Sample），指以买方提供的样品为交货依据的交易。在合同中需要注明"品质以买方样品为准"（Quality as Buyer's Sample）。由于买方提供的样品往往能直接反映出当地的实际需求，有利于提高卖方产品的适应性和竞争性，这种做法在国际贸易交易中也不少见。在我国称之为"来样成交"或"来样制作"。

（3）凭对等样买卖（Sale by Counter Sample）。在凭买方样品买卖中，交货时双方常会对样品品质理解不同而产生纠纷，谨慎的卖方往往都要复制买方提供的样品，并交买方确认，然后按买方确认后的样品生产。这种经确认后的样品称为"对等样品""确认样"或"回样"。

 阅读案例 7-2

三次试寄回样，均未获得买方认可

【案情简介】

大连某厂向中东出口一批门锁，合同规定 3～4 月份装船，需要买方认可回样之后方能发运。2 月下旬买方开来的信用证上亦有同样文字。该厂三次试寄回样，均未获得买方认可，所以该厂迟迟未能如期装船。5 月，外商以该厂延误船期为由提出索赔要求。

【案例点评】

① 我方不能受理对方的索赔要求。因为，虽然我方未能如期装运，但并不是由于我方原因，而是由于对方未能及时认可回样。② 在这种情况下，原合同已无法履行；我方应与对方协商撤销原合同，宣布原合同无效，买方撤销已开出的信用证。若买卖双方仍有交易愿望，则属一笔新的交易，与此无关。

【案情启示】

凭对等样品成交时，最好在签订合同之前确认样品。

2. 用说明表示品质的方法

（1）凭规格买卖（Sale by Specification）。

商品的规格是指用来反映商品品质的一些主要指标，如成分、含量、性能、大小、重量等。用规格来确定商品品质的交易称为凭规格买卖。这种方法较方便、准确，在贸易中应用最为广泛。

例：复方西瓜霜成分：西瓜霜 50%，射干 6%，甘草 16.8%，川贝母 15%，光斗根 6%，薄荷 0.2%，青黛 6%。

(2) 凭等级买卖（Sale by Grade）。

商品的等级是指对功能用途相同但品质不同的商品，根据某一主要规格或某几种规格所作的分类和排序。它通常是在长期生产和贸易中形成。例如，生丝、橡胶、羊毛、棉花等交易中常用这种方法。凭等级买卖时，不同等级的商品具有不同的规格。如果双方都熟悉每一级别的具体规格，则只需在合同中表明货物的等级。否则最好规定每一等级的具体规格，以免双方对品质的理解产生歧义。

例：羊角大椒干

	颜色	水分（最高）	黄梢（最高）	虫蛀（最高）	破碎掉把（最高）
一等	紫红	22%	2%	3%	5%
二等	紫红	22%	5%	5%	10%
三等	紫红	25%	10%	10%	20%

(3) 凭标准买卖（Sale by Standardized）。

商品的标准是指经一致建立、由某一组织机构批准，并以一定书面形式确认的规格或等级。在国际上，一般有企业标准、团体标准、国家标准、国际标准。在我国一般实行国家标准、部门标准、地方标准和企业标准。非常典型的，在西药交易中，都按照有关国家的《药典》所规定的标准作为确定品质的方法。

例：胃肠药（正露丸）日本药典。成分分量（9粒中）：木馏油400mg，黄柏粉300mg，陈皮粉300mg，阿仙粉200mg，甘草粉150mg。

在国际贸易中，买卖一些品质易变的农副产品或品质构成条件复杂的工业制成品时，交易双方以同业协会、商品交易所、检验检疫机构等选定的标准来表示品质，主要有两种做法：一种是良好平均品质（Fair Average Quality，FAQ），国际上往往指中等货，由同业协会或检验机构从一定时期或季节、某地发运的各批货物中分别抽取少量实物加以混合，并由该机构封存保管，以此实物所显示的平均品质水平，作为该季节同类商品质量的标准。在我国"FAQ"一般是指"大路货"，含义非常笼统，往往是指中等偏下的品质。FAQ主要用于单个品质不完全相同的货物，如小麦、大豆、玉米、白金等。使用时除注明"FAQ"和年份外，一般还注明该商品的主要规格。例如："中国大豆××年产，良好品均品质，平均每千克为××粒左右"。另一种是"上好可销品质"（Good Merchantable Quality，GMQ），指卖方需保证其交付的货物品质良好，适合销售，主要适用于冷冻鱼虾、木材等商品的买卖。

(4) 凭商标或品牌买卖（Sale by Mark or Brand）。

品牌是工商企业给其制造或销售的产品所冠以的名称，以区别于其他企业的同类产品。商标则是品牌的图案化。一般情况下，商标和品牌，特别是著名商标和品牌代表了一定的质量水平，它是商品销售中"沉默的最佳推销员"，因此，在交易中用商标或品牌来规定品质也是常用的方法。交易商应注意所使用的品牌和商标是否合法、是否登记注册。

(5) 凭产地名称买卖。

有些商品，特别是土特产，受产地自然条件和传统生产技术影响较大。一些历史较长、条件较好的地区的产品，由于品质优良并有一定特色，在交易中仅凭产地就可以说明品质水平，即凭产地名称买卖，如杭州丝绸、苏州刺绣等。

(6) 凭说明书和图样买卖。

商品说明书是指详细说明商品规格、性能、材料及使用方法的文字材料，包括必要的图样和图片。在国际贸易中,有时卖方无法提供样品,如大型成套设备,或者由于商品构造复杂、性能要求精密等原因,买方无法仅凭品牌、商标或规格来表示品质的内容。在这种情况下,双方只能通过说明书来明确商品的品质,这种交易称为凭说明书和图样买卖。

在凭说明书和图样的买卖中,合同除规定商品的品质根据卖方提供的说明书外,还应规定品质保证条款和技术服务条款。

7.2.4 规定品质条款的注意事项

品质条款的内容及其繁简应视其商品特征而定。规定品质条款的注意事项如下所述。

(1) 品质条款必须明确、具体、切合实际。应尽量避免笼统含糊,如好大米、上等苹果等,也应该避免使用大约、左右等类似的字眼。但品质也不应规定得过于繁和细,否则容易给生产和销售带来困难。从产销角度来看,应在兼顾国外市场需求与国内供应能力的基础上,合理确定品质条件,防止把品质订得过高或过低。

(2) 应视商品特性,合理运用各种表示品质的方法(参见表 7-1)。

(3) 品质条款还应注意必要的灵活性和科学性。在实践中,由于商品特性、运输条件、气候因素的影响,卖方要做到交货品质与合同完全一致并非易事。灵活确定品质办法:①规定货样品质大体相同等类似条款。②品质公差条款。品质公差是指国际上公认的产品品质误差。在工业制成品生产过程中,产品的质量指标出现一定的误差是难免的。即使合同中没有规定,凡在品质公差范围内的货物买方也不得拒收或要求调整价格;如果公差不明确,则在合同中具体规定公差的内容。例如:上海手表,品质允许合理差异,24 小时内最大误差不超过 10 秒。③品质机动幅度条款。某些初级产品(如农矿产品等)的质量不甚稳定,为了交易顺利进行,在规定其品质指标的同时,可订立一定的品质机动幅度,即允许卖方所交货物的品质指标在一定幅度内有灵活性。为体现按质论价,订法也有下列两种:第一是规定范围。例如:9k 黄金饰品,含金量 37.5%~41.7%。第二是规定极限。例如:中国芝麻,水分最高 8%,杂质最高 2%,含油量最低 52%。只要卖方交货在允许的幅度内,买方就无权拒收,一般不调整价格。但有些商品,为体现按质论价,卖方也可根据合同规定适当调整价格,所根据的合同条款往往被称为品质增减价条款。例如:大米,水分 9%±1%,价格干 1.5%。

(4) 争取加入降低货物(特别是复杂货物)被拒收风险的条款。通常的做法有:①规定禁止买方拒绝条款。即只准买方索赔,但不能拒收货物的条款。②规定违约后的价格调整条款。在某一百分比内的品质偏差,买方只可要求货价调整,而不能拒收;如超出这一百分比,买方有权拒收。例如:"大豆含水量 8%,实际交货含水量每增减 1%,合同价格减增 1%,含水量超过 8%,买方才可以拒收。"③规定装运港检验为最终品质依据的条款。

阅读案例 7-3

既凭规格交货,又凭样品买卖吗?

【案情简介】

我某出口公司与德国一家公司签定出口一批农产品的合同。其中品质规格为:水分最高 15%,杂质不超过 3%,交货品质以中国商检局品质检验为最后依据。但在成交前我方曾向对方寄送过样品,并未表照样品公供参考;合同签订后又电告对方,确认成交货物与样品相似。货物装运前由中国商检局签发品质规格合格证书。货物运抵德国后,该外国公司提出:虽然有检验证书,但货物品质比样品差,卖方有责任交付与样品一致的货物,因此要求每吨减价 6 元。我公司以合同中并未规定凭样交货为由不同意减价。于是,德国公司请该国某检验公司检验,出具了所交货物平均品质比样品差 7% 的检验证明,并据此提赔。我方不服,提出该产品系农产品,不可能做到与样品完全相符,但不至于低 7%。由于我方留存的样品遗失,无法证明,最终只好赔付一笔品质差价。

【案例点评】

此例是一宗既凭规格交货,又凭样品买卖的交易,卖方成交前的寄样行为及订约后的"电告"都是合同的组成部分。

【案情启示】

根据商品特点正确选择表示品质的方法,能用一种表示就不要用两种,避免双重标准。既凭规格,又凭样品的交易,两个条件都要满足。样品的管理要严格,对"复样""留样"或"封样"等应妥善保管,作为日后重要的物证。

7.3 商品的数量

数量条款也是合同中的重要条款之一。

7.3.1 约定商品数量的重要性

商品的数量是国际货物买卖合同中不可缺少的主要条件之一。按照某些国家的法律规定,买方交货数量必须与合同规定相符,否则,买方有权提出索赔,甚至拒收货物。《联合国国际货物销售合同公约》也规定,按约定的数量交付货物是卖方的一项基本义务。如卖方交货数量大于约定的数量,买方可以拒收多交的部分,也可以收取多交部分的一部分或全部,但应按合同价格付款。如卖方交货数量少于约定的数量,买方应在规定的交货期届满前补交,但不得使买方遭受不合理的不便或承担不合理的开支,即使如此,买方也有保留要求损害赔偿的权利。

阅读案例 7-4

【案情简介】

中国某出口公司与匈牙利商人订立了一份出口水果合同,支付方式为货到验收后付款。但货到经买方验收后发现总重量缺少 10%,而且每个水果的重量也低于合同规定,匈牙利商人及拒绝付款也拒绝提货。后来水果腐烂,匈牙利海关向中方收取仓储费和处理水果费用 5 万美元,出口公司陷于被动。

【案例点评】

商品的数量是国际货物买卖合同中不可缺少的主要条件之一,按照某些国家的法律规定,卖方交货数量必须与合同规定相符,否则,买方有权提出索赔,甚至拒收货物,此案中显然出口方陷于被动,但仍可据理力争挽回损失。首先应该查明是属于正常运输途中的损耗还是自身违约没有交足合同规定的数量,如属于自身违约,则应分清是属于根本性违约还是非根本性违约。如果不属于根本性违约,匈牙利无权退货和拒收货物,只能要求减价或赔偿损失;如属根本性违约,匈牙利方可以退货,但应妥善保管货物,尽量减轻损失。本案中,匈牙利方未尽到妥善保管和减轻损失的义务,须对此承担责任。因此,出口公司可与匈牙利商人就商品的损失及支出的费用进行交涉尽量挽回损失。

资料来源:师建林. 国际贸易惯例案例解析 [M]. 北京:对外经济贸易大学出版社,2006.

7.3.2 国际贸易中的度量衡制度

在国际贸易中,通常采用的度量衡制度有公制、英制和美制和国际标准计量组织在公制基础上颁布的国际单位制。

度量衡制度不同致使计量单位上存在差异,即同一计量单位所表示的数量不同。例如,实行公制的国家一般采用公吨,每公吨为 1 000 千克;实行英制的国家一般采用长吨,每长吨为 1 016.05 千克;实行美制的国家一般使用短吨,每短吨为 907.2 千克。可见,了解各种不同度量衡制度下各计量单位的含量及其计量方法是十分重要的。

为了解决由于各国度量衡制度不一带来的弊端,促进国际科学技术交流和国际贸易的发展,国际标准计量组织在各国广为通用的公制的基础上颁布了国际单位制。

《中华人民共和国计量法》规定:"国家采用国际单位制。国际单位制计量单位和国家选定的其他计量单位,为国家法定计量单位。"目前,除个别领域外,一般不许使用非法定计量单位。我国出口商品,除照顾对方国家贸易习惯,约定采用公制、英制或美制计量单位外,应使用我国的法定计量单位。我国进口的机器设备和仪器等,应要求使用法定计量单位,否则一般不许进口;如确有特殊需要,也必须经有关标准计量管理部门批准。

7.3.3 计量单位

在国际贸易中,根据商品的性质和交易双方的意愿,可选用不同的计量单位(见表7-2)。

表7-2 计量单位

计量单位分类	计量单位举例	在国际贸易中所适用的商品
按重量(Weight)计量	公吨、长吨、短吨、公斤、磅、盎司等	大宗农副产品、矿产品以及一部分工业制成品
按数量(Number)计量	个、件、套、组、台、打、箩、令、卷、张、箱、桶、包等	大多数工业制成品,尤其是日用消费品、轻工业品、机械产品以及部分土特产
按长度(Length)计量	米、尺和码等	常用于金属绳索、布匹、绸缎等
按面积(Area)计量	平方米、平方尺、平方码等	常用于玻璃板、地毯、皮革等商品
按体积(Volume)计量	立方米、立方尺、立方码等	木材、天然气和化学气体等商品
按容积(Capacity)计量	蒲式耳、加仑、公升等	常用于各种谷物和液体商品

7.3.4 计重方法

按照重量计量是目前国际贸易中使用最多的一种计量方法。计算重量的方法，应根据货物的性质、买卖双方的意愿和商业习惯来确定。一般有以下几种。

(1) 毛重（Gross Weight）。即货物本身的重量加皮重（Tare，货物包装物的重量）。这种计算重量的方法一般适用于大宗低值货物（如大米、大豆、饲料等）的计价或从重计收运费等情况下。有些货物因包装本身不便分别计算，如烟胶片、卷筒报纸等，或因包装材料与货物本身价值相差不多，如粮食、饲料等，常常采用按毛重计量来计价，称为"以毛作净"（Gross for Net）。例如：Horse Beans, packed in single gunny bags of about 100 kgs. each, gross for net.（马饲料豆，单层麻袋装，每袋 100 公斤，以毛作净）。

(2) 净重（Net Weight）。即货物的实际重量。在国际贸易中，以重量计量的货物，大部分都是按净重计量。

净重的计算方法是货物的毛重减去皮重。计算皮重的方法有：①按实际皮重（Actual/Real Tare）：即将整批货物的包装逐一过秤，算出包装的实际重量。②按平均皮重（Average Tare）：有些货物的包装材料和规格比较划一，任意抽出若干件包装，求得其平均值，再乘以货物总件数即为该批货物的平均皮重。③按习惯皮重（Customary Tare）：对于比较规格化的包装，按市场公认的包装重量，这种已被公认的皮重，即为习惯皮重。④按约定皮重（Computed Tare）：即按买卖双方事先协商约定的包装重量为准，不必过秤。

(3) 净净重（Net Net Weight）和法定重量（Legal Weight）。净净重，又称"纯净重"或"实物净重"，是指货物本身的重量，不包括任何包装的重量。有些贵重金属、化工原料等往往以"净净重"计算重量。法定重量，是净净重加上与货物直接接触的、可以连同货物零售的销售包装的重量。一些国家的海关依法征收从量税时规定以法定重量，作为征税基础。

(4) 公量（Conditional Weight）。对于经济价值大，但是含水量却极不稳定的商品，可用科学办法抽出商品所含水分后，在加标准水分重量，求得公量来计量。计算公式如下：

公量＝干量＋标准水分＝商品净重×(1＋标准回潮率)/(1＋实际回潮率)

例：生丝、羊毛公认的标准回潮率（也称为公定回潮率）为 11％。某公司进口羊毛 10 公吨，假设抽取 10 千克来测量其实际回潮率，用科学方法去掉货物中的水分后，若净重 8 千克羊毛，则实际回潮率（含水量与干量之比）＝2/8＝25％，所以公量＝10×(1＋11％)/(1＋25％)＝8.88 公吨。

(5) 理论重量（Theoretical Weight）。即根据理论数据算出的重量。某些有固定和统一规格的货物，如马口铁、钢板等，有统一形状和尺寸，只要每件或每张规格相同、尺寸一致，其重量便大致相等，因而根据其件数或张数即可推算出其总重量。

7.3.5 规定数量条款的注意事项

合同中的数量条款（Quantity Clause）主要包括成交商品的数量和计量单位，以重量计算的，还需明确计算重量的方法。规定数量条款，需注意以下几点。

1. 正确掌握进出口商品的数量，防止心中无数、盲目成交

对出口商品数量的掌握，应考虑国外市场的需求量、市场趋势、国内货源的供应量、国际市场的价格变动趋势和国外客户的资信状况和经营能力，在国外市场需求量小、本国货源供应偏紧、国际市场价格看涨时，不能盲目成交。对进口商品数量的把握，则要考虑国内的实际需要和支付能力，此外，还应根据当时国际市场行情变化来灵活决定采购数量。

2. 合理规定数量机动幅度

在农矿产品的大宗交易中，由于商品的特性、货源的变化、船舶、航位、装运技术和包装等原因，往往难以准确地按约定数量交货，卖方风险很大。为使合同能顺利履行，买卖双方在商定交货数量时应明确约定溢短装条款（More or Less Clause），规定只要卖方交货数量在约定的增减幅度范围内，买方就不得以交货数量不符为由而拒收或提出索赔。

提示

溢短装的选择权：一般由卖方决定（at Seller's Option），例如：1 000 long tons, 5% more or less at seller's option.（数量 1 000 长吨，卖方在交货时可溢装或短装 5%。）在 FOB 合同中由买方派船装运大宗货物时，卖方往往要求由买方决定多装或少装的数量。例如：100 Yds, 10% more or less, at buyer's option.（100 码, 10% 上下，由买方决定。）也可规定承运人拥有溢短装的选择权。

溢短装的计价：在约定增减幅度范围内的多装或少装部分，一般按合同价结算；为了防止有权选择多装或少装的一方当事人利用行市的变化有意多装或少装以牟利（例如，交货时，市价下跌，多装对卖方有利；市价上升，则多装对买方有利），也可以约定溢短装部分依装船时或货到时的市价计算，以体现公平合理的原则。

阅读案例 7-5

关于溢短装条款的两则案例

【案情简介】

案例 1：某进出口合同的数量条款规定"10 000M/T, 5% MORE OR LESS AT SELLER'S OPTION."卖方正等待交货时，该货物国际市场价格大幅度上涨，问：（1）如果你是卖方拟实交付多少货量？为什么？（2）如果站在买方立场上，磋商合同溢短装条款时，应注意什么问题？

案例 2：某公司订购钢板 400MT，计 6 英尺、8 英尺、10 英尺、12 英尺四种规格各 100MT，并附每种数量可增减 5% 的溢短装条款，由卖方决定。今卖方交货为：6 英尺，70MT；8 英尺，80MT；10 英尺，60MT；12 英尺，210MT，总量未超过 420MT 的溢短装上限的规定。对于出口商按实际装运数量出具的跟单汇票，进口商是否有权拒收拒付？

【案例点评】

案例 1：（1）卖方可以尽量少交货，拟实交付 9 500MT。因为，合同没有规定溢短装部分的作价，按照国际惯例，则该溢短装部分应该按照合同价格计价。卖方正等待交货时，该

货物国际市场价格大幅度上涨,卖方会有意识少交。(2)完整的溢短装条款应该由三部分构成,即溢短装幅度、溢短装的选择权、溢短装部分的计价。如果买方没有选择权,就应争取在溢短装条款中明确表明溢短装部分按照市价计算,才可以防止有选择权的对方在订约后,有意识地在国际行情上涨时少装或在国际行情下降时多装,侵害自己的利益。

案例2: 在国际贸易中,一般对溢短装条款解释为"不但总量受其约束,所列每种具体规格和数量亦受其约束"。本案例中虽然总量符合要求,但卖方所交每种具体规格的钢板均与5%的约定相差甚大,其中12英尺钢板超装运110%,这是违反合同的。所以买方完全有理由拒付。

3. 准确了解世界各国使用的度量衡制度和数量计量标准

由于各国度量衡制度的不同,以致造成同一计量单位而表示的数量不一,因而了解与熟悉它们相互之间的换算办法是很重要的。

阅读案例7-6

外商要求多付货物的纠纷

【案情简介】

大连某出口公司向日本出口大米一批,在洽谈时,谈妥出2 000公吨,每公吨280美元FOB大连口岸。但在签订合同时,在合同上只是笼统地写了2 000吨,我方当事人认为合同上的吨就是指公吨而言,而发货时日商却要求按长吨供货。

【案例点评】

①这是一起外商利用合同对计量单位的规定不严格而要求多付货物的纠纷。②由于双方在洽谈时采用的单位是公吨,同时,作为计量单位的吨又有公吨、长吨和短吨等不同的解释,因此,外商这种要求是不合理的。③处理这一纠纷可以采取两种办法解决:一种是将合同中笼统规定的吨改为公吨,仍维持原合同价格;另一种是按外方要求将合同的吨改为长吨,但原合同的价格也要按长吨与公吨之间的比例作相应更改。④如果本案例是在发货时外商提出的要求,尚可据理力争;若货到目的地后,国外市场价格下跌,外商以此压我让步,我方在白纸黑字面前,可能损失惨重。

4. 注意正确使用或理解约数

在进出口合同中,一般不宜采用大约(About)、近似(Circa)、左右(Approximate)等伸缩性的字眼来使具体交货数量作适当机动。因为国际上对"约"字的解释不一,有的理解为2%,有的解释为5%或10%,为便于明确责任和有利于合同的履行,最好在合同中不要采用"约量",而具体规定数量机动幅度。如确需采用,也应由买卖双方就这一"约量"的含义做出明确规定。如果采用信用证付款,根据2007年7月1日生效的《跟单信用证统一惯例》(《UCP 600》)第30条a款规定:"'约'或'大约'用语信用证金额或信用证规定的数量或单价时,应解释为允许有关金额或数量或单价有不超过10%的增减幅度。"b款规定:"在信用证未以包装单位件数或货物自身件数的方式规定货物数量时,货物数量允许有5%的增减幅度,只要总支取金额不超过信用证金额。"c款规定:"如果信用证规定了货物数量,而该数量已全部发运,及如果信用证规定了单价,而该单价又未降低,或当第30条

b 款不适用时,则即使不允许部分装运,也允许支取的金额有 5%的减幅。若信用证规定有特定的增减幅度或使用第 30 条 a 款提到的用语限定数量,则该减幅不适用。"

7.4 商品的包装

7.4.1 商品包装的重要性

良好的包装可以保护货物,还能宣传和美化货物,提高货物身价,并在一定程度上显示出口国家的科技、文化、艺术水平。许多国家都把改进包装作为加强对外竞销的重要手段之一。

阅读案例 7-7

关于出口货物包装的两则案例

【案情简介】

案例 1:中国某公司出口一批自行车,合同包装条款规定:木箱装,C.K.D,中方将自行车用木箱整件装好后发送给对方,结果对方拒收。因为 C.K.D 的意思是 "Complete Knocked Down",即完全拆散包装。如此规定包装条款,主要是为了以散件进口,报关时可以少缴纳关税。

案例 2:某粮油食品进出口公司出口一批驴肉到日本。合同规定,该批货物共 25 公吨,装 1 500 箱,每箱净重 16.6 千克。如按规定装货,则总重量应为 24.9 公吨,余下 100 千克可以不再补交。当货物运抵日本港口后,日本海关人员在抽查该批货物时,发现每箱净重 20 千克,即每箱多装了 3.4 千克,该批货物实装 30 公吨。但在所有单据上都注明了 24.9 公吨。议付货款时也按 24.9 公吨计算。由于单据上显示的净重与实际重量不符,日本海关认为我方少报重量有帮助客户逃税的嫌疑,向我方提出意见。经我方解释,才未予深究。但多装 5.1 公吨驴肉,不再退还,也不补付货款,等于中方白送了 5.1 公吨驴肉给客户。

【案例点评】

案例 1:中方误解了包装条款,包装方式不符合合同要求,给自己带来了不必要的损失。

案例 2:世界上许多国家的海关对货物进口都实行严格的监管,如进口商申报进口货物的数量与到货数量不符,进口商必然受到询查,如属到货数量超过报关数量,就有走私舞弊之嫌,海关不仅可以扣留或没收货物,还可追究进口商的刑事责任。本案中,由于我方包装失误,不仅给自己造成损失还给进口商带来麻烦。

7.4.2 商品包装的基本类型

国际贸易的货物种类繁多,按是否需要包装来划分,可以分为三类:即裸装货(Nuded Cargo)、散装货(Cargo in Bulk)和包装货(Packed Cargo)。裸装货,是指一些货物品质比较稳定,不易受外界条件影响,自成件数,难于包装或不需要包装的货物,如钢材、铅锭、木材、橡胶等。散装货,是指货物散装在运输工具上,如散装的石油、矿砂、粮食、煤炭等，散装货可用专门设计的运输工具和装卸设备进行载运和装卸。包装货是我们阐述的重点。

根据包装在流通过程中所起的不同作用，可以分为运输包装和销售包装。

1. 运输包装

（1）含义及分类。

运输包装又称外包装（Outer Packing）、大包装，其主要作用在于保护商品，便于运输、储存、计数，有利于防止货损货差，节省货运成本。运输包装可从各种不同的角度来分类。

① 按包装方式，可分为单件运输包装与集合运输包装。集装箱（Container）和集装包、袋（Flexible Container）是常见的集合运输包装。

② 按包装外形，可分为包（Bale）、箱（Case）、桶（Drum）、袋（Bag）、篓（Basket）、笼（Cage）等不同形状的包装。

③ 按包装材料不同，分为纸制包装，木制包装，金属包装，塑料包装，棉麻包装，竹、柳、草制品包装，玻璃制品包装，陶瓷包装等。

④ 按包装质地来分，有软性包装、半硬性包装、硬性包装。

⑤ 按包装程度不同，分为全部包装（Full Packed）和局部包装（Part Packed）。

（2）运输包装的标志。

运输包装的标志（Packing Mark）是在商品外包装上印制的简单图形和文字，以便识别货物，也便于运输、检验和仓储、收货。按其用途可分为如下三种。

① 运输标志（Shipping Mark）。习惯称为"唛头"或"唛"，通常是由一个简单的几何图形和一些字母、数字及简单的文字组成。其主要内容包括：A 收货人及发货人名称的代用简称（字母）或代号和简单的几何图形（有时仅有字母或代号，没有图形），这一部分又称为"主唛"（Main Mark；Principal Mark）。B 目的港（地）名称或代号。C 件号、批号，是箱号（Case Number）、袋号（Bag Number）等的总称，说明该批货物的总件数与本件货物的顺序号数。例如，箱号 No.30/100，表示这批货物共有 100 箱，这是第 30 箱。

此外，有时根据需要还列有"原产国标志"（Country of Origin Mark），如"Made in China"；品质标志（Quality Mark）和重量与体积标志（Weight and Measurement Mark）；有时根据国外进口商要求还印刷上信用证、合同或进口许可证号码。

鉴于运输标志差异较大，有的过于繁杂，不利于刷唛和单据制作和传输，因此联合国欧洲经济委员会简化国际贸易程序工作组，在国际标准化组织和国际货物装卸协调协会的支持下，制定了一套标准运输标志向各国推荐使用。该标准运输标志包括：a. 收货人或买方名称的代码或简称。b. 参考号，如运单号、订单号或发票号。c. 目的港（地）名称或代号。d. 件号或批号。例如：

　　　　　ABC…………　　收货人代号
　　　　　1234…………　　参考号
　　　　　NEW YORK……　　目的地
　　　　　1/50……………　　件数代号

② 指示性标志（Indicative Mark）。是指示人们在装卸、运输和保管仓储过程中需要注意的事项，又称"注意标志"或"操作性标志"（见表7-3）。

表7-3 指示性标志

标志	图示	标志	图示
1. 易碎物品 运输包装件内装易碎品，因此搬运时应小心轻放		2. 禁用手钩 搬运运输包装时禁用手钩	
3. 向上 表明运输包装件的正确位置是竖直向上		4. 怕晒 表明运输包装件不能直接照射	
5. 怕辐射 包装物品一旦受辐射便会完全变质或损坏		6. 怕雨 包装件怕雨淋	
7. 重心 表明一个单元货物的重心		8. 禁止翻滚 不能翻滚运输包装	
9. 此面禁用手推车 搬运货物时此面禁放手推车		10. 堆码层数极限 相同包装的最大堆码层数，N表示层数极限	
11. 堆码重量极限 表明该运输包装件所能承受的最大重量极限		12. 禁止堆码 该包装件不能堆码并且其上也不能放置其他负载	

③ 警告性标志（Warning Mark）。为了在对危险货物（Dangerous Goods）装卸、运输和保管过程中以示警告，使有关人员加强保护措施以保护货物和人身安全而加在外包装上的标志，又称危险货物包装标志（见图7.1）。

(符号：黑色；底色：白橙红色)

(符号：黑色；底色：白色)

(符号：黑色或白色；底色：正红)

(符号：黑色；底色：白色)

(符号：黑色；底色：白色)

(符号：黑色；底色：上黄下白，附三条红竖条)

图 7.1　警告性标志示例

应根据商品的性质正确选用运输包装的标志。在文字使用上，最好采用出口国和进口国的文字，但一般使用英文的居多；各类标志必须打在明显部位；其颜色要符合有关规定的要求，防止退色、脱落，使人一目了然，容易辨认。在刷唛时一定注意，切勿标示出所装货物的名称，以防盗窃。

2. 销售包装

(1) 含义。

销售包装又称内包装（Inner Packing）、小包装（Small Packing）或直接包装（Immediate Packing），它是直接接触商品并随商品进入零售网络和消费者直接见面的包装。销售包装的首要功能是美化促销商品，其次是保护商品。所以，提高销售包装的质量，是加强对外竞销能力的一个重要方面。

(2) 销售包装的分类。

①带有吊带、挂孔等装置的挂式包装。②堆叠稳定性强的堆式包装。③在包装上装置提手等的携带式包装。④标有特定的开启部位，易于打开的易开包装。⑤方便流体商品销售的喷雾包装。⑥为了搭配成交的商品需要的配套包装。⑦为了商品的外表美观和显示礼品名贵的礼品包装。⑧复用包装：这种包装除了用作商品包装外，还可供消费者作为工艺品等其他用途。

(3) 销售包装的标志。

在销售包装上，一般都附有装潢画面和文字说明，有的还印有条形码，在设计和制作销售包装时，应一并做好配套工作。

① 包装的装潢画面：应力求美观大方，富有吸引力，突出商品的特点，其图案和色彩应适应有关国家（地区）和民族的需要。

② 文字说明：要与包装的装潢画面相协调，文字简明扼要。

③ 条形码：商品包装上的条形码是由一组带有数字的黑白及粗细间隔不等的平行条纹所组成，它是利用光电扫描阅读设备为计算机输入数据的特殊代码语言。20世纪70年代以后，美国将条形码技术应用于商品销售领域，只要将条形码对准光电扫描器，计算机就能自动识别条形码的信息，确定商品品名、品种、数量、生产日期、制造厂商、产地等，并据此在数据库中查询其单价，进行货价结算，打出购货清单。中国于1988年建立了"中国物品编码中心"，负责推广条形码技术，并对其进行统一管理。1991年中国正式加入国际物品编码协会，该会预留给中国的国别号是690～699，凡标有"690、691、692……"条形码的商品，即表示是中国生产的商品。

7.4.3 中性包装和定牌

1. 中性包装

中性包装（Neutral Packing），是指在商品包装上和商品本身不注明生产国别、地名和厂名，也不注明原有商标和牌号，甚至没有任何文字。在国际贸易中，使用中性包装的目的主要是为了打破进口国家当前实行的各种限制和政治歧视，扩大推销出口商品的一种斗争手段。其次是为了有利于中间商转售。

2. 定牌

定牌是指买方要求在出口商品和包装上使用买方指定的商标或牌名的做法。主要分为以下3种情况。

(1) 对某些国外大量的、长期的、稳定的订货，为了扩大销售，可以接受买方指定的商标，不加注生产国别的标志，即定牌中性包装。

(2) 接受国外买方指定的商标或牌名，但在商标或牌名下标明生产国别的名字。例如，"中华人民共和国制造"或"中国制造"字样。

(3) 接受国外买方指定的商标或牌名，同时在商标或牌名下注明由买方所在国家工厂制造，即定牌定产地。

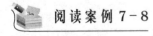
阅读案例 7-8

"定牌中性"包装案

【案情简介】

2002年世界杯期间，日本一进口商为了促销运动饮料，向中国出口商订购T恤衫，要求以红色为底色，并印制"韩日世界杯"字样，此外不需印制任何标识，以在世界杯期间作为促销手段随饮料销售赠送现场球迷，合同规定2002年5月20日为最后装运期。我方组织生产后于 5 月 25 日将货物按质按量装运出港，并备齐所有单据向银行议付货款。然而货到时由于日本队止步于 16 强，日方估计到可能的积压损失，以单证不符为由拒绝赎单，在多次协商无效的情况下，我方只能将货物运回以在国内销售减少损失，但是在货物途经海关时，海关认为由于"韩日世界杯"字样及英文标识的知识产权为国际足联所特有，而我方外贸公司不能出具真实有效的商业使用权证明文件，因此海关以侵犯知识产权为由扣留并销毁了该批 T 恤衫。

【案例点评】

海关处置正确。本案是一则定牌中性包装侵权案例。在定牌业务中，要特别注意买方指定的商标是否存在侵权的行为。为了避免在定牌业务中造成被动，可以在合同中规定："买方指定的商标，当发生被第三者控告为侵权时，应由买方与控告方交涉，与卖方无关，由此给卖方造成的损失由买方负责赔偿。"

7.4.4 规定包装条款的注意事项

合同中包装条款的内容一般包括包装材料、方式和每件包装中所含物品的数量或重量。

例：In cartons of 100 sets, each set packed in a poly bag.（纸箱装，每箱 100 套，每套用塑料袋包装。）

To be packed in poly bags, 50 pounds in a bag, 4 bags in a wooden case.（用塑料袋包装，50 磅装一袋，4 袋装一木箱。）

In cloth bags, lined with polythene bags of 50 kgs net each.（用布袋包装，内衬聚乙烯袋，每袋净重 50 千克。）

规定合同中的包装条款应该注意以下问题。

1. 根据商品的性能、特点及采用的运输方式而定包装条款的内容

不同的运输方式和不同的商品，其包装条款的规定也不相同，若合同对包装事项无约定，按 1980 年《联合国国际货物销售合同公约》第 35 条的要求，货物应按同类货物通用的方式装箱或包装；如果没有此种通用方式，则按足以保全或保护货物的方式装箱或包装。

2. 条文规定应明确具体

在实际业务中，有时对包装条款作笼统的规定，如使用"海运包装"（Seaworthy Packing）、"习惯包装"（Customary Packing）或"卖方惯用包装"（Seller's Usual Packing）之类的术语。此类术语含义模糊，各国理解不同，容易引起争议，因此应尽量避免使用。

3. 明确包装费用由何方负担

包装物料和费用一般包括在货价之内，不另计价，但如果买方对于包装材料和包装方式提出特殊要求，除非事先明确包装费用包括在货价内，其超出的包装费用原则上应由买方负担，并应在合同中具体订明。经双方商定，全部或部分包装材料由买方供应者，合同中应明确规定买方提供包装材料的时间以及逾期未到的责任。

进口合同中，对包装技术性能较强的商品，一般要在货物单价条款后注明"包括包装费用"（Packing Charge, Included），以免日后发生纠纷。

4. 掌握各国对包装的具体要求

世界各国出于本国的环保和风俗习惯的要求,对包装的材料、大小、外观有不同要求,交易双方必须准确掌握。如出口到美国、澳大利亚的商品,对木制包装必须经过熏、蒸处理。

本章小结

本章主要介绍国际货物买卖中有关商品(标的物)一般表述的品名、品质、数量、包装等基本知识,在此基础上介绍了在国际货物贸易合同中订立相关条款应注意的问题。

1. 单选题

(1) 对于大批量交易的散装货,因较难掌握商品的数量,通常在合同中规定(   )。
 A. 品质公差条款　　　　　B. 溢短装条款
 C. 立即装运条款　　　　　D. 仓至仓条款

(2) 某外贸公司与外商签订了一份出口某商品的合同,合同中规定的出口数量为500公吨。在溢短装条款中规定,允许卖方交货的数量可增减5%,但未对多交部分货物如何作价给予规定。卖方依合约规定多交了20公吨,根据《公约》的规定,此20公吨应按(   )作价。
 A. 到岸市价　　B. 合同价　　C. 离岸市价　　D. 议定价

(3) 国际贸易中,大宗农副产品、矿产品及一部分工业制成品习惯的计量方法是(   )。
 A. 按面积计算　　B. 按长度计算　　C. 按重量计算　　D. 按容积计算

2. 多项选择题

(1) 以下(   )属于运输包装的标志。
 A. 运输标志　　B. 条形码　　C. 指示性标志　　D. 警告性标志

(2) 在国际贸易中,常见的计量方法有(   )。
 A. 毛重　　B. 净重　　C. 公量　　D. 理论重量和法定重量

(3) 以下属于标准运输标志内容的是(   )。
 A. 目的港(地)名称　　　　　　B. 收货人及(或)发货人名称的代用简字或代号
 C. 件号、批号　　　　　　　　D. 许可证号

3. 判断题

(1) 表达品质的方法多种多样,为了明确责任最好采用既凭样品又凭规格买卖的方法。(   )

(2) 在品质公差范围内的品质差异,除非另有规定,一般不另行增减价格。(   )

(3) 某外商来电要我方提供大豆,按含油量18%,含水量14%,不完善粒7%,杂质1%的规格订立合同。我方可以接受。(   )

4. 简答题

(1) 表示品质的方法有哪些?

(2) 什么是溢短装条款？它包括哪些内容？合同中应如何规定？

(3) 简述规定数量条款的注意事项。

(4) 包装标志有哪几种？标准运输标志包括哪些主要内容？

(5) 买卖合同中的包装条款一般包括哪些内容？简述规定包装条款的注意事项。

5. 案例分析题

(1) 我某出口公司以 CIF 条件与意大利客商签订了一份出口 500 公吨大豆的合同，合同规定：双线新麻袋包装，每袋 50 千克，外销价为每公吨 200 美元 CIF 悉尼，即期信用证付款。我公司凭证出口并办妥了结汇手续。货到后买方来电称：我公司所交货物扣除皮重后不足 500 公吨，要求我方退回因短量而多收的货款。问：对方的要求是否合理？为什么？

(2) 我某出口公司对美出口电冰箱 4 500 台，合同规定 PYW-A、PYW-B、PYW-C 型三种型号各 1 500 台，不得分批装运。待我方发货时，发现 PYW-B 型电冰箱只有 1 450 台，而其他两种型号的电冰箱存货充足，考虑到 PYW-B 数量短缺不大，我方于是便以 50 台 PYW-A 代替 PYW-B 装运出口。问：我方这样做是否合适？为什么？

(3) 我国某出口公司向俄罗斯出口一批黄豆，合同中的数量条款规定如下：每袋黄豆净重 100 千克，共 1 000 袋，合计 100 公吨，但货物运抵俄罗斯后，经俄罗斯海关检查发现每袋黄豆净重 94 千克，1 000 袋，合计 94 公吨。当时正遇市场黄豆价格下跌，俄罗斯以单货不符为由，提出降价 5% 的要求，否则拒收。俄罗斯的要求是否合理？为什么？

(4) 国内某公司向日本某公司出口某商品，合同指定由我方出唛头，因此，我方在备货时就将唛头刷好。但在货物即将装运时，国外开来的信用证上又指定了唛头。请问：在此情况下，我方应如何处理？

(5) 菲律宾某公司与上海某自行车厂洽谈进口业务，打算从我国进口"永久"牌自行车 1 000 辆。但要求我方改用"剑"牌商标，并在包装上不得注明："永久"和"Made in China"字样。请问：我方是否可以接受？在处理此项业务时，应注意什么问题？

操 作 训 练

课题 7-1

实训项目：商品数量的磋商

实训目的：学会正确把握商品的数量条件，合理订立合同中的数量条款。

实训内容：加拿大的进口商 Carters Trading Company，LLC 希望宏昌国际股份有限公司（Grand Western Foods Corp.）增加 20% 的罐头供应量数量。

实训要求：将参加实训的学生分成 2 个谈判小组，分别代表进口商 Carters Trading Company，LLC 和出口商宏昌国际股份有限公司（Grand Western Foods Corp.），就商品的数量条件进行磋商。

课题 7-2

实训项目：设计唛头

实训目的：初步掌握唛头的基本内容及其设计要领。

实训内容：根据编号 GW2004X06 合同，（见素材：销售合同）设计唛头。

实训要求：简要说明唛头的主要内容和设计思路。

素材

销 售 合 同
SALES CONTRACT

Sellers: GREAT WALL TRADING CO., LTD.　　Contract No.: GW2004X06
Address: RM201 HUASHENG BUILDING　　Date: 2004.4.22
NINGBO P. R. CHINA.　　Signed at: NINGBO
　　　　　　　　　　　　　　　　　　　Fax: 0574-25763368

Buyers: F. T. C. CORP.
Address: AKEDSANTERINK AUTO P. O. BOX. 9. FINLAND
　　　　　　　　　　　　　　　　　　　Fax:

This Sales Contract is made by and between the Sellers and the Buyers, whereby the sellers agree to sell and the buyers agree to buy the under-mentioned goods according to the terms and conditions stipulated below:

(1) 货号、品名及规格 Name of Commodity and Specifications	(2) 数量 Quantity	(3) 单位 Unit	(4) 单价 Unit Price	(5) 金额 Amount
HALOGEN FITTING W500	9 600	PC	CIF HELSINKI USD3.80/PC	USD36 480.00
		Total Amount		USD36 480.00

10% more or less both in amount and quantity allowed

(6) Packing: CARTON　　(7) Delivery From NINGBO to HELSINKI

(8) Shipping Marks: N/M

(9) Time of Shipment: Within 30 days after receipt of L/C. allowing transhipment and partial shipment.

(10) Terms of Payment: By 100% Confirmed Irrevocable Letter of Credit in favor of the Sellers to be available by sight draft to be opened and to reach China before MAY 1, 2004 and to remain valid for negotiation in China until the 15th days after the foresaid Time of Shipment. L/C must mention this contract number L/C advised by BANK OF CHINA NINGBO BRANCH. ALL banking Charges outside China (the mainland of China) are for account of the Drawee.

(11) Insurance: To be effected by Sellers for 110% of full invoice value covering F. P. A up to HELSINKI.

(12) Arbitration: All dispute arising from the execution of or in connection with this contract shall be settled amicable by negotiation. In case of settlement can be reached through negotiation the case shall then be submitted to China International Economic & Trade Arbitration Committee. In Shenzhen (or in Beijing) for arbitration in act with its sure of procedures. The arbitral award is final and binding upon both parties for setting the Dispute. The fee, for arbitration shall be borne by the losing party unless otherwise awarded.

The Seller GREAT WALL TRADING CO., LTD　　　　　　　　The Buyer ALICE

第 8 章　国际货物运输

学习目标

知识目标	技能目标
熟悉各种国际货物运输方式及其特点 掌握海洋运输的相关知识	学会正确选择国际货物运输方式
熟悉运输单据的种类和作用 掌握提单的含义、性质和种类，理解提单的物权凭证作用及其流通转让性	学会正确识别国际货物运输单据 学会正确使用主要国际货物运输单据
熟悉国际货物合同中装运条款的主要内容 理解规定运输条款的注意事项	能够区分各种装运条件 掌握订立国际贸易合同中装运条款的技能

知识结构

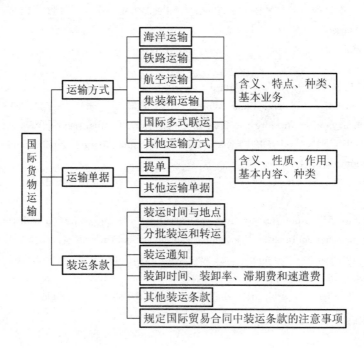

国际货物运输案二则

(1) 中国宁夏 YC 贸易公司通过银川保税区出口 2 000 公吨大米至新加坡,国外开来信用证规定:不允许分批装运。结果我们在规定的期限内分别在天津、连云港各装 1 000 公吨于同一船上,同一航次驶达目的港。提单注明了不同的装运地和不同的装船日期。请问这是否违约?

(2) 江苏 JS 公司通过上海自贸区向美国出口茶叶 600 箱。合同与信用证上均规定:"Each month shipment 200 carton from January."如果 1 月份装 200 箱,2 月份不装,3 月份和 4 月份各装 200 箱是否可以?为什么?

点评:回答上述问题,就需要学习国际运输方式、装运条件和运输单据等方面的知识。

讨论题:什么是国际贸易运输?有哪些运输方式和单据?如何订立国际贸易合同中的装运条款?

运输(Transportation)是人和物的载运。国际货物运输是国家或地区之间的运输,泛指交通运输部门、外贸部门或其他货主代理人的运输业务。由于国际货物运输主要是贸易物资的运输,所以国际货物运输通常也被称为国际贸易运输,从一国来说,就是对外贸易运输,简称外贸运输。国际货物运输线长、面广、风险大,涉及运输方式、装运时间、装运港、目的港、分批装运、转船、装运通知和装运单据等内容。

8.1 运输方式

国际货物的交换必须通过运输来实现,应按照"安全、迅速、准确、节省、方便"的原则,根据进出口货物的性质、市场需求缓急、货运量大小、距离远近、运费高低、气候和自然条件、装卸港口的具体情况、国际社会的政治状况等因素选择适当的运输方式组织合理的运输。

8.1.1 海洋运输

海洋运输是国际货物运输方式中运载量最大的一种主要运输方式,泛指承运人使用船舶,负责将受托货物经海道由一国(地区)港口运至另一国(地区)港口,并收取运费的运输方式。目前,国际货运总量的 80% 是通过海洋运输实现的。

1. 海洋运输的特点

(1) 通过能力强。利用天然航道,四通八达,不易受道路或轨道的限制。

(2) 运载量大。目前,巨型油轮超过 50 万公吨,大型集装箱船也已超过 8 000TEU(超过 16 万公吨)。

(3) 运输成本低。航道均系天然形成,港口设施多由政府修建。海运运费一般为铁路运费的 1/5、公路运费的 1/10、航空运费的 1/30。因此,其单位运输成本低廉。

(4) 受气候和自然条件的影响较大,风险较大,航期也不易得到保证。

(5) 速度相对较慢。商船体积大,航行速度慢,货物运期较长。

(6) 涉及当事人多,法律关系复杂。

2. 海洋运输的种类

海洋运输按照船舶经营方式的不同，可分为班轮运输（Liner Transport）和租船运输（Shipping by Chartering）。

（1）班轮运输。

班轮运输：指按照规定的时间，在一定的航线上，以既定的港口顺序，经常地从事航线上港口间的船舶运输。

班轮运输的运量约占国际货物贸易的20%，中国远洋运输集团公司（COSCO，简称中远运输集团）就是中国主要的海运公共承运人。

① 班轮运输的特点。

四固定，即固定的航线、港口、船期，相对固定的运价。有利于货主掌握船期，核算运费，组织货源，促进成交。

四负责，即船公司负责装、卸、配、载作业及其费用，不计滞期费和速遣费。

承运人和托运人双方的权利、义务与责任豁免，以船方签发的提单条款为依据。

承运货物的品种、数量较灵活，货运质量较有保证，适用于少量货物或杂货运输。

② 班轮运费的构成。

班轮运费（Liner Freight）＝基本运费（Base Rate）＋∑ 附加运费（Surcharge），即：

$$F = F_b + \sum_{i}^{n} F_s, \quad i = 1, 2, 3, \cdots, n$$

基本运费是从装运港到目的港的基本费用，它构成班轮运费用的主体。计算基本运费的单价称为班轮运价。

附加费是对一些超长、超重等需特殊处理的货物或由于突发情况而需另外加收的费用。常见的有超长附加费（Extra Charges on Over Lengths）、超重附加费（Extra Charges on Heavy Lift）、超大件附加费（Bulky Additional）、直航附加费（Direct Surcharges）、转船附加费（Transshipment Surcharges）、绕航附加费（Deviation Surcharges）、变更卸货港附加费（Additional for Alternation of Destination）、选卸附加费（Additional on Optional Discharge Port）、燃油附加费（Bunker Adjustment Factor or Bunker Surcharges 简称 BAF 或 BS）、货币贬值附加费（Currency Adjustment Factor，CAF）、港口附加费（Port Surcharges）、港口拥挤附加费（Port Congestion Surcharges）等许多种。

③ 班轮运价的计收标准。

按货物毛重计收。在运价表内用"W"表示，即以重量吨（Weight ton）。1重量吨一般以1公吨或1长吨或1短吨来计量。

按货物的体积/容积计收。在运价表中以"M"表示，即尺码吨（Measurement ton）。1尺码吨一般以1立方米或40立方英尺（相当于1.132 8立方米）为计量单位。

按货物的重量或体积从高计收。在运价表中以"W/M"表示。这是常见的计费标准。机器、零件或小五金工具等常按此办法计算。

按货物的价格计收。又称从价运费，在运价表中，以"A. V."或"Ad. Val"表示。是指货物在装运地按FOB价的百分之几收取，一般不超过5%。通常只有像宝石之类的贵重货物才按此收费。

按货物重量或体积或价值三者中最高的一种计收。在运价表中以"W/M or AV"表示。

按货物重量或体积中的高者计收，然后再加收一定百分比的从价运费。在运价表中以"W/M plus AV"表示。

按货物的件数或个数计收。以"Per Unit，Per Head"等表示。一般只针对包装固定，包装内的数量、重量、体积也固定不变的货物，按箱、捆、件等特定的运费率计收。如卡车按辆、活牲畜牛羊按头等计收。

由船方与货主临时议价。用"Open"表示。这种方式通常用于粮谷、矿石、煤炭等运价较低、装卸容易的大宗低值农矿产品的运费计收。

④ 班轮运费的计算方法。

班轮运费按班轮运价表计算。根据制定者不同，班轮运价表可分为班轮公会运价表、班轮公司运价表、货方运价表和船方运价表4种，其收费标准是有差异的。一般来说，前两种的收费较高，而货方运价表的费率一般较低。

计算班轮运费时，首先根据货物的英文名称，从运价表的货物分级表中查出货物所属等级（Class）和计收运费的标准（Basis）。然后，从等级费率表的基本运费率部分，找到相应的航线、启运港和目的港，按等级查出基本运费费率，计算出基本运费；从等级费率表的附加费率部分，查出所有附加费项目、数额（或百分比）及货币种类，计算各项附加费用。基本运费和附加费的总和即为某种货物运往指定目的地的班轮运费。

阅读案例 8-1

班轮运费的计算

河北 HB 公司有农机 10 件，每件毛重 250 千克，每件体积为 0.40 立方米，准备从中国天津口岸通过班轮运输运至东非主要口岸。某班轮公司的货物分级表（部分。表格经过处理，以利于排版）见表 8-1。

表 8-1 货物分级表

货名	农机	鹿茸	未列名豆	钟及零件	人参	玩具	棉布
计算标准	W/M	A.V.	W	M	A.V. OR M	M	M
货物等级	9	20	3	10	20	11	10

上述轮船公司规定由中国天津口岸至东非主要口岸的航线费率表（部分）见表 8-2。

表 8-2 航线费率表

货物等级	…	9	10	11	12	13	20	…	A.V.
运费费率（港元/运费吨）	…	250	278	302	310	321	646	…	2%（FOB）

该批货有 15% 的转船附加费、20% 的货币贬值附加费，港口附加费为 25 港元/运费吨。

【案例点评】查表可知该批农机的计费标准为 W/M，即选 (0.25, 0.40) 中的大者，为 0.40；货物为 9 级，9 级货物的单位运费为 250 港元/运费吨。则

每件农机的基本运费为：0.40×250＝100（港元）

转船附加费为：100×15%＝15（港元）

港口附加费为：0.40×25＝10（港元）

货币贬值附加费为：(100＋15＋10)×20%＝25（港元）

每件农机运费为：100＋15＋10＋25＝150（港元），该批货总运费为：150×10＝1 500（港元）。

 提示

(1) 在计算基本运费时，应注意3种情况。第一，若不同商品混装在同一包装内，则全部运费按其中计费标准较高者收取。第二，同一票货物若包装不同，其计费等级和标准也不同。除非货运人按不同包装分列毛重和体积，否则全部货物均按计费标准较高者计收运费。第三，若同一提单内有两种或两种以上的货名，如果托运人未列明不同货名的毛重和体积，则全部货物也均按计费标准较高者计收运费。

(2) 货币附加费的计算必须同时考虑基本运费和其他附加费。

(2) 租船运输。

① 租船运输的含义和特点。

租船运输：又称不定船期运输，它与班轮运输不同，没有预定的船期表，航线和停靠港口也不固定，须依据船舶所有人和承租人双方签订的租船合同（Charter Party，简称租约）安排船舶的航线。

在租船运输方式下，船舶的航线、运输货物的种类、航行时间等都按承租人的要求，由船舶所有人确认而定，运费或租金也由双方根据租船市场的行市在租船合同中加以约定。租船运输通常适用于大宗货物的运输。

② 租船运输的方式。

定程租船（Voyage Charter），又称程租船或航次租船。它是指按航程租船，即所租船舶在指定港口之间进行一个或数个航次。就其租赁方式不同可分为4种：A. 单程（或单航次）租船，B. 来回航次租船，C. 连续航次租船，D. 包运合同。

定程租船的费用一般根据船级吨位和租船市场运费行市等条件，由船货双方在租船合同中订明。在租船合同中，应明确规定装运货物的条件，尤其是要规定装卸费用由谁负担。一般来讲装卸费用有4种不同的规定方法。A. FIO（Free In and Out），即船方不负担装卸费或FIOST（Free In and Out Stowed and Trimmde），即船方不负担装卸费、理舱费和平舱费。这种做法较普遍。B. Gross Terms or Liner Terms，即班轮条件，指船方负担装卸费。C. FO（Free Out），即船方管装不管卸。D. FI（Free In），即船方管卸不管装。

定程租船的船方应对货物运输负责，并根据租船合同规定的装卸期限、装卸率，计算滞期费和速遣费。

定期租船（Time Charter），是承租人在一定时期内租用船舶或将此租船作为班轮或程租船使用。船舶在租期内的一切运营费用及日常维修等开支，均由租方负担。

光船租船（Bare Boat Charter），亦称"干租"或"净船期租船"，属于定期租船的一种。船舶所有人只提供一艘空船，一切人员配备及运营维修的费用均由承租人负担，属于单纯的财产租赁。由于这种租船方式比较复杂，当前国际贸易中很少采用。

三种租船运输方式的主要差异见表8-3。

表 8-3 程租、期租、光租的比较

比较项目＼租船方式	程 租	期 租	光 租
租船基础	航程	航期	航期
船舶承租人的权利	小	大	更大
航次成本的负担	船舶所有人	承租人	承租人
固定开支的负担	船舶所有人	船舶所有人	承租人
费用计算	运费，计算滞期费和速遣费	租金，不计滞期费和速遣费	租金，不计滞期费和速遣费
租约（租船合同）性质	劳务合同	半劳务半租赁合同	租赁合同
适用情况	多见	多见	少见

注：航次成本包括船舶燃料费、港口费、装卸费、垫舱物料费等。固定开支包括船员的工资、伙食给养、船舶维修保养、船舶保险等。

8.1.2 铁路运输

铁路运输（Rail Transport）是指利用铁路进行国际贸易运输的一种方式。它负担着进出口货物的集散和运进运出的繁重任务，是仅次于海洋运输的一种主要运输方式。

1. 铁路运输的特点

铁路运输不受气候条件影响，可以保证常年的正常运输，而且速度较快，运量较大，又有高度的连续性、风险小、手续简单等优势。

2. 铁路运输的种类

按营运方式不同，铁路运输分为国际铁路联运和国内铁路运输两种。我国进出口货物运输则包括国际铁路联运、国内铁路运输、至香港的铁路运输三部分。

（1）国际铁路联运。

国际铁路货物联运：是指使用统一的国际联运票据，由铁路负责两国或两国以上的铁路全程运输，并由一国铁路向另一国铁路移交货物。

铁路联运过程中的移交货物不需收货人和发货人参加。采用国际铁路货物联运，有关当事人先应有书面约定。1954 年我国加入了《国际铁路货物联运协定》（以下简称《国际货运协定》）。《国际货运协定》参加国包括朝鲜、蒙古、越南、俄罗斯等 12 个国家。据此协定，缔约国的进出口货物，从始发站到目的地，不论经过几个国家，只需办理一次托运手续，有关国家的铁路根据一张运单负责将货物一直送到终点站交给收货人；从参加《国际货运协定》的国家向未参加国或相反方向运送货物，也可办理联运。

此外，在欧洲由德国、奥地利、比利时、意大利、瑞典等二十几个国家签订了《国际铁路货物运送公约》（简称《国际货运公约》）。已加入《国际货运协定》的匈牙利、保加利亚、罗马尼亚等国也参加了《国际货运公约》，从而使参加《国际货运协定》国家的进出口货物，可以通过铁路运输转送到《国际货运公约》的参加国。

为了适应东欧、北欧一些国家的需要，1980年我国成功地试办了通过西伯利亚大陆桥实行集装箱国际铁路联运，货运里程比海运缩短了近1/3。1992年，东起我国连云港，途径陇海、兰新、北疆铁路进入独联体，最终直达鹿特丹的第二条欧亚大陆桥运输的正式营业，进一步加快了货运速度，促进了我国外贸的发展。

(2) 国内铁路运输。

国内铁路运输是指仅在本国范围内，并按国内铁路货物运输规定办理的货物运输。我国出口货物经铁路运至装运港口及进口货物卸船后经铁路运往各地，均属国内铁路运输。

(3) 至香港的铁路运输。

供应港、澳地区的物资经铁路运往香港，也属于国内铁路运输的范围。对港铁路运输是由国内段运输和港段铁路运输两部分构成。它是一种特殊的租车方式的两票运输。

8.1.3 航空运输

1. 航空运输的特点

航空运输（Air Transport）速度快、较安全，故适用于运送易腐商品、鲜活商品和各种急需物资。目前，我国空运日益发展，采用空运的进口商品主要有电脑、成套设备中的精密部件、电子产品等；出口商品主要有丝绸、纺织品、海产品、水果、蔬菜等。尽管航空运费较高，但由于空运比海运计费的起点（起码运费）低，同时又能节省包装、保险费用、又便于抢行应市，所以有些货物用空运反而有利。

阅读案例 8-2

选择空运反而比海运合算

【案情简介】

香港HD时装公司主要面向欧美出口。过去一直通过海运。近年来，经过仔细核算：选择海运还不如选择空运。①海运集装箱起码运费较高，每次出运货量太小不合算，出运货量太大又占压资金，而且不能适应时装市场变化无穷、小批量、多批次成交的需要。空运则可以弥补此缺憾。②海运到货周期较长，容易造成缺货、市价跌落等造成的损失。如果利用纽约和香港的时差，纽约时装店打烊时，可以将补货订单传真香港。这时，香港是早上，可以迅速打样、裁制、熨烫、包装，再利用高级成衣集装箱装运，甚至当天即可以交空运，3～7天即可以在纽约时装店上架销售，便于抢行就市，不容易造成缺货、市价跌落等造成的损失。

【案例点评】

固守海运便宜的观点不可取，应充分分析各种运输方式的利弊，根据进出口货物的性质、市场需求缓急、货运量大小、距离远近、运费高低、气候和自然条件、装卸港口的具体情况、国际社会的政治状况等因素的变化，合理选择适当的运输方式。

资料来源：改编自锦程国际物流

空运方式下，航空公司一般只负责空中运输，货物在始发机场交给航空公司之前的接货、送货等业务均由航空货运公司办理，并负担期间的一切风险和费用。

航空货运公司可以是货主或航空公司的代理，也可以是双重代理。在我国，这样的机构是中国对外贸易运输总公司。

2. 航空运输的种类

根据运输货物的不同需要，航空运输主要包括班机运输（Scheduled Airline）、包机运输（Chartered Carrier）、集中托运（Consolidation）、航空急件传递（Air Express Service）等几种方式。其中，①集中托运，指集中托运人（Consolidator）将若干批单独发运的货物组成一整批，向航空公司办理托运，采用一份航空总运单集中发运到同一目的站，由集中托运人在目的地指定的代理收货，再根据集中托运人签发的航空分运单分拨给各实际收货人的运输方式。其运价比国际空运协会公布的班机运价低7%~10%。②航空急件传递，是目前国际航空运输中最快捷的运输方式。它不同于航空邮寄和航空货运，而是一个专门经营此项业务的机构与航空公司密切合作，设专人用最快的速度在货主、机场、收件人之间传送急件，特别适用于急需的药品、医疗器械、贵重物品、图纸资料、货样及单证的传送。最具有"桌到桌运输"（Desk to Desk Service）的特点。

8.1.4　集装箱运输

1. 集装箱运输的特点

集装箱运输（Container Transport）是以集装箱作为运输单位进行货物运输的一种现代化的运输方式。它可适用于海运、空运、铁路运输及国际多式联运。与其他运输方式相比，集装箱运输提高了装卸效率及运输质量，简化了货运手续，降低了货运成本，因此越来越成为一种被普遍采用的重要运输方式。集装箱运输使传统海运中的"港至港"原则转化为"门至门"原则，为国际多式联运及大陆桥运输提供了物质基础。

2. 集装箱的种类、常用型号、具体规格和装货数量理论限额

（1）集装箱的种类。

① 按用途分类。

干货集装箱（Dry Cargo Container）：也称杂货集装箱（见图 8.1），是一种通用集装箱，用以装载除液体货、需要调节温度的货物及特种货物以外的一般件杂货。其使用范围极广，常用的有20ft和40ft两种，其结构特点是常为封闭式，一般在一端或侧面设有箱门。

开顶集装箱（Open Top Container）：也称敞顶集装箱（见图 8.2），是一种没有刚性箱顶的集装箱，但有可折式顶梁支撑的帆布、塑料布或涂塑布制成的顶篷，其他构件与干货集装箱类似，适于装载较高的大型货物和需吊装的重货。

台架式及平台式集装箱（Platform Based Container）（见图 8.3）：台架式集装箱没有箱顶和侧壁，甚至有的连端壁也去掉而只有底板和四个角柱，可分为敞侧台架式、全骨架台架式、有完整固定端壁的台架式、无端仅有固定角柱和底板的台架式集装箱等多种。为了保持其纵向强度，该集装箱的箱底较厚，箱底强度比普通集装箱大，而其内部高度则比一般集装箱低，在下侧梁和角柱上设有系环，可把装载的货物系紧；没有水密性，适合装载不怕水湿、形状不一的货物。平台式集装箱是仅有底板而无上部结构的一种集装箱，其装卸作业方便，适于装载长、重大件。

通风集装箱（Ventilated Container）：一般在侧壁或端壁上设有通风孔，适于装载无须冷冻而需通风、防止汗湿的水果、蔬菜等货物。如将通风孔关闭，可作为杂货集装箱使用。

冷藏集装箱（Reefer Container）（见图8.4）：是专为运输要求保持一定温度的冷冻货或低温货而设计的集装箱，分为带有冷冻机的内藏式机械冷藏集装箱和没有冷冻机的外置式机械冷藏集装箱，适用于装载肉类、水果等货物。冷藏集装箱造价较高，营运费用较高，使用中应注意冷冻装置的技术状态及箱内货物所需的温度。

散货集装箱（Bulk Container）：除了有箱门外，在箱顶部还设有2～3个装货口，适用于装载粉状或粒状货物。使用时要注意保持箱内清洁干净，两侧保持光滑，便于货物从箱门卸货。

动物集装箱（Pet Container）：是一种专用于装运牲畜的集装箱。为了实现良好的通风，箱壁用金属丝网制造，侧壁下方设有清扫口和排水口，并设有喂食装置。

罐式集装箱（Tank Container）：是一种专供装运液体货（如酒类、油类及液状化工品等货物）而设置的集装箱。它由罐体和箱体框架两部分组成。装货时货物由罐顶部装货孔进入，卸货时则由排货孔流出或从顶部装货孔吸出。

汽车集装箱（Car Container）：是专为装运小型轿车而设计制造的集装箱。其结构特点是无侧壁，仅设有框架和箱底，可装载一层或两层小轿车。

图8.1　干货集装箱

图8.2　开顶集装箱

图8.3　台架式（平台式）集装箱

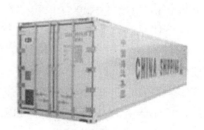
图8.4　冷藏集装箱

② 按主体材料分类。

钢制集装箱：其框架和箱壁板皆用钢材制成。最大优点是强度高、结构牢，焊接性和水密性好，价格低，易修理、不易损坏，主要缺点是自重大、抗腐蚀性差。

铝制集装箱：一种为钢架铝板；另一种仅框架两端用钢材，其余用铝材。主要优点是自重轻、不生锈、外表美观、弹性好、不易变形，主要缺点是造价高、受碰撞时易损坏。

不锈钢制集装箱：一般多用不锈钢制作罐式集装箱。不锈钢制集装箱主要优点是强度高、不生锈、耐腐性好，缺点是投资大。

玻璃钢制集装箱：是在钢制框架上装上玻璃钢复合板构成的。主要优点是隔热性、防腐性和耐化学性均较好、强度大、性能好、能承受较大应力、易清扫、修理简便、集装箱内容积较大等，主要缺点是自重较大、造价较高。

（2）常用的集装箱型号、具体规格和装货数量理论限额。

在国际货物运输中经常使用的是 20 英尺和 40 英尺集装箱，其型号和具体规格如下。

1A 型　　8ft×8ft×40ft

外径：2 438mm×2 438mm×12 191mm

内径：238cm×238cm×1 205cm

最大载货重量为 24 500kg（24.5t）

最大有效容积为 55m³

IC 型　　8ft×8ft×20ft

外径：2 438mm×2 438mm×6 058mm

内径：238cm×238cm×590cm

最大载货重量为 17 500kg（17.5t）

最大有效容积为 25m³

提示

熟悉集装箱货物的装箱方法和技巧利于减少运费。货物外包装箱的尺码、重量，货物在集装箱内的配装、摆放、堆叠等需要逐步摸索。核算运费时，如果不清楚实际装货数量，可用一个理论限额来测算 20 英尺和 40 英尺集装箱的装货数量。

3．集装箱装箱量的计算方法

（1）对一批相同尺寸纸箱计算装箱量。

计算公式：

集装箱的内体积（27m³，58m³…）≥纸箱的数量×纸箱的长×纸箱的高×纸箱的宽

$$V_{集装箱体积} \geqslant Q_1 \times L \times H \times W$$

纸箱的数量≤集装箱的最大载重/每箱毛重

$$Q_2 \leqslant K_{集装箱的最大载重}/K_g$$

则集装箱装箱量为 Q_1、Q_2 两者中较小者。其中：Q_1、Q_2 是纸箱的数量，L 是纸箱的长，H 是纸箱的高，W 是纸箱的宽，单位为米，K_g 为每箱毛重。

提示

如果产品属于"泡货"，集装箱装箱量按体积计算，适合选择 40 英尺等大柜。如果产品是属于"沉货"或"重货"，集装箱装箱量按重量计算，适合选择 20 英尺等小柜。若介于二者之间，按以上公式算。

(2) 对一批不同尺寸纸箱计算装箱量。

计算公式：

集装箱的内体积≥(A 型纸箱的数量×纸箱的长×纸箱的高×纸箱的宽)+(B 型纸箱的数量×纸箱的长×纸箱的高×纸箱的宽)+(C 型纸箱的数量×纸箱的长×纸箱的高×纸箱的宽)+(D 型……)+(E 型……) +……

$$V_{集装箱体积} \geq (Q_A \times L_A \times H_A \times W_A) + (Q_B \times L_B \times H_B \times W_B) + (Q_C \times L_C \times H_C \times W_C) + \cdots$$

纸箱的数量≤集装箱的最大载重/每箱毛重

其中：Q_A 是 A 型纸箱的数量，L_A 是 A 型纸箱的长，H_A 是 A 型纸箱的高，W_A 是 A 型纸箱的宽，单位为米，Q_B、Q_C 等以此类推。

 提示

需考虑纸箱在集装箱内的不同放置方法，通过计算得出最佳装箱方案。

 阅读案例 8-3

一批 T 恤出口产品的集装箱装箱方案设计

【案情简介】

装箱条件：江苏 SD 公司出口 T 恤产品，所用的包装纸箱尺寸为长 580mm×宽 380mm×高 420mm，每箱毛重为 20kg，用 40 英尺钢质集装箱，箱内尺寸为长 12 050mm×宽 2 343mm×高 2 386mm，内容积为 67.4m³，最大载重为 27 380kg。计算该集装箱最多可装多少个纸箱。

【案例点评】

(1) 按体积进行计算。

① 纸箱放置方法一：

集装箱内尺寸：长 12 050mm×宽 2 343mm×高 2 386mm

纸箱在集装箱内的对应位置为长 580mm×宽 380mm×高 420mm

集装箱长、高、宽共可装箱量为长 20.7 箱×宽 6.1 箱×高 5.6 箱

去纸箱误差，集装箱可装纸箱数为长 20 箱×宽 6 箱×高 5 箱＝600 箱

体积为 55.54 m³。

② 纸箱放置方法二：

集装箱内尺寸：长 12 050mm×宽 2 343mm×高 2 386mm

纸箱在集装箱内的对应位置变动为宽 380mm×长 580mm×高 420mm

集装箱长、高、宽共可装箱量为长 31.7 箱×宽 4.0 箱×高 5.6 箱

去纸箱误差，集装箱可装纸箱数为长 31 箱×高 4 箱×宽 5 箱＝620 箱

体积为 57.39m³。

③ 纸箱放置方法三：

集装箱内尺寸：长 12 050mm×宽 2 343mm×高 2 386mm

纸箱在集装箱内的对应位置变动为高 420mm×长 580mm×宽 380mm

集装箱长、高、宽共可装箱量为长 28.6 箱×高 4.0 箱×宽 6.2 箱

去纸箱误差,集装箱可装纸箱数为长 28 箱×高 4 箱×宽 6 箱＝672 箱

体积为 62.21m³

由此可见,方法三是最佳装箱方案。

(2) 按重量进行计算。

纸箱数量＝27 380/20＝1 369(箱)＞672 箱

所以这个集装箱最多可以装 672 箱。

资料来源:改编自 2011 年跟单员考试操作实务:集装箱运输跟单(2)。

4. 集装箱运费

集装箱运费由船舶运费和有关杂费组成。如果是拼箱货(LCL),箱内所装货物未达到最低计费标准时,由货主负担亏舱损失。各船运公司都分别以重量吨和尺码吨规定不同类型集装箱的最低装箱吨数,并以二者之中高者作为集装箱最低计费标准。为了鼓励托运人采用集装箱并最大限度地利用箱容,集装箱运输规定最高运费,这是集装箱特有的做法。

常见的三种集装箱包箱费率示例见表 8-4～表 8-6。

表 8-4　FAK (Freight For All Kinds),均一费率,即对每一集装箱不分货物级别统一收取的费率

装运港 LOADING PORT	货物种类 COMMODITIES	拼箱(重量/尺码) LCL（W/M）(美元)	20 英尺整箱 20′FCL (美元)	40 英尺整箱 40′FCL (美元)
黄埔 HUANG PU	普通货物 GENERAL CARGO	63.00	800.00	1 450.00
	半危险品 SEMI-HAZARDOUS	86.00	1 250.00	2 300.00
	全危险品 HAZARDOUS		1 550.00	2 850.00
	冷藏货物 REEFER		2 200.00	4 050.00
上海 SHANG HAI	普通货物 GENERAL CARGO	78.00	1 100.00	2 050.00
	半危险品 SEMI-HAZARDOUS	97.00	1 450.00	2 700.00
	全危险品 HAZARDOUS		1 850.00	3 400.00
	冷藏货物 REEFER		2 700.00	5 000.00

续

装运港 LOADING PORT	货物种类 COMMODITIES	拼箱（重量/尺码） LCL（W/M）（美元）	20英尺整箱 20′FCL（美元）	40英尺整箱 40′FCL（美元）
青岛 QING DAO 新港 XIN GANG	普通货物 GENERAL CARGO	80.00	1 150.00	2 150.00
	半危险品 SEMI-HAZARDOUS	120.00	1 550.00	2 850.00
	全危险品 HAZARDOUS		1 900.00	3 550.00
	冷藏货物 REEFER		2 700.00	5 000.00

资料来源：胡俊文，戴瑾．国际贸易实战操作教材［M］．北京：清华大学出版社，2009：63.

表 8-5 FCS（Freight For Class），即按不同货物等级制定的费率

等级 CLASS	LCL W/M（美元）	CY/CY（美元）	
		20′	40′
1～7	55.00	770.00	1 460.00
8～10	58.00	820.00	1 560.00
11～15	61.00	870.00	1 650.00
16～20	64.00	920.00	1 750.00
CHEMICALS, N.H.	61.00	870.00	1 650.00
SEMI-HAZARDOUS	68.00	1 200.00	2 280.00
HAZARDOUS		1 650.00	3 100.00
REEFER		2 530.00	4 800.00

资料来源：胡俊文，戴瑾．国际贸易实战操作教材［M］．北京：清华大学出版社，2009：64.

表 8-6 FCB（Freight For Class & Basis），即按不同货物等级或货类以及计费标准制定的费率

等级 CLASS	计算标准 BASIS	拼箱 CFS/CFS（美元）	CY/CY 整箱（美元）	
			20′	40′
1～7	M	90.00	1 750.00	3 500.00
8～10	M	94.00	1 900.00	3 800.00
11～15	M	101.00	2 050.00	4 100.00
16～20	M	107.00	2 200.00	4 400.00
1～7	W	118.00	1 750.00	3 500.00
8～10	W	127.00	1 900.00	3 800.00

续

等级 CLASS	计算标准 BASIS	拼箱 CFS/CFS（美元）	CY/CY 整箱（美元）	
			20′	40′
11～15	W	136.00	2 050.00	4 100.00
16～20	W	145.00	2 200.00	4 400.00
CHEMICAL	W/M	128.00	2 050.00	4 100.00
SEMI－HAZARDOUS CARGO	W/M	166.00	2 550.00	5 100.00
HAZARDOUS CARGO	W/M	224.00	3 550.00	7 100.00
REFRIGERATER CARGO	W/M	246.00	3 900.00	7 850.00

资料来源：胡俊文，戴瑾. 国际贸易实战操作教材［M］. 北京：清华大学出版社，2009：64.

此外，还有一种费率形式：运量折扣费率（Time－Volume Rates，又称 Time－volume Contracts，简称 TVC）。它是根据托运货量给予托运人一定的费率折扣，即：托运货物的数量越大，支付的运费率就越低。它可以是一种均一费率，也可以是某一特定商品等级费率。这种运量激励方式根据托运货物数量确定运费率，大货主通常可以从中受益。

5. 集装箱的装箱方式及交接方式

（1）集装箱的装箱方式。

集装箱的装箱方式包括整箱（Full Container Load，FCL）和拼箱（Less Than Container Load，LCL）。整箱货物一般是在海关监管下，由货主或其代理装箱、加锁或铅封后，在集装箱码头或货场（Container Yard）交给承运人，取得场站收据（Cargo Receipt，D/R），再凭场站收据换得提单。拼箱货物一般是由货主送交承运人，承运人在集装箱货运站（Container Freight Station，CFS）或内陆集装箱转运站进行货物分类、整理、装箱、拆箱、交接等工作。

（2）集装箱的交接方式。

按照装箱方式，集装箱的交接方式分为四种：整箱交、整箱接（FCL/FCL），拼箱交、拆箱接（LCL/LCL），整箱交、拆箱接（FCL/LCL），拼箱交、整箱接（LCL/FCL）。

按交接地点，集装箱的交接方式分为九种：门到门、门到场、门到站、场到门、场到场、场到站、站到门、站到场、站到站。

在集装箱运输中，卖方在门（Door，即：发货人的工厂或仓库）、集装箱货场（CY）或货站（CFS）将货物交给承运人，即算完成交货，风险自货交承运人起由卖方转移到买方，这些货场或货站可以在出口国港口，也可以在接近出口国的内地城市。在集装箱运输中，传统的贸易术语 FOB、CFR 和 CIF 越来越多地被 FCA、CPT 和 CIP 所代替。出口人的交货地点不止限于装运港，还可提前完成交货义务，提前转移风险，提前获取单据进行货款结算。提单的出具者也扩展至国际多式联运经营公司，即"无船承运人"，提单也多采用多式联运提单，承运人对从内陆交货地到内陆收货地的全程负责并收取运费。提单上还要增加与集装箱有关的内容，如，type of move 一栏中填写 CY 或 CFS。而最终目的地（final destination of the goods－not the ship）中只填写内陆的收货地点等内容。

8.1.5 国际多式联运

1. 国际多式联运的含义

国际多式联运(International Multimodal Transport)是在集装箱运输的基础上产生和发展起来的一种综合性的连贯运输方式,它一般是以集装箱为媒介,把海、陆、空各种传统的单一运输方式有机地结合起来,组成一种国际连贯运输方式。

2. 国际多式联运的要件

(1) 必须是国际货物运输,并且必须由一个联运经营人对全程运输负责。

(2) 必须有一个多式联运合同。合同中明确规定多式联运经营人与托运人之间的权利与义务。

(3) 必须至少是两种不同运输方式的连贯运输。包括陆空联运、海空联运、陆空联运、大陆桥运输等方式。

(4) 使用一份包括全程的多式联运单据(Multimodal Transport Documents),它是证明多式联运合同以及证明多式联运经营人接管货物并负责按合同条款交付货物的单据,由多式联运人签发。根据发货人的选择,这种单据可以是可转让的或不可转让的。

(5) 必须是全程单一的运费费率。

8.1.6 其他运输方式

1. 公路运输

公路运输(Road Transport)机动灵活、速度快、方便,同时还是车站、港口、机场集散进出口货物的重要手段。但是公路运输载量有限、运输成本高、容易造成货损事故。

2. 内河运输

内河运输(Inland Water Transport)是水上运输的重要组成部分,是连接内陆腹地与沿海地区的纽带,在运输和集散进出口货物中发挥着重要的作用。

3. 邮包运输

邮包运输(Parcel Post Transport)是指通过邮局寄送进出口商品的一种较简便的运输方式。根据各国邮政部门之间的协议,已形成国际邮包运输网。国际邮包运输具有国际多式联运和"门到门"运输的性质,手续简便,费用也不高,但是对每个邮包的重量和体积有限制,如每个包裹重量不得超过20千克,长度不得超过1米,因此只适用于重量轻、体积小的商品的运输。近年来,国际快递业务迅速发展,主要有以下几种。

(1) 国际特快专递(International Express Mail Service)业务,简称EMS,由世界各国邮政联合创办,具有高速度、高质量、高效率转递国际邮件的特点。根据内件性质,国际特快专递邮件分为信函、文件资料和物品三大类。目前我国已与80多个国家和地区的邮政部门建立了业务联系,并与TNT合作办理国际快件业务,可通达200多个国家和地区。

(2) DHL信使专递(DHL Courier Service),是由Dalsey、Hilbolom、Lind组建的敦

豪国际有限公司的信使专递和民航快递服务。是国际快递行业的代表性公司，总部设在美国纽约，传递范围遍布全世界 140 多个国家和地区。

4. 管道运输

管道运输（Pipeline Transport）的通道和运载工具合二为一，是货物在管道内借助高压气泵的压力输往目的地的一种运输方式，主要适用于运输液体、气体、小颗粒或粉末状的货物，具有单向、固定投资大、建成后运输成本低的特点。

8.2 运输单据

运输单据是承运人收到承运货物后签发给托运人的证明文件，是交接货物及结汇的重要单据。进出口业务中的主要运输单据及其性质比较，见表 8-7。

表 8-7 主要运输单据及其性质的比较

比较项目	承运货物收据	物权凭证	运输契约	运输契约的证明
提单	是	是	否	是
海运单	是	否	否	是
铁路运单	是	否	是	否
空运单	是	否	是	否
邮包收据	是	否	是	否
承运货物收据	是	否	是	否
多式联运单据	是	不可转让的：否 可转让的：是	否	是

8.2.1 提单

1. 提单的含义、性质和作用

提单（Bill of Lading，B/L）是海运提单的简称，是承运人（或其代理）收货后签发给托运人的收据，是运输合同的证明，正本提单是代表货物所有权的凭证。

提单的性质和作用主要表现在以下三个方面。

（1）提单是承运人或其代理人出具的货物收据（B/L As a Receipt of Goods），证实其已按提单的记载收到托运人的货物。

（2）正本提单是代表货物所有权的凭证。正本提单的持有人拥有支配货物的权利。因此，正本提单可以提货，可以向银行议付货款，还可以转让或抵押。

（3）提单是承运人和托运人双方订立的运输契约的证明，因为运输契约在装货前即已订立，而提单一般是在装货后签发的。

2. 提单的主要内容

每个船公司的提单格式都不同，但其基本内容大致相同。

(1) 提单的正面内容分别由托运人、承运人或其代理人填写，通常包括托运人（Consignor）、收货人（Consignee）、被通知人（Notified Party）装运港或收货地（Prot of Loading or Place of Receipt）、目的地或卸货港（Destination or Port of Discharge）、船名、国籍、航次、货名及件数、毛重及体积、运费、提单签发数、签单日期及签单人。值得注意的是，承运人签发的正本提单有一式若干份，凭其中任何一份提货后，其余各份均失效。

(2) 提单背面印有明确承运人与托运人、收货人、提单持有人之间权利和义务的运输条款。为了统一提单背面条款内容，缓解船货双方矛盾，国际社会订立了《海牙规则》《维斯比规则》《汉堡规则》《鹿特丹规则》四个国际公约。由于其背景不同，内容各异。

3. 提单的分类

(1) 根据货物是否已装船，分为已装船提单和备运提单。

① 已装船提单（On Board B/L）是指承运人已将货物装上指定船舶后所签发的提单。其特点是提单上有载货船舶名称和装船日期。

② 备运提单（Received for Shipment B/L）又称收讫待运提单，是指承运人收到托运货物等待装船期间签发给托运人的提单。这种提单上没有装船日期和具体船名。

(2) 根据提单上对货物表面状况有无不良批注，可分为清洁提单和不清洁提单。

① 清洁提单（Clean B/L），是指货物装船时，表面状况良好，承运人在签发提单时未加注任何货损、包装不良或其他有碍结汇的不良批注的提单。

② 不清洁提单（Unclean/Foul B/L），是指承运人在提单上加注了货物表面状况不良或货物存在缺陷和包装破损或类似不良批注的提单。在信用证支付方式下，银行一般不接受不清洁提单，因此，托运人常常出具保函换取清洁提单，但这是一种侵权行为。

(3) 根据收货人抬头不同，分为记名提单、不记名提单和指示提单。

① 记名提单（Straight B/L）又称收货人抬头提单，是指在提单的收货人栏内具体写明收货人的名称，并只能由该收货人提货。故这种提单不能转让，在国际贸易中很少使用。

② 不记名提单（Open B/L 或 Bearer B/L），是指提单收货人栏内没有填明具体的收货人或指示人的名称，谁持有提单，谁就可以提货，不需背书就可以转让，故又称"来人提单"。由于这种提单风险大，实际中也很少采用。

③ 指示提单（Order B/L），是指在收货人栏内只填写"凭指示"（To Order）或"凭某人指示"（To the Order of...）字样、可以背书转让的一种提单。其中凭指示（To Order）的提单又称为空白抬头提单。背书的方法：一种是"空白背书"，即在提单表面仅有转让人签章，不注明被背书人的名称，可以继续背书转让；另一种是"记名背书"，即提单背面既有转让人签章，又注明被背书人的名称。在实际业务中，多采用"空白抬头，空白背书"提单。

(4) 根据运输方式不同，分为直达提单、转船提单和联运提单。

① 直达提单（Direct B/L），是指轮船装货后不经换船，直接驶往目的港所签发的提单。

② 转船提单（Transshipment B/L），是指在装运港装货后，轮船需在中途港换装所签发的提单。这种提单上应注明"转船"或"在××港口转船"字样。

③ 联运提单（Through B/L），是指通过海运与其他运输方式联运时，第一承运人签发的包括全程运输手续及运费的全程提单。但一般来讲，第一承运人会在提单上载明只负责自己承运区段的责任。

（5）依据其他一些条件，提单还可有不同分类。

如根据提单内容繁简、有无背面条款可分为全式提单和略式提单；根据船舶运营方式不同，分班轮提单和租船提单；根据提单使用有效性，即有无船长、承运人签章分为正本提单（Original B/L）和副本提单（Duplicate B/L）。

此外，还有如下一些比较重要的提单。

（1）集装箱提单（Container B/L），指集装箱运输货物时签发的提单。

（2）舱面提单（On Deck B/L），又称甲板货提单或舱面提单，是指对装在甲板上的货物签发的提单。承运人对舱面货的损失或灭失不负责任。但采用集装箱运输时，装于舱面的集装箱是"船舱的延伸"，视同于舱内货物。

（3）过期提单（Stale B/L），一是指错过规定的交单日期的提单（《UCP600》规定，提单签发日后 21 天才向银行提交的提单，银行可拒收）；二是指晚于货物到达目的港的提单（它一般出现在近洋运输中，在订立条款后，银行才可接受）。

（4）倒签提单（Antedated B/L），指承运人应托运人请求，签发提单日期早于实际装船日期的提单，这种提单的目的是为了符合信用证对装船日期的规定，便于结汇。

（5）预借提单（Advanced B/L），指信用证规定的装运日期和有效期已到，货物已由承运人接管，但因故未能及时装船或装船完毕，托运人出具保函，要求承运人签发的已装船提单。又称无货提单。

提示

预借提单与倒签提单属于同一性质，都不是按规定在装船完毕后签发的提单。多数国家认为预借提单与倒签提单是违法行为，因此应尽量不用或少用。

4．电子提单

（1）电子提单的含义。

电子提单（E-B/L）是一种利用 EDI 系统对海运途中的货物支配权进行转让的程序。运用 EDI 系统后，托运和承运行为都是通过与 EDI 网络相连的计算机系统来进行，待货物装上船后，承运人计算机向托运人计算机发出确认信息，承运人和托运人签订的是电子提单。

（2）电子提单的特点。

① 货物运输过程中所涉及的当事人均以承运人（或船舶）为中心，通过专有计算机密码告知运输途中货物所有权的转移时间和对象。承运人在收到托运人的货物后，即会将一份货物收据连同一个密码传给发货人，发货人就可以凭密码提货或指定收货人。在转让货物时，承运人会取消原由出让人所掌握的密码，并向受让人核发新的密码，从而实现谁持有密码，谁就持有货物的所有权。

② 在完成货物的运输过程后使用电子提单时，通常情况下不出现任何书面文件。收货人提货，只要出示有效证件证明身份，由船舶代理验明即可。

③ 电子提单表现为储存于计算机存储器中的电子数据，其交换和处理也由计算机自动进行。应用 EDI 系统时，租船定舱由计算机自动进行，承运人在收到货物之后发给发货人

一份收讯电,该收讯电除包含装运货物的说明外,还包括传统提单在背面所记载的条款内容,这相当于传统上的承运人签发提单。

目前世界上许多国家都在进行 EDI 立法时对电子提单进行确认和调整。

8.2.2　其他运输单据

1. 国际铁路联运运单(Rail Waybill)

国际铁路运单正本,是铁路与货主之间的运输契约随同货物全程附送,最后交给收货人。它既是铁路承运货物出具的凭证,也是铁路同货主交接货物、核收运杂费用和处理索赔与理赔的依据。铁路运算单副本于运输合同缔结后交给发货人,是卖方凭以向收货人结算货款的主要单证。

2. 承运货物收据(Cargo Receipt)

承运货物收据是我国内地货物通过铁路运往港澳地区时使用的一种特殊运输单据。其内容与海运提单基本相同,不同的是它只有一个正本。

3. 航空运单(Air Waybill)

航空运单既是承运人签发的承运货物的收据,又是托货人与承运人之间的运输契约,还可以作为承运人核收运费的依据和海关查验放行的基本单据。

4. 邮包收据(Parcel Post Receipt)

邮包收据是邮包运输的主要单据。它既是邮局收到寄件人的邮包后所签发的凭证,也是收件人凭以提取邮件的凭证,又是当邮包发生灭失或损坏时索赔和理赔的依据。

5. 多式联运单据(Multimodal Transport Documents 或 MTD)

MTD 是多式联运方式的主要单据,是证明多式联运合同以及多式联运经营人接管货物并按照合同条款交付货物的单据。根据发货人的要求,它可以作成可转让的或不可转让的。

6. 海运单(Sea Waybill)

海运单是近十几年来越来越多地被各国采用的、用来代替海运提单的一种运输单据。国际海运委员会已制定了《海运单统一规则》,以促进其推广应用。

海运单只是货物收据和运输契约证明,不具有物权凭证的性质,不能流通转让。

8.3　装运条款

装运条款一般包括装运港和目的港、装卸时间及费用、是否分批装运等。

装运条款示例:

Shipment during May from Shanghai to New York. The seller shall advise the buyer 30 days before the month of shipment of the time the goods will be ready for shipment. Partial shipment and transshipment allowed.(五月份装运,自上海到纽约。卖方应于装运月份前 30 天将备妥货物可供装船的时间通知买方。允许分批装运和转运。)

在装运条款中,以海上装运条款最为复杂。下面主要介绍海上装运条款的主要内容。

8.3.1 装运时间与地点

1. 装运时间

装运时间（Time of Shipment）又称装运期，是买卖合同的主要条件，如果卖方违反该条件，买方则有权撤销合同，并要求卖方赔偿其损失。

提示

装运期与交货期（Time of Delivery）是两个不同的概念。涉及买卖双方风险和责任划分不同。但在进出口贸易中，常用的 3 种贸易术语 FOB、CFR 和 CIF 均属装运港交货，因此装运期与交货期相同。在目的港或其他地点交货的术语下，二者则不同。

装运期可有以下几种规定方法。

（1）具体规定装运期限。即装运时间一般不确定在某一日期上，而确定在一段时间上，如某年某月装运，或于某年某月某日前装运。这种方法含义明确，在国际贸易中普遍采用。

（2）规定在收到信用证后若干天装运。对某些进口管制较严的国家或地区，或专为买方制造的特定商品，或对买方资信不够了解，为防止买方不履行合同而造成损失，可采用此种规定方法。例如：Shipment within 45 days after receipt of L/C。在采用此方法时，必须同时规定有关信用证的开到期限或开出日期。为了促进买方开证，通常在合同中加订约束性条款，如"买方如不按合同规定开证，卖方有权按买方违约提出索赔"。

（3）收到信汇、票汇或电汇后若干天装运。

（4）采用笼统方法规定。例如，"立即装运"（Immediate Shipment）、"尽快装运"（Shipment as soon as possible）、"即刻装运"（Prompt Shipment）等。易造成分歧，一般不宜使用。

阅读案例 8-4

合同未明确规定交货期，我方交货行为无效

【案情简介】

某年 5 月，广西某大型化肥厂与越南某农资公司签订了一份 200 公吨尿素买卖合同。合同双方仅对交货期含混规定：交货日期另行商定。合同签订后，越南公司曾电告广西某化肥厂在 11 月份听通知发货。但一直等到 12 月上旬广西某化肥厂没有收到发货通知，于是便去函要求发货。而越南公司则声称：由于当地气候变化，不再需要尿素了。广西某化肥厂便在没有发货通知的情况下将 200 公吨尿素运到越南公司。越南公司以未发通知为由拒绝付款并要求退货。因协商无果，广西某化肥厂诉诸法院。

在本案例中，由于合同中的交货期不明确，又没有合理的依据确定交货期，卖方没有充足的理由将责任完全归咎于越南公司，因此法院最后判决双方订立的合同有效；对于交货期不明确引起的纠纷买卖双方均应承担责任；越南公司付给广西某化肥厂 5% 的违约金，广西某化肥厂则自行处理已发运的 200 公吨尿素。

【案例点评】

交货期要规定得明确、完整、合理。

资料来源：改编自慧聪网 http://info.news.sinobnet.com/HTML/001/002/008/016/34402.htm，2004-02-18。

2. 装运地点

(1) 装卸港的含义。

装卸港即装运港和卸货港或目的港。装运港（Port of Shipment）是指货物起始装运的港口。目的港（Port of Destination）是指最终卸货的港口。在国际贸易中，装运港一般由卖方提出，经买方确认同意；目的港一般由买方提出，经卖方确认同意。

(2) 规定装卸港的方法。

① 根据双方需要，装卸港可分别规定一个，如大连到新加坡。

② 大宗交易下，也可列明规定两个或两个以上的装卸港。如装运港：大连/天津/青岛。

③ 根据情况，也可规定选择港的办法，即从某几个港口中任选一个或规定某一航区中的任一港口作为装卸港。

(3) 规定装卸港的注意事项。

① 必须是政府许可往来的港口。

② 必须明确规定装卸港，不能笼统地定为"欧洲主要港口"或"FOB××"。

③ 采用选择港时，备选港口不宜超过3个，而且必须在同一航区、同一航线比较靠近的港口。例如：Port of Shipment：Qingdao /Dalian。

④ 不宜将内陆城市作为装卸港。

⑤ 必须考虑运输上的合理。即进口业务中，应选择接近用货地或消费地区的外贸港口。出口时，应规定接近货源地的港口为装运港。

⑥ 必须注意国外港口的具体运输和装卸条件，如有无直达班轮、港口装卸设备、码头泊位深度、冰冻期及其惯例、制度、收费标准等。

⑦ 对同名的装卸港，应在前面冠以国家或地区名称或在其后备注国家或地区名称。

8.3.2 分批装运和转运

分批装运和转运都直接关系到买卖双方的利益，因此，买卖双方应根据需要和在合同中做出具体的规定。一般来说，允许分批装运，对卖方来说比较主动。根据《跟单信用证统一惯例》（《UCP600》），除非信用证有相反规定，可准许分批装运和转运。

1. 分批装运

分批装运（Partial Shipment），又称分期装运（Shipment by Installments），是指一个合同项下的货物分若干批装运。《UCP600》规定，同一船只、同一航次、不同时间在不同港口装运货物，即使分别签发了不同的运输单据，只要同时到达同一目的地，也不属于分批装运。

对具体规定各批装运时间和数量的分批装运，如果其中任何一批未按约定时间和数量装运，则该批与以后各批均为违约。因此，在出口合同中不宜规定在很短的时间内分若干批装运，间隔应适当并尽量避免作限期分批定量的规定，以免因安排装运困难而影响贸易。

分批装运条款示例：

600 M/Tons of Kidney Beans. Partial shipments are allowed In two lots. 400 M/Tons to Antwerp not later than May 31，2013. 200M/Tons to Brussels not later than June 30，2014.（600公吨芸豆，允许分批装运，分两批，400公吨于2013年5月31日前运至安特卫普，200公吨于2014年6月30日前运至布鲁塞尔。）

阅读案例8-5

出口公司误解信用证分批装运条款引发贸易纠纷

【案情简介】

上海IM农产品进出口公司于2014年向阿斯特国际贸易有限公司出口一笔芸豆。2月25日接到对方开来信用证，信用证有关条款规定：1 000公吨大白芸豆……装运单据需分如下三套：300公吨一套；200公吨一套；500公吨一套。不得晚于2014年3月31日装运，不许分批装运。

IM农产品进出口公司经与船方代理公司联系，根据3月末前舱位情况，1 000公吨无法在一条船上装完，即向买方阿斯特国际贸易有限公司提出修改信用证。3月14日即接到信用证修改书，改为："允许分批装运。信用证的其他一切条款均未改变。"

IM农产品进出口公司最后经过船方代理公司配船，于3月21日装"AXING"轮300公吨；3月24日装"WANGJIANG"轮200公吨；3月26日装"SHUNJIANG"轮200公吨；3月28日装"WANQUANHE"轮300公吨。并各取得3月21日、3月24日、3月26日和3月28日签发的提单。IM农产品进出口公司于3月31日将备齐的全部单据通过议付行向开证行寄出。4月14日开证行提出单证不符："第×××号信用证项下单据经我行审查发现单证不符：根据你方所提交的单据共四套：即300公吨一套；200公吨一套；200公吨一套和300公吨一套。我信用证规定，装运单据分三套，所以你方单据与我信用证规定不符，单据暂由我行留存，速告如何处理。"

IM农产品进出口公司经有关人员研究，并将开证行所解释与信用证对照才认为确系我们误解信用证条款。IM农产品进出口公司又与阿斯特国际贸易有限公司商洽，亦无效果，最终以降价20%而结案。

【案例点评】

IM农产品进出口公司完全没有理解信用证条款的要求。正如开证行所解释一样，该信用证经修改后实质变成这样条款："允许分批装运，但单据必须分为三套，即300公吨为一套；200公吨为一套；500吨为一套。"单据分三套是肯定的。如果1 000公吨只装一条船也可以，但单据仍要按上述限定的数量300公吨、200公吨、500公吨分开三套单缮制。如果将1 000公吨分两条船装也可以，例如第一条船装500公吨，单据则分两套：300公吨一套、200公吨一套；另一条船装500公吨为一套单据。如果1 000公吨分三条船装也可以，则按规定数量300公吨、200公吨和500公吨分装三条船，单据按每条船一套分别缮制。上述几种分批方法均符合信用证要求。除此之外分四条船、五条船……等都违背信用证要求。总而言之，不分批也可以，单据仍分三套。如分两批或三批也可以，单据仍要分三套，分三套单据是不可改变的。而农产品进出口公司恰恰相反，却分了四条船装，单据分四套，当然不符合信用证要求了。

不过，IM农产品进出口公司的第一、第二批货的装运数量完全符合信用证的要求，单证相符，开证行就必须接受第一批交单和第二批交单并按时付款，这样就能减轻一半的损失。

资料来源：根据孙瑛，韩杨．国际货物运输实务与案例．北京：清华大学出版社．2009改编。

2．转运

转运（Transshipment）又称转船，国际上对转运无一致解释，因此应在合同中订明转运条款。凡目的港没有直达船挂靠，或虽有直达船，但船期不定或航次间隔时间太长，以及成交量大而港口条件差或拥挤严重的，均应在合同中加订"允许转运"条款，以利装运。由于转船耽误时间、增加费用，也易产生货损货差，故买方往往要求在合同中加订"限制转运"条款。

8.3.3 装运通知

如按照F组或C组术语签订贸易合同，卖方应在货物装船后，按约定时间，将合同、货物名称、数量、重量、发票金额、船名及装船日期等项内容电告买方；或者，应在把货物交付承运人接管后，将交付货物的具体情况和交付日期电告买方，以利买方办理保险并做好接卸货物的准备，及时办理进口报关手续。这种告知就是装运通知（Shipping Advice）。

尤其在采用CFR或CPT术语签订贸易合同、租船运输大宗进出口货物的情况下，买卖双方共同做好船货衔接和货运保险尤其重要，其合同中往往约定装运通知条款。一般要求出口商在货物离开启运地后两个工作日内向进口商发出装运通知。

8.3.4 装卸时间、装卸率、滞期费和速遣费

1．装卸时间

装卸时间是指允许完成装卸任务所约定的时间。对于装卸时间的规定，可以采用下面几种方法。

（1）规定装卸货物的定额标准或装卸率，即每船每个舱口每个工作日装卸若干吨。

（2）规定固定的装卸天数。

（3）按港口习惯快速装卸（Customary Quick Despatch，或CQD）。但是，该方法容易引起争议。

2．装卸率、滞期费和速遣费

（1）装卸率（L/D Rate）是指每日装卸货物的数量，一般按港口装卸习惯的正常装卸速度。此项内容一般均照搬租船合同中的条款。

（2）滞期费（Demurrage）是租船人未能完成作业在规定的期限内，耽误了船期，为了补偿船方的损失，租船人向船方支付的罚金。

（3）速遣费（Despatch Money）指租船人提前完成装卸，船方作为鼓励而付给租船人的奖金。通常，速遣费率为滞期费率的一半。

阅读案例 8-6

玛丽娜维法航运公司与中国五金矿产进出口总公司滞期费纠纷案

【案情简介】

原告：玛丽娜维法航运公司（MARINAVIVA COPANIA NAVIERA）

被告：中国五金矿产进出口总公司

原告为与被告滞期费纠纷一案，向青岛海事法院申请留置被告在"凯法劳尼亚"轮（KEFALONIA HOPE）上的货物，作为已到期的滞期费（395 600 美元）和继续发生的滞期费的担保。

青岛海事法院受理该案后，查明：1984 年 10 月 9 日，中国五金矿产进出口总公司（以下简称买方）与美国纽约雨果父子国际销售股份有限公司（HUGO NEW & SONS INTERNATIONAL SALES CORP.）（以下简称卖方）签订一项买卖合同。合同约定买方从卖方进口 2.4 万公吨废钢铁，按 CFR 计价；由卖方租船，从美国东海岸港口装货，装运期自 1984 年 10 月 20 日至 11 月 30 日，卸货港中国大连。合同附加条款的第 6 条第 1 款规定：卸货港每连续 24 小时晴天工作日应卸货 1 500 公吨（节假日除外）。滞期费每日 4 500 美元，滞期时间连续计算。

1984 年 11 月 9 日，卖方同巴拿马玛丽娜维法航运公司签订了租船合同，租用该公司所属"凯法劳尼亚"轮。租船合同约定，滞期费按每日 4 600 美元计算；船东享有留置权。

"凯法劳尼亚"轮在美国罗德岛普维斯港和波士顿港将买方购买的 2.475 55 万公吨废钢铁装船后，分别于 1984 年 11 月 29 日、12 月 6 日签发了以中国对外贸易运输公司为通知人的指示提单。该轮于 1984 年 12 月 7 日从波士顿启航，1985 年 1 月 18 日到达卸货港大连。该轮到港后，递交了《准备就绪通知书》，停泊在锚地等待卸货，但港口一直未予卸货。以后大连外轮代理公司通知该轮移往青岛港卸货。该轮于 2 月 13 日到达青岛，直至 3 月 14 日才开始卸货。1985 年 5 月 9 日，该轮船东向青岛海事法院申请留置收货人在船上的待卸货物，并要求收货人立即支付已到期的 395 600 美元的滞期费和预计至卸货完毕可能继续产生的滞期费。根据是租船合同第 8 条规定："船东因运费、亏舱费和滞期费对货物享有留置权"，而且船长签发的提单上含有"合并条款"，订明"所有其他条件和除外事项依据租船合同"，租船中的滞期条款同样适用于收货人，"为确保船东收取全部滞期费，船东有权留置货物"。

青岛海事法院经审查认为：原告所主张的货物留置权是因船舶滞期而引起的，租船合同中订有留置权条款，被告虽不是租船合同的当事一方，但被告所持的收取该轮载运货物的凭证，是租船合同项下签发的提单，而该提单条款中附有"所有其他条件和除外事项依据租船合同"的"合并条款"，所以，租船合同中的滞期条款对提单持有人，即本案中的被告具有约束力，被告应向原告支付该项滞期费。原告为了保全其请求权的行使，申请留置在船货物是正当的。

据此，青岛海事法院于 1985 年 5 月 10 日裁定："准予原告要求留置被告货物的申请，从裁定书送达之时起，停止交付货物；责令被告在 5 日内向青岛海事法院提供中国银行信用担保；除非原告与被告自行和解，我院将行使对本案的审判权。" 5 月 14 日，被告通过中国银行提供了信用担保，并要求继续交付货物。同日，青岛海事法院依法裁定，接受被告提供的中国银行信用担保,责令原告从裁定书送达之时起继续交付留置的货物。5月28日,原告和被告就滞期费的具体数额和支付方式等问题自行协商,达成如下和解协议:原告同意将108.5天的滞期费498 901.92美元作9.5%的特别扣减;被告向原告支付扣减后的滞期费451 506.24美元。为此,原告申请解除中国银行保函对被告的约束力。1985年7月25日,青岛海事法院审查认为:原告和被告达成的协议,是在法院查清事实,分清责任的基础上进行的,符合民事诉讼法(试行)的规定和国际习惯做法,可予准许,故裁定准予解除中国银行保函对被告中国五金矿产进出口总公司的约束力。

【案例点评】

在程租船合同中规定滞期、速遣条款的主要目的是明确有关滞期费用负担的责任。如在FOB术语下,买方签订运输合同,通常卖方负责装船,这时若发生滞期费应由卖方负担,但船方一般根据运输合同的规定向租船人(买方)索取。同样,在CIF和CFR术语下,由卖方签订运输合同,买方负责卸货,这时发生滞期费应由买方负担,而船方往往根据运输合同向卖方索取。因此,在贸易合同中也必须规定滞期、速遣条款,并且注意使买卖合同中有关滞期、速遣条款的规定与租船合同一致。

资料来源:根据《中华人民共和国最高人民法院公报》1986年1期改编。

8.3.5 其他装运条款

美国"OCP"是Overland Common Points的缩写,意为"内陆地区",通常称"OCP"条款为美国内陆运输条款。根据美国运费率规定,以美国落基山脉为界,其以东地区,均为内陆地区的范围。按OCP运输条款达成的交易,出口商不仅可享受美国内陆运输的优惠费率,而且也可以享受OCP海运的优惠费率。因此,对美交易中,采用OCP运输条款,对进出口双方均有利,但在采用时,必须满足下列条件。

(1) 货物最终目的地必须属于OCP地区范围。
(2) 货物必须经由美国西海岸港口中转。
(3) 提单上必须表明OCP字样,并且在提单目的港一栏中除填明美国西部海岸港口名称外,还要加注内陆地区的城市名称。

8.3.6 规定装运条款的注意事项

国际贸易合同中的运输条款规定了运输方式、装运条款、运输单据等内容,是国际货物合同的重要组成部分。装运条款是否合理、合法、满足双方利益,将会影响整个货物合同的履约,甚至导致贸易纠纷。因此,在签订国际贸易合同前,应充分考虑运输条件,将装运条款订得尽可能完整、明确和切实可行。

本章小结

本章首先概述国际货物运输方式。其次介绍海运提单、铁路运单、航空运单、邮包收据、承运货物收据、多式联运单据等主要国际货运单据。最后阐述合同的装运条款,主要是装运条件和相互责任,通常包含装运时间、装港和卸港的选择、装运通知、分批装运或转船、装卸时间、滞期和速遣条款。

背景知识

新亚欧大陆桥国际运输

大陆桥运输（Land Bridge Transport）是指使用横贯大陆的铁路或公路运输系统作为中间桥梁，把大陆两端的海洋运输连接起来的连贯运输方式。它是海—陆—海的连贯运输，多以集装箱为媒介，具有集装箱运输的优点；不论经过几个国家、变换几种运输工具，都由总承运人负责安排和承担运输责任，又具有国际多式联运的优势。目前世界上主要有西伯利亚大陆桥、美国和加拿大大陆桥和新亚欧大陆桥。

1990年9月12日，一座新的连接太平洋和大西洋的大陆桥全线贯通了。它东起中国的连云港、日照等沿海港口城市，西行出疆穿越哈萨克斯坦等中亚地区，经俄罗斯、白俄罗斯、乌克兰、波兰、德国等欧洲口岸，全程约11 000千米。它是继西伯利亚大陆桥之后连接亚欧的第二座大陆桥，故称"新亚欧大陆桥"。新亚欧大陆桥具有明显的优势：①地理位置和气候条件优越：避开了高寒地区，港口无封冻期，自然条件好，吞吐能力大，可以常年作业。②运输距离短：它比西伯利亚大陆桥（Siberian Landbridge，即亚欧一桥）缩短陆上运距2 000～5 000千米，到中亚、西亚各国，优势更为突出。从远东到西欧的货物，经新亚欧大陆桥，比绕过好望角的海上运输线缩短运距15 000千米，比经苏伊士运河的海上运输线缩短运距8 000千米，比经巴拿马运河的海上运输线缩短运距11 000千米，比经北美大陆桥缩短运距9 100千米。③辐射面广：辐射亚欧大陆30多个国家和地区，5 071万平方千米，约75％的世界总人口。④对亚太地区吸引力大：中国（大陆）、日本、韩国、东南亚各国、一些大洋洲国家和中国的台湾、港澳地区，均可利用此线开展集装箱运输。具备上述优点，加之亚太经济崛起，世界贸易重心东移，结合"一带一路"（"丝绸之路经济带"和"21世纪海上丝绸之路"）倡议和走向，新亚欧大陆桥的战略意义越来越重要，它不仅是一条沟通亚太地区与欧洲的主导运输通道，还是区域经济发展的一条轴线。

习　题

1. 单选题

（1）目前，国际贸易中最主要的运输方式是（　　）。

A. 航空运输　　　　B. 铁路运输　　　　C. 海洋运输　　　　D. 公路运输

（2）在班轮运价表中用字母"M"表示的计收标准为（　　）。

A. 按货物毛重计收　　　　　　　　　　B. 按货物体积计收

C. 按商品价格计收　　　　　　　　　　D. 按货物件数计收

（3）在（　　）运输方式下，船方和货方要计算速遣费和滞期费。

A. 班轮　　　　　　B. 定期租船　　　　C. 定程租船　　　　D. 光船租船

（4）小件急需品和贵重货物，其有利的运输方式是（　　）。

A. 海洋运输　　　　B. 邮包运输　　　　C. 航空运输　　　　D. 公路运输

（5）按提单收货人抬头分类，在国际贸易中被广泛使用的提单是（　　）。

A. 记名提单　　　　B. 不记名提单　　　C. 指示提单　　　　D. 班轮提单

(6) 我国内地经由铁路供应港澳地区的货物，向银行议付的凭证是（　　）。

A. 国际铁路联运单　　　　　　　　B. 国内铁路联运单

C. 承运货物收据　　　　　　　　　D. 多式联运单

(7) 班轮运输的运费应该（　　）。

A. 包括装卸费，不计滞期费和速遣费

B. 包括装卸费，应计滞期费和速遣费

C. 包括装卸费，不计滞期费，但是应计速遣费

D. 包括装卸费，不计速遣费，但是应计滞期费

(8) 按 CIF 条件我向外商出口商品 1 000 打，允许卖方溢短装 5%，我实装 1 000 打（提单也表明为 1 000 打），货抵目的港后，买方来函反映仅收到 948 打，并已取得船公司短少证明，我正确答复是（　　）。

A. 同意补装 52 打　　　　　　　　B. 同意退 2 打货款

C. 同意补装 2 打　　　　　　　　　D. 请其与船公司和保险公司或其代理联系

(9) 在国际买卖合同中，使用较普遍的装运期规定办法是（　　）。

A. 明确规定具体的装运时间

B. 规定收到信用证后若干天装运

C. 收到信汇、电汇或票汇后若干天装运

D. 笼统规定近期装运

(10) 在进出口业务中，经过背书能够转让的单据有（　　）。

A. 铁路运单　　　B. 海运提单　　　C. 航空运单　　　D. 邮包收据

2. 多选题

(1) 海洋运输的优点是（　　）。

A. 通过能力大　　B. 载运量大　　　C. 运输成本低

D. 风险大　　　　E. 速度快

(2) 在下列（　　）运输方式下，其运输合同属于劳务合同性质。

A. 班轮　　　　　　　　　　　　　B. 定期租船

C. 定程租船　　　　　　　　　　　D. 光船租船

E. 任何班轮和租船

(3) 铁路运输的优点是（　　）。

A. 运行速度较快　　　　　　　　　B. 载运量较大

C. 运输途中风险较小　　　　　　　D. 一般能保持终年正常运行

E. 具有高度的连续性

(4) 航空运输优点在于（　　）。

A. 运输速度快　　　　　　　　　　B. 运行时间短

C. 货物中途破损率小　　　　　　　D. 运量较大

E. 运费一般不高

(5) 在国际贸易中，开展以集装箱运输为主的国际多式联运，有利于（　　）。

A. 简化货运手续　　　　　　　　　B. 加快货运速度

C. 降低运输成本　　　　　　　　　D. 节省运杂费用

E. 提高运输费用

(6) 为了统一提单背面条款的内容，国际上先后签署的国际公约有（　　）。
A. 海牙规则　　　　　　　　　　B. 维斯比规则
C. 汉堡规则　　　　　　　　　　D. 国际货协
E. 国际货约

(7) 按照提单收货人抬头分类，提单有（　　）。
A. 清洁提单　　　　　　　　　　B. 不清洁提单
C. 记名提单　　　　　　　　　　D. 不记名提单
E. 指示提单

(8) 按提单有无不良批注，可分为（　　）。
A. 清洁提单　　　　　　　　　　B. 不清洁提单
C. 记名提单　　　　　　　　　　D. 不记名提单
E. 指示提单

(9) 装运时间的规定办法通常有（　　）。
A. 明确规定具体装运期限　　　　B. 规定在收到信用证后若干天
C. 规定在某一天装运完毕　　　　D. 规定在某一天内若干小时装运
E. 笼统规定近期装运

3. 判断题

(1) 在程租运费中包括装卸费，船货双方不计滞期费和速遣费。（　　）

(2) 同一包装、同一票货物和同一提单内出现混装情况时，班轮公司的收费原则是就低不就高。（　　）

(3) 采用定期租船时，在租赁期间，船舶的营运调度及船员的薪金和饮食费用由租船人负担。（　　）

(4) 采用期租船时，租期内船舶营运过程中产生的燃料费、港口费等费用由船方负担。（　　）

(5) 在国际贸易中，不管采用何种运输方式，都应在合同中订明装卸率和滞期、速遣费条款。（　　）

(6)《跟单信用证统一惯例》（UCP600）规定，除非信用证另有规定，允许分批装运和转运。（　　）

(7)《跟单信用证统一惯例》（UCP600）规定，在分批装运中任何一批未按规定装运，则本批及以后各批均告失效。（　　）

(8) 采用OCP运输条款时，货物必须经由美国西海岸港口中转。（　　）

(9) 按一般惯例，速遣费费率为滞期费费率的一半。（　　）

4. 简答题

(1) 国际运输方式包括哪些？在选用运输方式时应考虑哪些因素？
(2) 何谓班轮运输？班轮运输有哪些特点？
(3) 班轮公司计收运费的标准和办法有哪些？
(4) 租船运输包括哪几种方式？在不同租船方式下，船方收取租金的办法是如何规定的？
(5) 提单的性质和作用如何？

(6) 提单从不同角度可以分为哪几种？在我国出口贸易中通常采用的是什么提单？

(7) 何谓过期提单？过期提单的效力如何？

(8) 多式联运单据和联运提单有何区别？

(9) 航空运单和邮包收据的性质和作用各如何？它们与海运提单的性质有何区别？

(10) 装运期在合同中的法律地位如何？规定装运期的方法有哪些？应注意什么问题？

(11) 装运港和目的港在合同中的地位如何？规定装运港和目的港应注意什么问题？

(12) 何谓滞期费和速遣费？在买卖合同中为什么要规定滞期、速遣条款？

(13) 什么叫分批装运？什么叫转运？《跟单信用证统一惯例》对分批装运和转运问题有何规定？

(14) 为什么在买卖合同中要规定装运通知的条款？

5. 案例分析题

(1) 我某公司向非洲出口某商品 15 000 箱，合同规定 1～6 月按月等量装运，每月 2 500 箱，凭不可撤销即期信用证付款，客户按时开来信用证，证上总金额与总数量均与合同相符，但装运条款规定为"最迟装运期 6 月 30 日，分数批装运"。我方 1 月份装出 3 000 箱，2 月份装出 4 000 箱，3 月份装出 8 000 箱。客户发现后向我方提出异议。你认为我方这样做是否可以？为什么？

(2) 我国对澳大利亚出口 1 000 公吨大豆，国外开来信用证规定：不允许分批装运。结果我们在规定的期限内分别在大连、新港各装 500 公吨于同一航次的同一船上，提单也注明了不同的装运地和不同的装船日期。请问：这是否违约？银行能否议讨？

(3) D 公司与香港一客户签订了总额为 1 925 万美元的箱式鸿运扇出口合同。2008 年 3 月初，该公司收到 Kwangtung Provinceal Bank，Hongkong Branch 开来的信用证，证中规定装运港 Hubei，目的港 Hongkong。3 月 25 日该公司将货物出运，随后向当地中国银行交单议付。不料，开证行于 4 月 8 日来电提出以下单证不符点：①提单：没有注明承运人名称；没有注明实际装运港。②保险单上注明的装运港为武汉（湖北），然而提单上的装运港却为湖北。

D 公司接到开证行上述拒受单据的通知后，经核查单据留底，发现开证行所述情况部分属实。L/C 规定装运港为"湖北"，为业务员认为湖北并非港口，货物装船后即指示船公司出具装运港为"武汉"的提单，单证科审单时发现单证不符，随即通知船公司更改，但疏忽了保单的更改，以致出现提单的装运港为"湖北"，保险单的装运港为"武汉（湖北）"的单单不一致、单证不一致的情况。至于提单上无承运人名称一说，D 公司认为不存在此问题。因为 D 公司所使用的提单是中国对外贸易运输总公司印制的，提单上既有中国对外贸易运输总公司的名称，又印有该公司标志，只在船长签章处由中国外运金陵公司签章。

D 公司经研究，向开证行提出反驳意见：①湖北系省名而非港口名，武汉是湖北省的一个市，乃本批货物的实际装运港。但按你方 L/C 的要求，我方提单上的装运港仍为"湖北"，保险单上装运港虽为武汉，但也注明了"湖北"字样。因此我们认为，我们的做法是符合单证一致的原则的。②我们提供的提单是注明有承运人名称的提单，即提单上印有承运人"中国对外贸易运输总公司"。"中国外运金陵公司"作为中国对外贸易运输总公司的子公司，代表总公司在提单船长一栏处签章是完全可以的。按照《UCP600》第 20 条 a 款的规定："无论其称谓如何，提单必须表面上看来：显示承运人名称并由下列人员签署：承运人或承运人的具名代理或代表，或船长或船长的具名代理或代表。承运人、船长或代理的任何签字必须分别表明其承运人、船长或代理的身份。代理的签字必须显示其是否作为承运人或船长的代理或代表签署提单。"据此，我们认为我们提供的单据已符合 L/C 要求，不存在不符点，请尽速付款。

D 进出口公司向开证行提出如上意见后，开证行对提单上未表示承运人名称仍然不同意接受，提出理由如下：你方海运提单表示承运人名称的问题，我们认为你方做法不符合国际惯例。按《UCP600》第 20 条 a 款的规定：……中国外运金陵公司在签章时并未表明其为承运人或代理人及代理何方。根据这一规定，我行已再次与开证申请人联系，开证申请人仍然不同意接受该海运提单。

最后，我方被迫同意客户的意见将 L/C 改为 D/P60 天付款条件收取货款，承担了潜在的风险和利息损失。

试分析双方纠纷产生的原因，并评价其结果。

（4）福建某厂接到一美商从香港分公司开来的信用证，一切条件均符合合同。该美国进口商在信用证上指明要某一美国船公司装货运往美国洛杉矶，恰好该船公司的定期班轮无舱位，在急需的情况下，等下班船期就来不及了，需要换另一船公司的船，对方也同意。现在的问题是信用证上指定的船公司与实际运货的船公司不同，银行以航运条件与信用证规定不符不予押汇。请回答有何办法可以从速补救？

（5）有一批茶叶交付船公司装运，货到目的港后，收货人在提货时，发现茶叶有异味，后经查实，船公司将茶叶与生牛皮混装在一个船舱内，请问，船公司对该批变味茶叶是否应负责？为什么？

（6）我某外贸公司出口货物一批，以信用证方式成交，买方来证规定："Shipment：not later than 31 May 2008, Expiration date：15 June 2008"。又规定 "This credit is subject to UCP600"。该外贸公司 5 月 10 日将货物全部装船，提单签发日为 5 月 10 日，当受益人于 6 月 8 日交单议付时却遭到议付行拒付，为什么？

（7）我某公司与英商按 CIF 伦敦签约，出口瓷器 1 万件，合同与信用证均规定"装运期 3~4 月份，每月装运 5 000 件，允许转船"。我方于 3 月 30 日将 5 000 件装上"万泉河"轮，取得 3 月 30 日的提单，又在 4 月 2 日将余下的 5 000 件装上"凤庆轮"，取得 4 月 2 日的提单，两轮均在香港转船，两批货均由二程船"曲兰西克"一轮运至目的港。请问：卖方能否安全收汇？为什么？

（8）我方向澳大利亚按 FOB 价格购进 30 000 公吨矿产品。在贸易合同中规定卖方每天应负责装货 2 000 公吨，按晴天工作日计算。我在运进这批货物的租船合同中规定每天装货 2 500 公吨，按连续日计算。在上述两个合同中滞期费每天均为 6 000 美元，速遣费每天均为 3 000 美元。结果卖方只用了 13 天（其中包括两个星期天）便将全部货物装完。请问：我方签订如此订立上述两个合同的运输条款是否妥当？

（9）我向加拿大某公司出口五金器材一批，价值数十万加元。付款方式为即期 D/P 托收。因货物须经香港转船而由某船公司出具转船联运提单。货到加后因原进口公司倒闭，先后 8 批货物全被另一家公司以伪造提单将货物取走。待我正式提单及其他单据寄达国外后已无人赎单付款，委托国外银行凭提单提货时也提货不着。经向船公司交涉，船公司以他是第一承运人为理由推诿，请问：船公司的这种说法能否成立？

操 作 训 练

课题 8-1

实训项目： 国际货运租船、订舱

实训目的： 学习正确填写货物出运委托书、向船公司洽订舱位。

实训内容： 出口商宏昌国际股份有限公司（Grand Western Foods Corp.）填写货物出运委托书，委托世格国际货运代理有限公司（DESUN INTERNATIONAL TRANSPORT CO.，LTD）向船公司洽订舱位。

实训要求： 将参加实训的学生分成 3 个小组，分别代表宏昌国际股份有限公司（Grand Western Foods Corp.）、世格国际货运代理有限公司（DESUN INTERNATIONAL TRANSPORT CO.，LTD）和船公司，商洽并填写货物出运委托书，向船公司洽订舱位。

课题 8-2

实训项目： 国际货物运费计算

实训目的： 学会海运运费的计算。

实训内容： 宏昌国际股份有限公司（Grand Western Foods Corp.）出口 800 箱甜玉米罐头到加拿大的多伦多港，通过计算得知货物装一个 20′集装箱即可。经查询，到多伦多港的相关运费为：

基本运费： USD 3 290 每 20′集装箱

港口附加费： USD 132 每 20′集装箱

燃油附加费： USD 160 每 20′集装箱

实训要求： 利用现有资料计算并比较多种运输方式下运费的模拟操作。

第9章　国际货物运输保险

学习目标

知识目标	技能目标
了解保险的起源和种类，熟悉保险的基本原则 了解国际货物运输保险的种类和作用	掌握保险的基本原则 能够正确选择国际货物运输保险的种类
理解海上货物运输保险保障的范围	能够明确海上货物运输保险保障的范围
掌握 CIC 海运货物保险的基本险和附加险	掌握选择 CIC 海运货物保险险别的技能
了解伦敦保险协会（ICC）的海运货物保险险别 理解 ICC 与 CIC 海运货物保险的主要异同	初步具备选择 CIC 海运货物保险险别的技能 可以区分 ICC 与 CIC 海运货物保险
了解中国陆运、空运与邮包货物保险	了解中国陆运、空运与邮包货物保险
熟悉国际贸易合同中的保险条款 了解保险单证的种类及其法律效力	初步掌握各种贸易术语条件下确定投保责任、保险金额和险别的技巧 掌握订立国际贸易合同中保险条款的技巧

知识结构

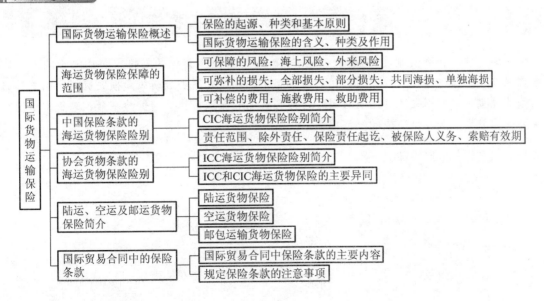

保险公司拒绝赔偿案

某年,中国 WK 外贸公司向香港出口罐头一批共 500 箱,按照 CIF HONGKONG 向保险公司投保一切险。但是因为海运提单上只写明进口商的名称,没有详细注明其地址,货物抵达香港后,船公司无法通知进口商来货场提货,又未与 WK 公司的货运代理联系,自行决定将该批货物运回起运港天津新港。在运回途中因为轮船渗水,有 229 箱罐头受到海水浸泡。货物运回新港后,WK 公司没有将货物卸下,只是在海运提单上补写进口商详细地址后,又运回香港。进口商提货时发现罐头已经生锈,所以只提取了未生锈的 271 箱罐头,其余的罐头又运回新港。WK 外贸公司发现货物有锈蚀后,凭保险单向保险公司索赔,要求赔偿 229 箱货物的锈损。保险公司经过调查发现,生锈发生在第二航次,而不是第一航次。投保人未对第二航次投保,不属于承保范围,于是保险公司拒绝赔偿。

点评:保险公司拒赔有理。①保险事故不属于保险单的承保范围。本案中被保险人只对货物运输的第一航次投了保险。②被保险人向保险人提出索赔时,明知损失是不属于投保范围的航次造成的,明显违反了"最大诚信原则",保险人有权拒绝赔付。

讨论:什么是国际货物运输保险?其保障范围、主要险别、基本业务和单据有哪些?应该正确订立国际贸易合同中的保险条款?

国际货物运输,尤其是海运,线长、面广、风险大。办理国际货物运输保险,几乎是每一单进出口业务都要做的事,但要办得既稳妥又经济却不简单。实际情况千差万别,因此,如何灵活运用保险,转移出口货物运输中的风险,是技巧性很强的专业工作。例如,在投保时,业务员总是希望在保险范围和保险费之间寻找平衡点,那么他首先就要评估所面临的风险,甄别哪种风险最大、最可能发生,并结合不同险别的保险费率来权衡。

本章在概述国际货物运输保险的基础上,首先,重点介绍海运货物保险保障的范围、险别。然后,简介其他运输方式下的货物运输保险。最后,介绍国际贸易合同中保险条款的主要内容及其订立的注意事项。

9.1 国际货物运输保险概述

作为一种社会经济制度,保险(Insurance)是一种社会化的安排。面临风险的人(广大被保险人)通过保险人(保险公司)组织起来,保险人集中分析风险损失资料,用统计方法预测风险带来的损失,并用所有风险转移者缴纳的保险费建立起保险基金,来集中承担被保险人因风险事故发生造成的经济损失。

9.1.1 保险的起源和种类

1. 保险的起源

海上保险最早起源于 14 世纪意大利。18 世纪保险业在英国快速成长。

2. 保险的种类

保险的种类很多,依据不同的标准,保险有不同的分类(见表 9-1)。

表 9-1 保险的种类

分类标准	保险的种类	实例
依保险的实施形式	（1）自愿保险：是在自愿的原则下，根据投保人与保险人订立的合同而构成的保险关系	绝大多数商业保险
	（2）强制保险：法定保险，以国家颁布法律法规的形式来实施的。凡在法律规定的范围内，都必须全部投保，保险人、投保人双方都无选择承保或投保的余地	飞机、火车、轮船旅客的人身意外伤害强制保险，机动车辆第三者责任保险
依保险标的	（1）人身保险：以人的寿命和身体为保险标的的保险	人寿保险、健康保险、意外伤害保险
	（2）狭义财产保险*：是以因财产的拥有、使用和管理而产生的利益作为保险标的的保险	海上保险、火灾保险、货物运输保险、运输工具保险、工程保险
	（3）责任保险	公众责任保险、产品责任保险、雇主责任保险、职业责任保险
	（4）信用与保证保险	出口信用保险、履约保证保险
依保险人承担责任的次序	（1）原保险：是指由保险人直接承保业务并与投保人签订保险合同，对于被保险人因保险事故所造成的损失，承担直接原始赔偿责任的保险	某货主向保险公司投保海运货物运输一切险
	（2）再保险：是一方保险人把原承保的部分或全部保险业务转让给另一方保险人承担的保险	A 保险公司将其承保海上石油钻探保险分一半给 B 保险公司
	（3）共同保险：指投保人对同一标的、同一保险利益、同一保险事故分别向两个以上保险人订立保险合同，其保险金额的总和不超过保险标的的实际价值	某保险标的实际价值是 20 万元，投保人分别向甲、乙保险公司投保 8 万元和 12 万元
	（4）重复保险：指投保人对同一标的、同一保险利益、同一保险事故分别向两个以上保险人订立保险合同，其保险金额的总和超过保险标的的实际价值	某保险标的实际价值是 20 万元，投保人分别向甲、乙保险公司投保 18 万元和 12 万元
依保险的目的和职能	（1）商业保险：是指由保险公司按照商业经营原则开办的各种保险	大多数保险，例如货物运输保险
	（2）社会保险：是国家为实现某种社会政策或保障公民利益而采取的一种经济补偿手段的总称	中国的失业保险、养老保险
依保障的主体	（1）个人保险	家庭财产保险
	（2）团体保险	产品责任保险

注：广义财产保险，是以因财产的拥有、使用和管理而产生的利益和法律责任作为保险标的的保险，包括财产损失保险、责任保险、信用保险等。

9.1.2 保险的基本原则

1. 最大诚信原则

最大诚信（Utmost Good Faith）原则是指签订保险合同的各方当事人在签订和履行保险合同时，必须保持最大限度的诚实与信用，否则保险合同无效。

对被保险人而言，坚持最大诚信原则应做到：

（1）告知（Disclosure），也称"披露"。通常指被保险人在投保时，将其知道的或推定应该知道的有关保险标的及其与风险程度有关的实质性重要事项如实向保险人说明。在保险业发展过程中，产生了无限告知和询问告知两种方式。如实告知是保险人判断是否承保和确定保险费率的重要依据。不告知（Non-disclosure）的法律后果：《中华人民共和国海商法》规定，如果被保险人的不告知是故意所为，保险人有权解除合同并且不退保费，合同解除之前发生保险事故造成损失的，不负赔偿责任；如果被保险人的不告知不是故意所为，保险人有权解除合同或者要求相应增加保费；保险人解除合同的，对解除之前发生保险事故造成损失的，应当负赔偿责任。

（2）陈述（Representation），也称"申报"。是指在磋商签约过程中，被保险人对其所知道的有关保险的情况，先保险人进行说明。如果所做的陈述不真实，即为错误陈述（Misrepresentation）。

（3）保证（Warranty）。保证是被保险人向保险人做出的履行某种特定义务的承诺。保证可以分为明示保证和默示保证。明示保证，是指以书面形式载明于保险合同中，以"被保险人义务"条款表达的一类保证。默示保证，是指虽未条款形式列明，但是按照行业或国际惯例、有关法规及社会公认的准则，投保人或被保险人应该作为或不作为的事项。例如，在海上保险合同中，明示保证主要有开航保证、船舶状态保证、船员人数保证、护航保证、国籍保证、中立性保证、部分不投保保证等；而默示保证则主要包括船舶适航保证、船舶不改变航程和不绕航的保证、船货合法性保证等。由于保险人无法直接控制被保险船舶和货物的运动，只有在保险事故发生时才能了解事故发生的始末和保险标的的受损原因和受损状况，因此，为了保护保险人的合法权益，防止海上保险中的不道德行为，各国法律确认了保证这一法律手段作为最大诚信原则的组成部分。《中华人民共和国海商法》和海上保险实务对此均加以运用。

最大诚信原则同样适用于保险人。保险人在签订海上保险合同前，应将合同内容和办理保险的有关事项，如实告知被保险人及其代理人，特别是详细解释容易引起误解的条款。

2. 可保利益原则

可保利益（Insurable Interest）是投保人或被保险人对保险标的因具有各种利害关系而享有的法律上承认的经济利益。作为保险合同的客体，可保利益必须合法；必须确定、可实现；可以用货币计算。可保利益原则，是指投保人与保险人必须对保险标的具有可保利益，才能与保险人签订有效的保险合同。可保利益原则为大多数国家的海商法和保险法确认为保险合同成立的法定条件，当事人不得协商变更。

3. 补偿原则

补偿原则（Principle of Indemnity）是财产保险中的一项重要原则，是指保险人给予被保险人的赔偿数额，不能超过被保险人所遭受的经济损失。因此，保险人在理赔时一般按三个标准确定赔偿额度：以实际损失为限，以保险金额为限，以被保险人对保险标的的可保利益为限。在这三个标准中，以最低的为限。

4. 代位追偿原则

代位追偿（Subrogation）原则是由补偿原则派生出来的。《中华人民共和国保险法》第四十五条第一款规定："因第三者对保险标的损害而造成保险事故的，保险人自向被保险人赔偿保险金之日起，在赔偿金额范围内代位行使被保险人对第三者请求赔偿的权利。"代位追偿是财产保险中一项重要的原则。

5. 重复保险分摊原则

重复保险（Double Insurance），是指被保险人以同一保险标的物向两家或两家以上的保险人投保相同的保险，在保险期限相同的情况下，其保险金额的总和超过该保险标的的价值。重复保险分摊原则，是指投保人应当将重复保险的有关情况通知各保险人，被保险人因发生保险事故向数家保险公司提出索赔时，损失赔偿责任必须在各保险人之间进行分摊，被保险人所得赔偿总额不得超过保险标的受损价值。该原则也是由补偿原则派生出来的。

例如：某保险标的的实际价值是 200 万元，投保人向甲保险公司投保 80 万元，向乙公司投保 120 万元，向丙公司投保 40 万元，向丁公司投保 160 万元。发生保险事故后，该保险标的实际损失为 60 万元，如果按照最大责任分摊法，则各家保险公司承保的保险金额总额为：$80+120+40+160=400$（万元）。四家保险公司应分担的赔偿金额分别为：$80\div400\times60=12$（万元），$120\div400\times60=18$（万元），$40\div400\times60=6$（万元）和 $160\div400\times60=24$（万元）。

6. 近因原则

近因（Proximate Cause）是指在效果上对损失最具有影响的原因。近因原则是为了明确事故与损失之间的因果关系，认定保险责任而专门设立的一项基本原则。它的含意是指保险人对于承保范围内的保险事故作为直接的、最接近的原因所引起的损失，承担保险责任，而对于承保范围以外的原因造成的损失，不负赔偿责任。

9.1.3 国际货物运输保险的含义、种类及作用

1. 国际货物运输保险的含义

国际货物运输保险是保险人和被保险人通过协商，对货物及其他标的（Subject）所可能遭遇的风险进行约定，被保险人在交纳约定的保险费后，保险人承诺一旦上述风险在约定的时间内发生并对被保险人造成损失，保险人将按约定给予被保险人经济补偿的商务活动和社会经济制度。国际货物运输保险属于财产保险的范畴。

2. 国际货物运输保险的种类

按照运输方式，国际货物运输保险分为海上货物运输保险、陆上货物运输保险（公路或铁路）、航空运输保险和邮包运输保险。由于海上货物运输保险起源最早，应用最多，其他货物运输保险是以它为基础发展起来的，因此我们主要介绍海上货物运输保险。

3. 国际货物运输保险的作用

国际货物运输由于运距远、风险大,在长途运输过程中又容易受到各种损失,为了转嫁运输途中的风险并得到货物受损后的经济补偿,需办理货物运输保险。

9.2　海运货物保险保障的范围

海上货物运输保险(Marine Cargo Insurance)主要承保海上货物运输风险、费用及损失。

9.2.1　可保障的风险

1. 海上风险

海上风险(Perils of the Sea)又称海难,是指被保险货物及船舶在海上运输中所发生的风险。根据保险界的解释,它不包括海上发生的一切风险,但也不是仅仅局限于航海过程中的风险。一般来讲,海上风险包括自然灾害和意外事故。均有其特定范围和含义。

(1) 自然灾害(Perils of the Sea):是不以人们意志为转移的,由于自然界变化而产生的破坏力量所造成的灾害。但海上货物运输保险并不承保一切由于自然力量引起的灾害,一般只包括恶劣气候(Heavy Weather)、雷电(Lighting)、海啸(Tsunami)、地震(Earthquake)或火山爆发(Volcanic Eruption)等人力不可抗拒力量造成的灾害。

(2) 意外事故(Accidents):是指由于偶然的、不能预料的,即由于不可抗力的原因所造成的事故。但意外事故并不泛指所有海上意外事故。根据中国1981年1月1日修订的"海洋运输货物保险条款",意外事故指运输工具搁浅、触礁、沉没、与流水或其他物体碰撞、互撞以及失踪、失火、爆炸等。

2. 外来风险

外来风险(Extraneous Risks)是指海上风险以外的其他外来原因所造成的风险。

(1) 一般外来风险:是指被保险货物运输途中由于偷窃、雨淋、短量、玷污、破碎、受潮受热、串味、生锈、钩损、提货不着等外来原因引起的风险。

(2) 特别外来风险:是指交货不到、进口关税、黄曲霉毒素、舱面的货物损失、进口国拒收、出口到港澳存仓失火等外来原因引起的风险。

(3) 特殊外来风险:是指运输过程中由于军事、政治、国家政策法令及行政措施待外来原因造成的风险与损失。这些特殊原因包括战争、敌对行为及罢工等。

9.2.2　可弥补的损失

可弥补的损失是指保险人承保哪些性质的损失。由于是海上货物运输保险,因此保险公司承保的损失属于海损(Average)。海损一般是指海运保险货物在海洋运输中由于海上风险所造成的损失和灭失。

提示

(1) 根据国际保险市场的一般解释，凡与海陆连接的陆运过程中所发生的损坏或灭失，也属海损范围。(2) 英国《1906年海上保险法》、《1963年协会保险条款》(ICC1963) 及中国1981年1月1日修订的"海洋运输货物保险条款"对海损的分类：按损失的程度不同，海损可分为全部损失与部分损失；按损失的性质不同，部分损失可分为共同海损和单独海损。(3) 按照海上保险惯例，共同海损和单独海损都被列为"部分损失"，这种做法常常引起误解，即认为货物发生的共同海损只是货物的部分损失。而实际上，共同海损既可能是部分损失，又可能是全部损失。之所以将共同海损列为部分损失，不是从货物本身的损失来看，而是从承担货物损失赔偿责任的角度来看。因为任何货主遭受的共同海损都是由所有获益方按照比例共同分担，因此，对货主而言，他只承担了损失的一部分，他将从其他获益方分摊回其余部分的损失。(4) 现行协会保险条款 (ICC1982) 已不再采用按照损失程度划分海损的做法。

1. 全部损失与部分损失

(1) 全部损失。

全部损失（Total Loss）是指运输中的整批或不可分割的一批货物的全部损失，又称全损。按照损失的性质不同，全部损失可分为实际全损和推定全损。

① 实际全损（Actual Total Loss），也称为绝对全损（Absolute Total Loss）是指被保险货物完全灭失或完全变质，或者实际上已不可能归还被保险人。构成实际全损的一般情况：A 保险标的物完全灭失。B 保险标的物丧失已无法挽回。C 保险标的物已丧失商业价值或失去原有用途。D 船舶失踪，达到一定时期（一般为半年）仍无音讯，则可视为全部灭失。

② 推定全损（Constructive Total Loss），是指保险标的物发生事故后，虽然没有完全毁灭，但对其恢复、修复、施救、收回及运送货物到原定目的地的费用（或费用之和）估计要超过保险价值，于是推定为全损。

发生推定全损时，被保险人可以要求保险人按照部分损失赔偿，也可以要求按照全部损失赔偿。被保险人若想获得全损赔偿，必须经过委付。

所谓委付（Abandonment）是指被保险人在保险标的物处于推定全损状态时，向保险人声明愿意将保险标的的一切权益与义务转让给保险人，而要求保险人按全损给予赔偿的一种行为。委付成立的条件：委付通知书必须及时发出；委付必须经过保险人明示或默示地承诺；必须对全部标的物进行委付；不能附带任何保留条件。

若被保险人不办理委付而保留对残余货物的所有权，则保险人将按部分损失予以赔偿。当然，保险公司也可选择不接受委付，但仍按全损给予赔偿。

(2) 部分损失。

部分损失（Partial Loss）是指保险标的物的部分损坏或灭失。

2. 共同海损和单独海损

(1) 共同海损。

共同海损（General Average，GA）是指载货的船舶在海运途中遭到自然灾害或意外事故,船长为解除船与货的共同危险使航程得以继续,有意而合理地做出的特殊牺牲;或采取合理救难措施而引起的特殊损失和合理的额外费用。共同海损的构成条件:①船货确实遭遇共同危险。②采取的措施必须是合理的和有意识的。③牺牲和费用支出是非常性质的。④其损失必须是共同海损的直接结果。⑤共同海损措施最终必须有效。

(2) 单独海损。

单独海损(Particular Average)是指除共同海损以外的意外损失,即由于承保范围内的风险所直接导致的船舶或货物的部分损失。共同海损和单独海损的区别,见表9-2。

表9-2 共同海损和单独海损的区别

比较项目	共同海损	单独海损
造成海损的原因	不是承保风险所直接导致的损失,而是为了解除或减轻船、货共同危险有意采取合理措施而造成的损失	承保风险所直接导致的船货损失
损失的承担责任	由船舶、货物和运费方等各受益方按照受益大小的比例共同分摊(共同海损分摊,GA. Contribution)	由受损方自行承担

阅读案例9-1

哪些损失属于共同海损

【案情简介】

某货轮在航行途中因电线走火,第三舱内发生火灾,经灌水灭火。船体个别部位的船板被烧,急需补漏。为了船货的共同安全,船长决定就近靠港修船,为此,将部分货物卸到岸上并存仓。卸货过程中部分货物受损;部分卸到岸上的货物在存仓期间被盗。修好后,船舶继续航行,但是到港延迟,货物市价跌落。事后统计:①被火烧毁货物价值5 000美元。②船体个别部位的船板被烧,损失10 000美元。③因灌水救火被水浸坏货物损失6 000美元。④灭火、修理额外发生10 000美元的费用。⑤卸货过程中部分货物受损1 000美元。⑥存仓期间被盗货物损失2 000美元。⑦货物市价跌落损失20 000美元。

【案例点评】

根据共同海损的构成条件,①、②是因火灾而造成的直接损失,属单独海损;③、④、⑤是因维护共同安全而直接造成的特殊损失和产生的额外费用,属于共同海损;⑥是因维护共同安全而间接造成的损失,属于单独海损;⑦是因维护共同安全而间接造成的损失,往往属于保险公司的除外责任。

9.2.3 可补偿的费用

可补偿的费用是指保险人即保险公司承保的费用。保险货物遭遇保险责任范围内的事故,除了能使货物本身受到损毁、导致经济损失外,还会产生费用方面的损失。这种费用,保险人也将给予赔偿,主要包括施救费用和救助费用(见表9-3)。

表 9-3 施救费用和救助费用的区别

比较项目	施救费用	救助费用
采取行为的主体	被保险人或其代理人、雇佣人和受让人等	保险人和被保险人以外的第三者
给付报酬的原则	即使无效果，保险人也赔偿	多数：无效果，无报酬；少数：无效果，也给报酬
保险人的赔偿责任	赔偿金额的上限是被保标的保险金额；保险人对施救费用的赔偿义务独立于其对保险标的的损失赔偿义务	一般以获救财产的价值为赔偿上限；保险人对救助费用和获救保险标的之损失赔偿额相加，不得超过保险金额，且按获救保险标的之价值与保险金额的比例承担责任
是否与共同海损相联系	施救行为并非总是与共同海损相联系	救助行为一般总是与共同海损联系在一起

1. 施救费用

施救费用（Sue and Labour Expenses），也称为诉讼和劳务费，是指当保险标的在遭遇保险责任范围内的灾害事故时，被保险人或其代理人、雇佣人和受让人根据保险合同中施救条款的规定，为避免或减少损失扩大而采取各种抢救与防护措施所支出的合理费用。

2. 救助费用

救助费用（Salvage Expenses）是指保险标的遭遇保险责任范围内的灾害事故时，由保险人和被保险人以外的第三者自愿采取救助措施并有效，由被救方支付给救助方的报酬。

9.3 中国保险条款的海运货物保险险别

保险险别是保险人对风险和损失的承保责任范围，又是被保险人缴付保费数额的依据。

在中国，进出口货物的保险主要采用中国人民保险公司制定的"中国保险条款"（China Insurance Clauses，CIC）。CIC 是各种涉外保险条款的总称。现行 CIC 多数于 1976 年和 1981 年经两次修订而成，广泛吸取了当时国际保险市场的内容和做法，又结合了中国实情，基本上满足了中国对外贸易对保险的要求。《中国人民保险公司海洋运输货物保险条款》是 CIC 的重要组成部分。

9.3.1 CIC 海运货物保险险别简介

CIC《中国人民保险公司海洋运输货物保险条款》分基本险、附加险、专门险三大类险别（见图 9.1）。

基本险亦称主险，可单独投保。附加险只能在基本险或专门险的基础上附加。

CIC 货物运输保险条款多数由 5 部分构成：承保责任范围、除外责任、责任起讫（即保险有效期）、被保险人的义务、索赔期限。其承保责任范围各不相同，其除外责任、责任起讫期限、索赔期限也不完全相同。

```
         ┌ 平安险(Free from Particular Average或FPA)
    基本险 │ 水渍险(With Particular Average或WPA)
         └ 一切险(All Risks)
         ┌ 一般附加险：偷窃、提货不着险(T.P.N.D)、淡水雨淋险(Fresh Water Rain Dmage，F.W.R.D)、
         │ 短量险(Risd of Shortage)、混杂沾污险(Risk of Intermixture & Breakage)、碰损、破碎险(Risk
         │ of Clash & Breakage)、串味险(Risk of Odor)、包装破裂险(Loss of Damage Caused by Breakage
         │ of Packing)、渗漏险(Risk of Odor)、受热受潮险(Sweating and Heating Risks)、钩损险(Hook
    附加险 │ Damage)、锈损险(Risks of Rust)等11种。
         │ 特别附加险：也称为其他特殊附加险(Special Additon Risk)，包括交货不到险(Failure to
         │ Delivery Risk)、进口关税险(Import Duty Risk)、舱面险(On Deck Risk)、拒收险(Rejection
         │ Risk)、黄曲霉毒素险(Aflatoxin Risk)和出口到港澳存仓火险(Fire Risk Extension Clause for
         │ Storage of Cargo at Destination Hong Kong, Including Kowloon or Macao)等6种。
         └ 特殊附加险：包括战争险(War Risk)、战争附加费用险、罢工险(Strikes Risk)3种。
    专门险
```

图 9.1　CIC 海运保险的险别

9.3.2　承保责任范围

承保责任范围是保险人负赔偿责任的风险范围。

1. 基本险的承保责任范围

(1) 平安险。

平安险的责任范围如下所述。

① 在海运途中，由于自然灾害造成的被保险货物全部损失（实际全损和推定全损）。

② 在海运途中，遇到意外事故，造成的被保险货物的全部或部分损失。

③ 在运输工具已经发生搁浅、触礁、沉没、焚毁等意外事故的情况下，保险货物在此前后又在海上遭受自然灾害所造成的部分损失。

④ 在装卸转船过程中，保险标的物一件或数件落海所造成的全部损失或部分损失。

⑤ 被保险人在保险标的物遭受承保责任范围内的风险时，对其进行抢救所发生的合理费用，但不能超过保险标的物的保险金额。

⑥ 运输工具遭遇自然灾害或意外事故，在中途港或避难港停靠而引起的装卸、存仓、运送等特别费用。

⑦ 共同海损的牺牲、分摊费和救助费用。

⑧ 运输契约订有《船舶互撞责任条款》，按该条款的规定，应由货方偿还船方的损失。

(2) 水渍险。

水渍险英文原意是指单独海损负责赔偿。其责任范围，除包括上列平安险各项责任外，还负责被保险货物由于恶劣气候、雷电、海啸、地震、洪水等自然灾害所造成的部分损失。

(3) 一切险。

一切险除包括平安险和水渍险的各项责任外，还包括货物在运输途中由于一般外来风险所造成的被保险货物的全部或部分损失。即，一切险还包括一般附加险。

由于承保责任范围大，一切险的保险费在三种基本险中也最高（见表 9-4 和表 9-5）。

表9-4　中国人民保险公司海上出口货运保险普通货物费率

洲别	目的地	平安险	水渍险	一切险
亚洲	中国香港、中国澳门、中国台湾、日本、韩国	0.08	0.12	0.25
	约旦、黎巴嫩、巴林、阿拉伯联合酋长国、菲律宾	0.15	0.20	1.00
	尼泊尔、阿富汗、也门	0.15	0.20	1.50
	泰国、新加坡等其他国家	0.15	0.20	0.60
欧洲、美国、加拿大、大洋洲		0.15	0.20	0.50
中、南美洲		0.15	0.25	1.50
阿尔巴尼亚、罗马尼亚、南斯拉夫、波兰、保加利亚、匈牙利、捷克、斯洛伐克等		0.15	0.25	1.50
非洲	埃塞俄比亚、坦桑尼亚、赞比亚、毛里求斯、布隆迪、象牙海岸、贝宁、刚果、安哥达、佛得角群岛、卢旺达	0.20	0.30	2.50
	加拿利群岛、毛里塔尼亚、冈比亚、塞内加尔、尼日利亚、利比里亚几内亚、乌干达	0.20	0.30	3.50
	其他	0.20	0.30	1.00

注：此表中部分国家称谓现已改变。

表9-5　中国人民保险公司海上进口货运保险普通货物费率

进口地	平安险	水渍险	一切险
中国台湾、中国香港、中国澳门、韩国、日本	0.08	0.12	0.25
大洋洲及亚洲国家和地区	0.10	0.15	0.35
加拿大、美国、欧洲	0.15	0.20	0.45
非洲及中南美洲	0.20	0.25	0.50

2. 附加险的承保责任范围

(1) 一般附加险。承保一般外来风险造成的损失和费用。由于一切险的承保责任范围已包含了一般附加险，故在投保一切险时，不必加保一般附加险。

(2) 特别附加险。承保特别外来风险造成的损失和费用。

(3) 特殊附加险。特殊附加险是指承保由于军事、政治、国家政策法令以及行政措施等特殊外来原因所引起的风险与损失的险别。其中，战争险负责赔偿由于战争、类似战争行为和敌对行为、武装冲突或海盗行为所致的直接损失，以及由此引起的捕获、拘留、扣留、禁制、扣押所造成的损失。各种常规武器，包括水雷、鱼雷、炸弹所致的损失以及由此引起的共同海损牺牲、分摊和救助费用。

罢工险对被保险货物由于罢工者、被迫停工工人、参加工潮、暴动、民动、民众斗争的人员的行动，或任何人的恶意行为所造成的直接损失，保险公司负责赔偿。

9.3.3 除外责任

除外责任是指保险人不负赔偿责任的风险范围,即除外不保的风险范围。

1. 基本险的除外责任

(1) 被保险人的故意行为或过失所造成的损失。

(2) 属于发货人责任所引起的损失。

(3) 在保险责任开始前,被保险货物已存在的品质不良或数量短差所造成的损失。

(4) 被保险货物的自然损耗、本质缺陷、特性以及市价跌落、运输延迟所引起的损失或费用。

(5) 海洋运输货物战争险条款和货物运输罢工险条款规定的责任范围和除外责任。

2. 附加险的除外责任

类似于基本险。但是,战争险和罢工险的除外责任与上述第(5)项有所差异。战争险的除外责任:由于敌对行为使用原子或热核制造的武器所致的损失和费用;根据执政者、当权者、或其他武装集团的扣押、拘留引起的承保航程的丧失和挫折而提出的任何索赔。罢工险的除外责任:在罢工期间由于劳动力短缺或无法使用劳动力所造成的保险货物的损失。

9.3.4 保险责任起讫

1. 仓至仓条款:不适用于战争险

CIC《海洋运输保险条款》规定,在正常运输的情况下,基本险承保责任的起讫期限适用"仓至仓条款"(Warehouse to Warehouse Cause,即 W/W)的规定。即:

(1) 保险自被保险货物运离保险单所载明的起运地仓库或储存处所开始运输时生效,包括正常运输过程中的海上、陆上、内河和驳船运输在内,直至该项货物到达保险单所载明目的地收货人的最后仓库或储存处所或被保险人用作分配、分派或非正常运输的其他储存处所为止。如未抵达上述仓库或储存处所,则以被保险货物在最后卸载港全部卸离海轮后满60天为止。如在上述60天内被保险货物需转运到非保险单所载明的目的地时,则以该项货物开始转运时终止。

(2) 由于被保险人无法控制的运输延迟、绕道、被迫卸货、重行装载、转载或承运人运用运输契约赋予的权限所作的任何航海上的变更或终止运输契约,致使被保险货物运到非保险单所载明目的地时,在被保险人及时将获知的情况通知保险人,并在必要时加缴保险费的情况下,保险仍继续有效,保险责任按下列规定终止:被保险货物如在非保险单所载明的目的地出售,保险责任至交货时为止,但不论任何情况,均以被保险货物在卸载港全部卸离海轮后满60天为止。被保险货物如在上述60天期限内继续运往保险单所载原目的地或其他目的地时,保险责任仍按上述第(1)款的规定终止。即,在非正常运输下,其保险责任期限有不同规定——如果由于保险人无法控制的运输延迟、被迫卸货、航程变更等意外情况,被保险人在及时通知保险人,加付保费的前提下,可按"扩展责任条款"(Extended Cover Clause)办理。

2. 水上危险原则：海运战争险的责任起讫原则

海运战争险的责任期限只限于水上危险或运输工具上的危险。其责任自保险单所载明的启运港装上海轮或驳船开始，直至到达保险单所载明的目的地卸离海轮或驳船为止。如果货物不卸离海轮或驳船，则保险责任最长延至货物到达目的港之日午夜起 15 天止。如果中途转船，则不论货物在当地卸货与否，保险责任以海轮到达该港或卸货地点的当日午夜起 15 天为止，待再装上续运海轮时恢复有效。

9.3.5 被保险人义务

（1）当被保险货物运抵保险单所载明的目的港（地）以后，被保险人应及时提货，当发现被保险货物遭受任何损失，应即向保险单上所载明的检验、理赔代理人申请检验，如发现被保险货物整件短少或有明显残损痕迹应即向承运人、受托人或有关当局（海关、港务当局等）索取货损货差证明。如果货损货差是由于承运人、受托人或其他有关方面的责任所造成，并应以书面方式向他们提出索赔，必要时还须取得延长时效的认证。

（2）对遭受承保责任内危险的货物，被保险人和保险公司都可迅速采取合理的抢救措施，防止或减少货物的损失，被保险人采取此项措施，不应视为放弃委付的表示，保险公司采取此项措施，也不得视为接受委付的表示。

（3）如遇航程变更或发现保险单所载明的货物、船名或航程有遗漏或错误时，被保险人应在获悉后立即通知保险人并在必要时加缴保险费，保险才继续有效。

（4）在向保险人索赔时，必须提供下列单证：保险单正本、提单、发票、装箱单、磅码单、货损货差证明、检验报告及索赔清单。如涉及第三者责任，还须提供向责任方追偿的有关函电及其他必要单证或文件。

（5）在获悉有关运输契约中"船舶互撞责任"条款的实际责任后，应及时通知保险人。

 阅读案例 9-2

"大兴号"是否具有灭火的义务

【案情简介】

中国货船"大兴号"在驶往目的地新加坡港的途中，为避免因某一外轮违章行驶而造成碰船，偏离航线触礁并引起火灾。"大兴号"在启程前以自己的名义投了一切险。

【案例点评】

"大兴号"在上述情况下具有灭火的义务。因为碰船和火灾均属于承保责任，被保险人对遭受承保责任内危险的货物有施救义务，否则保险公司可以拒绝赔偿扩大的损失。根据补偿原则，"大兴号"从保险公司获得赔偿后不能对已从保险公司获得的赔偿部分再向外轮请求赔偿。保险公司先进行保险赔付，随即取得向责任人（外轮）代位追偿权。《中华人民共和国保险法》第四十五条第一款规定："因第三者对保险标的损害而造成保险事故的，保险人自向被保险人赔偿保险金之日起，在赔偿金额范围内代位行使被保险人对第三者请求赔偿的权利。"

9.3.6 保险索赔有效期

索赔期限亦称索赔时效,是被保险货物在发生保险责任范围内的风险与损失时,被保险人向保险提出索赔的有效期限。CIC《海洋运输货物保险条款》规定保险索赔期限为两年,自被保险货物运抵目的港全部卸离海轮之日起计算。

9.4 协会货物条款的海运货物保险险别

"协会货物条款"(Institute Cargo Clause,ICC),最早于1912年由英国伦敦保险协会制定,后经多次修订。现行伦敦协会货物保险条款ICC(1982)是在对原S.G.保险单和ICC(1963)进行彻底改革的基础上制定的,于1982年1月1日生效,并于1983年4月1日起全面取代ICC(1963)。

提示

ICC是目前最有名的海运货物保险条款。现在世界上大多数国家办理海上保险业务时使用ICC。

向中国的保险公司投保,可以按CIC或ICC条款,签订国际货运保险合同。尤其是在CIF出口合同中,如果外商提出按"协会货物条款"投保,我方一般可以接受。

9.4.1 ICC海运货物保险险别简介

ICC海运货物保险主要有6种险别(见图9.2)。

ICC海运货物保险险别 {
(1)协会货物条款(A)(Institute Cargo Clause〈A〉,或ICC〈A〉);
(2)协会货物条款(B)(Institute Cargo Clause〈B〉,或ICC〈B〉);
(3)协会货物条款(C)(Institute Cargo Clause〈C〉,或ICC〈C〉);
(4)协会战争险条款(货物)(Institute War Clauses–Cargo);
(5)协会罢工险条款(货物)(Institute Strike Clauses–Cargo);
(6)恶意损害险条款(Malicious Damage Clauses)。

图9.2 ICC海运货物保险的险别

其中,ICC(A)、ICC(B)、ICC(C)的承保风险和除外责任对比见表9-6,说明如下。

1. ICC(A)的承保风险与除外责任

承保风险:范围较广,不便一一列举,采用"一切风险减去除外责任"的规定方法。其保险责任范围最大,大体相当于CIC的"一切险"。

除外责任:包括一般除外责任、不适航和不适货除外责任、战争险除外责任、罢工险除外责任。但其除外责任中不包括"海盗行为"和"恶意损害行为"。

2. ICC(B)的承保风险与除外责任

承保风险:采用"列明风险"方式,其范围仅次于ICC(A),类似于"水渍险"。

除外责任:是ICC(A)的除外责任再加上ICC(A)承保的"海盗行为"与"恶意损害行为"。

3. ICC(C) 的承保风险与除外责任

承保风险：范围更小，它只承保"重大意外事故"，不承保 ICC(B) 中的自然灾害（如地震、雷电等）和非重大事故（如卸货过程中的整件灭失等）。其条款类似"平安险"。

除外责任：与 ICC(B) 相同。

表 9-6　ICC(A)、ICC(B)、ICC(C) 的承保风险和除外责任的对比

承保风险（责任范围）	(A)	(B)	(C)
① 火灾、爆炸	√	√	√
② 船舶或驳船触礁或搁浅、沉没、倾覆	√	√	√
③ 陆上运输工具倾覆或出轨	√	√	√
④ 船舶、驳船或运输工具同水以外的任何外界物体碰撞	√	√	√
⑤ 在避难港卸货	√	√	×
⑥ 地震、火山爆发或雷电	√	√	×
⑦ 共同海损牺牲	√	√	√
⑧ 抛弃	√	√	√
⑨ 浪击入海	√	√	×
⑩ 海水、湖水或河水进入船舶、驳船、运输工具、集装箱、大型海运箱或储存处	√	√	×
⑪ 货物在船舶或驳船装卸时落海或跌落造成的任何整件的全损	√	√	×
⑫ 海盗行为	√	×	×
⑬ 恶意损害行为	√	×	×
⑭ 由于一般外来风险造成的损失	√	×	×
除 外 责 任	(A)	(B)	(C)
一般除外责任 — 被保险人的故意违法行为所造成的损失和费用	×	×	×
一般除外责任 — 自然渗漏，重量或容量的自然损耗或自然磨损	×	×	×
一般除外责任 — 包装或准备不足或不当造成的损失或费用	×	×	×
一般除外责任 — 保险标的的内在缺陷或特性造成的损失或费用	×	×	×
一般除外责任 — 直接由于运输迟延造成的损失或费用	×	×	×
一般除外责任 — 由于船舶所有人、经理人、租船人或经营人破产或不履行债务所造成的损失或费用	×	×	×
一般除外责任 — 由于使用任何原子武器或核裂变等造成的损失和费用	×	×	×
（船舶）不适航，（船舶、装运工具、集装箱等）不适货除外责任	×	×	×
战争险除外责任	×	×	×
罢工险除外责任	×	×	×

注："√"表示承保风险，"×"表示不承保风险。

9.4.2 ICC 和 CIC 海运货物保险的主要异同

现行 ICC 与现行 CIC 的比较见表 9-7 和表 9-8。

现在世界上大多数国家办理海上保险业务时使用的"协会货物条款"。在中国海运货物保险的实际业务中，尤其是 CIF 出口合同中，如果外商提出按"协会货物条款"投保，我方一般可以接受。

表 9-7 ICC 与 CIC 的相似之处

比较项目	具体说明
承保责任范围相当	一切险和 A 险的承保责任虽然在文字表达上有所区别，但都是对海上自然灾害、意外事故和一般外来风险予以负责，内容比较接近
	水渍险和 B 险的承保责任均是对海上自然灾害和意外事故的保障，内容基本相当
	平安险和 C 险所承保的风险虽然有所区别，但从保障的范围看，两者之间也比较接近
除外责任基本相同	CIC 只有 5 条除外责任。ICC 则包括 4 条共 10 余款内容。但从具体内容看，基本上都是把非意外的、间接的及特殊原因的和人为故意行为所致损失作为除外责任，两者的区别不大
保险期限基本一致	CIC 的保险期限采取"仓至仓"责任起讫，ICC 则包括运输条款、运输契约终止条款和航程变更条款，共同组成保险人的责任期限，实际上也是以"仓至仓"为责任起讫
被保险人义务大致相同	两种条款均规定货物发生损失时被保险人应迅速采取合理措施，防止或减少货物的损失；航程发生变更时，被保险人应立即通知保险人；货物发生损失时，被保险人应保证保险人向第三方追偿的权利等

表 9-8 ICC 与 CIC 的主要区别

比较项目	ICC	CIC
保险条款的名称	主要险别分别称为 A 险、B 险和 C 险，可避免因名称而产生的误解，同时又非常简单，称呼方便	基本险别分别命名为一切险、水渍险和平安险，实际的承保责任和名称并不符合，容易让人望文生义，从而引起误解
保险条款的结构	A 险、B 险和 C 险均自成体系，包括结构完整的 19 条内容，各险别结构独立，便于被保险人确定各险别具体内容，区分其差距	中国海运货物保险条款只有一个总的条款，共分为 5 条，其中包括 3 个基本险别，文字比较简明扼要，但由于各主险没有完整、独立的结构，不利于被保险人区分各险别的内容差距
保险条款的承保责任和除外责任	A 险：规定的除外责任更具体、全面，除了增加"由于船舶所有人、经理人、租船人或经营人破产或不履行债务造成的损失"这一项内容，还明确了船舶不适航、不适货的除外责任的适用情况，有利于进一步明确条款中一切风险的涵盖范围，避免将任何原因引起的损失都包括在一切险的承保责任范围的误解	一切险：承保责任和除外责任规定不具体，容易让人误解为：任何原因引起的损失都包括在一切险的承保责任范围

续

比较项目	ICC	CIC
保险条款的承保责任和除外责任	B险：可负责海水、河水、湖水进入运输工具所致的货物损失，而不必明确是何种灾害所致。对浪击落海的货物损失负责。仅负责在装卸时落海或跌落造成的整件货物的全部损失。对于被保险人以外的其他人的恶意行为导致的货物损失属于除外责任	水渍险：仅对列举的自然灾害、意外事故的货物损失和共同海损负责赔偿。对浪击落海的货物损失不予负责。对货物在装卸时落海或跌落造成的全部损失和部分损失均予负责。对被保险人以外的其他人的恶意行为导致的货物损失并未予以除外
	C险：对自然灾害造成的损失，无论是全损还是分损，均不予负责；不负责货物在装卸或转运时落海造成的全部或部分损失。通过列明风险，明确地界定了责任范围，取消了按全部损失和部分损失划分险别的规定，条理更加清楚，内容更加明确	平安险：对海上发生的自然灾害造成货物的分损不负责。负责货物在装卸或转运时，落海造成的全部或部分损失。从整体上看，平安险的保险责任范围大于C险的责任范围
其他内容	新增了"保险利益条款""增值条款""不适用条款"及"法律和惯例条款"等内容，有利于避免保险合同双方之间发生不必要的纠纷，也利于解决保险纠纷	虽然文字简练，但有些内容没有包括在内，在具体实践中一般参照以往的习惯做法和国际惯例，容易引发合同双方的纠纷

9.5 陆运、空运及邮运货物保险简介

海洋运输是国际贸易的主要运输方式，此外，其他运输方式下的货物也需办理保险。随着国际贸易的发展，其他运输方式的国际货物运输量比重明显上升。因此，陆运、航空运输、邮包运输及多式联运货物保险业务也各自形成独立的保险险别。

四种运输方式下的基本险别的责任范围归纳，见表9-9。

表9-9 四种运输方式下的基本险别的责任范围

	海运	陆运	空运	邮包运输	责任范围
基本险	FPA				自然灾害*、意外事故造成的损失、费用
	WPA	陆运险	空运险	邮包险	自然灾害、意外事故造成的损失、费用
	海运一切险	陆运一切险	空运一切险	邮包一切险	自然灾害、意外事故、一般外来风险造成的损失、费用

*单纯由自然灾害造成的部分损失不负责。

9.5.1 陆运货物保险

根据CIC《陆上运输货物保险条款》的规定，陆运货物保险的基本险别有陆运险（Overland Transportation Risks）和陆运一切险（Overland Transportation All Risks）两种。在陆运货物保险中，被保险货物在投保陆运险或陆运一切险的基础上，经过协商还可以加保陆上运输货物保险的一种或若干种附加险，如陆运战争险等。加保时，须另加保险费。在加保战争险的前提下，再加保罢工险，则不另收保险费。

1. 陆运险的责任范围

陆运险与海运险中的"水渍险"相似。保险公司负责赔偿被保险货物在运输途中遭受自然灾害或由于陆上运输工具（主要是火车和汽车）遭受碰撞、倾覆或出现出轨以及驳船在驳运过程中因遭受搁浅、触礁、沉没、碰撞，或由于遭受隧道坍塌、崖崩或失火、爆炸等意外事故所造成的全部或部分损失。此外，被保险人对遭受承保风险的货物采取抢救，防止或减少货损而支付的合理费用，在不超过该批被救助货物保险金额的条件下，保险公司也负责赔偿。陆运险的承保范围不包括附加险。

2. 陆运一切险的责任范围

陆运一切险的承保责任范围相似于海运保险中的"一切险"。除包括上述陆运险的责任外，保险公司对保险货物在运输途中由于一般外来原因造成的短少、短量以及由于偷窃、渗漏、碰损、破碎、钩损、雨淋、生锈、受潮、受热、发霉、串味、玷污等原因造成的全部或部分损失，也负赔偿责任。即陆运一切险也包括了一般附加险。

3. 陆上货物运输保险的责任期限

陆运险的责任起讫期限也采用"仓至仓"条款。保险责任自被保险货物运离保险单所载明的起运地仓库或储存处开始生效，包括正常陆运及有关水上驳运，直至该货物运达保险单所载明的目的地收货人的最后仓库或储存储存处或被保险人用作分配、分派的其他处所为止。如未运抵上述仓库或储存储存处，则以被保险货物运达最后卸载的车站卸载后满60天为止。

投保陆运一切险时，如果加保战争险，则仅以铁路运输为限，其责任起讫期限不是"仓至仓"，而是以货物置于运输工具为限。

9.5.2 空运货物保险

根据CIC《航空运输货物保险条款》的规定，空运货物保险的基本险别有航空运输险（Air Transportation Risks）和航空运输一切险（Air Transportation All Risks）。此外，在投保航空运输险和航空运输一切险的基础上，经投保人与保险公司协商可以加保战争险等附加险。加保时，须另加保险费。在加保战争险的前提下，再加保罢工险，则不另收保险费。

1. 航空运输险的责任范围

航空运输险与海运险中的"水渍险"大致相同。

2. 航空运输一切险的责任范围

航空运输一切险的承保责任范围，除包括上述航空运输险的全部责任外，还对被保险货物在运输途中由于一般外来原因造成的全部或部分损失负赔偿责任。

3. 航空运输险和航空运输一切险的责任起讫

航空运输险和航空运输一切险的保险责任，也采用"仓至仓"条款。与海运"仓至仓"条款不同的是：如果货运达保险单所载明的目的地而未运抵收货的仓库或储存处，则以被保险货物在最后卸载地卸离飞机后满 30 天责任终止。如在上述 30 天内被保险货物需转送到非保险单所载明的目的地时，则自该项货物开始转运时责任终止。

航空运输货物战争险的起讫责任，也不采用"仓至仓"条款，而是自货物装上飞机时开始，到卸离飞机为止，如果不卸离飞机，则以飞机到达目的地当日午夜起满 15 天为限。

9.5.3 邮包运输货物保险

邮包运输通常须经海、陆、空辗转运关，实际上是属于"门到门"运输，根据 CIC《邮政包裹保险条款》的规定，邮包货物运输保险也有邮包险（Parcel Post Risks）和邮包一切险（Parcel Post All Risks）两种基本险。经投保人与保险公司协商可以加保邮包战争险等附加险。加保时，须另加保险费。在加保战争险的前提下，如再加保罢工险，则不另收费。

1. 邮包险的责任范围

邮包险的承保范围被保险货物在邮运途中遭受自然灾害或由于运输工具遭受碰撞、倾覆或出现出轨以及驳船在驳运过程中因遭受搁浅、触礁、沉没、碰撞，或由于遭受隧道坍塌、崖崩或失火、爆炸等意外事故所造成的全部或部分损失。此外，被保险人对遭受承保责任内风险的货物采取抢救，防止或减少货损而支付的合理费用，在不超过该批被救助货物保险金额的条件下，保险公司也负责赔偿。

2. 邮包险一切险的责任范围

邮包一切险的责任范围，除包括上述邮包险的全部责任外，还对被保险货物在运输途中由于一般外来原因造成的全部或部分损失负赔偿责任。

3. 邮包险和邮包一切险的责任起讫

邮包险和邮包一切险的保险责任，是自被保险邮包离开保险单所载起运地点寄件人的处所运往邮局时开始生效，直至该项邮包运达保险单所载明的目的地邮局，并由邮局发出到货通知给收件人的当日午夜起算满 15 天为止。在此期限内，邮包一经递交至收件人处所，保险责任即告终止。

邮包战争险承保责任的起讫也不采用"仓至仓"条款，而是自被保险邮包经邮政机构收讫后自储存处所开始运送时生效，直至该项邮包运达保险单所载明的目的邮政机构送交收件人为止。

4. 中国邮包运输保险的基本做法

在办理国际邮包运输时，应当正确选用邮包的保价与保险。凡经过保价的邮包，一旦在途中遗失或损坏，即可向邮政机构按保价金额取得补偿。因此，对寄往办理保价业务的国家，可予保价。鉴于有些国家和地区不办保价业务，或有关邮政机构对保价邮包损失赔偿限制过严，或保价限额低于邮包实际价值，则可采取保险，也可采取既保险、又保价的做法。

根据中国人民保险公司规定,凡进行保价的邮包,可享受保险费减半收费的优待。中国通过邮包运输进口的货物,按邮包运输进口货物预约保险合同的规定办理投保手续。

9.6　国际贸易合同中的保险条款

在保险条款中,应包括投保金额、保险险别及采用的条款等方面的内容。

例如,如按 CIF 或 CIP 出口,在合同中可写明"由卖方按发票金额 110% 投水渍险、战争险、罢工险,按 1981 年 1 月 1 日中国人民保险公司海运货物保险条款"(Insurance is to be covered by the sellers for 110% of the invoice value against W. A., War Risks and S. R. C. C. as per ocean marine cargo clause of the People's Insurance Company of China dated Jan. 1, 1981.)。如按 FOB 或 CFR 出口,保险条款可规定为"由买方办理保险"(Insurance to Be Covered by The Buyers)。如果买方委托卖方代办,可订为"由买方委托卖方按发票金额 110% 代为投保××险,保费由买方负担"。

9.6.1　保险条款的主要内容

1. 保险投保人的约定

投保人取决于买卖双方约定的交货条件和所使用的贸易术语。

(1) 出口。

如果按 CIF 或 CIP 出口,卖方有投保义务。办理时,应根据出口合同或信用证规定,在备妥货物并确定装运日期和船只后,按规定格式填制保险单,列明各项内容,送保险公司投保,缴纳保费,并向保险公司领取保险单证。

(2) 进口。

如果按 FOB、CFR 或 CPT 进口,由买方办理保险。为了简化投保手续和防止漏保,进口一般采用预约保险的做法:各外贸公司与保险公司签订有各种运输方式下的预约保险合同,每批进口货物,无须填制投保单,仅以卖方的装运通知单或买方的保险通知单代替投保单。

2. 保险公司和保险条款的约定

在按 CIF 和 CIP 条件成交时,买方一般要求在合同中限定保险公司和所采用的保险条款,以利日后保险索赔工作的顺利进行。

3. 保险险别的约定

只有在投保险种的责任范围内导致的损失才会被赔偿,故此,保险险别的选择要针对易出险因素来加以考虑。例如,玻璃制品、陶瓷类的日用品或工艺品等产品,会因破碎造成损失,投保时可在平安险或水渍险的基础上加保破碎险;麻类商品,受潮后会发热、引起霉变、自燃等带来损失,应在平安险或水渍险的基础上加保受热受潮险;石棉瓦(板)、水泥板、大理石等建筑材料类商品,主要损失往往因破碎导致,应该在平安险的基础上加保破碎险。此外,目标市场不同,费率亦不同,在核算保险成本时,不能"一刀切"。举例来讲,如果投保一切险,欧美发达国家的费率可能是 0.5%,亚洲国家是 1.5%,非洲国家则会高达 3.5%。另外,货主在选择险种的时候,要根据市场情况选择附加险,如到菲律宾、印尼、印度的货物，因为当地码头情况混乱，风险比较大，应该选择偷窃提货不着险和短量险作为附加险，或者干脆投保一切险。

按 CIF 或 CIP 条件成交，在未约定险别的情况下，按惯例，卖方可按最低的险别投保。

4. 保险金额的约定

(1) 双方可明确约定保险金额。

在进出口业务中，保险金额一般由买卖双方商定。如果买方要求以较高的加成率计算投保额投保，在保险公司同意承保的前提下卖方可以接受，但超出部分的保费应由买方负担。保险金额是保险公司所承担的最高赔偿金额，也是保险费的计算基础。

① 一般来讲，无论以何种术语成交，均可按以下公式计算：

$$保险金额 = CIF 货价 \times (1 + 保险加成率)$$
$$保险费 = 保险金额 \times 保险费率$$

② 有时运费率和保险率均采用平均值计算：

$$FOB 进口保险金额 = \frac{FOB 货价 \times (1 + 平均运费率)}{1 - 平均保险费率}$$

$$CFR(或 CPT) 进口保险金额 = \frac{CFR(或 CPT) 货价}{1 - 平均保险费率}$$

$$保险费 = 保险金额 \times 平均保险费率$$

(2) 未明确约定保险金额。

在双方未约定的情况下，习惯上是按 CIF 价或 CIP 价的 110% 投保。

5. 保险单的约定

在买卖合同中，如约定由卖方投保，通常还规定卖方应向买方提供保险单，如被保险的货物在运输过程中发生承保范围内的风险损失，买方即可凭卖方提供的保险单向有关保险公司索赔。保险单据包括如下内容。

(1) 保险单（Insurance Policy）。俗称大保单或正式保险单。保险单除载明投保单各项内容外，还列有保险公司的责任范围及双方权利义务。

(2) 保险凭证（Insurance Certificate）。俗称小保单，它是简化了的保险单，对双方权利义务的条款未加叙述，其余内容与保险单相同，与保险单具有同等的法律效力。

(3) 预约保险单（Open Policy 或 Open Cover）。在中国，预约保险单用于按 FOB 或 CFR 条件进口的货物和出口展卖的展卖品。

(4) 联合凭证（Cabined Certificate）。它是比保险凭证更简化的保险单据。即在进口货物发票上由保险公司加注承保险别、保险金额及编号。联合凭证目前只用于对港澳地区部分华商和少数新加坡、马西亚地区的出口业务。

(5) 批单（Endorsement）。需要修改保险单时使用批单。批单不能够单独使用，一般应与原保险单粘贴并加盖骑缝章。批单条款优先于原保险单条款。

9.6.2 规定保险条款的注意事项

(1) 选择贸易伙伴。诚实可靠是交易成功的基础，加强资信调查是确定交易伙伴的重要方法。在调查中要重点了解对方的企业性质、贸易对象的道德、贸易经验等，特别是贸易伙伴的资金及负债情况、经济作风及履约信用等。

(2) 严格审查,把握好合同条款。实事求是地订立合同,做不到的条款坚决不订。

(3) 严格履行合同,防止任何与条款不符的风险发生,不给对方以可乘之机。

(4) 适时地转嫁风险。对于自己不擅长的条款内容,利用合同将其潜在的风险转移出去。例如,可把有关运输的问题交给运输公司办理,这样可以有效地避免风险。

(5) 充分利用完善的国际贸易保险体系,将可预测的风险用较低的代价转移走。

本章首先概述保险、国际货物运输保险的基本概念和原则。其次,以海运货物保险为重点,介绍其保障的范围、险别。海运保险保障的范围包括海上风险、外来风险、海上损失与费用。中国的海洋货物运输险条款,包括基本险、附加险、专门险三类险别。"协会货物条款"包括 ICC(A)、ICC(B)、ICC(C) 等 6 个主要险别。再次,简介陆运、空运、邮包运输货物保险。最后,介绍保险合同条款的主要内容和订立注意事项。

出口信用保险

出口信用保险(Export Credit Insurance)是指信用保险机构对企业投保的出口货物、服务、技术和资本的出口应收账款提供安全保障机制,是国家为了推动本国的出口贸易,保障出口企业的收汇安全而制定的一项由国家财政提供保险准备金的非营利性的政策性保险业务。出口信用保险。诞生于20世纪初,起源于欧洲一些国家的国内信用保险。

(1) 主要责任范围。各国政府以国家财政为后盾,主要承保国外买方的商业信用风险和国外的政治风险。商业风险即买家风险,主要包括买方信用风险(拖欠货款、拒付货款及破产等)和买方银行风险(开证行或保兑行风险)。政治风险包括买方所在国外汇管制、禁止汇兑、政府征收、国有化、禁止进口、撤销进口许可证等风险,买方所在国或第三国颁布延期付款令的风险,买方所在国发生战争、内战、叛乱、革命、暴动等风险,以及其他买卖双方无法控制的事件。

(2) 特点。①承保的风险较大、所需资金较多、不以赢利为目的。带有明显的政府经营特征,侧重于社会效益,具有鲜明的政策性特点。②承保的风险多是进口商的信用风险。信用风险复杂、多变,需要有一套调查、承保、理赔和追偿的专业网络来操作,这是一般商业性保险公司不具备的。

(3) 作用。①为企业提供风险防范和损失赔偿机制,帮助企业稳健经营。②帮助企业采取灵活多样的贸易结算方式,开拓新市场,扩大业务量,提高竞争力。③为企业提供融资便利。投保信用险后,收汇有了安全保障,银行愿意提供资金融通。④帮助企业提高风险管理水平。

(4) 种类。①短期出口信用(特定方式)保险:适用于信用期限不超过180天,最长不超过1年的出口合同。采取特定方式承保,即一笔合同一个保单。只承保机电产品出口。②短期出口信用(综合险)保险:通常适用于信用期限不超过180天,最长不超过1年、以 DP、DA

和OA方式结算的出口合同。采取"总括"方式进行承保,即被保险人必须将保单规定范围内的出口全部向保险人投保,不得有"逆选择"。③中长期出口信用(延付合同)保险单:通常适用于资本性货物出口,承保在延期付款条件下(信用期限超过1年)由于买方不能付款或不能按时付款而给出口方造成的损失。采取特定式承保,即一份合同一张保单。④买方毁约保险单:主要承保出运前风险,即在产品发运前或发运中由于买方单方面终止合同而给出口方造成的损失。常用于出口船舶建造合同的承保。在该保单下出运后风险也可负责。

中国的出口信用保险起步较晚,发展较快。1989年后,中国的出口信用保险业务由中国人民保险公司和中国进出口银行分别承办,以短期信用保险业务为主,业务规模较小。2001年12月18日,中国出口信用保险公司(简称中国信保)正式揭牌运营。这是在中国加入WTO的全新经济环境下,参照国际惯例,深化金融保险与外贸体制改革,加大对出口贸易政策性支持力度的重大举措。中国信保成立以来,产品服务体系日臻完善,形成了由多种承保模式组成的项目险、贸易险和担保三大业务板块,以及包括理赔服务、保单融资和资信服务在内的完整的信用风险管理服务体系,可为出口贸易、海内外投资、进口贸易、国内贸易等经济活动提供信用风险保障。具体产品与服务包括:短期出口信用保险、中长期出口信用保险、担保业务、商账追收服务、资信评估服务、投资保险和国内贸易信用保险等。中国信保的优势:一,政策优势,中国信保是由国家出资设立的、具有独立法人地位的国有政策性保险公司;二,专业优势,中国信保拥有完备的产品服务体系,全面满足企业的多样化信用风险管理需求;三,信息优势,中国信保的信息网络覆盖200多个国家和地区,全球企业资信数据库日益完善;四,市场优势,中国信保是内地唯一从事出口信用保险业务的金融机构,服务网络覆盖全国。

资料来源:http://www.sinosure.com.cn/sinosure/cpyfw/default.html.

 习　题

1. 简答题

(1) 出口货物为什么要投保运输险?

(2) 在海运货物保险中,保险公司承保哪些风险、损失和费用?

(3) 什么叫实际全损?什么叫推定全损?请用实例说明。

(4) 构成共同海损应具备哪些条件?

(5) 什么叫共同海损?什么叫单独海损?二者有何异同?

(6) 请用实例说明施救费用与救助费用的区别。

(7) 在国际保险业务中所使用的"仓至仓"(W/W)条款是什么意思?

(8) 国际货物运输为何要加保战争险?CIC关于战争险的保险期限是如何规定的?

(9) 采用CIF条件成交时,按国际惯例,保险金额如何确定?请简述理由。

(10) 中国人民保险公司是怎样规定进出口货物陆运险、航空运输险和邮包险的?

(11) 买卖合同中的保险条款主要包括哪些内容?规定此条款时应注意什么问题?

2. 计算题

(1) 深圳某公司对某商出口茶叶200箱(每箱净重30千克),价格条款CIF伦敦每箱50英镑,向中国人民保险公司投保FPA平安险,以CIF价格加成10%作为投保金额,保险费率为0.6%。问保险金额及保险费为多少?

(2) 某商品对伦敦的出口价格为 CFR 32 英镑，如果客户要求报 CIF 价格，并按发票的 120% 投保水渍险和战争险（水渍险费率为 0.3%，战争险费率为 0.05%），应报价多少？

(3) 棉布 2 万码，每码 0.91 元人民币 CIF NEWYORK 即期付款，给客户 3% 回扣，保险按发票金额 110% 投保一切险和战争险（保险费率合计 0.7%），现客户来证要求按发票金额的 130% 投保，超额保费可在信用证项下支取，增加的保险费是多少？

3. 案例分析

(1) 有一份 FOB 合同，货物在装船后，卖方向买方发出装船通知，买方向保险公司投保了"仓至仓条款一切险"（All Risks with Warehouse to Warehouse Clause），但货物在从卖方仓库运往码头的途中，被暴风雨淋湿了 10% 的货物。事后卖方以保险单含有仓至仓条款为由，要求保险公司赔偿此项损失，但遭到保险公司拒绝。后来卖方又请求买方以投保人名义凭保险单向保险公司索赔，也遭到保险公司拒绝。请问：保险公司能否拒赔？为什么？

(2) 我某公司出口花生糖一批，投保一切险。由于货轮陈旧，速度慢，加上沿途揽载，结果航行 3 个月才到达目的港。卸货后，花生糖因受热时间过长全部潮解，无法销售。请问：这种情况保险公司是否应赔偿？为什么？

(3) 某公司出口一批货物，投保了一切险和战争险。该船抵达目的港开始卸货时，当地忽然发生武装冲突，部分船上货物及部分已卸至岸上的货物被毁，保险公司应如何赔偿？

(4) 第二次世界大战时，一艘货轮被德国潜艇击中沉没，由于沉没地点水位较浅，航运当局立即派人敷设航标，警告来往船舶注意。但是第二天，仍有一艘在该处通过的船舶撞上沉船，不幸沉没。试分析：这两艘船舶沉没的原因是什么？投保了什么险别之后，才能获得保险公司的赔偿？

(5) 我公司出口一批棉布货物按 DES 贸易条件成交，投保海运一切险。该批棉布在运抵目的港卸至码头后突遇到暴风雨，棉布全部遭到水渍。请分析该货损失能否得到保险公司的赔偿？为什么？

(6) 某轮载货后，在航行途中不慎发生搁浅，事后反复开倒车，强行起浮，但船上轮机受损且船底划破，导致海水渗入货舱，造成船货部分损失。该船行驶至邻近的一港口船坞修理，暂时卸下大部分货物，前后花了 10 天时间，增加支出各项费用，包括船员工资。当船修复后装上原货启航后不久，A 舱起火，船长下令对该舱灌水灭火。A 舱原载有文具用品、茶叶等，灭火后发现文具用品和全部茶叶被水浸湿。试分别说明以上各项损失的性质，当初应该向保险公司投保何险比较合适？

(7) 中国诺华公司与新加坡金鼎公司于 1999 年 10 月 20 日签订购买 52 500 吨饲料的 CFR 合同。作为买方，诺华公司开出信用证，装船期限为 2000 年 1 月 1 日至 1 月 10 日，由于金鼎公司租来运货的"亨利号"在开往某外国港口运货途中遇到飓风，结果装货至 2000 年 1 月 20 日才完成。承运人在取得金鼎公司出具的保函的情况下，签发了与信用证条款一致的提单。"亨利号"途经某海峡时起火，造成部分饲料烧毁。船长在命令救火过程中又造成部分饲料湿毁。由于船在装货港口的迟延，使该船到达目的地时赶上了饲料价格下跌，诺华公司在出售余下的饲料时价格不得不大幅度下降，给诺华公司造成很大的损失。请问：①途中烧毁的饲料损失属什么损失，应由谁承担？为什么？②途中湿毁的饲料损失属什么损失，应由谁承担？为什么？③诺华公司可否向承运人追偿由于饲料价格下跌造成的损失？为什么？④承运人可否向托运人金鼎公司追偿责任？为什么？

操作训练

课题 9-1

实训项目：国际货物运输保险投保

实训目的：学会填写国际货物运输保险投保单，向保险公司投保各种险。

实训内容：出口商宏昌国际股份有限公司（Grand Western Foods Corp.）填具货物运输保险投保单，向保险公司投保 ICC(A) 和战争险（请参阅素材9-1）。

实训要求：将参加实训的学生分成2个小组，分别代表宏昌国际股份有限公司（Grand Western Foods Corp.）和保险公司进行模拟洽谈，填具货物运输保险投保单，向保险公司投保 ICC(A) 和战争险。

素材9-1 货物运输保险投保单

货物运输保险投保单

投保人：宏昌国际股份有限公司　　　　　　　　　　　投保日期：2004-08-25

发票号码		STIN000001	投保条款和险别	
被保险人		客户抬头 宏昌国际股份有限公司 过户 Carters Trading Company, LLC	( ) PICC CLAUSE (✓) ICC CLAUSE ( ) ALL RISKS ( ) W.P.A/W.A. ( ) F.P.A (✓) WAR RISKS ( ) S.R.C.C ( ) STRIKE	
保险金额		[USD] [12320]	(✓) ICC CLAUSE A ( ) ICC CLAUSE B ( ) ICC CLAUSE C	
启运港		Nanjing		
目的港		Toronto	( ) AIR TPT ALL RISKS ( ) AIR TPT RISKS	
转内陆			( ) O/L TPT ALL RISKS ( ) O/L TPT RISKS	
开航日期		2004-09-10	( ) TRANSHIPMENT RISKS	
船名航次		Zaandam，DY105-09	( ) W TO W ( ) T.P.N.D.	
赔款地点		Canada	( ) F.R.E.C. ( ) R.F.W.D.	
赔付币别		USD	( ) RISKS OF BREAKAGE ( ) I.O.P.	
保单份数				
其他特别条款				
以下由保险公司填写				
保单号码			签单日期	

第 10 章　商品的价格

学习目标

知识目标	技能目标
理解进出口商品价格构成及其影响因素	能够分析进出口商品的价格构成及其影响因素
了解进出口商品的定价原则、方法和基本策略	初步掌握进出口商品的定价技巧；学会有针对性地使用不同的定价方法，最大限度地避免交易的价格风险；掌握主要价格的换算和出口经济效益核算；理解佣金和折扣的含义及计算方法
熟悉国际贸易合同中的价格条款	初步学会订立国际贸易合同中的价格条款

知识结构

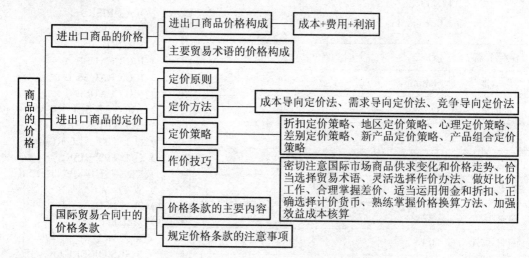

西屋公司定价失误案

西屋电气（Westinghouse Electric）曾是美国著名的电气设备和核反应堆制造商。20 世纪 70 年代，西屋公司为了推销其生产的核反应堆，向客户保证：1975—1988 年，以每磅 8～10 美元的价格提供 60 000 公吨以上铀（核反应堆燃料）。西屋公司有 6 000～7 000 公吨存货，签订了 14 000 公吨的期货合同；1975 年

1月铀的市场价上升为每磅30美元,为履行其承诺,西屋公司要承担近20亿美元的损失,会导致其破产。西屋公司拒绝履行合同,其客户向法院起诉。后该案经双方协商获庭外解决。

点评:西屋公司盲目采用固定价格,承担了巨大的价格变动风险。

讨论题:进出口商品的价格构成及其影响因素有哪些?定价原则、方法、策略,作价技巧如何把握?如何正确订立国际贸易合同中的价格条款?

资料来源:市场营销学案例分析题(百度)。

在国际货物买卖中价格是核心交易条件。价格条款是买卖合同的核心内容,制约着合同的其他条款。正确掌握价格条件,学会制定价格条款的技巧,具有十分重要的意义。

本章阐述进出口商品的价格及定价原则、方法、策略,价格条款及其注意事项。

10.1 进出口商品的价格

10.1.1 进出口商品价格构成

价格条款的基本内容一般包括商品的单价(Unit Price)和总值(Total Amount)两项。单价即单位货物金额。总值也称总价,是单价同数量的乘积。为规定价格条款,除了合理地确定成交价格,列明具体的作价方法外,还应采用适当的贸易术语和选择合理的计价货币。

 阅读案例 10-1

单 价 示 例

【案情简介】

大连某进口公司,从新加坡进口一批化工产品,报价为:EUR 8 000/MT CIF DALIAN, CHINA(每公吨 8 000 欧元 CIF 大连,中国)。其中,EUR(欧元)为计价货币,8 000 为单位价格金额,MT(公吨)为计量单位,CIF DALIAN, CHINA(CIF 大连,中国)为贸易术语。

【案例点评】

完整的国际贸易报价包含4个部分:计量单位(吨、长吨或短吨)、单位价格金额、计价货币(美元、日元或英镑等)和贸易术语(如 FOB 上海、CFR 伦敦)。四部分缺一不可,但是顺序可以变动。

1. 出口商品的价格构成

出口报价(售价、成交价)=出口成本+出口费用+出口利润。①出口成本:生产成本、加工成本或采购成本(也称购货成本)。②费用:第一,国内费用,含融资利息成本和银行手续费用;第二,出口费用,包括出口包装费(缝包、拆包、倒包、捆包、过磅、定量、分标志、港外减载等费用)、国内运杂费、保险费用、码头捐、港务费(拖轮费、引航费、移泊费、停泊费、系缆或解缆费等)、仓储费、装货费(装货、搬运、港口工人开舱或关舱费、起货机工力费等)、检验费(检样、鉴定、水尺公估、货损等检验费)、各种国内税、关税及费用、出口企业管理费用等;可能的汇率变动成本;佣金。③预期利润。

出口报价核算步骤：①明确价格构成；②核算出口成本；③核算出口费用；④核算出口利润；⑤核算出口报价。

针对客户还价，出口商通常采用的对策：①说服对方接受，不作让步；②减少利润，满足降价要求；③减少费用开支，达到降价目的；④降低进货价格。

出口商合理还价的主要考量因素：销售利润＝销售收入－各种费用－实际成本（利润多少是能否接受对方还价的依据）；实际成本＝销售收入－销售利润－各种费用（成本多少是能否要求供货商调价的依据）；某项费用＝销售收入－销售利润－其他费用－实际成本（费用多少是经营者增减某项费用的依据）。

2. 进口商品的价格构成

进口价格＝进口成本＋进口费用＋进口利润。其中，进口成本主要是进口货物的 FOB 价；进口费用包括国外运费、国外保险费和国内费用。国内费用包括进口税费、目的港码头捐税、港务费（拖轮费、引航费、移泊费、停泊费、系缆或解缆费等）、卸货费、检验费、仓储费、国内运杂费、其他杂费、国内保险费、融资利息和银行费用、佣金等。

阅读案例 10-2

由进口价格到零售价格的加价过程

【案情简介】

品名：美国二号黄大豆。规格：容重，最少 54 磅/蒲式耳；总损坏粒，最多 3.0%（其中，热损坏粒，最多 0.5%）；杂质，最多 2.0%；破裂粒，最多 20.0%；其他颜色大豆，最多 2.0%；水分，最多 14.0%；含油量，18% 为基础。价格：USD220/MT CFR 中国主要港口。包装：散装。付款：即期信用证。由进口价格到零售价格的加价过程见表 10-1（当时汇率为 100 美元兑换 830 元人民币）。

表 10-1　美国二号黄大豆由进口价格到零售价格的加价过程

价　格	加价环节和加价额
1. 货款成本 美元成本：USD220.00 人民币税前成本：220.00×8.3＝RMB 1 826.00	
关税成本	(1) 海关关税：(1 826.00＋基差 9.10)×3%＝RMB 55.10 (2) 增值税：(1 826.00＋9.10＋55.10)×13%＝RMB 245.70 小计：进口环节税款成本：RMB 300.80
进口环节费用	(1) 银行费用：1 826.00×0.15%＝RMB 2.70 (2) 港杂费：RMB 45.00 (3) 代理费用：RMB 18.30

续

价　　格	加价环节和加价额
进口环节费用	（4）报关费：RMB 1.00 （5）商检费：1 826.00×0.25％＝RMB 4.60 （6）植卫检费：1 826.00×0.45％＝RMB 8.20 （7）保险费：1 826.00×0.5％＝RMB 9.10 （8）包装：RMB 25.00 （9）损耗：1 826.00×0.3％＝RMB 5.5 （10）资金利息：1 826.0×20％×8％×90％/360＝RMB 7.30 小计：进口环节费用：RMB 126.70
2. 进口成本：RMB 2 253.50	
批发商加价（20％）	批发商加价：2 253.50×20％＝RMB 450.70
3. 批发价：RMB2 704.20	
零售商加价（15％）	零售商加价：2 704.2×15％＝RMB 405.63
4. 零售价：RMB 3 109.83	

【案例点评】

各环节加价幅度取决于商品的种类、分销渠道、竞争环境。

10.1.2 主要贸易术语的价格构成

（1）FOB/FCA 价＝进货成本价＋出口国国内费用＋净利润

（2）CFR/CPT 价＝进货成本价＋出口国国内费用＋国外运费（正常主运费）＋净利润

（3）CIF/CIP 价＝进货成本价＋出口国国内费用＋国外运费（正常主运费）＋国外保险费（主运输货物保险费）＋净利润

10.2　进出口商品的定价

10.2.1　定价原则、方法和策略

1. 定价原则

在进出口业务中对外作价，我国一直贯彻在平等互利的原则下，根据国际市场价格水平，结合国别（地区）政策，并按照购销意图确定适当的价格。

2. 定价方法

定价是一项复杂的工作，基本步骤一般包括 6 步：选择定价目标；测定需求价格弹性；估算成本；分析竞争对手的产品价格；选择适当的定价方法；确定最后价格目录。

基本定价方法有以下三种。

(1) 成本导向定价法。

① 成本加成定价法：按照单位成本加上一定百分比的加成来定价。

② 目标利润定价法：根据要达到的总利润为目标，估计总销售收入、总销量和总成本来定价。

(2) 需求导向定价法。

① 感受价值定价法：根据购买者对产品的感受价值来定价。

② 反向定价法：根据购买者能够接受的最终销售价格，计算自己从事国际市场营销的成本和利润后，逆向推算出产品的销售价。

(3) 竞争导向定价法。

① 随行就市定价法：按照行业平均价格水平定价。

② 投标定价法：根据竞争对手的报价估算自己的报价，其目的是赢得合同。

3. 定价策略

(1) 折扣定价策略。为了鼓励顾客及早付清货款、大量购买、淡季购买，酌情降低其基本价格，这种价格调整叫作价格折扣。它包括：现金折扣，数量折扣，功能折扣，季节折扣，让价折扣。

(2) 地区定价策略。其实质就是对于卖给不同地区顾客的同种产品，是否分别制定不同的价格。它包括：原产地定价，统一交货定价，分区定价，基点定价，运费免收定价。

(3) 心理定价策略。其实质就是根据顾客的不同心理，制定不同的价格。它包括：声望定价，尾数定价，招徕定价。

(4) 差别定价策略。差别定价（价格歧视）是指企业按照两种或两种以上不反映成本费用的比例差异的价格销售某种产品或服务。它包括：顾客差别定价，产品形式差别定价，产品部位差别定价，销售时间差别定价。差别定价的适用条件：①市场可以细分，而且各个细分市场有着不同的需求价格弹性；②低价购买某种产品的顾客没有可能以高价把这种产品倒卖给别人；③竞争者没有可能在企业以较高价格销售产品的市场上以低价竞销；④细分市场和控制市场的成本费用不得超过因实行价格歧视而得到的额外收入；⑤价格歧视不会引起顾客反感而放弃购买；⑥采取的价格歧视形式不能违法。

(5) 新产品定价策略。它包括：撇脂定价和渗透定价。

(6) 产品组合定价策略。当产品只是某一产品组合中的一部分时，研究出一系列价格以使整个产品组合的利润最大。它包括：产品大类定价（产品线定价），选择品定价，互补产品定价，分部定价，副产品定价，产品系列定价。

 阅读案例 10-3

蒙玛公司的定价策略

【案情简介】

蒙玛公司在意大利以无积压商品而闻名，其秘诀之一就是对时装分多段定价。它规定新时装上市，以定价卖出，以3天为一轮，每一轮按原价削10%，以此类推，到10轮（一个月）之后，蒙玛公司的时装价就约为定价的35%。这时，蒙玛公司就以成本价售出时装。

因为时装上市仅仅一个月，价格已跌了 2/3，谁不来买？所以一卖即空。

【案例点评】

这是典型的销售时间差别定价（Time Pricing）。实施该策略，使消费者觉得有"利"可图，也让商家的销售业绩上升。

在影响消费者心理与消费行为的诸因素中，价格是最具刺激性和敏感性的因素之一。根据微观经济学原理，对于奢侈品、高档消费品、家庭耐用消费品等需求价格弹性大的商品，商品涨价时，销量减少，销售收入减少；降价时，销量上升，销售收入增加。此外，商品价格对需求的影响，还受消费者心理因素的制约。如果一种商品降价时，人们产生疑虑心理，担心商品质量；或怀有期望的心理，等待继续降价，则会出现商品降价反而抑制购买行为的现象。

本案中的商家能够成功采用销售时间差别定价策略，有几个因素不容忽视：明确告知消费者降价周期和幅度，使消费者心中有数，减少迟疑观望；对自己产品的消费群体有明确的定位，利用购买动机的可诱导性，选择合适的定价策略，把握降价促销时机，引导消费者的购买动机，刺激消费者的购买欲望，使消费者产生购买的意志力，增加了销售额。消费者在求廉、求实购买动机的驱使下，觉得有"利"可图，产生了购买行为。

资料来源：改编自智库百科。

10.2.2 作价技巧

1. 密切注意国际市场商品供求变化和价格走势

国际市场价格受供求变化的影响而上下波动，有时甚至瞬息万变。切实了解国际市场供求变化状况，正确判断国际市场价格的走势，有利于合理确定商品的成交价格，该涨则涨，该落则落，避免价格掌握上的盲目性。

2. 恰当选择贸易术语

在国际贸易中，不同的贸易术语其风险、责任和费用划分不同，价格构成因素各异，因此，买卖合同中贸易术语的采用对双方都至关重要。

（1）选择贸易术语的一般原则：重视掌握运输和保险过程的主动权，出口尽量采用 CIF 或 CFR 术语；进口尽量采用 FOB 术语。

近年来，我国出口以 FOB 条件成交，进口以 CIF 条件成交的比例逐渐增多。究其原因，不少中国卖/买方认为，出口以 FOB 价成交、进口以 CIF 价成交，自己比较省事。也有不少新近获得进出口经营权的生产企业，常常在绞尽脑汁与贸易伙伴讨价还价、核算商品利润时，忽略了同样可以产生利润或可以保障利润的运输和保险环节，轻易将运输和保险作为还价的砝码让给了对方。其实，应该认识到：①随着世界市场竞争的加剧，越来越多的货物需要远距离交易，才可能带来可观的利润。货运距离越长，货主对于货物控制的程度就越低。对于买卖双方来说，整个交货、接货、付款、收款过程中所涉及的各自的职责、费用、风险等每个环节都很重要，稍有疏忽，则功亏一篑。尽量取得一定的货物装载、运输、风险控制权，有助于保障盈利。②保险不只具有在发生损失之后的赔偿作用，保险人还可对被保险人提供风险管理的建议和措施。例如，保险人可以帮助了解船舶运输动态，货物的成交信息，甚至于有关贸易商资信情况。

以 FOB 价成交，在运费和保险费波动不稳的情况下于卖方是有利的，可以将运费和保险费不稳定的风险因素转嫁给买方。但是在 FOB 价条件下，卖方应该注意：一、船货衔接问题。二、单货衔接问题。现代运输条件不断改善，货运速度也有很大提高，有时货已运抵目的地，银行结汇或单证邮寄手续还没有完成，买方因种种原因无提单提货或拒收货物、拒付货款的情况时有发生；买方派船，货物一旦装船，卖方想要在运输途中或目的地转卖货物或采取其他补救措施，颇费周折。而以 CIF 价出口，船货衔接问题可得到较好的解决，卖方有更多的灵活性、机动性和主动权。

相应地，以 FOB 价成交，对进口商更为有利：由进口商自己安排运输和保险，可以保证货物装上运输工具，一旦途中不测，容易掌握主动权。如以 CIF 价进口，由国外卖方安排运输，由于运费、保险费已经谈定，卖方会千方百计寻找运（租）费低廉的运输工具，甚至不惜安排转船、转舱。如稍有不慎，碰到"鬼船"，连船带货全部灭失，损失就更大了。

（2）"出口 CIF 或 CFR，进口 FOB"仅是一般原则。还要遵从方便贸易、促进成交的原则，根据货物的销售情况、销售意图、海上风险、运输条件、港口情况、贸易政策法令及与外国签订的各种协议情况权衡利弊，灵活选择贸易术语。

3. 灵活选择作价方法

在实际业务中，根据不同情况，买卖双方可采取以下作价方法。

（1）固定价格。

固定价格作价方法，即交易双方通过协商就计量单位、计价货币、单位价格金额和使用的贸易术语达成一致，在合同中以价格条款的形式规定下来。此法明确、具体，便于核算，采用普遍，但是买卖双方要承担从订约到交货以至转售时价格变动的风险。为了减少风险，采用此方法作价前，应仔细研究影响商品供需的各种因素，判断价格前景，选择资信较好的客户成交。

（2）非固定价格。

① 非固定价格，习惯上又称"活价"。非固定价格的具体做法为：第一，不固定价格。如果买卖双方签约时，对价格前景难以分析，为了避免买卖双方承担价格变动的风险，可签订"活价合同"，即：明确规定定价时间和定价方法，例如，"按提单日期的国际市场价格计算"；明确规定作价时间，不定明作价方法。这种规定方式易给合同带来较大不稳定性，双方也可能因为作价方法而各持己见。因此，一般只有长期交往买卖双方才能使用。第二，暂定价格。在订约时，先规定一个初步价格，作为开立信用证和初步付款的依据。待双方确定正式价格后，多退少补，最后清算。这种方法，有利于促成交易，又使双方不必承担价格变动的风险。第三，滑动价格或调整价格。例如，"如卖方对其他客户的成交价高于或低于合同价格 5％对本合同未执行的数量，双方协商调整价格。"其目的是把价格变动的风险规定在一定范围之内，以提高客户经营的信心。在某些生产周期长的机器设备和原料性商品的交易中，普遍采用"价格调整条款"，即买卖双方只约定初步价格，再按原材料价格和工资变化来调整最后价格。

② 采用非固定价格的利弊：第一，是一种变通做法，在行情变动剧烈或双方未能就价格取得一致意见时，此法有助于暂时解决双方的价格分歧，早日签约。解除客户对价格风险的顾虑，使之敢于签订交货期长的合同。数量、交货期的早日确定，有利于巩固和扩大出口

市场，也有利于安排生产、收购和出口计划。虽不能完全排除价格风险，但对出口人来说，可以不失时机地做成生意；对进口人来说，可以保证一定的转售利润。第二，先订约后作价，这就不可避免地给合同带来较大的不稳定性，存在着双方在作价时不能取得一致意见，而使合同无法执行的可能；或由于合同作价条款规定不当，而使合同失去法律效力的危险。

③ 采用非固定价格的注意事项。第一，酌情确定作价标准。例如，以某商品交易公布的价格为准，或以某国际市场价格为准等。第二，明确规定作价时间。可采用的做法：A. 装船前作价。交易双方仍要承担自作价至付款转售时的价格变动风险。B. 装船时作价。一般是指按提单日期的行市或装船月的平均价作价。除非有明确、客观的作价标准，否则这种做法卖方不会轻易采用。C. 装船后作价。一般是指在装船后若干天，甚至在船到目的地后始行作价，卖方承担的风险也较大，很少使用。

提示

非固定价格对合同成立的影响：在采用非固定价格的场合，由于双方当事人并未就合同的主要条件——价格取得一致，因此，就存在着按这种方式签订的合同是否有效的问题。目前，大多数国家的法律都认为，合同只要规定作价方法，即是有效的，有的国家法律甚至认为合同价格可留待以后由双方确立的惯常交易方式决定。《联合国国际货物销售合同公约》允许合同只规定"如何确定价格"，但对"如何确定价格"却没有做进一步的解释，为了避免争议和保证合同顺利履行，在采用非固定价格时，应尽可能将作价办法做出明确具体的规定。

(3) 部分固定价格，部分非固定价格。

① 为了照顾双方利益，解决买卖双方作价方法方面的分歧，在大宗交易和分批交货的情况下，买卖双方为了避免承担远期交货部分的价格变动风险，也可采用部分固定价格，部分非固定价格的做法或分批作价的方法。即双方只约定近期交货部分的价格，而对余下远期交货部分的价格，则采用非固定价格的做法。因此，同非固定价格一样，该种作价方法有一定的不稳定性，双方有可能在远期作价时出现矛盾，影响合同履行。

② 如交货品质与数量有一定机动幅度，为了体现公平，对机动部分的作价可以采用非固定价格，随行就市；其他部分采用固定价格。

4. 做好比价工作、合理掌握差价

确定商品成交价格，应有客观依据，纵向和横向比价，进口更要注意"货比三家"，出口更要注意避免盲目坚持高价或随意削价竞销；应注意同一商品在不同情况下应有合理的差价，防止采取全球同一价格的错误做法。应充分考虑如下影响价格的因素。

(1) 商品质量的优劣。包括档次的高低、包装装潢的好坏、式样的新旧、商标品牌的知名度。一般应贯彻按质论价的原则，即好货好价，次货次价。

(2) 运输距离的远近。

(3) 成交数量的大小。按照国际惯例，成交量大时，应在价格上给予适当优惠或者采用数量折扣的办法；反之，如成交量过少，甚至低于起订量时，也可适当提高出售价格。

(4) 交货地点与交货条件。例如，按照 EXW 术语成交，价格较低，按照 DDP 术语成交，价格较高。

(5) 季节性需求的变化。某些季节性商品，应季时定高价，过季时定低价。

(6) 支付条件与汇率变动的风险。例如，同一商品在其他交易条件相同的情况下，采取预付货款，其价格应当低于赊销。同时，确定商品价格时，一般应争取采用对自身有利的计价货币成交，如采用不利的计价货币成交，应把汇率变动的风险考虑到货价中去，即适当提高出售价格或压低购买价格。

(7) 其他因素。包括交货期的远近、市场销售习惯和消费者的爱好等因素。

5. 适当运用佣金和折扣

在合同价格条款中，有时会涉及佣金（Commission）和折扣（Discount，Allowance）。价格条款中所规定的价格，可分为包含有佣金或折扣的价格和不包含这类因素的净价（Net Price）。包含有佣金的价格，在业务中通常称为"含佣价"。

(1) 佣金。

① 佣金的含义。在国际贸易中，有些交易是通过中间代理商进行的。因中间商介绍生意或代买代卖而需收取一定的酬金，此项酬金叫佣金。凡在合同价格条款中，明确规定佣金的百分比，叫作"明佣"。如不标明佣金的百分比，甚至连"佣金"字样也不标示出来，有关佣金的问题由双方当事人另行约定，这种暗中约定佣金的做法，叫作"暗佣"。佣金直接关系到商品的价格，货价中是否包括佣金和佣金比例的大小，都影响商品的价格。显然，含佣价比净价要高。正确运用佣金，有利于调动中间商的积极性和扩大交易。

 提示

"暗佣"的目的：中间商为了从买卖双方获取"双头佣金"或为了逃税。

② 佣金的规定办法。在商品价格中包括佣金时，通常应以文字来说明。例如，"每公吨200美元 CIF 旧金山，包括2%佣金（US＄200 per M/T CIF San Francisco including 2% commission）。"也可在贸易术语上加注佣金的缩写英文字母"C"和佣金的百分比来表示。例如，"每公吨200美元 CIFC2%旧金山（US＄200 per M/T CIFC San Francisco including 2% commission）"。除用百分比表示外，也可以用绝对数来表示。例如，"每公吨付佣金25美元。"佣金的规定应合理，其比率一般掌握在1%～5%之间，不宜偏高。

③ 佣金的计算。在国际贸易中，计算佣金的方法不一，有的按成交金额约定的百分比计算，也有的按成交商品的数量来计算。在按成交金额计算时，有的以发票总金额作为计算佣金的基数，例如，每公吨1 000美元 CIFC 5%青岛，佣金额为1 000×0.05＝50美元。有的则以 FOB 总值为基数来计算佣金。例如，每公吨1 000美元 CIFC5%青岛，主运费为500美元，保险费为10美元，则以 FOB 值计算佣金额＝(CIF 价－运费－保险费)×0.05＝(1 000－500－10)×0.05＝24.5（美元）。

佣金计算公式如下：

单位货物佣金额＝含佣价×佣金率

净价＝含佣价－单位货物佣金额＝含佣价×(1－佣金率)

含佣价＝净价/(1－佣金率)

例如，在洽商交易时，我方报价为10 000美元，对方要求3%的佣金，在此情况下，我方改报含佣价，含佣价＝净价/(1－佣金率)＝10 000/(1－3%)＝10 309.3（美元）。这样才能保证我方实收10 000美元。

④ 佣金的支付方式。佣金的支付方式一般有两种：一种是由中间代理商直接从货价中扣除佣金；另一种是在委托人收清货款之后，再按事先约定的期限和佣金比率，另行付给中间代理商。在支付佣金时，应防止错付、漏付和重付等事故发生。

(2) 折扣。

① 折扣的含义。折扣是指卖方按原价给予买方一定百分比的减让，即在价格上给予适当的优惠。国际贸易中使用的折扣，名目很多，除一般折扣外，还有为扩大销售而使用的数量折扣（Quantity Discount），为实现某种特殊目的而给予的特别折扣（Special Discount）以及年终回扣（Turn over Bonus）等。凡在价格条款中明确规定折扣率的，叫作"明扣"；凡交易双方就折扣问题已达成协议，而在价格条款中却不明示折扣率的，叫作"暗扣"。折扣直接关系到商品的价格。正确运用折扣，有利于调动采购商的积极性和扩大销路，在国际贸易中，它是加强对外竞销的一种手段。

② 折扣的规定办法。在国际贸易中，折扣通常在合同价格条款中用文字明确表示出来。例："CIF 伦敦每公吨 200 美元，折扣 3%（US＄200 per Metric ton CIF London including 3% discount）。"此例也可表示为："CIF 伦敦每公吨 200 美元，减 3% 折扣（US＄200 per Metric ton CIF London Less 3% discount）。"此外，折扣也可以用绝对数来表示。例如，"每公吨折扣 6 美元。"在实际业务中，也有用"CIFD"或"CIFR"来表示 CIF 价格中包含折扣。这里的"D"和"R"是"Discount"和"Rebate"的缩写。鉴于在贸易往来中加注的"D"和"R"含义不清，可能引起误解，故最好不使用此缩写语。

交易双方采取暗扣做法时，则在合同价格中不规定折扣，按双方暗中达成的协议处理。这种做法属于不公平竞争。公职人员或企业雇佣人员拿"暗扣"，应属贪污受贿行为。

③ 折扣的计算。折扣通常是以成交额或发票金额为基础计算。其计算公式如下：

单位货物折扣额＝原价(或含折扣价)×折扣率

卖方实际净收入(净价)＝原价－单位货物折扣额净价＝原价×(1－折扣率)

原价＝净价/(1－折扣率)

例：CIF 伦敦，每公吨 2 000 美元，折扣 2%。卖方的实际净收入＝原价×(1－折扣率)＝2 000×(1－2%)＝1 960(美元)。

④ 折扣的支付方式。折扣一般是在买方支付货款时预先予以扣除。也有的折扣金额不直接从货价中扣除，而按暗中达成的协议另行支付给买方，称为"暗扣"或"回扣"。

6. 正确选择计价货币

(1) 计价货币的含义。

计价货币（Money of Account）：指用来计算债权债务的货币。支付货币（Money of Payment），又称为结算货币，指用来了结债权债务的货币。

① 计价货币与支付货币相同：一般来讲，在国际贸易中，价格都表现为一定量的特定货币，通常不再规定支付货币，这时，计价货币又是支付货币，它可以是出口国货币、进口国货币、双方同意的第三国货币或某种记账单位。

② 计价货币与支付货币不同：相对于另一种货币而言，币值坚挺、汇率看涨的货币称为硬币，反之称为软币。

(2) 计价货币的选择技巧。

由于币值是不稳定的，买卖双方在选择计价货币时，一般会考虑两个问题：一是汇价风险问题；二是从汇率角度衡量货价的高低问题。计价货币的选择技巧如下所述。

① 应尽量选择可自由兑换的货币。

② 一般来讲，对出口贸易，采用硬币计价比较有利；而进口交易使用软币比较合算。在合同规定用一种货币计价，而又另行规定支付货币的情况下如果两种货币的汇率是按付款时的汇率计算，则不论采用何种计价和支付货币，卖都可以按计价货币的金额收回全部货款。这时，如果计价货币是硬币，支付货币是软币，对卖方有利；反之则对买方有利。如果计价货币与支付货币的汇率已由买卖双方在签订合同时规定，情况正好相反。因此，在合同中规定计价货币与支付货币，应根据实际情况具体选择。

③ 有时也可在订立合同时确定好计价货币与支付货币的汇率，到付款时，根据变动的汇率调整合同价格，以减少汇率变动风险。

④ 在实际业务中确定计价货币时，还应考虑买卖双方的交易习惯、经营意图及价格因素，选择比较有利的货币作价。

(3) 改变报价货币的技巧。

在实际业务中，会有改变报价货币的情况。出口结汇是银行付出本国货币，买入外汇，用买入价；进口付汇是银行买入本国货币，卖出外汇，用卖出价。

① 底价为人民币改报外币，用买入价：外币价格＝人民币底价/人民币对外币买价。

例如，某公司出口一批玩具，价值人民币 40 000 元，客户要求以美元报价。当时外汇汇率为买入价 100 美元＝827.21 元，卖出价 100 美元＝829.69 元，那么，对外美元报价应为 40 000/(827.21/100)＝4 835.53（美元）。

② 底价为外币改报人民币，用卖出价：人民币价格＝外币底价×人民币对外币的卖价。

例如，某公司进口一批值 4 835.53 美元的货物，当时外汇汇率为买入价 100 美元＝827.21 元，卖出价 100 美元＝829.69 元，那么，付汇时需向银行支付人民币 4 835.53×(829.69/100)＝40 119.91（元）。

③ 底价为某种外币改报另一种外币。从理论上讲，应使用外币的买价，即：按照银行外汇牌价（用买价则都用买价）将两种外币都折成人民币，然后间接地算出两种外币的兑换率。但在西方外汇市场上，主要货币之间汇价的买价与卖价相差很小，故习惯上使用中间价。即：另一种外币价格＝某一种外币底价×两种外币中间价。

例如，某出口商品，对外报价每公吨 300 英镑 CIF 纽约。国外客户要求改为美元报价。当日外汇牌价为：100 英镑＝618.54 元（买入价）/621.65 元（卖出价）；100 美元＝371.27 元（买入价）/373.14 元（卖出价）。用买价折算，则 1 英镑＝618.54/371.27＝1.666（美元）。因此，我们对外可改报 500 美元 CIF 纽约[300×1.666＝499.80（美元）]。

7. 熟练掌握价格换算方法

在对外洽商交易过程中，有时一方按某种贸易术语报价时，对方要求改报其他术语所表示的价格，这就涉及价格的换算问题。

(1) 最常用的 FOB、CFR 和 CIF 三种价格的换算方法。

① FOB 价换算为其他价：

CFR 价＝FOB 价＋主运费

CIF 价＝(FOB 价＋主运费)/[1－(1＋投保加成率)×保险费率]

② CFR 价换算为其他价：

$$FOB 价 = CFR 价 - 运费$$
$$CIF 价 = CFR 价 / [1-(1+投保加成率) \times 保险费率]$$

③ CIF 价换算为其他价：

$$FOB 价 = CIF 价 \times [1-(1+投保加成率) \times 保险费率] - 主运费$$
$$CFR 价 = CIF 价 \times [1-(1+投保加成率) \times 保险费率]$$

阅读案例 10-4

我方可否接受外商还盘

【案情简介】

我国某公司某种商品外销报价为每公吨 1 000 美元 CIF 美国纽约，而外商还盘为 900 美元 FOB 中国口岸价。经核查每公吨货物由中国港口运至美国纽约的主运费为 88 美元，保险费率为 0.95%，加 2 成投保。请问我方可否接受外商还盘？

【案例点评】

① 首先将我方报价 CIF 美国纽约价换算成 FOB 中国口岸价。

FOB 中国口岸价 = CIF 价 × [1−(1+投保加成率) × 保险费率)] − 主运费
　　　　　　　 = 1 000 × [1−(1+20%) × 0.95%] − 88 = 900.6（美元）

② 比较：外商还盘 FOB 中国口岸价是 900 美元，相差不大，可接受外商还盘。

(2) 净价与含佣价之间的换算方法。

① 以 FOBC 价换算为其他价格：

FOB 净价 = FOB 含佣价 × (1−佣金率)

CFR 净价 = FOB 含佣价 × (1−佣金率) + 运费

CIF 净价 = [FOB 含佣价 × (1−佣金率) + 运费] / [1−(1+投保加成率) × 保险费率]

② 以 CFRC 价格换算为其他价格：

FOB 净价 = CFR 含佣价 × (1−佣金率) − 运费

CFR 净价 = CFR 含佣价 × (1−佣金率)

CIF 净价 = [CFR 含佣价 × (1−佣金率)] / [1−(1+投保加成率) × 保险费率]

③ 以 CIFC 价格换算为其他净价：

FOB 净价 = CIFC × (1−佣金率) × [1−(1+投保加成率) × 保险费率] − 运费

CFR 净价 = CIFC × (1−佣金率) × [1−(1+投保加成率) × 保险费率]

CIF 净价 = CIFC × (1−佣金率)

(3) 净价与含折扣价（原价）之间的换算。

① 原价 = 净价 / (1−折扣率)

② 净价 = 原价 − 单位货物折扣额 = 原价 × (1−折扣率)

8. 加强出口商品效益成本核算

在确定出口商品价格业务中，应考虑以下 3 个指标，分析出口商品作价是否合理。

(1) 出口商品盈亏率。

$$出口商品盈亏额＝出口销售人民币净收入－出口总成本$$
$$出口商品盈亏率＝(出口商品盈亏额/出口总成本)\times100\%$$

式中：出口总成本＝出口商品的进货成本(不含增值税)＋出口前的一切费用和税金。或者：出口总成本＝出口商品的进货成本(含增值税)＋出口前的一切费用和税金－出口退税收入。出口销售人民币净收入＝出口商品FOB价（即不含国外运费、保险费的FOB净价）按外汇牌价折成的人民币净收入。

提示

① 出口盈亏率为正值时，表示盈利；为负值时表示亏损。在具体业务中，同一商品的每笔交易的盈亏率不尽相同。若计算企业经营某种商品的盈亏，可以通过对该种商品每笔交易的盈亏的算术平均或加权平均求得。

② 出口退税收入＝出口商品的进货成本(或采购成本,含增值税)/(1＋增值税)×退税率。例：中国A商向德国B商出口足球，每个采购成本为165元人民币（含增值税，税率17％），出口退税率为8％。每个足球的出口退税收入＝[165/(1＋17％)]×8％＝11.28(元人民币/个)。

(2) 出口商品换汇成本。

出口商品换汇成本表示该商品出口收入一美元需要多少人民币的总成本，即：多少元人民币换回一单位外汇。其计算公式为

$$出口商品换汇成本＝出口总成本(人民币)/出口销售外汇净收入(外汇)$$

式中，出口销售外汇净收入等于出口商品按FOB价出售所得的净收入。

提示

如出口商品换汇成本高于银行的外汇牌价，则出口为亏损；反之为盈利。出口商品换汇成本同出口盈亏率有直接关系，即出口盈余率越高，换汇成本就越低。

通过推算、比较不同种类商品的换汇成本，可以对出口商品结构进行调整；对同类商品在不同时期的换汇成本进行比较，有利于改善经营管理和采取扭亏增盈的有效措施。对同类商品出口到不同国家或地区的换汇成本的比较分析，可以为市场选择提供依据。

一般来说，换汇成本测算错误，不易发生在收购商品成本、外销商品外汇收入等主要项目上，而易发生在运杂费、保险费、银行费用等小项费用上。

准确测算换汇成本的注意事项：使用正确的运价标准计算运费；准确掌握整集装箱所能装商品数量，避免交付空载运费；注意计算托盘＋集装箱的装运方式额外费用；正确计算高投保加成发生的额外保险费；不能漏算指明货物需要加计的保险费；重视出口商品保险免赔问题；正确估算正常的银行费用（托收所发生的正常的银行费用主要有：托收费和寄单费。信用证结算发生的正常的费用主要有：信用证通知费，保兑费，议付费，寄单费，单据处理费，电报费，偿付费等）；适当预计非正常银行费用的支出（非正常银行费用往往在信用证结算中产生，主要有：不符点费，不符点交单引起的电报费，以及客户转嫁来的开证费，转证费等）；注意减去佣金；远期放账所产生的利息应记入成本（放账利息＝放账金额×放账天数/360天×银行贷款利率）。

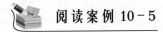
阅读案例 10-5

这笔生意做还是不做

【案情简介】

我国某公司向新加坡出口某商品，共 25 公吨，纸箱包装。每箱净重 25 千克，毛重 27.25 千克，每箱的尺码为 25cm×28cm×25cm。每公吨货物的出口总成本为 1 250 元人民币，如果答应对方条件，则外销价格为每公吨 200 美元 CFR 新加坡。经过计算，该批货物的运费为每公吨 40 美元。汇率为 1 美元＝7.80 元人民币。则每公吨货物：

出口销售外汇净收入＝200－40＝160（美元）

出口销售人民币净收入＝160×7.8＝1 248（元人民币）

出口商品盈亏率＝（1 248－1 250）/1 250×100％＝－0.16％

出口商品换汇成本＝1 250 元人民币/160 美元＝7.812 5（元人民币/美元）

【案例点评】

该企业的出口商品预计亏损率为 0.16％。换汇成本高于汇率。这笔生意还是不做为好。

（3）出口创汇率。

出口创汇率亦称外汇增值率，原本用以考核进料加工的经济效益，目前在采用国产原料的正常出口业务中，也可计算创汇率。

出口创汇额＝成品出口外汇净收入（FOB 价）－原料外汇成本

出口创汇率＝出口创汇额/原料外汇成本×100％

式中，如果原料是进口的，其外汇成本指进口原料所支出的外汇，按 CIF 价计算；如果原料是本国产品，则按原料的 FOB 价计算。

提示

通过出口创汇率可以分析商品出口的创汇情况，确定出口是否有利。尤其在进料加工的情况下，这一指标更为重要。

阅读案例 10-6

这笔出口生意的效益如何

【案情简介】

我国某公司向澳大利亚某公司出口一批货物，出口总价为 10 万美元 CIF 悉尼（澳大利亚），其中从天津运至澳大利亚悉尼的海运运费为 4 000 美元，保险加成率为 10％，投保一切险，保险费率为 1％。这批货物的出口总成本为 72 万元人民币。采用外汇汇率中间价 1 美元＝7.80 人民币核算。试计算这笔交易的换汇成本、盈亏率和创汇率。

解析：

出口商品外汇净收入：FOB 价＝CIF 价×[1－(1＋投保加成率)×保险费率)]－运费

＝100 000×[1－(1＋10％)×1％]－4 000＝94 900（美元）

出口销售人民币净收入＝出口商品外汇净收入×外汇汇率＝94 900×7.80
　　　　　　　　　　＝740 220（元人民币）

出口总成本（人民币）＝720 000（元人民币）

出口总成本（外汇）＝出口总成本（人民币）/外汇汇率
　　　　　　　　　＝720 000/7.80＝92 307.692（美元）

(1) 出口商品换汇成本＝出口总成本（人民币）/出口销售外汇净收入（美元）
　　　　　　　　　　＝720 000/94 900＝7.59（元人民币/美元）

(2) 出口商品盈亏额＝出口销售人民币净收入－出口总成本
　　　　　　　　　＝740 220－720 000＝20 220（元人民币）

出口商品盈亏率＝（出口商品盈亏额/出口总成本）×100%
　　　　　　　＝20 220/720 000×100%＝2.81%

(3) 出口商品创汇额＝出口销售外汇净收入－出口总成本（外汇）
　　　　　　　　　＝94 900－92 307.692＝2 592.308（美元）

出口商品创汇率＝（出口商品创汇额/出口总成本（外汇））×100%
　　　　　　　＝2 592.308/92 307.692×100%＝2.81%

【案例点评】

这笔生意有盈利，盈余率为2.81%，不算高。换汇成本为7.59元人民币/美元。

10.3 价格条款

10.3.1 价格条款的主要内容

价格条款应真实反映买卖双方价格磋商的结果，条款内容应完整、明确、具体、准确。

价格条款示例：

(1) USD 75 PER SET CFR NETHAMBURG.（每套75美元CFR汉堡净价。）

(2) HK$125 PER DOZ. CIFC5% HONGKONG（OR CIF HONGKONG INCLUDING 5% COMMISSION）.（每打125港元CIFC5%香港（或CIF香港含5%佣金）。）

(3) USD300 PER METRIC TON FOBS SHANGHAI, GROSS FOR NET.（每公吨300美元FOBS上海，以毛作净。）

(4) USD2130.00/M/T FOB DALIAN INCLUDING 5% COMMISSION. THE COMMISSION SHALL BE PAYABLE ONLY AFTER SELLER HAS RECEIVED THE FULL AMOUNT OF ALL PAYMENT DUE TO SELLER.（每公吨30美元含5%佣金FOB大连，佣金以收付全部货款为条件。）

(5) SELLER RESERVES THE RIGHT TO ADJUST THE CONTRACTED PRICE, IF PRIOR TO DELIVERY, THERE IS ANY VARIATION IN THE COST OF LABOR OR RAW MATERIAL OR COMPONENT PARTS.（如果在交货前劳动力原材料成本或其组成部分发生任何变化，卖方有权调整合同价格。）

(6) EXCHANGE RISKS, IF ANY, FOR BUYER'S ACCOUNT.（如有任何汇率风险，则由买方承担。）

10.3.2 规定价格条款的注意事项

(1) 合理确定商品的单价，防止作价偏高或偏低。可以考虑：根据商品质量和档次定价；根据成交数量定价；根据时间差调整定价；根据付款方式调整定价等。

(2) 根据经营意图和实际情况，在权衡利弊的基础上选用适当的贸易术语。

(3) 争取选择有利的计价货币，以免遭受市值变动带来的风险，如采用不利的计价货币时，应当加订保值条款（软币计价，硬币保值；软币计价，黄金保值）。

(4) 灵活运用各种不同的作价办法，以避免价格变动的风险。

(5) 参照国际贸易的习惯做法，注意佣金和折扣的合理运用。

(6) 如交货品质和数量约定有一定的机动幅度，对机动部分的作价也应一并规定（品质增减价条款、溢短装部分定价条款）。

(7) 如包装材料和包装费另行计价时，对其计价办法也应一并规定。

(8) 加列银行费用条款。

(9) 单价中涉及的计量单位、计价货币、装卸地名称，必须书写正确、清楚。

本章小结

本章阐述进出口商品的价格及其定价原则、方法、策略，作价技巧，价格条款及其注意事项。其中，各种定价技巧包括：密切注意国际市场商品供求变化和价格走势；恰当选择贸易术语；灵活选择固定价格、非固定价格、部分固定价格等定价方法；做好比价工作，合理掌握差价；适当运用佣金和折扣以调动商人的积极性，促进贸易业务发展；考虑汇率风险和货价高低问题，应尽量选择可自由兑换的货币计价，出口贸易尽量采用硬币计价，而进口交易则尽量使用软币计价，如果改变报价货币类型，需要对不同货币的价格进行折算；熟练掌握价格换算方法；加强出口商品效益成本核算。

1. 简答题

(1) 在国际贸易买卖合同中，价格条款一般有哪几项内容？

(2) 举例说明国际贸易货物单价的组成。

(3) 国际贸易的作价方法有哪些？每种方法的基本含义是什么？

(4) 什么是佣金？什么是折扣？它们有何区别？

(5) 判断下列我方出口单价的写法是否正确，如有误，请更正并说明理由。

每箱 35 美元 CIF 美国

每吨 7 500 日元 CIF 3% 大阪

每打 75 元 FOB 伦敦

每吨 600 英镑 CFRC 上海

785 元 FCA 鹿特丹

2. 将下列价格条款译成英文

（1）单价：每公吨 200 美元；FOB 厦门

总值：200 美元/公吨×100 公吨＝20 000 美元

备注：合同成立后，不得调整价格。

（2）50 公吨 2003 年山东产花生，每公吨 300 美元，CIFC 2% 维多利亚（澳大利亚）

备注：上列价格为暂定价，于装运月份 10 天前由买卖双方另行协商确定价格。

3. 案例分析题

（1）某进出口公司向爱尔兰出口一批货物，按 FOB 价成交，每公吨 2 200 美元。在装运前夕，买方因派船有困难，要求卖方订舱和投保一切险，保险费率为 0.62%，保险加成率为 10%，海运运费为每公吨 15 美元。试问：卖方应改报何种贸易术语？报价多少？

（2）某德国客商对我某项出口商品出价为每公吨 400 欧元 CIF 汉堡，而我公司对该商品内部掌握价为 FOB 中国口岸每公吨 1 980 元人民币。当时中国银行外汇牌价为每 100 欧元的买价人民币 728.09 元，卖价 730.28 元人民币。我公司备有现货，只要不低于公司内部掌握价即可出售。现该商品自中国某口岸至汉堡港的运费为每公吨 600 元人民币，保险费为每公吨 100 元人民币。问我方能否接受？为什么？

（3）我某出口公司出口棉布到某国，正好该国中间商主动来函与该出口公司联系，表示愿为推销棉布提供服务，并要求按每笔交易的成交额给予佣金 5%。不久，经该中间商中介与当地进口商达成 CIFC 5% 总金额 50 000 美元的交易，装运期为订约后 2 个月内从中国港口装运，并签订了销售合同。合同签订后，该中间商即来电要求我出口公司立即支付佣金 2 500 美元。我出口公司复称：佣金需待货物装运并收到全部货款后才能支付。于是，双方发生了争议。试问：这起争议发生的原因是什么？应接受什么教训？

（4）我某外贸公司出售一批卧式健身椅至日本，出口总价为 10 万美元 CIF，其中从中国口岸至横滨的运费和保险费占 12%。这批货物的国内购进价为人民币 702 000 元（含增值税 17%），该外贸公司的费用定额率为 5%，出口退税率为 9%。结汇时银行外汇买入价为 1 美元折合人民币 7.8 元。试计算这笔出口交易的换汇成本和盈亏率。

操 作 训 练

课题 10－1

实训项目： 商品贸易合同中的价格条款磋商

实训目的： 学会运用贸易术语、计价货币与单价等价格条款模拟价格磋商。

实训内容： 进口商 Carters Trading Company, LLC 收到宏昌国际股份有限公司（Grand Western Foods Corp.）的报价，对样品表示满意，但认为价格过高，因此与对方反复磋商价格。

实训要求： 将参加实训的学生分成 2 个谈判小组，分别代表进口商 Carters Trading Company, LLC 和宏昌国际股份有限公司（Grand Western Foods Corp.），双方经过多次磋商，直到获得一个相对满意的商品价格。

第11章 国际货款收付

学习目标

知识目标	技能目标
了解货币和票据 识记汇票、本票、支票的含义、记载事项、种类，汇票、本票和支票的异同 理解票据行为和汇票的使用程序	能够识别、比较汇票、本票、支票 熟悉汇票的票据行为，初步学会使用汇票 初步掌握支付工具的选用技巧，基本能解决支付工具的选用问题
识记汇付、托收、信用证的含义、当事人 掌握汇付、托收、信用证的分类及基本业务流程 理解汇付、托收、信用证的性质、特点、注意事项	能够区分汇付、托收、信用证的当事人及其关系 初步学会运用汇付、托收、信用证方式进行国际货款收付 初步学会处理汇付、托收、信用证基本业务问题
掌握支付条款的基本内容	初步掌握支付方式的选用技巧，能够简单拟定支付条款

知识结构

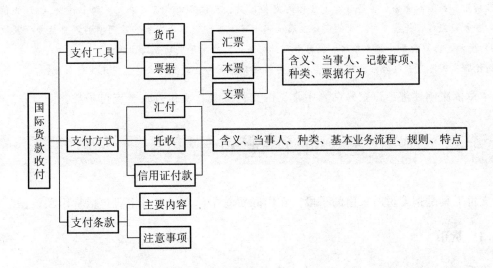

国际货款收付案例三则

1. T/T 付款方式与电放的风险

A 公司与国外客户商定,用美元电汇结算货款。发货后十余天,A 公司收到客户电汇付款的银行收据传真件,当即书面指示船公司将货物凭提单正本影印件放给提单上的被通知人(电放),客户将货提走,货款却未到账。经查:该客户在银行办理电汇付款手续,取得银行收据后,马上传真给卖方 A,并要求立即电放货物。在拿到 A 给船公司的电放指示后,即去银行撤销了这笔电汇,造成了 A 公司 8 万美元的损失。

2. 用承兑交单(D/A)与记名提单编织的圈套

2018 年 3 月 11 日,中国甲公司与印度尼西亚乙公司签订一笔 2 万美元的出口合同,乙公司要求以即期付款交单(D/P at sight)付款。在货物装运后,乙又要求甲将提单上的托运人和收货人均注明为乙,并将海运提单副本寄给乙。货到目的港后,乙以暂时货款不够等原因不付款赎单,要求甲将付款方式改为承兑交单(D/A)。由于提单的收货人已记名乙,甲无法再转卖货物,只能答应其要求。然后乙以货物是自己的为由,凭保函、营业执照复印件、副本海运提单向船公司办理提货手续。乙将货提走转卖后,不但不按期向银行付款,而且再也无法联系,致使甲钱货两空。

3. 出口公司结算业务熟练、善用银行关系,成功收款案

2018 年,某公司与瑞士客商签订向土耳其出口 40 万米灯芯绒的合同,总金额为 58.4 万美元。信用证付款,由瑞士日内瓦国际商业银行开证。就在该公司准备发送货物之际,客户突然提出不要货。在双方交涉时,货已装船,如果卸货,公司必将蒙受巨大损失。在这种情况下,该公司决定强行出运,以单证取胜。单证部经过慎重考虑,做出两项决定:对所有单据采取慎之又慎的态度;把保押在议付行身上。该公司未把单据交给通知行,而是另找一家与开证行有代理关系,自身实力较强,既能控制开证行又能与公司密切配合的银行。公司选中了中国银行。交单后,开证行连发两份拒付电都遭到了议付行的反驳。由于议付行据理力争,开证行沉默了两周后全额付款,客户也不得不接受货物。

点评: 国际货款收付是重要的业务环节,支付条款是重要的交易条款。在此过程中,买卖双方所承受的手续费用、风险和资金负担等与双方选择的支付工具、支付方式密切相关。正如上述例(1)和例(2)所示,如果对汇付、托收支付方式的商业性质认识不透,可能造成卖方货、款两空的严重后果。反之,如例(3)所示,出口公司结算业务熟练、善用银行关系,则有助于成功收到货款。

讨论题: 国际货款收付涉及哪些问题?如何正确掌握国际货款支付条件、规定支付条款?

本章依次阐述进出口贸易结算中常见的支付工具、支付方式、支付条款。

11.1 支付工具

支付工具是指支付所采用的手段。在国际贸易中,支付工具主要包括货币和票据。

11.1.1 货币

货币(Currency/Money)的通俗定义有多种,狭义的货币即现金。

提示

(1) 根据产生发展过程，货币分为4类：实物货币、代用货币、信用货币、电子货币。(2) 在国际贸易中，货币可以是进口国、出口国或第三国货币。这主要取决于以下因素：货币是否可以自由兑换，货币的币值是否稳定，政治风险，行业习惯。

11.1.2 票据

广义的票据泛指一切有价证券和各种凭证（见图11.1），包括汇票、本票、支票、股票、存单、提单、债券（政府债券、金融债券、公司债券）等。

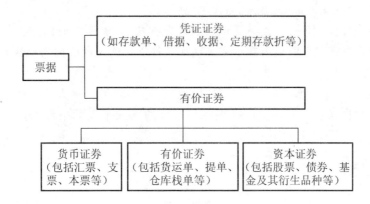

图 11.1 票据的分类

狭义的票据仅指以支付金钱为目的的债权有价证券，由出票人签发、无条件约定由自己或委托他人在一定日期支付确定金额。

 提示

除非特别说明，本节下文的票据指狭义票据，其概念和分类依各国票据立法规定而不同（见表11-1）。在学理上，票据分类见表11-2。

依据中国票据法，本书所指票据包括汇票、本票和支票三大类。

在国际经贸中，更常用的支付工具是票据。其中，汇票多用于国际贸易；本票多用于借贷、赊销和现存债务的证明；支票使用一般需满足一定条件：出票人在银行有存款，与银行订有使用支票的协议，不得透支，因此，在国际贸易中亦不常用。

表 11-1 票据的分类（1）

各国票据法对票据的分类	举 例
票据有汇票、本票、支票3种	中国票据法；中国台湾地区
票据只包括汇票与本票，不包括支票	德国票据法、意大利商法、日内瓦统一票据法：汇票和本票是票据，支票是与之并列的另一种有价证券，单独立法
票据指汇票与本票，支票包括在汇票中	英国票据法；美国票据法

表 11-2 票据的分类（2）

分 类 标 准	种 类	举 例
票据的性能	支付证券	支票
	信用证券	汇票、本票
付款人是否为出票人自己	自付证券	本票
	委托证券	汇票、支票

1. 汇票

（1）汇票（Bill of Exchange 或 Draft）的含义。

《中华人民共和国票据法》（以下简称中国《票据法》）关于汇票的定义：汇票是出票人签发的，委托付款人在见票时或者在指定日期无条件支付确定的金额给收款人或者持票人的票据。

《英国票据法》关于汇票的定义：汇票是一个人签发给另一个人的，要求对方即期、定期或在可以确定的将来某一时间，向某人或其指定的人或来人无条件支付一定金额的书面命令。

商业汇票

银行汇票

提示

汇票的本质和核心表现为它是无条件的支付命令：直接简单地写明付款指示，例："支付 A 公司或其指定人金额 1 000 美元"；指示付款人可以借记某账户，例："支付 A 银行或其指定人金额为 1 000 美元，并将此金额借记申请人开设在你行的账户"；写明汇票出票条件，例："支付 A 银行或其指定人金额为 1 000 美元，按照 B 银行于×年×月×日开立的第×号信用证开立这张汇票"。

"在货物运达后才付款"或"商品品质达标才付款"等，均是一种有条件的支付命令，不能接受。

（2）汇票的记载事项。

① 必要记载事项（绝对记载事项）：是指汇票上必须记载的项目，如果未记载其中之一的，汇票无效。中国《票据法》第二十二条规定汇票必须记载下列事项：表明"汇票"的字样；无条件支付的委托；确定的金额；付款人名称；收款人名称；出票日期；出票人签章。

② 对应记载事项。如果当事人没有记载，汇票并不因此失效，而是由法律另做规定，对这些事项加以补充，这类事项称为对应记载事项。包括：A. 付款期限或日期。日内瓦统一票据法、英国票据法、我国票据法均规定，若汇票上未记载付款日期，视为见票即付。B. 付款地点。日内瓦统一票据法规定，如无特殊记载，受票人姓名旁记载的地点视为付款地；同时视为受票人的住所地。中国《票据法》第二十三条规定，汇票上未记载付款地的，付款人的营业场所、住所或者经常居住地为付款地。C. 出票地点。日内瓦统一票据法规定，未载出票地的汇票，出票人姓名旁所载的地点视为出票地。中国《票据法》第二十三条规定，汇票上未记载出票地的，出票人的营业场所、住所或者经常居住地为出票地。

③ 任意记载事项。可以由当事人任意记载，一经记载，该记载即具有票据法上的效力，这类事项称为任意记载事项。一般包括：汇票编号；出票依据；付款货币、利息及利率；付一不付二或付二不付一。此外，还可以包括担当付款人，预备付款人，必须提示承兑及提示承兑期限、不得提示承兑，免作拒绝证书或拒付通知，免于追索等。

 提示

对应记载事项和任意记载事项统称为其他记载事项或相对记载事项。

（3）汇票的当事人。

出票人、受票人和收款人是汇票的基本当事人。汇票一经流通，便派生出其他当事人。

① 出票人（Drawer）：开立票据并交付给他人的人，即"签发汇票"的人。

② 受票人（Drawee）：又称为付款人（Payer），是根据出票人的命令支付款项的人，或被发至而接受票据的人。

③ 收款人（Payee）：也译为受款人，是收取票款的人，也是票据的债权人，有权向受票人要求付款，如遭拒付，有权向出票人追索票款。

④ 背书人（Endorser）：背书人是在票据背面或其粘单上签字以将票据转让他人的人，也称让与人（Transferor）或前手。

⑤ 被背书人（Endorsee）：也就是受让人（Transferee）或后手。凡持票人均可以成为背书人。票据可以连续转让，第一被背书人可在票据上再加背书而成为第二背书人，以此类推。

⑥ 承兑人（Acceptor）：远期汇票的受票人同意接受出票人的命令、愿意支付汇票金额，并以文字记载于票据上（通常是在票据正面表示承兑），此人即为承兑人。承兑人一经承兑，就成为主债务人，而出票人退居为从债务人。

⑦ 持票人（Holder）：即现实地占有票据的人。

(4) 汇票的票据权利。

票据权利也称票据上的债权，是持票人以请求支付票据金额为目的而对票据的当事人所享有的权利，可分为付款请求权和追索权，或称为第一次请求权和第二次请求权。第一次请求权是票据上的主权利，只有当第一次请求权不能得到满足时，才行使第二次请求权。

① 取得。票据权利可以通过出票、善意取得、转让、法定等方法取得。票据权利与票据同时存在，不持有票据，就不能行使权利。

② 丧失。①票据记载不合格或已过期；②超过保全票据权利的期限。

(5) 汇票的种类。

汇票的主要种类见表11-3。其中，远期汇票的规定办法通常有3种：①付款人见票后若干天付款（At××days after sight），如见票后30天、60天、90天等；②出票后若干天付款（At××days after date）；③提单签发日或交单日后若干天付款（At××days after B/L）。此外，还有：交单日后若干天付款（At××days after presentation of documents）；汇票注明日后若干天付款；注明付款日期为某年某月某日（俗称"板期"）。

提示

一张汇票往往可以同时具备几个特征，如一张商业汇票可以同时又是远期的跟单汇票。

表11-3 汇票的种类

分类标准	种 类	特 征
(1) 出票人	银行汇票（Banker's Draft）	出票人、受票都是银行
	商业汇票（Commercial Bill/Draft）	出票人是外贸公司、外商投资企业或个人
(2) 付款时间	即期汇票（Sight/Demand Draft）	见票即付
	远期汇票（Usance/Time Draft）	远期付款
(3) 附属单据与否	光票（Clean Draft）	出具的汇票不附任何货运单据
	跟单汇票（Documentary Draft）	出具的汇票附有货运单据。国贸中多使用跟单汇票
(4) 承兑人	银行承兑汇票 （Banker's Acceptance Draft）	若以银行为付款人的远期汇票，经付款银行承兑后，称为银行承兑汇票（Banker's Acceptance Draft）
	商业承兑汇票 （Commercial Acceptance Draft）	以工商企业为付款人的远期汇票，经付款人承兑后，称为商业承兑汇票

(6) 汇票的票据行为。

票据行为（Acts under a bill）是依票据上规定的权利和义务所确立的法律行为，包括出票、承兑、参加承兑、背书、保证等。出票是主票据行为或基本票据行为，是创设票据权利的行为；其他票据行为（从票据行为）都是以出票所设立的票据为基础，在出票行为完成后的行为。如出票行为无效，则在无效的票据上所作的其他票据行为也无效。在票据处理中还有一些准法律行为，如提示、付款、参加付款、退票、追索等。归纳见表 11-4。

表 11-4　票据行为和准票据行为

行为	出票	承兑	背书	保证	付款	追索
具体环节	签票；发票	承兑提示；承兑；拒绝承兑；参加承兑	背书、交付	保证	付款提示；付款；拒绝付款；参加付款	做拒绝证书；拒付通知

注：从实务角度看，即期汇票一般需经过出票、提示、付款；远期汇票则还需要承兑；如需转让，还要经过背书；如需保证，还要经过保证；如遭拒付，则有追索。参加承兑和参加付款极少发生。

① 出票（Draw 或 Issue）：出票人按照一定的要求和格式签发票并交付其他人的行为。收款人（抬头）通常有3种写法：A. 限制性抬头（Restrictive Payee）。例："仅付××公司"（Pay××Co. only），"付××公司不准转让"（Pay××Co. not transferable）。这种抬头的汇票不能流通转让。B. 指示性抬头（To order）。例："付××公司或其指定人"（Pay××Co. or order 或 Pay to the order of××Co.）。这样的抬头汇票可以背书转让给第三者。C. 持票人（To holder）或来人抬头（To bearer）。例："付给来人"（Pay bearer）。这种抬头的汇票无须持票人背书，仅凭交付即可转让。日内瓦统一票据法和中国票据法都不允许签发持票人或来人抬头汇票。

② 提示（Presentation）：分为承兑提示和付款提示，是指持票人将汇票提交受票人，要求承兑或付款的行为。各国规定的提示期限不完全相同。

提示

付款人第一次看到汇票叫"见票"。如果是即期汇票，付款人见票后立即付款，若是远期汇票，付款人见票后先办理承兑手续，到期才付款。

③ 承兑（Acceptance）：是远期汇票的受票人在持票人提示的汇票正面签字，从而承诺按照在汇票到期日支付汇票金额。承兑人一般写上"承兑"（Accepted）字样，注明承兑日期并签名。汇票一经承兑，就不可撤销。承兑后汇票交还持票人留存，到期提示付款；有时也由承兑人保管，在承兑当日发出承兑通知书给正当持票人。各国规定的承兑期限不完全相同。

④ 背书（Endorsement）：是指背书人在汇票背面签字，交付给被背书人。背书是票据权利转让的行为，具有转移效力、担保效力和权利证明效力。

提示

贴现（Discount）：远期汇票承兑后，持票人在汇票到期前到银行或贴现公司兑换现款，银行或贴现公司从票面金额中扣贴息后付给持票人余款的行为。贴现实质是汇票买卖。

贴现利息的计算实例：面额为 10 000 美元、见票后 90 天付款的汇票，6 月 20 日得到承兑，该汇票应于 9 月 18 日到期，持票人于 6 月 30 日持汇票去银行要求贴现，银行核算计息天数（7、8 月各 31 天，9 月 18 天，共计 80 天）。如贴现年利率为 10%，按欧美算法，一年按 360 天计算，则：

贴息＝汇票金额×贴现天数×年贴现率/360＝10 000×80×10%/360＝222.22（美元）。

银行向持票人净付款＝汇票金额－贴现利息＝10 000－222.22＝9 777.78（美元）。

银行受让汇票后，于 9 月 18 日向付款人提示，收取十足票款 10 000 美元。

⑤ 保证（Guarantee）：是为了担保已经存在的票据上的债务而为的票据行为。作用：增加票据信用。效力：保证人负有与被保证人同样性质和内容的连带责任。在汇票到期被拒付时，持票人有权向保证人请求付款，保证人应当足额付款；保证人清偿汇票债务后，可以行使持票人对被保证人及其前手的追索权。保证可作在汇票上或其粘单上，其记载包括：A."保证"字样，表示保证意旨。B. 保证人签名，绝对要件。C. 被保证人姓名，非绝对要件，如果未指明，被保证人可依法推定：已经承兑的汇票，视承兑人为被保证人；未承兑的汇票，视出票人为被保证人。D. 保证日期。如未记载，视出票日期为保证日期。

⑥ 付款（Payment）：是指由持票人提示，付款人或承兑人向持票人支付票款以消灭票据关系的行为。当付款人付清款额后，持票人在汇票上要记载"收讫"字样并签名交出汇票。

⑦ 拒付（Dishonor）：也称退票，指汇票在提示付款或提示承兑时遭拒绝，或受票人拒不见票、死亡、宣告破产或因违法被责令停止业务活动等，使付款在事实上已不可能。

⑧ 追索（Recourse）：是持票人正确提示但遭到拒付时，向其前手请求偿还票据金额及其他法定款项的行为。持票人的这种法律权利称为追索权或偿还请求权。根据各国不同规定，持票人应按照或不按照背书转让的连续次序进行依次追索或跳跃追索。通常需要做成拒绝证书（Letter of Protest），通知拒绝事由（Notice of Dishonor）。出票人或背书人为避免被追索，在背书时可加注"不受追索"（Without Recourse）字样，但带此批注的汇票很难转让。

阅读案例 11-1

汇票的流通及其当事人

【案情简介】

A 在 B 处存有一笔款项，A 与 C 签订了购货合同，从 C 处购买一批商品。交易达成后，A 于 6 月 20 日签发了一张以 B 为付款人的汇票，命令 B 按照票面金额见票后 30 天付款。A 将汇票交付给 C。C 作为收款人拿到票据后，于 6 月 25 日向 B 做了承兑提示。B 于 6 月 25 日见票，当日承兑后将汇票退还 C。C 因曾向 D 借过一笔资金，为了清偿与 D 之间的借贷关系，于 6 月 30 日将票据转让给 D。D 因为接受了 E 提供的劳务，于 7 月 5 日将票据转让给 E。E 也因为某种对价关系，于 7 月 8 日将票据转让给 F。如果 F 不再转让票据，则 F 作为持票人，于汇票到期日（7 月 25 日）向 B 做付款提示。B 于 7 月 25 日付款。

这张票据的使用流通程序及其当事人，如图 11.2 和表 11-5 所示。

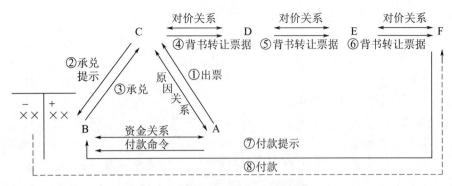

图 11.2 汇票的出票、流通程序

表 11-5 汇票的使用流通程序及其当事人

行为日期	使用流通程序	行为人	行为指向人	当事人之间的关系
6月20日	出票	出票人（A）	收款人（C）	原因关系
6月25日	承兑提示	持票人（C）	受票人（B）	
6月25日	承兑	承兑人（B）	持票人（C）	
6月30日	背书	第一背书人（C）	第一被背书人（D）	对价关系
7月5日	背书	第二背书人（D）	第二被背书人（E）	对价关系
6月8日	背书	第三背书人（E）	第三被背书人（F）	对价关系
7月25日	付款提示	持票人（F）	受票人（B）	
7月25日	付款	付款人（B）	持票人（F）	

注：A与B之间是资金关系。

【案例点评】

无因性、要式性和流通性是票据最基本的三个特征。为了顺利流通，票据要式不要因。只要票据记载的内容符合票据法规定，其当事人（例如 A、B、C）就可凭票据文义来明确各自的权利义务；票据转让后，对于受让人（例如 D、E、F），也不必调查票据原因，这就是票据的无因性，也正是因为票据的无因性才要求票据具备要式性。背书这一票据行为强调背书的连续性，便于受票人判断持票人的合法身份。当然，如果票据被加上限制性批注，如"不得转让""仅付某人"等，则票据也可能失去流通能力。

 阅读案例 11-2

商业承兑汇票拒付案

【案情简介】

A公司委托B公司购买进口原木，并开具了1张以B公司为收款人的商业承兑汇票，票面记载有"不得转让"字样。B公司因资金紧张，为了融入一笔流动资金，将该汇票背书给甲银行作为质押。甲银行在贷出资金到期后催促B公司还款，B公司未能按时偿还。甲银行转而要求A公司兑现汇票，A公司以B公司所购进原木不符合合同要求为由拒绝兑现。

为维护自己的合法利益，甲银行向法院提起诉讼。

（1）A公司开具的汇票上记载的"不得转让"字样属于票据法上记载事项的哪一种？效力如何？

（2）若法院判定甲银行为票据权利人，则A公司能否以B公司未按合同履行义务为由来对抗甲银行支付汇票金额的请求？为什么？

【案例点评】

（1）A公司开具的汇票上记载的"不得转让"字样属于《票据法》上的任意记载事项，该事项记载与否，概由票据当事人决定。但一经记载，即发生《票据法》上的效力。

（2）A公司不能以该理由抗辩甲银行的请求，A公司与B公司之间的合同纠纷是票据原因（基础）关系，其是否有效对票据关系不产生影响，不应妨碍后手持票人甲银行票据权利的实现。

2. 本票

（1）本票（Promissory Note）的含义。

中国《票据法》关于本票的定义：本票是出票人签发的，承诺自己在见票时无条件支付确定的金额给收款人或者持票人的票据。

英国《票据法》关于本票的定义：本票是一个人向另一个人签发的，保证即期或定期或在可以确定的将来时间，对某人或其指定人或持票来人支付一定金额的无条件的书面承诺（Unconditional Promise in Writing）。

看图学汇票

银行本票

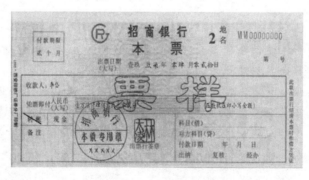

（2）本票的记载事项。

① 必要记载事项。中国《票据法》第七十五条规定本票必须记载下列事项：表明"本票"的字样；无条件支付的承诺；确定的金额；收款人名称；出票日期；出票人签章。

② 对应记载事项。包括：到期日、出票地和付款地。本票未载到期日的，视为见票即付；未载出票地的，视出票人的营业场所为出票地；未载付款地的，视出票人的营业场所为付款地。

③ 任意记载事项。包括：担当付款人；利息及利率；不能转让的记载；关于见票和提示付款期限延长或缩短的特约记载；免作拒绝证书或免作拒付通知等记载。

(3) 本票的当事人、票据权利和票据关系。

出票人、收款人是本票的基本当事人。本票一经流通，便派生出其他当事人，即背书人、持票人等。本票的票据权利和票据关系类似汇票。

(4) 本票的种类。

本票的种类见表11-6。

表11-6 本票的种类

分类标准	种 类	特 征
(1) 出票人	银行本票	由银行签发。在国际贸易结算中使用的本票，大都是银行本票
	商业本票或一般本票	由工商企业或个人签发。目前，我国不允许发行商业本票
(2) 付款时间	即期本票	见票即付。银行本票都是即期的
	远期本票	远期付款。商业本票有即期和远期之分

(5) 本票的票据行为。

多数国家的票据法都以汇票为中心，对于除非因其自身特点而需特殊规定（如本票的见票制度）外，其余如出票、背书等行为的规定，均分别准用汇票的规定。

3. 支票

(1) 支票（Cheque 或 Check）的含义。

中国《票据法》关于支票的定义：支票是出票人签发的，委托办理支票存款业务的银行或者其他金融机构在见票时无条件支付确定的金额给收款人或者持票人的票据。

英国《票据法》关于支票的定义：支票是以银行为付款人的即期汇票。日内瓦统一票据法还特别指出：支票的付款银行必须是持有出票人根据协议、有权开立支票处理存款的银行。

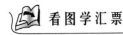看图学汇票

支票

(2) 支票的记载事项。

① 必要记载事项。中国《票据法》第八十四条规定支票必须记载下列事项：表明"支票"的字样；无条件支付的委托；确定的金额；付款人名称；出票日期；出票人签章。

② 对应记载事项。包括：收款人、出票地和付款地。其相应的规定与汇票和本票基本

相同，仅对以下几点加以说明：①付款人。由于支票付款人有资格限制，所以付款人的名称必须注明，不能省略。②出票日期。支票的出票日期决定支票的有效期，非明确规定不可。③收款人。在英国《票据法》中，支票的收款人的做法与汇票和本票基本相同。但是，日内瓦统一票据法不允许汇票和本票做成来人抬头，但支票却可以是来人抬头。当支票没有记载收款人时，便视为来人抬头。中国《票据法》第八十六条规定：支票上未记载收款人名称的，经出票人授权，可以补记。出票人可以在支票上记载自己为收款人。④付款金额。支票是即期支付，所以日内瓦统一票据法规定支票上的利息记载无效。

（3）支票的种类。

支票的种类见表 11-7。

表 11-7 支票的种类

分类标准	种 类	特 征
（1）抬头	记名式支票	限制性抬头，收款人一栏中注明收款人名称，非经收款人签章不可支取
	不记名式支票	来人抬头，又称空白支票，支票上不注明收款人姓名，只写"付来人"，持票人支取时无需在支票背面签章，仅凭交付
	指示式支票	指示性抬头，可转让
（2）划线与否	划线支票	正面划有两道平行线，它只能委托银行代收票款入账，不能提取现金
	未划线支票	可以委托银行代收票款入账，也可以提取现金
（3）保付与否	保付支票	付款银行应收款人或持票人要求在支票上签字或加盖"保付"戳记。支票经保付后，不再受提示期限约束，银行是主债务人，出票人和背书人均可免于追索。保付成立后，付款人应从出票人账户中提存支票金额在专门账户中以备付款。不能挂失止付，但信誉更好、更便于流通
	非保付支票	出票人是主债务人
（4）出票人	银行支票	由银行签发并由银行付款的支票，可以理解为银行即期汇票
	旅行支票等	由旅客等非银行个人或机构签发，由银行付款的支票

提示

汇票、本票、支票的异同：三者都可以作为支付、流通、融资手段，即具有结算、信用、流通、抵债作用；三者的主要区别见表 11-8。

表 11-8 汇票、本票与支票的主要区别

比较项目	汇 票	本 票	支 票
性质	无条件支付命令	无条件支付承诺	无条件支付命令
基本当事人	出票人、受票人、收款人	出票人、收款人	出票人、受票人、收款人
付款期限	有即期和远期汇票之分 远期汇票：需要承兑	有即期、远期本票。远期本票无需承兑	即期付款，没有承兑、到期日记载。提示期限较短

续

比较项目	汇票	本票	支票
出票人与付款人关系	不必先有资金关系	不必先有资金关系	必须先有资金关系*
债权人	收款人或持票人	收款人或持票人	收款人或持票人
主债务人	即期汇票：出票人 远期汇票：承兑前，出票人；承兑后，承兑人（出票人变为从债务人）	出票人	出票人 （保付支票是付款银行）
持票人权利	要求付款权、追索权	要求付款权、追索权	要求付款权、追索权
追索规定	需做拒绝证书，发出退票通知	不需要拒绝证书	一般不需要做拒绝证书
能否划线	除银行即期汇票，一般不划线	一般不能划线	可以划线
运用范围	主要用于国际结算	主要用于国内结算	主要用于国内结算
正本张数	单张或一套数张	单张	单张

注：* 付款人是出票人开立存款账户的银行；出票人签发支票后，应负票据上的责任和法律上的责任，前者指出票人对收款人担保支票的付款；后者指出票人签发支票时，应在付款银行存有不低于票面金额的存款，即不得开空头支票。

11.2 支付方式（一）：汇付

支付方式是指支付所采用的方法。分类见表 11-9。各方式可单独或结合使用。

表 11-9 主要支付方式的分类

分类标准	种类	举例
是否由银行提供信用、银行承担第一性付款责任	银行信用支付方式	信用证付款
	商业信用支付方式	汇付、托收
资金和结算工具流向是否一致	顺汇（Remittance）支付方式	汇付
	逆汇（Reverse Remittance）支付方式	托收、信用证付款

 提示

支付工具和方式逐渐多元化。尤其在国际小额货款支付中，信用卡支付日益常见，Escrow（保管暨代付款服务）日渐流行，PayPal、MoneyboonBers 等在线付款通道日益完善，Western Union（西联）与 Money Gram（速汇金）等快速汇款可近乎实时到账。

11.2.1 汇付概述

1. 汇付的含义及其当事人

（1）汇付的含义。

汇付（Remittance）又称汇款，是指付款人（债务人）主动通过银行或其他途径将款项汇交收款人（债权人）。从银行的角度说，汇付专指银行接受客户委托，通过自身所建立的通汇网络，使用合适的支付凭证，将款项交付给收款人的一种结算方式。

（2）汇付的当事人。

汇付的当事人有四个：汇款人（Remitter）、收款人（Payee or Beneficiary）、汇出行（Remitting Bank）、汇入行或解付行（Receiving Bank or Paying Bank）。

 提示

与银行的资金划拨相比，汇付属于代客划拨的范畴。在国际贸易中，汇款人与收款人通常是买卖关系。汇款人与汇出行是委托受托关系。汇出行与汇入行通常是委托代理关系，还往往存在账户关系。

2. 汇付的种类及其基本业务流程

汇付的分类见表 11-10。T/T、M/T 与 D/D 的主要区别见表 11-11。

表 11-10 汇付的种类

分类标准	种　　类	特　　征
采用工具	电汇（Telegraphic Transfer，T/T）	应汇款人要求，汇出行派发加押电报、电传或 SWIFT 给在另一个国家的分行或代理行（汇入行），提示解付款项给收款人。随着 SWIFT 的普及，T/T 费用大大降低，安全系数更高，是使用最普遍的汇付方式
	信汇（Mail Transfer，M/T）	汇款人将款项交给汇出行，由汇出行用信函委托汇入行付款给收款人。M/T 速度慢、汇费低，目前很少被使用
	票汇（Remittance by a Banker's Demand Draft，D/D）	应汇款人申请，汇出行开立银行汇票，由汇款人转交收款人以向汇入行提示付款。灵活方便，只要汇票抬头允许，汇款人可将汇票带到国外亲自取款，也可寄交国外收款人；收款人可自己取款，也可背书转让汇票；持票人既可向汇入行一家取款，也可将汇票卖给任何一家汇出行的代理行。环节多、速度慢，存在汇票被盗、丢失等风险
付款时间	预付货款（Payment in Advance）	进口商先将货款的部分或全部汇交出口商，出口商收款后在规定时间内发运货物（前 T/T）。典型方式：随订单付现（Cash with Order，C.W.O.）。为避免货款两空，进口商可以要求解付行付款时，收款人须提供指定单据，也称为凭单付汇（Remittance against Documents）
	货到付款（Payment after Arrival of Goods）	出口商先将货物发运，进口商在收到全部合格的货物后才汇付货款（后 T/T）。典型方式：交货付现（Cash on Delivery，C.O.D.）

表 11-11 T/T、M/T 与 D/D 的主要区别

比 较 项 目	T/T	M/T	D/D
结算工具	电报、电传、SWIFT 文件	航空挂号邮件	汇票
判定真实性的方法	密押	有权签字人的签字	汇票出票人的签字、票根
收款人取款方式	汇入行通知取款	汇入行通知取款	持票人持汇票提示付款
流通性	不可转让	不可转让	汇票可以转让
银行占用汇款时间	短	较短	长
汇率	较高	低	低

电汇、信汇的基本业务流程很相似，如图 11.3 所示。

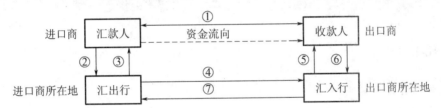

假设汇出行与汇入行之间开有账户（对汇出行而言，汇出行在汇入行开立的是往账，汇入行在汇出行开立的账户便是来账）。

(1) 如采用电汇：①交易双方约定 T/T 付款。②汇款人填写并呈交电汇汇款申请书，缴款付费。③汇出行给汇款人电汇汇款回执。④汇出行通过加押电传、SWIFT 等电信方式向汇入行发出支付授权书（P.O.），往账为请借记报单，来账为已贷记报单。⑤付款，如汇入行有收款人账户则直接收账，否则通知收款人前来领款。⑥收款人接到汇款通知，去汇入行领款签字后，收款人收据留存汇入行。⑦汇入行告知汇出行，往账为已借记报单（付讫借记通知书），来账则寄回收款人收据（需要时）。

(2) 如采用信汇：①交易双方签订贸易合同，约定 M/T 付款。②汇款人填写并呈交信汇汇款申请书。③汇出行给汇款人信汇汇款回执。④汇出行向汇入行邮寄支付授权书（P.O.），往账为请借记报单，来账为已贷记报单。⑤、⑥、⑦、⑧类似电汇。

图 11.3 电汇/信汇基本业务流程

票汇的基本业务流程如图 11.4 所示。

假设汇出行与汇入行之间开有账户：①交易双方约定付款。②汇款人填写并呈交票汇汇款申请书，缴款付费。③A. 汇出行开立即期汇票（受票人是汇入行），交给汇款人。B. 汇出行向汇入行寄送汇票票根或发出 P.O.，往账为请借记报单，来账为已贷记报单。④汇款人将汇票寄交给收款人或自行将汇票带到国外充当收款人。⑤收款人进行付款提示。⑥汇入行付款。⑦汇入行告知汇出行，往账为已借记报单，来账则寄回收款人收据（需要时）。汇款人与收款人之间这笔款项的债权债务清偿。

图 11.4 票汇的基本业务流程

11.2.2 汇付的特点及注意事项

汇付简便、快捷。即使在使用其他结算方式时，资金的实质性划拨最终也是以汇付方式完成的，所以，汇付还是最基本的结算方式。

汇付属于商业信用，风险较大。汇付以银行为媒介进行结算，但是，银行只提供服务，不提供信用。卖方收款后是否交货，买方收货后是否付款，完全依赖于双方的商业信用。买卖双方资金负担极不平衡，总存在着一方要冒占压资金，损失利益，货、款两空的风险。所以，汇付不适于大额支付，而主要用于预付货款、支付定金、分期付款、延期付款、小额交易货款支付、待付货款尾数、费用差额及佣金的支付等。

11.3 支付方式（二）：托收

11.3.1 托收概述

1. 托收的含义及其当事人

（1）托收的含义。

托收（Collection）是委托收款的简称。在国际贸易中，主要采用银行托收，即债权人（出口商）为向债务人（进口商）收取款项，出具债权凭证（票据）委托银行代为收款。

（2）托收的当事人及其关系。

① 委托人（Principal or Consignor），即提出申请，委托银行办理托收业务的客户，通常是出口商。

② 托收行（Remitting Bank），也称为寄单行，即接受委托人的委托，办理托收业务的银行，通常是出口商在其所在地开立账户的银行。

③ 代收行（Collecting Bank），即接受托收行的委托向付款人收取票款的银行，通常是托收行的国外分行或在进口地的代理，或进口商的往来银行。

④ 提示行（Presenting Bank），也称为交单行，即向付款人做出提示汇票和单据的银行。通常由代收行兼任提示行；在代收行与付款人没有账户往来关系时，通常由与代收行有账户关系的付款人的往来银行充当提示行。

此外，在国际贸易结算中，托收还会涉及如下关系人。

① 付款人（Payer），即进口商，是国际贸易合同中的债务人。

② 需要时的代理（Principal's representative in case of need），即出口商在付款地事先指定的代理人，一旦发生拒付，由该代理人代为料理货物存仓、投保、运回或转售等事宜。

在国际贸易托收中，委托人和付款人之间是债权债务关系；委托人与托收行之间、托收行与代收行之间都是委托代理关系；付款人与代收行之间则不存在任何法律关系。

2. 托收的种类及其基本业务流程

托收的种类见表 11-12。基本业务流程如图 11.5～图 11.7 所示。

表 11-12 托收的种类

分类标准	大类	特征、小类
随附提单、保险单、装箱单等商业单据与否	光票托收（Clean Collection）	不附带商业单据的金融单据的托收，如汇票托收、支票托收。有些汇票托收仅附商业发票、垫款清单等，习惯上也被视为光票托收
	跟单托收（Documentary Collection）	附带商业单据的托收 根据交单条件的不同，跟单托收又分为： ① 付款交单（Documents against Payment，D/P）。即以进口商付款为交单条件。按付款时间不同，又可分为即期付款交单（D/P at sight）（见图 11.5）和远期付款交单（D/P after sight）（见图 11.6）两种 ② 承兑交单（Documents against Acceptance，D/A）。即以进口商在汇票上承兑为交单条件（见图 11.7） 附有金融单据与否，跟单托收又分为： ① 附有金融单据的跟单托收。即出口商开立跟单汇票交给银行，委托银行代收款项。它凭汇票付款，商业单据都是汇票的附件。它与光票托收的区别是：前者必须附有货运单据，后者则没有 ② 不附有金融单据的跟单托收。有些国家规定汇票等金融单据必须贴有印花税，因此，为了避免负担此印花税，一些出口商在办理即期付款托收时，不使用汇票等金融单据，只凭商业单据托收

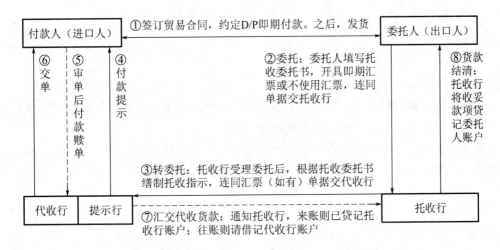

图 11.5 即期付款交单基本业务流程

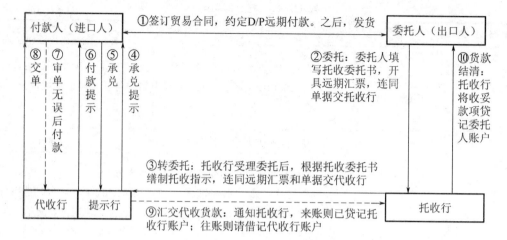

图 11.6　远期付款交单基本业务流程

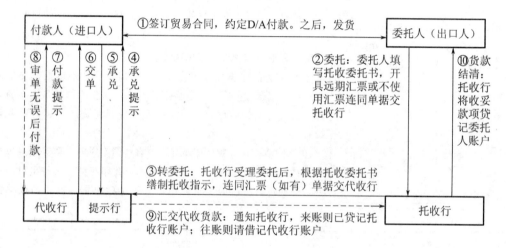

图 11.7　承兑交单基本业务流程

提示

在远期付款交单情况下，买方若想抓住行情、不失时机转售货物，可有两种做法：第一，在汇票到期前提前付款赎单；第二，出具信托收据（T/R）向银行借出单证，待到期日再付款换回信托收据，即：付款交单凭信托收据借单（D/P.T/R）。

由于承兑交单是进口商只要在汇票上承兑之后，即可取得货运单据，凭以提取货物。一旦进口商到期不付款，出口商便会遭到货、款两空的损失。因此，出口商应慎重接受承兑交单。

提示

附有金融单据的跟单托收，即使其他条件相同，因交单条件不同，交单日也不同（举例见表 11-13）。

表 11-13 D/P 与 D/A 的主要区别

付款方式	出票日	承兑提示日	承兑日	付款提示日	付款日	交单日
(1) D/P 即期	6月2日	—	—	6月10日	6月10日	6月10日
(2) D/P 见票后30天	6月2日	6月10日	6月10日	7月10日	7月10日	7月10日
(3) D/A 见票后30天	6月2日	6月10日	6月10日	7月10日	7月10日	6月10日

阅读案例 11-3

D/P. T/R 的风险谁承担？

【案情简介】

我国 A 公司出口一批货物，付款方式为 D/P 60 天。汇票及货运单据通过托收银行寄抵国外代收行后，买方进行了承兑。但货物到达目的地后，恰逢行市上涨，于是买方出具信托收据（T/R）向银行借出单证。货物出售后，买方由于其他原因倒闭。但此时距离汇票到期日还有 30 天。

【案例点评】

本案例属于典型 D/P. T/R，谁同意借单谁就承担买方到期不付款的风险。在本案中，买方倒闭后，很难于汇票到期时付款。如果是 A 公司授权银行凭信托收据借单给进口人，由 A 公司承担风险；如果是代收行私自借单，A 公司可向代收行索要货款损失。

3. 托收的规则

(1) 托收统一规则。

国际商会早在 1958 年即草拟了《商业单据托收统一规则》，后几经修订，于 1995 年公布了《托收统一规则》（Uniform Rules for Collection Publication No.522，即 URC522），它于 1996 年 1 月 1 日起生效至今。

(2) 托收申请书。

托收申请书（Application for Collection）又称为托收委托书，主要由委托人填制，详细表明委托人的要求，即写明委托的内容、双方的责任范围、对具体问题的处理意见，是委托人与托收行之间的契据。

(3) 托收指示书。

托收指示书（Collection Order or Collection Advice）是托收行与代收之间关系确立的凭证，由托收行严格参照托收申请书缮制，并附汇票（如有）和货运单据（如有）等寄交代收行。

 提示

托收指示中的收款指示示例：

(1) 在代收行与托收行有账户联系的情况下，①如果托收行在代收行设有账户，托收指示可注明这样的文句：Collection, please credit the proceeds to our account with you under airmail/cable advice to us.（请将托收款贷记我行在你行的账户并通过航邮或电报通知我行。）②如果代收行在托收行设有账户，托收指示可注明这样的文句：Please collect

proceeds and authorize us by airmail/cable to debit your account with us. （请代收货款并通过航邮或电报授权我行借记贵行账户。）

(2) 代收行与托收行无账户联系的情况下，可找一家与托收行和代收行均有账户关系的代理行。如果托收行在该代理行设有账户，则托收行可在托收指示书上作这样的交款指示：Upon collection，please remit the proceeds by airmail/cable to. . . Bank for credit our account with them under their airmail/cable advice to us. （请将托收款通过航邮或电报寄往某某银行，以贷记我行在他行的账户，并通过航邮或电报通知我行。）

阅读案例 11-4

能否追究代收行未收利息即行交单的责任

【案情简介】

某出口合同约定见票后45天付款交单付款。在出口人所填写的托收委托书中，虽说明除本金外需加收利息，但并未说明利息不能免除。在出口人所提交的汇票上也未列明利息条款。托收行的托收指示书中也未说明利息不能免除。当代收行向进口人提示单据时，进口人只肯支付本金而拒付利息，在此情况下，代收行在收到本金后即交出单据，并通知出口人有关拒付利息的情况。出口方因此欲追究代收行未收利息即行交单的责任。

【案例点评】

出口方不能追究代收行的责任。主要理由：按URC522的有关规定，在托收业务中，托收银行按托收委托书的指示办事。代收行按托收指示书的指示办事。既然托收委托书和托收指示书均未说明利息不能免除，则代收行未收利息只收本金后就将单据交给进口人的行为是合理的。

11.3.2　托收的特点及注意事项

光票托收主要用于货款的尾数、样品费用、佣金、代垫费用、贸易从属费用、索赔以及非贸易的款项。跟单托收较常见。采用托收方式结算，进口商可免去申请开立信用证的手续，不必预付银行押金，减少费用支出，有利于资金融通和周转。而许多出口商则把采用托收作为推销库存货和加强对外竞销的手段。

托收属于商业信用，总体上有利于买方，不利于卖方。毕竟出口商先发货，能否收到款项，全凭进口商的信誉；其风险主要是进口商倒闭或拒付或以货物的规格、质量、包装、数量等不一致而要求降价等。当然，由于货物单据化，进口商也可能付款后发现货物与规定不符，甚至遇到因出口商伪造单据进行诈骗而货、款两空。如果银行在托收业务中提供融资服务，该银行也可能面临进出口商的信用风险。

阅读案例 11-5

谁应该承担延误收款的责任

【案情简介】

中国甲公司通过中国某银行代收货款。甲在托收委托书中指定了代收行为委内瑞拉A行。中国某银行却因业务失误，转委托自己的业务往来银行委内瑞拉B行为代收行。B行又再次转委托与付款人在同一个城市的 C 行代收。C 按照托收指示上的地址通知付款人,发现付款人搬迁了,却也因为有关职员工作作风散漫,未及时告知 B 行。半年后,甲公司追问,才告知托收行自己当初指定 A 为代收行的初衷是进口公司乙告知自己即将搬迁,新址未定,而 A 是乙的开户行,如果乙搬迁了,乙肯定会将新址详细告知 A。

还好甲和乙是多年的业务伙伴,乙同意付款。但是,在这半年内委内瑞拉货币对美元严重贬值,为了支付以美元计价的货款,乙将多付出本币。乙只同意按照原汇率付款,不同意按照新汇率付款。

经过多次协商,甲、乙按照 7∶3 比例承担了此汇率变动造成的损失,没有追究银行的责任。

【案例点评】

如果 A 建立了严格的托收管理制度,催收清理及时,同时在托收委托书中强调付款人乙即将搬迁,A 是乙的开户行,必须通过 A 代收,此损失可能就不会发生了。不过,甲其实可以理直气壮地追究托收行中国某银行和代收 C 行的责任。

11.4　支付方式(三):信用证付款

11.4.1　信用证付款概述

1. 信用证的含义及其当事人

(1) 信用证的含义。

信用证(Letter of Credit,L/C)是银行开立的一种有条件的承诺付款的书面文件。

《跟单信用证统一惯例》(《UCP600》)规定:信用证,意指一项约定,无论其如何命名或描述,该约定不可撤销并因此构成开证行对于相符交单予以兑付的确定承诺。

 提示

信用证的格式不一,但一般包括以下六个方面内容:①对信用证本身的说明:信用证的种类(Form of Credit)、编号(L/C Number)、开证日期(Issuing Date)、有效期(Expiry Date)、到期地点(Expiry Place)、币别和金额(Currency Code & Amount)、有关当事人的名称、地址等。开证银行(Issuing/Opening Bank)、通知银行(Advising/Notifying Bank)、开证申请人(Applicant)、受益人(Beneficiary)。②货物描述(Description of Goods and/or Services):货物品名、货号和规格(Commodity Name,Article Number and Specification)、数量(Quantity)、包装(Packing)、单价(Unit Price)、唛头(Shipping Marks)等。③装运条款(Transport Clause):包括运输方式、装运港(地)(Port/Place of Loading/Shipment)、目的港(地)(Port/Place of Discharge or Destination)、装运期限(Latest Date of Shipment)、可否分批装运(Partial Shipment Allowed/ not Allowed)、可否转运(Transshipment Allowed/not Allowed)。④单据条款(Documents Required Clause):规定应附单据的种类、份数、签发条件。⑤其他条款:交单期限(Documents Presentation Period;Period for Presentation of Documents)、偿付条款(Reimbursement Clause)、银行费用条款(Banking Charges Clause)、信用证生效性条款(Valid Conditions Clause)、特别

条款（Special Conditions）、开证行对议付行的指示（Instructions to Negotiating Bank）、背批议付金额条款（Endorsement Clause）、索汇方法（Method of Reimbursement）和寄单方法（Method of Dispatching Documents）、惯例适用条款（Subject to UCP Clause）。⑥责任文句：开证行付款保证（Engagement /Undertaking Clause）和签字（Signature）。

(2) 信用证的当事人及其关系。

① 开证申请人（Applicant，Opener），又称开证人，意指发出开立信用证申请的一方，一般为进口商。如开证人就是开证行，其所开信用证称为"双名信用证"，使用极少。

② 开证行（Issuing Bank，Opening Bank），意指应申请人要求或代表其自身开立信用证的银行。它由开证人选定，与开证人之间是委托代理关系，一般处于进口商所在国。一旦开出信用证，开证行就必须对受益人承担第一性的付款责任。开证行的信誉、业务经验是其他当事人参与信用证业务与否的主要依据。

③ 通知行（Advising Bank，Notifying Bank），意指应开证行要求通知信用证的银行。它由开证行选定，与开证行之间是委托代理关系，一般处于出口商所在国。它接到信用证、经核对印鉴或密押无误后，根据开证行的要求缮制信用证通知书，连同信用证通知受益人。

④ 受益人（Beneficiary），意指享有信用证权益的一方，通常为出口商或中间商。

⑤ 议付行（Negotiating Bank），意指通过向受益人预付或者同意向受益人预付款项的方式购买相符交单项下的汇票（汇票付款人不是该议付行）及/或单据的银行。议付行可以由通知行或保兑行兼任，也可以是出口地的其他银行。

⑥ 付款行（Paying Bank），也称为代付行，意指开证行的付款代理行。开证行通常委托通知行兼任付款行，也可能授权另一家银行充当付款行，作为信用证项下汇票的付款人或付款信用证下执行付款的银行。付款行一经接受开证行的代付委托，其审单付款责任与开证行一样，也属于"终局性"的；有时，信用证指示付款行不必审单，仅凭交单行或受益人的单证相符声明付款，则付款行付款后也没有追索权。

⑦ 保兑行（Confirming Bank），意指应开证行的请求对信用证加具保兑的银行。开证行通常邀请通知行兼任保兑行，也可能授权另一家银行充当之。保兑行与开证行一样，都承担第一性的"终局性"付款责任。

⑧ 偿付行（Reimbursing Bank，又称清算行 Clearing Bank），意指开证行指定的、对索偿行进行偿付的代理行。索偿行可以是议付行、付款行、承兑行、保兑行。如果开证行与索偿行没有账户关系，特别是信用证采用第三国货币结算时，开证行会指定另一家与其有账户关系的、货币所在国的银行充当偿付行。所以，偿付行往往是第三国银行，也可由通知行兼任。根据它与开证行之间的偿付协议（属于委托代理合同），偿付行仅凭索偿书偿付，不接受单据、不审核单据、不与受益人发生关系，偿付行的偿付不能视为开证行的付款。索偿行将单据直接寄给开证行，将索偿书径直寄给偿付行。如果开证行审单发现不符点，即使偿付行已经偿付，开证行也无权向偿付行追索，而只能向索偿行追索。如果开证行没有存款或存款不足，又无透支协议，则偿付行有权拒付。如偿付行未能于索偿行首次索偿时即行偿付，则开证行不能解除其自身的偿付责任。

提示

综上所述,在信用证业务中,进口商受两种契约关系约束:第一是与出口商之间的买卖合同,第二是与开证行之间的开证申请书。开证行和受益人是信用证最基本的当事人。议付行、付款行、承兑行、保兑行、偿付行等有权使用信用证的银行统称为"被指定银行"(Nominated bank),开证行与"被指定银行"之间是委托代理关系。

2. 信用证的种类及其基本业务流程

依据不同标准,信用证可以分为多种,见表 11-14。

表 11-14 信用证的种类

分类标准	种 类
是否附有商业单据	跟单信用证 Documentary L/C、光票信用证 Clean L/C
未经受益人同意,可否撤销	可撤销信用证 Revocable L/C、不可撤销信用证 Irrevocable L/C
有无保兑	保兑信用证 Confirmed L/C、非保兑信用证 Unconfirmed L/C
兑付方式	即期付款信用证 Sight Payment L/C、延期付款信用证 Deferred Payment L/C、承兑信用证 Acceptance L/C、议付信用证 Negotiation L/C
受益人对信用证的权利是否可转让	可转让信用证 Transferable L/C、不可转让信用证 Non-transferable L/C
其他标准	背对背信用证 Back to Back L/C、对开信用证 Reciprocal L/C、预支信用证 Anticipatory L/C、循环信用证 Revolving L/C、备用信用证 Standby L/C

注:①《UCP600》规定信用证都是不可撤销的。②预支信用证:是指开证行授权付款行(通常由通知行兼任)或直接向受益人预付信用证全部或部分金额的信用证,包括红条款信用证(Red Clause L/C)和绿条款信用证(Green Clause L/C)。预支信用证适用于:紧缺或季节性商品,进口商以优惠的、有竞争力的付款方式争取成交;出口商资金短缺或资金周转不灵;国外客户与它在国内分支机构、独资公司、合资公司之间的贸易。预支信用证的基本原则:第一,谁垫款谁收取利息;第二,预支款项的损失风险均由进口商承担。③循环信用证:是指其金额被全部或部分使用,无需经过信用证修改,根据一定条件就可以自动、半自动或非自动地更新或还原再被使用,直至达到规定的使用次数、期限或规定的金额用完为止的信用证。循环信用证适用于分批均匀交货的长期供货合同。④备用信用证:是指开证行根据申请人的请求,对受益人开立的、承诺在开证申请人未能够履行其义务时,受益人只要提交备用信用证规定的开证申请人未履行义务的声明或证明文件等,开证行即偿付的一种信用证。

(1) 按照兑付方式分类是比较重要的分类方式。

① 即期付款信用证:是指受益人(出口商)根据开证行的指示开立即期汇票,或无须汇票仅凭货运单据即可向指定银行(付款行)提示请求付款的信用证。

② 延期付款信用证:是指不需汇票(免开汇票主要是为了免缴印花税),仅凭受益人交来的单据,审核相符,指定银行(付款行)即承担延期付款责任,并到期付款。

③ 承兑信用证：是指受益人开立以开证行或以其他银行为付款人的远期汇票，银行在审单无误后，应承兑汇票并于到期日付款的信用证。

④ 议付信用证：议付意指议付行在其应获得偿付的银行日或在此之前，通过向受益人预付或同意向受益人预付款项的方式购买相符交单项下的汇票（汇票付款人为该议付行以外的银行）及/或单据。

提示

不同兑用方式的信用证的主要差异见表 11-15。其中，议付信用证使用最广。假远期信用证并不多见，如使用假远期信用证，进口商可利用付款银行的资金，但需支付贴现利息和承兑费用；出口商能即期十足收款，但要负担信用证项下的汇票遭拒付时被追索的风险。承兑信用证与延期付款信用证的主要区别在于前者需要开具汇票。

表 11-15　不同兑付方式的信用证比较

项目＼种类	即期付款信用证	延期付款信用证	议付信用证	承兑信用证	
				卖方远期信用证	买方远期信用证（假远期信用证）
受益人收款	即期获得十足票面金额	远期获得十足票面金额	即期获得扣减了利息后的票面金额	远期获得十足票面金额	即期获得十足票面金额＝净款＋买方支付的利息
申请人付款	即期	远期，甚至几年	即期	远期，一般半年内	远期，一般半年内
银行付款或议付	见单即付	远期，甚至几年	见单即垫付或答应垫付	远期，一般不超过半年	见单即付
对受益人有无追索权	由付款行付款，无追索权	由付款行付款，无追索权	议付行垫付后有追索权	指定银行先承兑后付款，无追索权	指定银行先承兑后付款，有追索权
受益人是否开立汇票	不开立，或开立即期汇票	不开立	不开立，或开立即期汇票	开立远期汇票	开立远期汇票
汇票受票人	指定付款行	—	议付行以外的其他银行	指定承兑行	指定承兑行
受益人可以使用的融资工具和方式	背书转让汇票（如果开立汇票）	凭交单时付款行提供的"延期付款承诺书"抵押借款	背书转让汇票（如果开立汇票）	贴现承兑后的远期汇票；承兑费和贴息由卖方承担	贴现承兑后的远期汇票；承兑费、贴息由买方承担

图 11.8 揭示了议付跟单信用证的基本业务流程。其他信用证的基本环节类似。

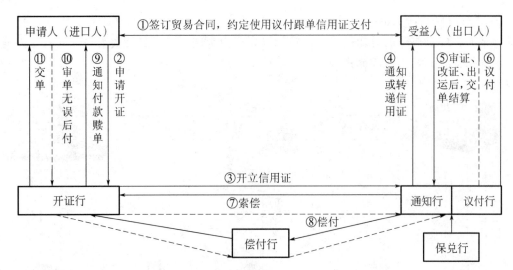

① 进出口商签订贸易合同，规定使用议付跟单信用证支付。
② 申请开证：申请人按合同规定向当地银行提出申请，并交付押金或提供其他担保，要求开证。
③ 开立信用证：开证行接受开证申请后，以航空挂号信开或以传真、SWIFT 等电开的方式开证。
④ 通知或转递信用证：通知行将信用证转给受益人。
⑤ 出口商审证、改证、出运，交单结汇：受益人接到信用证后，对照贸易合同审证，如发现不符，可要求申请人通过开证行改证，或根本拒收信用证；如审核无误后，则装运货物出口，取得货运单据。受益人将缮制、核对后的全套单据、正本信用证交议付行要求议付或要求保兑行（如有）付款。
⑥ 议付：议付行审单无误后预垫款项或答应垫款；或保兑行（如有）付款；如发现单证不符，则可拒付。
⑦ 索偿：议付行或保兑行（如有）接受单据后，应在信用证背面注销所付金额（背批）并将单据寄送开证行或其指定收件人，向开证行或其指定偿付行（如有）索偿。单据通常分正副两批先后寄发，以免遗失。
⑧ 偿付：开证行或其指定的偿付行（如有）偿付。如果单据有不符点，则拒付。
⑨ 通知付款：开证行通知申请人付款赎单。
⑩ 进口商核对单据无误后，付款赎单。
⑪ 开证行交单。之后，进口商凭单取货。

图 11.8 议付跟单信用证的基本业务流程

(2) 可转让信用证、背对背信用证、对开信用证比较容易混淆。
① 《UCP600》第 30 条规定：可转让信用证意指经转让行办理转让后可供第二受益人使用的信用证。其基本业务流程如图 11.9 所示。

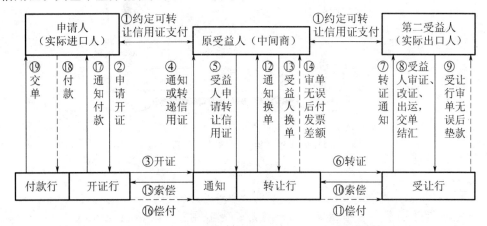

图 11.9 可转让信用证的基本业务流程（第一受益人替换单据时）

② 背对背信用证：也称为对背信用证、转开信用证，指受益人（通常为中间商）作为开证申请人，要求原证的通知行或其他银行以原证为基础，向第二受益人另开立的、内容相似的新信用证。其基本业务流程如图 11.10 所示。

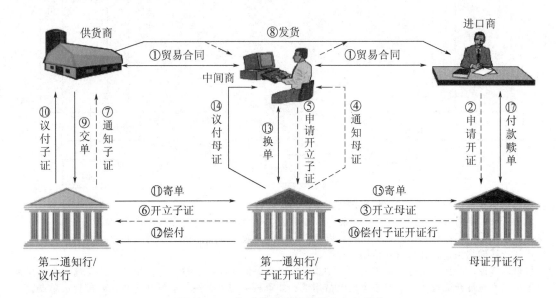

图 11.10　背对背信用证的基本业务流程

③ 对开信用证：贸易双方各开出一份以对方为受益人的信用证，用于两批不同商品的易货、补偿或加工贸易的结算。第一信用证的开证行和通知行分别就是第二信用证（回头证）的通知行和开证行；两证可同时或先后开立；可以同时或先后生效。如果争取两证同时生效，先收后付，对第一证的受益人会比较有利一些。其基本业务流程如图 11.11 所示。

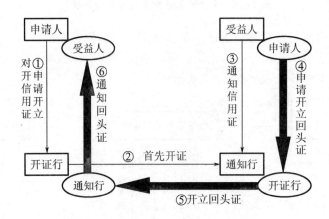

图 11.11　对开信用证的基本业务流程

 提示

可转让信用证、背对背信用证、对开信用证的主要区别见表 11-16。

表 11-16　可转让信用证、背对背信用证、对开信用证的主要区别

项　　目	可转让信用证	背对背信用证	对开信用证
适用范围	中间商转卖货物；总公司统一对外成交，各分公司交货	中间商转卖货物	易货、补偿贸易或加工贸易
涉及信用证的套数	一套信用证的转让	原证、对背信用证两证同时存在	第一、第二两证同时存在
开立意旨	转让信用证是申请人的意旨并经开证行同意，并在信用证加列"Transferable"字样	开立对背信用证是原证受益人的意旨；原证申请人和开证行与此无关	
开证行	转让行按第一受益人的指示变更可转让信用证部分条款，通知第二受益人，该行地位不变，仍是转让行	开立对背信用证的银行成为该对背信用证的开证行	第一证的开证和通知行分别是回头证的通知行和开证行；两证可同时对开，也可以先后开立；可同时生效，也可以先后生效
受益人的权益	第二受益人可得到开证行的付款保证	对背信用证的受益人得不到原证开证行的付款保证	分别受各自开证行的付款保证

阅读案例 11-6

缺乏可转让信用证常识遭到拒付

【案情简介】

A 与 B 两家食品进出口公司共同对外成交出口货物一批，双方约定各交货 50%，各自结汇，由 B 公司统一对外签订合同。事后，外商开来以 B 公司为受益人的不可撤销即期付款信用证，证中未注明"可转让"字样，但规定允许分批装运。B 公司收到 L/C 后，及时通知了 A 公司，两家按照 L/C 的规定各出口了 50% 的货物并以各自的名义制作有关的结汇单据。最终，开证行以单据不符拒付。

【案例点评】

A、B 均缺乏可转让信用证常识。可转让信用证应明确表明其"可以转让"（Transferable），否则视为不可转让信用证。如果当初 B 公司及时要求修改信用证，则可以将信用证全部或部分转让给 A 公司。

3. 信用证的规则

（1）信用证的国际贸易惯例。

目前，有关信用证的国际贸易惯例主要包括《UCP600》《ISBP681》《URR725》《ISP98》。

提示

《UCP600》的全称为《跟单信用证统一惯例,2007 年修订本,国际商会第 600 号出版物》(The Uniform Customs and Practice for Documentary Credits,2007 Revision,ICC Publication No. 600)。它于 2007 年 7 月 1 日生效。

《ISP98》是《国际备用证惯例》(International Standby Practice,ICC Publication No. 590)的简称。《ISP98》于 1999 年 1 月 1 日实施,只适用于备用信用证。

如果一份信用证同时注明依据《UCP600》和《ISP98》,则《ISP98》优先于《UCP600》。

(2) 信用证开证申请书。

进口商按照合同规定填写信用证开证申请书向银行办理开证手续。该开证申请书是进口商与开证行之间的契据,是开证银行开立信用证的依据,是开证的首要文件。

(3) 信用证。

信用证是信用证货款结算的核心文件,其最基本的当事人是开证行和受益人。

11.4.2 信用证的特点及注意事项

1. 信用证的特点

(1) 信用证是一种银行信用。信用证一经开出,其开证行即是主债务人,承担第一性的(首要的)、独立的付款责任。即使开证人事后丧失偿付能力,只要出口商提交的单据符合信用证条款,开证行也必须承担付款责任。

(2) 信用证是一项自足文件。信用证依据开证申请书开立,而开证申请书依据买卖合同开立。但信用证一经开立,即成为独立于买卖合同之外的契约。信用证各当事人的权利和责任完全以信用证条款为依据,不受买卖合同的约束。

(3) 信用证是一种单据买卖。银行只以受益人所交单据是否相符来决定是否付款。"相符"要求单证一致、单单一致、单内一致、与《UCP600》等相关惯例一致、符合业务逻辑。

 阅读案例 11-7

出口人哪些做法不对

【案情简介】

案例 1:某进出口公司从国外进口一批钢材,支付方式为不可撤销即期信用证。受益人接受信用证、货物备妥后,出口公司和银行都得知进口人破产了。于是,出口人停止继续执行合同,四处寻求新买主。

案例 2(单据 Wooden Case 与 Wooden Crate 不符致损案):某年 4 月 5 日,国外曼哈顿贸易发展公司 B 通过某银行开出一 L/C,以某农产品出口公司 A 为受益人。L/C 有关商品条款规定:"50M/Tons of Bee Honey. Moisture:18%~22%. Variety:Acacia. Packing:In tins of 25 kgs. net each; 2 tins to a wooden case." (50 公吨蜂蜜。水分 18%~22%。品类:槐花。包装:听装,每听净重 25 千克;2 听装一木板箱。) A 公司根据 L/C 要求准备装运工

作，但单证人员在缮制提单时与出口海运托运单对照发现，L/C 规定的货物包装与合同规定的包装不一致。L/C 规定"Wooden Case"（木板箱）装；合同规定"Wooden Crate"（木条箱）装，实际货物也是木条箱包装。A 公司考虑，该商品包装是有两种：木板箱装和木条箱装。L/C 既然改为木板箱装，因第三天即将开始装船，修改 L/C 已来不及了。如果先装船等修改后议付，则风险太大。如果联系船方代理退载，则需赔偿空舱损失费。所以，A 公司最后决定：因库存还有木板箱装的货物，即改为木板箱包装货物装船，这样既可满足 L/C 要求，安全收汇，又不影响按时装运。

4 月 24 日，A 公司按木板箱包装货物办理了装运工作。

25 日却接到买方来电称："首先向贵公司表示万分歉意。由于我方疏忽，第×××号 L/C 关于 50 公吨蜂蜜的包装条款发生笔误，其中'Wooden Case'（木板箱）一词应改为'Wooden Crate'（木条箱）。同日已通过开证行修改 L/C。谢谢配合。"

A 公司接到买方上述电文后，同日也接到银行关于木板箱装改为木条箱装的 L/C 修改书。A 公司经与通知行研究决定拒受修改，将修改书退回。同时仍按木板箱装的单据办理寄单议付。

4 月 29 日又接到买方来电："我 25 日电谅你已收到，我 L/C 已修改包装为木条箱包装，但今接你装运通知电，你方仍按木板箱包装货物装运，这是为何？根据我们第×××号合同规定，50 公吨蜂蜜全要木条箱包装。该货系我转售给实际用户 M 公司，我与 M 的合同亦确定为木条箱包装。你方如此违反合同规定，我无法接受。"

5 月 6 日开证行来电："第×××号 L/C 项下单据经审核存在不符点：我 L/C 对货物价格为'C&F'，而你方发票上表示价格却为'CFR'，因此单证不符。单据暂在我处保存。速告如何处理。"

A 公司即于 8 日反驳如下："你 6 日电悉。关于'C&F'与'CFR'的不符点事，根据国际商会《2000 通则》'C&F'贸易术语已改为'CFR'。所以不符点不成立。"

5 月 10 日开证行又答复如下："你 8 日电悉。尽管《2000 通则》中'C&F'已改为'CFR'。但我 L/C 明确规定：'本证根据国际商会《UCP500》办理'，我行根据该《UCP500》第 13 条和第 14 条规定，我银行只管单据表面与 L/C 条款是否相符。如果单据表面与 L/C 条款不符，银行即可拒收单据。你'CFR'就是与'C&F'表面不符。因此单证不符成立。速告单据处理的意见。"

A 公司只好又向买方交涉，均无效果。因 A 公司违背双方合同规定交货，最后只好派人到进口国与买方当面谈判，A 公司终以自负费用在目的港更换包装而结案。

案例 3：某公司对外出口一批钢材，支付方式为不可撤销即期信用证。进口商以怀疑货物品质不符为由，要求开证行拒付。受益人得知后，非常着急。

【案例点评】

信用证付款是一种银行信用，信用证是独立于合同的一种自足文件，信用证付款是一种纯粹的单据买卖。

案例 1：出口公司收到的是不可撤销即期付款信用证，这种信用证一经开出，在有效期内，未经受益人（即本案中的出口公司）及有关当事人同意，开证行不得片面修改和撤销。只要受益人提交的单据符合信用证规定，开证行就必须履行即期付款义务。所以，出口公司可以严格继续执行合同，并且按信用证规定细心制作单据，及时交单议付，并最好提请议付行及时寄单索偿，不给付款行或开证行任何拒付的理由，就可以安全地收到货款。如果盲目停止继续执行合同，对出口人反而不利。

案例 2：A 公司的教训是"将错就错还是错"，其根本原因是没有严格审查 L/C。买方错开 L/C 包装条款，A 公司没有审查出来，直至临装船前有关单证人员在缮制提单时才发现问题。A 公司本有权向买方提出改证，买方也有义务依约改证，但 A 公司却没有这样做，其教训是十分深刻的：①信守合同是履约之本。以 L/C 为支付方式时，如果发现 L/C 条款有误，不符合双方合同规定，不要轻易将错就错，最妥善的办法是向买方提出修改 L/C。如买方拒不改证，即构成违约。本案例的 A 公司由于当时没有及时发现包装条款与合同不符，才形成进退两难的被动局面：装船则无法办理议付收汇；不装船则赔偿船方空舱损失；先装船后再等待修改 L/C，无把握，其风险大。所以 A 公司最后才采取按 L/C 要求换货装船，误认为这是最安全的途径。但未料到买方并非欲更改包装条款，而是开证时的笔误（因"Case"与"Crate"仅错两个字母），故以后又来修改 L/C。遗憾的是 A 公司当时木板箱包装的货已经上船，"生米煮成熟饭"，不得不硬着头皮将 L/C 修改退回、拒绝接受。A 公司并没有考虑不按照合同规定交货的后果，使本应属对方的失误行为变成了自己的违约行为。②正确理解和运用国际贸易惯例。A 公司制单不细致，其单据上只因"CFR"与"C&F"一个字母之差，授人以柄。国际商会《1990 通则》和《2000 通则》中早已将"C&F"术语取消了，改为"CFR"术语，这是事实。但 L/C 下所依据的国际惯例是《UCP500》，该惯例强调单证严格相符，即银行只管单据与 L/C 条款表面相符。L/C 条款错了，受益人可以要求修改，受益人接受了该 L/C，等于承认了它，就必须提交与其表面上相符的单据，否则开证行可以拒付货款。A 公司在单据上留下漏洞，对方当然可以以此为借口，达到拒付货款的目的。

案例 3：卖方不必着急。进口人的要求不合理，银行也不会同意。因为，信用证属于银行信用，带有单据买卖性质，只要受益人（出口人）按时提交了信用证规定的单据，作为第一付款人的银行就必须履行付款的义务。如果单据有问题，银行可以拒付。银行付款或拒付均不应受开证申请人的意志所左右。到货后，如果发现归因于卖方责任的质量问题，再由进口人根据进出口贸易合同向卖方索赔。

2. 信用证使用注意事项

信用证支付是银行信用，对出口商安全收汇较有保障，也避免了进口商预付货款的风险，在很大程度上解决了买卖双方付款与交货的矛盾，促进了国际贸易的发展，尤其是在成交金额大、买卖双方初次交易、互相缺乏了解的情况下。

信用证支付也存在风险，包括：因申请人或开证行破产、倒闭及其他原因无法履行付款义务，导致权利人资产损失的信用风险；由于市场价格变动，影响金融资产市价所带来的市场风险；因金融资产变现差而造成的流动风险，如抵押物变现损失及银行垫款等；由于制度不当、人为疏忽、监察不力或管理失常等操作失当造成资金损失的操作风险；由于契约不详、授权不实、法令不全、交易对手无行为能力或存在信用证欺诈，造成合同或信用证被判无效而形成法律风险。

 提示

信用证欺诈（包括：伪造、变造信用证或随附的单据、文件，使用作废的信用证，骗取信用证，利用信用证软条款进行欺诈等）是信用证业务中最大的法律风险，是影响信用证业务最突出的问题之一。信用证欺诈的主要防范措施见表 11-17。

表 11-17　信用证欺诈的主要防范措施

项目	受益人	申请人	银行（包括开证行、付款行、承兑行、保兑行、议付行）
事前防范	受益人是信用证的债权人，是假信用证的首要受害者。 防范：与买方协商开证时：应充分了解申请人和开证行的资信，不接受不了解的银行开证，或要求其通过熟悉的银行转开信用证，或要求保兑。审证时：应通过银行渠道验证；重视信用证及其修改条款，避免软条款。如果可以，最好选择通知行议付	申请人是最终的付款责任人，一旦依据假单据付款，申请人将面临钱货两空的风险。 防范：买方亲自验货或监督装船，或采用 FOB 交货条件，或买方自己定船运输；在风险难以评估的情况下，也可以采用福费廷等方式避险	开证：认真审查申请人资格。审证：严格按《UCP600》规定，参照格式文本，拟订或审查信用证条款，防止遗漏，避免模糊词汇。审单付款：应保持独立于申请人的心态和地位，不能盲从于申请人的不合理要求。在申请人付款赎单前银行应当控制物权凭证，必要时可变卖货物收回垫款
事后处理	援用信用证欺诈例外原则进行司法救济，可以在一定的程度上阻止欺诈行为产生损害结果		

阅读案例 11-8

因恶意欺诈，信用证被冻结案

【案情简介】

1993 年 11 月 23 日，B 公司与香港 D 公司签订了进口 2 500 吨船板的合同，每吨 330 美元 CIF 黄浦港，共计总金额 82.5 万美元。

合同订立后，B 公司立即申请 A 银行开出了以 D 公司为受益人的不可撤销 150 天远期信用证，信用证金额为 82.5 万美元，信用证号码为 L/C 593BB717。D 公司收到信用证后，于 1993 年 12 月 30 日将提单及其他单据通过 E 银行香港分行提交 A 银行要求承兑，获得承兑。B 公司付款赎单后，于 1994 年 1 月 25 日持单前往黄浦港提货时，发现该货物早于 1993 年 11 月 9 日被西安市中级人民法院因 D 公司与陕西省五矿公司的纠纷而明令查封。B 公司为此数次与 D 公司联系均未有结果。B 公司遂与黄浦港务公司协商。黄浦港务公司考虑到西安中级人民法院尚有部分货物未查封，于是允许 B 公司提走剩余船板，但还有 724 件价值 290 638.72 美元的船板始终未能提取。为此，B 公司于 1994 年 3 月 30 日向中国国际经济贸易仲裁委员会提出仲裁申请并要求法院进行财产保全。A 市中级人民法院以 D 公司隐瞒真相，确属恶意欺诈为由，下达冻结裁定书，冻结 A 银行开具的 L/C 593BB717 信用证及该证载明的部分金额 516 028.72 美元。

1994 年 12 月 12 日，中国国际经济贸易仲裁委员会做出裁决书：D 公司未能提供充分证据证明其在订立合同前或订立合同时已向 B 公司披露了货物被查封的情况，故 B 公司有权解除合同中 D 公司尚未履行部分，同时要求 D 公司对其违法行为给 B 公司造成的损害承担相应的赔偿责任。1995 年 3 月 25 日，B 公司与 D 公司就执行仲裁裁决达成和解协议，A 市中级人民法院亦对此做出执行裁定：B 公司必须支付货款 225 390 美元及其利息，但将 L/C 593BB717 号信用证项下余额 290 638.72 美元及利息冻结，直至 D 公司依和解协议提供相应货物之时止。

【案例点评】

本案是以欺诈为由对已承兑远期信用证进行冻结的案件。

11.5 支付条款

支付条款是国际贸易合同的主要条款。

11.5.1 支付条款的主要内容

支付条款主要包括付款金额、付款方式、时间、地点及方法等内容。

1. 汇付支付条款示例

（1）买方应不迟于 6 月 25 日将 100% 的货款用票汇预付至卖方（The buyers shall pay 100% of the sales proceeds in advance by Demand Draft to reach the sellers not later than June 25）。

（2）买方应于 4 月 20 日前将 30% 货款电汇至卖方，其余货款收到正本提单传真后 5 日内支付（The buyers shall pay 30% of the sales proceeds by telegraphic transfer. The remaining part will be paid to the sellers within 5 days after receipt of the fax concerning original B/L by the buyers）。

2. 托收支付条款示例

（1）买方根据卖方开具的即期跟单汇票，于见票时立即付款，付款后交单（Upon first presentation the buyers shall pay against documentary draft drawn by the sellers at sight. The shipping documents are to be delivered against payment only）。

（2）买方根据卖方开具的跟单汇票，于见票后 60 天付款，付款后交单（The buyers shall pay against documentary draft drawn by the sellers at 60 days' sight, the shipping documents are to be delivered against payment only）。

3. 信用证支付条款示例

（1）开立 100% 保兑的、不可撤销的即期信用证，该证须于 5 月 20 日前开出（By confirmed irrevocable L/C for 100% invoice value available by sight draft, the L/C is to reach sellers not later than May 20）。

（2）买方应于×年×月×日前（或接到卖方通知后×天内或签约后×天内）通过××银行开立以卖方为受益人的不可撤销的（可转让的）见票后×天（或装船日后×天）付款的银行承兑信用证。信用证议付有效期延至上述装运期后 15 天在中国到期。

（3）买方应通过卖方所接受的银行于第一批装运月份前×天开立并送达卖方不可撤销即期循环信用证，该证在××××年期间，每月自动可供××（金额），并保持有效期至××××年 1 月 15 日在北京议付。

4. 不同结算方式结合使用的支付条款示例

买方通过卖方接受的银行，于装船月份前 20 天开立并送达卖方不可撤销即期信用证，规定 50% 发票金额凭即期光票支付，其余 50% 金额用即期跟单托收方式付款交单。全套货运单据附于托收项下,在买方付清发票的全部金额后交单。如买方不能付清全部发票金额,则货运单据须由开证行掌握,凭卖方指示处理(The buyers shall open through a bank acceptable to the sellers an irrevocable sight letter of credit to reach the sellers 20 days before the month of shipment, stipulating that 50% of the invoice value available against clean draft at sight while the remaining 50% on documents against payment at sight on collection basis. The full set of shipping documents shall accompany the collection draft and shall only be released after full payment of the full invoice value, the shipping documents shall be held by the issuing bank at the seller's disposal)。

11.5.2 商定支付条款的注意事项

商定支付条款时,最重要的是根据商品、客户、市场、价格、双方各自承担风险的能力等诸多因素选用恰当的支付方式:首先考虑收汇安全问题,其次考虑资金占用时间,最后考虑各种支付方式相应的费用成本。由于各种支付方式各有其优、缺点,因此在实际业务中应针对具体情况采用不同的支付方式或其组合:通常只选择一种结算方式;为了加速资金周转,避开或降低结算风险,结合使用多种结算方式,已成为一种新的发展趋势。

1. 影响支付方式选用的主要因素

(1) 客户信用。客户信用是国际贸易合同能否顺利履行的关键因素。对于信用状况不佳或不十分了解的客户,应选择风险较小的支付方式。例如,在出口业务中,一般可采用跟单信用证方式,争取以前 T/T 方式预付货款支付当然更好。若与信用等级高的客户交易,可选择手续比较简单、费用较少的方式。例如,出口可采用 D/P 方式。至于 D/A 或赊销 (O/A),应仅限于本企业的联号或分支机构,或确有把握的个别对象,一般客户应从严掌握。

(2) 贸易术语。采用不同的贸易术语,则其交货方式、适用运输方式不同。在实际业务中,并非每种交货方式和运输方式都能适用于任何一种结算方式。例如,使用 CIF、CFR 等象征性交货方式的交易,卖方交货与买方收货不同时发生,转移物权是以单据为媒介,可选择跟单信用证;如买方信用较好,也可采用 D/P。但使用 EXW、DES 等属于实际交货方式的交易中,由于卖方向买方(或买方指定的人)直接交货,卖方无法通过单据控制物权,因此一般不能使用托收。因为如果通过银行向进口方收款,其实质是货到付款,卖方承担的风险极大。即使以 FOB、FCA 达成交易,虽然也可凭运输单据(例如提单、多式联运单据)交货付款,但其运输由买方安排,由卖方将货物装上买方指定的运输工具,或交给买方指定的承运人,卖方或接受委托的银行很难控制货物,所以也不宜采用托收方式。

(3) 运输单据。如运输单据为提单,因提单是物权凭证、提货凭证,在交付进口人前,出口人尚能控制货物,故适用于信用证和托收方式结算货款。如为航空运单、铁路运单或邮包收据等非物权凭证、非提货凭证,则都不适宜做托收。

2. 单一支付方式选用的技巧

对方资信欠佳或成交金额较大或不容易控制物权时,应该考虑信用证付款。

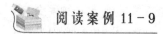

阅读案例 11-9

贸易诈骗案例三则

【案情简介】

案例 1（第一单信守承诺的进口商利用 T/T 付款行骗案）：2000 年，某公司向美国 MAY WELL 公司出口工艺品。该公司以前曾多次与其交往关系不错，但没有成交。第一笔成交客户坚持要以 T/T 付款，称这样节约费用对双方有利。考虑双方长时间交往，还算了解就答应了客户的要求。在装完货收到 B/L 后即 FAX 给客户。客人很快将货款 USD 11 000 汇给我方。第一单非常顺利。一个月后客户返单，并再次要求 T/T 付款，我方同意，三个月内连续 4 次返单总值 FOB DALIAN USD 44 000，目的港为墨西哥。我方在发货后既没有及时追要货款，更没有采取任何措施，使客户在没有正本 B/L 的情况下从船公司轻松提货。待 4 票货全部出运后再向客户索款已为时过晚，客户均以各种理由拖延，一会儿说资金紧张；一会儿说负责人不在；一会儿说马上付款；半年后客户人去楼空，传真、E-mail 不通，4 万多美元如石沉大海。

案例 2（第一单信守承诺的进口商要求寄 1/3 正本 B/L 行骗案）：1997 年 A 公司拟向美国 B 公司出口马桶盖，价格为 FOB DALIAN USD 10 500，付款方式为即期 L/C。B 要求寄 1/3 正本 B/L 给他以便早日提货销售，并一再声称这是美国商界现行流行做法。因是第一次交易，A 坚持不寄，B 则坚持不寄不成交。最后在 B 提供保函保证即使未收到 1/3 提单，也要按时依 L/C 要求付款后，签订了合同。第一次合作很顺利，A 刚刚寄出 B/L，就收到了 B 通过银行的付款。第二次合同金额增至 USD 31 500，B 仍坚持带 1/3 正本 B/L。考虑到 B 第一单很守信用，A 答应了 B 要求。发货后，A 及时将正本 B/L 寄出并迅速向银行交单议付。十几天后，A 询问 B 是否已经付款时，B 答曰：正在办理。二十几天后当 A 发现货款仍未到账又追问 B 是否已付款时，B 答曰：因资金紧张，过几天就付款。实际此时 B 已凭 A 寄去的正本 B/L 将货提走。三十几天后待 A 再询问 B 付款时，B 开始拖延，后来就完全杳无音信了。由于交银行单据超证出运有明显不符点，所以银行也无从帮忙，A 公司白白损失 20 多万人民币。

案例 3（空运方式下的信用证风险）：1999 年 6 月，浙江某出口公司与印度某进口商达成一笔总金额为 6 万多美元的羊绒纱出口合同，合同中规定的贸易条件为 CFR NEW DELHI BY AIR，支付方式为 100％不可撤销的即期信用证，装运期为 1999 年 8 月间自上海空运至新德里。合同订立后，进口方按时通过印度一家商业银行开来信用证，通知行和议付行均为国内某银行，信用证中的价格术语为"CNF NEW DELHI"，出口方收到信用证后，当时对此并未太在意，他们按规定发运了货物，并办理了议付手续。然而，国内议付行在将有关单据寄到印度开证行后不久即收到开证行的拒付通知书，拒付理由为单证不符：商业发票上的价格术语"CFR NEW DELHI"与信用证中的"CNF NEW DELHI"不一致。得知这一消息后，出口方立即与进口方联系要求对方付款赎单；同时通过国内议付行向开证行发出电传，申明该不符点不成立，要求对方按照《UCP500》的规定及时履行偿付义务。但进口方和开证行对此都置之不理，在此情况下，出口方立即与货物承运人联系，其在新德里的货运代理告知该批货物早已被收货人提走。在如此被动的局面下，最终出口方不得不同意对方降价 20％的要求。

【案例点评】

以上三案例造成出口方陷入被动局面的原因在于不了解客户资信和承运人资信。在第 1 个案中，使用电汇付款，获得的只是商业信用，并且以 F 组贸易术语签订合同、由买方负责安排运输，其出口风险更大。

即使采用信用证付款，如第 2 个、3 个案例所示，如果出口方在收到货款前就丧失了货权，收款风险也很大。而出口方在得到偿付之前，货权就已丧失是由于 1/3 正本 B/L 直接寄给买方或空运单的特性决定的。

经验教训：

(1) 最好能以 L/C 为主要付款条件来签合同。即使在 L/C 付款条件下，对证中含有要求 1/3 正本 B/L 直接寄给买方、提供烦琐的检验报告、限制第三国议付等软条款的，要事先落实是否能做到，否则决不接受。对其他条款也要认真审核，如不能做到，要及时通知客户修改。认真制单，不给对方以任何可乘之机。

(2) 对于 D/A、D/P、T/T 下成交，应规定权限范围，必须对客户有十分可靠的了解。

(3) 努力识破奸商惯用的欺诈手段，防患于未然。

(4) 加强对合同和信用证的监管，及时查款，防止客户迟迟不付。

(5) 加强与银行的业务沟通，自觉接受银行的指导。

资料来源：案例 1、2 改编自：慧聪网 http：//info.news.hc360.com/html/001/002/008/016/30926.htm 2004-01-12，信息来源，中国国际招标网；案例 3 改编自：王善论. 空运方式下的信用证风险防范. 北京：国际经济合作，2000 (7).

3. 多种支付方式结合使用的技巧

(1) D/A 与即期 D/P 相结合。

在加工装配业务中，有时来料、来件与成品分别作价，这时加工方进口料件，采用 D/A 付款；成品出口，采用即期 D/P 收款。

(2) 远期 L/C 和即期 L/C 相结合。

在加工贸易中，加工方进口料件，采用远期信用证付款；出口成品，采用即期信用证收款，这时往往使用"对开信用证"。

(3) 预支信用证与即期付款信用证相结合。

在加工贸易中，加工方进口料件，采用即期付款信用证支付；出口成品采用预支信用证收款。这样可以由委托方向加工方融通资金，还可简化结算手续。

(4) 汇付与信用证的结合。

适用于允许其交货数量有一定机动幅度的某些初级产品的交易。常见做法如下。

① 部分货款先采用信用证方式付款，余额部分通常是待货物到达目的地后，根据检验结果计算出确切金额，另以汇付的方式支付。

② 先汇付部分货款，余额部分在出口商发货前由进口商开立信用证支付。这主要用于须先付预订金的交易（如成套设备的交易），进口商须交纳的订金以汇付方式支付，余额部分以信用证支付。

③ 同时采取信用证加 T/T 方式付款。信用证里加列类似条款：Please release this set of documents to the applicant only upon the whole invoice value has already been paid (including×× % of invoice value, i. e. , USD××× has been prepaid to the beneficiary according to the contract No. ×× by T/T）（进口商付讫了全部发票款项后，包括根据××号合同电汇给受益人发票金额的××％，即×××美元后，请将该套单据放给申请人）。出口商最好请客户通过同一家银行电汇出款项并开出信用证。否则，开证行很难掌握进口商是否将 T/T 项下的货款金额汇给了出口商。

（5）托收与信用证的结合。

这种做法既可减少进口商的开证费用，又可使出口商安全收汇有一定保障，较受进出口双方的欢迎。为减少风险，通常采用以下 3 种做法。

① 采用光票信用证和跟单托收。发票和其他单据并不分开，仍按全部货款金额填制；出口商须签发两张汇票，其中信用证项下的货款凭光票支付，全套单据附在托收部分的汇票项下，按即期或远期 D/P 方式托收。

② 采用跟单信用证和跟单托收。约定托收项下的单据不包括物权凭证，所有的物权凭证都放在信用证项下。然后在信用证中做下列类似注明：All the documents can't be released to the applicant until the amount under the collection has already been paid.（进口商付讫了托收项下的款项后，方可向申请人交单。）这样，进口商如果要取得物权凭证，就必须将信用证项下的款项和托收项下的款项都付清。出口商交单时，要注意把托收单据和信用证项下的单据交到同一家银行，同时提请交单行或议付行注意信用证的上述条款，并请交单行或者议付行在出单面函上备注上述条款，以引起开证行的注意。

③ 备用信用证与跟单托收结合：出口人采用托收方式收款，同时要求进口人开立以卖方为受益人的备用信用证作为付款担保。一旦进口方拒付货款，出口方可凭进口方违约证明向开证行索偿。

（6）汇付、托收、信用证或银行保函的结合。

汇付、托收与信用证或银行保函结合使用的形式常用于成套设备、大型机械和大型交通运输工具（飞机、船舶等）等货款的结算。这类产品，交易金额大，生产周期大，往往要求买方以汇付或托收方式预付部分货款或定金，其余大部分货款则由买方按信用证规定或开加银行保函分期付款或延期付款。

 提示

分期付款（Pay by Installments）与延期付款（Deferred Payment）的主要区别见表 11-18。

表 11-18 分期付款与延期付款的主要区别

比 较 项 目	分 期 付 款	延 期 付 款
交货时，货款清偿程度	全部或绝大部分付清	少部分清偿，大部分在交货后分期摊付
货物所有权转移时间	付清最后一笔货款，所有权转移	在交货时转移所有权
支付利息费用	不存在利息问题：即期合同，买方没有占用卖方资金	存在利息问题：远期合同，买方占用卖方资金
货价	较高	较低

提示

银行保函（Banker's Letter of Guarantee，Banker's L/G）即由银行开立的保证书，是一种与基础合同相脱离的独立性的担保文件，一般见索即付，且不可撤销。银行保函的主要内容包括有关当事人、责任条款、保函的有效期、终止到期日、保函的修改等主要内容。如表 11-19 所示，按用途，常见的银行保函包括：履约保函（Performance Guarantee）、还款保函（Re-payment Guarantee，又称预付款保函 Advance Payment Guarantee 或退还预付款保函 Refundment Guarantee for the Advance Payment）、付款保函（Payment Guarantee）、投标保函（Tender Guarantee）。

表 11-19　履约保函、还款保函、付款保函、投标保函的主要区别

项目	出口履约保函	进口履约保函	还款保函	付款保函	投标保函
申请人	出口商	进口商	供货人或承包商	借款人	投保人
受益人	进口商	出口商	买方或业主	放贷人	招标人
保证内容	保证出口商如约履行贸易合同	保证进口商如约履行贸易合同	委托人未按合同规定发货或使用预付款时，保证退还受益人已付预付款本息	保证借款人按期还款	保证投标人开标前不中途撤标或片面修改投标条件，中标后不拒绝签约等

 本章小结

本章分述了国际货款收付涉及的支付工具、支付方式、支付条款等内容，重点是汇票、电汇、跟单托收和信用证。

 背景知识

《UCP 600》的主要变化

1. 形式方面的变化

（1）《UCP 600》的条文编排参照了《ISP98》的流水式格式，摈弃了《UCP 500》从 A 组到 G 组分类的模块式组合，措辞更为简洁、严格、清晰，更易读、易掌握、易操作，极大地方便了使用者。

（2）把原本散落在各个条款中、信用证业务涉及的关系方及其重要行为归集在第 2、第 3 条进行定义、解释。从各关系方的定义来看，其责任和义务没有实质变化，但《UCP 600》在个别用词上更加清晰和简洁，并补充了一些《UCP 500》中未加以明确的定义。

（3）按业务环节对条款进行归结，将通知、修改、审单、偿付、拒付等每一个环节涉及的问题分别归集在一个条款中，更加明确和系统化。关于如何认定正本单据的规定更加单纯而明确。

2. 内容方面的变化

(1) 增加了专门的"定义"条款，约定了"解释"规则，体现了《UCP 600》细化规定的精神。第一次系统地对有关信用证的14个概念（Advising bank、Applicant、Banking day、Beneficiary、Complying presentation、Confirmation、Confirming bank、Credit、Honour、Issuing bank、Negotiation、Nominated bank、Presentation、Presenter）进行了定义。尤其注意：①引入了两个重要的新定义："Honour"（承付）和"Complying presentation"（相符交单或相符提示）。②改进了议付的定义。《UCP 600》对于议付的定义有别于《UCP 500》，也与ICC关于"议付"的专门意见书有所不同。在新定义中，明确了议付是对票据及单据的一种买入行为，并且明确是对受益人的融资——预付或承诺预付。

(2) 摈弃了可撤销信用证。完善了对可转让信用证的规定，包括：①明确第二受益人的交单必须经过转让行。此条款主要是为了避免第二受益人绕过第一受益人直接交单给开证行，损害第一受益人的利益；同时，这条规定也与其他关于转让行操作的规定相匹配。②强调保护没有过错的第二受益人。当第二受益人提交的单据与转让后的信用证一致，而因第一受益人换单导致单据与原证出现不符时，或单据不符仅由第一受益人造成时，转让行有权直接提交第二受益人的单据给开证行。这项规定保护了正当发货制单的第二受益人利益，剥夺了不当作为的第一受益人赚取差价的权利。

(3) 确立了新的国际结算实务操作标准，银行的责任更清晰、确定。①将审单时间从"不超过7个银行工作日的合理时间"改为"最多不超过5个银行工作日"。②明确或增加了实务操作性条款：规范了第二通知行的做法；明确了交单期限的适用范围；将单据与信用证相符的要求细化为"单内相符、单单相符、单证相符"；建立了"单据必须满足其功能"的标准；将银行处理不符单据的选择增加为4种（持单听候交单人的处理，持单直到开证申请人接受不符单据，径直退单，依据事先得到交单人的指示行事）；强调即使单据遗失，开证行也必须付款；受益人对修改保持沉默不等于接受修改；开证行可以作为转让行转让自己开立的信用证；新增了承兑信用证、延期付款信用证的融资许可，允许延期付款信用证的贴现。

(4) 从整体的角度看，除了物权凭证（Title of Goods），《UCP 600》对其他单据的要求逐渐宽松。例如，明确了保险单据可以由代理或代表（Proxies）出具，银行可接受包含涉及除外条款的保险单据。

(5) 加大了指示方的压力。

3. 对《UCP 600》的整体评价

优点：第一次系统地定义了信用证有关概念；删除了表达不确切、内容已过时及与实务脱节的条款；确立了新的国际结算实务操作标准；增加了实务操作性条款；措辞更为简洁、严格、清晰、与时俱进。

缺点：没有解决目前实务中遇到的所有问题，与《URR525》、《ISBP》、《ISP98》、《eUCP》并行，操作难度仍然很大。

《URC522》的相关知识

《URC522》包括7个部分：A. 总则及定义；B. 托收的方式及结构；C. 提示方式；D. 义务与责任；E. 付款；F. 利息、手续费及费用；G. 其他规定，共26条。主要内容及条款介绍如下。

(1) 银行办理托收业务应以托收指示为准。

(2) 托收指示中应包括的主要内容。

①托收行、委托人、付款人、提示行的情况，如全称、邮编和SWIFT地址、电话、电传及传真号码。②托收金额及货币。③所附单据及其份数。④光票托收时据以取得付款和/或承兑的条款及条件；跟单托收时据以交单的条件：付款和/或承兑，以及其他条件。⑤应收取的费用，同时须注明该费用是否可以放弃。⑥应收取的利息（如果有），同时须注明该项是否可以放弃，并应包括利率、计息期和计算方法（如一年是按360天还是365天计算）。⑦付款的方式和付款通知的形式。⑧发生拒付、不承兑和/或执行其他指示情况下的指示。

应当指出，上述《URC522》规定托收指示应包括的内容仅具有指南性质，一笔具体的托收业务的托收指示不一定仅局限于上述内容。

(3) 不提倡D/P远期。第7条规定：托收不应含有远期汇票而又同时规定商业单据要在付款后才交付。如托收含有远期汇票，托收指示书应注明是凭D/A还是凭D/P交付款人。如无此项注明，则视为D/P，代收行对因迟交单据产生的任何后果不负责任。

(4) 除非事先征得银行同意，货物不应直接运交银行，不应以银行或其指定人为收货人。

(5) 银行必须核实其所收到的单据与托收指示所列的内容表面是否相符，若发现单据缺少银行有义务用电讯或其他快捷方式通知委托人。除此之外，银行没有进一步审单的义务。银行对于任何单据的形式、完整性、准确性、真伪性或法律效力，或对于单据上规定的或附加的一般性和/或特殊条件概不承担责任；对任何单据所表示的货物的描述、数量、重量、质量、状况、包装、交货、价值或存在与否，发货人、承运人、运输行、收货人或保险人或其他任何人的诚信、行为和/或疏忽、偿付能力、行为能力也概不负责。

(6) 如果委托人在托收指示中指定了"需要时的代理"，则应明确而且完整地注明此项代理的权项，如是否有权提货、指示减价转售货物等，否则，银行将不接受该"需要时的代理"的任何指示。

(7) 托收如被拒付，提示行应尽力确定拒绝付款和/或拒绝承兑的原因并须毫不延误地向发出托收指示的银行送交拒付通知。委托行收到此项通知后，须对单据如何处理给予相应指示。提示行如在发出拒付通知后60天内仍未收到此项指示，则可将单据退回发出托收指示的银行，而不再负任何责任。

《URC522》还对托收的提示方式，付款、承兑的程序，利息、托收手续费和费用的负担，托收被拒付后做成拒绝证书等事宜做具体规定。《URC522》公布实施后，已成为托收业务具有一定影响的国际惯例，并已被各国银行采纳和使用。但应指出，只有在有关当事人事先约定的条件下，才受该惯例的约束。

习　题

1. 单选题

(1) 在汇票的使用过程中，使汇票一切债务终止的环节是（　　）。

A. 提示　　　　　B. 承兑　　　　　C. 背书　　　　　D. 付款

(2) 背书人在汇票背面只有签名，不写被背书人，这是（　　）。
A. 限定性背书　　B. 特别背书　　C. 记名背书　　D. 空白背书

(3) 属于顺汇的支付方式是（　　）。
A. T/T　　B. D/P. T/R　　C. L/C　　D. D/A

(4) 接受汇出行的委托将款项解付给收款人的银行是（　　）。
A. 托收银行　　B. 汇入行　　C. 代收行　　D. 转递行

(5) 在托收方式下，一旦货款被买方拒付，在进口地承担货物的转售等责任的当事人是（　　）。
A. 委托人　　B. 托收银行　　C. 代收行　　D. 付款人

(6) 需要开立远期汇票，可通过贴现利用资金市场的是（　　）。
A. 承兑信用证　　　　　　　B. 延期付款信用证
C. 议付信用证　　　　　　　D. 预支信用证

(7) 一般情况下，可转让信用证可以转让（　　）。
A. 一次　　B. 二次　　C. 三次　　D. 无数次

(8) 由开证银行保证在开证申请人未履行其义务时向受益人付款的信用证是（　　）。
A. 对开信用证　　B. 对背信用证　　C. 预支信用证　　D. 备用信用证

(9) 一张有效的信用证，必须明确规定（　　）。
A. 装运期　　B. 有效期　　C. 付款期　　D. 议付期

(10) A公司与B公司约定用信用证付款，在该业务涉及的下列人中，（　　）是汇票的出票人。
A. 开证行　　B. 通知行　　C. 议付行　　D. 受益人

(11) 在来料加工和补偿贸易中常使用（　　）。
A. 循环信用证　　B. 对开信用证　　C. 转开信用证　　D. 可转让信用证

(12) 银行保证书属于（　　）。
A. 商业信用　　B. 国家信用　　C. 银行信用　　D. 信贷保险

(13) 在分批交货的大宗交易中，为节省开证费用宜使用（　　）。
A. 对开信用证　　B. 对背信用证　　C. 循环信用证　　D. 预支信用证

2. 多选题

(1) 采用非现金结算时的支付工具包括（　　）。
A. 货币　　B. 票汇　　C. 汇票
D. 本票　　E. 支票

(2) D/A方式下的汇票付款期限的规定方法可以有（　　）。
A. 见票即付　　　　　　　B. 见票后若干天付
C. 出票后若干天付　　　　D. 提单日后若干天付
E. 指定日期付款

(3) 在国际贸易中，票汇方式下开立的汇票可以是（　　）。
A. 银行汇票　　B. 商业汇票　　C. 即期汇票

D. 远期汇票　　　E. 跟单汇票

(4) 在国际贸易中，D/P. T/R 中使用的汇票可以是（　　）。

A. 银行汇票　　　B. 商业汇票　　　C. 即期汇票

D. 远期汇票　　　E. 跟单汇票

(5) 在国际贸易中，承兑交单方式下开立的汇票可以是（　　）。

A. 银行汇票　　　B. 商业汇票　　　C. 即期汇票

D. 远期汇票　　　E. 跟单汇票

(6) 在国际贸易中，信用证方式下开立的汇票可以是（　　）。

A. 银行汇票　　　B. 商业汇票　　　C. 即期汇票

D. 远期汇票　　　E. 跟单汇票

(7) 属于商业信用的是（　　）。

A. 信用证　　　B. 托收　　　C. 电汇

D. 票汇　　　E. 银行保函

(8) 下列支付方式中，（　　）较适用于成套设备、大型机械产品和交通工具的货款清偿。

A. 分期付款　　　B. 延期付款　　　C. 信用证

D. 托收　　　E. 汇付

(9) 下列信用证的基本内容，应该在受益人提供的单据中表示出来的有（　　）。

A. 对信用证本身的说明　　　　　　B. 对货物的要求

C. 对运输的要求　　　　　　D. 对单据的要求和特殊要求

E. 保证付款的责任文句

(10) 由中间商为中介达成的交易，在结算时最好使用（　　）。

A. 可转让信用证　　B. 对开信用证　　　C. 预支信用证

D. 对背信用证　　　E. 备用信用证

3. 判断题

(1) 货款的结算主要涉及支付工具和支付方式等问题，因此，只要恰当选择支付工具和支付方式，按期、足额收回货款就没有问题了。（　　）

(2) 一张远期汇票一经承兑，该汇票的主债务人就由出票人转移为承兑人。（　　）

(3) 所有的汇票在使用过程中均需经过出票、提示、承兑、付款几个环节。（　　）

(4) 支票出票人在签发支票后对支票承担的法律责任是指对收款人担保支票的付款。（　　）

(5) 因借助银行才能实现货款的收付，所以，托收属于银行信用。（　　）

(6) 委托人为防止货到目的地后因买方拒付货款而致货物无人领取、保管，可以直接将货物发给进口地的代收行。（　　）

(7) 倘若委托人提交给银行的托收委托书与《托收统一规则》相背，托收银行和代收行应按《托收统一规则》的规定来处理。（　　）

(8) 当信用证的内容与买卖合同的内容有差别时，卖方应按合同要求改证。（　　）

(9) 根据《UCP600》，在禁止分批装运的可转让信用证业务中，第一受益人可以将信用证全部或部分转让给多个第二受益人使用。（　　）

(10) 票汇业务和托收业务都是商业信用，使用的都是商业汇票。（　　）

4. 简答题

(1) 远期汇票的付款期限有几种规定方法？
(2) 行使票据追索权应具备什么条件？
(3) 汇票与本票、汇票与支票有何不同？
(4) 托收有何利弊？采用托收方式时，出口商应注意什么问题？
(5) 简述信用证的特点。
(6) 简述信用证的主要内容。
(7) 跟单信用证与备用信用证有何不同？
(8) 分期付款与延期付款有何区别？

5. 案例分析

(1) 我某公司向日商以 D/P 即期方式推销某商品，对方答复若我方接受 D/P 90 天付款，并通过他指定的 A 银行代收可接受。请问：日商为何提出此要求？

(2) 某年 6 月 6 日，某托收行受理了一笔 D/P at sight 的出口托收业务，金额为 USD 100 000，托收行按出口商的要求将全套单据整理后撰打了托收面函一同寄给英国一家代收行，单据寄出 5 天后委托人声称进口商要求将 D/P at sight 改为 D/A at 60 days after sight，最后托收行按委托人的要求发出了修改指令，此后一直未见代收行发出承兑指令。当年 8 月 19 日托收行收到代收行寄回的单据，发现 3 份正本提单只有 2 份。委托人立即通过英国有关机构查询，得知货物已经被进口商提走。此时，托收行据理力争，要求代收行要么退回全部单据，要么承兑付款，但代收行始终不予理睬。货款没有着落。请总结教训。

(3) 应某进口商的开证申请，开证行开证后，于 6 月 10 日根据该信用证的规定履行了付款义务。6 月 12 日进口商审核单据无误、向开证行付款赎单。6 月 13 日进口商发现单据中的提单是倒签的，于是进口商要求开证行退回已付款项。请问：进口商的做法合理吗？

(4) 某公司接到一份经 B 银行保兑的不可撤销信用证。当该公司按信用证规定办完装运手续后，向 B 银行提交符合信用证要求的单据要求付款时，B 银行却声称：该公司应先要求开证行付款，如果开证行无力偿付时，则由他保证付款。请问：B 银行的要求对不对？

(5) 我某公司出售一批货物给外国进口商，合同规定：60%的货款凭不可撤销、见票后 30 天付款的光票 L/C 付款，其余 40%凭即期 D/P 付款。定约后，我方委托中国的 A 银行为托收行，A 转托进口国的 B 银行为代收行。同时，进口商通过 B 银行开立了以我方为受益人的 L/C。其后，在进口商支付了 D/P 项下的 40%的货款后，B 银行将全部单据交给了进口商，并将代收的 40%的货款拨付给了托收行。不久，B 银行宣布破产，信用证项下已承兑的汇票在到期向 B 提示时遭到退票。我方遂以货物已被进口商全部收取为由，向进口商追偿信用证项下 60%的货款，进口商则借口信用证开证押金收不回来而拒不偿还。请问：该案应如何解决？我方应从中吸取什么教训？

(6) 请评析案例：中国 A 出口公司与韩国 B 进口公司进行交易磋商，20 件货物，每件 2 000 美元 CFR 釜山。其中，双方就付款条件的磋商较为艰难，具体过程如下。

2009 年 2 月 1 日，A 要求：30%电汇预付款+70%信用证付款。

2009 年 2 月 10 日，B 答复：可以接受 30%电汇预付款+70%信用证付款，但是，去釜山的船很快，容易造成过期提单，会产生货物滞留在釜山港码头的很多费用，要求 2/3 正本提单交银行议付，1/3 正本提单直接快递给 B 公司提货。

2009 年 2 月 15 日，A 回复：可以接受 1/3 正本提单直接寄收货人，同时信用证应该规定：收货人只有将全套三份正本提单全部退银行后方能拒付货款；"B/L IS TO ORDER OF APPLICANT BANK"（提单，凭开证行指定）。

2009年2月16日，B拒绝信用证付款，并提出：以"远期付款交单"方式支付，并必须通过该国的C银行代收。

2009年2月20日，A回复：请B公司立即提供代收行C的资料以便核查信用，B没有提供资料。于是，A通过银行查询，得知C属于小银行，与B的关系较好。A提出：50%电汇预付款+50% D/P at 30 days after sight，必须通过A公司指定的韩国D银行代收。

2009年2月25日，B同意了，成交。

操 作 训 练

课题 11-1

实训项目： 付款方式的选用

实训目的： 学会正确选用付款方式。

实训内容： 加拿大的进口商（Carters Trading Company, LLC）希望宏昌国际股份有限公司（Grand Western Foods Corp.）接受电汇付款。

实训要求： 将参加实训的学生分成两个谈判小组，分别代表进口商 Carters Trading Company, LLC 和宏昌国际股份有限公司（Grand Western Foods Corp.），就付款方式的选用进行磋商。

课题 11-2

实训项目： 审证操作

实训目的： 熟悉信用证的格式、内容；初步掌握审证要领。

实训内容： 根据上海东方纺织品进出口公司的销售确认书（确认书号码：ST140311，素材 11-1）分析、审核信用证（信用证号码：CN30991714，素材 11-2）。

实训要求： 归纳审证的要领，并列表给出审证意见（包括信用证存在的问题、修改建议和修改理由）。

信用证存在的问题	修改建议	需要修改的理由

素材 11-1 上海东方纺织品进出口公司销售确认书（S/C No.：ST140311）

SALES CONFIRMATION

S/C No.：ST140311

Date：AUG. 15, 2014

The Seller：SHANGHAI DONGFANG TEXTILES　　The Buyer：SUPERBAIM（HONGKONG）LTD. IMP. & EXP. CO.

Address：RM. 1812 UNION BUILDING,　　　　　Address：RM. 504 FUNGLEE COMM. BLDG.
27 ZHONGSHAN ROAD, SHANGHAI, CHINA　　　　　　KOWLOON, HONGKONG
TEL：86-21-63218467　FAX：86-21-63291267

We hereby confirm having sold to you the following goods on terms and conditions as stated below:

货物名称及规格 Commodity & Specification	数量 Quantity	单价 Unit Price	总值 Amount
TEXTILE TWILL 2/1 108×54/20×20 59″	10 000 METERS	CIFC2 H. K. USD 54. 00 PER METER	USD 540 000. 00
TOTAL	10 000 METERS		USD 540 000. 00

合同总额
Total Contract Amount: SAY US DOLLAR FIVE HUNDRED AND FORTY THOUSAND ONLY.

Packing: packed in cartons of ten meters

Shipment: during oct. / nov., 2008 from Shanghai to H. K. with partial shipment and transshipment permitted.

Insurance: To becovered by the Seller for 110% of total invoiced value against all risks and war risk as per the relevant ocean marine cargo clauses of the PICC dated 1981/01/01.

Payment: The Buyer should open through a bank acceptable to the Seller 30 days before the month of shipment valid for negotiation in China until the 15th day the date of shipment.

Remarks: Please sign and return one copy for our file.

The Buyer   Alice   The Seller SHANGHAI DONGFANG TEXTILES IMP. & EXP. CORP. （章）
　　　　　　　　　　　　　　　　　　　　　　　　　　　　　　　　　　　　X X X

素材 11-2　上海东方纺织品进出口公司收到的信用证（L/C No. CN30991714）

Message Type: 700　Issue of a Documentary Credit

　　Sender: ××××××××××HONGKONG & SHANGHAI BANKING CORPORATION
　　　　　　　　　　　　　　GUEEN'S ROAD CENTERAL, P. O. BOX 64, H. K.

　　Receiver: ××××××××××BANK OF CHINA
　　　　　　　　　　　　　SHANGHAI BRANCH

27 /Sequence of Total
　　1/1
40A/Form of Documentary Credit
　　IRREVOCABLE
20 /Documentary Credit Number
　　CN30991714
31C/Date of Issue
　　141002
40E/Applicable Rules
　　UCP 600
31D/Date and Place of Expiry
　　141121 SHANGHAI
50/Applicant
　　SUPERBAIM（HONGKONG）LTD.
　　RM. 450 FUNGLEE COMM. BLDG. KOWLOON, HONGKONG
59/Beneficiary

SHANGHAI DONGFANG TEXTILES IMP. & EXP. CORP.
27 ZHONGSHAN ROAD, SHANGHAI, CHINA
　　　TEL: 86 - 21 - 63218467　FAX: 86 - 21 - 63291267
32B/Currency Code, Amount
　　　HKD 540 000, 00
41D/Available With ... By ...
　　ANY BANK
　　BY NEGOTIATION
42C/Drafts at...
　　30 DAYS AFTER SIGHT FOR 100PCT OF INVOICE VALUE QUOTING DATE AND
　　NO. OF THIS CREDIT
42A/Drawee
　　HONGKONG & SHANGHAI BANKING CORPORTION
43P/Partial Shipments
　　NOT ALLOWED
43T/Transshipment
　　NOT ALLOWED
44A/Place of Taking in Charge/Dispatch from .../Place of Receipt
　　SHANGHAI
44B/Place of Final Destination/For Transportation to .../Place of Delivery
　　HONGKONG
44C/Latest Date of Shipment
　　20141031
45A/Description of Goods and/or Services
　　　TEXTILE
　　　TWILL 2/1 108×54/20×20 59″
　　Quantity: 10 000 METERS
　　　UNIT PRICE: HKD 54, 00 PER METER CIFC2 H. K.
46A/Documents Required
　　＋SIGNED COMMERCIAL INVOICE IN SIX COPIES.
　　＋PACKING LIST IN QUADRUPLICATE
　　＋2/3 CLEAN "ON BOARD" BILLS OF LADING MADE OUT TO ORDER AND NOTIFY APPLICANT
　　AND MARKED "FREIGHTCOLLECT".
　　＋INSURANCE POLICY (IES) IN TWO COPY COVERING ALL RISKS AND WAR RISK FOR 130%
　　INVOCIE VALUE AS PER THE RELEVANT OCEAN MARINE CARGO CLAUSES OF
　　THE PICC DATED 1981/01/01.
　　＋CERTIFICATE OF ORIGIN ISSUED BY CHINA COUNCIL FOR THE PROMTION OF
　　INTERNATIONAL TRADE.
　　＋A CERTIFICATE ISSUED BY THE BENEFICIARY AND COUNTERSIGNED BY BUYER'S
　　REPRESENTATIVE MR. JEREMIAH, HIS SIGNATURE MUST BE VERIFIED BY OPENING BANK,
　　CERTIFYING THE QUALITY TO CONFORM TO SAMPLE SUBMITTED UNTIL 7TH JUNE, 2008.
　　＋A COPY OF SHIPPING ADVICE.
47A/Additional Conditions

+SHIPPING ADVICE TO BE SENT BY FAX TO THE APPLICANT IMMEDIATELY AFTER THE SHIPMENT STATING OUR L/C NO., SHIPPING MARKS, NAME OF VESSEL, GOODS DESCRIPTION AND AMOUNT AS WELL AS THE BILLS OF LADING NO. AND DATE.
+1/3 CLEAN ON BOARD BILLS OF LADING SENT TO APPLICANT BY DHL WITHIN 24 HOURS AFTER SHIPMENT.

49 /Confirmation Instructions
　WITHOUT

78 /Instructions to the Paying/Accepting/Negotiating Bank
+EACH DRAWING SHOULD BE ENDORSED ON THE REVERSE OF THIS L/C AND THE PRESENTING BANK MUST EVIDENCE THIS EFFECT ON THEIR COVERING SCHEDULE.
+DOCUMENTS SHOULD BE SENT BY COURIER SERVICE IN ONELOT TO HONGKONG & SHANGHAI BANKING CO. GUEEN'S ROAD CENTERAL, P.O. BOX 64, H.K.
+UPON RECEIPT OF DOCUMENTS AND DRAFTS AT OUR COUNTERON OR BEFORE IN COMPLIANCE WITH TERMS AND CONDITIONS OF THIS CREDIT, WE WILL ACCEPT THE DRAFT AND REIMBURSE YOU AS PER YOUR INSTRUCTIONS AT MATURITY.

72/Sender to Receiver Information
　/TELEBEN/

课题 11-3

实训项目：改证操作。

实训目的：熟悉信用证修改流程，学习拟写改证函。

实训内容：根据课题 11-1 上海东方纺织品进出口公司的审证结果草拟改证函。

实训要求：详细列明不符点，并告知客户如何修改。信函日期：2014 年 10 月 5 日。

第 12 章　检验、索赔、不可抗力与仲裁

学习目标

知识目标	技能目标
了解商品检验的意义与要件，理解检验条款	能够订立买卖合同中的检验条款
掌握索赔与理赔的概念，理解索赔条款	能够订立买卖合同中的索赔条款
掌握不可抗力的概念，理解不可抗力条款	能够订立买卖合同中的不可抗力条款
掌握仲裁的基本概念，了解仲裁与诉讼的区别，仲裁协议的性质与作用，理解仲裁条款	能够订立买卖合同中的仲裁条款

知识结构

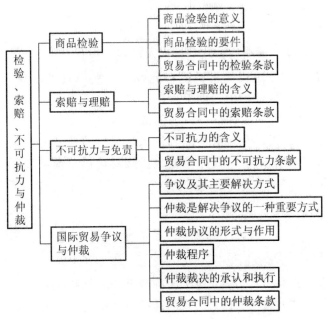

进口香烟生产线索赔案

1998 年 11 月，我某公司与香港地区一公司签订了一个进口香烟生产线合同。设备是二手货，共 18 条生产线，由 A 国某公司出售，价值 100 多万美元。合同规定，出售商保证设备在拆卸之前均在正常运转，

否则更换或退货。设备运抵目的地后发现,这些设备在拆运前早已停止使用,在目的地装配后也因设备损坏、缺件根本无法马上投产使用。但是,由于合同规定如要索赔需商检部门在"货到现场后14天内"出证,而实际上货物运抵工厂并进行装配就已经超过14天,无法在这个期限内向外索赔。这样,工厂只能依靠自己的力量进行加工维修。经过半年多时间,花了大量人力物力,也只开出了4条生产线。

点评:本案的要害问题是合同签订者把引进设备仅仅看作是订合同、交货、收货几个简单环节,完全忽略了检验、索赔这两个重要环节,特别是索赔有效期问题。合同质量条款订得再好,索赔有效期订得不合理,质量条款就成为一句空话。大量事实说明,外商在索赔有效期上提出不合理意见,往往表明其质量上存在问题,需要设法掩盖。如果买方只满足于合同中形容质量的漂亮辞藻,不注意索赔条款,就很可能发生此类事件。

讨论题:什么是索赔条款?合同的一般交易条款还有哪些?如何正确订立合同的一般交易条款?

在国际贸易中难免会发生争议,掌握检验、索赔、不可抗力和仲裁的相关知识,在国际货物买卖合同中恰当地订立一般条款,有助于避免或解决争议。

12.1 商品检验

商品检验(Commodity Inspection),是指在国际贸易业务中,由国家设置的商品检验机构或经政府注册的第三者身份的民间公证鉴定机构,对进出口商品的品质、数量、包装、卫生、安全及残损短缺等进行检验、鉴定并出具证书的工作。

12.1.1 商品检验的意义

随着科技的日新月异、进出口商品品种的多样化,贸易当事人不可能完全具备所需的检验手段,而需要借助于专职检验机构的检验技术,来证明买卖双方交接货物的品质、数量等情况。在货物的交接过程中,如果发生商品质量不合格或数量短缺等情况,会涉及发货人、承运人、保险人、装卸部门、仓储部门等多方面的责任,需要有一个与有关各方面没有利害关系、公正、有权威的非当事人,通过检验和鉴定,提供证明,以维护双方的合法权益。对于国家来讲,商品检验是实施对进出口商品监管的重要手段,可发挥积极作用。

12.1.2 商品检验的要件

1. 出口商品检验的要件

中国出口商品及其运载工具,属于下列十种情况之一者应该报检。

(1)列入《商检机构实施检验的进出口商品种类表》(以下简称《商检种类表》)内的出口商品。

(2)出口食品的卫生检验。

(3)出口危险品货物包装容器的性能鉴定和使用鉴定。

(4)装运出口易腐烂变质食品和冷冻品的船舱、集装箱等运输工具的适载性检验。

(5)对外贸易合同(包括信用证、购买证)规定由商检机构检验出证的进出口商品。

(6)出口动物产品的检疫和监督消毒。

(7) 其他法律或行政法规规定须经商检机构检验出证的出口商品。
(8) 与进口国有约定必须凭中国商检机构的检验证书方可进口的商品。
(9) 《商检种类表》内出口商品的包装容器的性能鉴定。
(10) 对外贸易关系人要求对出口商品检验、鉴定的其他项目。

根据《中华人民共和国进出口商品检验法》（以下简称《商检法》）和《中华人民共和国进出口商品检验法实施条例》（以下简称《商检法实施条例》）的规定，对《商检种类表》内进出口商品和其他法律、法规要求必须经商检机构检验的进出口商品，由收货人、发货人申请，并经国家质量监督检验检疫总局审查批准，可以免予检验。申请免检的出口商品应具有三个条件：一是该商品的生产企业已建立完善的质量保证体系，并获得中国出口商品质量保证体系认证，或经国家认可的外国有关组织实施考核并获得质量保证体系的认证；二是该商品质量长期稳定，连续3年出厂合格率及商检机构检验合格率为百分之百；三是该商品的用户对该商品没有质量异议。

涉及安全、卫生和特殊要求的商品不能申请免检，主要有以下四种情况：一是粮油食品、玩具、化妆品、电器等；二是列入进口商品安全质量许可证管理的商品；三是合同要求按商检证书所列成分和含量计价结汇的商品；四是品质发生变化的商品或散装货物。

2. 进口商品检验的要件

中国进口下列5类商品必须报检。
(1) 列入《商检机构实施检验的进出口商品种类表》内的进口商品。
(2) 《进口商品安全质量许可制度目录》内的商品。
(3) 外贸合同规定须按商品检验证书计价结算的进口商品。
(4) 其他法律、行政法规规定必须由检验机构检验的进口商品。
(5) 其他需要由商检机构签发证书的进口商品。

进口商品的自检、公检和免检的基本原理与出口商品的检验基本一致，但《联合国国际货物销售合同公约》第38条规定：买方必须在按情况实际可行的最短时间内检验货物或由他人检验货物。如果合同涉及货物的运输，检验可推迟到货物到达目的地后进行。如果货物在运输途中改运或买方须再发运货物，没有合理机会加以检验，而卖方在订立合同时已知道或理应知道这种改运或再发运的可能性，检验可推迟到货物到达新目的地后进行。

提示

(1) 法定检验：根据国家的法律、行政法规，由商检机构或其指定的检验机构对规定的进出口商品和有关检验事项实施的强制性检验。中国出口商品及其运载工具法定检验报验的范围包括：列入《商检种类表》的出口商品；出口食品的卫生检验；贸易性出口动物产品的检疫；出口危险物品和《商检种类表》内商品包装容器的性能检验和使用鉴定；装运易腐烂变质食品出口的船舱和集装箱；有关国际条约、协议规定须经商检机构检验的出口商品；其他法律、行政法规规定须经商检机构检验的出口商品。进口商品法定检验范围包括：列入《商检种类表》的进口商品；有关国际条约、协议规定须经商检机构检验的进口商品；其他法律、行政法规规定须经商检机构检验的进口商品。

(2) 鉴定业务：对外经济贸易关系人或国内外有关单位根据有关合同的约定或自身的需要，申请或委托商检机构办理规定范围内的进出口商品的检验和鉴定。中国商检机构受理鉴定业务的范围主要有 10 类：进出口商品的质量、数量、重量、包装鉴定和货载衡量；进出口商品的监视装载和监视卸载；进出口商品的积载鉴定、残损鉴定、载损鉴定和海损鉴定；装载出口商品的船舶、车辆、飞机、集装箱等运载工具的适载鉴定；装载进出口商品的船舶封舱、舱口检视、空距测量；集装箱及集装箱货物鉴定；与进出口商品有关的外商投资财产的价值、品种、质量、数量和损失鉴定；抽取并签封各类样品；签发价值证书及其他鉴定证书；其他进出口商品鉴定业务。

12.1.3 检验条款

贸易合同中检验条款，主要包括检验时间、地点、检验机构、检验证书、检验依据与检验方法、商品的复检等。

例 1："双方同意以制造工厂（或鉴定机构）出具的品质及数量证书作为有关信用证项下付款的单据之一。但是，货物的品质及数量的检验，按下列规定办理：货物到达目的港××天内，经中国进出口商品检验局复验，如发现品质或数量与本合同不符时，除属保险公司或承运人负责者外，买方可凭中国进出口商品检验局出具的检验证书向卖方提出退货或索赔。因退货或索赔引起的一切费用（包括检验费）及损失均由卖方负担。在此情况下，如货物适于抽样的话，买方可应卖方要求，将货物的样品寄给卖方。"

例 2："双方同意以装运港中国进出口商品检验局签发的品质和数量检验证书为信用证项下议付单据的一部分。买方有权对货物的品质和数量进行复检。复检费由买方负担，如发现品质或数量与合同不符，买方有权向卖方索赔，但须提供经卖方同意的公证机构出具的检验报告。索赔期限为货到目的港后××天。"

1. 检验的时间和地点

涉及买卖双方对商品进行检验的权利，即对商品的品质、数量、包装等是否与合同（信用证）条款相一致的检验，是以卖方还是买方的检验为最后依据。常见的几种规定方法如下。

(1) 离岸品质、重量为准（Shipping Quality and Weight as Final）。出口货物在装运前，由买卖双方约定的检验机构检验后所出具的检验证书，作为卖方交货的品质、重（数）量的最后依据。货抵目的港后，买方也可自行复验，但无权就此向卖方提出品质、重（数）量方面的任何异议，除非买方能够证明，货物到达目的地（港）时的质变与缺量是由于卖方未履行合同规定或因货物隐蔽的疵点所致。这实际上否定了买方的复验权。当然，途中发生的货损，不在此列。

(2) 到岸品质、重量为准（Landed Quality and Weight as Final）。有些货物如密封包装的货物，或规格复杂、精密度高的货物，不便在装运港（地）开装检验，而要在货抵目的港（地）后才能检验，可采取到岸品质、重（数）量检验的做法。如发现货物的品质、重（数）量与合同不符而责任又在卖方时，买方可向卖方提出索赔或按双方事先的约定处理。

(3) 离岸重量、到岸品质（Shipping Weight and Landed Quality）。以装运港商检机构检验货物的重（数）量并以其出具的重（数）量证书作为最后依据，以目的港商检机构检验货物的品质并以其出具的品质证书作为最后依据。这是一种折中做法，旨在调和双方在检验环节上的矛盾，多用于大宗货物交易的检验。

（4）装运港检验，目的港复验。货物由装运港商检机构检验后所出具的检验证书作为卖方交货和议付货款的凭证之一，同时又允许货抵目的港后由双方约定的商检机构在约定的时间内进行复验。经过复验，如发现货物的品质、重（数）量与合同不符而责任在卖方，买方可凭目的港商检机构出具的复验证书向卖方提出异议或索赔。这种做法兼顾了买卖双方的利益，较为公平合理，应用较为广泛。

2. 检验机构

（1）官方检验机构：由国家设立的检验机构，例如，中华人民共和国国家质量技术监督检验检疫总局（CCIQ）、美国动植物检疫署、日本通商省检验所等。

（2）非官方检验机构：由私人或同行工会、协会等开设的检验公司、公证人、公证行或鉴定公司。目前在国际上比较有名望、有权威的民间商品检验机构有：瑞士通用公证行（Societe Generale de Surveillance S. A.，SGS）、英国的劳埃氏公证行（Lloyd's Surveyor）、英国英之杰检验集团（IITS）、日本海事检定协会（NKKK）、新日本检定协会（SK）、日本海外货物检查株式会社（OMIC）、美国安全试验所（UL）、美国材料与试验学会（ASTM）、加拿大标准协会（CSA）、国际羊毛局（IWS）、中国进出口商品检验公司（CCIC）等。

3. 检验证书

商检证书是商检机构出具的，证明商品品质、数量等是否符合合同要求的书面文件，是买卖双方交接货物并据以索赔的重要法律文件。常见的商检证书主要有以下几种。

（1）品质检验证书（Inspection Certificate of Quality）。证明商品的品质、规格等。

（2）重量检验证书（Inspection Certificate of Weight）。证明货物重量情况。

（3）数量检验证书（Inspection Certificate of Quantity）。证明货物内包装的数量或件数情况。

（4）兽医检验证书（Veterinary Inspection Certificate）。主要证明动物产品，如冻肉、冻禽、毛类、绒类、猪鬃及肠衣等商品的卫生检疫情况。

（5）消毒检验证书（Disinfection Inspection Certificate）。证明猪鬃、马尾、羽毛等商品的消毒检验情况。

（6）卫生检验证书或健康检验证书（Sanitary Inspection Certification）。主要证明商品在加工过程中的卫生情况，或证明动物产品在屠宰前疫区和疫情情况，是否符合卫生标准，是否适合人类食用。如罐头食品、蛋品、乳制品等。

（7）产地检验证书（Inspection Certificate of Origin）。它包括：一般产地证、限制禁运产地证、野生动物制品产地证、地名货产地证、普惠制产地证，都是证明产地用，是进口国通关验放和享受减免关税优惠待遇的证件。

（8）价值检验证（Inspection Certificate of Value）。用于证明商品的价值。

（9）残损检验证书（Inspection Certificate on Damaged Cargo）。证明进口商品残损情况，估计残损贬值程度和判断致损方的原因等，供索赔时使用。

除上述各种检验证书外，还有温度检验证书（Inspection Certificate of Temperature）、验舱证书（Inspection Certificate on Tank）、货载衡量（on Cargo Weight & Measurement）等证书。

提示

检验证书的作用：是证明卖方所交货物的品质、数量、包装以及卫生条件等方面是否符合规定的依据；是海关验关放行的依据；往往还是卖方结算货款的单据之一；是办理索赔和理赔的依据。

4. 检验的标准与方法

检验标准：通常有生产国标准、进口国标准以及买卖双方协议标准等。

在我国的商检实践中，首先是按法律规定的强制性标准检验。未规定强制性标准或所规定的强制标准低于贸易合同规定检验标准的，按贸易合同规定办理；凭样品成交的按样品检验。如果合同未规定或规定不明确时，进口商品首先采用生产国标准；没有生产国标准的，采用国际标准；这两种标准没有的，采用进口国标准。

 阅读案例 12-1

医疗设备用微型轴承检验争议案

【案情简介】

我某省 A 公司某年 8 月向美国某 B 公司以 T/T 付款方式出口医疗设备用微型轴承，累计金额达 28 万美元。合同明确规定了微型轴承规格，但是没有明确检验方法和标准、买方复验的时限，只在合同格式条款中规定买方有复验权，应在合理时间内提出质量异议，否则无权就质量问题向卖方提赔。B 公司在收到货物后迟迟没有汇付货款，A 公司经函询 B 公司得知该商品的最终用户声称收到的产品存在质量问题。A 公司向 B 公司交涉并说明产品系根据 ISO 标准检验合格，经几次交涉未果，至第二年 11 月，A 公司在久未能收到货款的情况下，在美国起诉 B 公司，要求对方付款。B 公司在收到起诉书后随即对 A 公司提出反诉，理由是经检验发现其中价值 2 万美元的商品规格与标准的规定误差较大，不符合标准的规定。经法院审理，做出判决：认定 A 公司提供的价值 2 万美元的产品存在质量问题，因而货款中应扣除该金额，同时支持 B 公司的反诉中提出的索赔要求，要求 A 公司支付因质量问题而导致 B 公司蒙受的经济损失 16 万美元。最终判决 B 公司向 A 公司支付 5 万美元。

【案例点评】

本案中有几点值得注意：①产品质量问题。该产品的特性和用途决定了细微的差别都可能导致产品无法使用，甚至会因其缺陷导致设备使用时对人身伤害的可能。②合同条款中的检验方法和检验标准规定的争议。A 公司自行认定产品标准的同时，对检验该产品是否符合其标准和规格要求未详细订明，同时，也没有要求做合同的补充文件来确定采用的标准依据和明确检验方法，而是自己决定采用国际标准，做法有所欠妥。③买方复验的时限问题。本案中合理时间检验存在争议。此标准应根据当事人的业务性质、产品的特性和检验的可行性进行综合判断。这批货物检验十分复杂精细，直至买家使用前并不能确定是否有问题，所以，B公司可以认为用户使用前均属于在合理的时间复验。

12.2 索赔与理赔

12.2.1 索赔与理赔的含义

在进出口交易中，如果因一方违反合同规定直接或间接地给另一方造成损失，受损方根据合同或法律向违约方提出赔偿的要求称为索赔（Claim）；理赔（Settlement）则是指违约方受理该项要求的行为。可见，索赔与理赔是一个问题的两个方面。

在进出口业务中，索赔一般有三种情况：一是买卖双方间的贸易索赔。它以买卖合同为基础。属于卖方违约的，主要是交货的时间、品质、数量、包装等不符合合同的规定；属于买方违约的，主要是不按时接货、付款、办理租船订舱等。二是运输索赔。它以运输合同为基础的。例如，收货人持有清洁提单而收到的货物发生残损短缺，这与发货人（卖方）无关，收货人只能凭运输合同向承运人索赔。三是保险索赔。它以保险合同为基础。例如，按CIP条件成交的货物，在运输途中遭遇暴雨而水浸损坏。由于投保了水渍险，买方可凭保险合同向保险公司索赔。三者既有联系又有区别，下文着重说明买卖双方的贸易索赔。

12.2.2 索赔条款

在一般的商品买卖合同中，多数只订异议和索赔条款，而在大宗商品和机械设备的买卖合同中，除订有异议和索赔条款外，一般还另订有罚金条款。

1. **异议和索赔条款**（Dispute and Claim Clause）

异议和索赔条款是针对卖方交货的品质、数量或包装不符合规定而订立的。主要内容有：

（1）索赔依据，主要是指提出索赔必须提供的证据以及出证机构。索赔依据就索赔情形、对象而定。向贸易对方索赔，以销售合同为主要依据；向承运人索赔须提供运输合同；向保险公司索赔，以保险单据为主要凭证，而检验证书则是任何索赔均须出具的。凡是证据不足或出证机构不符合规定要求的索赔，都将遭到拒绝。

（2）索赔期限，指索赔的一方向违约方提出索赔要求的有效期。例如："买方对于装运货物的任何异议，必须于货物抵运目的港30天内提出，并须提供卖方认可的公证机构出具的检验证书。如果货物已经加工，买方即丧失索赔权利。属于保险公司或轮船公司责任范围的索赔，卖方不予受理。索赔期限一经约定，索赔就须在期限内提出，逾期则索赔无效。"索赔期限应结合不同商品的特性而定。对于食品、农产品及易腐商品，索赔的期限应规定得短一些；一般商品的索赔期限可定得长一些，通常限定为货物到目的地后 30~45 天;成套设备的索赔期则可更长一些,按照全套设备安装、调试所需时间而定。

阅读案例 12-2

手机零配件争议索赔案

【案情简介】

某年 1 月初,韩国 A 公司和中国 B 公司签订购销合同,约定 B 公司向 A 公司购买韩国生产的手机零配件,并就价格问题达成一致意见。合同的总金额为 13 万美元,最迟应不晚于当年 2 月 10 日发运。A 公司对产品的质量保证期为货物到达目的地后一年。2 月 7 日,A 公司向 B 公司提供合同规定的产品。2 月 20 日货到后,B 公司请检验公司进行了检验,出具了检验证明。第二年 3 月 18 日,B 公司在使用过程中,发现部分产品有质量问题,于是致函 A 公司,要求换货,如不能换货,则要求退货,并要求 A 公司承担有关费用损失。A 公司回函称,B 公司在货物入库前已详细检查、核对,且已投入使用,因而拒绝赔偿。由于 B 公司对合同项下的货物的品质存在异议,4 月初即在收货 13 个月后,自行将合同项下的货物送交中国某地商品检验机构检验。检验机构出具的品质检验证书证明,该批货物有多项缺陷,发货前已存在,系制造不良所致。4 月中旬,B 公司要求 A 公司赔偿 6 万美元。A 公司认为,B 公司不能证明第二次送检的产品系交货时的产品,且第二次商检的时间已经超过索赔有效期,商检证书不能产生效力。双方协商未果,据此提起仲裁。

【案例点评】

本案涉及索赔期限和索赔依据等问题。B 公司于 2 月 20 日收货物后,依据合同规定进行了商品检验,获得了中国商检机构的检验证书,此商品检验行为符合合同的约定,其检验结果应当得到认可。根据合同对货物质量的保证,A 公司对货物品质的保证期为货到达目的地口岸一年。在此期间,B 公司并未就货物的品质问题向 A 公司提出过异议。由于其未能在合同规定的期限内就质量异议通知 A 公司,B 公司丧失了请求质量索赔的权利。所以,收货 13 个月后,B 公司提供的品质检验证书不能作为索赔的依据。

(3) 索赔处理办法和索赔金额。关于索赔的处理办法,因为事先无法预测违约的后果,因此,合同中不做具体规定,一般只做笼统规定,如整修、换货、退货、还款等。有时与商品检验条款合订在一起,称为"检验与索赔条款"(Inspection and Claim Clause)。

阅读案例 12-3

化工原料索赔理赔案

【案情简介】

中国 A 公司与英国 B 公司于某年 5 月通过函电签订了一份分批装运进出口合同,由 A 向 B 出售化工原料 5 000 公吨。双方在合同中订明价格条款为 CFR 伦敦,总金额为 105 万英镑,每批等量装运,包装条款为适合于海运的包装;索赔条款是货物到达目的港后,数量和规格问题应于 15 天之内,质量问题应于 90 天之内,买方须凭经卖方同意的检验人的证明向卖方提出索赔要求。在货物发运前,B 公司代理人到 A 公司的仓库查看了货物包装情况,没有提出异议。A 从 7 月起开始发货,到 11 月止货物出运完毕。每批装载,船方均出具了清洁提单。货到目的港后,B 发现每批货物都有部分袋子损坏。于是,B 单方面聘请欧洲某公证行检验货物,出具的证明表明破损原因是:由于托盘木条强度不够,不适宜海上运输,以及包装带捆扎不紧所致。据此,B 方两次传真给 A 方提出索赔,要求 A 方负责赔偿重新包装的人工费、材料费及检验费用,索赔金额约 7 万英镑。经过核实,A 方仅同意赔偿 40% 的损失。双方又经过几次协商,未能达成协议。最后经国内某商会调解,双方达成协议,A 方补偿 B 方 5.2 万英镑,了结此案。

【案例点评】

本案的经验教训:①合同不应使用"适合海上运输包装"等模糊性用语,以免引起纠纷;②B 索赔须提供经 A 同意的检验人的证明,而 B 单方面聘请的、公证行检验后出具的证明不足以作为索赔的证据;③A 方在理赔时轻易承诺赔偿 40%,就给 B 方造成是因为自己包装有问题的认识,造成 A 方理赔上的失误。

2. 罚金条款(Penalty Clause)

罚金条款又称为违约金条款,多见于卖方延期交货或买方延期接货的场合,它的特点是预先在合同中规定罚金的数额或罚金的百分率。例如:

Unless caused by the Force Majeure Specified in Clause × of this contract, in case of delayed delivery, the Sellers shall pay to the Buyers for every week of delay a penalty amounting to 0.5% of the total value of the goods whose delivery has been delayed. Any fraction part of a week is to be considered a full week. The total amount of penalty shall not, however, exceed 5% of the total value of the goods involved in late delivery and is to be deducted from the amount due to the Sellers by the paying bank at the time of negotiation, or by the Buyers direct at the time of payment. In case the period of delay exceeds ten weeks later than the time of shipment as stipulated in the contract, the Buyers have the right to terminate this contract but the Sellers shall not thereby be exempted from payment of penalty. (除本合同第×条所列举的不可抗力原因外,卖方不能按时交货,在卖方同意由付款银行在议付货款中扣除罚金或由买方于支付货款时直接扣除罚金的条件下,买方应同意延期交货。罚金率按每 7 天收取延期交货部分总值的 0.5%,不足 7 天者以 7 天计算。但罚金不得超过延期交货部分总金额的 5%。如卖方延期交货超过合同规定期限 10 周时,买方有权撤销合同,但卖方仍应不延迟地按上述规定向买方支付罚金。)

即使违约方支付了罚金,只要受损方未予同意,仍不能解除继续履行合同的义务;相反,如违约方延期交货到一定的期限,受损方反而有权要求撤销合同并要求支付罚金。

关于罚金条款在各国法律上也有不同的解释和规定。在签约时,应分析研究,尽量做到既不与对方法律规定有抵触,又能符合国际惯例的规定。

除上述两种索赔条款外,针对买方不开立或不按时开立 L/C,FOB 的买方不派船或不按时派船,往往规定卖方有权解除合同或延期交货,并要求买方给予损害赔偿。

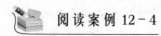

阅读案例 12-4

违约金条款的陷阱

【案情简介】

中国某进出口公司与某国某公司签订了 1 亿条沙包袋出口合同,交货期限为合同成立后的 3 个月内,价格为每条 1 美元 CIF 香港,违约金条款为:如合同一方在合同履行期内未能履行合同规定的义务,则必须向另一方支付合同总价 3.5% 的违约金。

中方公司急于扩大出口,赚取外汇,只看到合同利润优厚,未实际估计自己是否有能力履行合同,便与外商订立了合同。而实际上中方公司并无在 3 个月内加工 1 亿条该类沙包袋的能力。合同期满,能够向外方交付的沙包袋数量距 1 亿条还相差很远。中方无奈,只有将已有的沙包袋向外方交付并与之交涉合同延期。外方态度强硬,以数量不符合同规定拒收,并以中方公司违约而要求按合同支付违约金。双方协商未果,最后中方某进出口公司只得向对方支付违约金 300 多万美元,损失巨大。

【案例点评】

这是一起以合法手段掩盖非法目的,设置合同违约金条款陷阱的较为典型的案例。

防范违约金条款陷阱,主要措施在于对自己的实际履约能力做到心中有数。卖方应逐项分析己方履约能力的构成因素(货源、生产加工能力、原材料供应、收购资金、出口许可、履约期限等),诸环节落实,确保能够在履约期内完全履行自己的义务。在本案中,中方进出口公司如果在合同签订之初,能理性地分析自己的履约能力,并充分考虑对方的违约金条款,加强防范意识,就不至于遭受那么大的经济损失。

12.3 不可抗力与免责

12.3.1 不可抗力的含义

1. 不可抗力的含义

不可抗力(Force Majeure),又称人力不可抗拒,是指买卖合同签订后,不是由于合同当事人的过失或疏忽,而是由于发生了合同当事人无法预见、无法预防、无法避免和无法控制的事件,以致不能履行或不能如期履行合同,发生意外事故的一方可以免除履行合同的责任或推迟履行合同。因此,不可抗力是一项免责条款。

2. 不可抗力的原因及其后果

(1) 不可抗力的原因。通常有两种:一种是由于"自然力量"引起的,如火灾、水灾、暴风、大雪、暴风雨、地震等,另一种是由于"社会力量"引起的,如战争、罢工、政府禁令等。其中,对于自然力量引起的各种灾害,国际上的解释比较一致;对于社会原因所引起的意外事故,在解释上经常发生分歧。但是,不可抗力必须具备以下三方面的特征:意外事故必须发生在合同签订以后;不是因为当事人双方自身的过失或疏忽而导致的;意外事故是当事人双方无法预见、无法预防、无法避免和无法控制的。

(2) 不可抗力事故的后果。如果有明确约定，应按合同处理，否则双方应实事求是，根据不可抗力的原因和具体情况、事故发生后对履约的影响程度，决定是解除合同（当不可抗力导致合同根本不能履行时），还是延迟履行合同（当不可抗力导致合同不能如期履行时）。

阅读案例 12-5

市场价格飞涨是否构成不可抗力

【案情简介】

中国 A 外贸公司于某年 11 月与法国 B 公司签订一份合同，向 B 公司出售总价值 50 万美元的货物，CIF 鹿特丹，最后交货期限为当年 12 月 31 日。合同约定如果发生争议，由中国国际经济贸易仲裁委员会仲裁。在履约期间，由于国内外市场价格飞涨，国内货源紧缺，到交货时价格已经上升了 1~2 倍。因此，A 公司未能履行交货义务，双方进行协商。A 公司辩称，由于市场价格飞涨，其依合同价格交货的义务因履行合同时的环境与订立合同时的情况有本质的变化而得以免除；最终协商未果，B 公司遂提起仲裁，请求仲裁庭裁决 A 公司赔偿其遭受的利润损失、信用证费及律师费等。

【案例点评】

根据《公约》有关卖方义务的规定，A 公司的行为已经构成违约，B 公司有权要求损害赔偿。《公约》规定，发生当事人订立合同时所不能预见且不能控制的事件时，当事人可以免除合同义务。但本案中，相关法律实践表明，没有认为合同订立后、商品价格变动是不可抗力事件，或价格上涨的幅度达到了不可抗力的程度，且本案商品价格变动未达到"显失公平"的程度。因此，A 公司的解释没有法律依据。

12.3.2　不可抗力条款

贸易合同中的不可抗力条款差别较大，繁简不一，但是通常包括以下 4 个方面。

1. 不可抗力事件的范围

关于不可抗力事件的范围，应在买卖合同中订明。通常有下列 3 种规定办法。

(1) 概括规定。即在合同中不具体规定不可抗力事件的范围。

例如：如果由于不可抗力的原因导致卖方不能履行合同规定的义务时，卖方不负责任，但卖方应立即电报通知买方，并须向买方提交证明发生此类事件的有效证明书。（If the fulfillment of the contract is prevented due to force majeure, the seller shall not be liable. However, the seller shall notify the buyer by cable and furnish the sufficient certificate attesting such event or events.）

(2) 列举式规定。即在合同中明确规定不可抗力事件的范围，凡在合同中没有订明的，均不能作为不可抗力事件加以援引。

例如：如果由于战争、洪水、火灾、地震、雪灾、暴风的原因致使卖方不能按时履行义务时，卖方可以推迟这些义务的履行时间，或者撤销部分或全部合同。（If the shipment of the contracted goods is delayed by reason of war, flood, fire, earthquake, heavy snow and storm, the seller can delay to fulfill, or revoke part or the whole contract.）

(3) 综合规定。即采用概括和列举综合并用的方式。在我国进出口合同中，一般都采取这种规定办法。

例如：如果因战争或其他人力不可控制的原因，买卖双方不能在规定的时间内履行合同，如此种行为或原因，在合同有效期后继续三个月，则本合同的未交货部分即视为取消，买卖双方的任何一方，不负任何责任。（If the fulfillment of the contract is prevented by reason of war or other causes of force majeure, which exists for three months after the expiring the contract, the non-shipment of this contract is considered to be void, for which neither the seller nor the buyer shall be liable.）

提示

概括式的规定比较含混，容易产生纠纷；列举式的规定虽较明确，但容易挂一漏万；综合式的规定较灵活，可弥补其他两种的不足，比较适用。

2. 不可抗力事件的处理

不可抗力事件的处理有两种方式：一是解除合同；二是延期履行合同。究竟如何处理，应视事件的原因、性质、规模及其对履行合同所产生的实际影响程度而定，并明确地规定在合同中。

3. 不可抗力事件的通知期限、方式

按照国际惯例，当发生不可抗力事故影响合同履行时，当事人必须及时通知对方，对方亦应于接到通知后及时答复，如有异议也应及时提出。尽管如此，买卖双方为明确责任起见，一般在不可抗力条款中还规定一方遭受不可抗力事件后通知对方的期限和方式。

例如：一方遭受不可抗力事件之后，应以电报或电传方式，并应在15天内以航空挂号信提供事故的详细情况及其对合同履行影响程度的证明文件。（Should the seller be involved in Force Majeure, the seller shall notify the buyer by cable or telex within 15 days by registered airmail with a certification at testing the specification of the event or events as well as the degree of influence upon the fulfillment of the contract.）

4. 不可抗力事件的证明

在国际贸易中，当一方援引不可抗力条款要求免责时，必须向对方提交有关机构出具的证明文件，作为发生不可抗力的证明。在国外，一般由当地的商会或合法的公证机构出具。在我国，一般由中国国际贸易促进委员会或其设在口岸的分会出具。

12.4 国际贸易争议与仲裁

12.4.1 争议及其主要解决方式

争议（Dispute）是指交易的一方认为对方未能全部或部分履行合同规定的责任与义务而引起的纠纷。争议可以通过如下方式解决。

1. 协商

协商（Consultation）又称友好协商，它是指在发生争议后，由当事人双方直接进行磋商，自行解决纠纷。这种做法可节省费用，而且气氛缓和、灵活性大，有利于双方贸易关系的发展。当双方当事人发生争议时，一般都愿以协商方式加以解决。国际经济贸易界多以此方式解决争议。但协商方式也存在一定的局限性。

2. 调解

调解（Conciliation）是指发生争议后，双方协商不成，则可邀请第三者居间调处。调解人的作用是帮助当事人弄清事实、分清是非，并找到一种均可接受的解决办法。若调解成功，双方应签订调解协议，作为一种新的契约予以执行；若调解意见不能为双方或其中一方接受，则该意见对当事人无约束力，调解即告失败。调解在性质上与协商并没有本质区别，最后的解决办法还必须经双方当事人一致同意才能成立；该方式在运用时，是以双方当事人自愿为前提，一方当事人或调解人不得强迫另一方当事人接受调解。

3. 诉讼

诉讼（Litigation）是指司法部门按法律程序来解决双方的贸易争议。争议出现后，可由任何一方当事人依照一定的法律程序，向有管辖权的法院提起诉讼，要求法院予以审理，并作出判决。该方式的运用通常是由于争议所涉及的金额较大，双方都不肯让步，或者双方缺乏解决问题的诚意，通过协商或调解难以达成协议，以致诉诸法律寻求解决。

4. 仲裁

仲裁（Arbitration）又称公断，是指经买卖双方达成协议，在执行合同中发生争议时，如果通过协商或调解不能解决争议，双方自愿将有关争议交给双方同意的第三者进行裁决。裁决的结果对双方都有约束力，双方必须依照执行。

12.4.2 仲裁是解决争议的一种重要方式

尽管国际贸易中的争议可以通过四种途径来解决，但是友好协商和调解在实际执行时有一定的局限性，而诉讼因为自身的一些缺陷在国际贸易争议的处理中使用得较少，因此，仲裁就成为国际贸易争议处理的重要方式。中国一向提倡并鼓励以仲裁的方式解决争议。

提示

与诉讼相比，仲裁具备以下特点：(1) 任何仲裁机构不受理没有仲裁协议的案件。当事人应订立仲裁协议。(2) 仲裁机构属于社会性民间团体所设立的组织，不是国家权力机关，不具有强制管辖权。对争议案件的受理，以当事人自愿为基础，但具有必要的强制性，这体现在仲裁协议的强制性、仲裁裁决的终局性，对双方都有约束力。诉讼并非以当事人自愿为基础。(3) 当事人均有在仲裁机构中推选仲裁员的自由。在诉讼中当事人则无权选择法官。(4) 仲裁程序相对简单灵活，处理问题比较迅速及时，费用较为低廉。

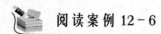

阅读案例 12-6

贵重金属交易争议仲裁案

【案情简介】

某年7月12日，我国A公司与英国B公司签订一份外贸合同，向B公司订购某贵重金属8 000公吨，FOB安特卫普，当年11～12月装运，买方在收到卖方的备货待运通知后，立即开出信用证。合同订有仲裁条款。

9月7日，A公司在没有收到B公司确定装运港通知的情况下，提前通过中国银行某分行开立了信用证，并多次催促对方尽快确定装运港并通知备货待运情况，以便租船接运货物。B公司则借口他的供货人未能交货并对迟延发出通知表示歉意外，还以英镑贬值为由，要求提价并推迟装运期。A公司随后与之交涉，拒绝提价要求，但同意将装运期修改为"来年1月至2月装运完毕"。A公司一再催促，但对方一再不守信用，也不履行新的交货义务。第二年4月16日，A公司又通过欧盟某律师转交对方一份律师函，声明允许对方自收到该函之日起45天内履行交货义务，否则将根据合同的规定，向中国某仲裁委员会申请仲裁。B公司仍然不执行合同。A公司不得已于7月18日向中国某仲裁委员会申请仲裁。

上述仲裁委员会接受申请，并在经过认真的调查和听取双方当事人的意见后做出裁决，确定B公司负违约责任，应赔偿A装运期最后一天的国际市场价格与合同单价的差价损失，同时还应负担全部仲裁费用。

【案例点评】

A公司最后以仲裁方式解决纠纷，获得胜诉，无疑是正确的。启示：遇到贸易纠纷时，如双方协商不成，可以考虑仲裁；绝对不能忽视对客户的资信调查。

12.4.3　仲裁协议的形式与作用

仲裁协议是双方当事人表示愿意把他们之间的争议交付仲裁解决的一种书面协议，它是仲裁机构或仲裁员受理争议案件的依据。仲裁协议有两种形式，法律效力相同：一种是在争议发生之前订立的，它通常作为合同中的一项仲裁条款（Arbitration Clause）；另一种是在争议发生之后订立的"提交仲裁的协议（Submission of Arbitration）"。

（1）约定双方当事人只能以仲裁方式解决争议。

（2）仲裁协议是某一特定的仲裁机构取得对特定案件管辖权的主要依据。仲裁在本质上是解决争议的一项合同制度，应遵从当事人意思自治的原则。

（3）仲裁协议是排除法院管辖权的重要依据。如果一方当事人违反仲裁协议，将争议提交法院，另一方当事人可根据仲裁协议对法院的管辖权提出抗辩，法院则应裁定将争议提交仲裁解决，除非法院认定当事人之间的仲裁协议无效或已失效，或不能履行的协议。

仲裁协议应尽可能明确、具体、完整，一般应包括如下内容：①仲裁地点，这关系到仲裁程序与准据法的选择；②仲裁机构；③仲裁程序和规则；④仲裁裁决的效力。

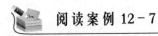 阅读案例 12-7

我国公司是否应该出庭应诉?

【案情简介】

我国某公司和外商定立一项出口合同,约定在履约过程中如发生争议在中国进行仲裁。后来,双方对商品的品质发生争议,对方在其所在地法院起诉我方,法院也发来了传票,传我国某公司出庭应诉。

【案例点评】

我国公司不应出庭应诉,应该出具仲裁条款,要求对方法院不予立案,而将该争议案件改由合同指定的仲裁机构裁决。

12.4.4 仲裁程序

仲裁程序(见图 12.1)一般包括如下阶段:①仲裁的申请和受理;②仲裁庭的组成;③仲裁审理,分口头审理和书面审理两种方式;④仲裁裁决,做出裁决后,仲裁程序即告终结。

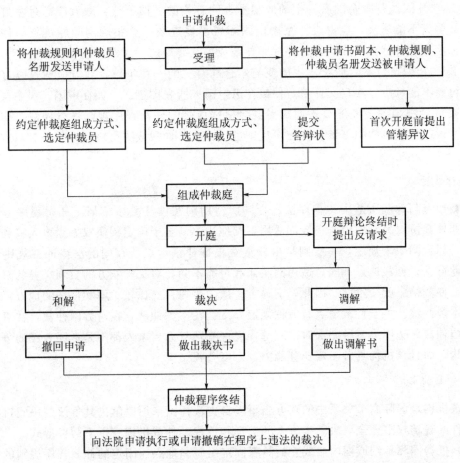

图 12.1 仲裁的基本程序

12.4.5 仲裁裁决的承认和执行

承认和执行仲裁裁决是指法院或其他主管机关，根据国内立法和国际条约的规定，确认裁决具有约束力，并在法定条件下予以强制执行。

法院承认与执行本国仲裁裁决：一般不会有困难。应一方当事人的申请，法院经司法审查，认为仲裁庭在仲裁程序中遵守了法律规定和自然正义的要求并且执行裁决不违反当地公共秩序时，即可按法定方式承认裁决的效力并强制执行。

法院承认和执行外国仲裁裁决：非常复杂。通行做法：依互惠原则，按两国之间签订的或者共同参加的国际条约规定的条件，互相承认和执行对方国家的仲裁裁决。相关国际公约主要是《承认及执行外国仲裁裁决公约》（简称 1958 年《纽约公约》）。中国于 1987 年 1 月 22 日参加《纽约公约》。根据《中华人民共和国民法通则》，外国仲裁裁决符合我国有关法律及我国缔结或参加的国际条约规定的，可以在中国境内得到承认与执行。

12.4.6 仲裁条款

仲裁条款的规定，应当明确合理，不能过于简单，一般应包括仲裁地点、仲裁程序、仲裁裁决的效力、仲裁费的负担等内容。

例 1："凡因执行本合同所发生的或与本合同有关的一切争议，双方应通过友好协商来解决；如协商不能解决，应提交北京中国国际贸易促进委员会中国国际经济贸易仲裁委员会，根据该会的仲裁程序规则进行仲裁。仲裁裁决是终局的，对双方均有约束力。"

例 2："凡因执行本合同所发生的或与本合同有关的一切争议，双方应通过友好协商解决；如协商不能解决，应提交仲裁。仲裁在被申请人所在国进行。如在中国，由中国国际贸易促进委员会中国国际经济贸易仲裁委员会根据该会的仲裁程序规则进行仲裁。如在××国，由××国仲裁机构根据该仲裁程序规则进行仲裁。仲裁裁决是终局性的，对双方均有约束力。"

1. 仲裁地点

仲裁地点与仲裁所适用的程序法、合同所适用的实体法关系密切。凡属程序方面的问题，除非仲裁协议另有规定，一般都适用审判地法律。至于确定买卖双方当事人权利义务的实体法，如合同中未规定，一般则是由仲裁庭根据仲裁地点所在国的法律冲突规则予以确定。由此可见，仲裁地点不同，适用的法律有可能不同，对买卖双方的权利义务的解释就会有差别，仲裁结果就会不同。因此，交易方一般力争在自己比较了解和信任的地方，尤其是力争在本国仲裁。关于仲裁地点有三种规定办法：在本国仲裁，在对方国仲裁，在双方同意的第三国仲裁。选用第三种办法时，应选择允许受理双方当事人都不是本国公民的争议案的仲裁机构，而且该机构具备一定业务能力，态度公正。

2. 仲裁机构

仲裁机构是国际商事关系中的双方当事人自主选择出来用以解决其争议的民间机构，其审理案件的管辖权限完全取决于当事人的选择和授权。仲裁机构有以下两种形式。

（1）依据国际条约或国内法成立的具有固定组织和地点、固定的仲裁程序规则的常设仲裁机构。目前国际上影响较大的常设商事仲裁机构是：国际商会仲裁院，成立于 1923 年，总部设在巴黎;瑞典斯德哥尔摩商事仲裁院,成立于 1917 年;英国伦敦仲裁院,成立于 1892 年;美国仲裁协会,成立于 1926 年,总部设在纽约;瑞士苏黎世商会仲裁院,成立于 1911 年。中国的国际商事仲裁机构有两个:一是中国国际经济贸易仲裁委员会,成立于 1956 年,1980 年、1988 年两次调整,总部设在北京,在深圳、上海设有分会;二是中国海事仲裁委员会,成立于 1959 年,1988 年调整,总部设在北京。

(2) 根据当事人的仲裁条款或提交仲裁的协议,在争议发生后由双方当事人推荐的仲裁员所组成的临时仲裁庭,负责裁断争议,并在裁决后即行解散。

3. 仲裁规则

各仲裁机构都有自己的仲裁规则,但其所采用的仲裁规则与仲裁地点并非绝对一致。原则上采用仲裁地点的仲裁规则,但在法律上也允许根据双方当事人的约定,采用仲裁地点以外的其他国家(地区)仲裁机构的仲裁规则。

4. 仲裁裁决的效力

根据中国仲裁规则规定,仲裁机构应当根据事实,依照法律合同规定,参照国际惯例,并遵循公平合理原则,独立公正地做出裁决。仲裁裁决是终局的,双方当事人均有约束力。如败诉方不执行仲裁裁决,胜诉方有权向法院起诉,请求法院强制执行。

在其他国家,一般也不允许当事人对仲裁裁决不服而上诉法院。即使向法院提起诉讼,法院一般也只是审查程序(即仲裁法律手续是否完备),不审查实体(即裁决本身是否正确)。

5. 仲裁费用的负担

仲裁费用通常规定由败诉方承担,或由仲裁庭酌情决定。

 本章小结

本章介绍了贸易合同中的检验、索赔、不可抗力和仲裁条件。

买卖双方交易的商品一般都要进行检验。买卖双方之中任何一方有违约的情况,受害方都有权提出索赔。合同签订后,若发生人力不可抗拒事件,致使合同不能履行或不能如期履行,可按约定免除合同当事人的责任。买卖双方对履约过程中产生的争议,如难以和解,则最好采取仲裁方式解决。因此,买卖双方商定合同时,一般都在合同中订立检验、索赔、不可抗力和仲裁条款。

1. 全面进口监督检验计划(Comprehensive Import Supervision Scheme,CISS)

CISS 又称装船前检验(Pre-Shipment Inspection,PSI),是一些发展中国家的政府以法令的形式指定其有关部门如财政部、外贸部等与某家或某几家国际性检验机构签订合同,委托其作为代理,执行对所有进口货物在装运前实施强制性检验、价格比较以及海关税则分类的进口综合监管制度。按此制度规定,未经检验的商品到达目的港后,进口国海关将不予通关,中央银行将拒绝付款。

实施 CISS 的国家近 30 个，目的：防止外汇流失，确保国家外汇的合理使用；防止偷漏关税，确保合理征收关税；确保以公道的价格买到合适的商品。

CISS 业务主要内容：(1) 商品检验。指装运前的品质、数量、包装的检验，装运前的装运标志的核查和装运前的监视装载等，以确定货物是否符合约定、货物是否已完好地装上了海轮。(2) 价格比较。以保证商品的价格不超过供货国同一商品或类似商品现行的出口市场价格和保证海关有一个正确的应税价值。(3) 合法性审查。主要审查有关交易是否符合进口国的有关法律、法令和法规。(4) 海关资料的核查。包括海关税则分类和确定应税率。

2. SGS（Societe Generale de Surveillance S. A.）及 SGS 关务作业

SGS 译为"通用鉴定公司"或"通用公证行"，创建于 1887 年，是目前世界上最大、资格最老的民间第三方从事产品质量控制和技术鉴定的跨国公司。总部设在日内瓦，在世界各地设有 251 家分支机构、256 个专业实验室，并有 27 000 名专业技术人员，在 142 个国家开展产品质检、监控和保证活动。

SGS 关务作业是指货物进口国政府或政府授权海关当局与 SGS 签署协议，由 SGS 在货物出口国办理货物装船前的验货、核定完税价格（或结汇价格）、税则归类（在进口国实行 HS 制度的前提下），执行进口管制规定（如是否已事先申领进口许可证件等）等原系由进口国海关在货物运抵进口国后所执行的进口验关作业。由 SGS 确认真实、合理后，出具公证报告，即"清洁报告书"（Clean Report of Finding，CRF），作为货物进口后向海关申报时必须交验的单证，进口国海关凭此简化或免除多道通关手续，直接征税后放行，既加快验放（一般不复检），又严密监管。反之，则签发"不可兑现报告书"（Non – Negotiable Report of Findings），这样，即使货物运抵目的港，进口国海关不予通关，出口商也不能结汇。

习 题

1. 单选题

(1) 不可抗力事故范围规定较科学的是（ ）。

A. 综合式规定　　B. 列举式规定　　C. 概括式规定　　D. 分类式规定

(2) 仲裁裁决的效力是（ ）。

A. 终局的，对争议双方具有约束力

B. 非终局的，对争议双方不具有约束力

C. 有时是终局的，有时是非终局的

D. 一般还需法院最后判定

(3) 在我国的进出口合同中，关于仲裁地点的规定，我们应力争（ ）。

A. 在中国仲裁　　　　　　　　　　B. 在被申请人所在国仲裁

C. 在双方同意的第三国仲裁　　　　D. 在对卖方有利的国家仲裁

2. 多选题

(1) 贸易合同中商品检验时间与地点的规定方法主要有（ ）。

A. 在出口国检验　　　　　　　　　B. 在进口国检验

C. 在出口国检验，进口国复检　　　D. 把货物运到第三国检验

(2) 在一般商品买卖合同中常用的索赔条款规定方法是（　　）。
A. 异议与索赔条款　　　　　　　　B. 违约金条款
C. 罚金条款　　　　　　　　　　　D. 定金罚则
(3) 不可抗力事故的构成条件是（　　）。
A. 事故发生在合同订立以后
B. 发生了合同当事人无法预见、无法预防、无法避免和无法控制的客观情况
C. 事件的发生使合同不能履行或不能如期履行
D. 遭遇意外事故的一方负全责
(4) 在国际贸易中，解决争议的方法主要有（　　）。
A. 友好协商　　　　B. 调解　　　　C. 仲裁　　　　D. 诉讼
(5) 仲裁协议的作用，主要表现在（　　）。
A. 约束双方当事人解决争议的方式
B. 排除法院对该案件的管辖权
C. 授予仲裁机构对争议案件的管辖权
D. 仲裁解决不了问题，还可向法院上诉

3. 简答题

(1) 简述检验证书的作用。
(2) 什么是不可抗力？不可抗力的认定须具备哪些条件？
(3) 从其起因看，不可抗力事故有哪几种？
(4) 简述仲裁协议的形式及其作用。

4. 案例分析题

(1) 我国某出口企业以 CIF 纽约与美国某公司订立了 200 套家具的出口合同，合同规定某年 12 月交货。11 月底，我企业出口商品仓库发生雷击火灾，致使一半左右的出口家具烧毁。我企业以发生不可抗力事故为由，要求免除交货责任，美方不同意，坚持要求我方按时交货。我方无奈经多方努力，于次年 1 月初交货，美方要求索赔。试分析：①我方要求免除交货责任的要求是否合理？为什么？②美方的索赔要求是否合理？为什么？

(2) 买卖双方以 CIF 术语达成一笔交易，合同规定卖方向买方出口商品 5 000 件，每件 15 美元，信用证付款；商品检验条款规定："以出口国商品检验局出具的检验证书为卖方议付的依据，货到目的港，买方有权对商品进行复验，复验结果作为买方索赔的依据。"卖方在办理装运、制作整套结汇单据，并办理完结汇手续以后，收到了买方因货物质量与合同规定不符而向卖方提出索赔的电传通知及目的港检验机构出具的检验证明，但卖方认为，交易已经结束，责任应由买方自负。问：卖方的看法是否正确？为什么？

(3) 甲方与乙方签订了出口某种货物的买卖合同一份，合同中的仲裁条款规定："凡因执行本合同所发生的一切争议，双方同意提交仲裁，仲裁在被申请人所在国家进行。仲裁裁决是终局的，对双方具有约束力。"在履行合同的过程中，乙方提出甲方所交的货物品质与合同规定不符，于是双方将争议提交甲国仲裁。经仲裁庭调查审理，认为乙方的举证不实，裁决乙方败诉。事后，甲方因乙方不执行裁决向本国法院提出申请，要求法院强制执行，乙方不服。问：乙方可否向本国法院提请上诉？为什么？

(4) 我国某出口公司签订了一份即期信用证付款的 FOB 合同，进口食品 1 000 箱。接到对方的装运通知后，该公司投保了一切险和战争险。对方公司凭已装船提单及其他有关单

据向银行收妥货款。货到目的地后,经复检发现以下情况:①200 箱货物内含有的大肠杆菌超过我国标准;②实收货物 998 箱,缺少 2 箱;③有 15 箱货物外表情况良好,但箱内货物缺少 60 千克。针对上述情况,请分析进口商应分别向谁索赔?

操作训练

课题 12 - 1

实训项目:仲裁条款的磋商

实训目的:学会合理订立合同中的仲裁条款。

实训内容:加拿大的进口商(Carters Trading Company,LLC)向宏昌国际股份有限公司(Grand Western Foods Corp.)提出:如果交易过程中发生争议应该通过仲裁方式解决。

实训要求:学生分成 2 个谈判小组,分别代表进口商(Carters Trading Company,LLC)和宏昌国际股份有限公司(Grand Western Foods Corp.),就仲裁条款进行磋商。

课题 12 - 2

实训项目:法定检验商品范围的判定

实训目的:初步掌握根据监管条件判断该商品是否属于法定检验商品范围的要领。

实训内容:根据商品编码,查询海关税则,获知监管条件,判断该商品是否属于法定检验商品范围。

商品编号	商品名称	进口税率		增值税率	出口退税	计量单位	监管条件
		最惠国	普通				
1602501010	含濒危野牛肉的罐头	12	90	17		千克	ABFE
1602501090	其他牛肉及牛杂碎罐头	12	90	17	15	千克	AB
4403110010	油漆,着色剂等处理的红豆杉原木	0	8	13		千克/立方米	8AF
4403498010	濒危热带红木原木	0	35	13		千克/立方米	8AEF
4403498090	其他热带红木原木	0	35	13		千克/立方米	8A
4412101999	其他竹胶合板(每层厚度≤6mm)	4	30	17	13	千克/立方米	AB
52021000	废棉纱线	10	30	17	13	千克	AP
58109100	棉制见底布的刺绣品	10	130	17	17	千克	
8428909020	核反应堆燃料装卸机	5	30	17	17	台/千克	3
8703234110	小轿车,1升<排量≤1.5升	25	230	17		辆	46AOxy
8703234190	小轿车成套散件,1.5升<排量≤2升	25	230	17	17	辆	46Oxy
871410010	摩托车架	30	100	17	15	千克	46xy
871410090	其他摩托车零件,附件	30	100	17	15	千克	6
9403501010	卧室用濒危红木制家具	0	100	17		件/千克	ABFE
9403501090	其他卧室用红木制家具	0	100	17	15	件/千克	AB

许可证或批文代码	许可证或批文名称	许可证或批文代码	许可证或批文名称
1	进口许可证	K	深加工结转申请表
2	两用物项和技术进口许可证	L	药品进出口准许证
3	两用物项和技术出口许可证	O	自动进口许可证（机电产品）
4	出口许可证	P	固体废物进口许可证
5	纺织品临时出口许可证	Q	进口药品通关单
6	旧机电产品禁止进口	R	进口兽药通关单
7	自动进口许可证	S	进出口农药登记证明
8	禁止出口商品	T	银行调运现钞进出境许可证
9	禁止进口商品	W	麻醉药品进出口准许证
A	入境货物通关单	X	有毒化学品环境管理放行通知单
B	出境货物通关单	Y	原产地证明
D	出/入境货物通关单（毛坯钻石用）	Z	音像制品进口批准单或节目提取单
E	濒危物种允许出口证明书	e	关税配额外优惠税率进口棉花配额证
F	濒危物种允许进口证明书	s	适用ITA税率的商品用途认定证明
G	两用物项和技术出口许可证（定向）	t	关税配额证明
H	港澳OPA纺织品证明	v	自动进口许可证（加工贸易）
I	精神药物进（出）口准许证	x	出口许可证（加工贸易）
J	黄金及其制品进出口准许证或批件	y	出口许可证（边境小额贸易）

实训要求：利用现有资料和网络条件，初步掌握查询某商品的监管条件、判断该商品是否属于法定检验商品范围的要领。

第 13 章 国际贸易合同的商定

学习目标

知识目标	技能目标
明确熟悉商品的重要性和方法，了解国际商品市场调研、客户资源开发和客户调研的含义、作用、内容和渠道 了解企业进入国际市场的渠道 了解获得外贸进出口权并办理登记注册的方法 了解选择交易对象、选派经贸洽谈人员的方法 了解商品经营方案的基本内容 了解商标国外注册的意义和途径	初步掌握国际商品市场和客户调研的技能，能够分析国外目标市场的特点及其发展趋势，学会开发客户资源，进行客户调研 初步掌握选择企业进入国际市场渠道的技能 初步掌握获得外贸进出口权的方法 初步掌握选择交易对象、选派洽谈人员的技能 初步掌握撰写商品经营方案的技能 树立商标先行意识，了解商标国外注册基本方法
识记交易磋商的概念、形式、内容 掌握交易磋商的步骤，识记邀请发盘、发盘、还盘、接受的含义及发盘和接受的构成要件，理解交易磋商的注意事项	领会交易磋商的重要性、复杂性和法律性 初步掌握交易磋商的技能，能够撰写简单的交易磋商函电
识记国际贸易合同成立的时间和生效要件 识记国际贸易合同的形式与基本内容，理解订立合同的注意事项	领会订立书面合同的法律和实践意义 初步掌握订立国际贸易合同的技能，能够草拟国际贸易合同

知识结构

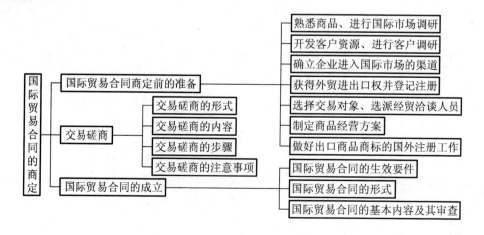

国际贸易合同商定案

案例1：某年9月12日，国内T公司向英国K公司发盘，报某商品300公吨，每公吨CIF伦敦850英镑。K公司3天后回电表示接受，但要求按ICC(B)险投保。T公司对该商品一直是按中国人民保险公司的《海洋货物运输保险条款》投保水渍险，并以此为基础核算报价。收到客户的回电后，业务员觉得如投保ICC(B)险，重新核算报价太麻烦，且要多付保险费，此外该商品又属畅销货，报价又比市场价格低20~30英镑，对方不可能仅为了投保险别小事而放弃成交机会，故未多加思索，当即回电表示拒绝按ICC(B)险投保。

第二天，客户来电称："我公司多年来在与中国客户交易时，一直都要求按ICC(B)险投保，从未被拒绝，况且不会给你方造成任何不便，不知你方为何不予同意。对此，我方深表遗憾。"

9月17日，T公司回电："我公司在与贵国其他客户交易时，一直都是按水渍险投保，他们也从未提出异议。我方产品与市场上的同类商品相比，品质上佳，且价格要低20~30英镑，望你方不要固执己见，错过大好机会。"

此后，K公司再未回电。后T公司得知，K公司以同样的价格与另一家公司成交。而T公司这批货物在3个月后才觅得客户，但此时市价已跌，成交价只有每公吨838英镑。

点评：按《公约》第19条规定，K公司在接受中添加了"按照ICC(B)险投保"这一条件，并未构成实质性变更发盘条件。首先，中国人民保险公司一般接受按ICC条款投保。其次，ICC(B)险与水渍险的费率相差无几，何况，也可要求对方负担超出的保险费。而T公司盲目自大，不但丧失了成交机会，受到价格损失，还失去了一个客户。

案例2：中国A出口公司与韩国B进口公司进行交易磋商，20件货物，每件2 000美元CFR釜山。其中，双方就付款条件的磋商较为艰难，具体过程如下：

A要求：30%电汇预付款＋70%信用证付款。

B答复：可以接受30%电汇预付款＋70%信用证付款，但是，去釜山的船很快，容易造成过期提单，会产生货物滞留在釜山港码头的很多费用，要求2/3正本提单交银行议付，1/3正本提单直接快递给B公司提货。

A回复：可以接受1/3正本提单直接寄收货人，同时信用证应该规定：收货人只有将全套三份正本提单全部退银行后方能拒付货款；提单，凭开证行指定。

B拒绝信用证付款，提出：以"远期D/P"方式支付，并必须通过该国C银行代收。

A回复：请B公司立即提供代收行C的资料以便核查信用，B没有提供资料。于是，A通过银行查询，得知C属于小银行，与B的关系较好。A提出：50%电汇预付款＋50% D/P见票后30天付款，必须通过A公司指定的韩国D银行代收。

思考再三，B同意了，成交。

点评：①如果在近洋运输中提单"过期"难以避免，A的回复相当专业，既争取了贸易机会，又避免了出口风险：(a) 只有凭正本提单才能提货。当签发不只1份正本提单的情况下，每份正本提单的效力相同，但是，只要其中任何一份凭以提货，其余立即自动失效。(b) 寄1/3正本提单给买方，如果买方资信不佳，可能凭此1/3正本提单提货后，拒付货款。在这种情况下，如果卖方交单正确，银行付款后，将面临买方拒付给开证行造成损失；如果卖方交单不符，银行将拒付，则容易造成卖方钱货两空。(c) 寄1/3正本提单给买方，如果卖方资信不佳，则其可能将1/3正本提单转让第三方，将2/3正本提单交银行议付，由此可能引发一货卖两家的纠纷，可能给买方造成损失。B提出"直接寄1/3正本提单给买方"，从商务角度分析有其合理性，但对受益人 A 来说，这样的条款风险较大。如果一律不予接受，虽减少了风险却也减少了贸易机会。A 回复：可以接受 1/3 正本提单直接寄收货人，同时信用证应规定：收货人只有将全套三份正本提单全部退银行后方能拒付货款，这种方式会给收货人拒付造成许多不便。规定："提单，凭开证行指定"，这就意味着 1/3 正本提单在客户手中也不怕，他得先到开证行去背书，凭银行背书的提单才能向船公司换发提货单！银行背书提单前，一般都会要求开证申请人赎单（即期信用证）或保证（远期信用证）。银行和船公司都有责任把好此关。②B 提出：以"远期付款交单"，并必须通过该国 C 银行代收。得知 C 是小银行并与 B 公司关系较好后，A 估计 C 有可能私自借单给 B 公司提货，于是，A 回复：50%电汇预付款＋50% D/P 见票后 30 天付款，必须通过 A 公司指定的韩国 D 银行代收。如此要求买方在出货前预先电汇较高比例的货款，有利于分散收汇风险；通过 A 公司指定的银行，有助于防范代收行私自进行"付款交单凭信托收据借单"（即 D/P. T/R）的风险。

这样的情形可以罗列成百上千，均涉及商定合同的有关知识，说明了交易磋商的差异性、复杂性、法律性和重要性。

思考题： 什么是交易磋商？其基本过程和条件如何？如何正确商定合同？

国际贸易合同的商定与履行是重要的涉外经济活动，应遵循平等、自愿、公平、诚信、合法和尊重社会公德的原则。本章将阐述合同商定与成立的具体过程、条件和注意事项。

13.1　国际贸易合同商定前的准备

13.1.1　熟悉商品、进行国际市场调研

熟悉商品和市场行情，是从事贸易业务的前提条件。

1. 熟悉商品

开展业务前应熟悉如下商品信息：

（1）生产知识：原料供应、产量销量、包装类别、能源环保、加工周期和储备能力等。

（2）生产工艺：基本配方、工艺流程、设备性能和质量管理等。

（3）基本性能：物理（化学）性能、成分、含量、规格和型号等。

（4）标准与包装：销往国家的技术、安全、卫生和环保等各项规定，原料、体积、重量和各种运输工具允许的装载量等。

（5）商品编码：海关税则的分类和 HS 商品编码的使用等。

（6）价格：原材料价格、同类商品价格、历史价格及发展趋势等。

2. 进行国际市场调研

（1）国际市场调研的含义和作用。

含义：对特定市场的货物和服务销售趋势的相关资料进行系统的收集、记录和分析，找出取得销售或采购成功的方法。

作用：①了解需求商品，有的放矢。②了解经济实力和消费水平，为出口企业提供选择适当商品营销的依据。③了解供求关系与竞争对手，为扩大销路或采购渠道提供依据。④发现贸易政策、汇率、消费观念等的变化，进而找到有利的贸易时机。

(2) 国际市场调研的内容。

① 国际商品市场环境调研。

政治和法律环境。涉及的因素如图 13.1 所示。

政治环境 {
政局稳定性
政府干预程度
民族情绪
经济贸易政策
进出口国双边关系
}

法律环境 {
进口国法律法规（对外贸易法、产品责任法、专利法、进口许可证制度、进口配额规定、海关法、商标法和出入境检测检疫法等）
国际法律法规惯例［双边条约（协定）、对边条约（协定和国际惯例（《UCP600》/《URC522》）等］
}

图 13.1　国际政治和法律环境调研涉及的因素

经济环境。涉及的因素如图 13.2 所示。

市场规模 {
人口（人口总量及增长率、人口年龄结构、家庭规模和人口流动性等）
收入分配（人均国内生产总值、人均可支配收入和就业情况等）
}

经济特征 {
基础设施［运输（含国内运输、港口、设备及对外航线）、能源、通信和商业设施及都市化程度等］
经济发展水平（经济发展阶段、经济增长率和经济结构等）
}

图 13.2　经济环境调研涉及的因素

文化环境。涉及的因素如图 13.3 所示。

教育水平 {
学校和科研机构数量及水平等
国民受教育水平（每十万人口各级学校平均在校生数和识字率等）
教育经费投入水平
}

宗教信仰 {
宗教节日（圣诞节，斋月等）
宗教禁忌
宗教组织
}

其他 {
社会风俗习惯
语言文字
审美观念和价值观等
}

图 13.3　国际文化环境调研涉及的因素

地理环境。主要包括气候、地形、人口和交通运输等因素。

竞争环境。应考虑的问题如下。A. 是否存在直接竞争，即生产或购买同样产品的各国厂商之间的竞争。B. 是否存在间接竞争，即各国生产或购买替代品的厂商之间的竞争。C. 这些直接或间接竞争者是谁？各自所占的份额及其变动又如何？D. 市场是否被少数几个大供应商或采购商垄断？E. 每个竞争者在生产、购售、成本方面存在哪些优势和劣势，其生产能力或购买能力的前景又如何？F. 目前的市场是否还有机会，所有的细分市场是否已被有效地占领。总结竞争者成功的经验。成功经验可能是：A. 企业实力强；B. 产品质量高，价格具有竞争性；C. 地理环境优越，交通运输方便；D. 成本具有优势；E. 广告宣传；F. 优惠关税或其他贸易保护。把握竞争机会。

 阅读案例 13-1

客户为什么拂袖而去

【案情简介】

美国客户 A 商来到中国南方 B 厂洽购一批设备。客人先去厂房查验设备，不时地询问产品的质量、规格及生产情况，对 B 方产品表现出极大的兴趣，并决定当日下午举行会谈。双方开始会谈时气氛良好，美国客户将他们的要求做了详细介绍，B 厂厂方代表对此做了相应的答复并发出报盘。A 对 B 厂所报价格非常惊讶，同时指出韩国同类设备拥有的优点及低廉的报价，希望厂方予以解释。遗憾的是 B 厂代表对该设备的主要竞争者——韩国产品却一无所知，回答不了客户的提问。在接下来的询问中，客户更为吃惊，B 厂代表竟然不清楚客户购买的 40 台设备所需的生产时间。无奈之下，客户拂袖而去。

【案例点评】

B 厂国际市场调研做得不充分，不了解国际市场行情、竞争对手及本厂的产品，导致本应达成交易的美国客户离开谈判桌，遗憾而去。

② 国际商品市场行情调研。

从出口方角度看，国际商品市场行情调研的内容主要包括市场营销活动的各个方面。

商品生产和供给调研。出口商品是企业为国外顾客提供服务的对象。调查分析出口商品的生产历史、发展趋势、产品产量、本企业所占份额、生产波动规律、商品生产周期、季节性和技术条件。

商品消费和需求调研。商品消费是需求的基础，消费变化会引起需求变化。在市场调研时，除了要分析商品的消费趋势、消费习惯和消费对象外，还要掌握商品消费的特点。包括：商品消费的结构。A. 企业消费：指在生产和经营过程中所进行的生产资料的消费，其结构一般为三类：动力和燃料；原料和半成品；机器设备。B. 家庭消费：指家庭或个人所进行的生活和劳务用品的消费品，其结构也有三类：耐用消费品；非耐用消费品；劳务。商品消费的周期。一般来说，消费周期长的商品，其需求波动幅度大，因为当经济好转时，周期长的商品更新快，需求增加；当经济下跌时，由于减缓更新，则需求减少。消费周期短的商品，其需求波动小，因为无论经济好坏，它都要随时更新。市场需求潜力的调研是整个市场调研的重要任务。

商品价格调研。调研的主要内容：A. 影响价格的具体因素；B. 商品需求弹性；C. 国际商品市场供求关系的状况及发展变化趋势；D. 不同的价格政策对商品定价及销售量的影响；E. 新产品的定价策略；F. 商品生产周期与消费周期不同阶段的定价原则。

营销方式和渠道调研。营销方式调研的主要内容：A. 可能的营销组合；B. 能促进营销的推广方法，如佣金、折扣、示范、赠样本、赞助各种交易活动，以及陈列、竞赛等；C. 对雇佣或选派的推销员，分析其素质、水平、训练费用以及所能起到的作用；D. 营销活动中可以使用的有效广告宣传方式等。销售渠道调研的主要内容：A. 了解国外各市场零售网点的分布和潜在的营销场所；B. 对国外各类代理商、批发商、零售商进行评估和选择；C. 了解各类中间商所经销的产品，并掌握他们在人员、设施、服务、信用、财务等方面的情况；D. 了解国外市场所能使用的运输工具，以及商品运输的方式等；E. 分析中间商在包销或代理时能否利用他们的销售渠道为本企业产品服务。

提示

不同企业在不同时期必须有重点地确定自己的市场调研问题和内容。

(3) 国际市场调研的步骤和方法。

国际市场调研的步骤如图 13.4 所示。

确定调研目标 → 制订调研计划 → 执行调研计划 → 分析结果并撰写调研报告

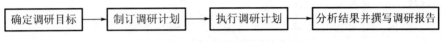

图 13.4 国际市场调研的步骤

① 确定调研目标。应针对企业所面临的市场现状和待解决的问题（如产品销路、产品寿命和广告效果等），确定市场调研的目标和范围。

② 制订调研计划。调研计划一般应包括所需的信息资料、信息资料的来源、使用的调研方法和调研所需的经费，以及完成整个调研所需的时间等。

确定所需的信息资料。调研所需要的信息资料主要包括国际市场环境信息、国际市场产品信息、国际市场促销信息和国际市场竞争信息等内容。

确定信息资料的来源。调研信息的收集方法如图 13.5 所示。

直接信息搜集：
- 派贸易代表团、推销小组等调研人员到目标市场实地调研并考察相关企业
- 委托本国驻外经贸机构进行调研
- 企业在世界各国的销售网点从市场反馈中得到信息
- 委托市场所在国的中间商、国外咨询公司搜集有关信息

间接信息搜集：
- 充分利用网络（利用搜索引擎或访问专业电子商务网站等）通过各生产厂家和经销商的商业网站（网页）收集相关信息资料，有针对性地分析商品及市场行情
- 利用报纸和杂志等媒体信息及图书馆（实体图书馆和电子图书馆等）分析研究商品信息和价格行情
- 利用参加各种博览会、交易会、洽谈会和客户来华做生意等机会收集更多商品资料和价格信息
- 利用进出口国的政府机构（如海关和外管局等）以及有关国际组织（如联合国、国际商会、IMF、WTO和WB等）收集相关信息

图 13.5 国际市场调研收集信息的方法

确定使用的调研方法。主要有实地访问、电话调研、信函调研和市场试销等方法。

确定调研所需经费和时间。

③ 执行调研计划。主要包括收集、处理和分析数据资料等工作，通过自己或委托专业

调研公司完成,也可采取网络调研的方式来完成。

④ 分析调查结果并撰写报告。将市场调查获得的分散、凌乱的资料进行整理、分类和加工,然后根据分析结果写出一份调研报告。调研报告包括序言、主体和附件三个部分。

13.1.2 开发客户资源、进行客户调研

1. 开发客户资源

开发和利用客户资源的主要途径如下所述。

(1) 建立企业自己的网站来展示商品

① 企业介绍:方便潜在客户了解公司的整体情况。主要内容包括:A. 经营范围。B. 经营方式。例如,一般进出口、转口贸易、来料来件加工装配、进料加工、代理和独家代理等。C. 经济实力。主要介绍经营历史、资金资本状况、市场竞争力和其他优势等。D. 企业名称、地址、电话、传真、网址和电子邮箱、公司的隶属关系、所有制形式和经营渠道等。

② 产品介绍:一般包括每一种产品的名称、规格、编号、报价和标准等内容,力求细致完备。最好附有产品照片,具体直观。

(2) 参加国内外交易会和博览会以及出国办展推销与考察

国内主要的进出口商品交易会和博览会信息见表 13-1。

表 13-1 国内主要的进出口商品交易会和博览会

名称	主办方	举办日期	备注
中国进出口商品交易会(广交会)	由商务部及广东省人民政府主办,中国对外贸易中心承办	一年两届 春交会:4月中下旬;秋交会:10月中下旬	组展方式为"省市组团、商会组馆、馆团结合、行业布展",有中国"第一展"之称
中国华东进出口商品交易会(华交会)	由上海市、江苏省、浙江省、安徽省、福建省、江西省、山东省、南京市和宁波市9省市联合主办	每年3月1日在上海举行	中国规模最大、客商最多、辐射面最广、成交额最高的区域性国际经贸盛会
中国国际投资贸易洽谈会(投洽会)	由商务部主办的全国性国际投资促进活动,中国内地31个省、自治区、直辖市,部分计划单列市、国家有关部门和全国性商协会均以投洽会成员参加	每年9月8日~9月11日在厦门举行	是目前全球唯一通过国际展览联盟(UFI)认证的投资类展会,也是全球规模最大的投资促进盛会
中国中部投资贸易博览会(中博会)	山西、安徽、江西、河南、湖北和湖南6个相邻省份,由商务部和中部6省共同主办	每年中部6省轮流在省会城市主办,时间另定	是由商务部主办的唯一的中部地区综合性博览会
中国哈尔滨国际经济贸易洽谈会(哈洽会)	中国商务部、黑龙江省政府、浙江省政府和哈尔滨市政府联合主办	每年夏季在哈尔滨举行	中国面向东北亚地区及世界各国开展经贸投资和科技合作的主要展会和重要平台

资料来源:胡俊文,戴瑾. 国际贸易实战操作教程. 北京:清华大学出版社,2009;7.

① 中国外贸企业参加国外会展的途径。

参加以各省人民政府名义举办的境外展览，具体承办单位有省商务厅和中国国际贸易促进委员会各省分会等机构。

参加国内具有出国办展资格的组展单位举办的境外展览，具体参展项目及联系方式可登录中国贸促会网站（www.ccpit.org）查询经中国贸促会（会签商务部）批准的全国出展计划，具体联系单位有中国贸促会及地方分会、各专业商会和专业展览公司。

参加各省出国展览服务部门受组展单位委托组织的出展项目，包括团体项目等，具体联系单位有省商务厅和省贸促会等。

企业还可以直接联系境外展会主办方，自行参展（世界主要国家和地区的展会目录参见表13-2），可通过中国贸促会等国内网站进行查询或直接查询。

表13-2 世界主要国家和地区展会目录

主办国	展 会 目 录
德国	科隆国际家用电器交易会，科隆五金产品博览会，科隆国际食品饮料技术展览会，科隆国际牙科技术展览会，科隆国际服装机械展览会，科隆家具生产及木工技术展览会，科隆国际体育用品、露营用品及花园家具展览会，科隆国际少年儿童用品展览会，科隆国际自行车展览会，科隆国际食品展览会，科隆国际休闲、体育及泳池设备展览会，科隆世界摄影技术展览会，杜塞尔多夫国际服装博览会，杜塞尔多夫国际零售业展，杜塞尔多夫国际鞋类展览会，杜塞尔多夫国际医院、诊所专业展览会，杜塞尔多夫国际残疾人康复技术展览会，杜塞尔多夫国际酒店、烹饪、餐饮展览会，杜塞尔多夫国际印刷及纸张业展览会，法兰克福国际汽车展览会，法兰克福国际图书博览会，法兰克福国际化工技术、环境保护和生物工程技术博览会，法兰克福国际卫生洁具及供暖技术展览会，汉诺威国际办公自动化、信息及通信技术博览会，汉诺威国际工业博览会（HANNOVER MESSE），汉诺威世界金属加工博览会，汉诺威国际汽车展览会——生产用车，营业用车，汉堡国际船艇展览会，汉堡国际宾馆、餐馆、面包房、甜食店专业展览会，德国埃森国际健美、健身及休闲博览会，纽伦堡国际玩具博览会，纽伦堡国际宠物用品展览会，慕尼黑国际电子生产设备贸易展览会，纽伦堡国际狩猎和体育装备、户外用品及配件展览会，莱比锡国际图书展览会，莱比锡国际汽车展览会，莱比锡国际电子游戏展览会，莱比锡国际矫形外科及康复技术展览会，莱比锡国际环保技术服务专业展览会，慕尼黑国际体育用品和运动服展览会，汉诺威国际信息及通信技术博览会
美国	美国国际玻璃、门窗展览会，美国拉斯维加斯国际石材展览会，拉斯维加斯国际服装服饰博览会，美国国际纸制品及办公用品世界博览会，纽约国际玩具博览会，美国国际旅行物品、皮革及附件博览会，纽约国际美容及保健产品博览会，拉斯维加斯国际宠物用具展览会，拉斯维加斯国际鞋业展览会，纽约面料、辅料接单展，美国国际家用纺织品采购会，美国春季体育用品展览会，美国国际五金制品及花园用品展览会，拉斯维加斯包装工业展览会，拉斯维加斯食品加工展览会，拉斯维加斯国际地面装饰材料博览会，拉斯维加斯国际消费电子产品展览会，美国芝加哥国际家庭用品博览会，拉斯维加斯国际灯饰展览会，拉斯维加斯国际美容美发展览会，美国拉斯维加斯汽配展览会，拉斯维加斯国际建筑博览会，拉斯维加斯国际服装博览会
法国	马赛国际博览会，里昂国际博览会，波尔多国际展览会，国际食品工业展览会，国际农业展览会，国际建筑及公共工程展览会，国际汽车工业展览会，国际玩具展览会，国际皮革展览会，法国巴黎国际服装及纺织品贸易展览会，法国巴黎国际餐饮、酒店设备展览会，法国巴黎国际建筑门窗、遮阳、屋顶、防护、装饰博览会

续

主办国	展会目录
英国	皇家展览会，爱丁堡国际航空展览会，国际建筑展览会，国际食品饮料展览会，英国国际玩具博览会，英国家具展览会，国际装运及储存展览会，国际塑料及橡胶展览会，国际医药及化妆品制造展览会，英国国际汽车展览会，英国世界水果蔬菜展览会，英国塑料、橡胶工业展览会，英国国际工业分包展览会，英国伯明翰国际花园工具及五金工具与休闲用品展览会
意大利	米兰服装展，米兰摩托车展览会，米兰国际供暖、制冷、空调、阀门及卫生洁具、浴室设备博览会，加芬国际鞋展，欧洲国际能源电力、电网展览会（米兰）
日本	日本国际消费品博览会，东京国际礼品博览会，日本东京国际文具和办公用品展览会，日本（大阪）中国纺织成衣展览会，日本国际家用及室内纺织品展览会，日本国际电子元器件展览会，日本DIY用品及五金工具展览会
中东	中东迪拜美容美发博览会，中东（迪拜）玩具博览会，阿联酋迪拜国际汽车零部件展览会，中东（迪拜）国际安保用品展览会，中东国际家用电器博览会，中东迪拜专业舞台灯光、音响及乐器制品展览会，中东（迪拜）石油、天然气、石油化工及其技术设备服务展览会（OGS），中东（迪拜）国际服装、纺织、鞋类及皮革制品博览会，中东国际电力、灯具、新能源博览会，中东（阿布扎比）国际美容美发博览会

资料来源：胡俊文，戴瑾．国际贸易实战操作教程．北京：清华大学出版社，2009：8～9．

② 参加展会的注意事项。

第一，要与企业自身的营销、出口目标相结合。参加专业性、大型、有影响的展览会效果一般胜于参加综合性的博览会。第二，参展的展品应和展览会的主题一致。第三，参展之前，外贸业务员必须做好成本核算。到国外参加展览会的费用很高，主要包括摊位费、来回机票费、住宿费、餐费、寄样费、签证费和中介机构的管理费等。仔细核算成本和可能带来的商机之后，再考虑是否去国外参展。

③ 国际主流展会的特点。

第一，呈现明显的地域特点，具有不同的办展风格。从总体上看，欧美展览会的质量、贸易效果和办展水平较高。第二，欧洲的展览会数量多、规模大、品牌响显著。绝大多数世界性"航母"级超大型和专业顶级展览会都在欧洲举办。美国展览会的国际性远不及欧洲。在美国展览会上，最活跃的交易在批发商和零售商之间进行，外国参展商的成交量通常较小，单个合同的成交额一般小于欧洲。美国国内市场容量巨大，因此，美国展览会对国外参展商的吸引力仍然不小。欧洲展览会展期一般长于美国展览会，通常为4天，不少展览会的展期达到一周或一周以上。虽然贸易性很强，但欧洲展览会一般都安排专门的时间来接待普通公众，以扩大普通民众对展览会的参与度和关注度。

(3) 登录各种B2B国际贸易平台发布广告。

所谓国际贸易B2B（Business To Business）贸易平台，就是互联网上专供国际买卖双方发布各自供求信息以促进合作的网站，是国际商人聚会的大本营，其重要性自然不言而喻。这类B2B贸易网站很多，规模大小不一。

综合性的B2B贸易网站有：中国商品网（ccn.mofcom.gov.cn）、阿里巴巴网（www.

alibaba.com)、环球资源网（www.globalsources.com）、中国制造网（cn.made-in-china.com）、欧洲黄页（www.europages.com）、美国进出口网（www.usaexportimport.com）、加拿大出口网（www.exportingcanadaonline.com）、巴西商务网（www.brazilbiz.com.br）、德国商业链接网（www.businesslink.ch）、印度市场（www.indiamart.com）、意大利工业贸易世界（www.italyindustry.com）、韩国商业广场（www.bizkorea.com）、中国投资指南（www.fdi.gov.cn）、中国国际投资贸易洽谈会（www.chinafair.org.cn）、中国贸易促进网（www.tdb.org.cn）、商务部在国际互联网上建立的在线广交会站点（www.cesf.com.cn）、中国商品交易市场站点（www.chinamarket.com.cn）、中国技术出口交易会站点（www.techfair.com.cn）、中国招商站点（www.chinainvest.com.cn）、日本出口与贸易顾问（www.jetc.com）、网上俄罗斯（www.govement.gov.ru）和到迪拜去（www.godubai.com）。

也有按行业类别细分的专业性贸易平台，如纺织品交易网（www.texinclex.com）等。

（4）利用搜索引擎直接搜索客户并建立业务联系。

传统外贸中寻找客户最直接的方法是参加各种交易会，如参加中国进出口商品交易会（广交会）。广交会是全国乃至全世界贸易商品的"英雄大会"，是面对面谈生意的最佳场合。但由于广交会一年只有春、秋两次，而且门槛逐年增高，费用昂贵，中小贸易企业难以企及。因此，利用搜索引擎在网上寻找客户就是一种既方便又节约成本的方法。具体搜索方法是：在各种搜索引擎中，利用关键词搜索客户网页，也可以一并搜索网页和图片。

2. 进行客户调研

（1）客户调研的意义。

客户调研在于了解欲与之建立贸易关系的国外商家的基本情况，包括它的历史、资金规模、经营范围、组织情况、信誉等级等其自身总体状况，还包括它与世界各地其他客户和与我国客户开展对外经济贸易关系的历史和现状。履约发生障碍、贸易双方发生索赔纠纷，往往与不了解交易对方的资金和信用情况有直接关系。因此，交易前进行客户调研，尤其是资信调查（Credit Investigation）十分重要。

 阅读案例 13-2

认真的客户资信调查使中方避免了 350 万元人民币损失

【案情简介】

我国某企业准备斥资 350 万元人民币与德国某公司设立合资公司，并约定将该投资用于向德方指定的某设备商购买设备，该德国公司提供了盖有德国"××市政府印章"的营业执照和瑞士某知名银行提供的"AAA级"资信证明以及公证书。在审查外方提供的各种文件时，我方发现其中三份文件在外方公司名称上存在差异。经综合考虑当事人提供的有关资料，感觉到外方资信状况存在不实和不统一之处，于是决定对外方资信状况进行全面调查，并委托某资信调查机构进行。该资信调查机构通过我驻外机构、协作律师事务所等渠道，对该德商在当地注册、办公、通信及银行信用情况进行了全方位的调查，其结果显示外方公司提供的营业执照是虚假的，在德国某市根本没有这样一个公司存在，其指定的设备销售商也不是其所说的德国某大公司，而是一个投资根本未到位、由某中东人设立的独资公司。

很明显，外方与设备商具有合谋诈骗的嫌疑。该资信调查机构立即将各个渠道反馈回来的信息汇总，出具了资信调查报告，建议中方在取得足够的保证之前，不要汇款给外方指定的设备销售商。由于资信调查机构认真、细致的全面调查，使中方避免了350万元人民币的损失。

【案例点评】

在与外商进行商业活动之前，对其进行必要的资金与信用调查何其重要！通过资信调查，反复比较和权衡利弊，从中选择对我们最有利的交易客户，以避免发生不必要的损失。

资料来源：冷柏军．国际贸易实务．北京：对外经济贸易大学出版社，2005．经改编

(2) 客户调研的内容和范围。

① 组织机构情况。包括企业的性质、创建历史、内部组织机构、主要负责人及担任的职务、分支机构等。调查中，应明确厂商企业的中英文名称、详细地址，防止出现差错。

② 政治情况。主要指企业负责人的政治背景，与政界的关系以及对我国的政治态度等。凡愿意在平等互利原则的前提下与我们进行贸易合作的客户，都应积极与其友好交往。

③ 资信情况。包括企业的资金和信用这两个方面。资金是指企业的注册资本、借贷能力、财产以及资产负债情况等；信用是指企业的经营作风、商业道德、履约信誉及公共关系水平等。这是客户资信调查的主要内容，特别是更应重视中间商。

④ 经营范围。主要是指企业生产或经营商品的品种、业务范围、经营的性质，是代理商、生产商，还是零售批发商等。还要注意是否与我国做过生意。

⑤ 经营能力。主要包括客户每年的营业额、销售渠道、经营方式以及在当地和国际市场上的贸易关系等。

 提示

对客户资信进行调查后，应分类建立客户档案卡备查。

(3) 客户调研的途径。

① 通过银行调查。这是一种常见方法，按国际习惯，调查客户资信属于银行的业务范围，银行一般不收费或少量收费。在我国，一般委托中国银行办理。

② 通过国外的工商团体进行调查。如商会、同业公会、贸易协会等，但通过这种渠道得来的资信，要经过认真分析，不能轻信。

③ 通过举办的国内外交易会、展览会、技术交流会、学术讨论会主动接触、了解客户。

④ 通过实际业务的接触和交往活动，从中考察客户。

⑤ 通过我驻外机构对客户进行考察，所得的材料，一般比较具体可靠，对业务的开展有较大的参考价值。

⑥ 通过国外出版的企业名录、厂商年鉴以及其他有关资料，了解客户的经营范围和活动情况。

⑦ 通过国外的咨询机构调查。国外有名的资信机构，不仅组织庞大，效率高，而且调查报告详细准确，其调查报告均以密码编辑各类等级，这种等级的划分是根据估计财力与综合信用评价做出的。

13.1.3　确立企业进入国际市场的渠道

1. 企业进入国际市场渠道的具体形式

企业进入国际市场的渠道多种多样。归纳起来，主要有三条渠道，即间接出口、直接出口和国外生产。在每条渠道之下，又有若干进入国际市场的具体方式。

（1）间接出口。

间接出口是指企业将产品卖给国内的出口商或委托国内的外贸代理机构，由他们负责经营出口业务。通过间接出口，企业可以在不增加固定资产投资的前提下开始出口产品，开业费用低，风险小，而且不影响目前的销售利润。此外，企业还可以借助该方式，逐步积累经验，为以后转化为直接出口奠定良好的物质基础。间接出口的主要方式如下所述。

① 出口管理公司（Export Management Company），是一种专门为生产企业提供服务而从事出口贸易的公司。它们通常根据国际商品市场的供求状况和产品差异，利用自身拥有外贸人才、熟悉出口业务操作程序、了解国际市场行情发展变化、拥有一定的资金规模等优势，来帮助那些缺乏必要出口资源的中小型生产企业将本企业的产品打入国际商品市场。

② 进出口公司（Import & Export Corporation），是指专门从事进出口业务的专业外贸公司。它们了解国内外市场行情，拥有外贸人才、资金和外销渠道，并与国外客户有比较广泛的业务联系。生产企业可将产品卖给进出口公司，由其转卖或委托其代理出口。

③ 外国企业在本国的采购处。一些外国企业，例如外国的大型批发、零售企业和国际贸易公司，往往在本国设有采购处（Purchasing Agent）。本国企业可以把产品卖给这些采购处，由它们负责将产品出口。这种形式在我国比较普遍，如日本、韩国的大商社在中国几乎都设有办事处，负责采购销售事宜。

④ 国际贸易公司（International Trade Company），是高度多样化的大型贸易企业，通常既经营批发业务又经营零售业务，既从事国际贸易，又从事国内贸易，有些还有相当规模的生产性业务。许多中小型生产企业，甚至一些大型生产企业都通过国际贸易公司将自己的产品打入国际市场。

⑤ 合作出口（Cooperation Exporting），又称"互补出口营销"，是指两家生产企业进行出口合作，根据协议，其中一家企业利用自己的出口力量和在海外的渠道为另一家企业出口产品。这种方式产生的原因有很多，主要是两家企业的产品相互关联，配套出口更容易被外国客户所接受。合作的两家企业既可以是买卖关系，也可以是委托代理关系。

总之，间接出口主要是由中小生产企业采用的国际营销方式。这些企业一般没有足够的人力、物力和财力，海外营销渠道及信息网络也不甚发达，因此，有必要利用别人的优势，将产品打入国际市场，并为自己今后单独从事国际营销工作打下重要的基础。

（2）直接出口。

直接出口是指生产企业不通过中间人，而自己直接从事一切出口营销活动。直接出口使企业部分或全部控制外国营销规划，可以从目标市场快捷地获取更多的信息，并针对市场需求及时制订及修正营销规划。采取直接出口方式，标志着企业真正开始了国际营销活动。直接出口有以下几种形式。

① 直接向最终用户销售（Sale to End‑user），就是将产品直接卖给国外的最终用户，

而不经过经销商、代理商等中间机构。例如，在下述情况下可采用这种方式：A. 价格高或技术性强的产品，如电子集成网络、大型机器设备等；B. 最终用户是国外政府、地方当局及其他官方或半政府机构；C. 以直接销售方式更受最终用户欢迎。

② 设立驻外办事机构（Branch or Office Abroad），实际是企业向其他国家和地区的延伸。驻外办事机构的主要职能是搜集市场情报、推销产品、负责产品的实际分销、提供服务、维修及零部件等。但设立驻外办事机构需要前期大量的投资和后续的各种费用，在其生产和销售量没有达到一定程度，且今后发展潜力有限时，不宜采用。

③ 建立国外营销子公司（Marketing Subsidiary Abroad），即建立一个独立的当地公司，它以当地注册企业的身份进行经营和生产，受当地法律制约和保护，在法律和赋税方面与母公司相分离，都有独立性。

④ 利用国外代理商。代理商（Agent）是指出口企业（委托人）在其商品输出市场国所委托的贸易机构。代理商的主要职能就是根据双方签订的代理合同，在当地为委托人推销商品或服务，同时向委托人提供商业情报、市场信息等，以获取佣金。

⑤ 利用国外经销商。经销商（Distributor）是指根据经销协议，在国外特定地区或市场上，被出口企业（供货商）授予本企业某类产品或服务的销售权或优先权的国外客户。大部分经销商都具有进口批发商或零售商性质，他们向供货商大量采购，然后批发或零售给自己的买主，其收益来自买卖差价。

总之，通过直接出口有利于企业在国际市场上直接地树立自己的形象和声誉，建立起自己的营销渠道网络，为今后进一步扩大市场打下良好的基础。

(3) 国外生产。

由于企业进入国际市场和国际营销活动的复杂性，有可能迫使企业放弃传统的出口方式，而改为在目标市场国家或地区就地生产、就地销售。何况有些国家和地区市场较大，劳动力成本和原料成本较低，当地政府愿意让外国企业前来投资设厂。因此，国外生产也是企业走向国际市场的一条非常重要及有效的渠道。在国外生产的重要形式有以下几种。

① 合同制造（Contract Manufacturing），指企业向外国企业提供零部件由其组装，或向外国企业提供详细的规格标准由其仿制，由企业自身保留营销责任的一种方式。这种做法适合于那些工艺和营销占有优势而制造方面较弱的企业。该方式的优点是投资少、风险小，产品销售和市场的控制权在企业手中；企业将生产的工作与责任转移给了合同的对方，以将精力集中在营销上。但这种方式同时也存在一定缺点，如在国外不易找到合适的生产企业，产品质量难以控制；企业只能从销售中取得利润，生产利润由当地厂家所有，一旦合同期满，对方可能会成为本企业的竞争对手。

② 交钥匙承包（Turn Key Project），是指企业通过与外国企业签订合同并完成某些大型项目，然后将项目交付给对方经营。企业的责任一般包括项目的设计、建造、在交付项目之后提供服务，如提供管理和培训工人，为对方经营该项目做准备。该方式的优点在于它所签订的合同往往是大型的长期项目，且利润颇丰。但正是由于其长期性，也就使得这类项目的不确定性因素增加，如遭遇政治风险等。

③ 许可证贸易（Licensing Trade），是指许可方与国外企业（被许可方）签订许可证协议，授权对方使用本企业的专利、商标、产品配方、公司名称或其他有价值的无形资产的使用权，进行生产或销售，然后向对方收取许可费。它是一种低成本的进入，当出口由于关税

的上升而不再盈利时或当配额限制出口数量时,或当企业由于风险过高或者资源方面的限制而不愿在目标市场直接投资时,制造商可以利用许可证贸易模式。该方式的优点在于:可以避开关税、配额、高运费、竞争等不利因素,较容易占领市场;不需要在生产和营销方面进行大量投入,风险小等。但同时也有不利方面,如企业不一定拥有外国客户感兴趣的技术、商标、诀窍及公司名称,因而无法采用此做法。

④ 海外合资经营(Foreign Joint Venture),是指与目标国家或地区的企业联合投资,共同经营,共同分享股权及管理权,共担风险。联合投资方式可以是外国公司收购当地的部分股份,或当地公司购买外国公司在当地的股权。也可以双方共同出资建立一个新的企业,共享资源,共担风险,按比例分配利润。该方式的优点是:投资者可以利用合作伙伴的专门技能和当地的分销网络,从而有利于开拓国际市场;通过以技术、设备等入股,输出了自己的产品;对市场变化做出迅速灵活的反应等。但这种模式也存在弊端,如双方常会就投资决策、市场营销和财务控制等问题发生争端,有碍于跨国公司执行全球统一协调战略。

⑤ 海外独资经营(Overseas Wholly Owned Production),是指企业独自到目标国家或地区去投资建厂,进行产销活动。这是企业在国外投资的最高形式。独资经营方式可以是单纯的装配,也可以是复杂的制造活动。其组建方式既可以是收买当地公司,也可以是直接建新厂。该方式的优点是:可以利用对方的原料、劳动力,并获得外国政府的支持,降低在目标国家或地区的产品成本,降低产品价格,增加利润;企业可以完全控制整个管理与销售,经营利益完全归其支配;企业可以根据当地市场特点调整营销策略,创造营销优势。但它的主要缺点是投入资源多,风险大,而且受外国政府的限制较多,没有当地合作者的协助,应变能力较差,因此要审慎行事。

 阅读案例 13-3

中国嘉陵公司进入美洲市场的渠道

【案情简介】

中国嘉陵工业股份有限(集团)公司于 1993 年 4 月与美国 TNC 国际公司(美籍华人企业)双方各出资 100 万美元,组建了嘉陵摩托车(美洲)有限公司。公司完全由美方人员负责经营管理,中方失去了公司的控制权,经过三年多的时间,合资公司累计亏损 66 万美元,拖欠贷款 120 万美元,另有 8 个商业纠纷等待处理,诉讼金额高达 4 000 万美元,合资公司已面临破产。1997 年,中国嘉陵工业股份有限(集团)公司果断采取决定,将外方 50% 股份全部买回,成为其独资子公司,仅经过一年的整顿,嘉陵美洲公司就结束了连续三年的亏损而转为盈利,投资得到了增值,业务有了很大的发展,与此同时,嘉陵公司立足于美国市场,花大力气开拓拉美市场。1998 年,嘉陵美洲公司先后投资 200 万美元,以控股或合资的方式,在多米尼加共和国、哥伦比亚和阿根廷等国家设立了加工装配工厂,充分利用当地合作伙伴在公共关系、与政府打交道、熟悉市场方面的优势,利用嘉陵美洲公司在美国的信誉和销售网络的优势,积极开拓了拉美市场。嘉陵摩托车以其较好的质量,相对便宜的价格,对原由日本厂家独霸的拉美摩托车市场形成了很大的冲击,当年,嘉陵美洲公司在美国及拉美地区的销售收入上升到 900 多万美元,一举结束了嘉陵美洲公司多年来连年亏损的局面。

【案例点评】

该案说明了两个问题：一是企业选择进入国际市场的渠道的重要性，应该说，独资方式较为可靠；二是采取合作方式进入国际市场，合作伙伴的选择好坏，对企业的发展也是至关重要的。

资料来源：冷柏军．国际贸易实务．北京：对外经济贸易大学出版社，2005.

2. 选择进入国际市场渠道的影响因素

(1) 企业自身的因素。

① 企业目标。如果企业计划在今后若干年内实现从内向型向外向型的转变，那么该企业在目前应更多地做一些间接出口，在条件具备时做直接出口。如果企业是一家大型专业外贸公司，计划在今后逐步办成国际化的大公司，那么企业应积极寻求国外生产的机会。

② 产品条件。包括产品的类别，是生产资料还是消费品；产品的购买频率，是连续购买、间断购买，还是一次性购买；产品的先进程度和所处的寿命周期阶段；产品需要服务的情况等。

③ 技术条件。包括企业的技术开发能力、产品开发和生产能力、设备厂房情况等，它是决定能否与外商合作及如何合作的重要因素。

④ 人员素质。企业只做间接出口，那么原来从事内销的原班人马就足以应付；企业要做直接出口，就有必要培养一批懂外语、外贸的外销人员；企业要到国外投资建厂，就要有相当一批通晓外国语言、文化、管理、法律等方面知识的专门人才。

⑤ 产品出口的历史和经验。对于有悠久出口历史的企业，可以扩大利用和采取高一级的出口方式。而初次出口产品的企业，则可以先间接出口，积累经验之后，再逐步采用其他方式可能更为适宜。一般来说，当产品价格高、技术性能强或需要较多售后服务时，需要企业以较直接的方式进入市场；反之，则需要企业以较间接的方式进入市场。

总之，从企业自身因素看，大企业由于拥有较强大的技术、资金实力，推销经验丰富，机构健全，可能采取直接出口、对外投资等方式；而小企业可能采取间接出口的方式等。

(2) 一般性参考因素。

一般性参考因素不属于企业自身的特殊因素，但却与进入国外市场的方式较为密切，因此，各类企业在选择进入国外市场渠道时，应予以参考。

① 市场信息。企业进入国际市场的方式越直接，获得信息就越快、越多；反之，则越慢、越少。因此，如企业需更快、更多地了解国际市场、动态，就应选择较直接的方式。

② 经验积累。采取较为直接的方式进入市场，企业必须亲自参与国际市场营销活动，这样才能积累国际市场经营的经验。

③ 投资。进入国际市场的方式不同，需要的投资规模也不同，海外独资生产需要企业进行大量的海外投资，而间接出口则不需要进行海外投资。因此，企业在选择进入市场方式时，应结合自身的资金现状来考虑。

④ 风险。进入国际市场的方式不同，企业面临的风险也不同。进入海外市场的方法愈直接，风险也就愈大。一般来说，间接地进入市场风险较小，直接地进入市场风险较大。如企业经验不足，规模有限，怕担风险，就应选择较为间接的方式。

⑤ 控制程度。较为直接的方式易于控制市场，控制权大；而间接的方式难以控制市场，

控制权小。企业要想拥有更大的控制权，就应该在更高程度上参与国际营销。

⑥ 竞争状况。如果某国竞争激烈，企业为减少运输和保险费用及关税，增加价格上的竞争力，可能有必要到当地生产。市场竞争不激烈，企业则可根据其他方面的具体情况，选择出口方式或国外生产方式。

⑦ 灵活性。企业以某种方式进入国际市场后，随时间的推移、环境和市场情况的变化，或者企业目标的变化，企业可能要改变进入市场的方式。但是，各种进入市场的方式所具有的灵活性是不同的。一般说来，间接方式灵活性程度较高，直接方式灵活程度较低。

⑧ 市场规模。如果某国的市场规模比较小，企业只要以间接出口或直接出口的方式满足其需求就足够了；反之，如果市场规模巨大，企业就应认真考虑是否有条件在该国进行生产和营销。

总之，企业进入国际市场的方式很多，必须根据自身条件、市场状况、竞争特点等因素，并考虑各种方式所具有的优点和局限性，进行综合分析和评估，才能选出最佳方式。

13.1.4 获得外贸进出口权并登记注册

国家规定，只有具备进出口经营权的企业，才能直接经营进出口业务，才能直接进入国际市场。未获进出口经营资格或无该项商品进出口经营资格的企业，如需进出口，必须委托有该商品进出口经营资格的企业代理进出口。进出口权的获取渠道如下所述。

（1）寻求具有进出口权的企业做代理。暂时还达不到申请进出口权条件要求，或因各种原因的限制不便申办的企业，可以采取通过具有进出口权的外贸企业代理出口的方式进入国际市场。所谓代理出口，就是找一家外贸公司或有进出口权的公司合作，与外商的生意企业自己去洽谈，谈定后以外贸公司的名义与之签订合同。根据合同备货妥当后由外贸公司代理进行出口事宜。外商把货款支付给外贸公司，外贸公司再按照约定的比例折算成人民币，扣除相应的费用后支付给原企业。

（2）挂靠。如果具有一定的外贸经验，有自己的进货和销售渠道，可以采取"挂靠"的方式做业务。即：与某个外贸公司达成协议，成为此外贸公司名义上的业务员或兼职业务员。业务自己做，以外贸公司的名义对外签约、交货并结算货款，自己按照约定的比例计提利润或缴纳一定的管理费。之所以选择挂靠而不是自己开公司，主要是借助大型外贸企业的知名度和商业信用，以期在购销过程中得到优惠和便利，并节省很多费用。

（3）申请个体工商户备案。自 2004 年新版《对外贸易法》出台后，我国开放了对个体工商户进行进出口业务的限制，规定自然人、法人和其他组织依法登记后，可以从事货物和技术的进出口贸易，理论上个人也可以直接申请外贸经营权。个人申请没有资金额度的限制，但因为是个体工商户身份，在经营中承担无限责任，风险较大。

（4）企业直接单独申请。取得外贸进出口权就意味着取得了外贸的通行证。企业可以向所在地的外经贸主管部门（外经贸厅、商务局或商委）申请进出口权。如果拥有了进出口权，全套业务就可以自己进行，对外的合同等票据都可以用自己的名义出具，对树立企业形象和品牌很有好处。自中国加入 WTO 以后，我国外贸进出口权已全面放开，采取注册登记制度，但对企业的规模、生产能力和人员配备等仍有一定的要求，取得进出口权的企业通常也需要接受相对严格的政府职能机构的行政管理。

提示

　　对外贸易经营者是指依法办理工商登记或者其他执业手续，依照外贸法和其他有关法律、行政法规的规定从事对外贸易经营活动的法人、其他组织或者个人。

　　企业直接单独申请获得外贸进出口权并办理登记注册的主要手续：(1) 工商登记，取得营业执照（见图13.6）。(2) 税务登记，取得税务登记证件（见图13.7）。(3) 对外贸易经营者备案登记，取得进出口经营权（见图13.8）。(4) 工商和税务变更登记，增加经营范围"货物进出口、技术进出口、代理进出口"。到"中国电子口岸"备案。①海关注册登记。如需取得报关单位资格，应向海关办理报关注册登记（见图13.9）。②报检备案登记（见图13.10）。③原产地注册登记（见图13.11）。以备上网申报产地证、办理原产地证书的签证。④向注册所在地外汇局办理备案登记手续，取得外汇账户开立许可。⑤外汇核销备案登记（见图13.12）。

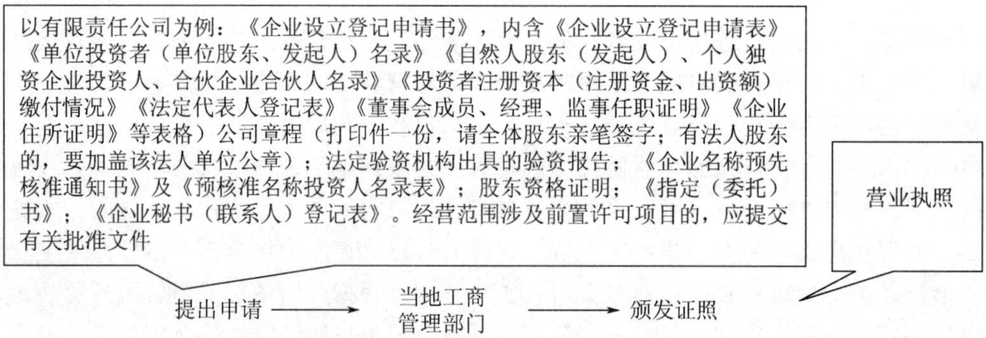

以有限责任公司为例：《企业设立登记申请书》，内含《企业设立登记申请表》《单位投资者（单位股东、发起人）名录》《自然人股东（发起人）、个人独资企业投资人、合伙企业合伙人名录》《投资者注册资本（注册资金、出资额）缴付情况》《法定代表人登记表》《董事会成员、经理、监事任职证明》《企业住所证明》等表格；公司章程（打印件一份，请全体股东亲笔签字；有法人股东的，要加盖该法人单位公章）；法定验资机构出具的验资报告；《企业名称预先核准通知书》及《预核准名称投资人名录表》；股东资格证明；《指定（委托）书》；《企业秘书（联系人）登记表》。经营范围涉及前置许可项目的，应提交有关批准文件

提出申请 → 当地工商管理部门 → 颁发证照 → 营业执照

图13.6　办理工商登记的程序

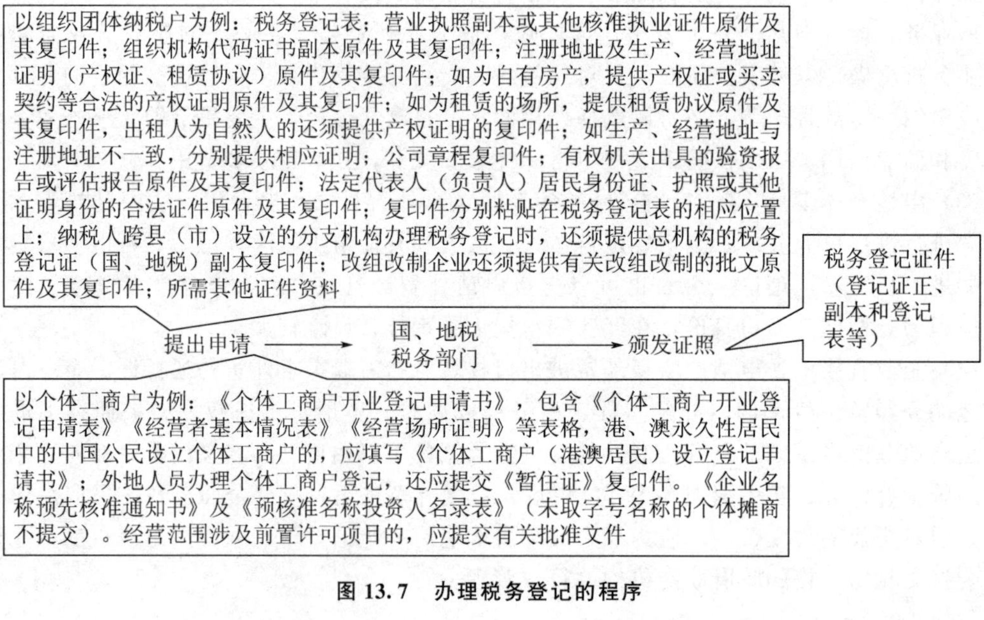

以组织团体纳税户为例：税务登记表；营业执照副本或其他核准执业证件原件及其复印件；组织机构代码证书副本原件及其复印件；注册地址及生产、经营地址证明（产权证、租赁协议）原件及其复印件；如为自有房产，提供产权证或买卖契约等合法的产权证明原件及其复印件；如为租赁的场所，提供租赁协议原件及其复印件，出租人为自然人的还须提供产权证明的复印件；如生产、经营地址与注册地址不一致，分别提供相应证明；公司章程复印件；有权机关出具的验资报告或评估报告原件及其复印件；法定代表人（负责人）居民身份证、护照或其他证明身份的合法证件原件及其复印件；复印件分别粘贴在税务登记表的相应位置上；纳税人跨县（市）设立的分支机构办理税务登记时，还须提供总机构的税务登记证（国、地税）副本复印件；改组改制企业还须提供有关改组改制的批文原件及其复印件；所需其他证件资料

提出申请 → 国、地税税务部门 → 颁发证照 → 税务登记证件（登记证正、副本和登记表等）

以个体工商户为例：《个体工商户开业登记申请书》，包含《个体工商户开业登记申请表》《经营者基本情况表》《经营场所证明》等表格，港、澳永久性居民中的中国公民设立个体工商户的，应填写《个体工商户（港澳居民）设立登记申请书》；外地人员办理个体工商户登记，还应提交《暂住证》复印件。《企业名称预先核准通知书》及《预核准名称投资人名录表》（未取字号名称的个体摊商不提交）。经营范围涉及前置许可项目的，应提交有关批准文件

图13.7　办理税务登记的程序

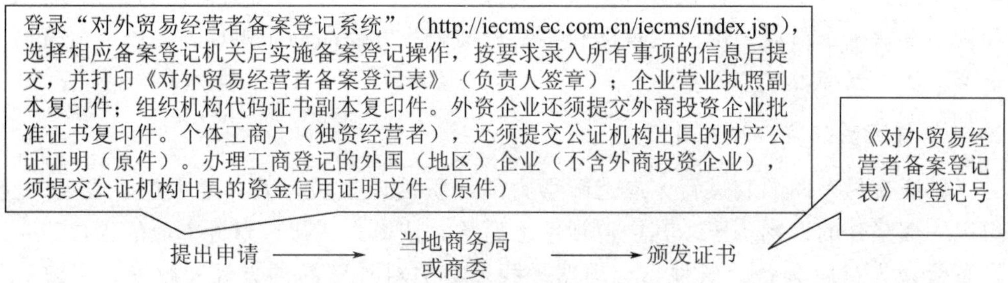

登录"对外贸易经营者备案登记系统"（http://iecms.ec.com.cn/iecms/index.jsp），选择相应备案登记机关后实施备案登记操作，按要求录入所有事项的信息后提交，并打印《对外贸易经营者备案登记表》（负责人签章）；企业营业执照副本复印件；组织机构代码证书副本复印件。外资企业还须提交外商投资企业批准证书复印件。个体工商户（独资经营者），还须提交公证机构出具的财产公证证明（原件）。办理工商登记的外国（地区）企业（不含外商投资企业），须提交公证机构出具的资金信用证明文件（原件）

《对外贸易经营者备案登记表》和登记号

提出申请 → 当地商务局或商委 → 颁发证书

图 13.8　办理对外贸易经营者备案登记的程序

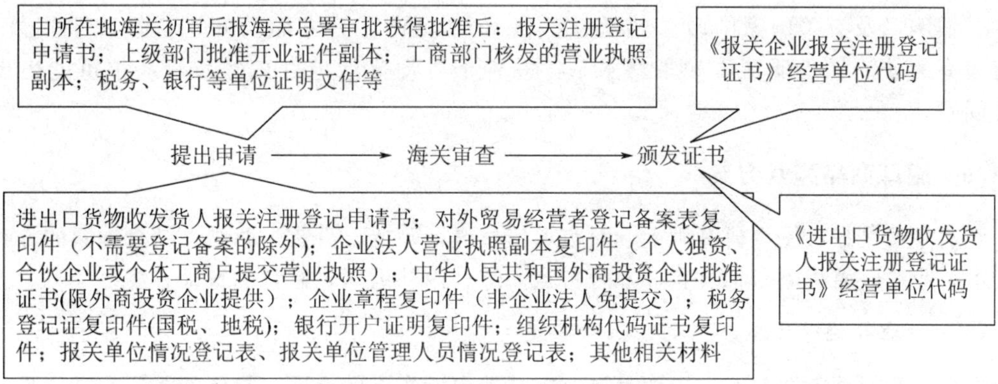

由所在地海关初审后报海关总署审批获得批准后：报关注册登记申请书；上级部门批准开业证件副本；工商部门核发的营业执照副本；税务、银行等单位证明文件等

《报关企业报关注册登记证书》经营单位代码

提出申请 → 海关审查 → 颁发证书

进出口货物收发货人报关注册登记申请书；对外贸易经营者登记备案表复印件（不需要登记备案的除外）；企业法人营业执照副本复印件（个人独资、合伙企业或个体工商户提交营业执照）；中华人民共和国外商投资企业批准证书(限外商投资企业提供)；企业章程复印件（非企业法人免提交）；税务登记证复印件(国税、地税)；银行开户证明复印件；组织机构代码证书复印件；报关单位情况登记表、报关单位管理人员情况登记表；其他相关材料

《进出口货物收发货人报关注册登记证书》经营单位代码

图 13.9　办理报关注册登记的程序

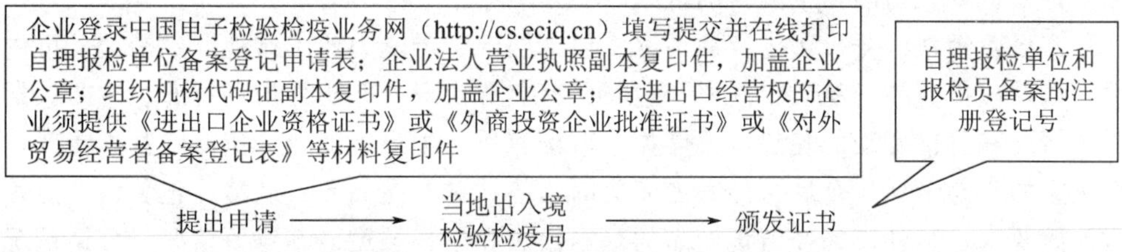

企业登录中国电子检验检疫业务网（http://cs.eciq.cn）填写提交并在线打印自理报检单位备案登记申请表；企业法人营业执照副本复印件，加盖企业公章；组织机构代码证副本复印件，加盖企业公章；有进出口经营权的企业须提供《进出口企业资格证书》或《外商投资企业批准证书》或《对外贸易经营者备案登记表》等材料复印件

自理报检单位和报检员备案的注册登记号

提出申请 → 当地出入境检验检疫局 → 颁发证书

图 13.10　办理报检备案登记的程序

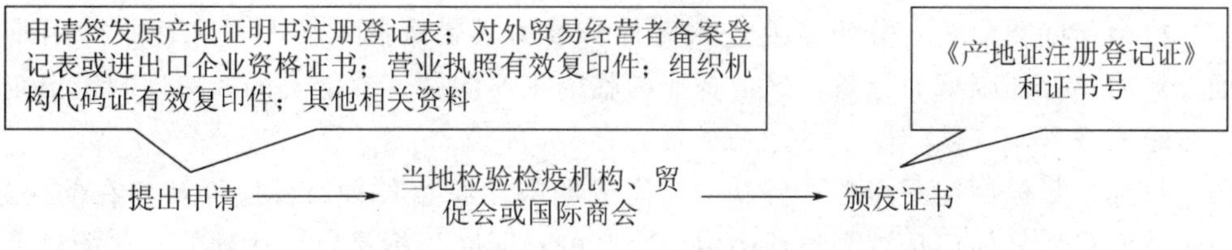

申请签发原产地证明书注册登记表；对外贸易经营者备案登记表或进出口企业资格证书；营业执照有效复印件；组织机构代码证有效复印件；其他相关资料

《产地证注册登记证》和证书号

提出申请 → 当地检验检疫机构、贸促会或国际商会 → 颁发证书

图 13.11　办理原产地注册登记的程序

13.1.5　选择交易对象、选派经贸洽谈人员

1. 选择交易对象

在国际商品市场和客户调研的基础上，优选合适的交易对象，并应及时建立和健全客户

档案，分类排队，区别对待；正确对待大、小客户和新、老客户；向国外销售时，可以充分利用和调动专营进出口商、中间代理商和实销户推销我方商品的积极性；向国外订货时，应货比三家，从优选择。

2. 选派得力的经贸洽谈人员

为了保证交易磋商顺利进行，应选配得力的经贸洽谈人员，尤其是大型、复杂的交易，更要组织一个坚强的谈判班子，其中包括熟悉商务、技术、法律、财务方面的人员。

经贸洽谈人员应具备的条件：必须熟悉我国有关对外贸易的方针和政策，了解具体政策措施；掌握洽商交易过程中可能涉及的各种商务知识，包括商品知识、市场知识、金融知识和运输、保险等方面的知识；熟悉我国涉外法律、法令与规则，并了解有关国际法律、惯例以及有关国家的政策措施、法规和管理制度等方面的知识；熟练掌握外语；具有较高的政治、心理素质和策略水平，并善于机动灵活地处理经贸洽谈中可能出现的各种问题。

13.1.6　制订商品经营方案

经营方案是在市场调研基础上，对市场信息进行筛选、分析、归纳，结合国家的方针政策和本企业的经营战略目标、企业本身特点，综合内外因素，制订的行动方案。

1. 出口商品经营方案

出口商品经营方案是对出口商品在一定时期内所作出的全面、具体的业务安排，是对外洽商交易、推销商品和安排出口业务的依据。其主要内容大致包括下列几方面。

(1) 计划概要。勾画一个粗略的框架。

(2) 市场营销现状分析。①货源情况。包括国内生产能力、主产地、主销地、可供出口的数量，以及出口商品的品质、规格、包装、特点等情况。②国外市场情况。主要包括国外市场需求情况和价格变动的趋势。具体如：市场容量、生产、消费、贸易的基本情况，主要进出口国家的交易情况，今后可能发展变化的趋势，对商品品质、规格、包装、性能、价格等各方面的要求，国外市场经营该商品的基本做法和销售渠道。③竞争情况、分销情况、宏观环境。包括我国出口商品目前在国际市场上所占地位、主要销售地区及销售情况，主要竞争对手，经营该种商品的主要经验和教训等。

(3) 机会与问题分析。分析企业进入海外市场给其带来的具体利益和面临的困难与障碍。通过对内、外部因素的分析，确定企业面临的主要问题，才能有的放矢地制定出企业的目标、策略和战术。

(4) 目标。目标制定要清楚，要有一个完成期限；注意各种目标应保持内在的一致性；能反映出较低目标是如何从较高目标中引申出来的；同时目标是可以达到的，并能最大限度地调动各层次人员的积极性。目标一般有两类：一个是财务目标，另一个是市场目标。

(5) 市场营销策略。要集采购、生产、推销、财务人员的共同协调来确定，它是产品、价格、渠道、促销策略的组合，只有将几种营销策略有机结合在一起，实施整体战术，才能真正发挥其营销实力。其中应分国别和地区，按品种、数量或金额列明促销计划进度，以及按促销计划采取的措施，如对客户的利用、贸易方式、收汇方式、销售渠道、运输方式的运用，对价格佣金和折扣的掌握。

(6) 预计盈亏核算。出口换汇成本、出口盈亏率、出口创汇率的核算等，并提出经营的具体意见和安排。

(7) 行动方案。对计划之事按时间顺序安排好，合理选派人员，将预计开支安排到位。

(8) 控制措施。

商品的进、出口经营方案内容各异，繁简不一，但是基本原则一致。

对于大宗商品或重点推销的商品通常是逐个制订出口商品经营方案；对其他一般商品可以按商品大类制订经营方案；对中小商品，则仅制订内容较为简单的价格方案即可。

2. 进口商品经营方案

进口商品经营方案是根据国家的方针政策和本企业的经营意图对该进口商品在一定时期内所做出的全面、具体的业务安排，是对外洽商交易、采购商品和安排进口业务的依据。其主要内容大致包括下列几方面。

(1) 进口数量的掌握。根据国内需求的轻重缓急和国外市场的具体情况，适当安排订货数量和进度。在保证满足国内需求的情况下，争取在有利的时机成交，既要防止前松后紧，又要避免过分集中，从而杜绝饥不择食和盲目订购的情况出现。

(2) 采购市场的安排。根据国别（地区）政策和国外市场条件，合理安排进口国别（地区），既要选择对我们有利的市场，又不宜过分集中在某一市场，力争使采购市场布局合理。

(3) 交易对象的选择。要选择资信好、经营能力强并对我们友好的客户作为成交对象。为了减少中间环节和节约外汇，一般应向厂家直接采购；在直接采购确有困难的情况下，也可通过中间商定购。

(4) 价格的掌握。根据国际市场近期价格并结合采购意图，拟订出价格掌握的幅度，以作为洽商交易的依据。在价格的掌握上，既要防止价格偏高，又要避免价格偏低。因为出价偏高，会造成经济损失，浪费国家外汇；出价偏低，则又找不到合适的卖主。

(5) 贸易方式的运用。通过何种贸易方式进口，应根据采购目的、数量、品种、贸易习惯做法等酌情掌握。例如有的可以通过招标方式采购，有的可按补偿贸易或易货的方式进口，更多的是采用一般的单边进口方式订购。

(6) 交易条件的掌握。交易条件应根据商品品种、特点、进口地区、成交对象和经营意图，在平等互利的基础上酌情确定和灵活掌握。

13.1.7 做好出口商品商标的国外注册工作

1. 商标国外注册的意义

商标是企业的无形资产，是企业形象和信誉的象征，也是其参与竞争的有力武器和保护自身权益的护身符。商标注册先行是企业开拓国际市场的重要准则。目前世界上大多数国家和地区都采取"注册在先"原则，即谁先在该国和该地区注册商标，谁就拥有商标的专用权，并获得该国和该地区的法律保护。所以，众多国际知名企业对商标国际注册都相当重视。如世界驰名商标"可口可乐""奔驰""麦当劳""雀巢"等均在 150 多个国家申请注册，并取得商标权。面对日趋激烈的国际竞争，我国企业亟须提升商标国际保护意识，加快商标的国外注册。只有这样，才能使自己的产品销售取得法律保护，有效地防止别人抢注自己的商标，避免多年打造的品牌资产在海外流失。

2. 商标国外注册的途径

商标权具有严格的地域性，只有注册才能在注册国家或地区受到保护。从现有保护商标的国际公约和惯例看，中国企业到国外注册商标主要有两条途径。

（1）逐一国家商标注册。

逐一国家商标注册，是指申请人通过代理或其他方式，将自己的商标到需要保护的每一个国家或地区逐一分别直接办理注册申请手续的方法。

向国外申请商标逐一国家注册时，一般是委托所在国的商标代理人进行。委托这些机构办理时，只需出具相应的委托书、提供相应的商标图样（文字商标有时不必提供图案）、指定必要的商品范围。若申请人委托自己在国外的贸易伙伴代为办理，双方应签订协议，写明以我方名义申请注册，以防商标旁落。当然，到国外申请商标注册的，申请人应到所在地县、市工商行政管理局登记，且到国外申请注册的商标必须是申请人自己的商标。

（2）商标国际注册。

① 含义。中国分别于1989年10月4日和1995年12月1日成为《商标国际注册马德里协定》和《商标国际注册马德里协定有关议定书》的成员国。商标国际注册：中国企业通过国家商标局向世界知识产权组织（WIPO）的国际局提交商标国际注册申请，在《马德里协定》和议定书中的成员国取得商标的法律保护。目前，通过一个申请可以同时在74个马德里系统成员国申请注册。

② 特点。第一，手续简单。成员国可直接向世界知识产权组织国际局申请，而无须向每一个国家申请，且只使用法语或英语填写《商标注册申请书》。第二，一举多得。填写一份申请书，可以取得在一个或多个商品类别和在一个或多个国家的商标注册。第三，费用低。仅以一种货币（瑞士法郎）结算，只向国际局缴纳而无须面向每一个指定保护的国家缴费，且数额大大低于逐一国家注册费用。第四，时间短。通常可以在自申请之日起一年到一年半完成全部注册工作。

③ 基本程序。第一，申请人应向国家工商局商标局提出申请，申请商标国际注册的商品和服务范围不得超出在原居住国注册的商标和服务范围。第二，商标局收到手续齐备的申请文件后，即登记申请日期，编申请号，计算申请人所需缴纳的费用，向申请人发送《收费通知单》。第三，申请人按数额缴纳费用，商标局只有在收到如数的汇款后，才会向国际局送交申请。国际局如果在商标局收到国际注册申请之日起两个月之内，收到该申请，商标局的收文日期是该商标的国际注册日期；如果在两个月之后收到该申请，国际局的收文日期是该商标的国际注册日期。

该国际注册商标的法律效力在获准注册5年内仍依赖于原注册国。如在5年内该商标在原注册国已全部或部分不受法律保护时，该商标国际注册所得到的法律保护，也全部或部分不再享有权利。但从获准国际注册之日起满5年后，国际注册商标与商标所有人在其所属国的国内注册没有关系，国际注册商标不受国内注册商标变化的影响而独立存在。

④ 商标国际注册需要提交的材料。包括：商标国际注册申请书一份；国内商标注册证复印件一份或者商标注册申请受理通知书复印件一份；要求优先权的，附优先权证明一份；

申请人资格证明一份；商标图样两张；其尺寸不大于 80mm×80mm，20mm×20mm；代理委托书一份。

阅读案例 13-4

"飞达"商标注册范围过窄被"钻空子"案

【案情简介】

中国的 AS 企业将"飞达"牌商标注册于某国第 34 类（即加工或未加工的烟草、烟具、火柴类）的某些商品上，但该企业在申请注册时只把其商标用于烟斗所用的烟草上。后来，某国 BY 企业在香烟上开始使用与"飞达"商标类似的"飞鸟"商标，并向该国商标主管机关申请商标注册，同时提出证明：在该国的大部分地区"飞达"牌商标现在已对他的商品而不是对 AS 企业的商品具有显著性。经审查，该国商标主管机关允许 BY 企业注册其商标，并经 BY 企业请求，禁止 AS 企业在香烟上使用其"飞达"牌商标。

【案例点评】

在本案例中，如果 AS 企业只把其商标注册在烟斗所用的烟草上，只要未发生假冒情形，AS 企业就不能阻止 BY 企业把一个相似的商标用在香烟上。如 AS 企业的注册把各种烟草制品都包括在内，它就有权从一开始就阻止 BY 企业在各种烟草制品上使用相似商标。

教训： 不能过于限制商标注册的范围，以防止被人"钻空子"。

资料来源：冷柏军.国际贸易实务.北京：对外经济贸易大学出版社，2005.

13.2 交易磋商

交易磋商（Business Negotiation）是指买卖双方就买卖商品的有关条件进行协商以期达成交易的过程，通常又称为贸易谈判。

交易磋商是对外开展商务活动的一个重要阶段，其内容包括各项交易条件，它关系到买卖双方的经济利益，是一项政策性、策略性、技术性和专业性很强的工作。

13.2.1 交易磋商的形式

交易磋商的形式可分为口头（By word of mouth）和书面（By writing）两种，可以交叉使用。目前，中国企业采取走出去、请进来的形式日益增多，但是日常交易仍以书面磋商为主。

1. 口头磋商

口头磋商主要是指在谈判桌上面对面的谈判，例如，参加各进出口公司举办的专业性小型交易会、中国进出口商品交易会或国际博览会等各种交易会、洽谈会，派遣贸易小组出访、邀请客户来访洽谈等。另外，还包括双方通过国际长途电话进行的交易磋商。这种形式灵活，但是费用较高。

2. 书面磋商

书面磋商主要是指通过信件、电报、电传、传真及国际互联网等通信方式来洽谈交易。这种形式不够灵活，但是费用较低。

13.2.2　交易磋商的内容

交易磋商的内容即各种交易条件，涉及拟订的贸易合同的各项条款，包括品名、品质、数量、包装、价格、装运、保险、支付以及检验、索赔、不可抗力、仲裁、法律适用等。

从理论上讲只有就以上条款逐一达成一致意见，才能充分体现"契约自由"的原则，然而，在实际业务中，并非每次洽商都需要把这些条款——列出、逐条商讨。对于品名、品质、数量、包装、价格、装运、保险、支付等主要交易条件往往逐一进行仔细磋商，但是对于检验、索赔、不可抗力、仲裁、法律适用等一般交易条件则往往事先拟就，多数情况下不必——讨价还价。这有利于缩短洽商时间、节约费用开支。

13.2.3　交易磋商的步骤

磋商交易一般有邀请发盘（Invitation to Offer）、发盘（Offer）、还盘（Counter Offer）和接受（Acceptance）4个步骤，其中发盘和接受是达成任何交易均不可缺少的两个基本环节和必经的法律步骤。在招标投保、拍卖贸易方式下，邀请发盘也是达成交易不可缺少的基本环节和必经法律步骤。

1. 邀请发盘

邀请发盘是希望他人向自己发盘的意思表示。寄送的价目表、拍卖公告、招标公告、招股说明书、商业广告等通常都被视为邀请发盘。

询盘（Inquiry）是一种主要的邀请发盘形式，是准备购买或出售商品的人向潜在的供货人或买主探询该商品的成交条件或交易的可能性的业务行为，它不具有法律上的约束力，但在商业习惯上，被询盘一方接到询盘后应尽快给予答复。买卖双方均可发出询盘。

买方询盘示例：Interested in northeast soybean please telex CIF London lowest price.（对东北大豆有兴趣，请电告CIF伦敦最低价。）

卖方询盘示例：Can Supply Soybean 500 MT Please Bid.（可提供大豆500公吨，请递盘。）

2. 发盘

（1）发盘的含义。

发盘又称发价或报价，在法律上称为要约。根据《联合国国际货物销售合同公约》（简称《公约》）第14条第1款的规定："凡向一个或一个以上的特定的人提出的订立合同的建议，如果十分确定并且表明发盘人在得到接受时承受约束的意旨，即构成发盘。"

《中华人民共和国合同法》第十四条规定："要约是希望和他人订立合同的意思表示，该意思表示应当符合下列规定：（一）内容具体确定；（二）表明经受要约人承诺，要约人即受该意思表示约束。"

（2）发盘的构成要件。

构成一项发盘，必须具备下列各项条件：

① 发盘内容必须十分确定（Sufficiently Definite）。《公约》第14条第1款规定："写明货物并且明示或暗示地规定数量和价格或规定如何确定数量和价格，即为十分确定。"可见，《公约》认为所谓内容十分确定应包括三个基本因素：品名、数量和价格。

② 必须表明发盘人（Offeror，也称为发价人或要约人）对其发盘一旦被受盘人（Offeree，也称为受价人或被要约人）接受即受约束的意思。发盘必须表明订约意旨（Contractual Intent），如发盘、实盘、订货等。若发盘中附有保留条件，如"以我方最后确认为准"或"我方有权先售"等，则不能构成发盘，只能视为邀请发盘。

此外，有些国家的法律规定发盘还必须具备第三个要件，即发盘应向一个或一个以上特定的人（Specific Person）提出。这是为了把发盘同普通商业广告及向广大公众散发的商品价目单等邀请发盘的行为区别开来。《公约》也要求发盘有特定的受盘人，其第十四条第 2 款规定："非向一个或一个以上特定的人提出的建议，仅应视为邀请做出发盘，除非提出建议的人明确地表示相反的意向。"

(3) 发盘的有效期。

明确规定发盘的有效期（Time of Validity 或 Duration of Offer）并非发盘的要件。如果没有明确规定有效期，则应理解为在合理时间（Reasonable Time）内有效。但是，何谓合理时间？容易引发纠纷。所以，在通常情况下，发盘人一般都明确规定发盘的有效期。明确规定有效期的方法通常有两种：

① 规定最迟接受的期限。这时，可同时限定以接受送达发盘人或以发盘人所在地的时间为准。如"发盘限 6 月 15 日复到有效"或"发盘有效至我方时间本星期五"。

② 规定一段接受的期限。如"发盘一个月内有效"。采用这种方法存在一个如何计算"一段接受期间"的起讫问题。《公约》第 20 条规定：A. 发盘人在电报或信件内规定的接受期间，从电报交发时刻或信上载明的发信日期起算，如信上未载明发信日期，则从信封上所载日期起算。发盘人以电话、电传或其他快速通信方法规定的接受期间，从发盘送达受盘人时起算。B. 在计算接受期间时，接受期间内的正式假日或非营业日应计算在内。但是，如果接受通知在接受期间的最后一天未能送到发盘人地址，因为那天在发盘人营业地是正式假日或非营业日，则接受期间应顺延至下一个营业日。

 阅读案例 13-5

发盘有效期的起算纠纷案

【案情简介】

国外 H 公司有一批羊毛待售，4 月 2 日公司销售部以信件的形式向中国某市第一纺织厂发盘，明确了可供的羊毛数量、质量、价格等主要条件。并特别注明希望在 15 日内得到答复。但由于工作人员疏忽，信件没有说明发盘有效期的起算日期，信件的落款也没有写日期。

4 月 4 日 H 公司人员将信件投出，4 月 17 日纺织厂收到信件。恰巧该纺织厂急需一批羊毛，第二天即拍发电报请其准备尽快发货。邮局于 4 月 19 日送达 H 公司。不料 H 公司却在 4 月 18 日由于未收到纺织厂的回信，已将羊毛卖给另一纺织厂。第一纺织厂几次催货未果，向仲裁委员会提请仲裁，要求 H 公司赔偿其损失。

【案例点评】

本案是由于 H 公司未明确发盘有效期的起算引发的纠纷。根据《公约》第 20 条规定，本案的发盘有效期应该从 4 月 4 日发盘信件投出日起算，至 4 月 19 日结束。第一纺织厂的接受于 4 月 19 日送达 H 公司，属于有效接受。H 公司应赔偿其损失。

(4) 发盘的生效时间。

明确发盘生效的时间具有重要的法律和实践意义：①关系到受盘人能否表示接受。②关系到发盘人何时可以取消发盘或修改其内容。

书面发盘的生效时间采用投邮主义（Dispatch Theory）或到达主义（Arrival Theory）。《公约》第15条规定，发盘于送达受盘人时生效。《公约》第24条规定，"送达"对方，系指用口头通知对方或通过任何其他方法送交对方本人，或其营业地或通信地址，如无营业地或通信地址，则送交对方惯常居住地。我国《合同法》也采用到达主义。

(5) 发盘的撤回。

发盘的撤回（Withdrawal）是指发盘生效之前，发盘人取消该发盘，以阻止其生效的行为。《公约》规定，一项发盘（包括注明不可撤销的发盘），只要在其尚未生效以前，都是可以修改或撤回的。因此，如果发盘人的发盘内容有误或因其他原因想改变主意，可以用更迅速的通信方法，将发盘的撤回或更改通知赶在受盘人收到该发盘之前或同时送达受盘人，则发盘撤回有效。

(6) 发盘的撤销。

发盘的撤销（Revocation）指发盘生效之后，发盘人取消该发盘，使其失去效力的行为。

关于发盘能否撤销的问题，英美法与大陆法存在严重的分歧。为了调和上述分歧，《公约》采取了折中的办法。《公约》第16条第1款规定，在未订立合同之前，发盘得予撤销，如果撤销通知于受盘人发出接受通知之前送达受盘人。一旦受盘人发出接受通知，则发盘人无权撤销该发盘。《公约》第16条第2款规定，下列两种情况下的发盘，一旦生效，则不得撤销：①发盘明确规定了有效期，或以其他方式表示该发盘是不可能撤销的。②受盘人有理由信赖该发盘是不可撤销的，并已本着对该发盘的信赖行事。

(7) 发盘效力的终止。

任何一项发盘，其效力均可在一定条件下终止：①在发盘明确规定的有效期内未被接受，或虽未明确规定有效期，但在合理时间内未被接受。②发盘被发盘人依法撤销。③发盘被受盘人拒绝或还盘，则拒绝或还盘通知送达发盘人时，发盘的效力即告终止。④发盘人发盘之后，发生了不可抗力，如所在国政府对发盘中的商品或所需外汇发布禁令等。⑤发盘人或受盘人在发盘被接受前丧失行为能力。

发盘示例：

Offer HEBEI WHEAT FAQ 2006 CROP 50MT, NW25KG per bag, US＄540/MT CFR KOBE shipment OCT., Sight LC, Subject to your reply reaching here by the 16th. (报河北小麦FAQ 2006年产50公吨，净重25千克袋装，每公吨540美元CFR神户10月装运，即期信用证付款，限本月16日复至有效。)

3. 还盘

还盘又称还价，在法律上称为反要约，是指：①受盘人不同意或不完全同意发盘提出的各项条件，对发盘条件进行添加、限制或其他更改的答复。②对发盘表示有条件的接受，如答复中附有"俟最后确认为准""未售有效"等字样。一方发盘经对方还盘后即失效，受盘人还盘后又接受原来的发盘，合同不成立。对还盘的还盘称为再还盘。

还盘或再还盘的内容,凡不具备发盘条件,即为"邀请发盘"。如还盘或再还盘的内容具备发盘条件,就构成一个新的发盘,还盘人成为新发盘人,原发盘人成为新受盘人。

还盘示例:

针对上面的发盘示例,国外客户做如下还盘:

Your offer price is too high counter offer US $ 480/MT shipment Sept. Reply 18th. (你方发盘价格太高,还盘:每公吨 480 美元 9 月装运。限 18 日复到。)

4. 接受

(1) 接受的含义。

接受在法律上称为承诺,它是指受盘人在发盘规定的时限内,以声明或行为表示同意发盘提出的各项条件。

(2) 接受的构成要件。

① 接受必须由受盘人做出。

② 接受必须是同意发盘所提出的交易条件。《公约》第 19 条规定,有关货物价格、付款、货物质量和数量、交货地点和时间、一方当事人对另一方当事人的赔偿责任范围或解决争端等的添加或不同条件,均视为在实质性变更发盘的条件。实质性变更发盘条件构成还盘。非实质性变更发盘条件,除非发盘人在不过分迟延的期间内以口头或书面通知反对其间的差异外,仍构成接受。如果发盘人不做出这种反对,合同的条件就以该项发盘的条件以及接受通知内所载的更改为准。

③ 接受必须在发盘明确规定的有效期或在合理时间内做出。

④ 接受的传递方式应符合发盘的要求。如果发盘没有明确规定接受的传递方式,接受应按原发盘采用的或更快捷的传递方式。

阅读案例 13-6

盲目接受险些造成违约案

【案情简介】

S 公司 8 月 12 日向其客户 A 公司寄出一份商品目录,介绍了 S 公司经营的各式男、女手套,并附有精美的图片。8 月 20 日 A 公司回电表示对其中的货号为 308A、309B、311B 的女式手套很感兴趣,每个货号订购 100 打,并要求大、中号各半,10 月份交货,请 S 公司报价。8 月 22 日 S 公司发盘如下:"报青字牌女式羊毛手套 300 打,货号 308A、309B、311B 各 100 打,大、中号各半,每双 CIF 旧金山 12 美元,纸箱装,10 月份装运,即期不可撤销信用证支付,8 月 30 日复到有效。"8 月 28 日 A 公司回电:"你 8 月 22 日电悉。价格过高,每双 CIF 旧金山 10 美元可接受。"次日 S 公司去电:"你 28 日电悉。最低价每双 CIF 旧金山 11 美元,9 月 5 日复到有效。"9 月 3 日 S 公司收到 A 公司的电开信用证,其中单价为每双 11 美元,包装条款中注明"纸箱装,每箱 15 打",其他与发盘相符。

S 公司审证时发现了 A 公司对包装条款所做的添加。S 公司的习惯包装是每箱 10 打,考虑到交货期临近,若提请修改,恐怕难以按时交货,另外,即使按信用证要求包装,也不会增加费用。因此,S 公司第二天回电表示收到信用证,并寄出按信用证条款拟好的书面合同一式两份，要求对方签字。同时积极准备交货。

9月7日，储运部门通报，公司库存中没有可装15打手套的纸箱，现有纸箱一种为可装10打的习惯包装，另一种可装20打。S公司随即与纸箱厂联系，纸箱厂称这种规格的纸箱很少见，该厂不能供应。附近的几个纸箱厂也如此答复。在此情况下，S公司一面四处落实箱源，一面于9月10日去电A公司，表示包装条款不能接受，要求改为每箱装10打或20打。

9月12日，A公司回电称："你公司收到信用证时未提出异议，且你方所拟合同中也已列明每箱15打装，现你方要求修改合同及信用证，我方难以同意。我公司一直采用这种包装，如若更换，势必会增加我方的费用。假如你方愿意承担这些费用，我可考虑修改信用证。"

S公司知对方欲以此要求要挟我方降价，故不再要求修改，一心一意寻找箱源，终于在江苏省找到一家能生产这种规格的纸箱厂，虽避免了耽误船期但造成了费用增加的损失。

【案例点评】

由于S公司对A公司的有条件接受处理不当，险些不能按信用证规定交货。

A公司9月3日以开出信用证这种方式来表示对S公司发盘的接受，按《公约》及大多数国家法律规定，这是允许的。我国对行为接受做了保留，但在实践中，若客户以行为表示接受，为不失时机，促成交易，我方可拟好合同交对方签字，这种做法是可行的。但是，A公司在信用证中对发盘的包装条款做了添加，按《公约》第19条规定，该接受属非实质性变更的有条件的接受，"除非发盘人在不过分延迟的期间内以口头或书面通知反对其差异处，仍构成有效接受。"S公司未充分考虑即同意对方所做的添加，匆忙拟订合同之举欠妥，忽视了有无合适的纸箱包装这一问题，使自己陷入被动。

教训：与自己的原发盘认真比对，如果发现对方变更了自己的发盘条件，应该确认该变更是否为实质性的变更，进而判断是否构成还盘或再还盘，是否构成新发盘？如果无法判断，应结合市场动态、客户资信，有针对地及时表态，争取按照自己的经营意图达成交易，不能够盲目拒绝或接受。

（3）接受生效的时间。

在接受生效的时间问题上，英美法与大陆法存在着严重的分歧。英美法采用"投邮生效"的原则，即接受通知一经投邮或交给电报局发出，则立即生效；大陆法采用"到达生效"的原则，即接受通知必须送达发盘人时才能生效。

《公约》第18条第2款明确规定，接受通知送达发盘人时生效。如果表示同意的通知在发盘人所规定的时间内，如未规定时间，在一段合理的时间内，未曾送达发盘人，接受无效，但须适当地考虑到交易的情况，包括发盘人所使用的通信方法的迅速程度。

（4）接受的形式。

接受的实质是对发盘表示同意。《公约》第18条规定，这种同意，通常以口头、书面声明或行为等某种方式向发盘人表示出来。缄默或不行动本身不等于接受，除非根据该项发盘或依照当事人之间确立的习惯做法和惯例，被发盘人可以做出某种行为，例如与发运货物或支付价款有关的行为，来表示同意，而无须向发盘人发出通知，则接受于该项行为做出时生效，但该项行为必须在发盘有效期或合理时间内做出。对口头发盘必须立即接受，但情况有别者不在此限。中国在加入《公约》时对行为接受做了保留，所以在中国的对外贸易磋商中不采纳行为方式表示接受。另外，我国《合同法》第二十二条规定："承诺应当以通知的方式作出，但根据交易习惯或者要约表明可以通过行为做出承诺的除外。"

（5）逾期接受。

如接受通知未在发盘明确规定的有效期或未在合理时间内送达发盘人，则该项接受称为逾期接受（Late Acceptance）。

按各国法律规定，逾期接受不是有效的接受。《公约》对逾期接受做了灵活的处理，《公约》第21条第1款规定，只要发盘人毫不迟延地用口头或书面通知受盘人，认为该项逾期的接受可以有效，愿意承受逾期接受的约束，合同仍可于接受通知送达发盘人时成立。《公约》第21条第2款规定，如果载有逾期接受的信件或其他书面文件表明，它是在传递正常、能及时送达发盘人的情况下寄发的，则该项逾期接受具有接受的效力，除非发盘人毫不迟延地用口头或书面通知受盘人：他认为他的发盘已经失效。

由此可以推知，发盘人掌握了决定逾期接受是否有效的主动权，他对逾期接受不应盲目地不予理睬：由于受盘人的原因致使接受逾期，如果发盘人对该逾期接受表示拒绝或不予理睬，则该项逾期的接受无效，合同不能成立；非因受盘人的原因致使接受逾期，如果发盘人对该逾期接受表示接受或不予理睬，则该项逾期的接受有效，合同于该逾期接受送达发盘人时成立。

（6）接受的撤回。

接受的撤回是指接受生效之前，受盘人取消该接受，以阻止其生效的行为。

英美法规定接受采用"投邮生效"原则，接受投邮即生效，合同即告成立，所以无法撤回。大陆法和《公约》规定接受采用"送达生效"的原则，接受可以撤回。《公约》第22条规定："如果撤回通知于接受原应生效之前或同时送达发盘人，接受得予撤回。"如接受已送达发盘人，即接受一旦生效，合同即告成立，就不得撤回接受或修改其内容，因为这样做无异于撤销或修改合同。以行为表示接受时，接受不能撤回。

接受示例：

Yours 10th Accepted "Green Peony" Dyed Poplin 40,000 yards in wooden cases HK$ 3.00 Per yard CIFC 3 Singapore shipment during May payment in sight irrevocable L/C.（你方10日电接受"绿牡丹"染色府绸40,000码木箱装每码3.00港元CIF新加坡 佣金3% 5月份交货不可撤销即期信用证支付。）

13.2.4 交易磋商的注意事项

1. 避免轻率询盘

询盘没有约束力，收到询盘的一方没有必须答复的义务，提出询盘的一方也没有必须同对方达成交易的义务。但是，应该避免只是询价而不购买或不出售，以免减损信誉。争取比较全面地询问交易信息或条件，可以多向几个交易对象询盘，但是应避免同时期集中发出，以免不恰当地暴露自己的真实销售或购买意图。尊重对方询盘，无论是否有意出售或购买，都应及时处理和回复，如果同时收到多个询盘，可根据不同国家或地区的作息时间确定回复的先后顺序。

2. 慎重对待发盘

发盘是一件十分严肃的商业行为和法律行为，报价是与客户沟通的切入口，必须慎重对待。①报价的成本核算须求准确。卖方报价要合理，最忌讳相同配置下报价与同行之间相差太远（除非有其他因素相称，例如有 ISO 认证、强有力的售后服务等），报价可比市行低一些，以体现公司的价格竞争力。降价也要合理，过渡要自然，忌讳在相同条件的报价后进行大幅度的降价，使客户认为你根本不懂市场或不负责任或以为你降价是以降低质量为前提，最终导致客户对公司的认可大打折扣。报价惯例：在相同条件下，价格只能下降，不能上涨。增加订货数量，价格应下降；减少订货数量，价格应上涨。增加产品配置，价格会上涨；减少配置，价格会下降。相同规格的配置，在不同产品上价格相同，主要表现在商标的印刷/压印、金属商标、产品包装胶袋及纸盒等。②根据自己产品的特点制作一份报价单模板，有助于发盘人及时报价并使报价条理清晰，还有利于以后制作合同。报价单应包括产品的详细信息及交易条件，如产品名称、规格、材料、包装资料、每一集装箱的装箱数或是单个产品数、适用贸易术语、最低定货量、交货日期等。③如果客户在询盘中问了若干问题，应争取一次性地回复所有问题或是在报价单中予以体现，否则来来往往，易让客户感觉不专业；如果一些问题需要确认后回答，就直接和客户说明，在合理的时间内询问清楚，给予客户一次性回答。有些客户还会发来一些根据其思维制作的、通常比较烦琐的询问表格，以求更好地了解发盘人及其产品，发盘人应耐心配合完成。④每一报价除了在电脑上做记录外，还要记录在工作日记上，以方便查询；多熟悉受盘人的名字。一旦报价后受盘人来电询问细节，当他们报上名字后，发盘人就可以轻松记起他是谁，他寻的是什么产品，以便及时作答。

3. 合理还盘或接受

还盘可以针对价格，也可以针对其他交易条件；一般只针对原发盘提出不同意见和需要修改的部分，已同意的部分可以省略。还盘构成对原发盘的拒绝，如果还盘具备新的发盘条件，原发盘人接到还盘后应仔细与原发盘核对，结合市场行情和自己的购销意图，原发盘人可接受或再还盘或终止磋商。出现有条件的接受时，尤其是无法判断对方的修改是否属于非实质性修改时，最好明确表明自己的意思，不能一律采用"沉默"来待之。

4. 正确对待样品确认或索取产品目录

样品确认或索取产品目录往往是询盘的后继工作，是订单确认的前奏。

（1）样品确认通常包括客户询价打样和客户来样的回样。外销员应注意：①辨析客户索样意向。②确认样品制作细节后再向样品制作部门下达制作指示，合理使用样品制作部门的资源，避免下达制作指示后又提出更改样品细节。③与样品制作部门进行沟通，保证寄出所有样品令客户满意。④与样品制作部门通力合作，保证及时完成样品。同时，向客户反馈样品制作进度和情况。⑤样品制作完成以后，需检查、确保样品所有细节符合客户要求，然后，记录下样品主要参数并拍照后寄出，同时业务人员必须留存复样，作为将来与客户进行沟通的基础，也是订单确认的标准。寄样时，需包装完整并使用合适的包装箱，确保样品运输安全。寄样后，及时向客户提供快递单号，以方便客户查收；同时，跟踪样品，当显示客户已经签收后，应及时发邮与客户确认。⑥根据企业不同时期的策略来决定是否收取样品费用。如果样品收费,可使公司有限的资源更有效地被利用,减少样品成本开支,并过滤掉许多无价值的客户;如果样品免费,公司的样品费用负担较重,但较为主动,体现出另一种气势,同时为竞争对手制造障碍。

(2) 如果国内客户索取产品目录,可以免费寄送目录,此费用一般不高,而且这优于到各展会上发产品目录。如果国外客户索取产品目录,可以考虑发给电子目录。

阅读案例 13-7

台商公司与荷兰商号的交易磋商纠纷案

【案情简介】

某年 6 月 27 日,中国台湾甲公司应荷兰乙商号的请求而发盘,双方往来的主要电传如下:

(1) 6 月 27 日甲发盘:你 26 日电 C514 200 公吨,CIF 鹿特丹每公吨 1 950 美元,不可撤销即期信用证付款,立即装船,请即复。

(2) 7 月 2 日乙来电:你 27 日电 C514 200 公吨,我方买主确实有兴趣,恐怕谈判时间较长,请求延长发盘有效期 10 天,如有可能请求增加数量,降低作价,请电复。问候。

(3) 7 月 3 日甲去电:你 2 日电 C514 数量增至 300 公吨,有效期延长至 7 月 15 日,请尽快回复。

(4) 7 月 7 日乙来电:你 3 日电 C514,感谢你的合作,请航空寄 2 千克样品,请求再次考虑货价并增加数量。问候。

(5) 7 月 10 日甲去电:你 7 日电 C514,2 千克样品昨天已航邮,数量可供 300 公吨,最优惠价为 1 900 美元,尽速回复。

(6) 7 月 14 日乙来电:你 10 日电 C514 样品仍未收到,因此请求将 300 公吨 1 900 美元的发盘再次延长,预计在收到样品后需一周左右做出最后决定。

(7) 7 月 17 日甲去电:你 14 日电 C514 300 公吨,同意延至 7 月 25 日。

(8) 7 月 22 日乙来电:你 17 日电 C514,我接受 300 公吨,每公吨 1 900 美元,CIF 鹿特丹,不可撤销即期信用证付款,即期装船,按装船净重计算。除提供通常装船单据外,需供卫生检疫证明书、产地证、磅码单(以装船重量为基础),需提供良好适合海洋运输的袋装。

(9) 7 月 24 日甲去电:你 22 日电悉。C514 由于世界市场的变化,在收到来电以前,我货已售出。致良好问候。

(10) 7 月 25 日乙来电:你 24 日电悉。C514 300 公吨已售,对此我不能同意,你 7 月 17 日电已将该盘延至今天,25 日才到期。我坚持你已接受我方的订单。如此撤销一项有效的发盘是违反国际贸易规则的。假如你欲略调高价格,我可再次与我方买主商量,但不能保证有结果。望电复。

(11) 7 月 29 日甲去电:你 25 日电,前报 300 公吨 C514,我确实已售出,深表歉意。但应你的请求,我尽最大努力又取得 200 公吨货源,并报你 C514 200 公吨每公吨 2 650 美元,CFR 欧洲主要口岸,9 月份装船,7 月 31 日复到有效。

(12) 7 月 30 日乙来电:你 29 日电 C514 不能接受,我被迫保留仲裁权利,可通过贵国仲裁委员会或者荷兰C商品贸易协会或者通过其他相应机构进行仲裁。坚持我7月22日电，已接受你方发盘。为了合作起见，我可同意300公吨延至8、9月装船代替即期装船，否则索赔232 950美元，根据你目前报价每公吨2 650（CFR）和已成交价1 900（CIF）的差价进行计算。

（13）8月2日甲去电：关于300公吨C514一事，我7月17日电中同意延长发盘的期限至7月25日，但并未说该盘是实盘，也未注明Firm Offer字样。我们的老顾客都了解我们的习惯，凡国外的订单都需要以我方最后确认为准。考虑到我们双方过去和将来的友好贸易关系，我们于7月29日重新取得新货源，报你200公吨，每公吨2 650美元。你30日来电提出了仲裁问题，但我们仍然考虑按照适宜的价格报你200公吨，请电复你的友好意见。谢谢。

（14）8月4日乙来电：你8月2日电悉，不同意你的意见和理由。因我7月22日接受是在你盘规定25日前有效的期限以内。十分抱歉，必须按300公吨C514，每公吨1 900美元CIF鹿特丹严格执行。为表示我方的良好愿望，可同意8、9月份装船。请立即电告合同号码我将开出信用证。要么执行合同，要么提交仲裁，以求得公正解决。请急电复，以免浪费时间。

（15）8月9日乙来电：我8月4日电未收到你方答复，请急复。

（16）8月12日甲去电：你8月4日电，考虑到双方友好的贸易关系，我决定出售300公吨C514每公吨1 900美元CIF鹿特丹，其中200公吨9月份装船，其余100公吨10月份装船。不能提供产地证，包装为每袋75千克单麻袋装，不可撤销即期信用证付款，函详。

（17）8月13日乙来电：你12日电C514我接受，同意200公吨9月份装船，100公吨10月份装船。请告合同号后即开信用证。我理解你的困难处境，鉴于双方友好关系，希望能在将来的交易中得到补偿。请求航邮1千克装船样。问候。

【案例点评】

（1）甲公司对市场调查研究重视不够。甲公司对这类国际性大商品，应注意调查研究，密切注意价格变动的各种新因素。

（2）在洽商技术上存在缺点。这笔交易总金额达57万美元。这样大金额的发盘，一般不宜给对方留盘时间太久。造成上述局面，同甲公司的洽商技术有很大关系。

（3）在处理问题的策略方面很不妥当。甲公司拒绝成交的唯一理由是市场价格上涨，这一理由不仅不能撤盘，而且做法上也是很不策略的。从此甲公司在该案中完全处于被动地位。

（4）从业务技术来看存在严重欠缺。首先，甲公司对发盘概念以及发盘人应承担的责任认识不清，表现在7月24日的去电中，完全显示了自己应承担责任；并在8月2日的去电中，又任意解释实盘概念，例如："实盘必须注明Firm Offer字样""凡国外的订单都需要以我方最后确认为准"等。这些解释并不符国际贸易公认的规则。其次，从7月17日电的内容来看，甲公司的表示是发盘，作为发盘人，在其有效期限内应受约束。再次，甲公司对接受的概念以及作为一项有效接受应具备的条件不太清楚。因此，对荷商7月22日的来电研究不够，处理也不妥。对方7月22日来电是一项附加条件的接受（Conditional Acceptance），甲公司完全有理由否认该接受的效力。

13.3 国际贸易合同的成立

13.3.1 国际贸易合同的生效要件

合同生效与合同成立是两个不同的概念。合同生效是指合同是否具有法律上的效力。合同成立的判断依据是接受是否生效。依法成立的合同,合同自成立时生效。有时,合同虽然成立却不立即生效,需其他条件成立时才开始生效。合同生效要件如下所述。

1. 当事人必须具有签订合同的行为能力

签订买卖合同的当事人主要为自然人或法人。自然人签订合同的行为能力,指精神正常的成年人才能订立合同;法人签订合同的行为能力,各国法律一般认为,法人必须通过其代理人,在法人的经营范围内签订合同,越权的合同不能发生法律效力。

2. 合同必须有对价或约因

对价(Consideration)是英美法的概念,指当事人签订合同所付出的代价。约因(Cause)是大陆法的概念,指当事人签订合同所追求的直接目的。按照英美法和法国法的规定,合同只有在有对价或约因时,才是法律上有效的合同,无对价或无约因的合同,是得不到法律保障的。

3. 合同的内容必须合法

合同不得违反法律,不得违反公共秩序或公共政策,以及不得违反善良风俗或道德。

4. 合同必须符合法律规定的形式

只对少数合同才要求必须按法律规定的特定形式订立。我国《合同法》第十条规定:"当事人订立合同,有书面形式、口头形式和其他形式。"

5. 合同当事人的意思表示必须真实

以欺诈、胁迫等手段签订的合同无效。

13.3.2 国际贸易合同的形式

合同的形式是交易双方当事人就确立、变更、终止民事权利义务关系达成一致的方式,是合同当事人内在意思的外在表现形式。

1. 书面形式

书面形式包括合同书、信件、数据电文(例如电报、电传、传真、电子数据交换和电子邮件)等可以有形地表现所载内容的形式。在国际上,对书面合同的形式没有具体的限制,买卖双方既可采用正式的合同(Contract)、确认书(Confirmation)、协议(Agreement),也可采用备忘录(Memorandum)等多种形式。我国外贸企业所使用的书面合同主要有两种:一是买卖合同,二是销售确认书。前者比较正规,内容较详,条款较完备,一般用于大宗交易。后者内容较简单,条款也少,一般用于小额交易。

书面合同是合同成立的依据，是履行合同的依据，有时是合同生效的依据，是仲裁、诉讼的依据。

2. 口头形式

口头形式指当事人通过当面谈判或通过电话方式订立合同。口头合同有利于节省时间、简便行事，但空口无凭，一旦发生争议，往往造成举证困难，不易分清责任。

3. 其他形式

例如通过发运货物或者预付货款等行为表示对合同内容的确认。

提示

根据需要，当事人可任意选择如上三种形式订立合同，但法律有强制性规定和当事人做出约定的情况下，应依据法律规定和当事人约定。例如，我国《合同法》第十条规定："当事人订立合同，有书面形式、口头形式和其他形式。法律、行政法规规定采用书面形式的，应当采用书面形式。当事人约定采用书面形式的，应当采用书面形式。"

13.3.3 国际贸易合同的基本内容及其审查

1. 国际贸易合同的基本内容

从形式上看，合同的基本内容通常包括三个组成部分：①约首（Preamble），是指合同的序言部分，一般包括合同名称、编号、缔约双方当事人名称和地址、电话号码、电传号码等内容。除此之外，在合同序言部分常常写明双方订立合同的意愿和执行合同的保证。该序言对双方均具约束力。因此，在规定该序言时，应慎加考虑。②主体（Body），一般包括品名、品质、数量、包装、装运、保险、价格、支付、检验、索赔、不可抗力、仲裁、法律适用等条款。这些条款主要体现了双方当事人的权利和义务。③约尾（Witness Clause），一般列明合同的份数、使用的文字及其效力、订约日期、订约地点、双方当事人签字等内容。有的合同将"订约时间、订约地点"在约首订明。

从法律角度可以把合同的基本内容分成三个部分：①效力部分。指约首和约尾部分。②权利与义务部分（主体部分或本文部分）。具体包括：合同的标的；货物的价格；卖方的义务；买方的义务。③索赔与争议解决部分。这部分也可称为合同的安全保障部分，主要包括商品的检验、索赔、不可抗力、仲裁等条款以及其他有关的规定。

2. 国际货物贸易合同的审查

完整的合同条款包括：品名、品质、数量、包装、运输、保险、价格、支付、检验、索赔、不可抗力、仲裁、法律适用等。应综合审查合同，使合同各条件保持一致。

本章小结

本章阐述了交易磋商的内容及一般程序，合同成立的时间及生效要件，合同的基本内容等。重点是交易磋商的步骤，难点是发盘、接受。

商标国际注册体系

目前,商标国际注册体系主要有两个条约:一是《商标国际注册马德里协定》(Madrid Agreement Concerning the International Registration of Marks),简称《马德里协定》;二是《商标国际注册马德里协定有关议定书》(Protocol Relating to the Madrid Agreement Concerning the International Registration of Marks),简称《马德里议定书》。它们共同组成商标国际注册的马德里联盟。

《马德里协定》签订于1891年4月14日,并于1892年生效。该协定的基本宗旨是为商标所有人简化行政程序,使其能在最短时间内,以最低成本,最方便快捷的方法,在所需要的国家里获得商标保护。但是,《马德里协定》存在着明显的局限性,从而影响了许多重要国家加入的积极性,例如,指定法语为唯一的工作语言,影响了英语系国家情绪;以取得所属国国内注册作为申请国际注册的先决条件,限制了一部分实施商标使用原则的国家的积极性等。该协定于1900年11月14日修订于布鲁塞尔,1911年6月2日修订于华盛顿,1925年11月6日修订于海牙,1934年6月2日修订于伦敦,1957年6月15日修订于尼斯,1967年7月14日修订及1979年10月2日修正于斯德哥尔摩,1967年7月14日修订的协定文本于1970年9月19日生效。为了解决《马德里协定》所存在的局限性,吸引更多的国家加入国际注册马德里体系,世界知识产权组织在原有《马德里协定》的基础上进行了扩展,于1989年6月27日在西班牙首都马德里缔结了《马德里协定有关议定书》,并于1996年4月1日生效。《马德里协定有关议定书》在申请条件、审查周期、指定的工作语言、收费标准与收费方式等方面都做出了修改,目的是为了扩大加入这一国际商标注册体系的国家范围。截至2002年底,马德里联盟共有74个国家。

中国于1989年7月14日交存《马德里协定》加入书,同时声明:1. 关于第三条之二:通过国际注册取得的保护,只有经商标所有人专门申请时,才能扩大到中国;2. 关于第十四条第二款第四项:本议定书仅适用于中国加入生效之后注册的商标。但以前在中国已经取得与前述商标相同且仍有效的国内注册,经有关当事人请求即可承认国际商标的,不在此例。我国加入的是1967年7月14日修订及1979年10月2日修正的协定文本。协定于1989年10月4日对我生效。

资料来源:中国商标网 http://sbj.saic.gov.cn/sbsq/masbsq.asp,2007-05-18;中华人民共和国国家知识产权局 http://www.sipo.gov.cn/sipo/flfg/sb/wgygjfg/200703/t20070329_148016.htm,2007-03-29。

1. 单选题

(1) 英国某买主向我轻工业品进出口公司来电"拟购美加净牙膏大号1000罗请电告最低价格最快交货期"。此来电属交易磋商的( )环节。

A. 发盘　　　　B. 询盘　　　　C. 还盘　　　　D. 接受

(2) 根据《公约》的规定，合同成立的时间是（　　）。
　　A. 接受生效时　　　　　　　　　B. 交易双方签订书面合同时
　　C. 在合同获得国家批准时　　　　D. 发盘送达受盘人时
(3) 接受生效的时间，各国法律有不同规定，其中"投邮生效"原则，是下列（　　）所规定。
　　A. 英美法　　　B. 大陆法　　　C.《公约》　　　D.《中华人民共和国合同法》
(4) 在下列（　　）贸易方式下，必不可少的磋商步骤包括邀请发盘。
　　A. 代理　　　B. 寄售　　　C. 拍卖　　　D. 经销
(5) 根据《公约》的规定，受盘人对发盘表示接受，可以有几种方式，下列（　　）不属此列。
　　A. 通过口头向发盘人声明　　　　B. 通过书面向发盘人声明
　　C. 通过沉默或不行为表示接受　　D. 通过实际行动表示接受

2. 多选题

(1) 一般来说，达成任何交易不可缺少的两个基本环节和必经的法律步骤是（　　）。
　　A. 询盘　　　B. 发盘　　　C. 还盘　　　D. 接受
(2) 据《公约》规定，发盘内容必须十分确定，所谓"十分确定"指在发盘中，应包括下列要素（　　）。
　　A. 标明货物的名称
　　B. 明示或默示地规定货物数量或规定数量的方法
　　C. 明示或默示地规定货物的价格或规定确定价格的方法
　　D. 标明支付办法
(3) 据《公约》规定，受盘人对下列哪些内容提出添加或更改，均作为实质性变更发盘条件（　　）。
　　A. 价格　　　B. 付款条件　　　C. 品质　　　D. 数量

3. 判断题

(1) 询盘是每笔交易必经的开端。　　　　　　　　　　　　　　　　　　　　　　（　　）
(2) 发盘又称报价，均由卖方提出。　　　　　　　　　　　　　　　　　　　　　（　　）
(3)《公约》规定所有的发盘在其已经生效，但受盘人尚未表示接受之前这一段时间内，只要发盘人及时将撤销通告送达受盘人均可将其发盘撤销。　　　　　　　　　　（　　）
(4) 被受盘人拒绝或还盘之后，发盘效力终止。　　　　　　　　　　　　　　　　（　　）
(5) 接受和发盘一样也是可以撤销的。　　　　　　　　　　　　　　　　　　　　（　　）
(6) 从法律效力来看，合同和确认书这两种形式的书面合同没有区别。　　　　　　（　　）
(7) 买卖双方就各项交易条件达成协议后，并不意味着此项合同一定有效。　　　　（　　）
(8) 中国A商于10月6日向日本B商发盘，有效期至1998年12月1日。B于10月30日以电报发出接受通知，由于邮递延迟，A于12月5日才收到B的接受通知。根据《公约》规定，除非A及时提出异议，否则该接受有效，交易达成。　　　　　　　　　　（　　）
(9) 凡是没有明确规定有效期的盘均不是有效发盘。　　　　　　　　　　　　　　（　　）
(10) 表示接受A的发盘，但要求将交货期延后3个月，A缄默，此时交易达成。
　　　　　　　　　　　　　　　　　　　　　　　　　　　　　　　　　　　　（　　）

4. 简答题

(1) 简述磋商交易前的主要准备事项。
(2) 为什么说交易磋商是对外贸易的一个重要环节？
(3) 分别简述发盘和接受的要件。
(4) 简述发盘有效期及其规定方法。
(5) 根据《公约》规定，是否所有发盘在受盘人尚未接受之前都是可以撤销的？
(6) 简述逾期接受的法律效力。
(7) 接受通知到达发盘人后，可否撤销？为什么？
(8) 发盘在哪些情况下失效？
(9) 买卖双方以口头或书面磋商达成的交易，为什么往往还需签订一份书面合同？

5. 案例分析题

(1) 我某进口企业与某外商磋商进口机械设备。经往来电传磋商，已就合同的基本条款初步达成协议，但在我方最后所发表示接受的电传中列有"以签署确认书为准"的文字。事后，外商拟就合同书，要我方确认，但由于对某些条款的措辞尚待进一步商讨，同时又发现该商品的市场价格趋疲，因此，我方未及时给予答复，外商又连续来电催开信用证，我方回答拒绝开证。试分析这一拒绝是否合理？

(2) 宏大外贸公司于某年 3 月 1 日向日商电传发盘，供应某农产品 1 000 公吨并列明"牢固麻袋包装"。日商收到我方电传后立即复电表示"接受，新麻袋装"，我方收到上述复电后即着手备货，准备于双方约定的 4 月份装船。两周后，该农产品国际价格猛跌，日商于 3 月 25 日来电称："由于你方对新麻袋包装的要求未予确认，双方之间无合同"，而我方坚持合同已有效成立。双方发生争执。试评析此案。

(3) 我某出口企业于 8 月 2 日向法商发盘供应东北大豆 2 000 公吨，限 8 月 8 日复到。法商表示接受的电传于 8 月 9 日上午到达我方，当时我方即电话通知对方其接受有效，并着手备货。一周后，大豆价格剧烈下跌，法商于 8 月 17 日来电称："9 日电传系在你方发盘已失效时做出，属无效接受，故合同不能成立。"你认为法商这一说法合理吗？

(4) 中方某公司于 8 月 3 日收到美商发盘："8 尺的钢板 100 公吨，每公吨 800 美元 CFR 上海，12 月船期，即期信用证支付，限 8 月 30 日复到有效"。我方于 8 月 10 日复电："你 3 日电接受，信用证 60 天远期，履行中如有争议，在中国仲裁。"美商于 8 月 28 日复电："你 10 日电只能接受即期信用证，仲裁条件可接受，速复。"此时，钢板市场行情趋涨，我方于 8 月 30 日复电："接受你方 28 日电，信用证已由中国银行开出。"美商 9 月 1 日接到我方 8 月 30 日复电，但未确认并退回信用证。12 月中方催促美商交货，美商认为交易并未达成无须交货。问：美商的理由是否正确，为什么？

(5) 某公司向美国某贸易商出口工艺品一批，我方于周一上午 10 时，以自动电传向美商发盘，公司原定价为每单位 500 美元 CIF 纽约，但我方工作人员由于疏忽而误报为每单位 500 元人民币 CIF 纽约。如果在当天下午发现问题，应如何处理？如在第二天上午 9 点发现，客户尚未接受，应如何处理？如在第二天上午 9 点发现，客户已接受，应如何处理？

操作训练

课题 13 - 1

实训项目: 交易磋商

实训目的: 学习怎样商定国际贸易合同。

实训内容: 根据对方的开发信函(请参阅素材 6 - 1),进行进一步的交易磋商。

实训要求: 将参加实训的学生分成 2 个小组,分别代表宏昌国际股份有限公司(Grand Western Foods Corp.)、加拿大的 Carters Trading Company, LLC 公司进行交易条件的最后磋商,并争取订立合同。

第 14 章　国际贸易合同的履行

学习目标

知识目标	技能目标
熟悉典型出口合同履行的全部业务流程，重点掌握货、证、船、款四个重要环节	初步掌握履行出口合同的技能
熟悉典型进口合同履行的全过程	初步掌握履行进口合同的技能
熟悉进出口单证的种类和运用	初步掌握主要单证的制、审、改、交等业务技能

知识结构

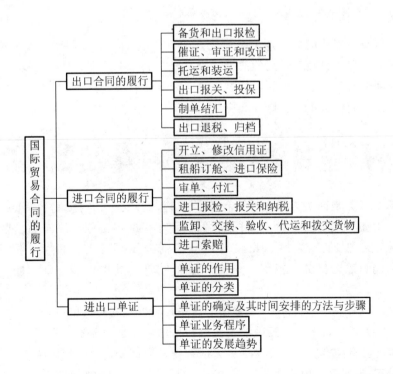

国际贸易合同履行纠纷案

某年 8 月，我某进口商 B 从香港进口电话机生产设备，并通过天津某银行对外开立了 L/C。9 月 30 日，货物如期在香港装船，港商 A 将提单传真给我 B 公司。10 月 7 日，货物抵达天津新港。B 公司生产急需该批设备，同时为了避免交纳滞港费，于 10 月 8 日向开证行申请信托收据。开证行审核 L/C 和有关单据副本后，由企业开立了付款保证书：保证对 L/C 项下单据付款，并承担由此而产生的一切风险。10 月 9 日，开证行向天津外轮代理公司出具了信托收据。10 月 10 日，B 公司凭信托收据提出了货物，并进行了商检，结果发现进口设备某些部件错装。

10 月 14 日，开证行收到议付行寄来的 L/C 项下的全套单据，寄单面函上注明："DOCUMENTS NOT CHECKED, WE SEND THIS BILL ON COLLECTION BASIS（我行未审核单据，按托收处理）。"开证行审核单据，发现有多处不符点，于 10 月 15 日向 B 公司提示单据。因进口部件有误，B 公司想以单证不符为由拒付。而开证行坚持向 B 公司说明，由于已出具信托收据并提货，该单据不能拒付，进出口双方的贸易纠纷应通过其他渠道解决。10 月 16 日，开证行凭付款保证书对外付款。

后经协商，港商 A 为 B 公司调换了错装的货物，并支付了赔偿金才了结了此案。

点评：上述情形可以罗列成百上千，均说明了履行国际贸易合同的重要性、繁杂性和差异性。如本案例所示，按正常的 L/C 业务，单证不符，开证行可以拒付。但如果出具信托收据，实质上就使开证行和进口商放弃了最终验单的权利，付款成了唯一的选择。虽然付款后贸易纠纷仍可以通过仲裁、诉讼等手段解决，但费时费力，风险很大。

讨论题：什么是合同的履行？应该如何履行国际贸易合同？

合同的履行是指签约的买卖双方分别完成合同约定的义务，同时享受其赋予权利的过程，是交易双方实现各自经济目的的前提。合同履行的基本原则是"重合同，守信誉"。

本章依次阐述出口、进口合同履行过程中所涉及的各项业务环节及应注意的问题，最后介绍进出口单证的制作、审核、修改和应用。

14.1 出口合同的履行

卖方的基本义务是向买方提交符合约定的货物、移交一切与货物有关的单据、转移货物的所有权。但是，卖方履行每个合同的做法因其不同的交易条件而异。以 L/C 支付的 CIF 合同为例（见图 14.1），履行出口合同一般需经下列环节：备货，报检，催证，审证，改证，租船订舱，报关，投保，装运，制单结汇。其中以货、证、船、款四个环节最为重要。

在实务中，通常采用"四排""三平衡"做法，确保顺利履行出口合同。"四排"是指以买卖合同为对象，根据进程卡片反映的情况，包括信用证是否开到、货源能否落实，分析排队并归纳为四类：有证有货、有证无货、无证有货、无证无货。通过排队，发现问题，及时解决。"三平衡"是指以信用证为依据，据装运期和信用证有效期远近，结合货源和运输能力的具体情况，分别轻重缓急，力求做到证、货、船三个方面衔接、平衡。

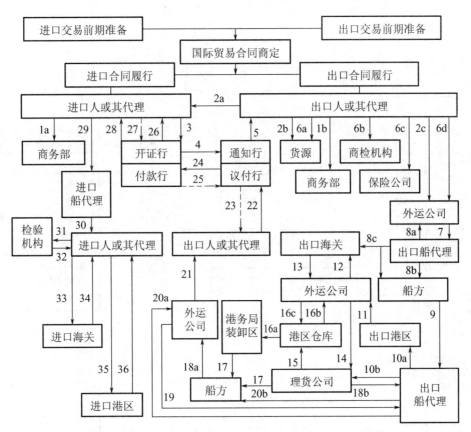

注：1a，1b. 申领许可证。2a. 催证，2b. 落实货源，2c. 落实船源。3. 申请开证。4. 开出 L/C。5. 通知转递 L/C。6a. 正式订舱，6b. 出口报验，6c. 投保，6d. 填制托运单，交外运公司托运。7. 审核托运单无误后交出口船代理（外轮代理），会同考查船源、航线，据配载原则、货物性质和有关运输条件，安排船只和舱位。8. 订舱配载后，填制托运单中相关内容，8a. 配舱回单联交外运公司供其填制船卡和出口报关单，供装船和出口报关时用；8b. 出口装货清单（又称为小舱单）交船方；8c. 出口载货清单（又称出口舱单）交船方和出口海关。9. 船方据小舱单编制积载图（又称配载图或船图），将积载图、舱单、小舱单交出口船代理；10a. 将积载图交港区；10b. 将积载图、舱单、小舱单交理货公司。11. 港区据积载图，结合作业条件，做出货物进栈计划，通知外运公司。12. 货物集港，获取港杂费申请书，持出口报关单据报关。13. 出口海关放行。14. 将装货单（盖有海关放行章）、收货单、港杂费申请书交理货公司。15. 编装船计划，提货出仓。16a. 发货。16b. 凭港杂费申请书，收取港杂费。16c. 缴港杂费。17. 装船，送交装货单和收货单。18a. 装船后，船方收存装货单，签发收货单（大副收据）。18b. 装船后，理货公司打出实际出口载货清单（又称实际出口舱单）交出口船代理，供核对提单用。19. 外运公司凭大副收据向出口船代理（或承运人，船长或船长的具名代理人）换取提单。20a. 签发正本 B/L。20b. 将副本 B/L 分发船方；缮制出口载货运费清单（又称为运费舱单），分送船方，再由船方分送各港口代理。21. 转交 B/L。22. 交单议付。23. 审单垫款。24. 寄单索汇。25. 偿付。26. 通知付款。27. 付款赎单。28. 放单。29. 交正本 B/L。30. 签发提货单。31. 接货，入境报检。32. 签发进口通关单。33. 进口报关。34. 进口海关验放。35. 提货。36. 放货。

图 14.1　进出口业务衔接及其主要单证流程（CIF，信用证结算）

在进、出口业务中，有些环节不一定有必然的先后顺序，可以交叉办理，但是有些环节必须等下一个环节工作完成之后才能进行。例如，投保可以在出口报关之后或之前办理，但是必须在货物装运工作完成之前办妥。又如，申请出口许可证或其他官方批准、报检等，不能过早办理，以免失效，但不能晚于报关时间，否则无法报关（见图 14.2）。

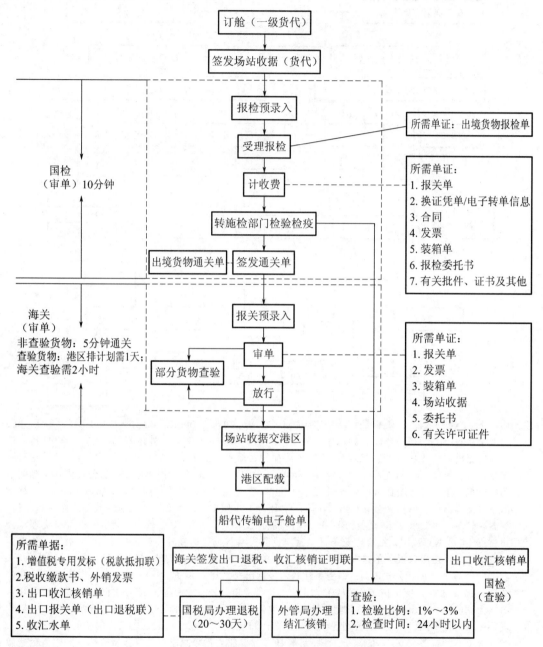

图 14.2 出口通关流程及其相关单证

大多数业务环节必须多方配合,单证也相当烦琐。例如,出口托运、装运。由于经营外贸业务的公司或有外贸经营权的企业一般本身不掌握运输工具,运输工作主要依靠国内外的有关运输部门来完成,这是一项复杂的运输组织工作。

14.1.1 备货和出口报检

1. 备货

(1) 主要内容。

备货包括及时向生产、加工或供货部门安排货物的生产、加工、收购和催交，核实应交货物的品质、规格、数量和交运时间，并进行必要的包装和刷唛等工作。

(2) 注意事项。

① 保证货物的品质、规格、花色、数量、包装方式、包装材料、唛头符合合同和信用证的规定及运输的要求。冷藏货要做好降温工作，以保证装船时符合规定温度要求。重点：原材料采购跟踪和打样；生产进度跟踪（若是生产型外贸企业，则是与生产部门一起控制生产进度，保证及时出货）；产品包装跟踪；产品质量跟踪。

② 备货的时间应与装运期限（船期）、信用证有效期紧密衔接，防止交货脱期，注意适当留有余地，以免造成延误。

2. 出口报检

(1) 主要内容。

凡属国家规定或合同规定必须经中国商检机构检验出证的商品，在货物备齐后，应向商检机构申请检验，只有取得合格检验证书后，海关才能放行；否则一律不得出口。

(2) 时限、地点。

出境货物最迟应在出口报关或装运前7天报检，对个别检验检疫周期较长货物，应留有相应的检验检疫时间。需隔离检疫的出境动物在出境前60天预报，隔离前7天报检。

(3) 报检单证。

① 填写《出境货物报检单》，并提供外贸合同或销售确认书或订单、补充协议（如果有）、信用证正本的复印件或副本、信用证修改书、有关函电、生产经营部门出具的厂检结果单原件等。出口生产企业代出口外贸单位报检的，须有外贸出口单位的报检委托书。

② 出境货物须经生产者或经营者检验合格并加附检验合格证或检测报告；申请重量鉴定的，应加附重量明细单或磅码单。

③ 凭样成交的货物，应提供经买卖双方确认的样品。

④ 按国家法律、行政规章规定实行卫生注册和质量许可的出境货物，须提供经检验检疫机构批准的注册编号或许可编号。凡实施安全质量认证、卫生注册或需经审批的货物，应提供有关证明。

⑤ 生产出境危险货物包装容器的企业，须向检验检疫机构申请包装容器的性能鉴定；生产出境危险货物的企业，须向检验检疫机构申请危险货物包装容器的使用鉴定；报检出境危险货物时，须提供危险货物包装容器性能鉴定结果单（正本）和使用鉴定结果单（正本）。

⑥ 出境特殊物品的，根据法律法规规定应提供有关的审批文件。

⑦ 产地与报关地不一致的出境货物，应换证放行。在向报关地检验检疫机构换取《出境货物通关单》时，应提交产地检验检疫机构签发的《换证凭单》（正本）或《转单凭条》。

⑧ 申请委托检验的，应该提交"委托检验申请单"并提交检验样品、检验标准和方法。国外委托人在办理委托检验手续时，还应该提供有关函电、资料。

出境货物报检方式：①一次报检、直接放行（见图14.2）：适用于报检与报关地一致（产地检验检疫，产地放行）。经检验检疫合格后，签发《出境货物通关单》（两联）。正本由报检人持有，供海关通关。②两次报检、换证放行：适用于报检与报关地不一致（产地检验检疫，口岸查验放行）。先向产地的检验检疫机构申请出具《出境货物换证凭单》（简称换证凭单）或《出境货物转单凭条》（简称转单凭条）。再凭《换证凭单（正本）》，或仅凭《转单凭条》号码向报关口岸地的检验检疫机构申请《出境货物通关单》。法定检验检疫的出口货物，除活动物需由口岸检验检疫外，原则上应在商品生产地报检和施检。而海关只受理报关地出入境检验检疫机构签发的通关单，即通关单必须由报关地的检验检疫机构签发。所以，当产地与报关地不一致时，除活动物外，应办理换证放行手续。

14.1.2 催证、审证和改证

1. 催证

在采用L/C支付的情况下，当进口方未按合同规定的时间开立信用证，或合同装运期较长、卖方想提前装运，或原合同规定的开证期已到却未见L/C开到等，卖方往往会通过信函、传真、电邮等方式催促进口方开立信用证。

2. 审证

审证由通知行和受益人共同完成。

信用证真实性、索汇技术路线等方面的审核由银行负责、受益人配合。银行接到信用证核对密押或验证码（电开信用证）或印鉴（信开信用证），如果无误，一般要打上"印鉴相符"或类似字样的戳记，通知受益人；如果信用证以受益人为收件人，有的银行则原样照转，并不审核（有人也将该银行称为转递行，不称为通知行）。

出口企业在收到买方开来的L/C后，应对照合同、收证时的政策法规，参照《UCP600》，对信用证内容进行全面、认真的审核。尤其应注意审查以下主要内容：开证行的资信情况；L/C的性质和开证行的责任；L/C的金额与货币；装运期、L/C的有效期及到期地点；交易条件；单据；L/C的各方当事人；其他特殊条款。

阅读案例 14-1

卖方信用证审核失误陷入被动案

【案情简介】

某化工进出口公司向乔治亚有限公司出口一批化工原料。化工进出口公司根据合同规定的5月份装运期，提前于4月5日即向乔治亚有限公司催促开证，但对方一直延至5月5日才开出信用证。信用证对有关装、效期及提单条款规定："…if negotiation on or before June 15, 1997…2/3 original clean on board ocean Bills of Lading made out to order of Georgia Co., Ltd. notify accountee. The Bill of Lading must be dated not later than May 31, 1997. All documents must be negotiated within 15 days from the date of Bill of Lading."

(……在 1997 年 6 月 15 日或该日前议付……做成凭乔治亚有限公司指示交货的 2/3 正本已装上船的清洁海运提单，以开证申请人为被通知人。提单日期不得晚于 1997 年 5 月 31 日。所有单据须在提单日期后 15 天内议付。）信用证特别条款规定："The beneficiary must send 1/3 original Bill of Lading to the accountee immediately after shipment."（受益人必须在装运后立即将 1/3 正本海运提单寄给开证申请人。）化工进出口公司因 5 月份船期只有 5 月 13 日一条船，所以一接到信用证经与合同对照审核，未发现什么问题，即刻忙办理装船，并取得 5 月 15 日签发的提单。单证人员根据上述信用证条款将 3 份提单中的 1 份于 16 日即直接航邮给乔治亚有限公司。将剩余的 2 份提单与其他有关单据于 5 月 17 日向议付行交单办理议付，但议付行经审核发现短缺"收货证明"一种单据，同时议付行指出信用证末尾规定："A facsimile certificate issued by the Applicant certifying that the Consignee has taken delivery of the goods at the destination."（开证申请人签发传真的证明书，证明收货人已在目的港收妥货物。）

化工进出口公司单证人员即联系经营该商品的业务员，得知未曾收到传真来的"收货证明"。业务员即向买方致电查询，买方于 20 日回电："你 16 日装运电及 19 日电悉。根据你装运电通知的船名经联系船方代理，该船约一星期后可到达。待我一收到货即通过传真给你方'收货证明'，5 月 20 日"

化工进出口公司一直等到 5 月 30 日 18 点才收到买方用传真传来"收货证明"，并告诉货刚刚卸船即收到传真。5 月 30 日系星期五，5 月 31 日和 6 月 1 日均系双休日，只好等到星期一（6 月 2 日）银行一开始营业即交单。经议付行审查，又提出迟期交单。因信用证规定：议付不得迟于装运日后 15 天内交单。本批货于 5 月 15 日装运，距 6 月 2 日交单已超过 15 天，故无法议付。

化工进出口公司单证人员向议付行提出：5 月 31 日是星期六，6 月 1 日是星期日，都是银行双休日，根据《UCP500》第 44 条规定：信用证到期日或交单特定期限适逢银行中止营业，可以顺延至银行开始营业第一个营业日。所以 6 月 2 日银行开始第一个营业日应接受单据。

但议付行不同意这种说法，认为 5 月 15 日装运，15 天的最后一天是 5 月 30 日，如果 5 月 30 日我银行中止营业，则可适用该惯例顺延至开始营业日。但我银行在 5 月 30 日并未中止营业，你化工进出口公司也未来交单，所以不适用于《UCP500》第 44 条规定。

化工进出口公司有关人员最后研究认为目前情况只能向银行出具担保函件"凭担保议付"寄单，因为造成过期交单完全是由于买方造成的，估计买方会接受。化工进出口公司 6 月 2 日即以"表提"方式"凭担保议付"，但单寄到国外，开证行却于 6 月 13 日来电提出："第 XXXX 号信用证项下的你方第 XXXX 号单据，在面函所提出的逾期交单已凭担保议付事，经与申请人联系，亦不同意接受。单据暂在我行保管，速告处理意见，6 月 13 日。"

化工进出口公司接到开证行上述拒付电后，即发电给买方阐明逾期交单系对方逾期寄来"收货证明"所致，要求即与开证行联系接受单据。但买方回电却称开证行不同意接受。又联系开证行却称开证申请人不同意接受，如此推诿毫无结果。最后，化工进出口公司只好通过我驻外商赞处直接与买方交涉，答应减价 15% 而结案。

【案例点评】

本案中信用证包含软条款，即："A facsimile certificate issued by the Applicant certifying that the Consignee has taken delivery of the goods at the destination."（开证申请人签发传

真的证明书，证明收货人已在目的港收妥货物），导致卖方被动。审证时发现并要求修改，是卖方避免此类被动情形的根本方法。

3. 改证

经审证后，发现有不符合或不能接受之处，应及时要求改证，注意事项如下所述。

（1）修改涉及有关方面权利与义务的变更，所以必须征得各方同意后，才能办理。

（2）凡能办到而又不增加费用的，应尽量不修改。

（3）修改可由出口方或进口方提出，但必须由进口方向开证行提出修改申请，开证行同意并发出信用证修改书，再由原通知行通知出口方。修改应及时提出，以免银行误解受益人已接受。各项修改内容，应尽量一次性提出，避免多次修改而增加手续、费用和时间。

（4）对信用证的修改书也应认真审核，防止其趁机修改、添加、删除一些重要内容。

（5）部分接受信用证修改无效。即当修改项目不止一项时，受益人必须全部接受或全部不接受，不能只接受其中一项或几项，而拒绝其他各项。

（6）改证手续费一般由提出修改方承担。

 提示

通过审核或经修改没有问题的信用证在出口企业内部流转主要包括信用证原本流转、信用证复印本流转、信用证分析单（Analysis List of L/C）流转等方法。

14.1.3 托运和装运

这里仅介绍较典型的海运、铁路运输、空运的托运、装运。装运前必须报关。

1. 海运托运、装运

如出口货物数量较大，需要整船载运的，要对外办理租船手续；对出口货物数量不大，不需整船装运的，则安排洽订班轮或租订部分舱位运输。

（1）基本流程。

整箱货出口货代业务流程：委托代理→订舱→提取空箱→货物装箱→交接单证→换取提单→装船。

集装箱整箱货海运出口托运的详细流程如图14.3所示。图14.3说明如下：①货主与货代建立货运代理关系；②货代填写托运单，及时订舱；③订舱后，货代将有关订舱信息通知货主，或将"配舱回单"转交货主；④货主申请用单，取得集装箱发放/设备交接单（E/R）后，方可凭单到空箱堆场提取所需的集装箱；⑤货主"自拉自送"时，先从货代处取得E/R，然后提空箱，装箱后制作集装箱装箱单（CLP），并按要求及时将重箱送码头堆场，即集中到港区等待装船；⑥货代提空箱至货主指定的地点装箱，制作CLP，然后将重箱"集港"；⑦货主将货物送到货代装箱站CFS，货代提空箱，并在CFS装箱，制作CLP，然后"集港"；⑧货主委托货代代理报关、报检，办妥有关手续后将单证交货代现场；⑨货主也可自理报关；⑩货代现场将办妥手续后的单证交码头堆场配载；⑪配载部门制定装船计划，经船公司确认后实施装船作业；⑫实践中，在货物装船后可以获得场站收据（D/R）正本；⑬货代凭D/R正本到船方签单部门换取提单（B/L）或其他单据；⑭货代将B/L等单据交给货主。

集装箱拼箱货海运及其主要单证流程。如图14.4所示。

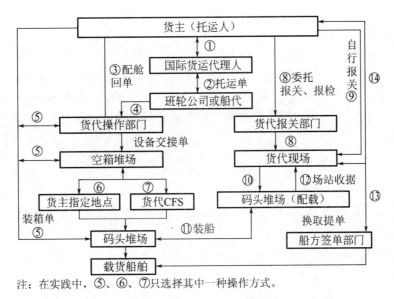

图 14.3　整箱货海运出口托运订舱单证流程

提示

集装箱拼箱运输中的货代托运程序（见图 14.4）与整箱运输的程序类似，只是国际货物出口托运委托书略有不同。

图 14.4 说明如下：①A、B、C 等不同货主（发货人）将不足一个集装箱的货物（LCL）交集拼经营人；②集拼经营人将拼箱货拼装成整箱货（FCL）后，向班轮公司办理整箱货物运输；③整箱货物装船后，班轮公司签发 B/L 或其他单据（如海运单）给集拼经营人；④集拼经营人在货物装船后也签发自己的提单（House B/L）给每一个货主；⑤集拼经营人将货物装船及船舶预计抵达卸货港等信息告知其卸货港的机构（代理人），同时，还将班轮公司的 B/L 及 House B/L 的复印件等单据交卸货港代理人，以便向班轮公司提货和向收货人交付货物；⑥货主之间办理包括 House B/L 在内的有关单证的交接；⑦集拼经营人在卸货港的代理人凭班轮公司的提单等提取货物；⑧A′、B′、C′等不同货主（收货人）凭 House B/L 等在 CFS 提取拼箱货。

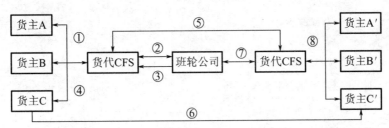

注：集拼经营人须将船公司或其代理人签发的正本提单连同自签的各仓至仓提单（House B/L）副本快邮寄其卸货港代理人，代理人凭正本提单提取集装箱到 CFS 拆箱，通知各收货人持正本 House B/L 提货。

图 14.4　拼箱货海运货运单证业务流程

(2) 注意事项。

及时确认和修改提单。

认真签单。查看每张正本提单是否都签全了证章。确认提单是否需要手签。

及时结算航次费用。航次费用可能由海运费、陆运费、报关费、做箱费、其他应考虑的费用等构成。应该分清海运费是预付（FREIGHT PREPAID）还是到付（FREIGHT TO COLLECT）。应在一个月内督促航次费用的清算并及时将核销单和退税单返还给货主。

仔细发放提单、发票。货主自来取件的，需签收。通过 EMS 等快递送达的，应在"名址单"上标明诸如："提单号""发票号""核销单号""许可证号""配额号"等要素以备日后查证。

2. 陆运和空运托运、装运

(1) 陆运托运、装运。

编报车皮计划；办理托运；落实装运车皮；提货、装车；货物装车完毕，收取运输单据；货物装车后，向买方发出装车通知。

(2) 空运托运、装运。

假设通过货运代理办理，并从货代角度叙述，则航空货物出口托运、装运程序为：揽货；委托运输；审核单证；预配舱；预订舱；接单；制单；接货；标签；配舱；订舱；出口报关；出仓单；提板箱；货物装箱装板；签单；交接发运；航班跟踪；信息服务；费用结算。

14.1.4 出口报关、投保

1. 出口报关

(1) 出口报关基本业务流程。

按照我国《海关法》的规定：凡是进出国境的，必须经由设有海关的港口、车站、国际航空站进出，并由货物所有人向海关申报，经过海关放行后，货物才可提取或者装船出口。报关程序见表 14-1。其中，出口报关是出口货物装船出运前，向海关申报的手续。

表 14-1 五类货物的报关程序

报关程序 货物类别	前期阶段（货物在进境前办理的手续）	进出境阶段（货物在进出境时办理的四个环节手续）		后续阶段（货物在进出关境后需办理才能结关的手续）
		收/发货人	海关	
一般进出口货物	不需要办理	(1) 申报（必须由报关员完成） (2) 配合查验 (3) 缴纳税费 (4) 提取或装运货物	(1) 海关审查（决定是否受理） (2) 查验 (3) 征税 (4) 放行	不需要办理
保税进出口货物	备案、申请登记手册			保税货物核销申请
特定减免税货物	特定减免税申请和申领减免税证明			解除海关监管申请
暂准进出境货物	展览品备案申请			暂准进出境货物销案申请
其他进出境货物	出料加工货物备案			其他进出境货物销案申请

提示

(1) 报关企业的类型有3种：专业报关企业、代理报关企业和自理报关企业。

(2) 查验。①查验程序：打印查验通知单，必要时制作查验关封交报关员——安排查验计划——海关查验货物——由陪同人员在查验记录单上签名、确认。②查验方法：彻底检查、抽查、外形查验。③查验时间。查验部门自查验受理起，到实施查验结束、反馈查验结果最多不得超过48小时，出口货物应于查验完毕后半个工作日内予以放行。查验过程中，发现有涉嫌走私、违规等情况的，不受此时限限制。

(3) 货物征税。货、证经海关查验无误后，海关按照《中华人民共和国海关进出口税则》的规定，对出口/进口货物计征关税。出口关税税额＝FOB价格×关税税率。进口关税税额＝CIF价格×关税税率。产品税、增值税、工商统一税（地方附加税）的征收基数是完税价格。其中，完税价格＝(CIF价格＋进口关税)/(1－税率)；应纳税额＝完税价格×税率。进口调节税＝CIF价格×进口调节税税率。

(4) 放行、结关。纳税后，由海关在货运单据上签盖"海关放行章"。发/收货人或其代理人必须凭海关签章放行的货运单据才能出运/提取货物。进出口货物因各种原因需海关特殊处理的，可向海关申请担保放行。海关对担保的范围和方式均有明确的规定。结关是指对经口岸放行后仍需继续实施后续管理的货物，海关在规定的期限内进行核查，对需要补证、补税货物做出处理直至完全结束海关监管的工作程序。注意：①一般进出口货物，放行就是结关。但是对于担保放行货物、保税货物、暂时进口货物和海关给予减免税进口的货物来说，放行不等于办结海关手续，还要在办理核销、结案或者补办进出口和纳税手续后，才能结关。②加工贸易进出口货物的结关是指海关在加工贸易合同规定期限内对其进口、复出口及余料情况进行核对，并经经营单位申请办理了经批准内销部分的货物的补证、补税手续，对备案的加工贸易合同予以销案。③暂时进出口货物的结关是指在海关规定期限内（含经批准延期的）暂时进口货物复运出口或者暂时出口货物复运进口，并办理了有关纳税销案手续，完全结束海关监管的工作程序。④特定减免税货物的结关是指有关进口货物到达海关监管年限并向海关提出解除监管申请，领取了经主管海关核发的《海关对减免税进出口货物解除监管证明》，完全结束海关监管的工作程序。

(2) 出口报关注意事项。

① 分清货物类别，了解其报关程序（见表14-1）及报关要件。依报关单货物的"中文品名"，对照海关编码大全，查阅商品编码，审核两者是否相符，按编码确定计量单位，并根据海关所列的监管条件核查所缺报关要件。核实是否需要以下资料：商检、配额、许可证、产地证、商标授权、商标品名。

② 备妥报关委托书、报关单、手册、发票、装箱单、核销单、配舱回单、更改单（如果需要的话）和其他所需资料。

③ 填妥船名、航次、提单号，对应装箱单、发票所显示的件数、包装种类、毛重、净重、体积和/或金额，审核报关单的正确性，保证单单一致。

④ 除海关特许外，应在装货24小时以前向海关申报。这是为了在装货前给海关以充足的查验货物的时间，以保证海关正常工作。

⑤ 跟踪场站收据，确保配载上船。凡需要退关改配的，若其中有下个航次，出运仍然

需要诸如许可证、配额、商检、动植检之类的文件资料。退关、改配通知应先于该配置船期一个星期到达,以便报运部顺利抽回资料、重新利用,避免顺延船期、造成麻烦。

 提示

① 电子报关是指进出口货物的收/发货人或其代理人通过计算机系统,按照《中华人民共和国海关进出口货物报关单填制规范》的要求,向海关传送报关单电子数据并备齐随附单证的申报方式。

② 中国电子口岸系统:由与进出口有关的 12 个部委利用计算机和互联网技术,将各自管理的进出口业务信息电子底账数据集中存放到公共数据中心,向政府管理机关提供跨部门、跨行业联网数据核查,同时企业可以在网上办理各种进出口业务。

2. 出口投保

凡按 CIF 价成交的出口合同,卖方在装船前须及时向保险公司投保。出口投保手续,一般是逐笔办理的,投保人在投保时,填制投保单,将货物名称、保险金额、运输路线、运输工具、开航日期、投保险别等列明。保险公司核保、承保后,即签发保险单或保险凭证。

14.1.5 制单结汇

1. 常见的三种结汇方式

(1) 收妥结汇。

收妥结汇指银行收到受益人(出口企业)的出口单据后,经审查无误,将单据寄交国外开证行或付款行索偿,待收到货款后,才按当日外汇牌价,按照受益人的指示,将货款折成人民币拨入受益人的账户的结汇做法。

(2) 买单结汇。

买单结汇又称押汇,指银行在审单无误情况下,按信用证条款贴现受益人(出口企业)的汇票或者以一定的折扣买入信用证下的单据,从票面金额中扣除从押汇日到估计收到票款之日的利息,将余款按押汇日外汇牌价折成人民币,拨给受益人的结汇做法。银行向受益人垫付资金、买入跟单汇票后,即成为汇票持有人,可凭票向付款行索取票款。银行作出口押汇,可为受益人提供资金融通便利,有利于加速受益人的资金周转。

(3) 定期结汇。

定期结汇指银行根据向国外付款行索偿所需时间,预先确定一个固定的结汇期限,并与受益人(出口企业)约定该期限到期后,无论是否已经收到国外付款行的货款,都将主动将票款金额折成人民币拨交受益人。

2. 单证不符的处理

(1) 单证不符的处理程序。

① 议付行审单发觉单据不符,通知后手,依次征询开证申请人的意见,即:

如果开证行和开证申请人均认为单证不符,可以拒付。如果开证行认为单证不符,开证

申请人认为可以接受,开证行可以坚决拒付;但是在多数情况下,只要开证申请人向开证行出具放弃主张不符点权利的保证书,开证行可以付款。

② 单到开证行,审单发现实质性不符点,通知前手,依次征询受益人的意见,即:

(2) 单证不符的处理方法。

① 银行发现单据不符,如果来得及更改,可以选择将单据退给受益人更改,在信用证有效期内改妥再交单。

② 银行发现单据不符,如果来不及更改,受益人应酌情选择如下处理方法:A. 表提(又称为"表盖提出"或"凭保议付"),适用于两种情况:第一,单证不符不严重;第二,单证实质性不符,但是事先已经开证申请人确认可以接受。具体做法:受益人主动向议付行书面提出不符点,出具担保书(担保如果日后遭到开证行拒付,由受益人承担一切后果),议付行为受益人议付。之后,议付行将上述提出不符点的书面材料连同信用证所需单证一起寄出,索偿。B. 电提(又称为"电报提出"),适用于单证实质性不符,金额较大的情况。具体做法:受益人授权寄单行电告开证行不符点,待开证行复电同意付款后,再寄单收汇;如果不获同意,受益人可以及时采取必要措施处理途货。C. 跟单托收。

 提示

"表提""电提""跟单托收"均使受益人丧失了开证行的付款保证,从而使得出口收汇从银行信用变为商业信用。

14.1.6 出口退税、归档

1. 出口退税

出口退税是对出口产品退回其在国内生产和流通环节实际缴纳的产品税、增值税、营业税、特别消费税,使本国产品以不含税成本进入国际市场,与国外产品公平竞争。

(1) 出口货物退(免)税的流程。

生产企业/外贸企业办理出口退税业务流程如图 14.5、图 14.6 所示。

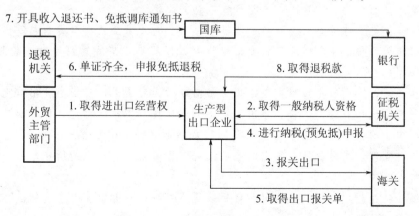

图 14.5 生产企业出口退税业务流程

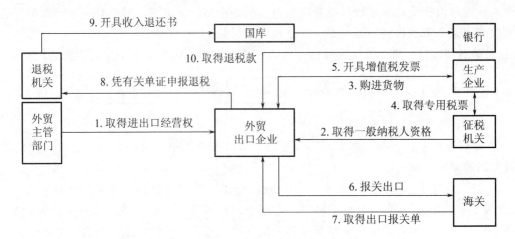

图 14.6 外贸企业出口退税业务流程

(2) 出口退税的计算。

① 一般贸易、加工补偿贸易和易货贸易出口货物：应退税额＝计税依据×适用退税率。

② 委托加工收回后出口的货物：应退税额＝原材料金额×退税率＋工缴费金额×14％。

③ 如果是对进料加工复出口的货物，由于进口料件给予了免税，因此应抵减部分退税额：应退税额＝计税依据×退税率－销售进口料件应抵减退税额。

 提示

企业范围：申请出口，出口企业需要具备的条件：企业已具备增值税一般纳税人资格；企业已经办妥进出口权整套手续；企业出口前已办理出口退免税认定手续。

货物范围：享受退（免）税的一般货物必须同时具备四个条件，即：①是增值税、消费税征收范围内的货物；②是已经报关离境出口的货物；③是在财务上已做出口销售处理的货物；是属于出口退税范围的货物；④必须在规定的期限内已收汇并办理了核销的货物。有一些货物，虽然不同时具备上述四个条件，但由于其销售方式、消费环节、结算办法等特殊性，国家特准退还或免征其增值税、消费税。

税种：目前，我国出口货物退税的税种仅限于增值税、消费税。

退税率：是出口货物的应退税额与计税依据的比例。

计税依据：是具体计算应退税款的依据和标准。对外贸企业出口货物，以出口数量和货物购进金额作为计税依据；对生产企业出口货物，以当期出口货物离岸时的价格或 FOB 价作为计税依据。

期限和地点：①退（免）税期限是指货物出口行为发生后，申报办理出口退（免）税的时间要求。根据现行规定，出口企业出口货物一般应按月申报退（免）税。出口企业本年度出口货物，应于次年3月底前申报退（免）税或申报备案，6月底前收齐单证办理退（免）税，逾期不再受理。②退税地点是出口企业按规定申报退（免）税的所在地。一般为企业所在地主管税务机关。

预算级次：是指出口退税款的财政负担级次。其现行预算级次为中央级

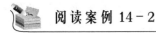

阅读案例 14-2

出口应退税额的计算

中国 A 商向德国 B 商出口足球，每个足球的购货成本为 165 元人民币（含增值税，税率 17%），出口退税率为 8%。

(1) 计税依据＝含增值税的购货成本/(1＋增值税率)＝165/(1＋17%)≈141.03(元/个)

应退税额＝计税依据×适用退税率＝141.03×8%≈11.28(元/个)

因此，应退税额也可合并计算：应退税额＝[含增值税的购货成本/(1＋增值税率)]×适用退税率≈11.28 元/个。

(2) 应退税额可以抵减出口成本，即：实际出口成本＝含增值税的购货成本－应退税额＝165－11.28≈153.72（元/个）。因此，实际出口成本也可合并计算：实际出口成本＝含增值税的购货成本×(1＋增值税率－出口退税率)/(1＋增值税率)＝165×(1＋17%－8%)/(1＋17%)≈153.72(元/个)。

(3) 出口退税问题处理。

出口退税有问题的，需更改并要提供如下资料。

① 报关数据正确、舱单不正确：经预录后的、海关返还的报关单复印件；场站收据复印件（十联单的第七联即黄联）；提单正本复印件两份；集装箱装箱计划（Container Load Plan）复印件；更正单（三联、正本）。

② 短装（多报少出）、溢装（少报多出）：船开 5 天（工作日）内没能及时更正的：先交纳罚款 3 000～5 000 元；货主重新提供发票、装箱单（Packing List）；货主重新提供报关单、提单副本复印件（加盖"提单副本确认章"）。船开 5 天（工作日）内更改的：提单副本复印件（加盖"提单副本确认章"）、正本、正确的报关单；正本、正确的发票、装箱单。

2. 业务的善后处理和归档

业务的善后处理要掌握三点：一是收回货款后，与客户共同回顾在交易过程中那些令人难忘的事件，以便增进相互间的感情，促进业务发展；二是货款未收回，去电与客户商讨解决办法，请求谅解；三是不论哪一方违约，都应实事求是，认真、妥善地处理。

每笔出口合同业务的最后环节是及时将相关合同、单证、批件等档案归档保存。

14.2 进口合同的履行

以典型的 FOB 进口合同的履行为例，其主要流程为：开立、修改信用证（如果需要时）、租船订舱、进口保险、审单和付汇、进口报关和纳税、提货、验收和拨交货物、进口索赔（如果需要时）。如果是典型的 CIF 进口合同的履行，买方则不用租船订舱、进口保险。其中，租船订舱、保险、报关和纳税等环节类似出口合同，因此略述。

14.2.1 开立、修改信用证

1. 开立信用证的基本业务流程

进口商按照合同规定填写好开证申请书，连同进口合同一并交给银行，申请开立信用证；必要时向开证行交付一定比率的押金或以其财产的其他形式作为银行执行其指示的保证，并支付开证手续费。之后，开证银行依据该开证申请书开立信用证。

2. 开立信用证的注意事项

（1）开证要求。

信用证的内容应以开证申请书为据，进而与合同一致。力求单据条款明确，列明单据种类、份数及签发机构，并对单据的内容提出具体要求。力求文字完整明确，不能使用含糊不清的文字，尤其是信用证上的金额，大小写的表示应一致，应避免使用"约""近似"或类似的词语。开证指示必须完整和明确，避免开列对各方均显累赘的信用证。银行也应该劝阻在开立信用证时其内容套用过去已开立的信用证（套证）。

（2）开证时间。

开证时间，应按合同规定办理。如合同只规定了装运期而未规定开证日期，进口商应在合理时间内（约于装运期前30~45天）开证；如合同规定在卖方确定交货期后开证，买方应在接到卖方上述通知后开证；如合同规定在卖方领到出口许可证或支付履约保证金后开证，应在收到对方已领到出口许可证的通知或银行转知保证金已照收后开证。

3. 修改信用证

如受益人（卖方）提出修改信用证的请求，经申请人（买方）同意后，即可由申请人向银行办理改证手续。必要时，申请人也可以自己提出改证。最常见的修改内容有：展延装运期和信用证有效期、变更装运港口等。

14.2.2 租船订舱、进口保险

类似于出口。不过，进口人通常在收到发货人装船通知后立即投保。为简化手续、防止漏保，可采用预约保险办法，由进口人与保险公司签订进口货物预约保险合同。

14.2.3 审单和付汇

1. 开证行审单和付汇

卖方装运货物后，将信用证所需全套单证经寄单行寄交开证行或其代付行。开证行或其代付行收到单证后，根据"单证一致、单单一致、单内一致"的原则，核对单据的种类、份数和内容。如表面相符，即由开证行或其代付行对外付款，并通知进口商付款赎单。

2. 开证行对不符点的处理

（1）粗审单据找出较明显的不符点，批注在来单通知书上，连同单据交开证申请人，并请其告知开证行对不符点单据的处理意见，据此开证行决定是否对外拒付。

（2）通过国外银行通知受益人（出口商）更正单据，或由国外银行书面担保后付款。

（3）拒付。拒付可使开证行主动将自己的身份变为代收行，并放弃占有单据的权利以及免除其独立付款的责任，避免诸多风险。拒付的同时，开证行与受益人间的信用证关系即告解除。单据的所有权归寄单人（Presenter）所有。拒付之后，单据是否放给申请人，申请人是否接受单据，已完全是申请人与受益人或寄单人之间的行为关系，开证行只不过代为保管单据或代为解付货款。当然，在具体操作时为了使拒付不至于显得过于生硬，开证行可以先表明拒付，再声称将联系申请人接受单据。

提示

构成拒付通知的三要素：开证行必须以自己的名义表示拒付的意思；一次全部列出不符点，不符点必须明确；表明单据已代为保管听候处理，或已退给交单人。

阅读案例 14-3

开证行以寄单行表提不符点为由拒付案

【案情简介】

开证行应申请开出一份即期可转让自由议付信用证，经通知行通知给受益人。因信用证中同时存在"FREE ON BOARD PLANE"和"FREIGHT PREPAID"条款的问题，通知行要求开证行加以澄清。开证行于是应申请人要求将"FREIGHT PREPAID"改为"FREIGHT TO COLLECT"，并向通知行发出修改电。

受益人向寄单行提交信用证项下的单据后，寄单行发现单据上显示的仍然是信用证修改前的"FREIGHT PREPAID"条款，认为构成不符点，但在寄往开证行的面函上注明"DUE TO DISCREPANCY (IES) IDENTLFIED DOCUMENTS ARE FORWARDED ON A ACCEPTANCE BASIS UNDER PROTECTION OF UCP500 ARTICLE(S), PLEASE CONTACT APPLICANT FOR ACCEPTNCE. DISCREPANCE：AIR WAYBILL MARKED FREIGHT PREPAID IN LIEU OF FREIGHT TO COLLECT."。开证行收到单据后，以上述不符点为由提出拒付。而受益人以未接受信用证修改为由，要求开证行履行付款责任。双方争执不下，受益人对开证行提起诉讼。法院判决开证行败诉。

【案例点评】

本案争论的焦点是寄单行在面函中表提的不符点是否成立的问题。

（1）受益人未声明接受或不接受信用证的修改，但提交了与修改前的信用证相一致的单据，应认定受益人未接受修改，因而单证相符，开证行不能以此为由提出拒付。

（2）寄单行在面函上表提的不符点既不能作为开证行拒付的理由，也不能作为受益人承认不符点的证明。

（3）不论是开证行还是其指定银行，都应当独立履行审核单据的职责。

3．申请人审单付汇

申请人（进口商）收到开证行通知后，在其付汇之前，首先需要审核卖方凭以议付的全套单据。进口商买汇赎单后，凭银行出具的"付款通知书"进行结算。

14.2.4 进口报检、报关和纳税

1．进口报检

（1）报检时限和地点。

① 审批、许可证等有关政府批文中规定检验检疫地点的，在规定地点报检。

② 大宗散装商品，易腐烂变质商品，废旧物品及在卸货时发现包装破损、重量或数量短缺的商品，必须在卸货口岸检验检疫机构报检。

③ 需结合安装调试进行检验的成套设备、机电仪表类产品，以及在入境口岸开件后，难以恢复包装的商品，应在收货人所在地检验检疫机构报检，并施检。

④ 其他入境货物，应在入境前或入境时向报关地检验检疫机构报检。

⑤ 入境的运输工具及人员应在入境前或入境时向口岸检验检疫机构申报。

⑥ 入境货物需对外索赔出证的，应在索赔有效期前不少于20天内向到货口岸或货物到达地的检验检疫机构报检。

⑦ 输入微生物、人体组织、生物制品、血液及其制品或种畜、禽及其精液、胚胎、受精卵的，应当在入境前30天报检。

⑧ 输入其他动物的，应在入境前15天报检。

⑨ 输入植物、种子、种苗及其他繁殖材料的，应在入境前7天报检。

(2) 报检方式。

① 进境一般报检。指法定入境检验检疫货物的收货人或其代理人，持有关单证向卸货口岸检验检疫机构申请取得《入境货物通关单》，办完通关手续后，主动与卸货口岸检验检疫机构联系落实施检工作。

② 进境流向报检。亦称口岸清关转异地而进行检验检疫的报检，适用于通关地与目的地属于不同辖区的情况。收货人或其代理人持有关单证向卸货口岸检验检疫机构报检，获取《入境货物通关单》，通关后由口岸检验检疫机构进行必要的检疫处理，并签发《入境货物调离通知单》。货物调往目的地后再由目的地检验检疫机构监管。

③ 异地施检报检。指已在口岸完成进境流向报检，货到目的地后，货主或其代理在规定时间内，向目的地检验检疫机构申请进行检验检疫的报检。因进境流向报检只在口岸对装运货物的运输工具和外包装进行了必要的检疫处理，并未对整批货物进行检验检疫，只有当检验检疫机构对货物实施了具体的检验检疫，确认其符合有关检验检疫要求及合同、信用证规定，货主才能获得相应准许进口货物销售使用的合法凭证，完成进境货物的检验检疫工作。异地施检报检时，应提供口岸局签发的《入境货物调离通知单》。

(3) 报检单证。

① 入境报检时，应填写《入境货物报检单》，并提供外贸合同、发票、提（运）单、装箱单等有关单证。

② 凡实施安全质量许可、卫生注册、强制性产品认证、民用商品验证或其他需经审核的货物，应提供有关审批文件。

③ 报检品质检验的，还应提供国外品质证书或质量保证书、产品使用说明书及有关标准和技术资料；凭样成交的，须加附成交样品；以品级或公量计价结算的，应同时申请重量鉴定。

④ 报检入境废物时，还应提供国家环保部门签发的《进口废物批准证书》、废物利用风险报告和经认可的检验机构签发的装运前检验合格证书等。

⑤ 报检入境旧机电产品的，还应提供与进口旧机电产品相符的进口许可证明。

⑥ 申请财损鉴定的，还应提供理货残损单、铁路商务记录、空运事故记录或海事报告等证明货损情况的有关单证。

⑦ 申请重（数）量鉴定的货物，还应提供重量细单、理货清单等。

⑧ 货物经收、用货部门验收或其他单位检测的，应随附验收报告或检测结果，以及重量明细单。

⑨ 入境动植物及产品，在提供贸易合同、发票、产地证书的同时，还必须提供输出国

家或地区官方出具的检疫证书;需办理入境审批手续的,还应提供入境动植物检疫许可证。

⑩ 过境动植物及产品报检时,应持分配单和输出国家或地区官方出具的检疫证书;运输动物过境时,还应提交国家质检总局签发的动植物过境许可证。

⑪ 入境旅客、交通员工携带伴侣动物,应提供进境动物检疫审批单及预防接种证明。

⑫ 入境食品报检时,应按规定提供《进出口标签审核证书》或《标签审核受理证明》。

⑬ 入境化妆品报检时,应按规定提供《进出口化妆品标签审核证书》或《标签审核受理证明》。

⑭ 来自美国、日本、欧盟和韩国的入境货物报检时,应按规定提供有关包装情况的证书和声明。

⑮ 因科研等特殊需要,输入禁止入境物的,须提供国家质检总局签发的特许审批证明。

⑯ 入境特殊物品的,应提供有关的批件或规定的文件。

提示

入境货物在入境口岸本地实施检验检疫的(见图14.7),进境一般报检,检验机构签发《入境货物通关单》(三联)通关;需先在口岸放行,异地检验检疫的,进境流向报检,检验机构进行外观查验、签发《入境货物通关单》(四联);海关签发《调离通知单》,之后,异地施检报检。

2. 进口报关和纳税

(1) 进口报关和纳税基本业务流程。

其基本业务流程类似出口报关(参见表14-1和图14.7)。

(2) 进口报关、纳税注意事项。

① 必须在规定时限内进行进口货物的申报。我国《海关法》对进口货物的申报时限做了如下规定:进口货物的收货人或其代理人应当自运输工具申报进境之日起14日内向海关申报。进口货物的收货人超过法定的14日期限未向海关申报的,由海关征收滞报金。滞报金的起收日期为运输工具申报进境之日起的第15天;转关运输货物为货物运抵指运地之日起的第15天;邮运进口货物为收到邮局通知之日起的第15天。截止日期为海关申报之日。滞报金的起征点为人民币10元,滞报金总额=货物的CIF价×滞报天数×0.5‰。对于超过3个月未向海关申报进口的,其进口货物由海关依法提取变卖处理。如果属于不宜长期保存的货物,海关可以根据实际情况提前处理。变卖后所得价款在扣除运输、装卸、储存等费用和税款后,尚有余款的,自货物变卖之日起一年内,经收货人申请,予以发还;逾期无人申请的,上缴国库。确属误卸或者溢卸的进境货物除外。

② 进口货物需向海关报关,应填制"进口货物报关单"及其随附单证。

③ 凡不在港口查验放行的贸易货物的货主,需填制"国外货物转运准单",向港口海关申报,经海关同意并监管运至目的地,由目的地海关查验放行。转关运输是指海关为加速口岸进出口货物的疏运,方便收、发货人办理海关手续,依照有关法律规定,允许海关监管货物由关境内一设关地点转运到另一设关地点办理进出口海关手续的行为。

④ 对国外免费赠送的样品,需填制"进口非贸易样品申报单",附发票一份,向海关申报。如系使领馆物品,则凭使领馆或有关单位证明文件向海关申报。

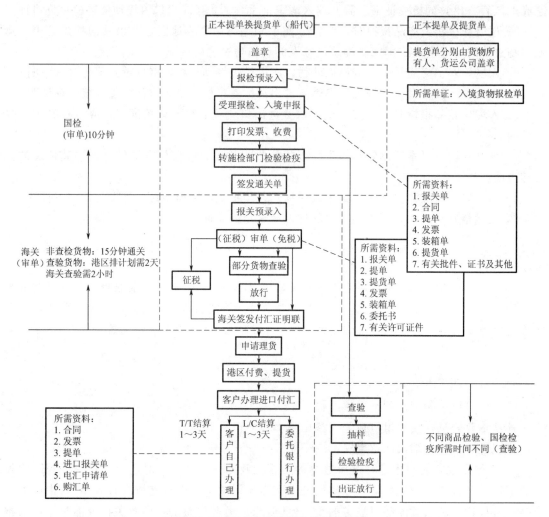

图 14.7 进口通关流程及其相关单证

14.2.5 监卸、交接、验收、代运和拨交货物

1. 监卸、交接

收货人的代表现场监卸，与承运人办理交接手续。监卸人员与理货人员应密切配合，把好货物数量和质量关。监卸、交接的注意事项如下所述。

(1) 及时掌握船舶动态。船舶动态主要包括船名、船籍、船舶性质、装卸港顺序、预计抵港日期、船舶吃水和该船所载货物的名称数量等方面的信息。船舶动态信息来源可获自各船公司提供的船期表、国外发货人寄来的装船通知、单证资料、发货电报以及有关单位编制的进口船舶动态资料等。

(2) 认真收集和整理单证。进口货物运输单证一般包括商务单证和船务单证两大类。商务单证有贸易合同正本或副本、发票、提单、装箱单、品质证明书和保险单等。船务单证主要有载货清单、货物积载图、租船合同或提单副本。如系程租船，还应有装卸准备就绪通知书（Notice of Readiness）、装货事实记录（Loading Statement of Facts）、装卸货物时间表

(Time Sheet) 等, 以便计算滞期费、速遣费。单证多由装货港口的代理和港口轮船代理公司、银行、国外发货人提供。近洋航线的单证也可由进口船舶携带而来。进口货物的各种单证是港口进行卸货、报关、报检、接交和疏运等项工作不可缺少的资料, 因此负责运输的部门收到单证后, 应以此与进口合同进行核对。若份数不够, 要及时复制, 分发有关单位, 以便船只到港后, 各单位相互配合, 共同做好接卸疏运等工作。

(3) 按票卸货, 严禁不正常操作和混卸。已卸存库场的货物应按提单、标记分别码垛、堆放。对船边现提货物和危险品货物, 应据卸货进度及时与车、船方面有关人员联系, 做好衔接工作, 防止等车卸货或车到等工的现象。对于超限货物或极重货物应事先提供正确尺码和重量, 以便准备接运车驳, 加速疏运进度。对重点货物, 如规格复杂的各种钢材、机械、零配件等, 要有专人负责, 以防错乱。货物从大船卸毕后, 要检查有无漏卸; 在卸货中如发现短损, 应及时向船方或港方办理有效签证, 并共同做好验残工作。

2. 验收

进口货物运达港口卸货时, 港务局要进行核对。如发现短缺, 应及时填"短卸报告"交由船方签认, 并根据短缺情况向船公司提出保留索赔权的书面声明。卸货时如发现残损, 货物应存放于海关指定仓库, 待保险公司会同商检局检验后做出处理。

注意事项如下所述。

(1) 对于法定检验的进口货物, 必须向卸货地或到达地的商检机构报检, 未经检验的货物不准投产、销售和使用。如有残损短缺, 凭商检局出具的证书对外索赔。

(2) 对于合同规定的卸货港检验的货物, 或已发现残损短缺有异状的货物, 或合同规定的索赔期即将届满的货物等, 都需要在港口进行检验。

3. 代运和拨交货物

代运工作是指各港口接卸单位接受用货部门的委托, 代为办理进口货物到达国内港口后的国内转运业务, 防止出现压港、压船、压货现象。办完上述手续后, 进口商委托货运代理提取货物并拨交给订货部门。货运代理以"进口物资代运发货通知书"通知订货部门在目的地办理收货手续。同时通知进口商代运手续已办理完毕。

14.2.6 进口索赔

1. 进口索赔的对象

进口商常因货物品质、数量、包装等不符合合同的规定, 而需向有关方面提出索赔。根据造成损失原因的不同, 进口索赔的对象主要有三个。

(1) 向卖方索赔。凡属下列情况者, 均可向卖方索赔。例如, 原装数量不足 (短交); 货物的名称、品质、规格与合同规定不符; 包装不良致使货物受损; 唛头不清; 未按期交货或拒不交货等。

(2) 向承运人索赔。凡属下列情况者, 均可向船公司索赔。例如, 所卸货物数量少于提单或运单所载数量 (短卸); 提单是清洁提单, 而货物有残缺情况, 且属于船方过失所致; 货物所受的损失, 根据租船合约有关条款应由船方负责等。

(3) 向保险公司索赔 (Insurance Claim)。凡属下列情况者, 均可向保险公司索赔。例如由于自然灾害、意外事故或其他风险致使货物受损,并且属于承保险别范围以内的;凡船公司不予赔偿、金额不足抵补损失的部分,并且属于承保范围内的。

如果单证证明货物已经全部装上运输工具或已交承运人,但是到货后,发现货物短少(短失),往往难以判断责任归属,通常可以依据保险合同和运输合同的规定分别向保险公司和运输公司同时提赔。

2. 进口索赔的程序和内容

(1) 向卖方索赔。

① 索赔程序。第一,索赔声明:发现问题后应在合同索赔期内通知对方,并声明保留索赔权利。第二,准备证明文件:索赔时务必提出证据,作为证明的文件。第三,正式索赔:备齐证明文件,发出索赔函电。

② 赔偿内容。包括:请求赔偿损失;请求补运(当货物短少或短交时);请求调换(当货物的品质不符或规格不符时);请求修理(例如机器发生故障或损坏);请求减价或折让(例如交货延迟、品质不佳);拒收货物请求退还货款,并赔偿损失。

(2) 向承运人索赔。

① 索赔时限。根据《海牙规则》,海运货物提货前发现货物损坏,立即发出索赔通知。货损不明显,提货后发现货物损坏,于提货日起3日内发出通知。货主的损害赔偿请求权诉讼时效为1年。根据《华沙公约》,航空货运索赔时限为:货物有损坏或短少时,收货后7天内;货物迟延时,收货后14天内;货物遗失或灭失时,运单出单日起120天内。

② 索赔依据。索赔人于提出索赔时应提出证据,随时邀请有关单位派人会同查看证据。一旦发生索赔,国外发票、装箱单、重量明细单、品质证明书、使用说明书、产品图纸等技术资料、理货残损单、溢短单、商务记录等,都可以作为重要的参考依据。

(3) 向保险公司索赔。

① 保险公司受理被保险人的索赔所需具备的条件:保险契约、有损害发生、发生保险公司所承保的事故。

② 保险索赔的处理。被保险人发现保险标的物受损时,及时与保险公司联系,并具备必要的单证,以书面正式向保险公司提出索赔。

③ 索赔文件。部分损失时的索赔文件:索赔函、索赔清单(Statement of Claim)、索赔账单(Debit Note)、保险单或保险证书正本(Signed Policy or Certificate of Insurance)、提单正本或副本(Signed B/L or Copy)、装运人开具的发票(Shipper's Invoice)、包装单(Packing List)、重量证明书(Weight Certificate)、公证报告(Survery Report)、船公司签认的事故证明书或破损证明书(Damage Report)、磅码单(Weight Note)或理货单(Tally)、其他证明文件、船公司所发的短卸证明书(Shortage Report, Landing Certificate)、公证费(Survey Fee)收据、修理费用及其估价、破损货物剩余价值估价单、海难报告(Marine Protest)。全损情况下的索赔文件:索赔函、保险单、提单、发票、证明全损的文件。

3. 进口索赔的注意事项

(1) 一般注意事项。

① 关于索赔证据:首先应制备索赔清单,随附商检局签发的检验证书、发票、装箱单、

提单副本。其次,对不同的索赔对象还要另附有关证件。向卖方索赔时,应在索赔证件中提出确切根据和理由,如系 FOB 或 CFR 合同,尚须随附保险单一份;向船公司索赔时,须另附由船长及港务局理货员签证的理货报告和船长签证的短卸或残损证明;向保险公司索赔时,须另附保险公司与买方的联合检验报告、海事报告及费用清算单等。

② 关于索赔金额:视具体情况,索赔金额,除受损商品的价值外,有关的费用也可提出。如商品检验费、装卸费、银行手续费、仓租、利息等,都可包括在索赔金额内。

③ 关于索赔期限:对外索赔必须在合同规定的索赔有效期限内提出,过期无效。如果商检工作可能需要更长的时间,可向对方要求延长索赔期限。

④ 关于索赔方式:目前,我们的进口索赔工作,属于船方和保险公司责任的一般由货代代办;属于卖方责任的则由进出口公司直接办理。为了做好索赔工作,要求进出口公司、外贸运输公司、订货部门、商检局等有关单位密切协作,要做到结果正确,证据属实,理由充分,赔偿责任明确,并要及时向有关责任方提出,以挽回所受损失。

(2) 保险索赔注意事项。

① 货运保险一般为定值保险,当货物发生全损时,应赔偿全部保险金额;如为部分损失,则应正确计算,合理确定赔偿比例。对某些易短量的货物的赔偿,有两种赔偿方法:一种是不论损失程度,对损失部分给予100%赔偿;另一种是当货物发生破碎和短量时,保险人可免赔一定的百分数,即通常所说的免赔率。免赔率分为相对免赔率和绝对免赔率,若货物损失超过免赔率,前者不扣除免赔率,全部赔偿;后者则扣除免赔率,只赔偿超过的部分。中国人民保险公司采用绝对免赔率。如不计免赔率,保险公司要加收保险费。

② 当货物遭受承保范围内的损失,但损失应由第三者负责时,被保险人在取得保险赔偿后,应将向第三者追偿的权利转让给保险人,以使其取得代位权。

③ 如果被保险的货物遭受严重损失,要求按推定全损赔偿时,必须将货物及其一切权利委付给保险人。保险人一经接受委付就只能按推定全损赔偿,并取得处理残余货物的权利。如被保险人不发出委付通知,保险人只按部分损失赔偿。

阅读案例 14-4

钢材上层严重锈蚀,进口人该向谁索赔

【案情简介】

2007 年 8 月 20 日,一艘承载上海某贸易公司(本案进口方)的一批进口钢材的外国货轮到达上海港,船在锚地进行检验时,发现钢材上层严重锈蚀。后据调查该船到达前曾航行于赤道附近多日,并曾遇到过大雨。该钢材买卖合同采用的是 CIF 条件,付款方式为托收,但没有索赔条款。那么,作为买方,在收到受损的货物后,应当如何操作进口索赔呢?

【案例分析】

(1) 向出口人(卖方)索赔:本案中,卖方对货损负有责任、买方能向卖方索赔并得到赔偿的条件:一是卖方所交货物的质量不符合规定;二是卖方没有尽到选用适当船舶的义务;三是没有按约定投保含有雨淋的险种。如果卖方在这三个方面都没有过错,则买方向卖方索赔的理由就不存在。

(2) 向承运人索赔:承运人必须恪尽职守,照料货物,提供适合载货的船只,并把装船

时的货物完好地运到目的港。由于船舶不适航、不适货、配装不当、船方管货行为疏忽等造成的损失,都应该由承运人承担。本案中,货物受损的直接原因是锈蚀,而导致锈蚀除了货物本身的因素外,很可能还有船的因素。就本案而言,买方能向承运人索赔并得到赔偿的条件:一是该船及设备不适合装运钢材;二是承运人没有尽到照料货物的责任。

(3) 向保险人索赔:保险人承保的损失范围,主要取决于投保人的保险险别和种类。就本案而言,买方能向保险人索赔并得到赔偿的条件是:钢材在投保的险别中包含有雨淋这一风险责任,且这种事故的发生属于意外情况。

【案例启示】

买方要想避免和减少损失应注意:在合同中详细规定品质规格,并要求卖方提供商检证明;对承运人的运输条件和质量,提出具体要求;向保险公司投保时应尽量考虑到可能发生的风险事故。

阅读案例 14-5

如何应对保险索赔

【案情简介】

2005年7月2日,"ARTI"轮装载着共约2.4万吨生铁和钢材自印度某港口启航来我国,其中有中国人民保险公司海南省分公司(以下简称"保方")保单 HN76/CP93-042 项下承保的 3 849.65 吨钢材,保险金额为 1 509 753.00 美元,保险范围为平安险附加短量险、偷窃提货不着险、战争险。但该轮开航后不到48个小时,船长就发现船壳板与骨架脱开,而不得不将船就近挂靠印度另一港口避难,同时船方宣布共同海损。案发后1个月,保方从有关方获得事故信息。鉴于案情重大,保方及时通过伦敦联络处委请律师处理此案,同时向买方了解买卖合同执行过程的情况,并收集有关资料。

由于买方在本合同下开出的是远期信用证,在卖方提交了全套装船单据并经审核无误之后,开证行已在汇票上签字承兑了。鉴于此,就开证行本身而言,要想不支付此笔货款已是不可能。而与此同时,印度洋洋面上气候渐转恶劣,失去航行能力的"ARTI"轮,漂泊于港外锚地的海面上,随时都有倾覆、沉船、造成货物全损的危险。因此,保方紧急指示律师积极与船方接触,争取以较有利的条件使船方放货,并及时组织货物转运,以便尽早将货物运至目的港。但是,由于船方一再坚持以货方赔偿其数额巨大的共同海损损失、费用并放弃对其索赔的权利作为放货的先决条件,并且事事不合作,以致保方经过几个月的努力也毫无结果。保方在不得已的情况下采取法律手段解决问题。

经过调查,发现承运船开航前就已处于不适航状态,提交议付的清洁提单不实,买卖合同的签约过程有欺诈:① "ARTI"轮2005年5月27日靠港,5月28日开始装货,同时租船人检验师登轮进行承租检验,检验结果以及事故后的检验结果均证明该轮开航前已处于不适航状态。②该单货5月28日开始装船,5月31日装完。船方出具的大副收据上批注"装船前所有货物均有锈蚀并曾被水浸泡,捆带和卡箍有不同程度断裂,船方对货物状况和质量概不负责"。此批注也经租船人保协检验师验货确认,船长也曾多次传真通知租船人及其代理。③该单货于5月31日装船完毕后,由租船人代理签发了第一份清洁提单。该提单有租船人代理和托运人正式签章和背书,并贴有印度官方契税。提单通知方为中国外运,卸货港为上海。④"ARTI"轮7月2日启航,当日卖方将买卖合同传给买方签署,合同中含有"表明'部分捆上有表面锈和风化锈'的提单是可接受的"这一条款。⑤"ARTI"轮7月4日发生事故,7月6日进入避难港并宣布共同海损。7月7日租船人代理对该单货签发了第二份清洁提单提交议付,该提单与第一份清洁提单明显不同:没有加贴印度官方契税,提单通知方则为我国汕头建筑材料企业集团公司,卸货港为汕头。⑥卖方事前未向买方提供租船合约,但从有关往来函件中可以确定,卖方同时也是"ARTI"轮的期租人。

保方对本案提出了三种可能的处理方案:①以船舶不适航为由拒赔,这一理由很难站住脚。尽管按照订立保险合同的最大诚信原则,承运船舶的适航性是海上保险最重要的默示保证内容之一,但本案被保险人在投保时并未获知该承运船舶不适航的情况,而且船舶不适航也是他们所无法控制的,因而在投保当时他们并未违反告知和保证的最大诚信原则,保方也就无法以此为由拒绝受理此案。故此,简单拒赔理由不充分,取此势必将保方拖入与被保险人之间保险合同纠纷的官司中去,而结果完全可能以保方败诉终局。②以运输合同起诉承运方,保方胜诉的可能性较大。从收集到的"ARTI"轮承租检验报告和该船出险后的船检报告中可以证实,该轮于开航前就已处于不适航状态。以提供不适航船舶起诉承运方,根据《海牙规则》,作为船舶期租人的卖方应同船东一样负连带责任。但是,"ARTI"轮船东是一家利比里亚籍单船公司,除了这一条船外别无其他资产,而卖方实际上只是一空头贸易公司。暂且抛开船舶本身债务和抵押权不说,无论是船东还是卖方都没有太多可供扣押的有价值的资产,货方利益事实上得不到保全。如果在别处申请扣押其保赔协会的其他船只,风险也是很大的。因为"ARTI"轮本身不适航,其保赔协会一直未肯确认其保赔保险是否仍然有效,故其保协是否会提供我们所要求的担保?而且,如果采取这一类做法,开证行都必须按事先承兑按时支付货款。由于装货港在印度,提单签发地也在印度,"ARTI"轮目前也还挂靠在印度港口避难;如果对承运方采取法律行动,在该提单无管辖权条款的这种情形下必然适用印度法律。对于保方来说,如果付出大笔货款后再在印度打一场马拉松式的官司,其结果只能是给保方造成很大的经济损失,这对保方是极不利的,因此,这一方案实无可取之处。③以贸易合同起诉卖方欺诈。首先,从前面归纳的本案案情来看,大副收据表明的货物状况是极差的,而兼租船人的卖方,事前对船舶不适航的状况和货物本身很差的状况应是了如指掌的。且不说其前后签发了两套提单是何意,但其7月2日提供给买方签署的合同实际上是隐瞒了货物的真实情况,是带欺骗性的;其次,尽管船方一再要求在提单上加上经保协检验师同意确认的大副收据上的批注,但兼为租船人的卖方仍利用其由期租合约取得的提单签发权指令租船代理前后签发了两套清洁提单,而且第二套提单是船舶发生事故后于7月7日签发的,提单上又没加贴印度官方契税,实有伪造提单之嫌疑。且不说其是否会骗取两笔货款,但其行为已严重违反了《海牙规则》有关物权凭证的规定,损害了买方利益,同时也在货物品质上欺骗了买方,由此看来,卖方实有合同欺诈和单证欺诈之嫌疑。鉴于开证行尚未履行付款,还有可能以诉合同无效来解除合同,终止付款并索赔保方经济损失。保方认为,以这些事实来起诉卖方合同欺诈,其理由可以说是比较充分的。

在管辖权方面,由于买卖合同中无管辖权条款,合同的最终签约地又是海口,故此合同纠纷可适用我国法律,保方可选择在国内起诉,这对保方也是有利的。同时,由于适用我国法律,根据我国《民法》第58条第3项的规定,一方以欺诈、胁迫手段或者乘人之危,使对方在违背真实意思的情况下所做出的行为,包括受欺诈一方开具信用证和支付货款的行为，都属于无效的民事行为；根据《中华人民共和国合同法》第五十二条规定，采取欺诈或者胁迫手段订立的合同无效；根据《汉堡规则》第17条规定："以欺诈手段签订的合同无效，无效合同对任何人都绝对无效。"从上述事实出发，加上这些法律依据，可认为保方对卖方提出侵权诉讼是有充分的理由和根据的，胜诉的可能性也较大。

在综合考虑了三个可能处理方案的利弊之后，保方认为，第三个方案是可行的。

经过艰苦的努力，保方终于使被保险人（本案买方）接受了建议，首先采取断然的诉前保全措施，向法院申请止付令，保住了这一大笔货款。随后，保方向被保险人提供了所收集的资料、证据，配合被保险人在法院止付令的1个月有效期内在海口海事法院向卖方提起侵权诉讼，起诉卖方隐瞒货物的真实情况，诱使买方签订了一个欺骗性合同之后又提供了与合同不符的货物，并且以内容不真实的提单提交议付，以致损害了买方的利益，造成买方的经济损失；要求法院确认该欺诈性贸易合同无效，所提交议付的提单无效，退回货款（信用证），并赔偿买方所遭受的经济损失。

海口海事法院在经过庭审、调查之后，在保方所提交的证据、材料的基础上，于2005年10月14日对本案做出了判决，判决原、被告所签贸易合同无效，被告所提交的海运提单无效；被告（本案卖方）返还原告（本案买方）信用证项下货款1 366 627.75美元（退回信用证）；赔偿原告利息损失、营业损失合计人民币999 985.76元。

【案例点评】

被保险人最后胜诉得力于保险公司的认真调查、周密安排和积极行动。

14.3 进出口单证

14.3.1 单证的作用

国际贸易单证，简称单证。广义的单证是指为了配合每一国际贸易流程而需出具或取得的书面文件（或电子单证），依其名目、内容、用途、出具单位、出具条件等而有所不同，借此来处理国际货物的交收、运输、保险、商检、结算等。狭义的单证仅指单据和信用证。除非特别说明，本书采用广义单证的含义。

国际贸易的重要性要求国际贸易实务操作成功，而国际贸易的分头履行的每一步骤，几乎都要落实到某一种或几种单证的操作上（见图14.1）。其中，托运、装运、通关、结汇等环节要求的单证种类较多（见图14.2、图14.7）。

阅读案例 14-6

不求甚解造成单证不符

【案情简介】

某信开信用证规定了唛头，由于唛头在信用证的下方，同一页打不了，开证行在最后一行打上了P.T.O.三个字，受益人的制单员对此也未深究，把P.T.O.三个字也包括在单据的唛头中，导致开证行拒付。其实，P.T.O.是Please Turn Over的缩写，也即"请见下一页"。

【案例启示】

外贸制单是极细致专业的工作，制单员的大意或不求甚解极容易造成单证不符。

14.3.2 单证的分类

根据涉及的贸易双方，单证可划分为进口单证、出口单证；根据单证的性质划分为金融单据、商业单据；根据单证的用途划分为资金单据、商业单据、货运单据、保险单据，官方单据、附属单据。根据业务环节划分为操作单证和结付汇单证（见表14-2）。

表14-2 进出口主要单证一览表

进出口操作单证	进出口结付汇单证		
基本单证	电汇方式	托收方式	信用证方式
进出口许可证（或登记证）（必要时）*、报检单、投保单、报关单（通关单证）、托运单、核销单（出口收汇核销单、进口付汇核销单）*、出口货物退税单、各种声明、证明	海外电汇申请书、购汇申请书、合同、商业发票等交易凭证	托收申请书、托收指示书、据托收委托书要求制作的单据：汇票、发票、装箱单/重量单、保险单、运输单据、各种声明、证明	信用证开证申请书、信用证、信用证通知书、信用证修改申请书（必要时）、信用证修改通知书（必要时）、信用证结汇单据：汇票、发票、装箱单/重量单、保险单、运输单据、各种声明、证明（商检证明、原产地证明、非木质包装证明等）

注：1. 带 * 的为外贸、外汇部门管理单证。

2. 包装单、重量尺码单、检验证明书属于附属商业发票的主要单据；运输单据主要包括海运提单、海运单、空运单、铁路运单、邮政收据和多式联运单据；特定国家还可能需要海关发票、领事发票、原产地证书等。总之，在进出口业务中还会使用到其他单证，只要注意其名称、种类、作用、使用范围、内容和申领条件，就可以基本掌握其应用。

3. 单证的内容和填制要求往往根据贸易业务和管理需要而不断更新。例如，为大力推进贸易便利化，国家外汇管理局、海关总署、国家税务总局决定，自2012年8月1日起：一，改革货物贸易外汇管理方式。取消出口收汇核销单，企业不再办理出口收汇核销手续，外管局分支局对企业的贸易外汇管理方式由现场逐笔核销改为非现场总量核查。二，对企业实施动态分类管理。外汇局据企业贸易外汇收支的合规性及其与货物进出口的一致性，将企业分为三类。A类企业进口付汇单证简化，可凭进口报关单、合同或发票等任何一种能证明交易真实性的单证在银行直接办理付汇，出口收汇无需联网核查；银行收付汇审核手续相应简化。对B、C类企业在贸易外汇收支单证审核、业务类型、结算方式等方面严格监管，B类企业贸易外汇收支由银行实施电子数据核查，C类企业贸易外汇收支须经外汇局逐笔登记后办理。外汇局根据企业在分类监管期内遵守外汇管理规定情况，动态调整。三，调整出口报关流程，企业办理出口报关时不再提供核销单。四，优化升级出口收汇与出口退税信息共享机制，简化出口退税凭证。企业出口退税申报时，无需核销单；税务局参考外汇局提供的企业出口收汇信息和分类情况，依据相关规定，审核企业出口退税。

出口单证业务相对繁重，如图14.8所示。各单证相关从业人员构成如图14.9所示。主要进出口单证简介如下所述。

1. 开证申请书、信用证、信用证修改申请书

（1）开证申请书（Application for Credit）。是开证申请人和开证行之间的契约，是开证

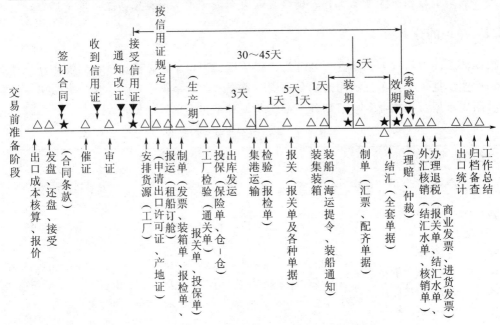

图14.8 出口履约单证工作日程

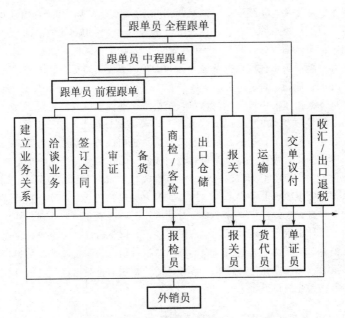

图14.9 进出口业务流程与从业人员构成

的首要文件,包括两部分:正面,格式化的开证申请人对信用证的要求;背面,开证申请人声明。目前,多申请SWIFT开证,开证申请书缮制要点可以参照SWIFT MT700/701格式。SWIFT MT700格式见表14-3。

表 14-3　ISSUE OF A DOCUMENTARY CREDIT——SWIFT MT700 格式

M/O*	TAG 代号	FIELD NAME 栏目名称
M	27	SEQUENCE OF TOTAL 总计次序
M	40A	FORM OF DOCUMENTARY CREDIT 信用证类别
M	20	DOCUMENTARY CREDIT NUMBER 信用证编号
O	23	REFERENCE TO PRE-ADVICE 预告摘要
O	31C	DATE OF ISSUE 开证日期
M	31D	DATE AND PLACE OF EXPIRY 到期日及地点
O	51A	APPLICANT BANK 申请开证银行
M	50	APPLICANT 申请人
M	59	BENEFICIARY 受益人
M	32B	CURRENCY CODE AMOUNT 币别代号、金额
O	39A 39C	PERCENTAGE CRDT AMT TOLERANCE 信用证金额增减百分比 ADDITIONAL AMOUNTS COVERED 可附加金额
M	41D	AVAILABLE WITH…BY…-NAME/ADDR 由……使用，使用方式为……，名/址
O	42A 42C 42D	DRAWEE 付款人 DRAFTS AT… 汇票期限…… DRAWEE-NAME/ADDR 付款人，名/址
O	43P	PARTIAL SHIPMENTS 分批装运
O	43T	TRANSSHIPMENT 转运
O	44A 44B 44C 44D	LOADING ON BOARD/DISPATCH/TAKING IN CHARGE AT/FROM… 由……装船/发运/接管 FOR TRANSPORTATION TO… 装运至…… LATEST DATE OF SHIPMENT 最迟装运日期 SHIPMENT PERIOD 装运期
O	45A	DESCRIPTN OF GOODS AND/OR SERVICES 货物和/或服务描述
O	46A	DOCUMENTS REQUIRED 所需单据
O	47A	ADDITIONAL CONDITIONS 附加条件
O	71B	CHARGES 费用
O	48	PERIOD FOR PRESENTATION 提示期间
O	49	CONFIRMATION INSTRUCTIONS 保兑与否提示
O	53S	REIMBURSEMENT BANK 偿付银行
O	78	INSTRUCT TO PAYG/ACCPTG/NEGOTG BANK 对付款/承兑/议付银行的指示
O	57S	"ADVISE THROUGH" BANK 收电银行以外的通知银行
O	72	BANK TO BANK INFORMATION 银行间备注 SENDER TO RECEIVER INFORMATION 银行间的通知

注：* M=Mandatory（必要项目）；O=Optional（任意项目）

(2) 信用证。由开证行根据开证申请书开立。

(3) 信用证修改申请书和信用证修改书。在任何情况下，不可撤销信用证的修改应由开证申请人提出，并填写"信用证修改申请书"。开证行同意并向原通知行发出"信用证修改书"或加押修改通知电，修改一经发出，即不能撤销。

2. 报检单及检验证书

(1) 报检单：也称报验申请单、检验申请单、报验单。应按照一种商品、一次出运、一个收货人为一批，缮制一张"出境货物报检单"，并随附合同和信用证副本等，供商检局检验和发证时使用。缮制和提交"入境货物报检单"时，应随附合同、国外发票、提单、装箱单、重量单、质量保证书和国外检验证书等，供商检局检验和发证时使用。

(2) 检验证书。各种检验证书分别用以证明货物的品质、数量、重量和卫生等条件。检验证书内容由五部分构成：①签证机构的签名，包括地址和联系电话；②证书名称，包括正本或副本，证书程序号、报检号、签证日期；③商品识别部分，包括发货人、收货人、商品名称、报检数量/重量、商品标记及号码、运输工具、发货港、目的港等；④证明内容，即检验鉴定的结果和评定；⑤签署部分，包括检验日期、地点、签证机构印章、签署人签字、并在证书右上角加盖钢印。应注意证书的名称及其所列项目或检验结果，是否与合同及信用证规定相符。检验证书发出后，不允许涂改、变造、伪造。检验证书发出后，报检人需要更改或补充内容时，应向原签发机构申请按规定办理。

3. 报关单

(1) 出口货物报关单：综合了出口发票有关货物的各项记载和托运单上运输事项的记载，此外还设有"海关统计商品编号"和"离岸价格"等栏目。一般填写一式两份（有的海关要求三份）。货物出口后需国内退税的，应另填一份退税专用报关单。如因填报有误或需变更填报内容而未主动、及时更改的，出口报关后发生退关情况，报关单位应在三天内向海关递交更改单，办理更正手续。

(2) 进口货物报关单：由进口单位填写，经海关审核、签发后生效，是进口单位在装运前向海关申报进口许可的单据，是进口单位向海关提供审核是否合法进口货物的凭据，也是海关据以征税的主要凭证，同时还作为国家法定统计资料的重要来源。注意：①一般贸易货物进口时，应填写进口货物报关单一式两份，并随附报关行预录入打印的报关单一份。②来料加工、进料加工贸易进口货物应按不同贸易性质填写绿色或粉红色的进口报关单，并随附报关行预录入打印的报关单一份。③保税货物等应填写专用报关单一式三份。④合资企业进口货物，一律使用合资企业专用报关单（蓝色），一式两份。

报关单填报应该做到单证相符、单货相符，不得虚报、瞒报、拒报和迟报、伪造、篡改。

一般情况下，除进出口货物报关单外，报关还应具备如下三类单证。

(1) 基本单证，是指与进出口货物直接相关的商业和货运单证，主要包括：①发票（要求份数比报关单少一份，对货物出口委托国外销售，结算方式是待货物销售后按实销金额向出口单位结汇的，出口报关时可准予免交）；②装箱单（其份数同发票，但是散装货物或单一品种且包装内容一致的件装货物可免交）；③提货单或装货单一份（海运进口或出口）；④空运单一份（空运）；⑤包裹单一份（邮运）；⑥领货凭证一份（陆运）；⑦海关签章的进出口货物减、免税证明以及保税备案手册。

(2) 特殊单证，是指国家有关法律法规规定实行特殊管制的证件，主要包括：①配额许可证管理证件，包括有关部门签发的配额证明和对外贸易管理部门签发的进出口货物许可证；②其他各类特殊管理证件，包括机电产品进口证明文件、检验检疫等主管部门签发的证件等。

(3) 预备单证，主要是指在办理进出口货物手续时，海关认为必要时需查阅或收取的证件，主要包括：①贸易合同；②货物原产地证明；③委托单位的工商执照证书；④委托单位的账册资料以及其他有关单证。

提示：目前企业办理出口报关时不再提供核销单。

4. 投保单和保险单

(1) 投保单。一般在逐笔投保方式下采用，是进出口公司向保险公司对运输货物投保时的申请书，也是保险公司据以出立保险单的凭证。

(2) 保险单。保险公司收到投保单后，核保、承保，随后缮制保险单。出口人在交单时应将保单作背书转让，以便进口商在发生由承保风险引起的损失时能取得保险公司的赔付。背书应按信用证的有关条款执行，如无特殊规定则应做成空白背书。保单背书方法同提单基本相似，示例如下：

ZC 公司将保单背书转让给 DEF 公司，记名背书：

Endorsed to DEF Co. Pay to DEF Co.

ZC Co. （签章）

April 20，2002

ZC 公司将保单背书转让给 DEF 公司，空白背书：

ZC Co. （签章）

April 20，2002

5. 货运单据

(1) 主要海运货运单据。

① 托运单（SHIPPING NOTE，B/N）：是向承运人或其代理办理货物托运的单据，又分为海运托运单、陆运托运单、空运托运单等。制单时应最大限度保证原始托运单的数据正确、相符性，以减少后续过程的频繁更改。

② 装货单（SHIPPING ORDER，S/O）：俗称"下货纸"，是接受了托运人提出装运申请的船公司签发给托运人的单据，其作用有三：通知托运人货物已配妥的航次、船名、装货日期，便于其备货装运；便于托运人报关、海关凭以验放；作为命令船长接受该批货物装船的通知。

③ 收货单（MATES RECEIPT，M/R）：装船后，经大副或船长签字的收货单又称大副收据，是船舶收到货物的收据及货物已经装船的凭证。

 提示

由于托运单、装货单、收货单的主要项目基本一致，故一般将它们制成联单，一次制单，既可减少工作量，又可减少差错。目前许多公司使用一式十二联的托运联单，第一联，托运单（B/N），货主留底，用于缮制船务单证；第二联，托运单（B/N），船代理留底；第三、四联，运费通知，其中一联留存，另一联随账单向托运人托收运费；第五联，装货单（S/O）或场站收据（D/R），经海关加盖放行章后，船方才能收货装船；第六联，收货单或场站收据副本；第七联，外运公司或承办货运的单位留底，即由配舱人留底；第八、九联，配舱回单；第十联，缴纳港务费申请书（又称为硬卡联），货物装船完毕后，港区凭以向托运人收取港杂费；第十一、十二联，备用，空白格式。托运联单中的装货单、收货单与传统的装货单和收货单形式不同，但是作用类似。

④ 装货清单（LOADING LIST）：又称为小舱单，是承运人根据装货单留底，将全船待装货物按目的港和货物性质归类，依航次、靠港顺序排列编制的装货单汇总清单，其内容包括装货单编号、货名、件数、包装形式、毛重、估计尺码及特种货物对装运的要求或注意事项的说明等。它是船上大副编制配载计划的主要依据，又是供现场理货人员进行理货、港方安排驳运、进出库场以及承运人掌握情况的业务单据。

⑤ 载货清单（MANIFEST）：又称为舱单，是承运人根据收货单留底，将全船待装货物按目的港和货物性质归类，依航次、靠港顺序排列编制的收货单汇总清单。其主要内容包括货物详细情况，装卸港、提单号、船名、托运人和收货人姓名、标记号码等，此单作为船舶运载所列货物的证明。

⑥ 提货单（DELIVERY ORDER，D/O）：又称小提单，是收货人凭正本提单或副本提单随同有效的担保向承运人或其代理人换取的、可向港口装卸部门提货的凭证。提货单共分五联，白色提货联、蓝色费用账单、红色费用账单、绿色交货记录、浅绿色交货记录。用提货单的第一、三联并附上报关单据前去报关。海关放行后，在第一联即白联上加盖放行章，发还给进口方作为提货的凭证。发放提货单时应做到：正本提单为合法持有人所持有；提单上的非清洁批注应转上小提单；当发生溢短残情况时，收货人有权向承运人或其代理获得相应的签证；运费未付的，应在收货人付清运费及有关费用后，方可发放提货单。

⑦ 货物积载图（CARGO PLAN）：是按货物实际装舱情况编制的舱图。它是船方进行货物运输、保管和卸货工作的参考资料，也是卸港据以理货、安排泊位、货物进舱的文件。

⑧ 提单（B/L）：是承运人或其代理人应托运人的要求所签发的货物收据（RECEIPT OF GOODS），是一种货物所有权凭证（DOCUMENT OF TITLE）和承运人与托运人之间运输契约的证明。

⑨ 委托订舱更改单：供更改委托订舱事项使用。

（2）航空运单（Air Way bill）。航空运单是承运人签发给发货人表示已收妥货物、接受托运的货运单据。它不是货物的物权凭证，不可转让，所以在运单上亦可表示："Not Negotiable"（不可转让）。航空运单与海运提单类似，也有正面、背面条款之分，所不同的是，航运公司的海运提单可能千差万别，但各航空公司所使用的航空运单则大多借鉴IATA所推荐的标准格式，差别并不大。

（3）铁路联运运单（Rail Way bill）。铁路运单一式五联，不可转让。

6. 出口货物退税单

自 2004 年 6 月 1 日起，国家进一步放宽核销限制，加大退税力度。改先核销再退税，为先退税后核销。自出运日开始 60 天内将报关单、核销单送税务局，退税后，在 180 天之内凭外销发票、购进出口货物的增值税专用发票（税款抵扣联）、盖有海关验讫章的出口货物报关单（出口退税联，俗称"出口退税核销单"）、核销单、收汇水单等"五单"核销，逾期，税务局将收回已退税款。自 2012 年 8 月 1 日起，优化升级出口收汇与出口退税信息共享机制，简化出口退税凭证，企业出口退税申报时，无需核销单；税务局参考外汇局提供的企业出口收汇信息和分类情况，依据相关规定，审核企业出口退税。

申请退消费税的企业，还应提供由工厂开具并经税务机关和银行（国库）签章的《出口货物消费税专用缴款书》（也称"专用税票"）。外贸专业公司应该提供套印税务机关发票制章、并盖有供货单位印章的进货发票。工贸自营出口或委托出口产品，非专业外贸企业出口的产品，必须提供银行收汇水单（注明核销单编号）。属于委托代理出口产品，还应该附送"代理出口产品证明"（由委托单位据实开具，并经受托企业所在地市、县以上主管出口退税业务的税务机关审核盖章）和"代理出口协议"。属于生产企业直接或委托出口的自制产品，凡以 CIF 价结算的，还应该附送"出口货物货运单"和"出口保险单"。有进料加工复出口产品业务的企业，应按月向当地主管出口退税的税务机关申报实际进口料件名称、规格、数量、单价、征免税比例、进口成本等有关资料。

7. 发票

 提示

与国内发票不同，外贸中的商业发票，是货物的卖方自己编制的一份单据，格式不拘，但内容和作用相似。发票、装箱单是货物的卖方自己编制的，假如需要转手，中间商也可以另写一套代替实际卖主的发票或装箱单。

（1）商业发票（Commercial Invoice）。简称发票，其作用如下：①它是出口商对进口商开立的发货价目清单，是买卖双方交接货物和结算货款的凭证。②它是进出口货物报关、纳税的凭证。③它是全套出口单据的核心，是缮制其他出口单据的依据。④在不使用汇票的情况下，可代替汇票作为付款依据。⑤凭光票付款时，通常用以确定有关交易的细节。⑥可作为索赔、理赔的凭据。发票无统一格式，但它的内容既要符合合同的规定，其文字描述又必须和信用证完全一致。缮制发票是一项复杂而细致的工作，缮制时要求符合规范，保证质量，做到正确无误、排列合理、缮打清楚、整洁美观。

（2）海关发票（Customs Invoice），是美国、加拿大、新西兰、中南美洲等进口国家海关规定的一种格式发票，由出口商填制供进口商使用。各国使用的海关发票格式不同，名称也不一致（见表 14-4），因此不能互相代替。海关发票还称为 CERTIFIED INVOICE IN ACCORDANCE WITH××CUSTOMS REGULATIONS（根据××国家海关法令的证实发票）。但一般来说，海关发票的内容基本一致，主要包括价值（Value）和产地（Origin），即证明其原产地和商品的 FOB 价值。

表 14-4　常见各国海关发票名称

国　　名	使用海关发票名称或格式名称
美国	Special Customs Invoice（包括 FORM5515 服装，FORM5520 钢铁，FORM5523 鞋类，等）
加拿大	Canada Customs Invoice
澳大利亚	1. Combined Certificate of Value and of Origin to be Written（估价和原产地联合证明书，C. C. V. O.），Typewritten or Printed on Invoice of Goods for Exportation to the Commonwealth of Australia 2. Combined Certificate of Value and of Origin to be Written, Typewritten or Printed on Invoice of Goods for Exportation to the Commonwealth of Australia for Intermediate of General Tariff Rates
新西兰	Combined Certificate of Value and of Origin of Goods for Exportation to New Zealand
巴布亚新几内亚	Combined Certificate of Value and of Origin No. 27
尼日利亚	Combined Certificate of Value and of Origin and Invoice of Goods for Exportation to Federation of Nigeria（Bowcourt No. 25）
赞比亚	Invoice and Certificate of Value for Exports to Zambia
圭亚那	FORM "B" Combined Certificate of Value and of Origin and Invoice of Goods
肯尼亚	Combined Certificate of Value and Invoice in Respect of Goods for Exportation into Kenya, Uganda and Tanzania
马耳他	不限制格式
南非	Appendix "B" Customs Conference Form

（3）领事发票（Consular Invoice）。一些拉丁美洲国家和菲律宾等规定，凡输往该国的货物，国外出口人必须向该国海关提供该国领事签证的发票。有的国家制定了固定格式的领事发票，出口人填写后由进口国的领事签章证实，也有的国家规定可以在出口人的商业发票上由该国领事签证（Consular Visa），供进口商凭以代替产地证明书向海关办理报关、纳税等手续。如果对方要求提供领事发票，一般不宜接受。

（4）厂商发票（Manufacturer's Invoice）。厂商发票由出口货物的制造厂商所出具的、以本国货币计算价格、用来证明出口国国内出厂价格的发票，格式和内容由厂商自拟。

（5）形式发票（Performa Invoice），是卖方应买方的要求开立的一种非正式发票，发票上载明拟出口货物的名称、单价等内容，主要供进口商申请进口许可证或申批外汇时使用。形式发票上的价格是估算的，对买卖双方都无约束力。形式发票不能作为结汇单据。

提示

海关发票、领事发票、厂商发票的作用类似,主要供进口国海关征收差别待遇关税和统计使用,还可提供货物原产地依据。

8. 装箱单和重量单

装箱单(Packing List)又称花色码单,列明每批货物的逐件花色搭配,除散装货物外,多为必不可少的单据。重量单(Weight List)则列明每件货物的毛、净重。这两种单据是用来补充商业发票内容的不足,便于进口地海关检查和核对货物、商检机构或公证行检验以及进口商分销及使用货物。注意:①单据上的总件数和总重量,应与发票上总件数或总重量相一致。②单据名称必须与信用证规定相符,其具体名称主要有:装箱单(Packing List);重量单(Weight List);尺码单(Measurement List);包装说明(Packing Specification);包装提要(Packing Summary);重量证书(Weight Certificate);磅码单(Weight Memo);花色搭配单(Assortment List)。③在单据上一般不注明货物的单价、总价等,只需列明货物的名称、数量及重量等,因为进口商把商品转售给第三者时只要交付装箱单和货物,不愿泄露其购买成本。④需要引起注意的是"NOS."应填写不同货号商品的包装序列号。例如:一批商品共有两个货号,包装件数分别为50件和100件,则填写该栏时应对应不同的货号分别填入"1~50"及"51~150"。⑤单据日期应与商业发票日期相同或略迟,不能早于商业发票日期。⑥单据的最末一份一般应由出口商加盖公章。

9. 汇票

汇票一般是最后出具的单证。信用证项下和托收项下的汇票示例如图14.10和图14.11所示。

```
                        BILL OF EXCHANGE(1)
凭                                信用证或委托购买证
Drawn under (2)BANK OF CHINA, SINGAPORE   L/C   or A/P No. (2) LC2006002526
日期    日  月  年        支取     按年息              付款
Dated   (3)30 th JAN, 2006   Payable with interest @  (4)        % Per annum
号码         汇票金额                中国,北京    日  月  年
No. (5) 210022442  Exchange for (6) US$1, 005.30 Beijing, China  (7) 12th JUNE, 2006
见票             日后(本汇票之副本未付) 付
At (8)******* sight of this FIRST of Exchange (Second of the same tenor and date unpaid )pay to the order of
(9)BANK OF CHINA,  BEIJING (BEIJING BRANCH)
金额
the sum of (10) SAY UNITED STATES DOLLARS ONE THOUSAND AND FIVE AND CENTS THIRTY
ONLY
致
To    (11) BANK OF CHINA,   SINGAPORE (SINGAPORE BRANCH)
                (12)北京ABC贸易有限公司
                ABC Trading CO., Ltd.
         No.35 Qinghuadonglu Road,  Beijing 100083,  China Tel/Fax: +86-10-634166××
```

图14.10 信用证项下的汇票示例(2例)

图 14.10 信用证项下的汇票示例（2 例）（续）

10. 各种证明

（1）投邮证明。主要包括：①寄单证明（Beneficiary's Certificate for Dispatch of Documents）。②寄样证明（Beneficiary's Certificate for Dispatch of Shipment Samples）。③邮局收据（Post Receipt）。④快递收据（Courier Receipt）。⑤装运通知（电传、电报或传真）（Shipping Advice）。如来证需提供 Certified Copy 的，则在签字上方注明"CERTIFIED TRUE COPY"字样。

（2）运输证明。主要包括：①船籍及航程证明（Certificate of Registry Itinerary）。②船

```
                        BILL OF EXCHANGE （1）
 凭                            信用证或委托购买证
 Drawn under   （2）FOR  COLLECTION   L/C or A/P No. （2）DP2006002006
 日期    日   月   年   支取      按年息            付款
 Dated  （3）30 th JAN, 2006 Payable with interest @ （4）   % Per annum
 号码              汇票金额           中国，北京    日  月  年
 No. （5）210022442 Exchange for （6）US$1,005.30 Beijing, China （7）12th JUNE, 2006
 见票         日后(本汇票之副本未付) 付
 At （8）  D/P  sight of this FIRST of Exchange (Second of the same tenor and date unpaid )pay to the order of
 （9）BANK OF CHINA,  BEIJING (BEIJING BRANCH)           金额
 the sum of （10） SAY UNITED STATES DOLLARS ONE THOUSAND AND FIVE AND CENTS THIRTY
 ONLY
 致
 To    （11）XYZ,  Trading Co., Ltd (No. 75 Coastal Road,  SINGAPORE)
                        （12）北京 ABC 贸易有限公司
                           ABC Trading CO., Ltd.
     No.35 Qinghuadonglu Road,   Beijing 100083,  China Tel/Fax: +86-10-634166××
```

图 14.11 托收项下的汇票示例

龄证明。③船级证明（Confirmation of Ship's Class）。④班轮公会船只证明。⑤集装箱船只证明。⑥船长签发随船单据的证明。

（3）费用证明。主要包括：①船代理运费账单。②保费收据。③议付时扣佣通知书。④借记通知书（Debit Note）。

14.3.3 单证的确定及其时间安排的方法与步骤

1. 单证的确定

第一步：针对交易标的的品名、规格、数量及交易的性质，通过 H.S. 编码，在当地（进出口国）的贸易管理文件中查找进、出口需要的手续和单据。

第二步：针对自身的需要，例如品质保证、数量要求，以及对运输和保险的要求，汇总第一步中的需要，列出所需对方履行的义务和提交单据的清单。

第三步：以上述清单作为谈判的依据，并结合本方能够提供的对价，与对方进行贸易谈判。

2. 单证时间安排的方法与步骤

第一步：针对交易标的品名、规格、数量、交易性质及交易的最终目标，通过 H.S. 编码，在当地（进出口国）贸易管理文件中查询进、出口所需要单据种类及其提交时间，作为取得单据的时间期限。例如，在合同正式启动和生效前需要取得进口许可证（必要时）；在货物到达目的港前（海上航行时间少则 1、2 天，多则 20、30 天）需要取得全套货运单据等。

第二步：按照自己所需的单据，确认取得这些单据所需要的手续、经办机构、费用、特别是时间。例如，确认取得进口许可证的申请期大约为 30 天；从受益人提交单据到议付行转到开证行，并最终到达买方的时间大约需要 14 天；等等。作为单据提交方，针对对方提出的交单时间，也要特别注意核查自己取得这些单据需要的时间。

第三步：由前两步推算开始申请或要求提交单据的时间。例如，在需要合同生效的期限前 30 天应提交进口许可申请（而准备申请材料的时间应该更早）；如果货物从装运至到达目的港大约需要 21 天，则可要求受益人在装运后 7 天内必须交单议付，以保证货物到港时，单证齐全，避免"货等单"的局面。对于受益人，特别要注意分析对方提出的时间安排是否可行。因为有些单据是需要申请周期的。

第四步：从上述分析的结果作为谈判和安排时间进度的依据。注意考虑时间的宽限，因为在申请的过程中和投递的过程中，有可能出现误差。

14.3.4 单证业务程序

1. 制单

制单：是指不同类别的诸单证（或称单据）的缮制和签署。

（1）制单依据。

进出口业务是以买卖契约为据。信用证项下的制单以信用证所列条款为据；信用证未列明的特殊要求，必须以双方提供的原始资料或共同默契的国际惯例为据。汇付和托收条件下的制单必须以合同为据，如有特殊要求，应该参照相应文件或资料。

（2）制单程序。

在信用证付款下，一般是以货、证、船、款为序制单。

① 货：受益人依契约和信用证的规定，将货物的规格、性能、数量、核查清楚，并确认货物与契约的规定完全相符，做到货对、货真、货实、货全、货整，旨在备货、验货和交货顺利，防止错货、错装。

② 证：依信用证规定缮制、准备所需单据，重点是计算信用证项下的单价、总价、银行费用、佣金、保险及运输费用等。防止有货无证无单，延误收款。

③ 船：租船订舱，必须缮制、提供商业发票等所需单据，依其单据，船主或其代理人方可提供船期、航程、装船等事宜。防止有货无船或有货无单据而造成延误。

④ 款：受益人汇总上述环节取得的所有单证，附正本信用证向银行申请结汇。开证申请人依信用证规定，付款赎单，凭单提货。

在货款以汇付结算的情况下，到付一般是以货、船、款为序制单，预付一般是以款、货、船为序制单。在货款以托收结算的情况下，一般是以货、船、款为序制单。

（3）制单原则和要求。

① 制单原则。在信用证付款条件下，制单基本原则是严格一致（Strict Compliance），具体表述为"四个一致"，即：证同一致：信用证的开立是以开证申请书为据，开证申请书以贸易合同为据，因此，凡贸易合同所列明的要点必须在信用证中明文列出，信用证所含的条款不得与贸易合同所列明的内容和要点矛盾。单证一致：制单以信用证规定的条款为据，信用证项下的单据必须与信用证所列的内容一致。单单一致。单内一致。在汇付和托收条件下，制单原则是：单同一致、单货一致、单单一致、单内一致。当然，即使是信用证付款也应努力做到单货一致：单据所列的有关货物的数据和内容，应与契约规定的货物的实际一致，保证单据真实地代表货物。

② 制单要求。制单的基本要求是正确、完整、及时、简明、整洁。

提示

尽管基本原则和要求一致,但是各种单据都有它特定的用途,其内容、项目及制单方法并不完全一致。

2. 审单

审单是指对已缮制的诸单据的复核和审查。

(1) 针对单套单据的审单方法:①先数字后文字审单法。在单据数量较集中时,可以先将各种单据的所有数字,如单价、总价、数量、毛净重、尺码、包装件数等数据进行全面复核,然后再采用纵横审单法对其他内容进行审核。②纵横审单法。亦称单据与信用证对照审核法(The Checking-up of Documents Against L/C)(见图 14.12)。

(2) 针对多套单据的审单方法:①即期装船审单法(The Checking-up of Documents for Prompt Shipment)。将航次安排、运输吞吐进度与审单进度相结合,以每航次货物装运日期先后依次进行审单,争取在提单签发之前完成预审,以便在取得正本提单后立即交单。特点:化整为零,将制、审、改单程序合为一体。②分地区客户审单法。同一国别地区或同一客户对出口单据的要求基本相同,为了提高效率和质量,业务量较大的单位,可以采用分地区客户审单的工作方法。

(3) 两道工序审单法(The Checking-up of Documents by Two Times)。有的集团或跨国公司,制单业务是由各主管部门办理,制、审相结合,而后集中于一处由专家予以复核。该法将"一缮一审"和"综合复审"相结合,不是简易的重复,而是抓住扼要内容,一审再审,一般内容仅作统计审核。

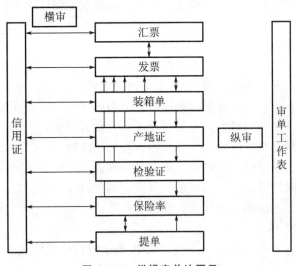

图 14.12 纵横审单法图示

3. 改单

改单是指审核单据的过程中发现有错误、矛盾或不妥之处,对单据予以修改。例如,条款前后有矛盾,以此及彼有差异,数字计算有出入,诸单据所列的主要内容繁简不一,单据份数有多有少等,对上述发现的问题都应予以修改。

4. 交单

交单是指全部单据准备妥当，由出口人签署申请书，或申请议付、承兑或付款；或交托收行托收。

5. 对不符点单据拒付的处理

某国外调查显示，70%～80%的单据在第一次交单时存在不符点。

(1) 开证行对不符点的处理方法。

详见上文14.2.3。

(2) 受益人对不符点拒付的处理方法。

① 认真审核不符点。

以国际惯例和国际标准银行实务为依据，看开证行所提的不符点是否成立。开证行不得以单据以外的理由拒绝付款。如单据在表面上符合信用证，同时每单单据一致，单内一致，可以认定所提不符点不成立，受益人可以理直气壮地要求开证行履行付款的义务。

看开证行提出不符点的前提是否已满足。根据《UCP600》，开证行提出不符点必须做到：a. 在开证行收到单据次日起算的5个工作日之内向单据的提示者提出不符点；b. 不符点必须一次性提出，如果第一次所提不符点不成立，即使单据还存在实质性不符点，开证行也无权再次提出；c. 通知不符点同时，必须说明单据代为保管听候处理，或直接退还交单者。以上条件必须同时满足，否则，开证行便无权声称单据有不符点而拒付。

看所提不符点是否模糊不符点。有时开证行提出不符点的条件均已满足，单据也确实存在不符点，但开证行由于自身素质或英语水平的限制，提出的不符点与实际存在的不符点大相径庭，完全不是那么一回事，这时可以认定开证行所提的不符点是不成立的，而其后来对不符点所做的解释，即使是正确的，受益人也可以认定其是第二次提出不符点，系无效的拒付行为而要求开证行付款。

② 研究是否可以换单。

根据国际惯例，如果单据确实存在不符点，开证行并已就此提出拒付，只要受益人改正的单据在信用证规定的有效期和交单期内提交到指定银行，且新提交的单据没有新的不符点，则视为单据不存在不符点，开证行必须付款。为此，一旦获知开证行提出不符点，受益人的反应一定要快，看是否可以并是否来得及改单，如有可能，应迅速改单并及时将单据交到指定银行。为此，事先事后应做到几点：在审核信用证时，一定要注意信用证的到期地点必须在受益人所在国；发货时尽量提前，不要在即将到效期时才发货，以保证在开证行提出不符点后，受益人有时间改单；一但装船，立即交单，以保证拒付后，能在有效期内重新制单；重新补制单据时，一定要认真仔细，确保没有新的不符点。

③ 密切关注货物下落。

《UCP600》规定，银行拒付后必须持单听候指示或将单据径退交单者，也即是说开证行拒付后不经受益人或议付行同意，不得擅自向开证申请人放单，否则其必须付款。关注货物下落可以了解到开证申请人是否已凭开证行的提货担保提取货物。凭担保提货虽然构不成开证行拒付后必须付款的责任，但如受益人或议付行要求退单，然后向船公司索要货物，船公司因无法提供货物，必然转而找开证行，要求开证行履行提货担保项下的责任，则开证行信誉损失不说，还可能承担比货款更多的经济损失。所以，在这种情况下，一经受益人或议付行向其说明已知晓客户凭其提货担保提货的事实，开证行往往会立即付款。

④ 积极与开证申请人洽谈。

开证行拒付并不意味着开证申请人拒付，如果开证申请人最终放弃不符点，尽管开证行并不受开证申请人决定的约束，但一般会配合开证申请人付款。所以开证行拒付后，如果不符点确实成立，受益人应分析与开证申请人之间的关系以及此笔交易的实际情况，以决定怎样与其交涉，说服开证申请人接受不符点并付款。只要货物质量过关，商品市场价格较好，开证申请人一般不会以此为借口拒绝接受单据。

⑤ 降价或另寻买主。

如果不符点确实成立，或因货物质量有缺陷，或因市场不佳或客户信誉不好，申请人有时会拒付或要求降价。遇到上述情况，一般可采取如下对策：一是从合作角度考虑，尽量争取开证申请人的让步，并在日后的贸易往来中给以其他优惠，以避免当笔业务的经济损失；二是在交涉不力的前提下，可答应客户降价的请求；三是可权衡利弊，根据市场情况，积极联系新的买主。

⑥ 退单退货。

在开证行提出实质性不符点、拒付行为又很规范、与客户交涉不力、寻找新买主而不得的情况下，就只有退单退货了。不过在作出退单退货决定之前，一定要仔细核算运回货物所需的费用和货值之间是否有账可算，有利益即迅速安排退运，因为时间拖得愈久，港杂、仓储等费用就越高；若运回货物得不偿失，则不如将货物放在目的港，任由对方海关处理。

(3) 议付行对不符点拒付的处理方法。

目前一些国内银行采取极其不负责任的态度，怕字当头，开证行一拒付，就慌不迭地将责任推到受益人头上，反映在业务操作上，是有理不争，对外软对内硬，不积极配合受益人向开证行力争。

只要不符点不成立，议付行必须尽最大努力与开证行交涉，以维护受益人和国家的利益。

14.3.5 单证的发展趋势

外贸单证的改革和发展比较快，其基本趋势是单证制作和管理现代化、单证种类多功能化、项目内容简单化、项目格式标准化、单证处理自动化。

本章小结

本章首先依次阐述了出口合同和进口合同基本业务做法和注意事项。最后介绍了国际贸易单证的作用、种类、业务程序和发展趋势。

1. 单选题

(1) 按照《UCP600》的规定，若银行发现单证不符拒受单据时，应在收到单据次日起（　　）个工作日内，通知受益人或寄单行。

A. 5　　　　　B. 6　　　　　C. 7　　　　　D. 14

(2) 开证行拒付的理由不可能为（　　）。
　A. 单单不符　　B. 货与合同不符　C. 单内不符　　D. 单证不符
(3) 在下列单证中，（　　）是海关对出口货物进行监管的单证。
　A. 装货单　　　B. 收货单　　　C. 托运单　　　D. 出口载货清单
(4) 我国检验检疫管制的商品，必须向海关提交入境检验检疫机构签发的单证是（　　）。
　A. 入境货物通关单　　　　　　B. 进口货物报关单
　C. 进口付汇核销单　　　　　　D. 进口许可证
(5) 我国《海关法》规定进口货物收货人应自运输工具申报进境之日起（　　）天内向海关申报。
　A. 90　　　　B. 45　　　　C. 20　　　　D. 14
(6) 进口报关是指进口货物到货后，由进出口公司或委托货运代理公司或报关行根据进口单据填具（　　）向海关申报。
　A. 进口货物报关单　　　　　　B. 进口货物许可证
　C. 货运单　　　　　　　　　　D. 保险单

2. 填空题

(1) 进口商申请开立信用证，应向（　　）交付一定比率的（　　），开证申请人还应按规定向开证银行支付（　　）。
(2) 进口货物在办完海关手续后，由海关在（　　）上签章放行。
(3) 提单 CONSIGNEE 栏载明 TO ORDER 时，第一背书人为（　　）。
(4) 在汇付和托收条件下，缮制单据必须以（　　）为依据，如有特殊要求，应该参照相应文件或资料。
(5) 进口方开来信用证规定最迟装运期为 7 月 31 日，议付有效期为 8 月 15 日。出口方提供的提单签发日期为 7 月 20 日。按惯例，出口方最迟应于（　　）向议付行交单。

3. 简答题

(1) 出口合同和进口合同履行的主要环节有哪些？
(2) 简述国际贸易单证的作用及其种类。
(3) 简述缮制单证的基本原则。
(4) 简述审单的主要方法。
(5) 在实际业务中，经银行审单发现单证不符时，有哪些处理办法？

4. 英译汉

请将下列信用证条款译为中文：

(1) AVAILABLE BY BENEFICIARY'S DRAFT AT SIGHT TOGETHER WITH THE FOLLOWING DOCUMENTS BEARING OUR CREDIT NUMBER.

(2) ALL DRAFT DRAWN UNDER THIS CREDIT MUST CONTAIN THE CLAUSE "DRAWN UNDER BANK OF CHINA CREDIT NO. 2008002525 AND DATE DEC. 25, 2008".

(3) DOCUMENTS IN TRIPLICATE UNLESS OTHERWISE STIPULATES + SIGNED COMMERCIAL INVOICE IN QUADRUPLICATE INDICATING CONTRACT NO, MARKS AND NOS. AS WELL AS THE CREDIT NUMBER.

+FULL SET CLEAN ON BOARD OCEAN BILLS OF LADING MADE OUT TO THE ORDER OF ABCDEF BANK LTD NOTIFY APPLICANT AND MARKED FREIGHT PREPAID.

+NEUTRAL PACKING LIST AND WEIGHT LIST NOT EVIDENCING THE ISSUER, INDICATING QTY PER CTN, WEIGHT AND VOLUME PER CTN. AND IN TOTAL IN DUPLICATE.

+CERTIFICATE OF CHINA ORIGIN.

+INSURANCE POLICY/CERTIFICATE BLANK ENDORSED FOR 110PCT OF CIF INVOICE VALUE COVERING INSTITUTE CARGO CLAUSES (ALL RISKS) INSTITUTE WAR CLAUSES (CARGO) WITH CLAIMS PAYABLE AT ANTWERP.

+SHIPMENT ADVICE MUST BE FAXED TO APPLICANT AND RELATIVE FAX COPY IS REQUIRED.

+BENEFICIARY'S CERTIFICATE CERTIFYING THAT ONE FULL SET OF NON-NEGOTIABLE SHIPPING DOCUMENTS HAVE BEEN SENT TO APPLICANT BY SPEEDPOST. RELATIVE POSTAL RECEIPT IS REQUIRED.

(4) ADDITIONAL CONDITIONS

+IF DOCUMENTSARE PRESENTED WITH DISCREPANCIE (S), A DISCREPANCY FEE OF USD FIFTY OR EQUIVALENT SHOULD BE DEDUCTED FROM THE PROCEEDS. THIS FEE SHOULD BE CHARGED TO THE BENEFICIARY.

+ALL BANK CHARGES OUTSIDE AND REIMBURSEMENT CHARGES ARE FOR ACCOUNT OF BENEFICIARY.

+UNLESS OTHERWISE STIPULATES ALL DOCUMENTS SHOULD BE ISSUED IN ENGLISH LANGUAGE.

+BILL OF LADING MUST SHOW THE ACTUAL PORT OF LOADING AND DISCHARGE.

+ALL ART NO. MUST BE PRINTED CLEARLY ON EACH BALE.

+UPON NEGOTIATION, NEGOTIATING BANK TO DEDUCT USD158.43 BEING L/C OPENING CHARGES ARE FOR ACCOUNT OF BENEFICIARY.

5. 案例分析题

(1) 中方某公司与加拿大商人在某年 10 月按 CIF 条件签订了一份出口 10 万码法兰绒合同，不可撤销即期信用证支付。加拿大商人于当年 5 月通过银行开来信用证，经审核与合同相符，其中保险金额为发票金额的 110%。我方正在备货期间，收到信用证修改书，内容为将保险金额改为发票金额的 120%。我方没有理睬，按原证规定投保、发货，并于货物装运后在信用证有效期内，向议付行议付货款。议付行议付货款后将全套单据寄开证行，开证行以保险单与信用证修改书不符为由拒付。问：开证行拒付是否有道理？为什么？

(2) 我某公司凭即期不可撤销信用证出口马达一批，合同规定装运期为 2016 年 8 月份。签约后，对方及时开来信用证，我方根据信用证的要求及时将货物装运出口。但在制作单据时，制单员将商业发票上的商品名称依信用证的规定缮制为："MACHINERY AND MILL WORKS, MOTORS"，而海运提单上仅填写了该商品的统称"MOTORS"。问：付款行可否以此为由拒付货款？为什么？

（3）我外贸公司出口一批货物，合同规定 2015 年 11 月 10 日交货，因 11 月 10 日无船前去该国，立即与进口商联系延续 20 天。对方表示同意以后，我方在 11 月 25 日装船，30 日持全套单据向议付行议付。银行审单后，予以拒付。为什么？

（4）上海某外贸公司与日商签订一份出口合同。我方按合同规定的品质、数量、交货时间等条件履行后，持全套单据进行了议付。货到达目的地，日商发现货物数量短缺，便直接向我方提出索赔，我方对此予以拒绝。为什么？

（5）某外贸公司与澳大利亚客商签订一份销售合同，目的港为悉尼。由于单证员疏忽，制单时误填为墨尔本，以致进口货物到达该地。设想一下，这种疏忽会给我方带来什么经济影响？

操 作 训 练

课题 14 - 1

实训项目：不能如期备货的处理

实训目的：初步掌握处理合同履行中发生意外的操作要领。

实训内容：宏昌国际股份有限公司（Grand Western Foods Corp.）被国内供货商告知：合同订立后，厂房发生火灾，难以如期备足货物。

实训要求：将参加实训的学生分成 3 个小组，分别代表宏昌国际股份有限公司（Grand Western Foods Corp.）、进口商 Carters Trading Company, LLC、供货商，商洽解决办法。

课题 14 - 2

实训项目：出口结汇受挫的处理

实训目的：初步掌握出口结汇受挫处理的操作要领。

实训内容：广东省银行转来银行拒付通知（素材 14 - 1）。公司需向客户去函致歉，希望其尽早付款赎单。

实训要求：请以出口公司业务员的身份，向客户去函致歉，说明公司延误交货日期，是由于工厂仓库着火，烧毁了部分成品，耽误了生产计划而造成的，希望其尽早付款赎单。

素材 14 - 1　广东省银行来函

THE KWANGTUNG PROVINCIAL BANK
HONGKONG BRANCH
13 - 14 CONNAUGHT CENTRAL, HONGKONG
TELEX: 83854 CABLE ADDRESS: "PROVINCIAL" DATE: MAY 15, 2016
BENEFICIARY: DALIAN TRADING COMPANY
　　45 GUANGMING ST.,
　　DALIAN CHINA
　　TEL: 87659889
　　FAX: 87554789
L/C NO. 03 - DX2323
DATE OF ISSUANCE: FEB 20, 2016
ISSUING BANK: THE KWANGTUNG PROVINCIAL BANK HONGKONG BRANCH

AMOUNT: USD43855.00
OUR REFERENCE NO. : GDY098765

DEAR SIRS,
WE HEREBY ADVISE YOU THAT WE HAVE RECEIVED FROM THE A/M BANK A (N) NOTIFICATION OF DISHONOR READS:
WE FIND THE DOCUMENTS UNDER CAPTIONED L/C CONTAINING FOLLOWING DISCREPANCIES:
THE ON BOARD DATE IN DHE B/L IS THREE DAYS LATER THAN THE LATEST SHIPMENT DATE SPECIFIED IN THE L/C.
PLEASE CONTACT THE BUYER AND WE HOLD YOUR DOCUMENTS AT YOUR DISPOSAL.

YOURS FAITHFULLY,

FOR THE KWANGTUNG PROVINCIAL BANK
HONG KONG BRANCH
L. H. THIDKELLY

课题 14-3
实训项目：业务善后操作
实训目的：初步掌握业务善后的操作要领。
实训内容：顺利收汇后，拟写一封业务善后函。
实训要求：上海东方纺织品进出口公司与老客户 SUPERBAIM（HONGKONG）LTD 于3个月前达成一笔纺织品交易（合同号码 ST060311），2015年11月28日，上海中行转来收汇水单。请以上海东方纺织品进出口公司业务员的身份拟一封善后函，并寄公司新近印制的商品价目表，并表示只要老客户订单超过10万美元，可给予2%的特别折扣。

参 考 文 献

中文文献：

Dominick Salvatore，2004. 国际经济学［M］. 朱宝宪，译. 北京：清华大学出版社．

白洪声，张喜民，2002. 国际贸易理论与实务［M］. 济南：山东人民出版社．

陈金贤，刘宽虎，2000. 现代国际贸易理论政策与实务［M］. 西安：西安交通大学出版社．

陈晶莹，邓旭，2000. 2000年国际贸易术语解释通则释解与应用［M］. 北京：对外经济贸易大学出版社．

陈婷，吴宗金，李健，2004. 国际贸易［M］. 北京：经济科学出版社．

陈岩，刘玲，2005. 跟单信用证实务［M］. 北京：对外经济贸易大学出版社．

崔凡，邓兴华，2014. 异质性企业贸易理论的发展综述［J］. 世界经济，(6)：138-160．

董瑾，2014. 国际贸易理论与实务［M］. 5版. 北京：北京理工大学出版社．

房东，2006. WTO《服务贸易总协定》法律约束力研究［M］. 北京：北京大学出版社．

高洁，2006. 国际结算案例评析［M］. 北京：对外经济贸易大学出版社．

郭燕，杨楠楠，2004. 国际贸易案例精选［M］. 北京：中国纺织出版社．

国际商会中国国家委员会（ICC CHINA），2006. 跟单信用证统一惯例（UCP600）（中英文本）［M］. 北京：中国民主法制出版社．

国际商会中国国家委员会（ICC CHINA），2007. 关于审核跟单信用证项下单据的国际标准银行实务（ISBP）（2007年修订本）［M］. 北京：中国民主法制出版社．

国际商会中国国家委员会（ICC CHINA），2004. 国际备用证惯例ISP98［M］. 北京：中国民主法制出版社．

国际商会中国国家委员会（ICC CHINA），2011. 国际贸易术语解释通则©2010（中英文本）［M］. 北京：中国民主法制出版社．

国际商会中国国家委员会（ICC CHINA），2004. 国际商会托收统一规则（URC522）（中英文本）［M］. 北京：中国民主法制出版社．

海闻，P. 林德特，王新奎，2003. 国际贸易［M］. 上海：上海人民出版社．

韩立余，2004. WTO案例及评析（2002）［M］. 北京：中国人民大学出版社．

胡俊文，戴瑾，2009. 国际贸易实战操作教材［M］. 北京：清华大学出版社．

贾建华，阚宏，2012. 新编国际贸易理论与实务［M］. 3版. 北京：对外经济贸易大学出版社．

康玉坤，2004. 票据法实务［M］. 北京：对外经济贸易大学出版社．

孔庆峰，2004. 技术性贸易壁垒——理论、规则和案例［M］. 北京：中国海关出版社．

冷柏军，2013. 国际贸易实务［M］. 3版. 北京：对外经济贸易大学出版社．

黎孝先，2016，王健. 国际贸易实务［M］. 6版. 北京：对外经济贸易大学出版社．

黎孝先，2003. 进出口合同条款与案例分析［M］. 北京：对外经济贸易大学出版社．

李毅，李晓峰，2005. 国际贸易救济措施——反倾销、反补贴、保障措施与特保措施［M］. 北京：对外经济贸易大学出版社．

李元旭，吴国新，2011. 国际贸易单证实务［M］. 2版. 北京：清华大学出版社．

梁琦，2005. 国际结算［M］. 北京：高等教育出版社．

刘文广，2002. 国家贸易实务［M］. 北京：高等教育出版社．

孟祥年，2005. 国际贸易实务习题集［M］. 北京：对外经济贸易大学出版社．

缪东玲，等，2016. 国际贸易单证实务与实验［M］. 2版. 北京：电子工业出版社．

饶友玲，2005. 国际服务贸易——理论产业特征与贸易政策［M］. 北京：对外经济贸易大学出版社．

石玉川，徐进亮，李贞，1998. 国际结算惯例与案例 [M]. 北京：对外经济贸易大学出版社.
帅建林，2006. 国际贸易惯例案例解析 [M]. 北京：对外经济贸易大学出版社.
帅建林，王红雨，2005. 案释国际贸易惯例（英汉对照）[M]. 北京：中国商务出版社.
田青，2005. 国际经济一体化理论与实证研究 [M]. 北京：中国经济出版社.
吴百福，2015. 进出口贸易实务教程 [M].7 版. 上海：格致出版社，上海人民出版社.
吴国新，李元旭，2006. 国际贸易单证实务学习指导书 [M]. 北京：清华大学出版社.
徐进亮，2000. 最新国际商务惯例与案例 [M]. 南宁：广西科学技术出版社.
薛荣久，2003. 国际贸易（新编本）[M]. 北京：对外经济贸易大学出版社.
阎之大，2007. UCP600 解读与例证 [M]. 北京：中国商务出版社.
杨长春，2004. 国际航运欺诈案例集 [M]. 北京：对外经济贸易大学出版社.
杨长春，2002. 国际贸易欺诈案例集 [M]. 北京：对外经济贸易大学出版社.
杨良宜，2001. 提单及其付运单证 [M]. 北京：中国政法大学出版社.
姚新超，2012. 国际贸易保险 [M].3 版. 北京：对外经济贸易大学出版社.
姚新超，2016. 国际贸易惯例与规则实务 [M].4 版. 北京：对外经济贸易大学出版社.
姚新超，2010. 国际贸易运输 [M].3 版. 北京：对外经济贸易大学出版社.
尹翔硕，2000. 国际贸易教程 [M]. 上海：复旦大学出版社.
于忠灵，1992. 对外贸易运输地理 [M]. 北京：对外经济贸易大学出版社.
余世明，2014. 国际商务单据实务 [M].5 版. 广州：暨南大学出版社.
袁永友，柏望生，2006. 进出口单证实务案例评析 [M]. 北京：中国海关出版社.
张汉林，等，2009. WTO 主要成员贸易政策体系与对策研究 [M]. 北京：经济科学出版社.
张曙霄，等，2009. 中国对外贸易结构新论 [M]. 北京：经济科学出版社.
张燕玲，邱智坤，1999. ISP98 理论与实务研究 [M]. 北京：中国经济出版社.
赵明春，焦军普，2003. 国际贸易学 [M]. 北京：石油工业出版社.
郑俊田，2005. 中国海关通关实务 [M].5 版. 北京：中国商务出版社.
中华人民共和国海关进出口税则编委会，2010. 中华人民共和国海关进出口税则（2010 中英文对照版）[M]. 北京：经济日报出版社.
祝卫，程洁，谈英，2008. 出口贸易模拟操作教程（修订本）[M].3 版. 上海：上海人民出版社.
邹根宝，2002. 外贸信用风险管理及案例分析 [M]. 上海：上海人民出版社.

英文文献：

Antràs P, 2003. Firms, Contracts, and Trade Structure [D]. Cambridge, MA: Massachusetts Institute of Technology.

Antràs P, 2003. Firms, Contracts, and Trade Structure [J]. The Quarterly Journal of Economics, 118(4): 1375-1418.

Antràs P, 2014. Grossman-Hart (1986) Goes Global: Incomplete Contracts, Property Rights, and the International Organization of Production [J]. Journal of Law, Economics and Organization, 30 (SUUP11): 118-175.

Antràs P, Helpman E, 2004. Global Sourcing [J]. Journal of Political Economy, 112(3): 552-580.

Antràs P, 2005. Incomplete Contracts and the Product Cycle [J]. The American Economic Review, 95(4): 1054-1073.

Bernard A B, Eaton J, Jensen J B, Kortum S, 2003. Plants and Productivity in International Trade [J]. The American Economic Review, 93(4): 1268-1290.

Bernard A B, Jensen J B, Redding S J, Schott P K, 2007. Firms in International Trade [A]. NBER Working Paper No. 13054.

Coase R H, 1937. The Nature of the Firm [J]. Economica, 4(16): 386-405.

Grossman S J, Hart O D, 1986. The Costs and Benefits of Ownership: Theory of Vertical and Lateral theory of the firm's boundaries Integration [J]. Journal of Political Economy, 94(4): 691-719.

Hart O D, Moore J H, 1990. Property Rights and the Nature of the Firm [J]. Journal of Political Economy, 98(6): 1119-1158.

Helpman E, Krugman P R, 1985. Market Structure and Foreign Trade [M]. Cambridge, MA: MIT Press.

Helpman E, Marin D, Verdier T, 2008. The Organization of Firms in a Global Economy. Cambridge, MA: Harvard University Press.

Helpman E, Melitz M J, Yeaple S R, 2004. Export versus FDI with Heterogeneous Firms [J]. The American Economic Review, 94(1): 300-316.

Hopenhayn H, 1992. Entry, Exit, and Firm Dynamics in Long Run Equilibrium [J]. Econometrica, 60: 1127-1150.

Hopenhayn H, 1992. Exit, Selection, and the Value of Firms [J]. Journal of Economic Dynamics and Control, 16: 621-653.

Krugman P R, 1979. Increasing Returns, Monopolistic Competition, and International Trade [J]. Journal of International Economics, 9: 469-479.

Krugman P R, 1980. Scale Economies, Product Differentiation, and the Pattern of Trade [J]. American Economic Review, 70: 950-959.

Melitz, Marc J. and Redding, Stephen J, 2013. Firm Heterogeneity and Aggregate Welfare. CEPR Discussion Paper No. DP9405.

Melitz M J, Ottaviano G I P, 2008. Market Size, Trade, and Productivity [J]. Review of Economic Studies, 75(1): 295-316.

Melitz M J, 2003. The Impact of Trade on Intra-Industry Reallocations and Aggregate Industry Productivity [J]. Econometrica, 71(6): 1695-1725.

Redding S J, 2011. Theories of heterogeneous firms and trade [J]. Annual Review of Economics, 3(1): 77-105.